群星璀璨

——山东大学文史名家传略

王学典　主编

山东大学出版社
SHANDONG UNIVERSITY PRESS
·济南·

图书在版编目(CIP)数据

群星璀璨:山东大学文史名家传略/王学典主编.
—济南:山东大学出版社,2021.9
ISBN 978-7-5607-7144-1

Ⅰ.①群… Ⅱ.①王… Ⅲ.①山东大学-校友-生平
事迹Ⅳ.①K820.7

中国版本图书馆 CIP 数据核字(2021)第 193698 号

责任编辑 武迎新
封面设计 张 荔

出版发行 山东大学出版社
社 址 山东省济南市山大南路 20 号
邮政编码 250100
发行热线 (0531)88363008
经 销 新华书店
印 刷 山东新华印务有限公司
规 格 720 毫米×1000 毫米 1/16
34.75 印张 530 千字
版 次 2021 年 9 月第 1 版
印 次 2021 年 9 月第 1 次印刷
定 价 136.00 元

《群星璀璨——山东大学文史名家传略》
编辑工作委员会

主　任　郭新立　樊丽明
副主任　王琪珑　邢占军
成　员　路　遥　袁世硕　乔幼梅　韩凌轩　曾繁仁
刘大钧　蔡德贵　谭好哲　傅有德　李平生
孔令栋　杜泽逊　方　辉　刘森林　王俊菊
黄凯南

主　编　王学典
副主编　刘京希　李扬眉
编　者　周广璜　孙　齐

弘扬文史见长传统，再创人文学术辉煌

——写在山东大学建校120周年暨《文史哲》创刊70周年之际

樊丽明

2021年是山东大学校史上一个具有里程碑意义的特殊时刻。我们不仅迎来了山东大学120周年校庆、《文史哲》杂志创刊70周年，更怀着激动的心情迎来了习近平总书记给山东大学《文史哲》编辑部全体编辑人员的回信。总书记的回信不仅是对《文史哲》办刊工作的肯定和嘱托，也是对山东大学的关注和关怀，更是对中国人文学术发展的重视和期待。值此继往开来之际，我们应当回顾百廿年来山东大学人文学术研究守正创新、薪火相传的历程，从传统中汲取奋进的动力，在新时代扬帆再前行。

回首校史，1901年和1951年是两个重要的时间节点，标志着山东大学的诞生和新生。百廿年来，山东大学历经坎坷乃至战乱，也曾有过重建和播迁，但始终在曲折前进的道路上和祖国同呼吸、共命运，为中华民族的救亡图存，为新中国的繁荣富强作出了自己应有的贡献。

如同一个人的成长，一所大学也会在她的历程中沉淀下独具的性格与气质。地处海岱之间，沐浴齐鲁文化，朴实包容的实学风气、爱国爱校的家国情怀、积极进取的学术创新，交融成山东大学的独特品格。这种品格尤其鲜明地体现在基础学科尤其是文史之学中。

山东大学的学术辉煌时代，都以文史学科的崛起为主要标志。20世纪30年代，以闻一多、梁实秋、杨振声、老舍等为代表的著名学者在文学史上谱写过华美的山大篇章。50年代，以冯沅君、陆侃如、高亨、萧涤非等先生为代表的中国古典文学和汉语言文字学，以黄云眉、杨向奎、童书业、王仲荦等先生为旗帜的历史学，使山大成为海内外瞩目的文史研究重镇。80年代以降，王绍曾、董治安等先生赓续的文献学传统，狄其骢、周来祥等先生领衔的文艺美学研究，吴富恒、黄嘉德等先生传承的外国文学研究，葛懋春、田昌五等先生创设的史学理论研究，刘敦愿等先生开创的考古学学科，庞朴、丁冠之等先生发起的儒学研究，更让山大的人文学科继往开来，缤纷绽放。正是这些前赴后继、默默耕耘的前辈学者造就了山东大学的学术灵魂。

山东大学"学科融通、文史见长"的传统，奠定于70年前。那时，随着高校的院系调整，经过革命洗礼的华东大学并入山大，杰出的马克思主义理论家华岗出任新山大的第一任校长。在他的领导下，山大将文史两科定为重点学科，不拘一格延揽人才。一大批来自不同背景和学脉的学者云集山大，其学缘之广、水平之高，为当时国内大学中的佼佼者：北大的学统，有冯沅君、陆侃如；清华国学研究院的学统，有高亨、萧涤非；章黄学派的学统，有王仲荦、殷孟伦、殷焕先；古史辨派的学统，有杨向奎、童书业；史语所的学统，有丁山；南高的学统，有黄云眉、郑鹤声；教会大学特别是燕京大学的学统，有张维华；马克思主义的学统，有华岗、赵俪生、吴大琨。"群才属休明，乘运共跃鳞。"这些学者各具特色，他们在山东大学的风云际会，带来了异质学统的碰撞融合和活跃开放的学术风气，初步奠定了山东大学沉稳厚重的实学风气与灵动包容的理论关怀兼具的学术特色，形成了以古典学术为重心而经、史、文融贯的学术风格。

朴实包容的实学风气是山大文史传统的基色。这种风格的根底来自于对传统学术尤其是乾嘉学派和浙东学派的继承，以求真为根本，以经世为宗旨，崇尚专精之学，又主张融贯文史。而马克思主义理论和方法的引入，更为这批有着深厚旧学根底的学者打开了新的天地。"始绍乾嘉崇笃学，进修马列启新天。"这是黄冕堂教授缅怀韩连琪先生的诗句，更是山大文史学术传统的精彩概括。没有谨严朴实的考据功夫，文史之学就丢失了它的根基；没有马克思主义的指导，文史之学就难以成为真正的科学。五六十代的山大文史前辈们正是将二者综合起来，"旧学商量加邃密，新知培养转深沉"，方创造了辉煌的学术成就。

爱国爱校的家国情怀是山大文史传统的另一个重要侧面。"为天下储人才，非为诸生谋进取"，"为国家图富强，非为一己利身家"。家国情怀在山东大学诞生伊始，即深深融入到血脉中。新中国的成立，为新生的山东大学注入了红色的灵魂，也为大批在旧时代颠沛流离、居无定所的学者们提供了舒展学术抱负的条件。他们对党和国家，对山东大学都抱着发自内心的感激之情，并以实际的行动回报着党和国家的知遇之恩。勤奋刻苦的科研、认真负责的教学和对年轻人的尽心扶植，是前辈名家共同的风范，传下了无数佳话。许多老先生一生清贫，节衣缩食，却在辞世之际将自己的藏书乃至存款捐献学校，念念不忘学校的发展和后学的生活。他们对山东大学的深厚情感发自赤诚，令人感佩。

积极进取的学术创新是山大文史传统的重要特色。为学贵乎创见，是前辈名家的教导。我们耳熟能详的高亨先生的《周易》研究，冯沅君、陆侃如先生的文学史，牟世金先生的“龙学”，萧涤非先生的杜甫研究，童书业、王仲荦先生的魏晋封建论，葛懋春先生的史学理论，刘敦愿先生的美术考古学，庞朴先生的儒家文化研究，周来祥先生的和谐美学等等，无一不是具有开创性，甚至具有开宗立派意义的学术创新。

“知出乎争。”推动人文学术创新最有效的形式之一就是学术讨论和争鸣。正是出于这一宗旨，1951年在华岗校长的支持下，文史两系的同仁创办了新中国第一家高校文科学报《文史哲》杂志。自创刊以来，《文史哲》杂志就有意识地策划和引导重大学术论争，很快就在50年代史学界“五朵金花”论争中一战成名，一举奠定了难以撼动的学术地位。这一特色一直延续到今天。可以说，《文史哲》的成功之处就在于引领学术潮流，培养扎实学风，推进学术创新。这不仅需要对学术研究态势的深刻洞察和准确把握，更需要以学术为本的精神和以经世为用的担当，而这也正是山大人文学术的本质品性。

在山东大学的文史传统中，《文史哲》杂志是一个关捩点，几乎所有山大著名文史学者都与《文史哲》有密切的联系。学校、学者和《文史哲》互相成就，共同开创了山大人文学术的辉煌历史，铸就了山大独具特色的学术风格：朴实包容的实学风气、爱国爱校的家国情怀、积极进取的学术创新。习近平总书记对《文史哲》杂志几代编辑人员“守正创新、薪火相传”的肯定，也是对山东大学人文学术传统的肯定。今天，山东大学蒸蒸日上，稳步发展。回顾所来之径，前辈学者已经成为校史星空中璀璨的群星，激励着我们奋发前行。我们一定能够在他们榜样的指引下，乘着新时代的东风，不忘初心，牢记使命，弘扬文史见长传统，再创人文学术辉煌，奋力书写中国特色哲学社会科学的山大篇章！

2021年5月

目　录

自学成才的明史专家黄云眉先生

潘群

黄云眉，字子亭，号半坡。1898年农历二月二十六日生于浙江省余姚县，1977年7月24日病逝于山东济南市，终年80岁。新中国成立前，历任余姚县立小学教员、宁波中学教员、世界书局编辑所主任、金陵大学中国文化研究所研究员以及无锡国专、沪江大学、上海临大、上海新中国法商学院等校教授。新中国成立后，历任山东大学教授、图书馆馆长、校教育工会副主席、历史系系主任、中国古代史研究室主任，并任济南市民盟主任委员、山东省民盟副主任、民盟候补中央委员、青岛市总工会执行委员、山东省中苏友协理事、山东省政协常委、山东省历史学会副主席等职。因教学和科研工作成绩显著，多次被评为校先进工作者、济南市先进工作者，并以特邀代表身份出席山东省文教群英会，当选山东省国庆十周年赴京观礼代表。1961年8月22日出席六个民主党派中央全会扩大会议时，受到毛泽东、刘少奇、周恩来、朱德等中央领导同志接见，并合影留念。

黄云眉先生是一位具有多方面素养、德才兼备的历史学家和教育家。他一生在为人、为学、为事三个方面，都堪称师表，道德、文章、事功融而为一，是一位名副其实的中国共产党员，堪称“文章九鼎重，神骏万里超”。在学术上，不仅对于经学、文学具有精湛的研究，而且擅长考证，精于明史，各方面造诣都很高。此外，对音韵训诂、版本目录以及书法艺术等都有深入的研究。黄先生的书法以魏碑与王字为基础，喜爱苏字，兼收各家所长，融而为自己的特色，尤显古雅并带有浓厚金石韵味。他自幼即喜抱膝吟哦，好作诗词，1919年以来所作有百首之多，还为家乡余姚县立第一完全小学创作过校歌。平生爱慕苏轼的诗，因以“半坡”为号。应当指出，云眉师的一生不但在学术上有建树，而且是培养中国文史人才的辛勤园丁。他一生从事过小学教育、中等教育、高等教育，桃李满天下，著名学者程千帆教授，著名出版家、现代文学研究学者丁景唐先生，著名红学专家李希凡先生，清史学者金成基同志，文物专家徐启宪同志以及前黄梨洲文献馆负责人符伯望先生等，皆是云眉先生的高足。从1929年开始发表第一部著作《邵二云先生年谱》起，他陆续撰著《古今伪书考补证》《史学杂稿订存》《史学杂稿续存》《韩愈柳宗元文学评价》《鲒埼亭文集选注》等学术专著计110余万字。在史学领域中以明史研究最为突出，1971年完成了200万字的《明史考证》巨著，取得了丰硕的成果。

一、勤自学

黄云眉先生的远祖，可以上溯到余姚黄宗羲，世称梨洲先生者，他是清初浙东学派的创始人。黄云眉先生的父亲黄延龄系手工业工人（银匠），有子女四人，先生居长，因家境困难，不得不早寻生计，以学徒为生，幼年即遭失学痛苦。在学徒艰辛劳动之余，他经常偷偷看书，亲友为之感动，便予以资助。在12岁那年才进了私塾，15岁插班余姚县立小学，17岁毕业留校任教。自此之后，没有进过任何学校，未曾受过正规文化教育，所以他自己说："一生只受过两年学校教育。"

从一个只进过两年学校而只有小学毕业程度的青年，到晚年竟成为一位很有贡献的国内外著名学者、明史专家，其途径完全是靠自学。他总结自己这方面经验时曾说："我的成就虽然是那么微不足道，毕竟是从自学得来，不是除了学校就会和'知'绝缘。""求知的主要途径应该是自学，而不是学校。学校的教育是有期限的，而且不可能每个人都有受全部学校教育的机会；即使在学校里受教育，主要还是要依靠自学。"他进一步指出："结合实际的求知时间，是在离开学校后的工作实践阶段。不论做什么工作，为了适应形势发展的需要，都不能满足于旧知，必须通过自己刻苦的学习，不断地求新知，长新知，用新知。我们是否能受到完全的学校教育，应该从国家的需要和计划来考虑，可以争取，但不能勉强。而自学则占着我们整个一生求知的时间，其权操之在己，我们非努力争取不可。"自学贵在坚持。他数十年如一日，不论如何困难，一直到临终前，也从未间断过自学和研究。他认为"求知是苦事，也是乐事"。这种一以贯之、始终如一的自学毅力和乐观精神，使他终于成为起步很晚而得到成果较早的一位学者。

在自学摸索过程中，云眉先生和其他人一样走过弯路。他说：青年时期自己“只是贪婪地把大堆大堆的故纸，尽往自己脑筋里挤、积，再挤、再积”，“当时以为这样，就可以在短短的时间内，一跃而为博闻之士。欲速则不达，结果东碰西撞，走了弯路”，患了一般青年人急于求成的通病。因而他经常以此为训，告诫诸生引以为鉴，教育我们：一不求名利，二不急于求成，踏踏实实地做学问。在谈话中，时以“水滴石穿”和“水到渠成”来勉励大家。他曾在为青年同志写的一篇文章中，总结自己自学的经验，第一条就是“要循序而进”。他认为，“序”就是阶段。“我们要不断求知，但不能跨过学问应有的序。”不肯循序而进，不肯在打基础上下功夫，学不到经得起实践检验的真正的学问。他认为，循序而进不仅是求知的最基本方法，也是战胜困难的有效方法。他说：“学问的加广加深，是一个和困难作斗争的过程。奇峰乍越，险壑又临，困难一个接着一个地挡住了前路。但实际上这些奇峰险壑，无非是学问进入新的阶段的标志，可以突破，不能绕过。”实际上，云眉先生正是经过了无数的“序”，突破了不少奇峰险壑，才登上学问高峰的。

为学犹如金字塔，既广博且精尖。如何处理博与精之间的关系，即基础知识与专门知识之间的关系，这是任何自学求知过程中必然会碰到的问题。1955 年我当面请教过，先生当即爽朗而明确地回答：“博是精的基础。”并且要我一定先读完《资治通鉴》《史记》《汉书》《后汉书》《三国志》《左传》等书，打好通史基础，再攻读《明史》。其实，他自己也是这样走过来的。不过，先生所走过的治学历程，所经历的“序”，更广博、更精尖了。他大体上经历了三大阶段：一是“博”，二是“辨”，三是“精”。由于他出生在旧时代，所学的是“旧”学，也就是经、史、子、集之类，“博览群籍，广及四部”就是指的这些学问。年轻时的云眉先生，博览“四部”历史文献，为他以后专攻考证、专攻明史打下坚实的基础。他由“经”而“史”，发而为“文”，将经、史、文融贯在一起，经过自己的分解与化合，究心于另一种特色的深湛之思、贯串之学，即独创性的见解。他承继学统而尊师重道，又能逸出学统藩篱，善于对待各家学说的异同，敢蹈前人之未越，将汉代经学训诂求真的方法致力于贵创见的目的。他以经学为本，必证明于史，突出史学为中心，学用一致，为社会实践服务。因之，他的著作显示出哲理、史实、文情三者高度的统一。

应特别指出的是，云眉先生在打基础上所注意的音韵训诂学及版本目录学。音韵训诂，即古人所谓的“小学”。按今天通俗的话来说，就好像小学生入学首先要学会拼音和解剖字形、练习笔画一样，这是识字读书首先必须解决的“工具”。先生在这方面是下过苦功的，新中国成立前为世界书局编辑《辞林》一书，曾对《康熙字典》的引书进行了通校，在前人检出所误者2588条的基础上，又增检所误者五六百条，而属于形义音切之误者尚不在内，因撰《康熙字典正误》一文。此外，还写过《齐楚吴三大地区方言考》一类文章。对于我国语言文字是这样，对于外国语言文字也是如此，40岁之后云眉先生还自学了英文。至于目录版本学，可说是读书的门径。前人读书从张之洞《书目答问》开始，就好比今天读书先开个书单一样。读书必须知书，而知书又要择书。不仅考辨需要懂书目，而且对于浩如烟海的古籍，不懂目录学是难以在治学大道上前进一步的。先生早年读书，在这方面也是不遗余力的。1930年，他亲登天一阁观书目录。在山东大学任图书馆馆长时，先生对编目工作十分重视。在历史系任系主任时，他对资料室图书建设甚为关切。为著《明史考证》，他先作了《书目索引》《明实录人名索引》《明史人名索引》等工具书。先生和图书界一直保持着密切联系，写过《解放前公私图籍之聚散概况》等文章。

广博的基础知识和精尖的专门学问的获得，需要解决学习方法问题。云眉先生曾把“要多思多问”列入自学经验的第二要旨。他指出，要“读书得间”。所谓“间”者，首先是指读书时经过自己思索所发现的问题。读书发现不了问题，其原因即在于没有认真地思索。其次是指读书经过思索能融化著书人用意所在，并悟出自己富有新意的“心得”。然而，也确有读书再思三思而无所得者，这就要多问。古人治学，按照《中庸》所云：“博学之，审问之，慎思之，明辨之，笃行之。”认为应循的序，是学、问、思、辨、行。而先生根据《论语》所言“学而不思则罔，思而不学则殆”以及自身自学的体验，认为应该是学、思、问、辨、行。东南史学派大师柳诒徵先生在为《邵二云先生年谱》所作的《跋》文中，即指出这种“好学深思”的特点，因而能“辨章扬榷”“推见至隐”，并认为这是浙东学派的独到之处。

学、思、问、辨，单靠记忆力是不够的。云眉先生说：“不能迷信记忆力，应当强调发愤和勤勉。而坚持作札记就是有效方法之一。”通过写札记，不仅可以帮助记忆和养成勤勉的习惯，而且能把所学的庞杂、分散、无条理、无联系的东西，经过审慎别择，成为后来解决问题的重要资料。先生写下的无数札记，可以说是他大量著述的地基和泉源，有的经整理后即成为学术专著，如《史学杂稿续存》等本身就具有较高的学术价值。这些札记手迹，字字端正，笔笔不乱，也可见他对札记的认真程度。无怪乎他把“勤于札记”作为自己自学成功经验的第三要旨。当然，正确的学习方法归根结底是要理论联系实际，学用结合。他在一篇文章中强调指出，理论联系实际，“主要是指导我们能把知识结合实际，把知识贯彻到行动中去，运用到业务工作上去；又通过实践不断检验来充实它，提高它”。他把实践作为检验知识的尺度，也作为进一步充实知识、提高知识的新的起点。

云眉先生在自学过程中，并不是一帆风顺的。青少年时，他要克服“学无师承”的重重困难。“活”的老师没有，谈不上可请教之处；即使是“死”的老师也难于寻找，由于贫穷无钱购书，旧时代在家乡又没有图书馆的书可供借阅，对于一个求知欲很强的自学青年来说，这是一件最苦闷、最头痛的事。他为了借一本书，往往跑到几十里之外，书主人不在时还要空跑。书借了回来，与其说是阅书，毋宁说是抄书，不仅是摘录有关资料，而且是整部整部地抄。和每个学者一样，手指间的老茧是抄书岁月的印迹。其次，他在自学过程中，还要同“病”作斗争。他 17 岁患肺病，大口大口地吐血，一直到 23 岁才治愈。1961 年《明史考证》初稿完成，他正想进一步扩充提高时，左眼因患白内障而失明。根据一般情况，两三年后可能发展到另一只眼。面对如此严重的情况，他仍不改其乐观的态度，反而更孜孜不倦地进行《明史考证》撰著工作，如是者十年，终于在 1971 年定稿完成了《明史考证》这部巨著。再次，是同“老”作斗争。他 53 岁到山东大学工作，在历史系各位先生中，年龄居长，后来头发渐白，可是他的精神和工作劲头仍如青年一般。他经常说：“我不怕头上的白发，但我必须和思想上的白发作斗争。”“白发不是年老的标志。只有停留，才算真年老！只有前进，才配称年青！”他在山东大学工作 26 年，也是同衰老作斗争的 26 年，这 26 年是他出成果的最重要时期。他的夫人徐飞卿先生于 1971 年庆贺他终于定稿完成《明史考证》，有诗云“二百万言衰后笔”，恰如其分地道出了他是在晚年同衰老不断斗争中完成这一鸿篇巨制的。

二、辨真伪

所谓“辨”，就是辨真伪。从广义上说，辨真伪就是探索真理的过程。

即要使我们从间接的和直接所学到的主观知识，经过“辨”的阶段，使其达到符合客观事物的本来面貌，进一步探索客观存在的规律性。由客观反映到主观，又经过主观科学的抽象反映出客观的规律，并到客观实践中去检验这一规律（即真理）是否可靠，是一个无限发展的过程。古人读书讲“辨”，当然认识不到这种高度。古人的辨伪，是就狭义而言，仅限于对古籍和史实的考辨。孟子所说的，尽信书不如无书，即是就这种狭义而言。然而“辨”的目的究竟是什么？前人认知各不相同，乾嘉学派有乾嘉学派的考据目的，古史辨派有古史辨派的目的，胡适与杜威也有其实用主义的目的。他们在考据辨伪问题上，目的不尽相同，所走的路子也各不相同，成绩也不能一概抹杀。尽管有些考据仅限于古籍的辨伪，以后又逐渐缩小范围，局限于文献的校勘，使考据学变成了校勘学。但是，就治学态度而言，凡是谨严的学者无不讲究考据。考据，是治学过程中必不可少的环节。问题是：考据仅是一种手段，目的是从具体史实中得到真正能反映客观规律的、概括的、抽象的理论性知识。云眉先生“三十岁以后，稍涉考证之学”，这绝不是偶然的兴趣与癖好，而是治学态度谨严与治学过程中趋于成熟的必然结果。

先生的考证，虽然受了乾嘉学派的影响，但目的是明确的。他在1931年所撰的《古今伪书考补证》中指出，其目的是“求真而已，非求胜也”。是年所撰《明史编纂考略》一文，就是为了订正《明史》的错误史实而究其材料来源，为后来撰著《明史考证》做准备工作的。而《明史考证》洋洋200万言，目的更是明确。他开宗明义，第一句话就是：

> 明史考证之目的，虽为明史服务，然不专为明史要求服务。致力之中心，在提取明史范围内所包含之若干问题，根据明史已采用或未采用之可靠资料，作较深入之探讨，俾得进而揭发明代封建统治之真实面貌及其本质，此与累朝旧史考证专为旧史要求服务之目的截然不同，故首橥之。

由“求真而已，非求胜也”进展到“俾得进而揭发明代封建统治之真实面貌及其本质”的考证目的，其中有个发展过程。最初，他感到中国伪书太滥，想把所有的伪书都作一考辨。于是就从姚际恒的《古今伪书考》一书入手，《古今伪书考补证》就是这项打算的初步工作。《古今伪书考补证》将姚氏原著及顾实先生的《重考》原文首列，其次又列各家记载，然后再列出先生自己的见识，最后附《表》，使读者一目了然。先生在《古今伪书考补证》中特别指出："列他文于前，缀己说于后；他文多全录，非过长者不敢删节，恐以取舍戾原意也。"《古今伪书考补证》一书在内容上融"本义""他义""我义"于一体，而在体例上亦客观与划一，并有新的创造。这部著作在当时即甚有影响，经学大师钱玄同十分赞赏，称其持论"甚精"。1933 年国立北平图书馆《读书月刊》有专文对是书介绍。然而，事隔一年，1932 年他撰《李卓吾事实辨正》，已由文献的辨伪突进为事实的考证，并指出辨正李卓吾其人其事的目的："一以见卓吾之被诬，实非出于上述一二人之揭造，乃由多数仇视者所附和影响而致此；一以见儒家思想定于一尊之时，先民旧说，往往为依草附木者利禄之资，而新说之产生亦往往被此辈摧折无余，而复窃其名曰卫道，卫道者愈多，而学术之推进愈缓矣。吾草此文不能不致慨于今日之中国学术界，犹有三百年前之卫道人也！"可见他对当时国民党黑暗统治下的文化摧残，愤慨万分，提出要鞭挞阻挠学术推进的"卫道者"！这显然和乾嘉学派的考据目的——逃避现实政治，为学问而学问，是背道而驰的。1934 年先生撰《读广论语骈枝微子篇》一文，辨正了《盗跖篇》盗跖与柳下惠非为兄弟，且指出："盗跖篇本伪托，即非为伪托，而其说乃寓言，亦岂容作史实？此不待辨而可知者。"对《盗跖篇》的真伪问题已作了客观的结论。岂料时隔 40 余年之后，"四人帮"出于反动政治目的需要，竟不顾客观事实，又将《盗跖篇》捧了出来作为信史，可见混淆黑白、颠倒是非到了何等程度！

讲考据，就要讲根据，而且要讲经得起客观实践检验的根据。先生在山东大学执教期间以及和我的私人谈话中，经常反复谈到并且要我们在治学实践中认真做到的一句话就是"言必有据"。1956 年暑假，我在南京图书馆古籍部看柳翼谋先生《明史稿校录》时，怀疑该馆所藏的十二册《明史稿钞本》的原件是明史馆散落出来的东西，并写过一信表示了我的这种看法。先生平时对学生的态度是极其和蔼、循循善诱的，可是这次他给我的回信，显然带有责备口气，信中写道："不可臆测。"是年冬，我到青岛看他时，他仍然没有忘记这件事，要我切戒臆断空论之言。也是在那一年，我把《明史稿钞本》中的《陈嘉猷传》与官修《明史》及王鸿绪《明史稿》检阅，发觉缺载此书，因据《明实录》中有关陈嘉猷的记载为本，抄录《余姚县志》中的《陈嘉猷传》以及其他方志等有关记载，互相校录，寄了一份给他作为习作。出乎意料，他专门写信给我表扬了此事，要我如此治学，并坚持下去。时隔22年，其中还经历了“十年浩劫”，我的这份“习作底稿”和许多先生来往的信札、书画早已成为灰烬，但在1978年帮助整理先生遗著时，徐飞卿先生特意从先生遗物中检出了这份“习作”给我看，依然完整无缺。见物思情，百感交集，仍然归还给师母保存留作纪念。

三、重风节

云眉先生在黑暗的旧中国，“独善其身”，闭门著述，过着隐士式的生活。他在浑浊的旧社会中出淤泥而不染，决不同流合污，始终保持他的“风节”。新中国成立后，他谦虚谨慎，平易近人，严以律己，宽以待人，注意团结同志，遵守组织纪律。人们因之尊敬他，称为“黄老”。入党以后，更是严格要求自己，决心“对党忠诚，听党的话，一息尚存，此志不懈”。在教学和科研岗位上，作出了一个党员应有的贡献。大革命国共合作时期，他热情地参与了政治斗争，参加过国民党，1927年为余姚县立第一完全小学所作的《校歌》充满革命激情，在歌词中写道：“愿继续猛进，推陈竞出新。”但他却遭到国民党反动派的打击。“四·一二”蒋介石叛变革命，大搞反革命的“清党”，反动派把黄云眉先生当作共产党员清除出了国民党。他被迫退出政治舞台后，埋头在故纸堆里，以著书与教书度日，绝不流入宦途。他崇敬邵二云与全祖望，1929年著《邵二云年谱》，1937年在家乡造了“二云楼”作为自己学习和藏书之所。1965年在给宋久香先生所编的《南江先生年谱初稿》的《跋》中写道：“余慕邵二云先生之为人，颇欲详其治学途径以自策励。”他对全祖望亦然。1958年在《文史哲》发表了研究全祖望一生的学术论文，并拟选注《鲒埼亭集》，介绍全谢山一生的为人与学术成就。1934年陈石遗先生著《衍诗话续编》，采录了云眉先生所作的诗于卷六中，并称先生为全谢山、邵二云先生一流人。云眉师默许地说：“殊愧其言！”他经常向我们强调指出，要学习全祖望的“史德”，所以我在《鲒埼亭文集选注》后记中根据云眉师的教诲提出要以史“正人心”。换言之，要发扬以史经世的精神。

1937年全面抗战爆发，是年南京沦陷，他独身避寇至安徽和州后，写了一首五言古诗：“百里烟尘暗，千家骨肉枯，衣冠迁赵宋，草木作秦符。”以示他对日寇入侵之根。之后，他返回家乡，于1938年8月5日为余姚中学第一届学生毕业典礼撰写了如下意味深长的楹联：

休学本无程，短驿长亭成小憩；
救亡皆有责，残山剩水待青年。

楹联张贴在礼堂的台柱上，既勖勉毕业生继续深造，更鼓励他们投身波澜壮阔的抗日救亡运动。余姚市政协《文史资料》中有文章回忆说："这在当时，曾引起青年同学的强烈反响；同时也为余姚中等教育的创业时期，留下了珍贵的历史轨迹。"但1941年余姚也遭沦陷，他不得不避居上海。为保持民族气节，他寄食亲戚家里，只得做一些代人歌哭的所谓寿序、墓志等为自己所不屑作的应酬文章。漫长的抗战，没有固定职业，度日是艰难的，"饿死事小，失节事大"，一家人也因之度过了难以煎熬的岁月。也就是在此存亡关头，云眉师立志动手开始撰写《明史考证》这一巨著，借此以减南冠之根。前上海文艺出版社社长丁景唐先生，是1939年东吴大学成立共产党支部时的支部书记，后来转到沪江大学。据他回忆，1942年时黄云眉先生仅教他一个学生，师生关系极好。可见，从云眉师在抗日战争时期对共产党人的态度中也可以看出他是倾向进步的。

1949年，黄先生在上海迎来了解放。作为一个富有正义感又在旧社会饱受艰辛困苦的知识分子，内心深处是不能平静的。他说："我心中就觉得像走出阴霾看到了光明一样的愉快兴奋。"1950年他积极要求进入华东人民革命大学政治研究院学习，这是他重要的转折时期。在那里，革命的真理唤醒了他隐身著述之梦，决心本着"过则勿惮改"的精神，积极改造自己，转变了"与人无争，与世无忤"的消极人生观，自我批判了过去自己存在的"那种所谓儒家的'中庸'思想，以及那种所谓老庄的'逍遥'思想"。他说："经过党的教育，确实感到自己脑筋里，有两种思想，即'独善其身'的思想和全心全意为人民服务的思想在不断地斗争着，结果后一种思想，获得胜利。"1951年1月，先生由华东教育部介绍到山东大学任教授。他为了巩固自己的这种新思想，不但积极参加各种社会活动，而且积极抓紧马列主义毛泽东思想的学习。他在这方面的学习同样是勤奋的，20多年来在这方面所写的札记也是成箱地装着。他理论联系实际，1954年用历史唯物主义观点撰《柳宗元文学的评价》一文，作出和前人不同的对韩愈、柳宗元这两位杰出的古典文学家的评价，引起了国内外学术界的重视。当时日本京都大学清水茂教授特地给先生从日本寄赠了自己在这方面的学术专著，直到云眉师辞世之后，还写信来表示没有亲晤黄先生为一生憾事。1962年10月，先生对《大众日报》记者说，“解放后由于有了马克思列宁主义的指导，认识了历史的发展规律”，“使我在《明史考证》的撰写上，知道必须用历史唯物主义的观点和方法，来代替乾嘉学者考订古史的观点和方法，从而使撰写质量和撰写速度较解放前都大为提高”。思想的转变，使他在山东大学26年的教学和科研工作中充满热情。1952年讲中国通史时，在激发同学爱国思想之际，先生的声音和态度都充满激情，同学们为之感动，要求历史系表扬教书又育人的黄教授。他主动承担青年教师阅读古籍班的指导，对研究生金成基、徐启宪等尽心培养，以自己的切身体会要求他们端正治学态度，做到红专并重、德才兼备。校内外青年只要有求于他，哪怕是给校正一个字、解释一个词，他都不厌其烦地予以帮助。刘光裕在其《柳宗元新传》专著《后记》中写道：“当年在山东大学中文系读书，历史系黄云眉教授新作《柳宗元文学的评价》一文，在社会上引起很大反响，这件事给我留下了深刻影响。我毕业后留校，与黄先生虽不在同一个系，但常蒙接见交谈，循循善诱。”诸如此类，不胜枚举。云眉先生对人诲而不倦，对己则学而不厌，经常以“生也有涯而知也无涯”的精神搞科研，不满足于已取得的成就。

1961年国庆节前夕，先生光荣地加入了中国共产党，是时已63岁，次日他赋诗云：

万家歌管沸秋尘，正是微躬献党辰。
宿渍将从天汉濯，顽聋应被疾雷震。
亡羊仆仆惭杨子，覆鹿芒芒笑郑人。
十二年前头白感，而今何日不青春！

以示他老年入党的无限欢欣。入党以后，对党忠诚，遵守组织纪律，认真学习党的基础知识和《论共产党员修养》，经常联想自己虽然组织上入了党，但思想修养距离一个真正的党员还很远。在实践中，他做到了活到老、学到老、自我改造到老。1965年，分以原籍余姚所藏部分旧籍245种、3130册赠给余姚梨洲文献馆及余姚中学。1977年，先生临终前又嘱托其家属将他在山东大学的数千册藏书赠给了山东大学图书馆。

四、出成果

云眉先生一生辛勤劳动，成果颇丰。一是培养了大批人才，二是撰著了300万字的学术著作。而学术著作，主要集中在文、史两个方面，也有些短文是讲教育的。《明史考证》始撰于1941年，实际上是从1931年撰写《明史编纂考略》入手的，初稿完成于1961年，至1971年定稿，直到1979年9月由中华书局出版。是书撰著如从1931年算起，至1971年计花费40年辛勤劳动；如按黄先生本人所说1941年始著，则笔耕三十载。而其他著作如《韩愈柳宗元文学评价》《史学杂稿订存》《史学杂稿续存》《鲒埼亭文集选注》等，除《古今伪书考补证》是新中国成立前出版、新中国成立后修订重印外，包括《明史考证》在内的上述全部著作，都是新中国成立后在党领导下，在马克思主义毛泽东思想指导下，于山东大学工作期间完成的。山东大学的校领导和历史系领导对他的科研工作十分关注，为其指派助手和学生协助工作等，尤其是在他遗著的出版和重印方面，起了重要的保障作用。

任何一门学术的发展都是有继承性的，这和生物学上的遗传和变异一样，没有继承就谈不上发展。先生虽无直接师承，但学术上继承乾嘉学派和浙东学派是明显的。浙东学派虽渊源于宋，但独擅史学并以此经世致用，实出自余姚黄宗羲。而又由于清初文化专制及文字狱盛行，乾嘉诸子迫于高压不得不专以文字、典章、校雠为宗的考据，逃避现实政治，为学问而学问。这两派在学术上的矛盾，当为世人所熟知。新中国成立前，黄云眉先生的学术思想和治学途径，不可否认都存在上述两种倾向。但从其全部著作看，无论就其学统、学术内涵、学术精神特征以及对各种学术所持异同的分解与化合等各方面综合看，尤其是从其学术实践与社会实践看，黄云眉先生主导方面是继承并发扬了浙东学派的特色，具有鲜明的经世学风特征。而乾嘉学派的考据，则是其治学求真的方法，目的在于致力于贵创见，以求为世所用。云眉先生崇敬黄宗羲，推崇邵二云、全祖望的为人和学术，尤其是他们重气节、重史德并考究学以致用等道德与文章两方面的有机结合，深深影响着云眉先生。他立志专治《明史考证》，应该说是继承和发扬了黄梨洲的精神。黄梨洲注重整理明朝故国的历史，留待后人经世之鉴戒。黄宗羲在《明史》上的贡献主要有四：一是供给史料；二是推荐史才；

三是商榷体例；四是审核史稿。清代敕修《明史》，始于顺治二年，大规模纂修于康熙年间，至乾隆时复经张廷玉等加工后出版，历经数十年之久，集中了庞大的人力、物力，屡经修改方才定稿，故号称“谨严”。然其奠基者，应是受了黄宗羲委托的高足万斯同。万氏以布衣参“明史馆”，但终不显名于纂修者之行列，为王鸿绪所窃誉。万斯同纂修《明史》之法是“凡实录之难详者，吾以他书证之；他书之诬且滥者，吾以所得于实录者裁之”。因之，其史“虽不敢具为可信，而是非之枉于人者盖鲜矣”。然而，敕修《明史》，一是由于其政治目的是为了箝制人们的思想，用康熙诏谕的意思，是为了使后人免于以史非今，议论当朝所作所为；二是由于所本《实录》亦屡经删改，不能完全成为可靠信史；三是由于出于众人之手，纪传志表互相矛盾之处比比皆是。再加以张廷玉336卷（包括目录4卷）《明史》是在王鸿绪《明史稿》基础上稍经文字润色而成，有的甚至一字未动，使“万稿”精华之处失之者颇多。所以《明史》出版之后，乾隆年间尚有修改本，自清人至近人皆有所考证，或订正，或补注，但终因有明一代官私记载庞杂，官修《明史》失实之处颇多，不易做全部的史料订正与史实的考辨工作。云眉先生以一人功力，继承万斯同修史之法，在历史唯物主义思想指导下，以阐明朱明王朝历史发展规律为宗旨，并以《明实录》为本，旁采明代各种官私记载1400多种，于1971年完成了《明史考证》一书，为阅读《明史》以及掌握明朝全部历史，开辟了一条便利研究的途径，这是对史林莫大的贡献，在国内乃至国际史坛上赢得了崇高的声誉，是一部传世久远的学术杰作。这部巨著凡二百万言，在山东大学党委和历史系党政的关怀与支持下，在其夫人徐飞卿先生等有关同志的协助下，终于在1979年9月由中华书局出版了第一册，而后陆续出版了第二册到第七册，直至1986年8月出完了第八册。是书无序，以《内容挈要》代序，此为本书的纲。而后，根据敕修《明史》的次序，首列“纪”，其次为“志”，再次为“表”，最后为“传”。体例是先列《明史》原文，再据官私记载材料原文，并注明出处提出自己的史断性“按语”。《明史考证》“按语”的特色不限于对史料、史实的辨伪和评断，有时显明表达了先生对此处所引历史的见解，因而融史料、史实辨伪与著书人“史断”即“史识”于一体，实际上是先生对明朝历史研究结晶通过“考证”体裁的表述，是他研究整个明朝历史的学术专著。

1955年，云眉先生说，他对明史研究的最初规划是：第一步，写《明史编纂考略》，搞清《明史》材料来源；第二步，写《明史考证》，订正《明史》史料与史实的错误；第三步，在此基础上重修一部《明史》。《明史考证》仅仅是他最初规划的第二步工作，已经花费了其毕生心血，这是在新社会的优越条件下完成的，而且在这部巨著中融考证与史识二者于一体，留下了他对明朝历史研究的见解，可以说是“经国”“经世”的文章。然而他自己竟未能看到这部心血结晶的出版，不能不说是一终生遗憾。至于这第三步工作，重编一部真正科学的《明史》，是他的未竟之业，也是以黄梨洲肇始的浙东学派在旧的历史条件下所不能实现的“理想”。而今在党的十一届三中全会精神指引下，史学界正群策群力，开拓新的明史领域，并取得了可喜的成就。希望不久的将来有质量更高的《明史》问世，以期为建设有中国特色的社会主义物质文明与精神文明服务。云眉先生黄泉有知定当无限欣慰。

（原载梁自洁主编：《山东现代著名社会科学家传》第一集，山东教育出版社1991年出版，收入本书时有改动）

陈同夑先生与世界史学科建设

解玉军

陈同夑(1898～1970),河北省武清县(今天津市武清区)人,我国著名历史学家,我国世界古代史学科的创建人之一。

陈同夑先生1923年毕业于南开大学,1931年获美国密歇根大学文学硕士学位。自1923年起,他先后执教于南开中学、东北大学、厦门大学、北京大学、广州学海书院、广东省立勷勤大学、上海暨南大学和北京师范大学等高校。1951年来山东大学任教,直至去世,是20世纪50年代山东大学著名的历史系"八大教授"之一。陈先生的教学与科研涉及世界通史各段,尤精于古代希腊罗马史领域,遗著有《希腊罗马简史》,在《文史哲》上发表过《古代罗马奴隶社会概述》等三篇论文,另校对了阿庇安的《罗马史》、叶菲莫夫的《近代世界史》和迦尔金等的《近代世界史》等多种中文译著,其工作在当时大多具有开拓性质,为我国的希腊罗马史研究、世界史教学和资料建设作出了杰出的贡献。

一、生平:"精英中的精英"

陈同夑先生在学生时代是南开校史上标志性的人物,也是出类拔萃的优等生。作为教师,他在漫长的教学生涯中,为我国培养了很多有用人才和杰出学者,"是一位毕生从事教育工作的辛勤园丁"(王仲荦语)。作为学者,陈先生博学笃志,虽不重发表,却非平庸之辈,在民国时代,即属史学界"精英中的精英";其在山大时期所现道德文章之风范,使得他的名字出现在每一部山大校史之中。

陈先生一生在山东大学所待时间最长,近20年;其次是南开大学,作为学生和老师，共有 17 年。在南开，他是南开大学的第一届学生，和周恩来是中学与大学同学；大学时代，他成为南开学生学习的楷模；执教南开中学时，是英语教学名师。

1913 年陈先生考入南开中学童子部，1916 年 5 月又考入成人部。周恩来记录了这次招生情况："今将成人部录取名次及各班所得分数挨次列下：三年二组周恩来……一年二组陈同燮……"[①]在这次入学考试中，周恩来位列第 1 名，陈同燮位列第 11 名。1919 年，他参加了新成立的私立南开大学的招生考试，被录取为首批 96 名学生之一，再度与周恩来（周两个月后赴法）同窗。

在南开中学和南开大学，陈先生积极参加多种学生社团工作和勤工俭学活动，还热心公益事业，担任后勤工人夜校的教师。在大学时期，他课业成绩优异，一度成为南开号召全校学生学习的唯一典范。1921 年 9 月 28 日出版的《南开周刊》登出一则校方消息，名为《勤学的奖金》，云："三年级同学陈同燮君颇素好学，朝夕不辍，上学年各科成绩均列甲等（90～100）。学校为奖励同学勤奋起见，特免陈君学费、宿费一学年，藉昭激励。"[②]种种事迹足见陈先生品学兼优。

1923 年 6 月，南开大学首批 21 名学生毕业，张伯苓、梁启超出席典礼，陈同燮获授文科学士学位。他因成绩优异，被张伯苓校长聘为南开中学的英文教师。其学生齐思和后来也治世界史，因专业相同，他和陈先生的联系一直贯彻始终。晚年，陈先生收到齐思和的来信，其抬头称谓是"燮翁吾师"，陈自言感受是"比吃扒肘子还舒坦"。[③]

1930 年，陈先生以自己的积蓄自费赴美国密歇根大学研究院读书。1931 年夏天，获文学硕士学位，回国受聘东北大学教授。九一八事变爆发后，他返回关内，不久被厦门大学聘为历史系教授，傅衣凌是陈先生此时的学生。

1932 年，陈受颐出掌北大历史系。陈受颐是西洋史专家，履新后即增加西洋史课程的设置，师资需求亦多，陈同燮先生受邀由厦大北上就教职，

---

① 周恩来：《〈校风〉第三十期〈纪事〉十则（一九一六年五月十五日）》，中共中央文献研究室、南开大学编：《周恩来早期文集》（上），北京：中央文献出版社，1998 年，第 155 页。

② 王文俊、梁吉生等选编：《南开大学校史资料选（1919～1949）》，天津：南开大学出版社，1989 年，第 321 页。

③ 朱懋铎：《陈同燮》，孙长俊主编：《山大逸事》，沈阳：辽海出版社，1999 年，第 67 页。

1932～1935年短短三年，在北京大学“由讲师而副教授而教授”[①]。

1935年，陈先生被北大文学院院长胡适解聘。胡适在1934年5月30日的日记中写道：“商定北大文学院旧教员续聘人数。不续聘者：梁宗岱、Hewvi Frei、林损、杨震文、陈同燮、许之衡。”[②]这次解聘所涉及的胡适与梁宗岱、林损的个人恩怨，学界虽多有钩沉，却莫衷一是，成了一桩公案。陈同燮被解职是出于何种原因？因陈先生性格内敛、低调，从未向人言说，亦未见与之相关材料的蛛丝马迹，故未得索隐。

1934年，陈济棠在广州创办学海书院。次年，院长张东荪延揽陈先生和张君劢、缪钺、谭其骧等至此担任教授。[③] 1936年，陈济棠下台，学海书院停办，陈先生转赴广东省立勷勤大学执教。勷勤大学是广东省政府为纪念国民党元老古应芬（字勷勤）于1934年创办的一所地方大学。1937年，抗战全面爆发，广州受空袭，勷勤大学停办。此时西洋史专家何炳松任上海暨南大学校长，陈先生受邀于1937～1939年在该校任教授。1939～1945年，他在沦陷区的北京师范大学历史系担任教授。其间，张君劢1940年在大理成立民族文化学院，欲聘陈先生为西洋史教授，被婉拒。[④]

1945年，北平光复，此后至1951年，陈先生离开学术界，先后担任北京市自来水管理处副处长、天津济安自来水公司副总经理、天津市自来水公司经理等职。[⑤] 这是陈先生事业的低谷时期，他一度考虑远走他方。据齐思和先生长女齐文颖回忆，新中国成立前夕，“陈同燮教授先后三次力邀齐先生同他一起到台湾，共同主持台湾大学历史系”，未能成行。[⑥]

据尚小明研究，民国时期，大学普遍实行教授每年一聘的制度，虽然一名本科生一般需要4年完成大学学业，但只有143名史学教授能够连续服

---

① 参见尚小明：《北大史学系早期发展史研究（1899～1937）》，北京：北京大学出版社，2010年，第40页。

② 胡适：《胡适日记全编》第6卷，合肥：安徽教育出版社，2001年，第388页。

③ 参见葛剑雄：《悠悠长水——谭其骧前传》，上海：华东师范大学出版社，1997年，第103页。

④ 参见张东荪：《士的使命与理学》，钟离蒙、杨凤麟主编：《中国现代哲学史资料汇编》第四集第一册，沈阳：辽宁大学哲学系，1982年，第155页。

⑤ 参见北京市档案馆等编：《北京自来水公司档案史料》，北京：北京燕山出版社，1986年，第269页；王华棠主编：《天津——一个城市的崛起》，天津：天津人民出版社，1990年，第183、185页。

⑥ 齐文颖说“清华大学历史系陈同燮教授先后三次力邀齐先生同他一起到台湾”，时陈不在清华教书，疑其记忆有误。参见齐文颖：《勤奋·创新·爱国——纪念先父齐思和先生百年诞辰》，《燕京学报》新26期，2009年5月。

务一所大学5年以上，不足史学教授人数的1/4。尚小明指出，“这些人的学识和在学术界的影响，是他们能够连续不断获得续聘合同的重要原因”，这部分人是“精英中的精英”。[①] 这其中，陈同燮的名字赫然在列。

1951年，陈先生结束了自来水公司经理的职业生涯，受聘山东大学教授、世界史教研室主任。20世纪50年代初的山大历史系，世界史师资极端匮乏，真正的世界史专家仅黄绍湘一人，著名的中国史专家童书业和王仲荦分别讲授“古代东方史”和“世界中世纪史”课程，讲授“朝鲜史”的也是中国史专家卢振华。1951年7月，黄绍湘调任人民出版社编审，世界史缺少领军人物。在这个背景下，陈先生北大时期的门生、时任历史系主任的杨向奎知陈先生正在天津自来水公司谋生，遂诚邀他加盟山大历史系。陈先生9月来青岛履新，后来终老于山东大学。

陈先生前半生任职于中国南北多所大学，短则不足一年，多则六年，大抵处于颠沛流离之中。如此阅历，貌似风光，背后又包含着多少辛酸与无奈！这一切都随着他来到山东大学而发生了改变，他的学术地位在山东大学达到了职业生涯的巅峰。陈先生成为世界史专业的带头人和绝对权威，1956年被评为三级教授；与黄云眉、郑鹤声、张维华、童书业、杨向奎、王仲荦、赵俪生并称历史系八大教授，又称“八马同槽”。这些教授中，陈先生与黄云眉年龄最大，同为1898年出生，赵俪生比他俩小19岁，已经不是同一代人了。另，陈于1931年即获教授职衔，远早于其他先生；况且杨向奎是受过陈先生亲炙的弟子。所以，在一些资料中，常见陈先生的排序位列八大教授之首。在山东大学20世纪50年代的辉煌中，文、史两系的诸位先生共同缔造了“文史见长”的学术特色，陈先生的名字由此得以载入史册。

对陈先生来山大之后的工作环境和工作状态，与他共事20年的王仲荦教授这样记述：“1951年，陈教授被调来山东大学历史系工作。由于党对知识分子的无微不至的关怀，生活条件改善，工作安定，他精神焕发，工作的劲头更大了。”[②]由此可见，新的工作岗位为陈先生施展个人才能提供了用武之地，他是非常满意的，工作也很积极。推而广之，其实这又何尝不是王仲荦先生自身心理的写照呢？20世纪40年代，王仲荦先生任中央大学中文系副教授。1947年夏天，胡小石任中文系主任之后，解聘了王仲荦、朱

① 尚小明：《近代中国大学史学教授群像》，《近代史研究》2011年第1期。

② 王仲荦：《序言》，陈同燮编著：《希腊罗马简史》，济南：山东教育出版社，1982年，第1页。

东润、吴组缃和蒋礼鸿等多位教师，时任山大校长赵太侔闻讯，礼聘王先生来山大任教。近40年后，王先生回忆说："除组缃外，朱东润、蒋礼鸿和我，在当时水平来看，也不是坏教师，可是我们被解聘了，我到今天还是百思不得其解。"①也因为王先生对于山大怀有的这份知遇之恩，后来北大三次来邀请王先生去任教，都被他谢绝，他说"山大已经成为我的第二故乡了"。黄云眉先生来山大之前，一度寄居上海亲戚的屋檐之下。童书业先生在1949年来山大历史系任教，对这一职位亦倍加看重，称"是为余任大学专职教授之始"；在山大声名鹊起之后，1962年童先生自述："国内知道童书业的名字，是党的栽培，万分感激，欠党的东西太多了。"②笔者没有详尽考察其时山大文人的思想状态，但由这几位先生的想法可大致窥见一斑。

这里不由得引起"大学与大师"这个老话题。大学"乃有大师之谓"，当下流行的做法就是把其他地方的知名学者拉来，遂符合"有大师乃成大学"的定律。若以山大20世纪50年代的历史来看，一方面，是大师造就大学；另一方面，大师不是天生的，是好的大学在包容和成就着大师。故能够培养和造就大师的大学才是真正的大学。顶级大学如果是一个工厂，那么其使命就是"制造大师"。以上述几位先生的经历为例，山大在他们并不如意的时候接纳了他们，基于这份知遇之恩，几位教授自然也就对所供职的这所大学萌生出欲"涌泉相报"的感情。同时，民国时代的战乱和聘任制度，使得大部分大学教授不能获得一个稳定的教席；而1949年鼎革之后，战乱消弭，人事制度变化，让教师能够工作生活稳定，同时在一定程度上拥有了一份读书人的从容和优雅，童先生感谢"党的栽培"之语应该是对执政党感激之情的自发流露。陈同燮先生亦然。目前仅见的陈先生的三篇论文，都刊登在山东大学《文史哲》杂志上；陈先生唯一的一篇传记，也是由山大朱懋铎教授完成并发表在《文史哲》上；陈先生仅有的一部著作，是在他去世12年之后，由当时的系主任王仲荦先生牵头整理出版的；朱懋铎另撰有一篇《陈同燮》的文章，也载于山大组织出版的《山大逸事》一书。对于陈先生晚年而言，是山东大学成就了他，所以他也以自己勤奋的工作回报山东大学的知遇之恩。

---

① 王仲荦：《谈谈我的生平和治学经过》，《䃣华山馆丛稿》，北京：中华书局，1987年，第604页。

② 王学典、李梅、孙延杰：《顾颉刚和他的弟子们》，北京：中华书局，2011年，第171、205页。

王仲荦先生这样评价陈同燮先生的业务工作和道德风范：

> 对学生、研究生和青年教师，他热心授业，循循善诱，现在山东大学历史系治世界史的中年教师，大都是在他的培育下成长起来的。陈教授在教学中，努力以马克思主义理论指导业务，治学态度严谨、认真；他审阅青年教师讲稿，曾反复强调不准说一句缺乏史实根据的话。他领导我们系世界史教研室的工作，为教学、科研、教材和资料的建设，作出了一系列贡献……
>
> 陈同燮教授作风正派，待人亲切、诚恳，生活朴素。他既能团结同志，又不见风使舵，能够明辨是非，坚持原则。在大家的印象中，他是一位深受尊敬的长者。①

60年代，陈先生曾提出退休要求，由于他无可替代的作用，被系主任蒋捷夫回绝了。陈先生在山大世界史的二十载奠基，泽被后人：1981年，经教育部批准，山东大学与北京大学、南开大学和武汉大学成为第一批四所招收世界史本科生的高校。

像陈先生这样一位有留洋背景的学者，在50年代末的“反右”运动和60年代的“文化大革命”中，自然难逃“资产阶级反动学术权威”被批斗的命运。“文革”开始后，陈先生已近古稀之年，仍然被强制劳动改造，烈日之下，与冯沅君、张维华等先生一起从事拔草的体力劳动。② 然而，厄运还未结束。1968年，陈先生被关进“牛棚”，还患上了冠心病。1970年9月，山东大学迁至曲阜，陈先生以带病之身被勒令一起前往。10月25日，陈先生心脏病发作，未及抢救，卒于曲阜。

陈先生生活极为简朴。在准备给他举行追悼会时，竟然找不到一张先生的照片。一直在陈同燮身边做助教的朱懋铎，以前就读于中央工艺美术学院，具有绘画功底，他凭记忆绘了一张陈先生的遗像，这样才使追悼会得以顺利召开。张志宏教授回忆说，80年代他去北京看望陈师母时，发现其家中所挂仍是这张手绘遗像。

① 王仲荦：《序言》，陈同燮编著：《希腊罗马简史》，第1～2页。

② 参见赵捷：《回忆张维华先生》，《文史哲》1997年第3期。

二、名师：世界史教学的先驱，门生满天下

陈同燮先生是我国世界史教学的先驱，所授课程多为国内首开，他培养了遍布各地的大批人才。在世界史的教学资料建设方面，他校对了几部史学名著的中文译本，值得一提的是，陈先生是山东大学唯一一位精通英语而家里没有一本外语辞典的教授。

陈先生的教学工作具有个性鲜明、认真严格、内容广泛和注重外语的特点。这些特点见诸陈先生不同时期的学生的回忆录中，给学生们留下了诸多美好的印象，被传为佳话。他热爱教学事业，诲人不倦，把教书育人作为天职。朱懋铎记录了陈先生说过的这样一段话："作为教师，最大的幸福，莫过于看到学生成才，学有所成。当每一位成为专家、学者的学生回来喊你一声'老师'时，那真是最高兴的事。"[①]陈先生教过的学生名单中有这样一些名字：南开时期的吴大猷和齐思和；厦大时期的傅衣凌；北大时期的王树民、全汉昇、何兹全、杨向奎、邓广铭、孙思白和张政烺等；山大时期指导过的仅世界史青年教师和研究生就有刘明翰、施治生、宋家珩、李永采、张志宏、朱懋铎、张左系、张建平……所以，陈先生有理由为他的教书生涯感到自豪。

陈先生授课范围很广，除英语外，涉及自世界上古史到世界现代史的各时期，是中国顶级大学里为数不多的世界通史专家。在北大，陈先生至少开了"西洋通史""西洋上古史""西洋近百年史""英国史""欧洲殖民事业发展史""1815 年以后的英帝国"6 门课程。[②] 这些课程多为国内首设，同时也成为北大其他相关院系的必修课程。1949 年之后，国内改学苏联教育体系，世界史课程设置也随之一变，陈先生在国内属于最早讲授这一新课程体系的教授之一。山东大学档案馆所存 20 世纪五六十年代的课程表显示，陈先生在山大至少开过"世界上古史""世界中世纪史""世界近代史""世界现代史""英语"5 门本科生课程。有的课是合开的，有的是几门课同

① 朱懋铎：《陈同燮》，孙长俊主编：《山大逸事》，第 67 页。

② 参见尚小明：《北大史学系早期发展史研究（1899～1937）》，北京：北京大学出版社，2010 年，第 40 页。

时上。如 1959～1960 学年第二学期，他为一年级学生上“世界上古史”，每周授课 3 课时、辅导自习 5 课时；同时，为二年级学生上“世界近代史”，每周授课 4 课时、辅导自习 6 课时。[①] 要知道这时他已年逾六旬，尚如此一心扑在平凡的教学工作上，“春蚕到死丝方尽”，陈先生无愧于“是用毕生精力为祖国的教育事业作出了贡献的老一辈历史学家”[②]这一评价。

陈先生对待教学工作一丝不苟，认真编写讲义（50 年代国内尚无世界通史教科书），业务娴熟，对讲义内容包括标点符号都烂熟于心。在当时的山大历史系，他是童书业先生之外另一位上课不看讲义的教师。邹逸麟回忆道：“陈同燮先生操一口标准的北京话，声音浑厚，讲课一句连一句，没有一句废话，一字不漏记下来，就是一份很好的讲义。”[③]从 30 年代北大的学生何兹全，到五六十年代山大的龚继武和朱懋铎等人，都津津乐道陈先生上课的一个特点，即为方便学生记笔记，每讲完一段，他都会说：“另起一行。”[④]

陈先生不但授课认真，而且对学生要求严格。张建平是陈先生1961 年招收的研究生，他回忆说，陈先生对学生要求严格，从不轻易嘉许学生。南开中学毕业的著名社会活动家杨肖彭回忆自己读书时的情况：

> 高中有两位英文教师最严、铁面无情……有一次陈老师发现不少同学对“compound”这个词读音时重音读错。当堂纠正多次，有的人习惯成自然，就是粗心不改，陈老师万般无奈，及时宣布实行：以后谁再读错这个字，罚站一课时，不准坐下。真有效！从那之后，再也没有人错读 compound 了。[⑤]

一般印象中，陈先生授课给人以呆板的印象。其实不然，陈先生另有风趣、活泼的一面，而且有学生多年之后还去回忆或模仿，引为快事。齐思和先生的次女齐文心这样回忆：“记得父亲曾经绘声绘色地讲述英语会话

---

① 参见《山东大学上课时间表（1959～1960 学年第二学期）》，山东大学档案馆藏。

② 朱懋铎：《陈同燮教授与世界古代史研究》，《文史哲》1986 年第 5 期，封二。

③ 邹逸麟：《“八马同槽”时代的山东大学历史系》，《历史学家茶座》2009 年第 1 辑，山东人民出版社，2009 年。

④ 龚继武：《我的大学老师》，《宣城日报》2009 年 7 月 14 日；朱懋铎：《陈同燮》，孙长俊主编：《山大逸事》，第 68 页。

⑤ 杨肖彭：《创、省、严、恒》，傅国涌编：《过去的中学：人生最关键阶段的学习和教育》，武汉：长江文艺出版社，2006 年，第 196 页。

课上如何边背诵边表演，在严格又活泼的训练中打下坚实的外语基础。"①50年代的学生张知寒，在三十多年之后仍然在惟妙惟肖地模仿陈先生的腔调："现在的世界和历史上的世界不同了。同学们在思考问题的时候应该放开眼界。过去的历史，都是一个国家和地区的历史。当今世界任何一个国家的任何重大事件，没有一件是离开世界环境而孤立存在的了。"②这其中，不仅是专业知识的传输，更是眼界的开阔和境界的熏陶。陈先生是真正能够和学生打成一片的教授，在青岛时期，他周末常约学生郊游，寓教于乐，出智力题目考学生，然后自己掏钱奖励优胜者。对待青年教师和研究生，除业务指导外，在生活上也很关心，每发工资，就邀请青年人改善伙食，可谓青年人的良师益友。

除课堂上课外，陈先生还热心在业余时间对学生的辅导和对社会各界人士讲解专业知识。傅衣凌先生回忆在厦大读书时，课余时间"请陈同燮等老师给我们作报告"③。1956年，埃及政府把苏伊士运河收归国有后，陈先生向青岛市政协委员、各民主党派成员及各界群众四百多人，作了题为"关于埃及苏伊士运河问题"的报告，介绍了埃及自古以来在文化艺术方面的成就和埃及人民反抗殖民主义斗争的历史④，收到了良好的社会效果。

陈先生对青年人持积极扶持的态度，热情为青年学者的成长创造条件。学习世界史，必要的外语修养是基本条件。他一直狠抓青年教师和研究生的外语学习，直到晚年，还每周拿出固定时间辅导外语。1960年，施治生成为陈先生招收的第一位研究生，方向为世界上古史。陈先生因自己拉丁语不精，就派施治生去东北师范大学随郭守田教授学习拉丁文。施治生不负所望，成长为我国著名的西方古典学家，生前任中国社会科学院世界历史研究所研究员，兼中国世界古代中世纪史研究会副会长、法定代表人。

1964年，商务印书馆致函陈先生，就"世界史知识丛书"的选题和作者人选事宜征求意见。陈先生回函：

> 选题可以陆续增加，有些已选定的题目，我建议可以修改一

---

① 齐文心：《先父齐思和生平和著述简述》，《农业考古》2000年第3期。

② 焦世瑜：《历史·墨子·张知寒》，济南：山东文艺出版社，1997年，第241页。

③ 傅衣凌：《傅衣凌自传》，北京图书馆《文献》丛刊编辑部、吉林省图书馆学会会刊编辑部编：《中国当代社会科学家》第四辑，北京：书目文献出版社，1982年，第280页。

④ 参见青岛市史志办公室编：《青岛市志·政协志》，北京：新华出版社，1999年，第95～96页。

下。……

我推荐张建平同志写第十八选题“早期基督教的产生及其发展”。张建平是我们山大历史系毕业生，后考入研究生班……写这个题目自有轻车熟路之便，不会费太多的时间。张建平同志的理论水平和业务水平都不错，文笔也通畅。我认为他有资格担任这项写作。①

今年4月，笔者给张建平先生展示了这份手迹，他看到其师对他这样高度的评价，实感意外，也大为伤感，此时距陈先生去世已四十余年了。

世界史教学与研究的一项基础性工作是翻译外国史学著作，这种资料建设工作是国外学术资源中国本土化的一种积累。对译著的校译工作对校译者往往在外语、汉语、专业知识和综合知识方面提出更高的要求，也很能体现译校者的业务水准。而校译者常常默默无闻，被淹没在学术史之中，有些学者视之为“丈夫不为”之事。陈先生英语造诣很高，熟悉外国学术观点和资料，他在50年代校对了苏联叶菲莫夫的《近代世界史》和迦尔金等的《近代世界史》，在60年代校对了阿庇安的《罗马史》等多种中文译著，更多的资料建设成果没有发表，而是体现在日常教学之中了。

1954年，陈先生在《文史哲》杂志上连续发表了《对三种近代世界史译本的校误与意见》和《对〈近代世界史〉下册和〈现代世界史〉的校误与意见》两篇文章。② 当时大学世界近代史课程的主要教学参考书是苏联叶菲莫夫的《近代世界史》，国内有开明书店出版的王易今译本、中华书局田光译本和人民出版社陈山译本三个版本，陈先生把这三个版本和原文对照之后，比较优劣，写出第一篇文章，指出不同译本的优缺点。第二篇文章是针对苏联迦尔金等的《近代世界史》两个译本——一个是中华书局的石溟译本，另一个是海燕书店的朱庆永译本——校对而成。陈先生艺高人胆大，直言这些译本都有若干“不妥当”“混乱”的地方，可以说陈先生深厚的语言功底和广博的学识素养在这两篇文章中得到了恰当的体现，作过世界史研究的读者一看便知。

这两篇校译文章内容包括近代英、法、德、俄、意、美、日、奥、荷诸多国

---

① 陈同爕：《致商务印书馆编辑部函》（1964年3月25日），手稿。

② 陈同爕等：《对三种近代世界史译本的校误与意见》，《文史哲》1954年第5期；《对〈近代世界史〉下册和〈现代世界史〉的校误与意见》，《文史哲》1954年第6期。这两篇文章都注明是由李威周执笔，李其时随陈先生做助教。

家，在领域上涉及历史、地理、经济、社会、自然科学和马恩著作等方面的知识，陈先生还从技术上校对了习惯用语、数字、标点符号、近义词、俄文大小写、日语汉字的翻译，精妙之至，只有点出这些细微的区别，读者才能领悟。兹举一些例子说明（硬伤、标点和数字方面不列）：知识方面的有手工作坊与工场手工业、保守党与托利党、工厂与行会、路易十五与路易十六、荷兰与尼德兰、委托书与陈情书、启蒙与开明、里昂与里尔、电话线与电报线、奴隶与雇农、大公与王位、德奥与奥匈、执政官与总裁、名誉书记与通讯书记等；语言方面的有增加与增加到、出席与列席、牵制与吸引、漩涡与循环、前两天与两天之后、15 世纪与 1500 年前、承认与考虑、顺利与良好、没落与崩溃、日语的萨摩与萨阀、下关与马关、大名与大明等。今天具备一定世界史基础的读者能体会到这其中的差别。

在第一篇文章中，陈先生直言，王译本不宜再用作学生学习的参考书，陈山译本最好。陈先生还提出了几条直到今天有关人员和部门仍然应该遵守的翻译原则：一是“既已通用且正确的译名，不必再代之以新的字样，以免造成混乱印象”；二是对马克思主义经典著作，译者最好查一下好的中译本，注上中译本的书页，而无须另译；三是主管部门要及时注意主要译名的统一工作，以免混乱。1954 年《文史哲》第 6 期“编者的话”指出，陈先生的校误工作“对于教授世界近代史的先生们会有帮助”。

20 世纪 60 年代初，陈先生为商务印书馆校对了谢德风所译《罗马史》一书的草稿，他对书稿字斟句酌，不厌其烦地修改，历时一年有余。据他的研究生张建平、本科生唐致卿回忆，几乎每日要帮助先生誊抄稿子、跑图书馆借阅资料核对。后来，谢德风教授在商务印书馆 1976 年版的《罗马史》中译本《译者序》中特别致谢：“山东大学陈同燮教授为我校阅全部译文，提供了许多珍贵的意见。均此表示衷心的感激。”1988 年商务印书馆决定重印 200 种汉译世界学术名著，该书被选入。

三、研究：若干史学领域的开拓者

陈同燮先生留下的著述不多，给人一种“述而不作”的印象。1949 年之前他没有著述发表，目前所见陈先生公开发表的文章，只有 50 年代的《古代罗马奴隶社会概述》和前面所述两篇译校文章，都刊登在《文史哲》杂志上;其唯一的一部著作《希腊罗马简史》,是在他逝世之后,王仲荦先生派人由陈先生50年代的讲义编纂而成的。然而,笔者检索山东大学档案馆所存陈先生的资料后认为,更准确地说,他算是一位"作而不发"的学者。陈先生在五六十年代笔耕不辍,研究范围广泛,除主攻希腊罗马史之外,研究内容还涉及世界通史各段的多个国家和地区。这里围绕陈先生的研究工作谈三个问题:一是他作过什么研究;二是作而不发的原因;三是其科研工作的学术水平和地位。

由于山东大学从青岛搬至济南、从济南迁至曲阜及再次返济的周折,其科研档案所存不全,这里仅以所存留部分来考察陈先生科研工作片段。1956年,陈先生的研究主要包括两方面内容:一是"古代罗马史",目的是"研究古代典型的奴隶社会具体状况并说明罗马奴隶制盛衰兴亡的经过和原因";二是"世界现代史大事记",目的是供"大学教学参考"①。1957年,工作有三项:一是撰写《古代希腊史纲要》,目的是"供中学教师和大学学生参考",备注"上海人民出版社签约";二是"世界现代史讲义",目的为"结合教学、提高教学质量";三是"论1956年匈牙利事件"与"论苏伊士运河国有化问题",目的是"研究当前国际问题"。② 这里,我们注意到,他的科研不是停留在计划层面上的,而是付诸行动,甚至已与出版社签约。

1961年,陈先生的工作是写纪念巴黎公社90周年的文章——《巴黎公社的历史意义》,研究目的是"结合纪念活动,学习无产阶级革命理论",并且"提交科学讨论会"。该年的另一工作是撰写"亚非拉民族解放运动史",内容是"研究近代各殖民地半殖民地国家人民反帝斗争的历史,特别是十月社会主义革命以后的民族解放运动的历史";研究根据是:"目前国内尚无完整系统的教材,应教材建设的需要;为研究民族解放运动问题的读者编写历史教科书。"陈先生在1962～1963年的科研项目是"总结历史教训、破除和平长久幻想""古代罗马奴隶法""古罗马史"。③ 据发表在《山东大学学报》1960年第1期上的文章《高举毛泽东思想红旗,带动各项工作全面大跃进》一文称,陈先生还写过《毛泽东思想对研究世界史的指导意义》这样的应景文章。

---

① 《山东大学一九五六年科学研究计划》,山东大学档案馆藏,编号1-KYZH01-1。

② 《山东大学一九五七年科学研究计划》,山东大学档案馆藏,编号1-KYZH01-1。

③ 《山东大学一九六一年科学研究计划》,山东大学档案馆藏,编号KYZH016。

概括起来，陈先生的研究大致可以分为三类：一是希腊罗马史方面的基础研究；二是具有时效性的国际问题研究，如巴黎公社纪念文章、苏伊士运河问题和匈牙利问题；三是世界通史的教材编纂与资料积累工作，如世界现代史讲义和亚非拉民族解放运动史研究。今天这些方面的著述与编纂积累固然蔚为可观，但在20世纪50年代和60年代初期，陈先生的这些工作在选题方面都具有前沿性和开拓性。

至于陈先生发表著作不多的原因，要置于中国世界史研究的大背景之下去看待。据尚小明的研究，近代中国大学外国史的知名教授大多一生没有留下论著，有论著的一般是兼治中国史的教授。[①] 他把陈先生列入少数纯治外国史的教授之列。可以说陈先生是他那个时代世界史专家常态性的代表人物，像周谷城具有“教书就要著书、不著书就不要教书”想法的西洋史学者是另类人物。1949年之前，国内西洋史学者的著作较罕见，且基本为编译而成。20年代，何炳松编译的《中古欧洲史》和《近世欧洲史》被称为“研究西洋史的唯一善本”，陈衡哲在给《中古欧洲史》写的序言里说：“国中为历史而研究西洋历史的人已经不多，加上这一类少数的学者又大都执教鞭于国内各大学，甚少闭门著书的机会，而西洋历史的材料在国内更不易得，此犹足增加著书的困难和失望。”[②]这种编译西洋史的状况到三四十年代也无根本性的改变。1936年，雷海宗说：“我们决无能力对西洋史有研究的贡献，所以各种繁琐的课程可以一概不开，只求叫学生对西洋史能得一个整个儿比较充分的了解，已非容易，也就很够我们努力的了。”[③]1941年，齐思和就国人的西洋史研究水平感慨道：“实际则微论伟大创获发现足使西人推挹咏叹，如伯希和、高本汉、白鸟库吉、新城新藏等外儒之如汉学，尚未出现，即求一不俚不陋，足供国人参考之著亦渺不可得。”[④]自此70年过去了，中国的世界史学无疑取得了长足的进步；但，是否出现了像伯希和之于汉学那样的“创获发现足使西人推挹咏叹”的大儒，笔者陋钝，不敢妄言。

---

① 尚小明：《近代中国大学史学教授群像》，《近代史研究》2011年第1期。

② 陈衡哲：《序》，第1～2页，何炳松编译：《中古欧洲史》，北京：商务印书馆，1924年；转引自尚小明：《北大史学系早期发展史研究（1899～1937）》，第138页。

③ 雷海宗：《对于大学历史课程的一点意见》，《独立评论》第224号，1936年10月25日。

④ 齐思和：《西洋史教学之基本问题》，北京：函雅堂书店，1941年，转引自姜义华、武克全主编：《二十世纪中国社会科学·历史学卷》，上海：上海人民出版社，2005年，第273页。

陈先生发表的论著达到了什么水平呢？这个问题需要从当时的学术背景和整个学术史两个方面来看待。《古代罗马奴隶社会概述》是一篇3万余字的长文，连载于《文史哲》1956年第11期和第12期，应是我国学者所发表的第一篇关于罗马奴隶制的专题性论文，今天看来仍然是一篇高水平的研究文章。《希腊罗马简史》一书本是20世纪50年代初的讲义，当时被国家教育部指定为交流教材，基本上反映了那个时期我国学者在希腊罗马史领域所达到的水准，其见解和资料今天大都不过时，另具有方法论和史学史的价值。

《古代罗马奴隶社会概述》是在50年代古史分期讨论的学术背景之下完成和发表的，刊登的杂志也是古史分期论战的主要阵地——《文史哲》。陈先生以治外国史学者的身份，没有正面参与古史分期的论争，但其发表的时间暗合古史分期讨论走入死胡同的时机。《文史哲》1956年第8期“发刊词”云：“书上的简单记载加上我们一些教条主义倾向，越发把简单的记载简单化了。于是活生生的历史事实变成干巴巴的公式与结论。这样打算解决古史问题，岂不是缘木求鱼！”[①]如果说古史分期问题在中国学术界还有真伪命题之争的话，那么罗马奴隶社会则是一确定无疑的事实。

陈先生在这篇文章中，对罗马奴隶制的形成、发展、瓦解和封建制的萌芽问题作了全面的考察，系统地论述了罗马奴隶制的兴衰过程及原因，逻辑性强，论证严密，环环相扣，层层递进，堪称一篇雄文。该文以生产力和生产关系、小农制和商品经济、阶级矛盾与调和等历史唯物主义的矛盾分析方法为指导，论述了奴隶制内在矛盾的发展是古典社会灭亡的内因，蛮族入侵是外因，文章的最后部分指出隶农制是罗马社会封建制发展的因素。在文章各组成部分的处理上，陈先生对罗马奴隶的来源、奴隶的用途、奴隶制发展的影响和奴隶制的瓦解等具体问题都分几个方面进一步论述，在逻辑上无懈可击。文章的一个特色是语言简练，风格独特，打上了陈氏语言风格的烙印。

由于语言和材料的限制，该文使用的资料基本上都来自著作，而非一手材料。但对于一些重要的史实，作者也作了考辨、比较或存疑处理。例如，在全盛时期罗马奴隶人数问题上，给出了德国史学家贝洛克、加斯特和

---

① 《文史哲》编辑部：《开展中国古史分期讨论》，《文史哲》1956年第8期。

法国学者马加特的三种不同说法。[①]

在国内论述罗马奴隶制这一问题的学术史上，该文仍然占据不可替代的地位。陈先生关于罗马奴隶的来源、奴隶的用途、奴隶制发展的影响和奴隶制的瓦解这样一个逻辑体系的处理方法，被后来的大多数世界史教科书和罗马史著作沿袭。陈先生的研究生张左糸在这篇文章的基础上完成了《古代罗马的奴隶制度》一书，商务印书馆作为“外国历史小丛书”之一种于1965年出版，1979年再版。在目前流行的吴于廑、齐世荣主编的六卷本《世界史》教科书中，古代罗马部分的作者正是陈先生的入室弟子施治生，他发扬光大了其师的理论。

陈先生的《希腊罗马简史》成书时间不确定，据王仲荦先生和朱懋铎回忆，是在50年代初；书稿整理者之一李道铭是53级学生，一般历史系在大一开世界上古史课程，也应为1953年使用该讲义；再者，如果把此书罗马奴隶制部分的内容与上面所说陈先生1956年发表的文章作一比较，也会发现书的内容不算成熟。这样，我们可以大致判断该书成书于50年代前期。王仲荦先生在此书的序言中还指出，该书“没有补充新资料和作内容的修订”，所以保持了原貌。

首先看这部讲义写成的学术背景。1962年，我国才有了周一良和吴于廑主编的第一部《世界通史》教科书。此前，约与陈同燮先生同时，吴于廑先生也从1954年起着手撰写《古代的希腊和罗马》一书。陈、吴二位先生的工作应为我国学者独立撰写希腊罗马史著作的开始。

这本书的优点大致有这样几点：一是在写作方法上，系统性强，语言简洁，详略得当，重点突出。不足18万字的作品概述了希腊罗马两大古典文明的全貌，同时对于希腊的斯巴达和雅典两大城邦、雅典的民主制和奴隶制、希波战争、罗马的扩张和罗马奴隶制这样一些重要内容着墨较多。二是在史识方面，作者以世界史的眼光看待地区国别史，以通史的视角对待断代史。如作者结合古代埃及历史的变化考察爱琴文化的盛衰，以与中国、西亚、印度对照的方式编排罗马的编年史，以对后世影响的立场看待古典文化等等。三是在一些具体问题的见解和结论上，陈先生的一些匠心独具的观点至今还在闪耀着智者的光辉，例如他对希波战争波斯失败原因的分析、对罗马共和制灭亡的阐释，再如他的这个观点之精妙：“希腊各城邦

① 参见陈同燮：《古代罗马奴隶社会概述》，《文史哲》1956年第11期。

在政治上是分裂的，希腊人亦没有政治统一的观念，但在宗教上希腊人是统一的，宗教思想维系着他们的精神。”[①]短短数语，是对希腊政治和文化异同的高度概括。

这本书的不足之处，主要是时代造成的资料的局限以及由此引起的观点偏差。例如，关于克里特文化，陈先生提到克里特岛发现的线性文字 A 和 B，“至今还未释读成功”[②]；克里特文化初期尚处在原始社会阶段。其实，线性文字 B 已经在 1953 年成功释读，只是当时信息闭塞，相关的资料和成果还没有传入我国。

在高水平学术研究中，这部著作今天仍然被作为参考资料的来源和学术对话的前提。例如，《历史研究》1996 年第 4 期发表的顾銮斋教授《论雅典奴隶制民主政治的形成》、《历史研究》2002 年第 2 期发表的晏绍祥教授《雅典首席将军考辨》等文章都引用了陈先生《希腊罗马简史》的资料或观点。至于一般论文和其他学科的著述，对此书的引用就更多了。

如何看待陈同燮先生在学术史上的地位？南开大学教授、中国世界古代中世纪史学会理事长王敦书先生在定位林志纯（日知）是中国世界古代史学科奠基人之前，曾指出：“老一代知名的世界史学者，如周谷城、雷海宗、齐思和、陈同燮、吴于廑、郭圣铭、胡钟达、李雅舒等，都为在中国创建世界古代史学科作出了重要的贡献。”[③]结合本文所列陈先生的教学、校译和研究成就，我们可以说，陈同燮先生是中国世界古代史学科的创建人之一，属于我国世界史教学和研究的先驱。

（原载《文史哲》2011 年第 5 期，在收入本书时有改动）

① 陈同燮：《希腊罗马简史》，第 17 页。
② 陈同燮：《希腊罗马简史》，第 6 页。
③ 王敦书：《林志纯和中国世界古代史学科的建设与发展》，《世界历史》2000 年第 2 期。

高亨先生的生平与学术

董治安

我国著名先秦文史研究专家、文字训诂学家高亨先生，1900年农历七月初四生于吉林省双阳县一个叫山咀子的小村里。10岁始入邻村私塾就读。地处僻远，交通不便，1898年戊戌政变以及由此掀起的民主革命运动，似乎没有在这里引起多大的回响。高先生在私塾里接受的完全是沿袭古老传统的封建儒学教育。然而，由于勤奋好学、资质颖异，八载寒暑，他却精读了《论》《孟》《诗》《书》等重要典籍，烂熟到能背诵的程度。这为他日后从事古代文史研究打下了坚实的基础。

1918年春，18岁的高先生考入吉林省立第一师范学校。课内负担不重，他把主要精力用于课余，在地方名士张文澍老师的指导下，努力攻读《说文》，还系统钻研了先秦诸子主要著作及前四史等。历时五年，大大开阔了视野，粗识了治学的门径。

1923年春，为求学业上的深造，高先生第一次远离家乡来到北京。先入弘达学院，继而转到北京师范大学、北京大学，1925年秋考入清华大学研究院，为该院国学专业首届研究生。

清华研究院，这座众多学子仰望的最高学府，荟萃了一批素享盛名的专家、教授。当时在国学专业执教的有王国维、梁启超、陈寅恪、赵元任等，其中王、梁二位对高先生教诲尤多，影响更大。高先生的毕业论文《韩非子集解补正》深得导师的赞许。他在离校时还得到梁先生手赠一联，云："读书最要识家法，行事不须同路人。"事实证明，高先生在清华研究院为时虽不算长，却确立了他终生"遵循朴学方法，以文字音韵训诂为工具，来研读先秦诸子的遗著，从而抒录个人的心得"[①]的治学道路，对他日后的学术发

① 高亨：《诸子新笺》"自序"，济南：齐鲁书社，1961年。

展,具有十分重要的意义。

1926年秋,高先生由清华研究院毕业,被吉林省立法政专门学校聘为教授,兼吉林省立第一师范学校教员,开始了延续终生的教书生涯。两年多以后,转任沈阳东北大学教育学院国文科教授。他在教学和科研上的成绩,逐渐受到更多的重视。

在任教东北大学最初几年间,高先生在颠沛不定、诸多干扰中,先后写出了《吕氏春秋新笺》(写成于1931年)、《荀子新笺》、《庄子新笺》(写成于1932年),完成了《金石甲骨文字通笺》初稿的大部分。《金石甲骨文字通笺》是一部从《说文》入手考释金甲刻石文字的专著,取材弘富,考释精审,是集高先生多年心血的力作。可惜的是,这部长达十四卷、百余万字的初稿,被一友人借阅,其后据称竟失落在沦陷的北平,成为高先生终生难忘的一件憾事。

20世纪30年代初,日本帝国主义的侵略魔爪越来越明目张胆地伸向东北三省。九一八事变的爆发,彻底暴露了日寇侵华的野心,也进一步点燃了中国人民抗日的烽火,"不做亡国奴"的吼声响彻白山黑水。高先生于1931年底随东北大学内迁北京。那是一个天气阴沉的上午,高先生不得不扔下大部分衣物、图书,仅带着一部《说文》、几册心爱的古籍以及正在奋力撰写中的《甲骨金石文字通笺》部分手稿,提着被褥卷,匆忙赶乘开往北京的火车。在乱哄哄的沈阳车站,高先生又把仅有的11块大洋送给了同样急于进关而无钱购买车票的两位同事刘某和周某。几十年后,高先生还不禁怀着复杂的感情,回想起发生在那民族危亡年代的令人心酸的一幕。

1933年,日寇侵略的阴影笼罩着华北。3月,日寇占领热河。5月底,国民党政府与日军签订了《塘沽协定》,平津门户洞开。是年8月,高先生离开北京,应聘为河南大学教授,先在开封,后迁至信阳南境的鸡公山。七七事变第二年,他由豫入川,在乐山担任武汉大学教授。两年后,复任三台县东北大学教授,兼中文系主任。1943年8月起,转任成都齐鲁大学教授,兼中文系主任。1944年8月,再赴陕西任西北大学教授,兼中文系主任。1945年8月,重返四川三台执教东北大学。一年后,又随东北大学迁回光复后的沈阳。自1931年底离开东北奔赴关内,至此已整整经过了十五个春秋。

这十五年间,高先生足迹遍及大半个中国,辗转流徙,居无定所。远离的故土,久别的亲朋,引起他深深的思念;动荡的时局,艰难的国运,更使他忧心如焚。1941年7月,他在写给杨树达先生的一封信中说:"奉读大笺,敬悉壹是。道旌因路阻且长，不能来潼讲学，为之怃然。寇氛犹盛，国运方棘，不知何时始克欢聚。”[①]正流露了这样的心绪。这期间，他写了不少诗词，聊寄情怀。在作于1938年(时居开封)的一首《东风第一枝·闻雁》中，他写道：

御寇无人，还乡是梦。登楼听到征雁，分明今日初来，仿佛昔年曾见。烽烟漠漠，又何怪声声呼唤。有几许雪迹泥踪，南北东西飞遍。

思旧侣，恶风吹散。望去路，妖云遍断。再过河浦关山，久别辽原星汉。风翎雨翮，又道是飘零都惯。且鼓翼直上青霄，回首江山一叹！

在另一首题为《春怀》(写于四川乐山)的七律中，又写道：

秋雨车马招入秦，而今愁见海棠春。
铁鸢卵坠斑斑血，夷马蹄飞处处尘。
破碎山河空涕泗，饾饤文字岂经纶。
自怜于国终无补，应伴渔樵做隐沦。

在这种充满孤独漂泊之感和忧国忧民愁思的日子里，就高先生私生活方面来说，也许稍能使其感到慰安的是，东北大学迁到三台不久，经至友蒋天枢教授介绍，他与罗璘先生结成终身伴侣。从此，罗璘先生不仅在生活上给予高先生无微不至的照顾，还在教学、科研上帮助他查抄资料、清写文稿，成为高先生得力的助手。

抗战时期，高先生在十分困难的条件下，一直没有停止自己的学术研究。他说：“国丁艰难之运，人存忧患之心，唯有沉浸陈篇，以遣郁怀，而销假日。”(《老子正诂·自序》)他潜心钻研周秦诸子之作，勤奋不懈，于1936年写了《墨子新笺》后，又先后完成了专著《老子正诂》、《周易古经今注》(包括《周易古经通说》)、《墨经校诠》等。然而，这批书稿由写成到付梓、问世，无不历经曲折。其中，《老子正诂》1929年已印作教学讲义，历经十载增补，至1941年才交开明书店排印，又过两年始得正式见书。《周易古经今注》脱稿于1940年，由叶圣陶先生介绍交上海开明书店，后因开明停业，出版不成；1943年又交贵阳交通书局，适逢日军进犯桂黔，只匆匆印了“通说”部分。至于《墨经校诠》，虽写于1944年，却不得不置于书箧中达

① 杨逢彬：《积微居友朋书札》，长沙：湖南教育出版社，1986年，第125页。

十余年之久，直至1956年才得以正式出版。

高先生满怀希望于1945年回到光复后的沈阳，任东北大学教授、文学院院长，兼东北中正大学和女子师范大学中文系主任，又兼沈阳博物院筹备委员会委员。他渴望在故乡土地上为发展学术和教育事业多发挥些作用，多做些贡献。然而，人们欢庆胜利的喜悦，很快被一种对现实的疑虑、不满所代替；政坛的钩心斗角、争名逐利，也不时渗到文化教育部门。这些都使高先生感到不安。另外，高先生只身一人随东北大学回沈阳复校，罗璘先生和两个孩子仍留在四川。时光飞逝，他对远方亲人的思念之情也越来越强烈。经过反复思量，高先生毅然抛弃了优厚的薪俸和令人仰慕的职位，重又奔往四川。

1948年8月到1952年3月，高先生先后于三台川北农工学院、北碚相辉学院、重庆西南师范学院任教授、研究员。他在四川迎接了中华人民共和国的建立。1952年4月，他举家北上，迁回吉林，又一次出任吉林师范专科学校教授。1953年8月，经陆侃如、冯沅君教授引荐，高先生开始执教于青岛山东大学中文系。

青岛，是一座美丽的海滨城市。50年代前期的山东大学，在校长著名学者华岗的主持下，正一派欣欣向荣。文史两系尤可谓名士如林，学术气氛十分浓厚。高先生在这里得到了很好的接待和安排，而优雅的环境、相当齐备的图书资料，以及领导的热情欢迎、友人的切磋琢磨，都使高先生产生一种发自内心的喜慰之情，有一种“如归”的感觉。

高先生此时已年过五十，渐入老境，然而却好似焕发了青春，工作上、学术上连连获得可观的成绩。他在承担中文系本科基础课、选修课，并完成指导两届研究生、若干进修教师工作的同时，短短几年间，陆续发表了《墨经中一个逻辑规律——“同异交得”》(1954)、《周代大武乐考释》(1955)、《周代地租制度考》(1956)、《史记的思想性与艺术性》(1956)、《诗经引论》(1958)、《商鞅与商君书批判》(1959)、《蔡文姬与胡笳十八拍》(1959)等学术论文；出版的专著有《诗经选注》(1956)、《楚辞选》(1956，与陆侃如、黄孝纾合作)以及《周易古经通说》(1958)、《墨经校诠》(1958)等。在此期间，他除去担任山东大学学术委员会委员以外，还从1957年6月起受聘兼任中国科学院哲学研究所研究员。

20世纪60年代初，三年困难、政治上“左”的干扰，对高先生的生活和工作产生了一定的影响，但他仍能把主要精力用于工作。他的学术研究，依然保持着很好的势头。几年间，又发表了一批重要的学术论文，如《上古乐曲的探索》(1961)、《晏子春秋的写作时代》(1962)、《孔子思想三论》(1962)、《试论庄子的齐物》(1962)、《孔子与周易》(1962，与董治安合写)、《周颂考释(上、中、下)》(1962～1963)、《试论晚周名家的逻辑》(1963 年)等；出版的专著有《文字形义学概论》(1961)、《诸子新笺》(1961)、《周易杂论》(1962)、《上古神话》(1963，与董治安合写)等。另外，还编成了一部约 40 万字的学术论文集《文史述林》(此书编成于 1960 年底，1980 年才得以与读者见面)。

1963 年 10～11 月，中国科学院哲学社会科学部第四次委员会扩大会议在北京举行，高先生参加了会议，并于会议期间与另几位被指名的代表一起，受到毛泽东主席的接见。当周扬同志介绍到高先生时，毛泽东同志风趣地询问高先生："是研究文学的还是研究哲学的?"又说读过高先生的几种论著。他对高先生的成绩给予了肯定的评价，还说了些鼓励的话。此一殊荣，出乎高先生的意料，他为此激动不已，久久不能忘怀。返回济南，遂将自己的著作《诸子新笺》《周易古经今注》等六种，连同一信，寄请当时中宣部副部长周扬同志转呈毛泽东主席。其后不久，他又将 60 年代初读毛主席诗词有感而填写的一首《水调歌头》，寄请毛泽东同志指正，词云：

掌上千秋史，胸中百万兵。眼底六洲风雨，笔下有雷声。唤起巨龙飞舞，扫灭魔焰魅火，挥剑斩长鲸。春满人间世，日照大旗红。

抒慷慨，写鏖战，记长征。天章云锦，织出革命之豪情。细检诗坛李杜，词苑苏辛佳什，未有此奇雄。携卷登山唱，流韵壮东风。

1964 年 3 月 18 日，毛泽东同志亲笔复信给高先生，全文如下：

高亨先生：

寄书寄词，还有两信，均已收到，极为感谢。高文典册，我很爱读。肃此。敬颂

安吉！

毛泽东

一九六四年三月十八日[①]

---

① 《毛泽东书信选集》，北京：人民出版社，1983 年，第 596 页。

1966年"文化大革命"开始后，高先生同许多教授一样，被迫停止工作，接受批判和参加体力劳动。1967年8月，在毛泽东主席的直接干预下，高先生被借调到北京，先住在中华书局，后又由文化部安排一个住处，实际上是被保护起来。"文化大革命"期间，他出版了一部《商君书注译》(此稿实成于60年代，1974年略作修订出版)。

粉碎"四人帮"特别是1978年党的十一届三中全会召开以后，拨乱反正的大好形势，学术文化领域亟待开拓前进的局面，使高先生受到鼓舞，感到兴奋，渴望多做些工作。他于1978年动手，仅用了一年多时间，写出了新见迭出的《诗经今注》(1980)。几乎与此同时，又在助手的协助下，完成了《周易大传今注》的修订工作(出版于1979年)，并且出版了《老子注译》(1980年，华钟彦校)。他写于1978年的学术论文《关于老子的几个问题》(《社会科学战线》1979年第1期)，对于长期以来聚讼纷纭的老聃其人的问题，提出了独到的见解。他写信给山东大学和中文系负责同志，希望派来助手，以期把自己的科研设想能尽快变成现实。他每于北京住所见到山东大学的同事、学生，总是要谈学术研究，谈教育发展，谈学校建设，情真意切，溢于言表。他甚至几次表示想迁回济南山东大学宿舍，以便为研究工作提供更多方便条件。

然而，高先生毕竟已是耄耋之年。况且，他自60年代患青光眼，至70年代后期，视力已极微弱；又因长期伏案造成双腿肌肉萎缩，直至发展到不能下床；严重的皮炎，周身痛痒，也使他经常难以正常休息。凡此种种，都直接影响了他的工作。为此，他深感苦恼。高先生最后一部专著《古字通假会典》(他从1934年就着手收集资料，决意编写此书)，由助手协助才完成收尾工作，而全书出版，则已是高先生去世三年之后了。他计划编写的《诗经新解》，只写成少量初稿。另外，他还想撰写一部《太玄经新注》，也仅做了些准备工作，写成十条札记、很少一点样稿。

1986年2月2日晨，高先生于北京逝世，终年86岁。

高先生是一位严谨而勤奋的学者。他的治学，从一开始，走的就是乾嘉学者重视考据的道路，即所谓"朴学"的道路。他熟读《说文》，精研金石甲骨，进而以文字、音韵、训诂的手段，努力于几种先秦要籍句读的勘订、字义的审别、舛误的厘正，逐次写成《墨子》《庄子》《荀子》《韩非子》《吕览》等五种子书的"新笺"。后来经过修订，又经筛选删削，最终于1957年编为《诸子新笺》一书(该书出版于1961年，1980年新版又增入《商君书新笺》一种)。“新笺”带有札记性质,体例与《读书杂志》(王念孙)、《诸子平议》(俞樾)、《札迻》(孙诒让)相类;每条文字一般不长,却称得上言必有据、论必取证。高先生在“自序”中说:“我写此……虽然是‘用管窥天’,所见极小;但是自信没有‘无根之谈’。”统观《诸子新笺》全书六百三十条笺文,虽不能说条条尽为不易之论,然就其大部分内容而言,的确称得上沉精覃思、有补前人之作。这部书的许多研究成果,已被国内外有关学术著作广泛采用,并非偶然。

进入20世纪40年代,高先生研究的重点较为集中于《老子》《周易》《墨子》(墨经部分)等几部古籍的整理研究。这种整理研究,需要统观考察、系统解说,与札记式著录心得有所不同。但人们从高先生早期几部有代表性的专著(如《老子正诂》《周易古经今注》《墨经校诠》)中,依然能够明显看出那种贯穿其中的朴学精神,同样带有资料丰实、考订精确的学术特色。凡遇疑难字句,往往要引用《尔雅》《方言》《说文》《广雅》以及古籍旧注,广作参证,以求确解。高先生于古籍专书整理研究的这种学术特色,使其能在众多同类著作中,屹然自立一家;其于学术界所受重视,已有定评。

然而,高先生毕竟是现代学者,在治学上,不能不受到现代思想和方法的影响。50年代以后,他接触了马克思主义,更力图用新的观点、方法开展学术研究。这使得高先生的治学,同乾嘉学者相比,又有了很大的不同,有不少显然属于自己的重要开拓,形成了一些明显的特点。

首先,综观高先生几十年的学术成果和学术追求,应当承认,他是一位博洽而多方面能有所贯通的学者。他早年编撰《金石甲骨文字通笺》以及30年代着手纂著《古字通假会典》,虽然重在汇集资料,却已显示了对于金甲文字以及古字通假现象进行彻底清理和总体研究的兴趣与意向。从高先生所研治的几个重点项目看,不论是关于《老子》《周易》还是《墨子》(墨经部分)、《诗经》,其研究总是带有总体性、综合性,总是不放过对于研治对象尽可能深入、透彻的了解,因而其实际成果,既有主要属于文字诠解的“正诂”“今注”“校诠”“新解”,又有关涉全书的通说,还有对于有关问题的系统论述和综括分析。事实表明,高先生往往能够把字句的训释同理论的研讨紧密结合起来,把微观考索同宏观审视统一起来,在字句诠解上,能着眼于整体内容和思想脉络的融通;而对于某些历史或理论现象的说明,则又显得实证充足、坚确有力。

高先生的治学范围,从历史纵向看,似主要用力于先秦一段,汉魏以下较少涉及;但就其横向考察,则几乎遍及先秦重要典籍以及金甲文字等,兼治文、史、哲。由于涉猎甚广,所以他能够从各类古籍和不同学科的彼此联系中有所融会贯通。所以他对于问题的钻研,就常比一般人更多地占有资料,并且能够触类而长、左右逢源,发人之所未发。他于1962年编成的论文集《文史述林》,计收入此前不同时期撰写的学术论文22篇。如果大体依不同学科来区分,属于文学艺术类7篇,属于文学史类4篇,属于哲学史类6篇,属于古铜器铭文研究类2篇,不易分类、姑归之于文化学术史范围者3篇,可见其所涉方面之广。其中,《周代地租制度论》,博采《诗经》《左传》《国语》《孟子》《管子》《商君书》《史记》《汉书》等资料,根据地租制度的变化,肯定西周为领主封建社会,而春秋战国则是“由领主封建社会向地主封建社会过渡”及“地主封建制形成”时期,是一篇关于中国古代社会历史分期问题的力作。《上古乐曲的探索》历考史前时代及传说中的黄帝、颛顼、帝喾、尧、舜、禹,以迄夏、商等各代古乐十多种,为上古音乐史的专论。其所论内容,足可补我国古代艺术史有关研究之所缺。《孔子思想三论》《试论庄子的齐物》,则都是深有见地、有相当理论深度的哲学史论文。以上论作,从一个具体方面显示了高先生博洽而能贯通的学术特点。至于高先生一生在古籍整理和古文字考订方面注意之广、用力方面之多,有目共睹,兹不多论。

其次,高先生功力深厚,在学术研究上往往开掘深而立义精,有时能从常人视而未见之处发现和总结规律。他的具有代表性的学术论著,总让人感觉有其沉甸甸的分量,其中奥论精义颇有粲然可观者。试略举数例。

其一,关于《周易》《老子》抽象思维水平的揭示。高先生把《周易》卦爻辞分为四类,而对其中的“取象之辞”进行了独到的分析。他认为,这种采取一种事物“以为人事之象征”的文辞,内容简单者近于诗歌中之比兴,较复杂者近于散文中之寓言。他深刻地指出:“在古人文章中常见两种对立之表现方法,一曰以具体之事物表达抽象之道理,是谓取象,《周易》中多有之。二曰以抽象之道理概括具体之事物,是谓谈玄,《老子》中多有之。……远古质朴,抽象之概念既少,文辞之术语无多,故《周易》取象之辞多而谈玄之辞少。”[①]在历史发展的长河中,人们思维能力的逐步提高,显然经历了一个艰难而漫长的过程,我们的祖先也是如此。高先生依据可靠的

① 高亨:《周易古经今注》,北京:中华书局,1984年,第50页。

资料和卓异的识力，揭出《周易》以“取象”为特征的抽象思维的初步发展，并以其同《老子》以“谈玄”为特征的思维方式作比较，具体而精辟地分析了我国古代(西周至春秋)思维水平的明显提高，使标界判然可寻，这对于全面认识我国古代哲学的产生甚至文化的演进，无疑具有不可低估的参考价值。

其二，关于晚周名家逻辑法则的论析。春秋战国之间，邓析、惠施、公孙龙以及其他“辩者”的学术活动，是我国古代逻辑思想史上闪耀奇光异彩的一页。可惜年代久远，名家著作大都亡佚，其思想仅余一鳞半爪，而且多为怪说诡辞、“苛察缴绕”之论，难明究竟。高先生根据《庄子》《荀子》《列子》《吕览》等所载辩者遗说和《公孙龙子》(残本)所记几个专题理论，钩隐抉微，爬罗疏证，创造性地总结出先秦名家的 7 个逻辑法则和公孙龙的 5 个逻辑法则，共 12 项。[①] 析理之精细，论断之允当，令人叹服。

“名家的逻辑法则既然绝大多数正确，为什么他们的具体判断多有错误呢?”高先生在论文结穴处，不无用意地着重提出了这样一个发人深入思考的问题。他的回答是：“名家逻辑的主要特征是从事物的概念出发，一般常识所肯定的、传统的、近于僵死的事物概念，名家则从事物的反乎一般常识的另一面，认识到其概念的灵活性，从而掌握它，来确定新的概念，提出新的判断。”这里，他引用了列宁在读黑格尔著作时关于辩证法问题的精辟阐述：“概念的全面的、普遍的灵活性，达到了对立面同一的灵活性——这就是问题的实质所在。这种灵活性，如果加以主观的应用＝折中主义与诡辩。客观地应用的灵活性，即反映物质过程的全面性及其统一的灵活性，就是辩证法，就是世界的永恒发展的正确反映。”[②]他进一步申论道：“名家正是在许多问题上，主观地应用了概念的对立面同一的灵活性，面临着事物的矛盾对立的两面，抛弃一般常识所承认的一面，只要反乎一般常识的一面，以致接近诡辩。”这也是一个堪称精微的分析。高先生立足于正确继承思想遗产的高度，在充分肯定名家诸多贡献之后，一针见血地指出了他们在理论上的“失足”之点，并上升到规律性认识，这就大有助于全面而辩证地认识名辩之学，吸取其中蕴含的极为深刻的思维经验教训；而其于方法论方面的启示意义，更远远超出了评价名辩之学的本身。

其他例证还有关于墨家“同异交得”逻辑规律的某些论述，关于墨家(墨经作者)同名家、同邹衍、同告子、同庄子等学术关系的考察，关于老子

---

① 参见高亨：《试论晚周名家的逻辑》，《山东大学学报(语言文学版)》1963 年第 3 期。

② [苏]谢·斯·古谢辽夫：《关于列宁的“哲学笔记”》，北京：人民出版社，1956 年，第 112 页。

之“道”的基本含义的析论等，也都不乏真知灼见，篇幅所限，难以尽述。

复次，高先生在学术研究上，凭借很高的造诣、深入的钻研，勇于提出新见解，开辟新学科，建立新体系。他在先秦诸子文辞笺释方面所作的重要探索，早已为人所共见。他十分敬重王静安先生，但在《周代大武乐考释》中，却以自己新的考证成果明确纠正了王先生有关“大武乐”六章次第的错误理解，表现了一种不盲从、不迁就、大胆追求和勇于探索的精神。1979 年，高先生已年届八旬，卧病在床，视力微弱，仍以极大的毅力写出了那篇发表在《社会科学战线》上的《关于老子的几个问题》，对于老聃其人及其与“老阳子”、孔子的关系，其生平与所处环境，作出了与旧说大异其趣的新考和新释。翌年 4 月，高先生在《诗经今注》“前言”中，又对《诗·周南·麟之趾》提出新说，认为《孔丛子》所载(按见《公羊传·哀公十四年》杨士勋疏引)七言三句古诗“唐虞之世”云云，实后人伪作，而这首《麟之趾》，“才是孔子所作《获麟歌》”，“被后代儒者编入《诗经·周南》之中”。这对于传统《诗经》学研究者来说，亦可谓石破天惊之论。老聃其人、孔子“绝笔”之说，其实都是学术史上聚讼纷纭的老问题。高先生所云，虽不必遽为定论，在学术探索上却依然能给人以有益的启迪和思考。

这里，值得一提的另一部著作是高先生写成于 40 年代而修订、出版于 60 年代初的《文字形义学概论》。这部书原是带有一定普及性和实用性的文字学教材。其中以《说文》为主要材料，以“六书”说为基本依据，似也沿袭了传统文字学讲授的通例。然而，此书的独到之处在于：它对于文字的论述，仅以形义为限，极少涉及音韵；对文字起源及形体演变过程，只略予叙说，不作重点；讲解文字构造，主要以象形、指事两类为例；特别是它以较多篇幅具体论述了字义的转注、引申、假借，训诂以至重音、连语的条例，以及文字形音义相结合而滋转的情况。总之，它以分析部分汉字形体构成、解释字的本义为主，即着重以汉字构造和字义滋生转换为研究对象。这样，就创立了一门新的分支学科——汉字形义学。①

高先生对于《周易》的研究，可以说费时既久，用力亦多，先后写成四种专著和一批论文。这些论著，有对《周易》经传全部字句的训解，也有对全书基本问题的“通说”，以及对《周易》经传的理论分析或哲学、文学评价。高先生认为，古代经学家讲《周易》，往往“依传解经”“据经释传”，而且滥谈

---

① 王英明等已有见于此，参见《古汉语书目指南》，济南：齐鲁书社，1988 年，第 42 页。

象数,人为地把《周易》复杂化、神秘化,因而"解者益多,而读者益迷"。为此,在他研治《周易》的全部论著中,鲜明地贯穿着一个基本指导思想,叫作"以朴释玄"。具体来说就是:第一,坚持"以经解经,以传解传",即把《周易》经和传分开来讲;第二,讲《易经》基本不涉及象数,讲《易传》不滥谈象数,不纠缠象数。高先生研治《周易》的这种态度和方法,一反传统易学成规,独辟蹊径,实际上建立了《周易》研究的一个新体系,从而抛弃了旧《易》学史上大量牵缠纠葛和无稽之谈,把现代《周易》研究置于比较科学可靠的基础之上。

高先生不止一次地讲到过这种情况:凡为自己在学术上提出的新说,一旦发现其有与别人偶同而别人确已发布在先者,则"尽行削去",在援用此说时亦不另作注明。① 高先生始终是一位尊重事实、尊重科学而严于律己的学者,在对待学术创新的态度上,尤其如此。

高亨先生能够获得很高的学术成就,固然有其属于个人资质方面的条件,比如很好的记忆力,敏于发现问题,长于深入思考,等等,但是真正促使高先生在治学道路上不断前进、起决定作用的,还是他那数十年如一日的勤奋和刻苦。

他在年青时醉心于研读《说文》,几乎到了废寝忘食、夜以继日的地步。《说文》所载 9300 多字及其解说,一直烂熟于胸,随时可脱口而出。他自 1926 年执教起,仅头十年,就写出了诸子笺证之作 4 种、古文字通笺 1 种,总字数在 100 万字以上。其间,他与梁启雄先生同在东北大学,又都致力于《荀子》的研究,彼此间"旬日必相见,相见必论《荀子》,如是者三载"。稍后两人同莅北京,"亦旬日必相见,相见必论《荀子》,如是又二载"。② 可见其用心之专注。七七事变后,高先生转徙各地,在环境恶劣、物资匮乏、图书资料短缺的情况下,仍一心治学,执着不懈,显示了极大的决心和毅力。

1957 年在为《诸子新笺》所写之序中,高先生回忆 40 年代为《庄子·至乐》篇所述生物转化论以及《天下》篇所述名家遗说作解说时,自称"翻书特多,用思最深,有时通夜不眠,而兴致淋漓,不感困倦。今年龄已老,没有当年的精力了"。其实,直到老年,高先生尽管体力已衰,其于治学上勤奋刻苦的精神一如往昔。60 年代,年逾花甲的高先生,坚持每天早晨 4 点左右起床,随即伏案工作;至 9 时许,或小睡片刻,或稍作活动,又继续研读或写

① 参见高亨:《诸子新笺》"重订自序",《周易古经今注》,北京:中华书局,1984 年。
② 参见梁启雄:《荀子简释》"高序",上海:上海古籍出版社,1956 年。

作；午饭之后除盛夏外一般不再休息，一天伏案工作竟长达10小时以上。70年代末80年代初，高先生不时卧病在床，在夫人罗璘先生帮助下，设置了一块特制木板，悬于胸前，自己半仰在垫高的枕头上，借此读书写字；视力不济，则求助于高倍放大镜。往往是一天下来读书不过数页，一条短札竟需费时多日，而高先生却持之以恒，作而不辍。其情其景，令人感动。

高先生一生，在国内各大学执教长达60年。先后开设过“国学概论”“金石甲骨文字”“文字形义学”“老庄哲学”“周易研究”“诗经研究”“先秦散文”“中国文学史”以及多门专题课程，培养过多届研究生和进修教师。他那严谨的学风、弘富的知识和诲人不倦的精神，赢得了广大受业者的敬重和爱戴。

在教学上，高先生严肃认真，一丝不苟。为本科生大班上课，总是先写成讲稿，并在讲稿上划出重点，做好充分准备。站到讲台上，他声音洪亮，字字清晰，叙述清楚而重点明确，极少闲言碎语。有时候，为了解释一个少见的字义，或驳斥一种错误的理解，他会习惯性地稍作停顿，接着高声强调：“据我的考证……”铿锵有力，言之凿凿，给听讲者有一种确然可信的感觉，并且受到情绪的感染。

20世纪60年代初，他已是60多岁的高龄，还在大课堂为同学讲《诗经·大雅》。一次，时届深秋，他抱病上课竟累得大汗淋漓，几至不支。同学们建议提前下课，他却坚持在讲桌旁稍事休息，几分钟后，继续讲授，直到下课铃声响后才由助手搀扶回家。

他为研究生、进修教师上辅导课，严格定课目、定时间，从不随意敷衍、草率从事。50～60年代，他一方面从事大量科研工作，平日足不出户，惜时如金；另一方面却不惜付出可观的时间和精力指导青年后学，逐字批改作业，具体解答问题，指导论文写作。他为了使一位助手业务上更快地提高，曾经有意地几次带这位青年同志去图书馆和古旧书店，一边借书、购书，一边于目之所及、信手翻检中介绍有关古籍的具体内容和价值，并结合实物讲述文献学等方面的知识。用心之深细，非一般导师所能比。

高先生一向宽以待人，尤其热爱学生，肯于向年青人提供帮助。他既是严师，又是一位可亲的长者。早在三四十年代东北大学内迁四川时，生活并不富裕的高先生就一而再、再而三地给一些东北籍同学以多方面的资助，并且十分关注他们的学业。他的课，有的学生期考成绩稍差一点，他常常尽量给提到及格的分数线。他向罗璘先生解释说：“这些学生都是不愿当亡国奴，才流亡到此；若考试不及格，就会失去助学金，甚至要被迫退学，生活都会成问题。所以，应当尽量给一点照顾。”

1942年，东北大学文史研究所招生，在发了录取通知之后，少数负责人忽而仓促决定改文史研究所为历史研究所。已被通知录取的一部分攻读文学的青年面临失学的危险。高先生了解此一情况后，立即亲自去找所长金某，指责其错误决定，要他对学生负责，以至于同所长吵了起来。事情闹大以后，所长毕竟理屈，一批差一点失学的学生终于被录取了。

1961年，有一篇文章发表于《大众日报》，又被《光明日报》转载，题目是《高亨先生和他的助手》。文章用一些具体事例，报道了高先生对于青年助手从学习到生活、从治学到为人诸多方面的热情关怀和严格要求。实际上，高先生的这种关怀和要求，不是仅限给予一两位身边的专业助手，而是广及于不同时期从其受业的众多学生。20年代末受教于高先生的华钟彦教授，1982年在一篇为高先生所撰的评传中说：“他（指高先生）对学生推诚相见，知无不言，言无不尽，语多鼓励上进，开导门径，循循善诱，谆谆入耳。学生每有一善，除奖掖其成就外，又指其小有不足，务使乐于发扬成绩，避免骄矜。遇有不善，则温言告诫，指陈利害，引古喻今，务使心悦诚服，乐于向善。因此，凡受过高先生之教的，都能感到他在学品双方所给予的深厚影响，有如春风化雨，滋润心田，甚至终身不忘。”[①]

高先生平素不苟言笑，也很少到别人家去串门聊天，说长道短，表面上甚至有点孤高而固执。其实，他是一个重感情、重友谊的人，是一个在人与人关系上宁肯自己多付出一些，而并不企望得到回报的人。

他孝敬老母。在老人面前，高先生不是名教授、名学者，而是善解人意的好儿子。老人个性刚强，而年逾花甲的儿子却能曲尽人情，百般照顾。三年困难期间，高先生以个人收入供养九口之家，生活自不免有点窘促，但他和罗璘先生总是千方百计安排好老人的衣食起居。

他敬重师长。高先生常常怀着深沉的感戴之情，缅怀十八九岁时在吉林师范所受张文澍老师的启蒙教育，颂扬张老师的为人。清华研究院梁、王二师给予的启迪和教诲，更为高先生永志不忘。十年动乱时，有人批判高先生“言必称‘任公先生’‘静安先生’”，是“为亡清遗老和资产阶级政客张目”，高先生始终默然以对，不在这个问题上屈从压力。

---

① 北京图书馆文献丛刊编辑部：《中国当代社会科学家》第六辑，北京：书目文献出版社，1984年，第270～271页。

他珍视友情。他与蒋天枢教授是老同学、老同事，情趣投合，相知极深。彼此间谈学问、谈其他，几乎到无所顾忌的程度。有人为高先生撰一小传，涉及一些评价问题，高先生自己未轻易表态，却建议先请蒋先生过目，其对蒋先生的信任可见一斑。叶圣陶先生和范文澜先生也是高先生钦敬的两位挚友。叶老曾与高先生共事于武汉大学，几十年来高先生一直尊之为兄长，每以“叶大哥”相称，而叶老则也视高先生为“小弟”。两人间的情谊老而弥笃，高先生迁居北京后两次去探望过叶老；卧病在床时，犹为收到叶老手书小幅而欣喜不已。高先生病逝后，年逾九十高龄的叶老有唁文云：“久不晤面，今成永诀，南向（按：高先生追悼会在济南召开）怅望，悲哉！”范老曾同高先生共执教于河南大学。当时，范老受党的指示积极宣传抗日，因而受到迫害，得到过高先生的同情。高先生非常敬重范老的人品与文品，五六十年代彼此有便函往来，并有几次见面。“文化大革命”期间，有人信口诋毁范老，高先生十分气愤。1969年范老病逝，高先生深为叹惋，以为是不可弥补的损失。此外，高先生对于亡友刘盼遂教授的怀念，与唐兰先生的学术切磋，以及同学生兼友人单演义教授的亲密关系等，也都颇有可资采录、值得称道之处。

高先生常说，自己一生过的是“三书”（读书、教书、写书）生活。他确是以此为职志，亦以此自勉自励的。国难期间，他拒不向日伪妥协，毅然随校内迁，历尽艰苦而自甘清贫。新中国成立后，他拥护中国共产党的领导，热爱社会主义祖国，勤勤恳恳，任劳任怨，承担了繁重的教学科研任务，从不提出非分的要求。他憎恶旧官场上的钩心斗角、蝇营狗苟之徒，也鄙视那种私欲膨胀、损人以自得的人。他襟怀坦荡，敢于当面向别人提出批评，陈述不同意见。凡此种种，都受到了后学和周围同志的尊敬。当然，高先生不是完人。他的思想也有一个前后发展的过程。何况世事的纷纭复杂，现实政治的瞬息多变，有时也使他难于迅即理解，甚至不免短时间内陷于迷惘。然而，综观其一生，应该说，高亨教授毕竟是属于那种淡于名利、律己甚严的老一辈知识分子，是一位勤奋不懈而卓有成就的学者，是一位守正不阿而待人宽厚的长者、导师。他的学术成就和为人风范，将长留于人间。

（原载梁自洁主编：《山东现代著名社会科学家传》第一集，山东教育出版社1991年出版，收入本书时有改动）

学林仰重的女学者冯沅君先生

严蓉仙

冯沅君是我国学林仰重的女学者、桃李满天下的女教授,也是一位蜚声于20世纪20年代文坛的著名女作家。

冯沅君原名冯淑兰,笔名淦女士、大绮、吴仪、漱峦、易安等。1900年9月4日出生于河南省唐河县一个富有的书香门第家庭。

父亲树侯先生,清光绪二十四年(1898)第三甲进士,被分发到湖广总督张之洞幕下,被任命为湖北省崇阳县知县。随后,吴氏夫人偕同子女也住进了崇阳的官署中。树侯先生注重对子女的教育,在家设了书房,请了先生,给三个孩子上国文和算学课。可惜这段金色的童年十分短暂,一年后,树侯先生便病逝了。从此,冯沅君只能在母亲的指点和哥哥们的辅导下自学四书五经、古典诗词。不久,两个哥哥离家赴京沪上了大中学堂。

兄长们假期回来总给妹妹留下些他们读过的讲义和新书刊,冯沅君逐渐受了新文化新思想的影响。她不再满足于深居闺中读点诗词,摹写作文,她渴望像两位兄长那样,到大地方去读书,受教育,汲取新的文化知识。说来也巧,机遇来了,北洋政府将原来慈禧太后创办的女子师范学校改为女子高等师范学校,于1917年开始招生。闻讯,冯沅君欣喜若狂。她说服了母亲,跟大哥赴京投考。当时招生只考国文一门,冯沅君一举考中。这样,一个梳着长辫子、系着红头绳、穿着一身家织布衣裤的17岁的河南姑娘,成了中国第一批女大学生。

酷爱学习的冯沅君进入女高师后,如鱼得水,又有名师指点,学业突飞猛进。她兴趣广泛,思想活跃,该校创办的文艺刊物上常常有冯淑兰的名字,其中有诗词创作,也有专题学术论文。

一

冯沅君在女高师的五年，适值五四运动前后。北京是这一运动的发源地，大学生又是运动的中坚。然而，女高师第一任校长却是个思想顽固的老官僚，他紧闭校门，不准学生参加游行。可是新文化运动和爱国主义浪潮是阻挡不住的，女高师的学生们涌到校门口，沅君先生带头砸开了大锁，使女高师的学生冲出校门，走上街头，同其他高校学生会了师。

“五四”以后，女高师学生反封建的热情不减，冯沅君、程俊英等把名诗《孔雀东南飞》改编成话剧，自编自演，冯沅君扮演了封建家长制的代表焦母。这一行动得到戏剧杂志社陈大悲等先生的支持，由李大钊先生担任导演。女大学生上台演戏在北京城是头一遭，故而大为轰动，连演三天，场场爆满，盛况空前。城郊的清华大学开了专车来看演出，李大钊先生偕夫人、儿女前去助威，据说鲁迅先生也曾到场观看。

女高师的教师队伍可称人才荟萃：冯沅君班的两任级主任——陈钟凡、胡小石先生都是国学底子雄厚又忠于职守的好教师；党的早期活动家李大钊先生给她们讲授过“社会学”“伦理学”“女权运动史”等课程；胡适之讲过“中国哲学史”。名师的讲解、指导，使冯沅君奠定了学术根基，也启发了她对哲学的兴趣和对社会问题的关注。在校期间，她在女高师文艺研究会的刊物上发表过《今后吾国女子之道德问题》等文章，也参加过北大傅教授组织的卢梭研究会的活动。

1922 年夏，冯沅君在女子高等师范学校毕业，随即进入北京大学研究所读国学研究生，研习中国古典文学。她是国学门唯一的女研究生，春风得意，盖可想见。研究生三年，她一如既往，认真读书，刻苦研究，在《国学门周刊》上发表了《祝英台之歌》《〈老子〉韵例初探》等学术论文，并和大哥冯友兰一起校勘标点了《歧路灯》前二十六回。然而，在新文学、新思想的冲击下，特别是受郭沫若等人文学作品的影响，冯沅君不仅接受了新的文学观念，而且激起了难以遏制的创作热情，她已难以安坐书斋了。从 1923 年秋开始，她陆续写出了《隔绝》《旅行》《慈母》《隔绝之后》四个短篇，以“淦女士”的笔名发表在创造社的刊物上。这四篇小说后来编成单行本，总题《卷葹》。

四个短篇虽然各自成篇，而内容、思想彼此有着内在的一致性：抵抗家长的包办婚姻，追求恋爱和婚姻自由，是它们共同的主题；母爱和情爱无法并存共处，是女主人公们精神苦恼的共同原因。这四个短篇实际上是一个整体，犹如当代的系列电视片。

小说刊出后，在青年中产生了强烈的反响，也引起了名家的注目，淦女士成了20世纪20年代文坛上的风云人物。后来，鲁迅先生编《中国新文学大系·小说二集》时就选入了《旅行》《慈母》两篇，并在“序言”中作了肯定性的评语：

> 冯沅君有一个结篇小说集《卷葹》……其中的《旅行》是提炼了《隔绝》和《隔绝之后》(并在《卷葹》内)的精粹名文，虽嫌过于说理，却还未伤其自然。那“我很想拉他的手，但是我不敢，我只敢在房间或车上的电灯被震动而失去它的光的时候；因为我害怕搭客们的注意。可是我们又自己觉得很骄傲的，我们不客气的以全车中最尊贵的人自命”。这一段，实在是五四运动后，将毅然和传统战斗，而又怕毅然和传统战斗，遂不得不复活其“缠绵悱恻之情”的青年人的真实写照。和“为艺术而艺术”的作品中的主角，或夸耀其颓唐，或炫鬻其才绪，是截然不同的。

1924年冬，孙伏园得到鲁迅先生的支持，在北京创办了《语丝》。鲁迅先生当时是北京大学研究所国学门的学术委员，对文坛上初露锋芒的女研究生自然是关注的。因此，冯沅君便被聘为长期撰稿人。在年把时间内，接连发表了十多篇议论、杂感和考证性文章，其中也有短篇小说，即后来收进《劫灰》中的《劫灰》《贞妇》《缘法》三篇。从《创造周刊》转向《语丝》时间并不长，但冯沅君的兴致、文笔都已有了些变化：署名由淦女士改为沅君，三篇小说不再一律用早先的第一人称自叙体，题材有了扩展，视线从单一的恋爱自由扫向了更广阔的生活。

陆侃如于1927年写成、1928年出版的由五十封信组成的书信体小说《春痕》，实际上是冯陆两位先生恋爱史的纪实，《卷葹》中女主人公们那“不自由，毋宁死”的热情奔放、势不可挡的反封建的抗争精神荡然无存了。此后，轰动文坛的淦女士也便销声匿迹了。

二

1925年夏，冯沅君在北京大学研究所毕业，经原女高师陈钟凡先生的介绍，到南京金陵女子大学任教，从此开始了长达半个世纪的大学教师生涯。次年，她又折回北京，一边在中法大学授课，一边又在北京大学研究所国学门继续进行研究工作。这一年，冯沅君在国学门的周刊、月刊上发表了《楚辞的祖祢与后裔》《〈易〉韵例初探》《南宋词人小记二则》《〈笔生花〉杂记》等一系列文章。功底扎实、文思敏锐、笔端流利，堪称才女。

冯沅君和陆侃如的相识相恋，大约是在1926年秋冬。侃如先生比沅君先生小三岁，江苏海门人，那时正是清华大学的研究生。他是位风度翩翩的江南才子，对这位震惊文坛的淦女士、出类拔萃的女同行，自然早有印象了。1927年5月，他俩在上海合影订婚，订婚照下留有陆侃如先生的"红楼邂逅浑如昨"诗句。志趣相投，业务相近，彼此的才华和互相的倾羡是缔结姻缘的基石。

1928年，陆侃如从清华大学研究生院毕业，应聘到上海中国公学大学部任中文系系主任，兼任暨南大学、复旦大学的课程。不久，冯沅君也来到了上海暨南大学、中国公学大学部中文系任教。两人既是恋人，又是同行、同事，于是便开始了学术事业上的合作——共同撰写《中国诗史》。侃如先生在北京上学时，已写成了"导论"和"古代诗歌"部分，现在正准备续写"中古诗歌"。沅君先生对唐诗宋词、元明散曲颇喜爱，于是便接过第三卷"近代诗歌"的撰写工作。这虽然是一时的分工，但却定下了两位先生终身的治学方向。《中国诗史》就像月老手中的红丝线将这对恋人紧紧地联结在一起。1929年1月24日，两位先生在上海结婚了。

《中国诗史》是继王国维的《宋元戏曲》、鲁迅的《中国小说史略》之后的又一部具有开拓性的中国文学专史力作。这部著作以史为序，着重研究诗体的递兴和诗人风格的差异，基本上展示了从中国诗歌的起源到明清散曲、歌谣的历史发展面貌。沅君先生分工的"近代诗史"部分，无前人的成果可借鉴，特别是第四篇"散曲及其他"，更如一片处女地，她的撰写工作有着拓荒的意义。更难能可贵的是，将不登大雅之堂的散曲，摆在了与《诗经》《楚辞》、汉魏乐府、唐诗、宋词并列的地位，作为元明清三朝的诗歌主流。作为中国诗史的一个历史阶段的代表,《中国诗史》是起了倡导之力的,不能不说是一大创举。至于在这一篇里置元明清三代诗词于不顾,遗弃了像元好问、高启、吴伟业、王士禛、纳兰性德等卓有成就和影响的诗人,那就未免失之偏颇了。

冯沅君是位有事业心的人,她幼年争取和兄长一样受教育的权利,进入社会后也要争取做男子能做的事业,取得男子能取得的成就。她自然不甘心在婚后只充当一个有文化的家庭主妇。大概正是出于这种独立性,1930 年秋,她应聘回到北京大学当国文系讲师。北大是名牌大学,等级森严,以往哪有女教师上过讲坛!30 岁的冯沅君,竟以教材内容翔实、教学态度谨严,站稳了北大讲坛,成了当时中国屈指可数的大学女教师之一。

1932 年夏,沅君夫妇从上海乘邮船去了法国,双双考入了巴黎大学文学院博士研究生班。在留法期间,他们除了攻读博士学位课程外,还参加了法国著名作家巴比赛领导组织的"反战反法西斯同盟"的活动。这个同盟下设"中国留学生支部",参加人员除了冯、陆两位先生,还有戴望舒、李健吾等人。他们办了一张油印小报,由沅君夫妇负责编辑。他们时常借咖啡馆一角聚会,讨论世界形势和社会问题。1935 年夏,两人在取得了文学博士的学位后回到祖国。侃如先生应邀去燕京大学任教,沅君先生应聘到了天津河北女子师范学院教书,直到抗日战争爆发。

这两年夫妇合作完成了一项南戏曲文的辑遗工作,编成《南戏拾遗》,作为《燕京学报》专号刊出。这件事带有很大的偶然性,他们如果不是颇为偶然地看到一部罕见的《九宫正始》,也就想不起整理南戏资料。然而,这个偶然因素,却使冯沅君的治学方向,由词和散曲转移到了古代戏剧方面。

三

1937 年 7 月,卢沟桥事变爆发,当时冯沅君正病休在燕京大学寓所。目睹日寇的入侵,她悲愤不已,吟出了"连连枪声疑爆竹,兼旬卧病意尤哀""两日悲欢浑一梦,河山梦里属他人"等诗句。次年春,夫妇俩便离开沦陷的北京南下了。

沅君先生在抗日战争期间流徙奔波,生活极不安定,正如杜甫诗句所说:"漂泊西南天地间。"他们离开北京后,经上海,取道香港、越南河内,乘滇越铁路火车到达昆明，后陆侃如去了广州中山大学，冯沅君则去了武汉大学，又只身来到了峨眉山下的嘉定县。嘉定遭到日本飞机的轰炸后，他们夫妇又随中山大学到了粤北的坪石。1942年，他们再度入川，到设在三台的东北大学任教，这才较为安定地住了三年，迎来了抗日战争的胜利。

抗战时期，沅君先生足迹遍及云贵川广，饱受流离奔波、不服水土和病魔的折磨；反动政府统治下的“肮脏乾坤”，也造成许多困厄和苦痛；母亲滞留故乡，亲人天各一方，她又怎能不时时牵动心肠？然而，她更关心的是国家民族的危难，如战局的变化、一些城市的沦陷、豫鲁大饥等，都情动于衷，发而为诗，或悲，或愤，或怒，或嘲，表现了赤诚的爱国忧民之情。在三台期间他们积极投身于爱国的社会活动中，受老舍先生的委托，组织在东北大学任教或流寓在那里的文化人，成立了中华文艺界抗敌协会川北分会。赵纪彬和冯沅君分别任正副主席，会址就设在三台东门内陈家巷冯陆住宅内。赵纪彬、杨荣国、董每戡、叶丁易等，每逢周末便到冯陆家聚会，讨论政治局势或有关抗战事宜。“川北分会”的工作很活跃：接待分会成员，救济进步学生，开展演讲，组织演剧等宣传活动。1943年“三八”节，冯沅君在三台妇女大会上作了题为“妇女与文学”的长篇演讲，介绍了中国历史上几个爱国女诗人如许穆夫人、蔡文姬、李清照等人的事迹和文学创作，激发了与会青年妇女的爱国热情。

在动荡不安的环境中，学校数次迁徙，图书资料自然十分匮缺，进行学术研究是颇为困难的。然而，沅君先生却利用漂泊的间歇时间，课余之暇，继续进行古代戏曲史的研究，陆续完成了两组有学术价值的文章。一是后来收进《古剧说汇》中的几篇文章，如《南戏拾遗补》《〈金瓶梅词话〉中的文学史料》《孤本元明杂剧抄本题记》《金院本补说》《古剧四考跋》《天宝遗事辑本题记》等；二是论古优的三篇文章，即《古优解》《汉赋与古优》《古优解补正》。这两组文章是冯沅君独自在学术上作出的重要贡献。《古剧说汇》是集十数篇关于古戏剧的考证文章而成，1947年由商务印书馆出版。① 这些文章涉及宋、金、元代有关戏曲的若干问题。《古剧四考》及《古剧四考跋》，包括《勾栏考》《路歧考》《才人考》《做场考》，考证、探讨了古代的剧场、演员、剧作家及其团体、戏曲演出等方面的实际情况。其中对元代重要剧

---

① 1956年经著者重订，抽去《南戏拾遗补》《南戏拾遗补跋》《元剧中二郎斩蛟的故事》《古优解补证》四篇，另增《孤本元明杂剧抄本题记》一篇，由人民文学出版社重新出版。

作家关汉卿、马致远、钟嗣成等人的生卒年也作了考证。《说赚词》及《说赚词跋》、《〈天宝遗事〉辑本题记》及《〈天宝遗事〉辑本题记跋》、《金院本补说》及《金院本补说跋》,考证、探讨了对元杂剧的形式有直接关系的赚词、诸宫调、金院本的曲词、体制演变、作品所演故事、演唱等方面的问题。《孤本元明杂剧钞本题记》一文,就近发现的《脉望馆钞校古今杂剧》,考证了杂剧上演时各种角色的"穿关"(戏装)、"题目正名"的功用、元剧联套程式等。这些考证、探讨大体上理出了眉目,作出了贴近事实的诠释和说明,丰富和发展了王国维《宋元戏曲史》之考证,对研究宋、金、元三代的戏曲和中国戏曲的形成和发展有着重要的参考价值。

《古优解》和《古优解补正》两篇,论述和揭示了常见于古代典籍中而为后人所不甚了然的"优"这类人的地位、职能和特点。古代这一社会现象并非和文艺无关,王国维在《宋元戏曲史》中曾提到"优"为戏剧的渊源,但语焉不详。冯沅君正是从探索戏剧起源的意义上,对"古优"发生兴趣而进行考察的。这反映了她在学术思想和治学方面的进步,注意联系社会历史来研究分析文艺方面的现象,将文艺现象的研究建立在唯物主义的基础上。她的研究已不仅仅限于文字的注疏和材料的排比,而是采用了与西方古代同类现象相联系、相比照的方法,从而得出了"古优"为一种供君王贵人娱乐的奴隶的科学结论,进而使有关"古优"与后世优伶的渊源关系等一系列具体问题得到了较为确切的解释。这在当时是不可多得的。

抗战胜利后,沅君先生和侃如先生随东北大学复校到沈阳。1947 年夏,又转到青岛山东大学任教。这期间,冯沅君先生的心情显得开朗起来,文兴昂扬,文思活跃。她继续进行古代戏剧研究,发表了《元杂剧中的〈东墙记〉》(1947)、《记侯正卿》(1948)、《元杂剧杂考三则》(1948)等文。同时也旁及其他,如《唐传奇作者身份的估价》(1948 年),从唐代科举及其造成的以进士集团为主的"新社会阶层"的生活行径和思想趣味,来揭示唐传奇兴盛的社会原因,说明其内容和形式何以具有以奇为尚、充满浪漫气味的特点,资料和论述结合紧密,颇有新意。在这个阶段,沅君先生还发表了《新法国的文学》《法国歌曲的价值及其发展》两篇文章,以及《播种的季节》《法国的高贵风流人》《人民颂》《我曾漫步》《双牛吟》《一天早上我起来》《工人歌》等一组译诗。在《人民颂》的后面,沅君先生特别附加了一段文字:

法国以革命后的薪新姿态出现于 19 世纪,所以这首歌曲的风度也极明快、矫健、坚定，纵与《马赛曲》不全同（时代也略晚些），实可说是一家眷属。读这类作品，我们会看到个前途光明的新兴人群，且不免有后之视今犹今之视昔之感。

译后附言使我们更加了解此时此地冯沅君的思想已经倾向中国共产党了。

四

1949年6月2日，青岛解放。冯沅君和全校师生一样欢欣鼓舞地投入建设新中国的各项工作中去。她拥护党的领导，响应党的号召，真心实意地走社会主义道路。

沅君先生以她早年反封建的战斗业绩，数十年的学术贡献，以及为社会主义祖国培养人才的辛勤功劳，赢得了人民的尊敬，获得了党和人民的信任，先后当选为第一、二、三届全国人民代表大会代表，山东省人民政府委员，山东省妇联副主席，山东省文联副主席。1962年被国务院任命为山东大学副校长。一个个荣誉和众多的行政职务，使她的任务更加繁重，工作极为紧张，但沅君先生对待教学和科研工作一如既往地认真、谨严，一丝不苟。

20世纪50年代，她历年给本科生开大班课，讲授“中国文学史”的宋元明清部分。她讲课资料丰厚，分析论述深入浅出，有理有据，严谨细密，很受学生的欢迎。她传授知识，更注重培养学生学习古典文学的兴趣和治学的能力。为了提高教学质量，她年年修改讲稿，不断地吸收新观点，添增新内容。为了扩展本科生的知识面，冯沅君又陆续开设了“历代散文选”“陆游研究”“中国戏曲研究”等专题课，用她自己的科研成果来丰富大学生的头脑。

从50年代中期开始，冯沅君教授的工作重点转到了培养研究生和青年教师方面。她既教书又育人，重言传身教，既严格要求，又循循善诱；既教知识，又教治学方法，尤其重视科研态度的教育。她坚持定点给研究生、青年教师上课、辅导、答疑，风雨无阻。她批阅作业更是认真细致，从观点、材料乃至逻辑语言上的毛病，都一一校阅，凡改动处必附有小条说明原因，指明材料出处，一板一眼，从不马虎。沅君先生曾语重心长地教导学生，做学问“功夫要死，心眼要活”。“功夫要死”，就是要舍得下功夫，博览穷蒐，精严审慎，不能有半点马虎；对知识的掌握要做到博、深、透、熟。“心眼要活”，就是要肯动脑筋，善于思考，有所创见，不能因袭成说，对知识的运用要做到活、新、真、准。1962年《光明日报》发表了她的长篇文章《指导研究生体会》。有人说冯先生是“抱着孩子走路”，冯先生则颇风趣地说：“该抱着走的时候就该抱着走吆，难道放鸭子似的就好吗？”

新中国成立伊始，百废待兴，整理、重估文学遗产，编写教材，都是亟待解决而又有很大难度的工作，冯沅君在这方面是有杰出贡献的。她曾受教育部的委托，同游国恩、王起教授共同编写《中国文学史教学大纲》(1956)，为全国文科大学的中国文学史课，提供了讲授的依据。要说在学术上的重要贡献自然要推她和侃如先生共同修订出版的大部头著作《中国诗史》(作家出版社1956年出版)。他们应中国青年出版社之约，撰写了《中国古典文学简史》(1957)。出版后，由国家外文出版社译成英文和罗马尼亚文向国外发行。

他们费时最多、出版后影响颇大的当推《中国文学史简编》的修订了。《中国文学史简编》最初以《中国文学史稿》为题，从1954年7月起在《文史哲》上连载了18期，后应作家出版社之约，修订后改名，于1957年出版。这是新中国建立后第一部完整的中国文学通史。30年代初期，他们曾编著过一部同名的《中国文学史简编》，由大江出版社出版。这部新著虽然是在前者的基础上改写而成，但有很大的差异，作者力图以马克思主义为指导，贯彻了毛主席提出的批判继承民族文化遗产的原则。具体表现有以下几个特点：第一，根据历史唯物主义的观点，参照中国社会发展的情况进行中国文学史的分期，并在每个时期前概述了“历史背景”，作为讲述文学的基础；第二，依据各个历史时期的文学特点，分体讲述文学的基本情况，并注意揭示前后的继承和变化，以反映中国文学的发展轨迹；第三，根据毛主席提出的对待古代文学作品，“首先检查它们对待人民的态度如何，在历史上有无进步意义，而分别采取不同的态度”的原则，评论历代的重要作家和作品。《中国文学史简编》所建构的中国文学史框架，对历代作家作品所做的评述，对后来出版的几本文学史著作均有较大的影响。

在全国影响较大的还有《中国历代诗歌选》。这是冯沅君先生和北京大学林庚先生受当时的高教部的委托分工主编的教科书。① 全书从中国古代浩如烟海的各种样式的诗歌中，选注了1000首(上编550首，下编450

① 上编由林庚主编，人民文学出版社1965年出版；下编由冯沅君主编，“文革”后由人民文学出版社出版。

首），收入了历代脍炙人口的优秀作品，也适当收选了各种体裁、各种流派的代表作品。选目恰当，注释确切精当、简明扼要，典故均有出处。该书是学习中国诗歌的良师益友，被全国许多大学中文系用作教材，一直供不应求，至今已9次印刷，累计印数多达十余万册。该书曾荣获国家教委统编教材一等奖。

新中国成立后冯沅君发表的学术论文有很多，重要的有《元曲家杂考三则》（1949）、《季布骂阵词文补校》（1951）、《谈刘姥姥》（1954）、《王实甫生平探讨》（1957）、《陆游的生活道路和创作道路》（1961）、《怎样看待〈一捧雪〉》（1964）、《怎样看待〈窦娥冤〉及其改编本》（1965）、《吴梅村〈圆圆曲〉与〈楚两生行〉的作期》（1965）等。从这些论文看，冯沅君力图用马克思主义观点来研究中国文学史，整理文学遗产，评论古代作家作品。就《评〈窦娥冤〉及其改编本》来说，她不单评论古剧，而是面向现实，联系近世的改编本，本着“批判继承”和“古为今用”的原则，有分析地给予恰如其分的评论，肯定其中积极健康的内容，也严肃地指出其中消极落后的对人民群众有毒害的成分。尽管文章中有些提法受当时政治气候的影响不很恰当，但总体上是贯彻了党的改革旧戏曲的方针，体现了对文化遗产的正确原则。这对一个大半生研究古典文学的老学者来说，是颇为难能可贵的。

冯沅君的治学态度十分谨严，她从不在学术上搞主观武断，决不抓住点滴材料大作文章，言之无据，随意云云，更不凭着一条孤证便对所要探讨的问题下结论。对于证据不足、不能下定论的问题，总是只作约略的推断，或者明确存疑。一旦获得新的资料，或对原来资料有了新的认识，便作出补证或修正，表现出在学术上严肃认真、一丝不苟的精神。如《吴伟业〈圆圆曲〉和〈楚两生行〉的作期》一文，就是主编《中国历代诗歌选》的副产品。吴伟业这两首诗只是全书的一个小零头，但她却不肯盲从旧说，首先认真地就吴伟业诗集的三种版本的编目进行对比斟酌，再就有关陈圆圆和柳敬亭、苏昆生的历史文献进行研讨，最后又联系吴伟业诗的内容、典故所显示的时间因素，作出符合实际的、令人信服的结论。

冯沅君的论著体现着一种高尚的学德、学风。她深深懂得治学的甘苦，所以非常尊重别人的劳动成果。在讨论问题时，既不轻易否定或贬抑别人的意见，更不埋没别人的发现和创建。例如，在《王实甫生平探索》一文中，她把别人所做过的工作都明明白白地罗列了出来。此文是“以王实甫自己的作品《退隐散套》为中心，联系《录鬼簿》的记载、孙楷第先生发现的苏(天爵)文、陈寅恪和王季思先生对金本‘垂帘双圣主’的解释,对王实甫的生平画出个轮廓的”。她不仅尊重前人的发现、业绩,即使对那些自己认为不正确的意见和结论,也总是采取心平气和的商讨态度,讲明道理,从不以自己的正确而盛气凌人。有时还在文章中表示,某种意见虽然错了,但在某一点上或引用的某一条资料,对自己还是“有所启发”的。这是一种多么可贵的学风,多么坦荡的襟怀!

“文化大革命”中,冯沅君同其他老知识分子一样,被诬为“反动学术权威”,遭受批判。这种不公平的待遇,对于一个秉性好强、年近古稀的老学者是难以承受得了的。然而,她还是坚定不移地相信党,忠贞不贰地热爱社会主义祖国,尽心尽力在自己有限的余年里,为祖国为人民多做些工作。

1973 年春,冯沅君身体不适,去了几次医院也未见好转,她又不愿将手头的工作撂下,坚持到暑假才住进了山东省立医院。不幸她患的是直肠癌,经全力救治无效,于次年 6 月 17 日与世长辞。

冯沅君是中国第一批从封建主义桎梏下冲杀出来,走上社会,与男子并驾齐驱,并取得很高的学术造诣和成就的女性。她的一生虽然并不显赫,却是一直在脚踏实地、勤勤恳恳地耕耘着,用自己的心血和汗水浇灌着文学和教育园地,并结出了丰硕的果实,为学林所仰重。她给我们留下的,除了那些有学术价值的著作,还有永远值得学习、效法的品德和学风。

(原载梁自洁主编:《山东现代著名社会科学家传》第一集,山东教育出版社 1991 年出版,收入本书时有改动)

黄孝纾生平、创作与学术成就

刘怀荣

山东大学中文系有过一位才华横溢的全才人物，他就是黄孝纾先生。他的诗词文章、绘画、书法均达到了很高的造诣，有“三绝”之誉，他在古文献学、版本目录学、古典文学、金石学及文物鉴定等领域也有相当高的造诣，受到时辈雅重，享誉学林。20世纪50年代，山东大学中文系古代文学教授中，冯（沅君）、陆（侃如）、高（亨）、萧（涤非）、黄（孝纾），有“五岳”之称。但今天似乎已经很少有人知道黄孝纾这个名字，不仅老百姓，就是国内的学术界，了解黄孝纾的人也已经不是很多。笔者近年来有幸拜读黄先生的部分辞章，并对他的生平学术有点滴的了解，追思先贤，怅惘之余，草就此文，简要考察黄孝纾生平、创作与学术成就，希望能引起学者们的注意。

一

黄孝纾，生于1900年8月，字公渚、颙士，号匑庵、匑厂，别号霜腴、辅唐山民、灌园客、沤社词客、天茶翁等。福建省闽侯县（今福州市）人。其父黄曾源（1857～1935），字石荪，号槐瘿，清末进士，光绪六年（1880）授翰林，曾任监察御史，因耿直敢谏，受权贵排挤，外放徽州知府，后调至山东，任青州知府，两任济南知府，居官颇有政声。宣统退位（1912）后，举家迁居青岛，寓居湖南路51号。黄曾源学识渊博，诗文兼擅，非常注意对子女的教育。他移居青岛时，就带有《四部丛刊》等古籍万余卷。其藏书占了一层楼，并被命名为“潜志堂”[①]。这为黄孝纾兄弟幼年学习提供了极好的条件。因

① “潜志堂”与黄曾源的近邻也是其亲家的刘廷琛的“潜楼”、于式枚的“潜史楼”，在当时的青岛并称“三潜”藏书楼。

此，黄孝纾自幼即受到了良好的家庭教育，在经学、考据、训诂、书画和诗词等方面，均显示出过人的天赋，有“岭南才子”之誉，与弟黄孝平[①]、黄孝绰并称“江夏三黄”，兄弟三人著有《黄氏三兄弟骈俪文集》。

黄孝纾的少年时代在青岛度过，他自称“少长山麓（笔者按：指崂山），日对三标、石门诸峰”[②]。1924年，黄孝纾移居上海。当年冬天，著名藏书家刘承幹在家乡浙江省湖州市南浔镇“购地二十亩，斥金十二万”[③]，历经五年建成了嘉业堂藏书楼。嘉业堂十几年来收集的数万卷图书[④]，需要专业人士进行整理，黄孝纾接受了刘承幹之聘，在1924～1934年的十年里，为刘承幹主持嘉业堂，得以博览群书，亲见各种宋元珍本，特别是大量的明清刻本，为他的版本目录学打下了扎实的基础。由于南浔距上海只有二百里，刘承幹本人也长期住在上海，这十年间，黄孝纾在完成嘉业堂工作之余，常常参与上海的文士集会活动，同时还在上海南洋公学、上海暨南大学兼任教职。

其间他从一代宗师陈三立受业，学习古典诗词，并得到词学大师况周颐的指点。与陈三立、朱祖谋、潘飞声、夏敬观、吴昌硕、诸宗元等老一辈诗人词家雅集，以诗酒相酬唱。1930年，与夏敬观等在上海结成沤社，作诗填词，活跃于文坛。沤社每月一会，参与者有朱祖谋、潘飞声、林葆恒、杨铁夫、冒广生、叶恭绰、郭则沄、陈方恪、赵尊岳、龙榆生等29人，前后集会20次，填词284阕，直至1931年朱祖谋去世才告一段落。

1932年11月15日，由陈灨一任总编纂的《青鹤》杂志创刊于上海，这是一份同人刊物。依照陈灨一的说法，“本志之作，新旧相参。颇思于吾国固有之声名文物，稍稍发挥，而于世界思想潮流，亦复融会贯通”[⑤]。而从杂

---

① 黄孝平（1902～1986），字君坦，号叔明，长于辞章之学，曾与夏枝巢、许宝蘅、叶恭绰、章士钊、郭风惠、汤用彤、张伯驹等近百位一流学者结“稊园诗社”。北洋政府时期，在教育、财政、司法等部以及青岛特别市卫生局等处任职，还任日伪临时政府实业部参事兼工商局局长等职。抗战胜利后赋闲。新中国成立后，在人民文学出版社做校勘古籍工作，1961年9月被聘为中央文史研究馆馆员，1986年病故。著有《清词纪事》、《词林纪事补》、《宋诗选注》、《清词选注》（与张伯驹合注）、《续骈体文苑》、《校勘绝妙好词笺》等，还校点过朱彝尊的《静志居诗话》（人民文学出版社，1990年）。

② 《崂山集·东海劳歌》“自序”，1962年油印本。

③ 黄孝纾：《吴兴刘氏嘉业堂藏书记略·纪建筑》，《青鹤》第2卷第12期，1934年。

④ 刘承幹的藏书生涯始于1911年，到1924年嘉业堂建成的十几年是他藏书业的兴起阶段。

⑤ 陈灨一：《本志出世之微旨》，《青鹤》第1卷第1期，1932年11月15日。

志后来的实际情况来看，其“主要成分将为国学谋硕果之存”[①]。杂志的刊号首页还列出了105位“特约撰述”，其中包括陈衍、章太炎、丁福保、于右任、章士钊、黄节、冒广生、夏敬观、袁思亮、傅增湘、叶恭绰、潘飞声、刘承幹、蒋维乔、钱基博等老一代名流，而黄孝纾、黄孝平兄弟年辈虽晚，却都名列其中。

陈瀚一出身名门望族江西新城陈氏，自己又兼擅诗画，在当时极具号召力，与他共同编辑《青鹤》的也大都是世家之后、才力超群者。其中李宣龚、夏敬观、袁思亮、冒广生、叶恭绰、汤漪、黄孝纾、章士钊等人，与他交往尤为密切。从《青鹤》所登的“鬻文润例”可知，陈瀚一的卖文价格是碑传300元，序记、寿序200元，题跋20～30元。夏敬观、黄公渚、杨云史跟他一样。按照当时的惯例，骈文的价格还要加倍。而黄孝纾的骈文在当时是一流的，近现代著名词论家冯煦把他与李详、孙德谦并列为骈文三大家；钱基博《现代中国文学史》(增订本，世界书局1936年出版)所谓骈文四大家，则是在这三人之外，又增加了刘师培。陈柱所著《四十年来吾国之文学略谈》(交通大学，1936年)，全书分五章，在“骈文”“诗”和“词”三章中，也都有专门的篇幅论及黄孝纾。夏敬观1931年2月刊行的《汉短箫铙歌注》，都是由黄孝纾作序。

由于黄孝纾骈文创作的声望，当时有不少名家著作都请他作序。如陈乃乾所辑《清名家词》[②]、蔡莹《味逸遗稿》[③]卷三《连理词杂剧》、夏敬观《汉短箫铙歌注》，都是由黄孝纾作序。黄孝纾的画也颇受时人重视，20世纪30年代初，陈瀚一江西故宅在战乱中被毁后，曾请汤涤、夏敬观、黄孝纾三人“各为一图，以记哀思”。后来黄孝纾与夏敬观、陈瀚一还曾出售合作扇面，并与当时著名的国画家汤涤、陈曾寿、夏敬观、叶恭绰、黄宾虹等组成上海“康桥画社”，举办画展，受到画界好评。可见他不仅在当时文坛享有盛名，在书画界也有很高的地位。

---

① 汤漪：《青鹤别叙》，《青鹤》第1卷第1期，1932年11月15日。

② 陈乃乾辑：《清名家词》，1936年上海开明书店出版排印本，1982年上海书店据初版印行。

③ 蔡莹是著名学者吴梅的弟子，也是一位几乎被遗忘的人物，其《味逸遗稿》为1955年油印线装本，共四卷。黄孝纾为《连理枝杂剧》所作的序写于“癸酉秋日”即1933年秋天。参见左鹏军：《关于蔡莹和他的〈味逸遗稿〉》，《博览群书》2001年第3期。

二

1934年，嘉业堂盛极转衰，刘承幹开始零星卖书。在这种情况下，黄孝纾回到了离别十年的青岛，任山东大学中文系教授、系主任，讲授古典诗文，与闻一多、梁实秋、黄敬思、张煦、洪深等知名教授共事。黄孝纾讲课，注重古文写作和作诗填词的实践活动，受到学生好评。

1936年1月，山东军阀韩复榘借故将山东省拨付山东大学的经费每月减为1.5万元（原为每月3万元），学校陷入困境。这年3月，校长赵太侔愤而辞职。7月9日，教育部下令由林济青代理山东大学校长。林济青曾任私立齐鲁大学教务长兼代理校长，时任山东省府委员。此人官气十足，政客军阀作风严重，引起一部分教师的不满，加上国难当头，时局动荡，一些知名教授相继离校，黄孝纾也在此时离开山东大学而移居北京。

1937年，原沤社成员郭则沄移居北京结瓶花簃词社，黄孝纾与关赓麟、夏孙桐等成为该社中坚。一些文章称黄孝纾曾任北京大学教授（一度任北京艺专校长）、北京师范大学教授，当在这一时期。

1946年春天，山东大学在青岛复校，赵太侔再次出任校长。他到任后，立即通过多种渠道聘请了包括原山东大学教授在内的一批知名学者，黄孝纾也在被聘之列，与他同时被聘的还有朱光潜、老舍、游国恩、王统照、陆侃如、冯沅君、丁山、赵纪彬、杨向奎、萧涤非、丁西林、杨肇燫、童第周、曾呈奎、王普、郭贻诚、王恒守、李先正、刘遵宪、朱树屏、严效复、杨宗翰、郑成坤、李士伟、沈福彭等一批名人①。从此之后，黄孝纾再未离开过青岛。对于黄先生在此后十余年里的相关事迹，我们知道的并不多，故只能仅就笔者所知，略述于下。

作为山东大学的教授，黄孝纾先生当时享有较高的待遇，据有些资料介绍，他当时每月的学术研究补助费为5万元，同赵太侔、王统照、杨向奎、童第周、曾呈奎、何作霖、李文庵、陈瑞泰等教授一样。② 20世纪50年代以来，他还担任过青岛市政协第二届（1959年5月至1963年10月）与第三届

---

① 这些学者除朱光潜、游国恩因客观原因未能应聘，老舍应聘后因赴美未能到校外，其余均于1946～1947年先后到校，分别担任各系教授，有的兼任院系负责人。

② 参见李彦英、毋嘉平：《著名校友丁观海》，《山东大学学报》2004年2月28日。

(1963年10月至1966年4月)委员和常委、山东省美协会员、青岛市文联常委等。

青岛大学郭同文教授回忆黄孝纾说:“50年代中期,我在文学馆教室听他讲《中国文学史》课,他是我最敬爱的老师。精通韵律,喜吟诵,在课堂上评赏名章佳句,把原作之妙趣神韵表达得活灵活现,深受学生欢迎。”①大约在20世纪40年代,黄孝纾还与潘天寿、俞剑华、王雪涛、李苦禅等画家共同举办过画展,受到好评。

1962年8月,山东省文联、山东省美协和青岛市文联联合邀请了京、沪、宁、鲁四地数十位著名画家在青岛召开中国画风格讨论会,黄孝纾与另外七位画家合作完成了一幅《秋光图》,画中包括了王个簃的桂花、孙雪泥的鸡冠花、江寒汀的花枝红果、关友声的礓石、王天池的凤仙花、王企华的菊花、于希宁的竹子、黄孝纾的题诗和跋语。诗曰:“翛翛凤尾偃奇礓,黄菊披离独傲霜。自是一年秋光好,百花齐放占年芳。”另有跋语:“壬寅夏遣暑青岛,雪泥、个簃、寒汀、友声、企华、希宁、天池合写,匑庵题。”这幅国画有幸被保留下来,2005年山东一批老书画家传看之后感慨颇深。②

1958年秋,山东大学的主体部分迁往济南。黄先生因身体欠佳,且留恋崂山风景,仍留在青岛从事古典文学研究,并指导古代文学研究生。黄先生精通文物字画,当年常为博物馆和一些民间收藏者作鉴定,这本是尽己之长、助人为乐之举,没想到在20世纪60年代初的“四清”运动中,却被诬以“莫须有”的罪名。1964年,黄先生含冤去世。

三

黄孝纾先生身后留下的著作,计有《欧阳永叔文》(选注本,商务印书馆1933年出版,收入《万有文库》第一集0820)、《匑厂文稿》六卷(1935年铅印,陈三立题签,后收入台湾《近代中国史料丛刊》一编0726)、《匑厂词乙稿》(线装一册,民国间排印,纴海楼丛刻之一)、《楚词选》(与陆侃如、高亨合著,中华书局1957年出版)、《欧阳修词选译》(作家出版社1958年出版)、《崂山集》(诗歌部分有1952年油印本,词部分有1962年油印本,后收入台

① 郭海文:《忆文学史家黄公渚》,《春秋》2015年第1期。

② 参见常诚:《〈秋光图〉与画坛的一次雅集》,《大众日报》2005年12月2日。

湾《近代中国史料丛刊》二编 0038)等。此外,他选注的《玉台新咏》《周秦金石文》《两汉金石文》《三苏文》《黄山谷诗》《司马光文》《钱谦益文》《晋书》等八种普及性著作,收入王云五、朱经农主编的《学生国学丛书》。该丛书由商务印书馆于 1926～1948 年陆续出版,共收文学类选注本 56 种,黄先生的著作占到了总数的七分之一。他的《天问达诂》亦有写本印本行世。

由于酷爱崂山山水,黄孝纾不仅有"辅唐山民"(崂山,一名"辅唐山")的别号,而且他每年都要数次去崂山游览,以画笔描摹崂山美景,完成了百幅崂山山水画。《崂山集》一书则是他歌咏礼赞崂山的文学创作集。该书主要描写崂山的自然美景,分为诗、词、文三部分,各部前皆有题词,题词作者有叶恭绰、瞿宣颖、龙元亮、许宝衡、夏仁虎、王琴希、朱西溪、吴则虞等著名词人和学者。正文系据作者手稿影印。篇后有黄云眉、张伯驹等人的评语。据书末王则潞跋,该书有文 13 篇,诗 137 首,词 135 首。其中词作部分叶恭绰的题词称:"综读全卷,以一人之词,遍咏一山之胜,至百十阕,昔人无是也。"又说:"余诵古人之词,至万余首,不得不推此为苍头异军,不但于沤社拔戟,自成一队而已,山水有灵,定惊知己。"龙元亮题词也称赞:"并世词流,允推独步矣。……以唐宋歌儿传唱之杂曲,写万壑千岩之胜境,千年来,无若兹集之富艳精工者,名山馨业,传后无疑。"对其词作称赞有加,评语也甚为中肯。词虽有一千多年的历史,但是这种体裁本是以表现男女艳情为本色,所谓"词为艳科"。千余年来,摹写山水美景的词作并非没有,只是很少有人以百余首词作集中表现一山一水之神韵。至于偏处海隅的崂山,与五岳等名山相比,向来不甚为文人学士所关注,像黄孝纾先生这样,对崂山一往情深,以数百首诗、词、文,专咏其胜迹幽奥,写其灵气精神,更是不仅前无古人,而且至今也无来者。

黄先生生前已完成《清词纪事》《三唐诗品》《中国词史》《魏晋南北朝文学史》等书稿的学术计划,而讴歌海上名山,为崂山继续写诗作画也是他最大的愿望之一。遗憾的是,他过早地离开了人世,这是中国学术界的憾事,也是崂山的憾事!

古人云:"往者不可谏,来者犹可追。"我们的确已无法去改变历史,但是在今天的学术研究中,充分关注黄公渚这位杰出的学者、诗人和画家,珍惜他留给我们的文化遗产,却是我们能做而至今还没有做到的。

(原载《文史哲》2008 年第 4 期,收入本书时有删改)

郑鹤声先生及其学术

郑一钧

郑鹤声教授，字萼荪，1901年5月19日（农历四月二日）出生于浙江省诸暨县北乡泰南村一个农民家庭。1920年考入国立南京高等师范学校文史地部，1922年该校与南京国立东南大学（今南京大学）合并，1925年毕业，获文学学士学位。1921年参加南京高等师范史地研究会。1924年在东南大学加入史地学会，先后担任学会刊物《史地学报》编辑部副主任和总编辑。1925～1928年，受云南省教育厅之聘，在昆明云南高等师范学校和东陆大学（今云南大学）任教，讲授“中国史学史”“正史研究”等课程。1929年任南京教育部编审处常任编审，同时兼任中央政治学校、中央大学特约讲师、教授。1931年任南京国立编译馆专职编译，兼人文组主任。1946年任南京国史馆纂修兼史料处处长。新中国成立后，任中国科学院第三所南京史料整理处研究员。1951年以后，先后任山东大学历史系教授，兼中国近代史教研室主任、中国近代史研究室主任、中国近代史教研室和中西交通史研究室名誉主任、校学术委员会委员、《文史哲》编委会委员、山东地名及通志编委，并被选为山东省政协委员。

郑鹤声教授一生勤奋治学，学识渊博，熟谙古今，尤擅长中国史学史、中国近代史和中西交通史。治史六十余年，研究领域十分广阔，在中国史学史、目录学、文献学、史料学、清史、中国近代史、民国史、中西交通与海外关系史、民族史、历史教学法、史学概论等十几个方面均有所建树，著述浩瀚，多达160余种，2000余万字。他是当代我国近现代史和中外关系史研究的开拓者之一。早在20世纪二三十年代，当中国知识界还盛行以搜罗宋、元版本为贵的风气时，他就另辟蹊径，广泛搜集中国近代史料，致力于中国近代史研究，在1929年至1930年间，著成100余万字的《中国近世史》，明确提出新航路发现以后，欧洲人东来的近三四百年的历史，应为中国近世史的范围。他的研究被著名史学家顾颉刚先生认为是当时中国近代史研究的两大流派之一(另一流派以蒋廷黻为代表,他著有《中国近代史》)。1943 年,他又撰写出版了《中华民国建国史》,开创了中国现代史研究领域。早在 1926 年,郑教授就发表了《大月氏与东西文化》等有重要学术价值的论文,开始了中外关系史和中西交通史的研究。特别是 1935 年他对郑和下西洋史料有了新的发现之后,几十年来又一直致力于郑和下西洋的研究,著有《郑和》《郑和遗事汇编》《郑和下西洋资料汇编》(与郑一钧合撰)等专著及论文多篇,是国内外研究郑和著述最丰和最有成就的专家之一。早在学生时代,上海中华书局就于 1924 年就出版了他的学术专著《汉隋间之史学》。1928 年,即他 27 岁之时,商务印书馆就为他专门安排出版《郑氏史学丛书》,将他撰写的一系列著作(以在云南讲学时撰写的各门课程讲义为主)陆续出版。作为我国老一辈著名史学家,他一生为祖国留下了十分丰厚的史学遗产。

郑教授从小好学,特别爱读历史书籍。少年时比较喜欢和常读的有《史记》、广东陆军速成学堂编印的《中国历史全书》等。中学时代,在武昌高师文史地部上学的大哥郑鹤春,常将学校发的讲义带回家中供他阅读,使他提前系统地自学了大学文史地部的各门课程。与此同时,他还着力通读了《史记》《资治通鉴》以及"五经"等古籍,初步打下了治史的基础。在大学求学时,历史教师为著名史学家柳诒徵(翼谋)。柳先生的教学方法,以探求原始史籍为主。在讲授中国史时,他并不编写讲义或某种纲要,仅就一朝大事,加以剖析,然后指定有关原始史籍等若干参考书,让学生有针对性地独立去阅读、钻研。例如,讲到两汉的历史,就指定《史记》《汉书》等为参考书;讲到三国两晋的历史,就指定《三国志》《晋书》等为参考书,以此类推。读了以后,要把心得体会写在笔记本上,由他详加批阅。柳先生要求学生平时以阅读正史("二十四史")为主,并经常从正史中找出许多研究题目,让大家搜集资料,加以研究,撰写习作,由他评定甲乙,择优推荐给《史地学报》或《学衡》杂志发表。这种治学方式,的确是一种促使学生独立思考的、很切实的好方法。郑鹤声教授正是由于在大学时代受到较为严格的训练,而养成了严谨笃实的学风。在柳先生的影响下,他在大学几年中,除把"四书""五经"《纲鉴易知录》《资治通鉴》等书读完,又孜孜不倦地通读了"二十四史""九通"《史通》《文史通义》等书,加上以前所读大哥购置的各种大学文史地教科书、讲义,新出版的文史地理书籍数千册,真可以说是"读书破万卷”了。郑教授由于系统地研读了中国史学史方面的各种名著，深深为中国史学悠久的传统和灿烂的成就所吸引。在大学读书时，即有志于中国史学史的撰述，毕业论文即以“汉隋间之史学”为题，撰成一部十余万言的学术专著。该文共分十章，分别论述了汉隋间史学包括的内容与范围，分析了史官的沿革、生活及作用，介绍了汉隋间的史学家、史学著作及体例，探讨了汉隋间史学领域内一些值得注意的现象。由于全文对自汉至隋的史学作了全面而精辟的论述，柳诒徵先生读后大悦，于封面上批了“一时无两”四字，以示赞赏。此文先在《学衡》杂志上连载，接着又由上海中华书局出版单行本。

郑鹤声教授在云南高等师范学校和东陆大学讲授“中国史学史”诸课程期间，以讲义形式，撰写了一系列中国史学史方面的著作。其中有系统论述自古至现代中国史学发展过程的《中国史学史》。该书将中国史学发展的历史，分为上古时代、自汉至隋、自唐至明、有清一代、现代史学四个发展时期，以阐明中国史学从萌芽、产生，到昌盛、衰落和蜕化的发展过程。该书对上古乃至现代新时期的中国史学，分别作了简洁的论述，使人们可以基本上掌握中国史学发展的脉络。郑教授在讲授中国史学史时，为了让学生能够明白“二十四史”的基本内容，就各书的源流派别撰述要义，一一加以介绍，各史自成一册，分别为正史总论和各部史 26 册。1926 年，云南高师将以上 26 部印成讲义，供学生研读。“二十四史”是研究中国古代历史必读的基本史籍，但由于其卷帙浩繁，源流派别纷繁复杂，致令人们有“一部二十四史，不知从何读起”之慨。郑鹤声教授撰写的这二十余部讲义，无疑给人们阅读和使用“二十四史”提供了入门之便，“目的在于引起学生进一步研究中国史的兴趣，明白中国史学的内容和治史的方法”[①]。1928 年，上海商务印书馆认为这套讲义确有公开出版的必要，将其命名为“正史研究”，作为“郑氏史学丛书”之一种，准备出版。其中史记部、汉书部在 1930 年 8 月作为“正史研究”之一先行出版，取名《史汉研究》。《史汉研究》一书对《史记》从传略、组织、补窜、源流、条例、制作六个方面作了研究，对《汉书》则从传略、组织、源流、条例、制作五个方面作了研究，然后又从总述、体例、增删、叙事四个方面将两书加以比较。由于种种原因，“正史研

① 《郑鹤声自传》，晋阳学刊编辑部：《中国现代社会科学家传略》第 2 辑，太原：山西人民出版社，1982 年，第 233～268 页。

究”只出了《史汉研究》这一种，但已可从中窥见这套书对人们阅读“二十四史”的确是很有帮助的。

为了使人们更好地了解中国史学的内容和掌握治史的方法，郑鹤声教授在“正史研究”之外，又对中国历代史学大家一一撰作年谱，详加介绍，列入何炳松先生主编的“中国史学丛书”。在司马迁、班固、袁枢和杜佑的年谱中，郑教授对四位史学家的生平事迹、主要著述、朋辈交游等，钩稽群籍，详加考证，间夹以评论，为人们进一步研究这四位史学家的生平及著作提供了丰富翔实的资料。其中尤以《司马迁年谱》影响最大，大陆（内地）和港台曾多次重印，成为研究司马迁的重要参考书。在中国古代史学家中，郑教授最推崇司马迁，早在1923年就撰写了《太史公司马迁之史学》一文。1955年，为纪念司马迁诞生2100周年，又撰写了《司马迁生平及其在历史上的伟大贡献》和《重印〈司马迁年谱〉导言》两文，对司马迁的生平、主要成就及其历史贡献作了全面的充分的评价。郑教授指出，司马迁的一生，热爱祖国，热爱祖国的历史事业，善于对历史事实采取批判的态度。他赞扬说：“尤其值得我们尊敬的，便是司马迁是一位最富有正义感、人民性和革命性的史学家。他对于历史人物褒贬的一个标准，就是以人民利益为出发点。”他认为司马迁之所以能在史学上取得卓越的成就，首先在于司马迁的人格是伟大的。在作为一个史学家所应具备的德、才、识三种品质中，郑教授把“德”放在第一位，以此为标准来评价中国历史上的史学家。

我国是世界上存有史料最丰富的国家，并且有其特殊的成绩。除去实物史料不论，就书面史料来说，也是汗牛充栋，一般老历史工作者对此都有“望洋兴叹”的感觉，何况是年轻历史工作者呢？真有不知从何入手的苦闷，只有求助于目录学一类的学问。我国史料虽多，也有其一定的分类方法，但分类方法很多，只有明其源流，才易于摸索和掌握。为了让人们从目录学着手，掌握查找我国史料的方法，郑鹤声教授撰写了《中国史部目录学》一书。该书介绍了我国史书的渊源、史部的位置、各史部之源流以及史目正录、别录和今录的流别，同时还介绍了诸家史部分类之说、史料与史体的分类法、西方史料审查与分类方法、中国史目著录通说，并阐述对今后史部目录分类的意见。《中国史部目录学》一书是迄今唯一一部中国史部目录学专著，是从事中国史研究，能以较好地查找有关史料的入门书，具有重要的学术价值。

研究中国历史，需要掌握尽可能多的史料，这些史料大多存于历代文献中。郑鹤声教授针对晚清以来不少学人盲目推崇西方文明，而“以吾国吾有文献为腐败物质之渊薮”，以致“号为学人，而叩以本国文献之要略，瞠目而不知所对者，什八九也”等现象，在1928年撰写了《中国文献学概要》一书，以期引起国内学人对本国历史文献的重视，获得必要的中国文献学知识。郑教授在“例言”中，对该书所介绍的“文献学”作了如下解释：

> 结集、翻译、编纂诸端，谓之文；审订、讲习、印刻诸端，谓之献；叙而述之故曰文献学。
>
> 典籍结集为文献学上最重大之事业，故首及之；然结集而不施以审订，则无从取精而用宏，择要而弃微，故审订又次之；既审订矣，而不能“涉其流，探其源，采剥其华实而咀嚼其膏味”（苏东坡《李氏山房藏书记》），则结集审订皆虚事，仍不能发扬其光辉，故讲习又次之。故结集表也，审订里也，讲习则表里相兼者也。自外学输入，而后有翻译之事业，自印刷发明，而后有编纂之规模，皆吾国文献学上之伟大纪念物焉。并次而论之。

由此可见，郑教授撰著该书，旨在对中国在文献学上的特色进行较为全面的总结。该书第一章论述中国文献之渊源与价值，以及中国文献之世界化；第二章从著录与分类、汉志著录、隋志著录、宋志著录、四库书目著录、典籍损失等六方面阐述中国文献之结集；第三章从孔子删订、刘氏校理、乾隆校订等方面阐述中国文献之审订；第四章从周代教育、两汉经学、南北朝经学、隋唐佛学、两宋理学、明儒心学、清儒总积等方面阐述中国文献之讲集；第五章从佛典翻译和科学著作翻译两方面介绍了中国历代的文献翻译事业；第六章从《永乐大典》《古今图书集成》《四库全书》《四部丛刊》成书经过阐述中国文献之编纂；第七章介绍了与中国文献刻印相关的印刷与学术、印刷溯源、版本类别等方面的情况。《中国文献学概要》一书为人们从事中国学术研究提供了文献学方面的基础知识，因而受到广大读者的欢迎。该书1930年由上海商务印书馆出版后，1933年又再版发行，1983年上海书店又再次重印。后来该书又被收入复旦大学、上海书店《民国丛书》编委会编辑的《民国丛书》第二编中。

《中国文献学概要》一书出版后，郑鹤声教授又撰写了一系列中国文献学方面的著作，主要有1933年撰写的《影印四库全书之经过》，1934年撰写的《选印四库全书事件之初步解决》，1935年撰写的《三十年来中央政府对于编审教科图书之检讨》,1942年撰写的《八十年来官办编译事业之检讨》等。1935～1940年,郑鹤声教授与王维屏先生共同主编了《黄河志·文献编》,该书分气象、地质、水利工程、人文地理、文献等编,由郑教授、胡焕庸、侯德封、张含英、张其昀分头执笔。郑教授撰写的"文献编",分河患、防汛、勘测、堵筑、疏浚、职官、兵夫、人物、经费、物料、振恤、考绩、祀典、河清,共14章,约80万言。1944年,在全面整理中国历代治河文献的基础上,郑教授又撰写了《中国历代文献治河文献考略》一文,介绍了历代有关河务的文献,共156种。郑教授对有关黄河和历代治河文献的研究整理工作,与国计民生密切相关。他不是那种把自己关在书斋里不问世事的学者,而是努力运用所掌握的丰富的文献资料为社会服务,这在当时是难能可贵的。1962年,为纪念孔子逝世2440周年,郑鹤声教授又发挥其在文献学和目录学方面的特长,广泛搜集资料,编撰了数十万字的《历代孔子研究文献目录》。该书可谓集历代有关孔子研究文献篇目之大成,分类排列,为当代的孔子研究提供了一本重要的工具资料书。该书完稿后,由于极"左"思潮的影响,一直被束之高阁,后被列入山东省社会科学"七五"规划重点项目,由齐鲁书社出版。

自五四运动以来,一大批从事学术工作的知识分子都在探索中国贫穷落后的原因,寻找救国救民的道路。郑鹤声教授正是这一大批优秀知识分子中的一员。他生活在旧中国那种动荡、黑暗的社会环境中,从对中国近代历史的研究中,深知帝国主义的侵略是造成近代中国贫困落后的主要原因。1929年夏,南京中央政治学校请他教授中国近世史。第二年,南京中央大学也要他教同样的课程。他以满腔的爱国热忱,从事中国近世史的著述。当时所谓的中国近世史,上自明季中西交通因新航路的发现而为之大变,下迄辛亥革命,囊括中国近三四百年来的历史。其时已出版的有关专著,只有萧一山的《清代通史》,该书材料繁多,又没有完成,不便用作教学,于是郑教授边教课边赶写讲义,至1930年7月,撰就百余万字的《中国近世史》。郑教授在该书"自序"中说:"三四百年来中国历史上之变化,帝国主义者之侵略,实可为最重大之原动力。"帝国主义"割据我领土,租借我海港,开放我内地,剥夺我治外法权,攫取我矿山铁道,强占我海权航线,然此犹曰有形之侵略也。而无形之侵略,则凭陵不平等条约之缔结,把持我内政,助长我内乱,混淆我社会之经济,麻醉我青年之思想,以及势力范围之规定,文化事业之诱略等,亦莫不足以贻我国家进展之障碍,而为吾国弱民穷之导线”。正是基于这种认识,郑教授提出:“本期史之要旨,乃在叙述海禁开通以来(明末)中国社会、政治、经济、学术思想等之变迁,而特别注重帝国主义者对中华民族压迫之经过,及中国社会受西洋物质文化影响后所发生之变态。”郑教授撰写的这部巨著,发端宏大,立论新颖,是一部开创性著作。他明确提出以明代正德年间欧洲人东来作为中国近代史开端,“以帝国主义者之侵略为造成之骨干”,对中国近三四百年来许多重要历史事件和重大变化给予阐明。他的研究,被著名史学家顾颉刚先生认为是当时中国近代史研究的两大流派之一。顾颉刚先生在《当代中国史学》一书中曾这样论述:

> 所谓近代史,现在史家对于它的含义与所包括的时代,有两种不同的看法,第一种认为新航路发现以来,世界的交通为之大变,人类生活与国际关系,较之中古时代,显然有不同的地方,是为中古史与近世史的分界;这时期历史孕育出来的局势,每以民族的思想为其演变的原动力;故近世史的范围,实包括近三四百年来的历史,无论中国与西方皆系如此;此派可以郑鹤声先生的《中国近世史》为代表。第二种则认为在新航路发现的时候,欧洲仅产生了商业革命,明季以来,中国虽与西方接触,但并没有显著的影响;其后欧洲产生了工业革命,中国与西方发生新的关系,以中国言方系近代史的开始;此派可以蒋廷黻先生的《中国近代史》为代表。在这两种不同的看法之下,所产生的近代史著述很多,如陈怀、高博彦、吴贯因、魏野畴、邢鹏举、罗元鲲、梁园东、沈味之诸先生的著述,各有长处。其最完善的为郑鹤声先生的《中国近世史》。……此书(指 1944 年重庆南方印书馆出版的两册《中国近世史》——引者)即系根据讲义改编而成;全书体大思精,甚为赅备,惜迄今仅出二册。[①]

正如顾颉刚先生评价的那样,“体大思精,甚为赅备”是该书显著的特色。就近三四百年来中国所发生的许多重大变化而言,该书对这期间中国疆域领土的形成与割裂、民族团结与融合、政法制度的破坏与建设、国家实业的兴起与衰落、社会经济的困难与规划、海外移民的发展与挫折、基督教的传播及其影响、政治学术思想的翻新与进展等,都提出了不少富有启发

① 顾颉刚:《当代中国史学》,上海:胜利出版公司,1947 年,第 83~84 页。

性的见解。1930年《中国近世史》由南京中央政治学校铅印刊行。由于该书为读者提供了丰富的历史知识，可以从中较全面地了解中国近三四百年来的历史，进一步认识中国近代贫穷落后的原因，激发爱国的热忱，并且可为进一步研究中国近代史的基础和依据，所以当时要这部讲义的人还不少。但郑教授总以为这只是急就之章，还是再作进一步增订后公开出版为宜，“于是发了宏愿，向南京、北京、上海、杭州、武昌等处书肆，搜买有关史料，把两个学校所得薪水稿费，全作为买书之用，至一九三七年抗日战争前夕，整整八年，搜得资料，堆满两大房间”①。郑教授利用这些资料，又费了三四年的工夫，将1930年版《中国近世史》重加增订，可惜这部更完善的书稿在南京沦陷时毁于战火。1944年，重庆南方印书馆把1930年版八册《中国近世史》的前两册拿去出版，为《中国近世史》前编第一、二分册。该书第一分册起于“中西通商殖民事业之发轫”，止于“康雍乾三朝之文字狱”；第二分册起于“康乾时代之政教制度”，止于“清之中衰与其内乱”；共14章，包括明末至清乾隆时的历史。郑教授在该书“编辑凡例”中说：“历史之递嬗，本不可以时代分，不得已而为时代之划分，则注意其历史上整个之阶段。”又说：“是近三四百年之历史，实为我对内对外整个历史之发展，非近百年史实所能包括。故本书范畴，上自明季，下迄今兹，包罗近三四百年之事实。”可见郑教授研究中国近代史，注重从历史的整体出发来看问题，对每一历史事变和重大历史事件，追根溯源，以求综观全局，获得对历史事实的更深刻、更全面的认识。

抗日战争开始后，郑鹤声教授随国立编译馆迁往四川，致力于清史的研究，因感材料缺乏，就约编译馆同事从事《东华录》的整理工作。我国各代史实，皆有综合的正史可备参考。清亡之后，三十余年过去，《清实录》未经正式刊行，《清史稿》也未曾正式公布，以致研究清史颇感困难。《东华录》一书，自天命迄光绪，包括清代十一朝的历史事实(宣统一朝，有《宣统政纪》可补)，较为详备，但因卷帙浩繁，又属编年体例，检阅困难，读起来很苦。抗战前郑教授曾编辑《东华录索引》一书，又编了一部《近世中西史日对照表》作为检查《东华录》内干支之用。此时遂将《东华录》全书分类排比，成纪事本末体，名曰《东华录类编》。1939年1月出版的《国立编译馆馆刊》第29期中曾介绍说：“《东华录类编》一书工作尤为繁重。《东华录》为

① 《郑鹤声自传》，晋阳学刊编辑部：《中国现代社会科学家传略》第2辑，第241页。

有清一代较为详备之史料，包括近代二百九十六年（自清太祖天命元年至宣统三年）之事实，全书一千卷，十余万条，二千数百万言，凡经四手，互有异同。”《东华录类编》一书，自 1935 年起着手编纂，费十余年之力始成，凡一千六百余万字，实具有《清会要》的雏形。新中国成立后，这部庞大的文稿移交给出版总署。《东华录类编》一书虽未正式出版，但郑教授为开展清史研究不畏艰难、甘心铺路的精神，却是值得后人学习与纪念的。

为了给研究中国近代史的学者提供一本中西史日对照的工具书，郑鹤声教授又编著了《近世中西史日对照表》一书，1936 年 2 月由上海商务印书馆出版。此表从明孝宗弘治十一年至民国三十年（1498～1941），以公历为主，每年 2 页，每页 6 格，每格首行记阳历月份，括号内为阴历月份，下面列阳历日序、阴历日序、星期、干支四项，是研究中国近代史不可缺少的工具书。1980 年，北京中华书局又予重印，并多次印刷，以满足中国近代史研究者的需要。

新中国成立以后，郑鹤声教授在山东大学历史系承担中国近代史课程并培养研究生，与此同时继续从事中国近代史研究。遵照毛主席关于中国近代史的论述，是以第一次鸦片战争为中国近代史的开端，因此新中国成立后郑教授对中国近代史的研究，包括自鸦片战争以讫辛亥革命这一段的历史。郑教授在马列主义和毛泽东思想的指导下，努力为新中国的中国近代史教学和学术研究贡献力量。郑教授在 1951 年 5 月参加南京太平天国一百周年纪念筹备工作；在 1951 年 8 月至 1956 年 1 月参加南京市太平天国史料编纂委员会，又参加了《鸦片战争》《太平天国》等中国近代史资料丛刊的编辑工作，并为丛刊捐献他收藏的多种珍贵史料。此外，他还参加了教育部中国近代史教学大纲编定委员会的工作，为新中国的中国近代史的学科建设作出了不可磨灭的贡献。新中国成立后郑教授在中国近代史方面发表了多篇水平较高的学术论文，如《怎样研究中国近代史》《试论孙中山思想的发展道路》《试论谭嗣同的变法思想及其历史意义》《太平天国妇女解放运动及其评价》《试论义和团运动的性质及其历史意义》《论“铁拳”》《辛亥革命前夕资产阶级革命派对待帝国主义的态度》等。其中《试论孙中山思想的发展道路》一文，提出孙中山思想的发展经历了从改良到革命、从旧民主主义到新民主主义的艰难曲折的过程，对孙中山思想发展道路上这一质的飞跃，给予高度的评价。这篇论文在《文史哲》1954 年第 4 期上发表后，在知识界产生了一定的影响。1955 年民盟中央将此文印成单行本，作为会员的学习材料。

继编著《中国近世史》之后，1943 年郑鹤声教授又撰写出版了《中华民国建国史》一书，开创了中国现代史研究领域。该书从 1884 年孙中山立志革命之时起，到 1941 年抗日战争四周年止，论述了这 57 年间的历史。郑教授在该书的“编纂凡例”中说：

> 一、本书编制以总理所领导之国民革命为主体。自总理倡导革命，以至今日，凡数十年，其革命历史，可分为三阶段：1.辛亥革命推倒满清为第一阶段；2.北伐完成，打倒军阀为第二阶段；3.抗战建国为第三阶段之始。

该书从国民革命之目的与步骤、民国以前之革命事业、民国初年政局之演变、党军政之改革与推进、抗战事业之进行五个方面，阐述了中华民国建立前后的历史。虽然由于郑教授当时所处社会环境和社会地位的局限性，该书对中国共产党领导下的人民革命斗争和抗日事迹没有言及，但是该书仍不失为我国第一部民国史专著，从某种意义上讲，该书也可看作中华人民共和国成立前出版的第一部中国现代史著作。

郑鹤声教授以其史学家的卓越见识，不仅较早认识到中国近现代史研究的意义和价值，而且较早地认识到中外关系史（含中西交通史）研究和郑和研究的意义与价值。他是当代中外关系史研究和郑和研究的开拓者之一。早在 1926 年，郑教授就发表了在中外关系史（含中西交通史）研究上有重要学术价值的长篇论文《大月氏与东西文化》。该文首先从大月氏自汉晋迄隋唐间的沿革、大月氏在东亚与西亚两部境区发展的过程、大月氏历代世系情况、大月氏在东亚与西亚时迥然不同的文物等方面，详细阐述了大月氏文化产生和发展的过程。他指出，大月氏西迁后，“吸收希腊式之大夏文化，发挥而光大之，骎骎乎入于文明之域”，又兼受到印度文化的影响；其小月氏之迁往印度河畔者，亦受佛教文化的影响；大月氏文化还受到安息、罽宾等西域文化古国民俗风物的影响。于是月氏在文化史上遂占有重要地位，“其文物为西亚诸国冠”。该文详细论述了大月氏文化对东西文化相互交流与融合所产生的深刻影响，指出大月氏在文化史上的地位，一为东西文化接触之介绍者，二为中印文化相互调和之介绍者。该文又指出大月氏在西迁至阿姆河流域后，即在汉晋以前，为其对东西文化交流发挥重要作用的时期，这期间为东西文化交流作出重要贡献的大月氏王首推迦腻色伽。大月氏在历史上对东西文化交流的重要贡献，经郑教授的阐述，始得明确。20 世纪 20 年代中期，当中外关系史研究尚未被学术界注意之时，郑教授及早选择大月氏与东西文化交流的关系这样一个重要问题来加以研究，也在于引起人们对中外关系史研究的重视，以推动中外关系史研究工作的开展。

郑鹤声教授很早就注重中外关系史研究，不仅是为了推动学术领域内这一薄弱环节的发展，也是为现实的反对帝国主义侵略的斗争和发展中国与各国间的传统友好关系服务。早在 1928 年，“五三惨案”发生后，郑教授即针对此事撰写了《五百年前中日交涉之一幕》一文，向读者介绍自明洪武至永乐年间日本侵扰中国及中日交涉的经过。该文对当时明朝政府的“防倭经略”作了详细的阐述，指出：

> 明廷防倭，可分为三大期：自洪武六年以前，粗为防制，倭亦无大患，是为第一期。自十七年以后，寇患渐亟，防制亦严，是为第二期。永乐时代，较前益严，自望海窝之役，不能复为患，是为第三期。

郑教授从 500 年前日本逐步加紧了对中国的侵犯，而明朝政府防倭亦随之益严，积极方面是从筑城设卫、练兵造船着手，消极方面是从经济绝交、海港封锁着手，致使日本的侵略阴谋不能得逞，终于被迫与中国修好这一历史事实，告诫人们当“今者旧事重演”，“日本人之野心未戢”之时，只有与之作针锋相对的斗争，才能赢得“我国人之和平”。该文发表 10 年之后，随着日本帝国主义对华侵略渐亟，抗日战争全面爆发，中国人民正是经过与日本侵略者进行了针锋相对的斗争，才赢得了最后的胜利。这一过程，与 500 年前中日交涉之一幕，颇有相似之处。郑教授在 1928 年撰写这篇论文时的远见卓识，为以后的历史发展所证实。他从事中外关系史研究的现实意义，由此可见一斑。在研究中国与各国在历史上的友好关系方面，郑教授更是不遗余力，新中国成立前后都撰写了一系列的论著。其中学术论文有《中印两国在历史之关系》《千六百年来中暹之旧谊》《十五世纪初叶中国与亚非国家间的友谊关系》《十五世纪初叶中国与亚非国家间在政治经济文化上的关系》等。其中《十五世纪初叶中国与亚非国家间在政治经济文化上的关系》一文，提出在 15 世纪初期中国与亚非国家间在政治上的关系主要表现为国际纠纷的调解、旧港宣慰使司的建置、敕封番王典礼和敕封番国名山大川典礼的举行等方面；在经济上的关系主要表现为亚非国家对中国的“朝贡贸易”、中国对亚非国家的海外贸易两个方面；在文化上的关系主要表现在历法、冠服、科举制度的颁给，图书、乐器、度量衡的赠予，风俗、宗教的崇扬，建筑、绘画、雕刻艺术的流传，奇异植物的采集等方面。在中外关系史研究中，由于史料缺乏，人们一般只从某一方面阐述中国与某一国家在历史上的友好关系，论述往往比较简略，像郑教授这样全面论述15世纪初期中国与亚非诸国间在政治、经济、文化各方面的友好关系的学术论文，是迄今为止唯一的一篇。由此可见郑教授在中外关系史研究上功力之深厚。

14世纪至17世纪为我国明代时期。在这近300年的历史中，无论就中国而言还是就世界各国而言，都发生了显著的、重要的变化。在中国，封建社会发展到明代，已进入晚期阶段，虽然以自然经济为主的封建生产方式仍占统治地位，但已出现了资本主义的萌芽。从世界范围来看，欧洲一些沿海国家已进入资本原始积累阶段，亚洲一些太平洋沿岸国家也发生了特点各不相同的历史变化。这些变化影响着东西方势力的消长，其时欧洲势力的东进，中国海权由强盛转向衰弱，日本向南往海外发展，这三种发展趋势在产生其历史作用的过程中，皆与南洋各国发生了直接或间接的关系，并且相互间产生了深远的影响。如果说日本向海外发展必须途经中国才能及于南洋各国，那么欧洲一些国家如葡萄牙、西班牙、荷兰等的东来则先及南洋各国而后到达中国。因此，在这一历史时期中，中国与海外诸国的关系，尤以中国与南洋各国的关系显得特别重要。新中国成立以来尤其是十年动乱之后，对中国与海外诸国关系史的研究虽逐渐引起学术界的重视，但在著作方面迄今只有几本海外交通史籍校注本问世，系统的史料整理方面，也只有中国古籍中的菲律宾史料。对如何将东方的日本与朝鲜、欧洲一些沿海国家和南洋各国这三者在14世纪至17世纪这一重要历史时期与中国的关系作为整体来考虑，对相互间在政治、经济、军事、外交、文化等各个方面的关系和影响进行综合研究，特别是中国与南洋各国的关系，迄今还是空白，实有加以系统研究的必要，以期从中探索历史发展的客观规律，为发展现实的中外国际关系服务。这不但要从理论研究方面着手，而且首先要做好整理史料的工作。在十年动乱结束，百废待兴之时，郑鹤声教授敏锐地看到这一点，不顾年届八旬高龄，编写了百余万字的《十四世纪至十七世纪中国与海外诸国关系史料》，作为山东大学重点科研项目，在1982年交齐鲁书社出版。该书以《明实录》、明谈迁《国榷》为主，清夏燮《明通鉴》为辅，旁及其他史籍，将有明一代17朝计277年间中国与海外诸国（以朝鲜、日本，特别是南洋诸国为主）之间关系的史料一一辑出，加以系统的整理，为深入、系统地研究明代中国与海外诸国的关系提供了必要的基础，也为中外关系史和中西交通史研究提供了可靠而方便的依据，有着重要的学术价值。在完成《十四世纪至十七世纪中国与海外诸国关系史料》一书后，郑教授又致力于编写《六百年来中国与海外诸国关系资料汇编》。该书除拟补充《十四世纪至十七世纪中国与海外诸国关系史料》一书明代资料外，还希望再续编有清一代及民国时期的中国与海外诸国关系资料，以期尽量完备地汇编1368～1949年中国与海外诸国关系资料。这一庞大的编写计划虽然未能完成，但郑教授在研究中外关系史方面的这种魄力，将激励后辈学者努力继承他的遗志。在整理编写中外关系史料的同时，郑教授坚持进行中外关系史和中西交通史方面的学术研究。1986年，他应《光明日报》"史学"副刊编辑部之约，为《中国史学家传略》一书撰写了冯承钧和张星烺两位先生的学术传记，全面论述了两位先生在中外关系史和中西交通史研究上取得的成就，对他们在学术上的贡献给予很高的评价。在《张星烺传》的结语中，郑教授指出：张星烺先生"勇于开拓中西交通史这一荆棘丛生的领域，一心要改变我国学术的落后面貌的精神，是值得我们发扬光大的。在此基础上继续努力，按照四化建设的需要，把整个中西交通史的研究工作建立在科学的基础之上，我国的中西交通史研究必将会出现一个为世所瞩目的光辉前景"。而这也是郑教授晚年为之奋斗的一个目标。

在中外关系史和中西交通史研究方面，郑鹤声教授在郑和下西洋研究上尤其有特殊的贡献。郑教授研究郑和，是从1935年发现郑和所亲立"娄东刘家港天妃宫石刻通番事迹碑"开始的。郑和下西洋这个历史事件，在20世纪初开始引起国内外学者的重视，陆续有一些论著问世，提出了众多的问题，展开了国际性的讨论。国内有梁启超的《祖国大航海家郑和传》、向达的《关于三保太监下西洋的几种资料》，国外有法国学者伯希和的《郑和下西洋考》，日本学者山本达郎的《郑和西征考》等，皆为早期研究郑和较为重要的论著。他们的这些著述用力虽勤，但考究郑和出使年岁与次数，都得自间接的记载，大抵不出《明史》的范围。《明史》中的记载究竟可靠不可靠呢？能不能找到第一手的资料，来确凿地证明郑和出使的年岁与次数呢？这是郑教授考证郑和下西洋史事首先想要解决的问题。1935年郑教授在查阅明嘉靖年间钱穀所编《吴都文粹续集》一书时，竟发现郑和自述“娄东刘家港天妃宫石刻通番事迹碑”碑文，其所记郑和出使年岁与次数，与《明史》成祖本纪、郑和本传所记大有歧异。此种郑和自述之文字，当为第一手史料，郑教授据以纠正了诸书所记郑和下西洋往返年岁与次数的脱漏与谬误，一时视为奇获。郑和下西洋不仅是我国航海史上的壮举，而且是具有世界性影响的事件，数百年来，号称盛事。郑教授当时即感到“吾人当如何发扬其伟大之精神以昭示后世”（《郑和》一书绪言）。在1935年因发现娄东碑而发表《从新史料证郑和下西洋之年岁》一文后，遂锐意于对郑和下西洋史事的研究和考证。他开始搜集郑和下西洋资料，并注重实地考察，尤其注重对新史料的发掘与整理。当时郑教授寓居南京，常至马府街访问郑和故居，至三山街访问郑和所请建之礼拜寺，至下关天妃宫、静海寺等处访问郑和下西洋故事及遗迹，又至江苏省太仓县访问刘家港郑和航海故迹，1936年夏至福建省长乐县访问十洋街、南山塔、太平港以及郑和所亲立天妃灵应碑等故迹、遗物。郑教授除到各处实地考察，访问有关遗址、遗迹，了解文物的现状和征集口碑资料外，还置身于南京江苏省立国学图书馆、太仓图书馆和福建省立图书馆，搜集各种史籍中所载郑和下西洋文字资料，更托人向各处摘抄有关文献资料，又亲自入云南采访郑和家世资料。在广泛搜集郑和下西洋资料的过程中，1936年春，郑教授在南京静海寺发现了郑和下西洋残碑。该碑记载了郑和航行海外所乘船舶制度，为他碑所未有，故最可宝贵。这块残碑在南京沦陷时毁于战火，若不是郑教授在抗战前夕发现并留下拓片，这一珍贵的文物后人再也无法知晓了。从1935年起，经过十余年的搜集采访，郑教授获得了丰富的郑和下西洋史料。依据这些资料，郑教授撰写了一系列郑和研究论文，并在40年代中期出版了《郑和》与《郑和遗事汇编》两本专著，其中《郑和》一书在1945年获重庆教育部学术奖金。1984年，黄慧珍、薛金度在《郑和研究八十年》一文中指出：

> 《郑和》《郑和遗事汇编》，是四十年代郑和研究的重要著作之一。这是郑鹤声自三十年代起从事郑和研究以来，经十余年的资料搜集、整理而成的专著。二书汇集材料丰富，内容广泛，考证详确，是郑和研究史籍资料、文物遗迹资料的综合，是献给郑和研究者必要的参考书。《郑和》一书，作为“中国历代名贤故事”出版。时中国正处在半封建、半殖民地的时代，为激励国民、抗日救亡，以历史上伟人之功业，发扬

中华民族之精神和优秀文化传统，从中得到力量。本书对郑和之出使经过、目的、航行概况，以及随使人员组织，出使之结果，宝船之制造等考证极详。《郑和遗事汇编》一书，对郑和家世、生平、年表及出使地方与港口介绍详尽，特别是诸国朝贡之事略，郑和之史迹、轶闻材料，为他书所未见，是有很大价值之资料参考书。①

对郑和下西洋的研究，不仅是航海史研究中的重要课题，而且涉及明初中外关系史、中西交通史研究的各个方面。为了展开这些方面的研究工作，需要大力搜集明代以来散佚在各处的更为丰富的资料，编纂出版一部比较完备的郑和下西洋的历史资料集。郑鹤声教授与郑一钧合编的《郑和下西洋资料汇编》一书，正是从这种需要出发编辑整理的。该书所收资料较为广泛。它不仅收录了有关郑和下西洋的文物、调查资料，还从不同版本的《明实录》、各种明清史籍，各种丛书、类书、文集、杂记、笔记、小说、戏曲、诗词以及明代以后国内外有关著述、资料集中，将郑和下西洋资料一一辑出，并酌情纳入适当章节中，使之成为一部比较完整系统的资料汇集。该书在编写过程中，没有把眼光仅局限于某些具体史实，而是把视野放大到明初的对外政策，郑和下西洋的时代背景，15 世纪初期中国与亚非诸国间在政治、经济、文化等方面的关系。该书上册着重介绍郑和的家世、生平、宗教信仰、才能及时代背景，郑和使团的人员组成、物力及航海技术。中册主要介绍郑和出使时期有关亚非沿海国家的基本情况，郑和下西洋的目的和任务，郑和出使各国的经过，中外国家使节的派遣和接待，并以郑和下西洋为中心介绍了中国与海外国家间的友好往来，以及 15 世纪初期中国与亚非诸国间在政治、经济和文化上的关系。下册主要介绍郑和在国内外的遗迹，郑和下西洋在国内外的影响，有关郑和的文献资料，郑和下西洋资料书目解题和专著论文索引。该书在系统地编排原始资料和有关史料的同时，还在部分资料的前后或中间加有编者按语，对郑和下西洋途经的地区、重要史实、文献典故、航海术语、所引资料等作了校订、注释，并间有说明和论述，给阅读提供了很多方便。该书出版后，引起国内外学术界广泛的重视，获得较高的评价。该书获得了山东省社会科学优秀成果奖和山东大学科技成果奖。

① 纪念伟大航海家郑和下西洋 580 周年筹备委员会编：《郑和研究资料选编》，北京：人民交通出版社，1985 年，第 11～12 页。

郑教授从青年时代起，对史学概论和中国历史教学问题就产生浓厚的兴趣，并以此种课程教授于各级学校。他曾在南京大学讲授史学概论，1930年所著50万字的《史学概论》问世（南京大学印本）。这部著作时至今日仍具有一定的学术价值，最近收入复旦大学、上海书店《民国丛书》编委会编辑的《民国丛书》第二编中。在历史教学法方面，郑教授撰写出版了《中学历史教学法》《历史教学旨趣之改造》《中学历史教学》等著作，为普及历史教育作出了贡献。

郑鹤声教授对中国文化学术史和科学史的研究亦很重视，为之付出了辛勤的劳动，取得了丰硕的成果。郑教授早在1926年就与向达先生一起实地调查了南朝石窟遗迹摄山佛教石刻，与向达先生合撰了《摄山佛教石刻小记》。此后郑教授陆续撰写了《江浙文化之鸟瞰》、《张之洞氏之教育思想及其事业》、《总理对于学术之研究》、《明季西洋学术思想之输入》、《孔子与〈春秋〉》以及《李悝变法》（与郑一钧合撰）等学术论文。其中《明季西洋学术思想之输入》一文，自然科学从天文学、仪器学、历象学、数学、物理学、火器学、农学、矿学、生理学等方面，社会科学从地理学、舆图学、伦理学、哲学、教育学、心理学、文字学、音韵学、艺术学、神学等方面，论述了明季欧洲势力东进以来，西方科学文化和学术思想输入中国的情形。这一研究实际上是郑教授后来从事中国近四百年来科学史研究的开篇之作，为人们探究中国近400年来科学发展的渊源，提供了比较全面的知识和有用的线索，具有重要的学术价值。1957年，郑教授应山东人民出版社之约，撰著了《近四百年来中国科学研究》一书。这部数十万字的学术著作，对中国近四百年来的科学研究作了系统、全面的论述与总结，对中国近四百年来科学研究的萌芽、复兴与发展提出了很多富有启发性的见解。该书内容丰富，资料翔实，可以看作与郑教授所著《中国近世史》相配套的著作。山东人民出版社将该书列入出版计划，可惜因"文化大革命"而中止。

郑鹤声教授自治史以来，在广阔的研究领域内取得了那么多的研究成果，堪称著作等身，这与他通晓搜集史料的方法，在各个领域内都掌握了丰富的史料是分不开的。为了指导年青一代史学工作者掌握搜集与使用中国丰富的历史资料的方法，为他们开辟一条从搜集史料入手治史的门径，郑教授以自己丰富的学识和经验，在1958年撰成《史料学》一书，作为给山东大学历史系学生开这门课程的讲义。后来上海中华书局将这部讲义易名为《中国史料目录举要》，准备正式出版。史料工作是史学研究工作的基础，是进入历史科学殿堂的必由之路。郑教授在1958年“大跃进”的年月，一反当时史学界轻视史料工作，把史料工作看得比研究工作低一等的“左”倾思潮，毅然为学生开了“史料学”这门课程，从通史和断代史史料两个方面，非常具体地指导学生怎样做好史料工作，以使他们在日后的史学研究工作中能以详细占有资料搞好研究，这充分展现出他作为一个历史学家的科学态度和教育家的事业心、责任感。

作为一个热爱祖国、珍惜祖国悠久的历史传统的史学家，郑鹤声教授一向关注对中华民族和中国边疆问题的研究，多年来不仅搜集和购置了大量有关的书刊和资料，而且撰写了一系列论著。对中华民族问题，自1935年起先后发表了《中华民族精神之检讨》《如何从历史教学上发挥中华民族之精神》两文后，又陆续发表了《中华民族之复兴与西南》《中华民族思想之检讨》《前清康乾时代之理藩政策》《清代对西南种族的抚绥》《近三百年来中华民族融合之趋向》等论文。这些文章围绕如何发扬中华民族之伟大精神，如何促进中华民族的民族团结，发表了富有积极意义的见解，表现出了一种崇高的历史使命感。对中国边疆问题，自1929年发表《江心坡问题》和《江心坡与国防》两文后，郑鹤声教授又发表了《我国边疆教育之计划与设施》一文。该文详细阐述了筹办边疆教育的纲领、筹设西北边疆教育的经过、筹设西南边疆教育的经过、筹设边疆教育应有的觉悟四个方面的问题。联系郑教授有关民族问题的论著，可以看出他对中国西南和西北地区的民族与边疆问题尤为注意。这两个地区的民族与边疆问题，向来复杂而繁多，是民族与边疆问题研究的薄弱环节。郑教授自20年代末30年代初即注意研究这些方面的问题，提出富有建设性的见解，同样表现出了他作为一个著名史学家所具有的卓越的见识。新中国成立后，郑教授把对中国边疆问题的研究同现实斗争的需要紧密结合起来，撰写《从台湾历史到解放台湾》《南海诸岛向为中国之领土》等论文，表现出一个爱国史学家以学术研究为武器，坚决维护祖国领土和主权完整的鲜明立场。

郑鹤声教授在长期的治学生涯中，积累了宝贵的治学经验，概括起来，主要有以下几个方面：

一是从小打好做学问的基础。在郑教授求学的道路上，从开始起，就受到家庭很大的影响。郑教授的家庭虽然在乡村，但父母都读书识字，有些文化，并知道许多历史故事。在他入学前，父母就教他识字，常给他讲些历史故事，使他有了一些知识，对学习产生浓厚的兴趣。在读小学期间，郑教授就熟读了《论语》《孟子》等古籍。在中学读书时，郑教授又受到哥哥郑鹤春的影响。哥哥比他大十岁，是学文史和地理的。郑教授选择史学研究作为自己毕生的事业，受哥哥的影响是很大的。郑教授后来回忆哥哥对他的帮助时说："我在一中（指浙江省立第一中学）上学时，他已在武昌国立高等师范文史地部毕业，便将所有大学文史讲义（约有五十多种）供我学习。这些讲义都是外边买不到的，大大丰富了我的知识领域。"郑教授晚年在介绍自己的治学经验时说："要从小打好基础。现在青年人学习历史，往往要到大学以后，才开始学习《史记》《汉书》《资治通鉴》等史籍，并且看的篇数并不多，这样打基础就为时过晚。其实在小学阶段就应开始读些古籍，逐渐扩大阅读范围，及早打好学问的基础。"

二是专一、勤奋、艰苦。郑鹤声教授数十年如一日，专心致力于史学研究。郑教授从青少年时代起，就不去想什么娱乐之事，也不追求生活舒适，只知道埋头读书，不知疲倦地著述。只要精力尚可，郑教授总是分秒必争地勤于治学。正是有了这种精神，他一生才会撰写那么多的著作。这种治学精神，是他从小养成的。郑教授晚年回忆说："我入学的年龄虽说晚了些，但对于读书写作之事，仿佛结下了不解之缘。从识字时起，几乎总是手不释卷的时候为多，幼时放牛于山林之间，书本就是最好的伴侣，大哥曾打趣地说：'弟弟颇有点王冕牛角挂书之风呢！'我小的时候，读书好像一头小犊，随地吃草，并不选择；又好像小蚕，随口吃桑叶，不论老嫩；这种贪欲之大，真是无以复加。"郑教授在大学求学时代，虽然身居闹市，却从不涉足娱乐场所，年复一年，公园里花开花落，全然不知。他唯一的休息方式就是逛旧书摊，以搜购散落在民间的史料为乐。郑教授虽然有丰厚的工资和稿费收入，却从不把金钱用在吃、穿、玩上，以免为此多花费时间和影响买书。郑教授以读书写作为乐，自然十分喜爱藏书，在必要的家庭生活开支之外，有钱就用于访求和购买与自己研究有关的书刊和文献资料，甚至用稿费自造楼房一幢用于藏书。郑教授曾回忆当年的读书生活说："1924 年暑假，我为做毕业论文，住在诸暨城外苎萝山西施殿旁诸暨图书馆内，搜集材料，深感图书丰富的作用，有意于'四壁图书中有我'的读书生活。这影响到我 1932 年在南京教育部编审处服务时，慨然自造房屋一小幢于北极阁后天山路，以为个人藏书之处。于是广搜南京、北京、天津、武昌、上海、杭州、宁波、苏州、扬州一带旧书。当时，全国图书馆以搜罗宋、元版本为贵，对于公报杂志以及中国近代史料则不加注意，我乘隙为之，所搜罗多为罕见的海内孤本和稿本，不少是珍贵的中国近代史料。”数十年来，虽屡经战争和社会动乱之劫，郑教授的藏书仍有 4 万册左右，这是他一生心血的积累。郑教授著述甚丰，与他藏书甚丰并善于利用这些藏书，有很大的关系。

三是重视搜集资料的工作，充分占有史料。郑鹤声教授一向认为，要研究一个历史问题，或从事某项学术研究，就要尽可能多地占有与之相关的资料，既能旁征博引，又能追根溯源。他常说，从事史学研究，只有充分占有史料，论据充足，立论才可能是正确和有说服力的。为此，就不要怕当“史料派”，就不能轻视史料，尤其不能轻视原始史料对说明历史问题的作用。在郑教授的论著中，总是用丰富的资料来说明自己的观点，因而立论严谨，有较强的科学性和说服力。郑教授又认为，在掌握了丰富的史料后，切忌从个人需要出发，片面地摘引史料。掌握丰富的史料，是为了让历史显露本来面目，然后用马克思主义的立场、观点和方法进行深入细致的分析，从而形成自己正确的观点；而不能以主观主义的观点，从所掌握的史料中寻找或摘引那些并非反映历史的全貌，却能说明自己观点的史料来“论证”它。郑教授十分信服列宁所说：“社会生活现象极端复杂，随时都可以找到任何数量的例子或个别的材料来证实任何一个论点。”因此，他反对在史学研究中存在的从概念出发演绎历史的简单化倾向。为了在史学研究中尽量全面地掌握与所研究问题有关的史料，避免用“任何数量的例子或个别的材料来证实任何一个论点”，他非常重视搜集资料的工作。郑教授治史六十多年来，对自己所要研究的各个方面，总是随时随地注意搜集资料，虽片言只语，或报刊所登某期杂志目录及新书目录，也概不放过。他认为：“有些资料一时似乎用不着，也不要随便抛弃，仔细存放起来，总会在将来的研究工作中用得上。”这是他的一个重要的治学经验。他对所搜集到的资料，总是小心翼翼地存放起来，有些资料虽然一时用不着，一旦发现，就用自裁的比一般卡片大两倍的白纸片一条条抄录，抄多了，就分门别类，或按某项专题，一捆一捆地存放起来，以备将来之用。为了做好资料搜集工作，郑教授注意利用各种途径和各种渠道来搜集资料，除了个人大量购买书刊，向图书馆和私人借阅，还非常重视实地调查有关文物资料，以及搜集流传在民间的私人所藏史料和口碑资料。他搜集到的许多郑和下西洋的资料，就是通过亲自深入实地调查，或在民间进行查访，一一得来的。

四是要会看问题、发现问题。郑鹤声教授在指导我进行史学研究时，经常要求我在阅读史料时，要会看问题。他说，有很多史籍和史料，看到的人并不少，为什么有的人能出成果，有的人却写不出什么东西来呢？关键在于能不能从中看出问题、发现问题。因此，要学会从接触的史料中看出问题的本领，就要锻炼自己的洞察力。问题一旦看准，有了自己独到的见解，就要把它搞成为一项成果。郑教授在年届八十高龄之际，看到《明实录》中有大量的中国与海外诸国关系史料，而有明一代中国与海外诸国的关系，又是中国历史乃至世界历史上十分重要的问题。一旦看准了这一问题，他便不顾年迈体弱，终于以《明实录》中的有关史料为主干，编成《十四世纪至十七世纪中国与海外诸国关系史料》一书。郑教授编写《历代孔子研究文献目录》，也是在当时认识到孔子研究是学术界的一件大事，而研究孔子，便少不了这样一种工具资料书。尽管当时没有哪家出版社向他约稿，学校的科研计划中也没有这一项目，但他一旦认准这一点，便不辞辛劳地把它搞出来。事实证明他并没有看错，该书稿虽被束之高阁二十余年，但随着孔子研究受到前所未有的重视，人们终于发现这部书稿的学术价值。

五是尊师爱友。郑教授在大学时代受柳诒徵老师指导最多，师生关系也最为密切。新中国成立后，凡了解郑教授历史的，都知道他是柳先生的高足。“文化大革命”初期，以他为“学术权威”，斥之为“东南学派领袖”者，就是由此而来。然而他始终以尊敬的心情，怀念这位学识渊博、诲人不倦的史学前辈。郑教授尊敬自己的老师，从老师那里继承了不少富有价值的学术观点，对自己进一步开展史学研究有很大帮助。新中国成立前郑教授研究中国近代史，以新航路的发现为中国近世史的开端，在相当程度上是受柳先生的启示。郑教授在《中国近世史》“自序”中说：“柳师谓：‘中国近世之历史，与上古中世之区别有三：一则东方之文化无特殊之进步，仅能维持继续为保守之事业，而西方之宗教学术物质思想逐渐输入，别开一新局面也；一则从前之国家虽与四裔交通频繁，而中国常屹立于诸国之上，其历史虽兼及各国，纯为一国家之历史，自元明以来，始与西方诸国有对等之交际，而中国历史亦植身于世界各国之列也；一则因前二种之关系，而大陆之历史变而为海洋之历史也。三者之中，以海洋之交通，为最大之关键。’（《中国文化史》）故中国近世史之开端，当自新航路之发现始。”仅此一端，亦可见学术上的师承关系对郑教授治学的重要影响。尊敬老师，善于向老师学习，努力继承和进一步发挥老师富有价值的学术观点，是郑教授的又一治学经验。

郑教授也很重视与学术界朋友间的友谊与交往。他与著名史学家向达先生保持终生的友谊，便是其中突出的事例。郑教授与向达先生为大学同学，同受业于柳诒徵先生。两人在大学时代便是好友，毕业后又一起调查南朝石窟遗迹，共同发表《摄山佛教石刻小记》一文(这是向达先生最早发表的一篇文章)。在此后的数十年间，一直到“文化大革命”前夕，两人不断来往，一直就中外关系史、中西交通史和中国海外交通史上各种问题，相互交换意见。1960 年，向达先生等发起整理编印《中外交通史籍丛刊》，郑教授深表赞同，两人就丛刊的整理问题彼此交换意见，通信频繁。1961 年，向达先生整理的《两种海道针经》《郑和航海图》和明巩珍的《西洋番国志》出版后，即寄赠郑教授。郑教授亦非常珍视向达先生的情谊，收到赠书后，将向达先生来信贴于书之扉页，以防遗失。笔者目前手头所用《两种海道针经》一书，即为当年向达先生所赠，书之扉页贴有向达先生信，曰：“萼荪兄：丛刊三种，谨呈求教。其中指南正法，有小小补正，正在用油印缮写，稍迟另函寄奉也……”郑教授与向达先生在数十年的交往中，就各自擅长的中外交通史研究，相互切磋，取长补短，彼此都受益匪浅。郑教授与顾颉刚、蔡尚思、辛树帜等著名学者，也都有着数十年的友谊。珍视与学术界朋友间的友谊与学术交往，彼此切磋学问，进行学术观点和学术资料的交流，取长补短，并互通信息，扩大思路，以促进自己的学术研究，这也是郑教授重要的治学经验之一。

郑教授为了实践“四壁图书中有我，我以著述献中华”的宏愿，即使年逾八旬以后，也整日伏案著述，终因积劳成疾，不幸于 1989 年 4 月 20 日下午 3 时 40 分与世长辞。他的逝世是我国史学界、教育界的重大损失！虽然他宏大的著述之志未全部实现，但他为祖国留下的 160 余种、2000 余万字的著作，将永传后世，有益于社会。他热爱祖国、珍视中华民族光荣的历史传统、无私奉献的崇高品质，他对事业执着的追求和一生勤奋治学的朴实精神，将永远激励着后一代学者前进。

(原载梁自洁主编：《山东现代著名社会科学家传》第一集，山东教育出版社 1991 年出版，收入本书时有改动)

“耿介拔俗”的一代史学巨匠丁山

朱斌

一、生平：以学术为志业

丁山，原名增熙，字山，又字山父、山甫，以字行世。1901 年 10 月 26 日生于安徽省和县南乡太阳桥村，后迁至和县沈桥乡。丁先生父亲早亡，家境贫寒，与母亲随出嫁的姐姐一起生活。[①] 同生活在“后科举”时代的人一样，他的科举入仕之路在制度上被切断，但是新的进身秩序并没有建立，依据长期以来在民间形成的惯性，丁山先生在家庭里受“四书五经”之学。因徽学重考据的传统，丁山先生在以后的治学经历中容易与朴学亲近。随着辛亥鼎革，风气亟转，在亲友资助下，丁山先生步入新式学堂，就读于和县威桥镇威桥小学（1911 年～1917 年 8 月），后升入南京私立锺美中学（1917 年 8 月～1921 年 8 月）。中学毕业后赴北京投奔舅舅赵凤喈，在北京大学文科旁听（1921 年 8 月～1924 年 8 月），后得沈兼士赏识入北京大学研究所国学门继续学习（1924 年 8 月～1926 年 8 月）。在京期间，既承学于钱玄同、沈兼士等太炎门生，又与顾颉刚、傅斯年等“五四”闯将相往来。北京大学国学门肄业后，跟随沈兼士前往厦门大学，任国学院助教（1926 年 8 月～1927 年 8 月），并与同在厦门大学的鲁迅交好，后虽天各一方，但书信不断[②]。

---

① 本文有关丁山先生的生平事迹，除特别注明外，均来源于《山东大学教职员登记表》（1949 年11 月 16 日），《丁山自传》（1951 年 9 月 15 日），丁山档案，档号 X-03，山东大学档案馆藏。

② 据丁山先生长女丁吉娥回忆，丁山先生一直珍藏着鲁迅先生赠送的一幅照片和来往书信，后俱散失在“文革”时期，参见吴承木、王耀恕：《丁山与鲁迅的忘年交》，《江淮文史》1995 年第 3 期。

丁山先生此后历任中山大学文科教授(1927年8月～1929年8月)、中央研究院历史语言研究所专任研究员(1929年8月～1937年7月)、中央大学历史系教授(1932年8月～1933年7月)、山东大学中文系教授(1933年8月～1935年7月)、四川大学历史系教授(1936年1月～1937年1月)、浙江省政府秘书(1937年1月～1937年8月)、山东大学中文系教授(1937年8月～1938年8月)、东北大学史学系教授兼主任(1938年10月～1941年7月)、西北大学史学系教授兼主任(1941年8月～1942年7月)、中央大学史学系教授(1942年8月～1944年1月)、东北大学史学系教授(1944年1月～1944年12月)、四川大学史地系兼齐鲁大学历史系教授(1945年1月～1945年12月)、南京大学补习班历史系教授兼主任(1945年12月～1946年6月)、暨南大学史地系教授兼主任(1946年8月～1947年7月)、山东大学中文系教授(1947年8月～1952年1月),1952年1月18日病逝于山东大学(青岛)。

丁山先生身后留有三女二子,最长16岁,最幼5岁,由妻子陶梦云[①]照料。1959年9月,顾颉刚到青岛疗养,曾向陶女士询问丁山先生生平,陶女士遂将丁山先生遗稿托付顾颉刚设法出版。[②] 到1966年5月,顾颉刚在《读书笔记》中写了“丁山事迹”条,全文共四百余字[③],这也是目前为止,仅见的介绍丁山先生生平的文字材料。后因时代原因,遗稿并没有顺利出版,顾颉刚恐负好友之托,将遗稿送还陶女士保存。最终,陶女士将丁山先生遗稿、遗物悉数捐予山东大学,成为“文史见长”的山东大学永存的特藏瑰宝。

1949年以后,马克思主义史学研究典范上升为史学主流,“为学问而学问”的学术取向被改造为学术要为政治服务,丁山先生对此有怎样的反应,又是否对他的学术研究产生影响?幸运的是,在丁山档案中,我们可以看到零星的材料。有学生记录了丁山先生在课堂上讲的内容:“度量衡是历史学的基本最基本的东西……唯物史观,你们这也不知道成吗?那只有去学社会发展史空空洞洞的理论了。……我告诉你们,历史学问题,这不是你们能知道的问题,你们满脑子都是社会发展史问题,将来你们出去,那一

① 陶梦云女士资料所知甚少。据丁山先生记述,陶女士毕业于苏州浒墅蚕桑专科学校,与丁山先生年龄相仿。

② 参见顾颉刚:《顾颉刚全集·顾颉刚日记》卷八,北京:中华书局,2011年,第689、691页。

③ 参见顾颉刚:《顾颉刚全集·顾颉刚读书笔记·愚修录》卷十三,第81～82页。

套是卖不出去的。”[①]大约同时，校方接到学生反映：“我们向丁教授提意见，请他暂不讲度量衡，因为跟中国通史的学习配合不上，丁教授在课堂上发了脾气，以后的两堂课就没有来上。”[②]从这些材料中可以想见丁山先生“耿介拔俗”的性情[③]，也可以视为一代学人对“独立之精神，自由之思想”的坚守。

综观丁山先生52年短暂的生命历程，尤其是20岁以后，除短暂跟随朱家骅担任过浙江省政府秘书之外，其余时间都在大学或研究所从事学术研究。终其一生，可以说学术研究是丁山先生的唯一事业。与介于政治、学术之间的同时代学人不同，丁山先生更像是纯粹的学者。丁山先生工作过的大学很多，在中国近现代史中也属少见，李济曾戏称其为“旅行教授”[④]，调侃之余，更多地折射出时代巨变下学者欲潜心治学而不得稳定环境的酸楚。丁山先生自陈：“个人生活，三年甲地，两年乙地，老是‘牛马走’的流浪在人海潮里，客观环境一向不允许从容地研究整理。”[⑤]但是，面对不利的客观环境，丁先生的研究成绩可谓蔚为大观，在文字学、甲骨金文、上古史、历史地理学、古代宗教与神话学等诸多领域皆有建树。以丁山先生30年学术生涯论，三个阶段尤为重要，可谓学于北京大学（5年），盛于中央研究院历史语言研究所（3年），成于山东大学（8年）。丁山先生的一生，正处于传统学问向现代学术转折的时代，他将传统学问的功底以及对现代学术的敏感冶为一炉；通过其各阶段的著作和遗稿，可以清晰地看出先生学术思想及实践的脉络。张之洞有言：“由小学入经学者，其经可信；由经学入史学者，其史学可信。”[⑥]与张说以维护传统经学地位为目的不同，丁山先生晚岁自述其治学：沿着小学、经学、史学的路数始终“不能动摇”[⑦]。下文试图通过梳理丁山先生的学术历程来知人论世，既可彰显一代史学巨匠的学术成就及影响，又可以为20世纪前半期的学术变迁提供一个少有关注的面相。

---

① 《学生王某的听课笔记》（1951年10月13日），丁山档案，档号X-03，山东大学档案馆藏。

② 《某学生的来信》（1951年10月8日），丁山档案，档号X-03，山东大学档案馆藏。

③ 顾颉刚听闻丁山先生病逝后，在日记中也记下了“此人性倔强，不能与时屈伸”的判语。参见《顾颉刚全集·顾颉刚日记》卷七，第271页。

④ 顾颉刚：《顾颉刚全集·顾颉刚读书笔记·愚修录》卷十三，第81～82页。

⑤ 丁山：《中国古代宗教与神话考》，上海：龙门联合书局，1961年，第1页。

⑥ 范希曾编：《书目答问补正》，上海：上海古籍出版社，1983年，第344页。

⑦ 丁山：《甲骨文所见氏族及其制度》，北京：中华书局，1988年，第56页。

二、起点：小学之根柢

丁山先生于1921年8月到北京大学文科旁听，1926年8月自国学门肄业离开，先后五年，承学于学界吐故纳新之时。顾颉刚在述及丁先生生平时，特别提到先生在北京大学为"偷听生"，后被沈兼士发现，会试入北京大学研究所国学门攻读。[①] 沈兼士为太炎门生、古文字音韵学专家，也是北京大学国学门的创建者之一。能够"发现"丁先生并助其进入学术界，想必是这位来自"皖派"中心的少年的才情和对古文字音韵的兴趣令沈兼士青眼有加，两人由此结下终身的师生之谊，同时也开启了丁山先生学术研究的传统"小学"的起点。据丁山先生自己回忆，"早岁受书，偏读顾(炎武)、江(永)、戴(震)、段(玉裁)、孔(广森)、王(念孙)等诸贤之书"，在北京大学国学门"暇则赴钱玄同先生讲坛聆听其论中国音韵之变迁"。[②] 我们已经很难看到这段时间内更多的直接材料，来了解丁山先生的受学情况。可此时的北京大学经历着新文化运动后新旧学风的激荡，桐城派的没落与太炎门生的崛起，胡适提倡的科学方法、新考证学风的盛行，以及"整理国故"运动的蓬勃发展，这些应该给初涉学问的丁山先生留下颇深的印象。北京大学国学门被认为是现代学术研究机构之滥觞，对中国现代学术的发展举足轻重。[③] 与传统学术的师徒传承不同，现代学术机构在新生代学人的成长中发挥的作用非常突出，由师宗一人到转益多师，虽少了一些门户之见，但学生的根基不深，更容易趋新跟风，成为学术流转的风向标。

蒙文通说："讲论学术思想，既要看到其时代精神，也要看到其学脉渊源。"[④]丁山先生最早出版的书是《荀子均(韵)集》(1923)，便明言因受章太炎考周代古音的启发，认识到章氏考古韵"不根于经"，而"本楚赋"。丁山先生进一步平等看待诸子与经书中的音韵，认为《老子》《列子》《管子》等诸子的重要性不在经赋之下，遂"有志于诸子音韵"之学，仿照晋代吕静的《韵

① 参见顾颉刚：《顾颉刚全集·顾颉刚读书笔记·愚修录》卷十三，第81～82页。

② 丁山：《荀子均集》(1923)，《丁山子学研究未刊稿》，南京：凤凰出版社，2011年，第6页。

③ 关于北京大学国学门的情况，参见陈以爱：《中国现代学术研究机构的兴起》，南昌：江西教育出版社，2002年，第66～164页。

④ 蒙文通：《治学杂语》，蒙默编：《蒙文通学记：蒙文通生平和学术》，第28～29页。

集》,先从《荀子》中的音韵入手进行研究。[①] 对于一个正处求学期间的少年,这显然是一部对传统小学有继承和创新的天才之作。可惜的是,丁山先生的遗稿中有关"诸子音韵"的部分并未能付梓出版,即使有,想必也如朱一新所谓"学之成就,视乎其时,非其时而语焉,莫之应也"[②]。丁山先生在另一本早期著作《说文阙义笺》开卷就提到沈兼士的影响:"民国十四年冬,山读书北京大学研究所国学门,沈兼士先生命以慧琳《音义》引《说文》斠今本之异同,补段氏说文订、钮氏校议、沈氏古本考之阙失。间亦恭之毛诗郑笺三礼注、尔雅、方言之流。探许说之原,验之秦汉金石刻辞,正篆文传说之误。"业师沈兼士对丁山先生的启发和教导,无疑激发了丁山先生研究的兴趣,但丁山先生并没有奉传统小学为圭臬,"亦不屑于字句异同之比勘",目的是借许书"以探中国文字原始","还定许书之谬",并认为"以卜辞金文皮傅许书之事易,以制度文物、古音通转、古文义例证许书形体训诂之误难"。其实,对传统学问的继承,除得到沈兼士的指导,丁山先生在古文字研究方面受王国维的影响也比较多。他说:"王静安先生考之制度文物,本之诗书义例,通之古音假借,参之彝器文字变化,讨论一字,揆之本文而协,验诸他卷而通,盖自洪朱以来,未尝有精贯如此者也。"不仅在研究方法上效法王国维,他在文字起源问题上同样认同传统一元论,认为"自古文而籀文而篆文分隶书"[③]。学界一般认为,从《古史新证》一书中可以看到王国维对"古史辨"的回应,但是从学术渊源来讲,丁山先生为学术研究典范的此消彼长预留了更多可以探讨的余地。

除《荀子均集》《说文阙义笺》之外,丁山先生在文字音韵学方面的著述还有《中国文字学通论》[④]、《中国文字学史料索引》[⑤]、《六书述谊》[⑥]、《说文学参考资料》[⑦]。这些著述基本在传统小学的范围内,"研究中国文字形义之变迁及其缘起,推阐其功效与通例"。丁山先生从四个方面说明了自己研究古文字的原因:一是"洞悉初文本义及其变迁之迹"来了解"古代文艺

---

① 参见丁山:《荀子均集》,《丁山子学研究未刊稿》,第6~7页。

② 朱一新:《无邪堂答问》,北京:中华书局,2000年,第3页。

③ 丁山:《说文阙义笺·引言》,《国立中央研究历史语言研究所单刊乙种之一》,1930年,第1~7页。

④ 丁山:《中国文字学通论》,广州:惠福路天成印务局承印。

⑤ 丁山:《中国文字学史料索引》(油印本),山东大学图书馆藏。

⑥ 丁山:《六书述谊》(手写本),山东大学图书馆藏。

⑦ 丁山:《说文学参考资料》(油印本),山东大学图书馆藏。

思想";二是"有志古代方言今世方言,不可不知文字学";三是了解"古代文法学";四是揭示了他日后的治学取向,特引述于此:

> 太古之事,孰志之哉?三皇之事,或存或亡,五帝之事,若觉若梦,三皇之事,或隐或显,亿不识一;当身之事,或闻或见,万不识一;目前之事,或存或废,千不识一。太古至于今日,年数固不可胜纪;伏羲以来,三十余万岁,贤愚好丑,成败是非,无不消灭。而谯周、苏辙、胡宏、罗泌之流,乃于敢考古,实其荒唐!盖中国史记,秦以前尚略,其详靡得而说?然荒古宫室,为四屋相对形,则见于殷墟书契;符命之策,其札一长一短中有二编之形,则著于颂鼎吴尊;载重之车,有轮有辕,则见于《殷墟书契精华》;此由文字本身,足证有史前宫室器用。藏尸茻间之谓葬,是知古人之葬埋惟艸;因生而受姓,是知古人之姓氏从母族;力田之谓男,女帚之谓妇,是知男主外,妇主内,由来已久;此由文字本身足证有史前之风俗制度。一切史料,未有不加文饰者;独此少数象形会意文字,无意中保留不少忠实之古代史迹;故有志中国古代史者,尤不可不知文字学。①

在丁山先生涉足学界初期,接受的是传统小学的训练,以文字学为研究方向。1926年8月到1927年8月在厦门大学国学院任助教时,丁山先生应俄国学者史禄国之请,就"家庭"的汉语词汇,帮他写了一篇短文。② 顾颉刚在日记中记述了丁山先生在厦门大学时,经常拿文字学方面的论文向其请教。③ 然而,对音韵训诂的精通,并没有让丁山先生止步于文字学领域,他基本上是将音韵训诂的小学功夫作为工具来掌握的,在其后的古史研究中,以文字、音韵入手处比比皆是。例如,在《由鲧堙洪水论舜放四凶》中,先生认为"鸿洞即混沌之音讹。鸿洞急言之为江,为鸿……自音韵学考之,鲧之为鲧当即混沌合音。知鲧即混沌,浑敦即帝江,帝江即共工也,则鲧,亦得谓即共工合音",另外,"雩、夸同谐于声,则夸父自得谓即雩之声转,亦即疑为蝃蝀之别名",遂得出结论:"《山海经》所谓夸父饮河、渭不足,北饮大泽者,即虹霓饮水故事之寓言。"可见"综其声音转变",是为了"绎其

---

① 丁山:《中国文字学通论》,第2～3页。

② [俄]史禄国:《北方通古斯的社会组织》,吴有刚等译,呼和浩特:内蒙古人民出版社,1985年,第574页。

③ 参见顾颉刚:《顾颉刚全集·顾颉刚日记》卷一,第815、818页。

故事推演之迹”。又如，他在《后土后稷神农蓐考》中，利用训诂学的方法，训“后土”的“后”有“母”“王后”之义，来论证周代文献中传说人物后土、后稷、神农和蓐收都是从原始的“地母神”分化而来。[①] 可见文字工具在先生学术研究中的基础地位。

丁山先生曾言：“我知道纯学理的研究，应该由点下手，探寻到有关各线问题，组织成面的图案，才能建立一个时代史（学）的新体系。尤其是三代以上的史学，一定要由体剖视到面，由面分析到线，再由线辨析到点，点的问题才算是获得真正的解决。”[②]这个“点”就是古文字的考释。先生更进一步要重构古史体系，并且相互呼应，使古史得到立体的理解。丁山先生不仅仅在传统的小学方面功力深厚，更可以利用音韵训诂来解决古史问题。从上述文字学论著可以看到，丁山先生由对古文字起源的追求，对“西北获竹简之书，洹阳发殷墟之文”的兴趣，自然进入到“殷墟书契”的研究。对于利用方兴未艾的甲骨文、金文研究古史，先生颇为倾心，以此成家并蜚声海内外。与传统的小学训练一样，先生对甲骨文的关注也并非止于甲骨文专家，他指出：“商周古文，由形象上考察，谁都可以猜谜一样的认识一两个字，以成甲骨文专家、钟鼎文专家。实际上，必须贯穿文字源流，验以文物制度，然后‘说文解字’，才不致坠入猜谜式的胡说。”[③]

由传统的小学研究，尤其是对文字起源的探求出发，丁山先生踏入了甲骨文、金文的研究领域，其考释甲骨文、金文的文字，如《殷契亡丈说》《数名古谊》《说翼（附释疾、释梦、释梦）》《召穆公传》《敦跋》《夷考》，在1928年创刊的《国立中央研究院历史语言研究所集刊》上连续发表。在这些论著中，丁山先生利用自己小学训练的基础，依据六书原则，考释古文字的形、音、义。这些早期发表的甲骨文、金文考释著述，考释特点类似王国维提倡的“二重证据法”，“取地下之新材料，补证纸上之材料”[④]。丁先生结合自身小学、文献学的训练，重点释读新出的甲骨金文，成为甲骨研究的重镇，得到当时学界的广泛认可。[⑤]

---

① 参见丁山：《古代神话与民族》，北京：商务印书馆，2005年，第222、225、227、265、311页。

② 丁山：《甲骨文所见氏族及其制度》，第53页。

③ 丁山：《殷商氏族方国志》，《甲骨文所见氏族及其制度》，第120页。

④ 王国维：《古史新证》，北京：清华大学出版社，1994年，“总论”第2页；王国维：《古史新证》，北京：清华大学出版社，1994年，“总论”第2页。

⑤ 参见顾颉刚：《当代中国史学》，香港：龙门书店，1964年，第108、111页。

先生在考释单字的文章中,已经注重与史实考证相结合,并且在结论上多发前人之未发。[①] 例如,对殷墟卜辞中常见字"亡尤"的考释,孙诒让《契文举例》中释为"亡它",王襄《簠室殷契征文》中释为"亡猒",王国维《戬寿堂所藏殷墟文字考释》中释其形为"不可识",其义"犹言亡咎、亡它"。丁山先生通过金文与文献的比勘,得出"亡尤"是商周以来的成语,与《周易》中贲卦"无尤"之义相同,凡文献中的"无邮""无所碍"皆是"无尤"之音转,"何尤""寡尤"皆"无尤"之义转。[②] 又如,在对甲骨文"史"字的考证上,王国维认为,史像右手持笔形,"持笔为尹,作册之名,亦与此意相会",故以"大史"为"大事",即以职掌为记载国家大事。[③] 丁山先生引卜辞"大史易日"的记载指出,"大史"不尽作"大事"解,其职掌除记载国家大事外,还负有测天占日的责任,其"重要的使命也多与神事有关",在商周时代,这"当然是神权政治的传统精神,不一定是国家重视史迹的反映"。[④] 从单字考释到考证史实的倾向,在丁山先生的论著中越来越明显。

沈兼士在《"鬼"字原始意义之试探》一文中说:"文字意义之溯源,恰如考古学家之探检遗迹遗物然,重要之目的物,往往深藏于地层之下,非实行科学的发掘,不易觅得。故探检文字之原,亦须于古文献与古文字中披沙拣金,细心搜讨。文献方面应直接察其历书情形,玩味其文句解释,文字方面应从形音义三面贯串证发其当然之义类。"[⑤]这些话放到丁山先生早期的研究中同样可以得到验证。读丁山先生文字考释的文章,恰似陈寅恪在评价上文时提到的:"凡解释一字即是做一部文化史。"[⑥]此后就鲜见考释单字而注重从"点"到"面"的专门著作了。由释字进而考史,丁山先生遵从师说:"向来只是片断的考证,现在须用有系统的方法实行历史的研究和比较的研究。"[⑦]在走向古史研究的道路上,新的学术资源、研究范式的影响,让丁山先生充分融入现代学术发展的大潮中。钱穆曾说,"一时代之学术,则必有其一时代之共同潮流与其共同精神,此皆出于时代之需要",及至"时

---

① 参见胡厚宣:《五十年甲骨学论著目》,北京:中华书局,1952年,第171页。

② 参见丁山:《殷契亡尤说》,《历史语言研究所集刊》第一本第一分(1928年),第25~28页。

③ 参见王国维:《释史》,《观堂集林》卷六,北京:中华书局,1959年,第272页。

④ 丁山:《中国古代宗教与神话考》,上海:龙门联合书局,1961年,第217~219页。

⑤ 沈兼士:《沈兼士学术论文集》,北京:中华书局,1986年,第186页。

⑥ 陈寅恪:《致沈兼士》(1936年4月18日),《陈寅恪集·书信集》,北京:三联书店,2001年,第172页。

⑦ 沈兼士:《沈兼士学术论文集》,第48~49页。

代变，需要衰，乃有新学术继之代兴”。[①] 丁山先生的学术成长轨辙，正与此学术典范转变之大潮声息相通。

三、过渡：转型中的经学

在传统学术中，小学功夫的训练，自然是以经学为旨归。丁山先生的经学研究在其学术生涯中占的比重并不算大，以课程讲义和参考资料为主。我们予以关注，可以看到在学术范式转移的大势下，丁山先生治学趋向转变的轨迹。目前仅见的丁山先生有关经学方面的著述有《尚书学》《尚书学参考资料》《清代经学》《清代经学参考资料叙目》《清代易学参考资料叙目》[②]，以笔者的考察，这些著作基本上是丁山先生在中山大学时期（1927年8月～1929年8月）的讲义。[③]

通过阅读这些没有出版的讲义，可以看出丁山先生并没有囿于门户，虽承学于章太炎一系的古文经学，但仍平分今古、汉宋，以历史的维度理解经学。他授课时点评清代朴学道：“近世论清学者盛矣！或详其源流，或详其宗派，或详其方法；各囿所业，标其一端；若章太炎《清儒》，刘师培《近代儒学术统系论》《近代汉学变迁论》，大抵墨守古文家法，而薄今文；谭献《师儒表》、梁启超《今文学运动》，则不免侈言大义，轻诋古文；若缪荃孙《清史儒林传》（未印），徒以不违先唐师说考为主，于吴派为近；胡适《清代学者治学方法》（未印），纯乎皖学之遗。见仁见智，互有短长，博而统之，是非昭昭矣。”[④]在后期的历史研究中，仍可见到他对经学问题的探讨，只是在经史之变的大势下，已经把经学问题融入史学中，认为“今古文学的不同，大半由于商周制度的不同”[⑤]。“商制往往演成今文家言，周制往往演为古文学派。我们今日要论定经学的今古文学的是非，也要从卜辞金文里寻取新证据，

---

① 钱穆：《两汉经学今古文平议》，北京：商务印书馆，2001年，第4页。

② 以上几种皆为油印本，山东大学图书馆藏。

③ 与上述几本讲义一起的还有丁山先生批注和勾画的《尚书·逸周书》，系国立中山大学木刻出版，无出版日期，山东大学图书馆藏。

④ 丁山：《清代经学参考材料叙目》（油印本），广州，1929年5月18日，山东大学图书馆藏。

⑤ 丁山：《甲骨文所见氏族及其制度》，北京：中华书局，1988年，第46页。

非口舌所能争了。""由今古文学的异说,上论殷商的氏族制度。"[①]除经学以外,丁山先生在诸子学方面也有文章,如《五行考原兼论明堂五帝》[②]、《刑旌与中庸》[③];与处理的经学问题类似,都有史学化的倾向。经学在新的学术分科体系下,成为学术潜流,在时势改变时也会迸发出活力,像抗战时期,丁山先生与蒙文通就组建了一个"尊经国学专科学校",在国难时期培养了一批传统经学人才。[④]

王汎森指出,清代经学研究的成绩,有不少被民国时期的古史家所继承,并将蒙文通作为经学向史学过渡的典范,总结了经学向史学转变的五个环节:"第一是分别经是经,史是史。第二是丢掉今古文之争的老问题。第三是分出时间的层次,汉是汉,先秦是先秦,而且各个层次的意义是一样的,不因时代先后而有别。第四,用历史研究的方法区分出古代文献内容中'理想'与'事实'的区别。第五,接受19世纪西方史学的影响,尤其是种族、地理两种因素。"[⑤]这种对经史之变的观照,明显侧重传统学术的"内在超越",而忽视了西方学术作为一个强势学术范式在观念、方法和评价体制等方面对传统经学的冲击。就治学路数而言,丁山先生对西方学术的感觉似乎更为敏锐,经史转变完成得更加彻底,往往以史学研究来解决经学问题。

丁山先生讨论经学注重制度考辨,尤其对儒家宗法制度的考源,用力最勤。在《宗法考源》一文中,他依据甲骨金文所见"宗"字为宗庙,修正《礼记》《大传》《白虎通义》等儒家传世文献的阙失,论证宗法起源不在西周,而在"殷之际或其前世","初以辨先祖宗庙之昭穆亲疏,非以别继祖继尔后世子孙之嫡庶长幼也"。[⑥] 又进一步根据甲骨金文记载,结合考古材料,考证

---

① 丁山:《甲骨文所见氏族及其制度》,第56～57页。

② 这部著作系丁山先生手稿,现藏于山东大学图书馆,已影印出版,收入《丁山子学研究未刊稿》。

③ 丁山:《刑旌与中庸》,收入《蔡元培六十五岁庆祝论文集》(《国立中央研究院历史语言研究所集刊外编第一种》,1933年),第619～625页。

④ 参见杨向奎:《我们的蒙老师》,蒙默编:《蒙文通学记:蒙文通生平和学术》,第68页。

⑤ 王汎森:《从经学向史学的过渡》,王汎森:《近代中国的史家与史学》,上海:复旦大学出版社,2010年,第70～101页。

⑥ 丁山:《宗法考源》,《国立中央研究院历史语言研究所集刊》第四本第四分,1934年,第89页。

殷商时代的氏族组织为“每个宗氏（即大宗），包含若干分族（即小宗）；每个分族之下，有同类的编户之民；编户之民之下，就是俘虏丑夷”[①]。丁山指出，商代国家“邦畿千里之内，分为田、亚、任三服，卜辞总称为多田；邦外侯服，卜辞总称为多伯”，田是附庸土田的省称，亚是卿大夫的赐田，任是分赐给武士和百工耕种的土地，“可见殷商政治组织，确已胚胎了周代的封建制度”。[②] 通过甲骨金文和考古材料来验证传世文献有关历史地理的记载，推论三代民族文化的发展轨迹，追溯氏族组织与宗法制度的起源，对我们认识古代历史实际有深远的影响。

在《殷商氏族方国志》《夷考》等文中，丁山先生利用甲骨金文记载及考古发现考察民族变迁，开辟了三代民族地理研究的新领域。他以三代不同源为起点，追溯氏族制度与宗法制度的起源，探讨商代国家政体及国家结构形式，其中对“族”字代表一个军事单位的观点得到学术界的普遍认同。[③] 丁山先生认为商代的“族”和“氏”是一个问题的两个方面，犹如一枚硬币的正反两面：“族”是指一个类军事组织的群体，“氏”则是其象征和标志；商代的社会是建立在许多被称为“族”的各自分立的图腾氏族之上的（丁山先生能够从商代的卜辞里辨识出两百多个有“图腾”意义的族名[④]）。这些观点得到日本学者白川静的支持，受到学术界的重视。[⑤] 并且有学者指出，丁山先生是较早利用“族徽理论”，从甲骨卜辞中探讨商代氏族的地望及起源的学者。[⑥] 丁山先生通过先秦语言比较，剖析古代民族分合之迹，提示“先秦载记中插入不少的外族语言”。如论周祖“公非辟方、高圉侯侔、亚圉云都、组绀诸盩、太王亶父等名字多至四字，与商代先王谥法不合”，称谓皆“不类华夏语言”，秦爵二十等如“簪皀、不更、庶长、上造是戎狄官名音译”，依此判定周、秦民族融有西方戎狄之族。[⑦]

---

① 丁山：《甲骨文所见氏族及其制度》，第 37 页。

② 丁山：《甲骨文所见氏族及其制度》，第 54 页。

③ 参见李孝定：《甲骨文字集释》，《中央研究院历史语言研究所专刊之五十》，1956 年，第 2231～2233 页。

④ 参见丁山：《甲骨文所见氏族及其制度》，第 32 页。

⑤ 参见张光直：《商文明》，北京：三联书店，2013 年，第 171～172 页。

⑥ 参见杨晓能：《另一种古史》，唐际根、孙亚冰译，北京：三联书店，2008 年，第 20～21 页。

⑦ 参见丁山：《从东西文化交流探索史前时代的帝王世系》，《文史》第 28 辑，北京：中华书局，1987 年，第 1～16 页。

不难看出,丁山先生的经学研究有史学化的倾向。近代经学的地位被史学取代,得不到彰显的原因很多,不是一篇论文所能详述的。陈寅恪论述说:"近二十年来,国人内感民族文化之衰退,外受世界思潮之激荡,其论史之作,渐能脱除清代经师之旧染,有以合于今日史学之真谛。"[①]但需要特别指出的是,现代学制的建立、学术分科的完成,尤其是新的学术研究机构,很少给经学以知识再生产的机会(响应新典范成立的学术机构聘任丁山先生时,也基本是以语言文字学和史学专业);学者在论及现代学术的经史之变时,多以学术发展演化的内在理路来理解传统经学到现代史学的蜕变。丁山先生能够"脱除清代经师之旧染",认同新的典范,无疑与当时学术风气的变化有很大关系。

王学典先生认为,顾颉刚是"近现代由经学向史学的结构性转化中的关键人物"[②]。顾颉刚与丁山两位先生应是相识于北京大学时期,在厦门大学、中山大学皆为同事,顾颉刚日记中多有关于两人交往的记载。顾颉刚发动的"振聋发聩"的"古史辨"运动,同样脱胎于经学问题,更是明言受到晚清经今文学的影响。丁山与顾颉刚交好,也算是"古史辨"的局中之人。顾颉刚先生大胆打破古史一元论的勇气,对丁山先生的思想解放作用不可低估。在"古史辨"浪潮过去二十年后,丁山先生仍心存激荡:"尽管古史辨所讨论的各种问题,现在有许多地方须加补充或修正,但顾颉刚先生的'古史层累造成'说,谁也不能从根本上予以推翻。"[③]"真是作史年代越后,其所传述的时代越古。"[④]之后丁山先生在史学上的许多学术创获,都是以"古史辨"为理论出发点和思想资源的。从《尚书学》讲义手稿中,亦可看到他对"古史辨"推崇有加。丁山先生沿着"古史辨"的学术脉络来讲,并织就了一幅以顾颉刚为中心的疑古辨伪的谱系,其中把顾颉刚的"层累造成说"放在关键地位,不断强调并鼓励学生要细细品读,作为学术入门的必备。[⑤]

① 陈寅恪:《陈垣元西域人华化考序》,《金明馆丛稿二编》,北京:三联书店,2001年,第270页。

② 王学典:《良史的命运》,北京:三联书店,2013年,第20页。

③ 丁山:《中国古代宗教与神话考》,上海:龙门联合书局,1961年,第209页。

④ 丁山:《商周史料考证》,北京:国家图书馆出版社,2008年,第1页。

⑤ 参见丁山:《尚书学》(油印本),山东大学图书馆藏。

四、归宿:重建古史体系

丁山先生在《古代神话与民族》的“自序”中说:“古代史学,经过顾颉刚先生《古史辨》扫荡伪材料之后,立刻得到卜辞、金文大量的直接史料来补充,加上李济之先生所领导的安阳殷墟十余次的发掘,举凡器物、墓葬、宫室遗址的收获,迥乎超出我们意想之外的丰富。这批地下新出的直接史料观察殷商文化,迥乎超出两千年来儒家所传述的程度高而且深。这当然是古代历史学的幸运,也是国家民族的光荣。”[①]从以上文字,可以看出先生的史学研究受两个方面的影响比较大:一个是顾颉刚为中心的“古史辨”派史学,一个是以傅斯年为主导的史语所。

1927 年 8 月,丁山先生随沈兼士南下厦门大学任助教,因为同出身北京大学,被回国不久的傅斯年约请到中山大学,聘以文字学教授,筹建中山大学语言历史所。[②] 年仅 26 岁就被聘为教授,丁山先生可谓少年负盛名。这个时期以及中央研究院历史语言研究所(以下简称“史语所”)时期,是先生由传统经学向现代史学转变的关键时期。以傅斯年先生为主导的史语所是中国现代第一个真正意义上的史学研究机构,安阳考古发掘是史语所成立初期的主要贡献。由此,丁山先生的学术研究与安阳考古发掘紧密联系在一起,甚至可以说是先生学术研究的主要材料支撑,一直到逝世前夕,他还在等待着《商墟考古总报告》的发表。

傅斯年先生早年同样受传统小学影响,十分重视文字学,认为“语言文字为读一切书的门径”[③],游学欧陆后,服膺比较语言学、历史语言学,回国后践行其学术追求,创建中山大学语言历史所及中央研究院历史语言研究所。后在《历史语言研究所工作之旨趣》中宣称:“以《说文》为本体,为究竟,去做研究的文字学,是书院学究的作为,仅以《说文》为材料之一种,能充量地辨别着用一切材料,如金文、甲骨文等,因而成就的文字学,乃是科

---

① 丁山:《古代神话与民族》,北京:商务印书馆,2005 年,第 311 页。

② 参见傅斯年:《致蔡元培、杨杏佛(1928 年 5 月 5 日)》,欧阳哲生主编:《傅斯年全集》第 7 卷,长沙:湖南教育出版社,2003 年,第 60 页。

③ 傅斯年:《清代门径书几种》,《新潮》第 1 卷第 4 号(1919 年 4 月 1 日)。

学的研究。"[①]丁山先生恰逢其时,学术方向的转移与被归为"史料学派"的傅斯年有明显关系。与傅斯年强调"上穷碧落下黄泉,动手动脚找东西"一样,丁山先生认为:"没有直接可信的史料,不能写出合于实际的历史。"[②]另外,傅斯年在学术研究中还提倡"语言"和"历史"的结合,利用西方语言学比较研究,沈兼士也提及在"旧日小学现代方言之外,进而涉及东方语言及西方比较语言学,多面综合,以完成语言文字理论的研究,此我辈今日所当取之途径也"[③]。王汎森提到:"近代学问的进步,仍然以新学术之建立为主,譬如用西方严格的语言学知识对中国传统的语言音韵学做出的创新。"[④]在丁山先生的研究中亦可见到此转变痕迹。丁山先生为《中山大学语言历史学研究所周刊》"切韵专号"撰稿,并提议编撰中国经籍字典,同时认可该刊发刊词中提到的,"对于语言学和历史学要运用西人的研究方法,不能专靠书本上的学问"[⑤]。作为结合语言学和历史学研究的回应,丁山先生发表了《汉字起源考》[⑥]。

丁山先生提到:"以语言文字剖析古代民族分合之迹,也是现代史学界所共同采取的一种必要的方法。"[⑦]比较语言学研究,与丁山先生的小学训练和关注文字起源相得益彰。在其古神话研究中,丁山先生说:"用比较语言学剖析史前时代的神话,不自我始。马克斯·缪勒所著《语言学讲义》曾以语言学为工具,发现雅利安民族所有的神名,常是指宇宙的现象。我运用古代语言文字学分析《周语》……从比较神话学观点立论,我认为商代信史,只能断自武汤,其前世都是神话。"[⑧]加之他对甲骨金文等考古材料的独特理解,形成了丁山先生科学化的研究特点。后来在指导学生时,丁山先生要求弟子"除了读书与资料外,要选择几种传统与现代的科学——专

① 傅斯年:《历史语言研究所工作之旨趣》,欧阳哲生主编:《傅斯年全集》第3卷,第5页。
② 丁山:《中国古代宗教与神话考》,第1页。
③ 沈兼士:《沈兼士学术论文集》,北京:中华书局,1986年,第332页。
④ 王汎森:《执拗的低音》,北京:三联书店,2014年,第3页。
⑤ 转引自刘小云:《学术风气与现代转型》,北京:三联书店,2013年,第64、73页。
⑥ 丁山:《汉字起源考》,《中山大学语言历史学研究所周刊》第四集第44、45期,1928年。
⑦ 丁山:《古代神话与民族》"自序",第23页。
⑧ 丁山:《古代神话与民族》,第311页。

攻”[①]，这应该是对自己利用传统与现代学术工具进行研究的夫子自道。

因为性格、处世风格等多方面的原因，顾颉刚和傅斯年后来失和，进而在学术研究及人事关系上争胜，为现代学术发展开出了同一根茎上的两朵奇花。后来有人回忆丁山先生道：“1927 年左右他在广州大学教书，当时及以后主持中山大学的是朱家骅，同事们有傅斯年、顾颉刚、罗常培等。他也并作当时北大这一系统的人，所以当中央研究院历史语言研究所成立时，他就被傅斯年约去当研究员。他的脾气很坏，自高自大，和傅斯年也搞不在一起，就到前中央大学历史系教书。”[②]丁山先生离“傅”而亲“顾”，与顾颉刚过从甚密。丁山先生在致顾颉刚的信中提到：“弟以愚赣，处世钝椎，所能终始见庇者，惟兄而已。”[③]顾颉刚在抗战时期担任齐鲁大学国学研究所主任，致信时任东北大学教授的丁山先生：“东大齐大两校对史学方面既有同心，自当联合以厚其势，使一班谗间小人认识我辈自肯努力，自造前程，绝非营营青蝇造言生事者所可破坏，一出我辈十余年所受之气。”[④]虽然人事关系离开了史语所系统到中央大学任教，但是自 1929 年 8 月到 1932 年 7 月的三年，是中国现代史学的“新学术”典范得以在丁山先生身上确立的关键三年。丁山先生共在《国立中央研究院历史语言研究所集刊》上发表论文 10 篇，与陈寅恪、徐中舒的篇数相差无几，当可视为彼时史语所学术群体的主将之一。

基本上，顾颉刚的“破”与傅斯年的“立”，在丁山先生的学术研究中有较为理想的结合。以顾颉刚的“疑古辨伪”为思想武器和学术研究的出发点，同时大胆运用西方近代语言学、历史学的方法和观点，形成了自己更严谨、更科学的史学研究方法，虽然有些结论还有待商榷和补充，但丁山先生对现代史学理论的贡献，仍有深入研究的意义。

丁山先生的史学研究成果集中于《古代神话与民族》《商周史料考证》

---

① 参见栾丰实：《创建考古专业，引导学术发展——忆山东大学考古专业奠基人刘敦愿先生》，《文史哲》2011 年第 5 期。

② 《向某的一封信(1952 年 1 月 3 日)》，丁山档案，档号 X-03，山东大学档案馆藏。

③ 丁山：《丁山来信(1950 年 1 月 31 日)》，《顾颉刚全集·顾颉刚日记》卷六，第 585 页。

④ 顾颉刚：《致丁山(1940 年 8 月 27 日)》，《顾颉刚全集·顾颉刚书信集》卷三，第 137～138 页。在顾颉刚日记中可以看到，顾颉刚曾推荐丁山担任齐鲁大学国学所主任，1949 年新中国成立初曾积极谋划丁山转任复旦大学，参见《顾颉刚全集·顾颉刚日记》卷六，第 684 页。

《中国古代宗教与神话考》《先秦史考》[①]四本著作。这些著作回应了"古史辨"运动以来古史研究的大问题。顾颉刚在20世纪20年代提出著名的"层累地造成的中国古史"的观点,并概述为三层意思:一是时代愈后,传说的古史期愈长;二是时代愈后,传说的中心人物愈放愈大;三是我们在此上,虽不能知道某一件事的真确的情况,但可以知道某一件事在传说中最早的状况。[②] 在此基础上,丁山先生进一步指出:

> 中国人所传说的远古史迹,即就先秦文献看,似乎不只一个来源。诗、书、金文代表统治阶级的文献,以后世史学体例拟之,只可列于"正史"范围;此外,尚有大量的"稗史"。春秋以后,始则与"正史"相互发明,继则分庭抗礼;战国以后,则喧宾夺主,渐以"稗史"压倒"正史"。譬如积薪,后来居上,古代史的层次,便愈积愈高,其年系也愈积愈远。另外晚周以后,诸子百家,竞说上古,由三王上伸至五帝,再由五帝上伸至三皇,以至天地开辟之初,正是根据宗教神话与古代训话"层累而成"。[③]

又说:

> 周公作《立政》,但称"涉禹之迹"而已。太史辛甲命百官箴王阙,也首称"茫茫禹迹,画为九州",那时史官似以禹为开天辟地的圣王。春秋时代卿大夫的谈论,有时提及黄帝、炎帝,有时提及太皞、少皞,有时提及高阳、高辛、颛顼,有时提及尧、舜了。晚周诸子,有时综称为"五帝",有时追溯到"三皇",真是作史者年代越后,其所传述的时代越古,也就出现虑牺、神农、遂人氏一类名辞了。[④]

上文已经提及顾颉刚对丁山的影响,然而丁山先生的疑古已蕴含释古的影子。

的确,丁山先生与疑古学派有着本质的区别,他更多的是借鉴了"层累

① 丁山:《先秦史考》(影印本),1934年,山东大学图书馆藏。

② 参见顾颉刚:《与钱玄同先生论古史书》,《读书周报》(《努力周报》增刊)第9期,1923年5月6日。

③ 丁山:《中国古代宗教与神话考》,第214、226页。

④ 丁山:《商周史料考证》,第1页。

地造成"说的假设,利用甲骨文、金文,通过语言文字的比较,把史前时代留下来的神话传说看成是"民神杂糅"的材料,并不全是战国或秦汉学者伪造的,从探清神话传说的本原入手来梳理神话中的史实,以达到重建传说时代的古史体系。丁山先生"相信时代愈古,神话愈其发达;一部中国史前时代,除了石史之外,惟有神话学可以解之"①。这一重视神话的思路,有些王国维的痕迹,王国维认为:"上古之事,传说与史实混而不分:史实中固不免有所缘饰,与传说无异,而传说之中亦往往有史实为之素地,二者不易区别。"②傅斯年也提到:"神话之比较研究,乃近代治民族分合问题者一大利器。"③如同沈兼士在总结民国史学趋势时的告诫:"若一味疑古,空立说,亦为缺陷。吾人倘能利用……新材料,新方法,重新证实我们民族光辉灿烂之信史,岂不是空前的一大收获吗!"④丁山先生利用其所掌握的多种研究利器⑤,积极尝试重建"信史"的工作。

据董作宾的观察,"古史辨"对所有纸上材料予以无情的攻击,"大家都在梦想着期待着考古工作的开展,多找地下材料,如甲骨、金文之类,再用这些新材料去建设一部上古的信史"⑥。丁山先生对于古史的重建工作除关注神话外,还根据甲骨文和金文材料结合古代文献,认为"古帝王世系,必源有自,绝非晚周诸子所得凭空虚构"⑦,三皇五帝之说,"楚人为先,战国诸子竞相著录"⑧。像蒙文通先生所认为的,"五帝说始见《列子》,三皇说始见《庄子》,二说虽不同,要皆在南方"⑨。丁山先生进一步指出:"三皇传说的来源,本于天神、空神、地神三界,由屈原赋上皇、东皇、西皇演变到秦博

---

① 丁山:《古代神话与民族》"自序",第5页。

② 王国维:《古史新证第一二章》,《古史辨》第一册,上海:上海古籍出版社,1982年,第264页。

③ 傅斯年:《东北史纲》,欧阳哲生主编:《傅斯年全集》第2卷,第386~387页。

④ 沈兼士:《沈兼士学术论文集》,北京:中华书局,1986年,第274页。

⑤ 据丁山先生弟子刘敦愿回忆,丁山先生除掌握语言学、甲骨金文外,还系统学习过天文历算、沿革地理、民族学、考古学、经济学等来治中国古代史。参见刘敦愿:《博古的古文字学古史学家丁山教授》,《文史哲》1985年第6期。

⑥ 董作宾:《中国古代文化的认识》,《中国现代学术经典·董作宾卷》,石家庄:河北教育出版社,1996年,第613页。

⑦ 丁山:《由陈侯因铭黄帝论五帝》,《国立中央研究院历史语言研究所集刊》第三本第四分,1933年。

⑧ 丁山:《先秦史考》(影印本),第14页。

⑨ 蒙文通:《古史甄微》,《蒙文通文集》第5卷,成都:巴蜀书社,1999年,第18页。

士议定的天皇、地皇、泰皇,大体上还保存那宗教思想的本来面目。到儒家手里,根据中国传统思想所谓'上象天,下仪地,中和民'学说,创出天、地、人三才的系统。"五帝系统有三个来源:一是殷商时期的"四方帝"和"皇天上帝";二是周代按"尊祖配天"及阴阳五行演变而成的《月令》"明堂五帝";三是直接抄袭自印度"四大天王"与殷商"四方帝"糅合而成的秦"四色帝",外加"皇天上帝",最终被荀卿之徒"以儒家的德行为标准,以虞、夏、商、周民族宗神为根据",整合成了黄帝、颛顼、帝喾、尧、舜五帝古史系统。"五帝德所说的五帝,与'明堂五帝',亦非一源。"①

丁山先生的研究取向与顾颉刚有很多同步的地方。不唯破坏经学统御下的古史体系,顾颉刚提倡的历史地理学,丁山先生也是积极的推动和参与者。丁山先生论述说:"学术万端,研究者不出经纬二途。历史为学,自纵的方面叙述民族之盛衰,文化之蜕变。然民族活有区域,文化发达有范围。所谓区域与范围,则皆建树于横的地理学方面。地理沿革学者,即以横的区域范围阐明历史叙述,一经一纬,相为表里,换言之,历史地理学而已。"②抗战结束时,顾颉刚在其主持的大中国图书局出版了丁山先生的《地理与中华民族之盛衰》③,而丁山先生在其后的研究中注重古代地理和民族方面的探讨,应该与顾颉刚有密切的关联。法国年鉴学派大师布罗代尔特别注重像地理等长时段因素在历史中的作用,在其名著《菲利浦二世时代的地中海和地中海世界》中更是实践了三个部类(事件、局势、结构),但是布氏并没有细述三者之间的有机联系,略显机械。丁山先生从地理入手探求民族之盛衰危亡,注重其间的互动关系,应得到学界足够的重视。

五、目标:探索文化起源

离开史语所之后,丁山先生的生活可说是居无定所,四处漂泊,最终得以在山东大学落脚,潜心自己的古史研究。先生自述:"去年,青岛解放了,自念生活可以安定了!应该把我过去抄集的史料,全面整理一下,不必等

① 丁山:《中国古代宗教与神话考》,第444～465页。

② 丁山:《中国地理之沿革》,四川大学铅印本,1936年。在四川大学图书馆古籍特藏室,与《沿革》一书合订了一本《地理通论》,无作者信息,据笔者判断,亦系丁山先生在四川大学之讲义。

③ 丁山:《地理与中华民族之盛衰》,上海:大中国图书局,1948年。

待小屯总报告而先妄谈……对于古代史研究，作了局部的总结……意在探求中国文化的来源。”[①]在丁山先生的学术成果中，古史研究的成果颇多，可惜天不假年，许多研究还没有机会展开而形成定论，先生就魂归道山。下面结合丁山先生的著作，归纳先生所关注的中国文化的来源问题，以期能收抛砖引玉之功。[②]

在对中国古代民族文化起源的探索中，“民族多元论”是一个影响比较大的研究典范。从古代民族一元到多元的解释古代文化起源，与顾颉刚等“古史辨”派学者质疑古代民族出于一元的旧观念息息相关。王汎森认为，20世纪二三十年代，提倡古代民族多元论的有蒙文通的《古史甄微》(1927)、傅斯年的《夷夏东西说》(1934)、徐旭生的《中国古史的传说时代》(1934)，并且勾勒出傅斯年的《夷夏东西说》与王国维的名篇《殷周制度论》的承接关系。[③] 许倬云进一步指出：“他们各自整理了一套区分古代部族的分类法，蒙文通认为有江汉民族、河洛民族、海岱民族三大系统；徐旭生认为有西方的华夏、东方的东夷及南方的苗蛮三个集团；傅斯年认为东夷与西夏两大集团的互为消长，是古史上的大关键。蒙徐二位的意见颇有异同，但均未十分注意考古资料，而傅斯年却能镕铸文献与考古资料。”[④]然而看似整齐有序的学术史谱系，往往会有遗忘或疏漏，正如陈寅恪所述：“其言论愈有条理系统，则去古人学说之真相愈远。”[⑤]

与《夷夏东西说》同样发表在《国立中央研究院历史语言研究所集刊》上的丁山先生的《由三代都邑论其民族文化》一文，综合文献中有关三代地理的记述，分别考证了夏人十迁、商人迁殷之前八迁、周人定都宗周之前七迁，并列举夏、商、周三代制度不同的记载，证以地下文物考古材料，推论夏商周三代民族文化的发展轨迹，说明“夏与殷、周，实亦非同族类”。“夏后氏起自今山西省西南隅……显然中原固有之民族也。殷人起自今河北省泜水流域……显然东北民族燕亳、山戎之类也。周人起自陇右……显然西

---

① 丁山：《中国古代宗教与神话考》，第1～2页。

② 丁山先生在山东大学职员登记表中，明确写出自己擅长的科目为中国古代史。见《山东大学职员登记表》(1949年11月16日)，丁山档案，档号X-03，山东大学档案馆藏。

③ 参见王汎森：《中国近代思想与学术的系谱》，长春：吉林出版集团有限责任公司，2011年，第307～322页。

④ 许倬云：《西周史》，台北：联经出版事业公司，1984年，第14页。

⑤ 陈寅恪：《金明馆丛稿二编》，第280页。

北民族戎狄之类也。”[①]丁山先生由地理环境得出“三代异族”的结论，进而论述三代民族文化的异同。这篇文字有重新认识和评估的必要。

丁山先生在其后的研究中更进一步申说：

> 以语言文字剖析古代民族分合之迹，也是现代史学界所共同采取的一种必要的方法。……我相信中华民族的成分，在先秦时代，是：陶唐氏偏向汾水流域发展，可能是北狄族。夏后氏偏在伊、洛、嵩高区域发展，可能是中原旧族。殷商初沿着漳水流域向海滨发展，后乃迁居河内，可能是东胡族。周人由陇坻沿着泾、渭流域发展，可能是氐族。秦人也是沿渭水东下的，可能是氐族的另一支。姜姓由瓜州东进，初为申、吕，后为陆浑，显然是羌族。荆楚雄踞长江中游、两湖盆地，后渐东侵淮、海，可能是雅利安族。淮、海之间的淮夷，以及江南的吴、越，断发纹身，可能即今胥户先祖。巴、蜀区域所流传的神话有杜主、鳖令，可能与夏后氏同族。[②]

经过丁山先生论述，徐中舒从古书推测之殷周民族以为殷周似属两种民族的推论得以成立，成为“确切不移之论”[③]。除在结论上支持了徐中舒的看法，他在材料和方法上更多地利用当时史语所安阳考古的报告，依据甲骨文、金文，结合考古材料，考订传统文献。与傅斯年的《夷夏东西说》相比，除共同利用地理的和种族的方法，重视新出的考古材料（丁山先生在利用考古材料上似较傅斯年更多），丁山先生更进一步加强文化异同上的考释，开“民族文化”研究的先河。

丁山先生依据甲骨文，重新认识古典文献的史料来源，如据“四中星之名，几乎完全见于甲骨文，‘出日’‘纳日’的典礼，甲骨文也数见不鲜”，而得到《尧典》“不必如近代疑古学者论定为秦汉儒者所作”。[④] 由这些结论可见，丁山先生将中国文化探源问题大大推进了一步，无论疑古还是释古，探求“中国文化的来源”与真相，才是最终的目标。在推定商周时期的年代方面，丁山先生“由近世出土甲骨文及铜器铭文比勘《纪年》残编”，从《古本竹书纪年》所记“自武王灭殷至幽王，凡二百五十七年”上推，确定武王灭商在

---

① 丁山：《由三代都邑论其民族文化》，《历史语言研究所集刊》第五本第一分，1935 年，第 87～129页。

② 丁山：《古代神话与民族》，第 23～24 页。

③ 徐中舒：《殷周之际史迹之检讨》，《清华国学论丛》第 1 卷第 1 期，1927 年。

④ 丁山：《商周史料考证》，第 1 页。

公元前1029年，帝辛在位时间为公元前1050～公元前1029年，帝乙在位时间为公元前1081～公元前1051年，盘庚以后诸王纪年分别是：武丁59年、祖庚7年、祖甲16年、康丁31年、武乙35年、文丁11年、帝乙31年、帝辛22年。[①] 这些结论与后来的夏商周断代工程的结论大致相仿。

虽然丁山先生的结论已在后出的考古材料中得以修正和补充，但现在考古学家在论述三代民族文化异同时，都不得不以此作为起点，学界影响可见一斑。[②] 在上述诸说中，丁山先生提出的很多问题还没有形成定论，但对研究中国文化的来源颇有启发。[③] 丁山先生道："虽然不曾构成完整的体系，至少可代表我对于史前时代帝王世系的一个新见解。尤其是，希伯来教以十字架象征上帝，我认为渊源于殷商的'高祖日甲'，这或者是值得世界宗教史学家重新考虑的新问题。"[④]就丁山先生已经出版的论著，有学者总结道："《中国古代宗教与神话考》通过语言比较与中外神话比较，推动了史前神话与商周宗教研究的深入；《甲骨文所见氏族及其制度》通过氏族方国考证，开启了殷商宗教形态与社会结构研究的先声；《商周史料考证》以甲骨金文与文献典籍参证，扩大了商周史料的搜集范围，推动了对商周年代学等问题研究的深入。"[⑤]不难看出，丁山先生的史学研究既与传统的考据学不同，也不是纯粹的疑古辨伪，而是利用甲骨文和文献记载，推动史学研究的科学化，并努力重建中国古代信史体系，最终寻到近代学人"魂牵梦绕"的中国文化的来源。

六、余　论

丁山先生辞世六十余年来，学术界已然沧海桑田，然先生对学术的不懈追求和解决问题的勇气，令其在20世纪中国学术大师布列的星空中依然璀璨夺目。丁山先生求学于"五四"后新文化的中心，跟随沈兼士、钱玄同习古文字学，以先生的才情和勤奋，从学术发展的"内在理路"而言，自然要成为古文经学的殿军，章太炎后的朴学大师。然而，世变日亟，正如陈寅

① 参见丁山：《商周史料考证》，第132～145页。
② 参见张光直：《考古学专题六讲》，北京：文物出版社，1986年，第111页。
③ 参见刘起釪：《古史续辨》，北京：中国社会科学出版社，1991年，第458页。
④ 丁山：《古代神话与民族》"自序"，第25页。
⑤ 雒有仓、辛田：《丁山先生的甲骨文考释与古史研究》，《榆林学院学报》2008年第1期。

恪在《陈垣〈敦煌劫余录〉序》中所说:"一时代之学术,必有其新材料和新问题。取用此材料,以研求问题,则为此时代学术之新潮流。治学之士,得预于此潮流者,谓之预流,其未得预者,谓之未入流。"[①]适值"新潮流"畅行之时,丁山先生身处顾颉刚、傅斯年周围,又非"闭门造车之徒",自然容易"预流"新的学术典范。从传统小学领域延展到甲骨文、金文等新材料的考释,并与古代文献相互释证研究古史,丁山先生在这一领域里成为继罗振玉、王国维之后的杰出代表。丁山先生凭借文字学功底与甲骨文、金文考释的功夫,投身古史问题的大讨论中,与顾颉刚同调相契。进而言之,他放弃了经学的信仰,以一个现代史学家的眼光来重建古史体系,寻溯中国文化的源头,一步步开创出古代宗教、神话与宗族研究等学术新领域。这些大问题当然不是一个人、一代人能够圆满解决的,诚如有学者所说:"他(丁山)在几十年前探讨的许多问题,至今仍是古史学界继续研讨或者是悬而未决的问题。"[②]其中,丁山先生在古代民族多元论、重建古史体系等方面的探讨,无论从材料或是方法论上,对当下学界都有借鉴意义。

(原载《文史哲》2016年第5期,收入本书时有改动)

---

① 陈寅恪:《陈垣〈敦煌劫余录〉序》,《金明馆丛稿二编》,第266页。

② 雒有仓、辛田:《丁山先生的甲骨文考释与古史研究》,《榆林学院学报》2008年第1期。

张维华先生与中西交通史研究

官美蝶

张维华,号西山,1902 年 11 月出生于山东省寿光县一个贫困农家。寿光位于北海之滨,地多盐碱,虽也能种植五谷,但收获甚微。先生家人多地少,长年辛勤劳作也仅能勉强糊口。张维华先生的曾祖本姓董,为其姨母张家抱养,改姓张。在旧社会,被抱养的孩子称“养子”或“义子”,社会地位很低,常常受人欺辱。为了改变这种状况,先生的长辈想到送孩子读书这条出路。这样,先生便进了村塾,农忙时帮家人干活,农闲时在校读书。读了几年村塾,家里实在无钱供应,又进了邻村一所教会小学就读,因该校对部分学习优异、家庭清贫的学生给予一定资助。两年后,考入潍县的一所教会中学。四年后毕业,又考入济南的齐鲁大学。此时仅靠一点微薄的资助已不能维持最低的费用。先生常常回忆其在齐鲁大学读书的情景:考试完,还没有放假,便提前赶回家去帮家人收麦、秋种;在校期间则利用课余时间帮外国人学汉语、翻译点书稿或抄写稿子等,换得点滴报酬。这样仍然十分困窘,生了病连三角钱的药费都拿不出,还需去求亲告友。先生常以此对学生进行思想教育,要学生充分认识现在学习条件的优越,奋力拼搏,作出成绩。

1928 年夏,先生毕业于齐鲁大学历史政治系。同年秋到济南济美中学任教,一年后回齐鲁大学任助教。1931 年又到燕京大学研究院深造。当时的燕大研究院名流云集:陈垣先生是辅仁大学校长兼燕大国学研究所所长,顾颉刚先生、洪业先生均执教于此,加之北京图书馆、燕大图书馆、北大图书馆藏书甚丰,先生便充分利用这些有利条件,虚心学习,刻苦攻读。每星期六下午从位于西郊的燕大步行到沙滩北大,找个老乡借住一夜,第二天到北平图书馆读书,日落西山时再步行回燕大,每周如此,从不间断。

1933年张维华先生毕业，获硕士学位，又回到齐鲁大学教书（被聘为讲师）。其硕士论文《明史佛郎机吕宋和兰意大里亚四国传注释》也于翌年由燕京哈佛学社出版。当时的齐大教师很少，全系不过五六人，先生教课很多，中国史、世界史都教过。

1936年夏，应顾颉刚之邀，张维华先生离开齐鲁大学到北京禹贡学会工作，编辑《禹贡》半月刊，其间多次到外地进行实地调查。当时的河套地广人稀，蒙汉杂处，土地平坦肥沃，是一块亟待开发的好地方。自清季以来，就有人关注于此，其中最值得称道的是王同春。王同春籍隶河北，流寓河套，定居五原，集中多人兴修水利，以黄河水灌田，使河套农业迅速发展起来，改变了原来面貌。先生访问其家庭，回京后写了《王同春访问记》，刊登于《禹贡》杂志，还特别编辑了《河套水利调查专号》。此外，先生还到河北易县、邯郸考察燕赵的故都，到张家口调查了明代修筑的边墙。通过实地调查大开眼界，以自己的亲眼所见来印证书本的记载，深感古人所谓读万卷书、行万里路，确是做学问的真谛。

1937年，卢沟桥事变发生，京津骚乱，张维华先生离开北京抵达河南开封。萧一山先生安排他到河南大学教书（被聘为副教授），兼任河南大学历史研究所的工作，在萧先生创办的经世学社主编《经世》杂志。数月后，开封局势紧张，河南大学迁鸡公山，不久又搬到汉口，旋即解散。先生失掉职业，便同河大的几位同事一起到了重庆，一时找不到工作，过着流浪生活。1938年秋，他同徐炳昶先生结伴到昆明。其时顾颉刚先生已先到昆明，由徐、顾出任北平研究院历史考古研究所负责人，先生便在这里落了脚。当时昆明常遭日本飞机轰炸，人心惶惶，可读之书也很少。这时先生正在研究中俄关系史，手头只有 *Some Early Russo-Chinese Relations*，别无其他西方资料，只好与《东华录》《圣武记》等少量中文书籍对照阅读，写了若干条札记，为以后的研究打下了基础。1939年秋，张先生同顾先生一起离开昆明，到已迁到成都的齐鲁大学执教（被聘为教授）。当时的成都是知识分子聚居的地方，迁来的大学很多，仅华西坝就有华西、燕京、金陵女大和齐鲁四所教会学校。顾、张两位主持齐鲁大学国学研究所的工作，聘请了几位国内名流，招收了二十多名研究生，还制订了整理《二十四史》的计划。张先生在此住了五年，开设了“中国通史”“秦汉史”和“中西交通史”三门课，编写了《中俄关系史》《明清之际西人东来和西学东渐史》两部讲义及有关汉代西北史地几篇论文，还编辑了《责善》半月刊和《中国文化研究汇刊》。1944年，先生离开成都到江津县白沙镇新办的国立女子师范学院任教，两年后学院迁到重庆九龙坡，更名为重庆女子师范学院。在这个学院里先生整天忙于上课，很少有时间从事研究工作，而且没有什么书可读，只能钻研《史记》和《汉书》。先生在总结治学经验时曾指出："读书有博读精读之别，博读就是经史百家，无所不窥，在博读之后便有所得，形成自己的系统。但这种条件，不是人人都能有的。难道没有这种条件，就不能读书学习了吗？不，精读也是一途。精读就是对几种基本的书，反复地读，仔细地读，读过几遍之后，读熟了，读通了，也可以从字里行间，看出前人所没有看到的问题，进行研究，进行解答。我采用精读这个方法，死盯着《史记》《汉书》这两部书去读，结果看出了前人没有说过或者很少说过的问题。"先生对《史记》《汉书》均读过三十遍以上，所撰秦汉史的论文和专著，均表现了先生深刻而独到的见解，在学术界享有很高的声望。

1948年，张维华先生离开四川，再次回到齐鲁大学。这时的齐鲁大学已迁到杭州云栖寺。1949年，齐鲁大学迁回故地济南，先生任文学院院长兼历史系主任、国学研究所所长。1952年，齐鲁大学解散，张先生被分配到青岛山东大学执教。任中国古代史研究室主任，招收了副博士研究生，先后开设"中国古代史""历史文选""中国古代经济史"等课程。1957年"反右"时，先生受到不公正的待遇，一段时间内被剥夺了教课的权利，参加各种体力劳动。但他仍挤出时间写了不少长篇论文，如《试论两宋封建地主经济的几点征象并提出几个相关的问题》《顾炎武在山东的学术活动及其与李焕章辩论山东古地理问题的一桩公案》等。1964年，先生赴京参加了由中华书局组织的整理二十四史的工作，承担了《陈书》的校点。党的十一届三中全会后，先生的错划右派问题得以纠正。面对改革开放的新形势，学校决定设立中西交通史研究室，由张先生任室主任；继之，国家教委又批准设立中西交通史硕士学位点，先生亲自授课指导研究生。教学之余，张维华先生又撰写了有关秦汉史、中西交通史、文化史、治学经验等论文十余篇；他的旧著也先后整理问世。其中有的是初次出版，如《中国长城建置考》《汉史论集》《明清之际中西关系简史》《晚学斋论文集》等，分别由中华书局、齐鲁书社相继出版；有的是重版，如《明史佛郎机吕宋和兰意大里亚四国传注释》，因年久失传，更名为《明史欧洲四国传注释》，由上海古籍出版社再版。此外,先生还主编了四百多万字的《曲阜孔府档案史料选编》,由齐鲁书社出版。

1987 年 6 月,张维华先生病逝,终年 85 岁。张维华先生一生虽历经坎坷,但忠于事业的精神始终不渝。他治学严谨,为人师表,注重言教,更重身教。在史学研究领域,他的主张一是求通,就是不局限于某一阶段的历史知识,而是从总体上去把握和认识整个社会发展规律。因此他在研究具体问题时就能高屋建瓴,立论得当。他特别强调研究历史要有"世界眼光",把中国史作为世界史的一部分看待,才能站得高、看得远。二是求实。他认为失去真实,也就失去了研究历史的价值,他为了澄清一些重大史实写了不少考据文章。先生认为求实不只是历史学的生命,而且是史家必备的品德。他要求自己的学生不可走乾嘉学派的老路,但要有他们的求实精神,正因为如此,先生的著述总是气魄大、立论高,学术价值经久不衰。

张先生学识渊博,根底深厚。他的研究领域很广,大体可概括为明清时期中外关系史、秦汉史、历史地理等三个方面。

张维华先生是我国早期研究中外关系、中西交通史的少数专家之一,几乎将大半生的精力用于这个领域。

明清时期的中西关系史是先生最早的研究课题。据先生回忆,在齐鲁大学读书时,外籍教师多,所学课程中西洋史占十之六七,中国史不占什么地位。当时听过一位外籍教师开的远东史课,内容丰富而新鲜,很感兴趣,便跃跃欲试。不久他发现《明史》中有佛郎机、吕宋、荷兰、意大利四国传,就记载了这方面的问题,便开始研读。入燕京研究院后,有陈垣、洪业等名师指导,校内外各图书馆中西文藏书均丰,为研究明清中西关系史提供了客观条件。先生认为成书于清雍乾间的《明史》中出现了欧洲几个国家的传,显然是有明以来中国与外国发生联系的反映,也说明东西方贸易和文化交流的时代正在形成。于是,便以《明史》为蓝本对照阅读了《海国图志》《职方外纪》《中葡通商研究》《明史各外国传地理考证》《殊域周咨录》《两朝从信录》等图书,发现"四传"疏略脱漏者不少,且与西人记载往往不合。先生最先写出《明正德间葡萄牙使臣第一次来华考》,刊于燕大《史学年报》,引起法国著名汉学家伯希和的重视,并撰文予以介绍,刊于《通报》;继之又在陈垣等师长的指导下仿效裴松之注《三国志》的体例,着手写作《明史佛郎机吕宋和兰意大里亚四国传注释》。先生首先利用上百种中西文资料,纠正了四国传中不少讹传的史实，补充了许多罕为人知的珍贵史料，勾勒出明中晚期中国与西方几次规模较大、影响深远的文化交流的概貌。所以《明史佛郎机吕宋和兰意大里亚四国传注释》并非简单仿古，而实际上是一本内容翔实、体例严谨、深具功力的明代中西交通史专著。该书采用溯源、辑补、比评三种方法。首先，找出《明史》中四传作者所据史料的来源，详加排列，对其失误错讹之处，参照其他记载一一厘正。如荷兰传记载万历二十九年荷兰商船经吕宋至澳门，税使为李道。而据《广东通志》等书考出其时李凤在广东任税使，而李道当时为湖口税使，李道为李凤之误。其次，在四国传中所用资料之外，作者据涉猎所及亦均一一录出，缀于本传有关记事之下。经如此排比发现了许多问题，如佛郎机铳之传入中国，传谓在嘉靖二年，然《殊域周咨录》言为正德间事，而据王守仁著《书佛郎机铳造事》，则可上推至正德五年。再次，运用西文史籍中有关明季欧亚诸国与我国交往的大量记载，同我国的史料相互对照。当时的西方正处在资本主义上升时期，非常重视发展海外势力，探险家、旅行家、商人、传教士纷纷东来，将其见闻以日记、书信、著作等形式记录下来。这些都是研究中西交往的珍贵资料，可以弥补中文资料的简略和讹误。《明史佛郎机吕宋和兰意大里亚四国传注释》一书在这方面运用较多，勘出不少错误，当然也并非不加甄别地盲从西文，对被西方殖民者故意歪曲之处，总是力辩其诬。如葡人侵占澳门，西文书籍多谓葡人助剿海盗有功，明政权“畀之以居”，先生则据俞大猷《集兵船以攻叛兵》及《论商夷不得恃功恣横》两文指出：“当时通贡尚且不许，何得有畀地諟居之事。”再如荷兰占我台湾，西文多谓中国默许，且缔有条约，可是证以《两朝从信录》所载南居益渡海捣巢之文，则知“西人所言，纯系矫饰”。《明史佛郎机吕宋和兰意大里亚四国传注释》出版后引起学术界注目。洪业先生在 1935 年所撰《考利玛窦的世界地图》中说：“二年前张维华君著《明史佛郎机吕宋和兰意大里亚四传注释》，既将尤侗、万斯同、王鸿绪三家传文与明史传勘校，又复远征博引，细加注证，这也是可喜的贡献。”后方豪所著《中西交通史》和日人和田清所著《中国史》等，都曾引证此书，成了中西交通研究者案头必备之著作。1982 年此书由上海古籍出版社再版时，先生写序并更名为《明史欧洲四国传注释》，《中国社会科学》为此书发表了书评。

另一中西交通专著《明清之际中西关系简史》，是 1939 年至 1944 年先生在成都齐鲁大学时写成的，由于战乱未及出版。先生任教女子师范学院时曾石印五六十部，作为教材发给学生；新中国成立后，不少看过书稿的同志都劝先生付梓，直到 80 年代初，先生已是耄耋之年，才在助手的协助下重新修订，1983 年由齐鲁书社出版，为目前国内史学领域屈指可数的专著之一。书中提出不少理论观点，不乏真知灼见，对某些史料的考证也成了不可改易的定论。其内容分为三部分：一是交通，专论葡萄牙、西班牙、荷兰等国与中国的早期交往；二是宗教，专论天主教士尤其是耶稣会士在我国传教的经过；三是文化，专论西方文化传入我国的过程及其影响。该书是先生近五十年研究中外关系之所得，大半生心血的结晶，对一些重大问题都抒发了自己的见解。明清之际中国同欧洲的交往是客观存在，是中国史乃至世界史上重要的一页。不过，这个时期由于殖民主义、天主教、基督教等因素掺杂其中而变得复杂起来，对其性质和作用不易识别和确定。这个领域在某一时刻甚至成了禁区，无人敢于问津。史学工作者不该回避，应正视现实，给予恰如其分的评价，这是义不容辞的责任。经过对这段历史的潜心研究，张先生指出：(1)明清之际的中西关系，不是平等互惠的经济文化交往。率先进入资本主义的欧洲各国，迫切需要寻求新的销售市场和原料产地，它们视富饶的东方为理想目标。于是，一批批航海家、探险家、商人、传教士，由海路、陆路接踵来到东方。先生在书中对葡、西、荷等国早期殖民者的暴行进行了不遗余力的揭露和批判。如葡萄牙人先霸占马六甲，继而侵我广东屯门；西班牙人占据菲律宾并大肆杀戮居菲之无辜华人；荷兰侵我澎湖、台湾和内地等，书中均记载甚详。不过当时的中国虽在某些方面落后于欧洲，但毕竟国力雄厚，对西方殖民者的海盗行径坚决反击，维护了国家的主权。这与鸦片战争后的情形有很大不同。(2)明清之际中西交往中扮演重要角色的耶稣会士的作用，是一个十分复杂的问题。耶稣会士来华的目的，不管他们意识与否，其使命是传播耶稣教义，从精神上奴化中华民族。他们的足迹遍及我国各地，自京师直至穷乡僻壤，建教堂、学校乃至医院；他们进行广泛传教活动，从宫廷到平民百姓，渗透到社会各阶层。部分传教士还进行各种间谍活动。传教士的这些活动自然引起中国士大夫的注意和强烈反对乃至制裁。清康熙年间的教仪之争及之后的禁教，就集中反映了中国士大夫与传教士之间的激烈斗争。(3)在客观上，耶稣会士又将西方文化介绍到中国，促进了中西文化的交流，如西方的数学、天文学、物理学、地理学、医学、兵器和机械制造等知识传入中国，开阔了中国知识分子的眼界，丰富了中国文化的内容；中国学术界思想也陆续传入欧洲，而开其端者，则明末耶稣会士。耶稣会士之东来传教必须通晓中国语言文字，而因礼仪之争必须熟悉儒家思想，因供职内廷时与满汉大臣交往，不得不注意中国之历史、地理及百家之说，于是便有不少翻译、著述流传西欧。16、17 世纪之际，西洋教士所著关于中国的书籍，将中国古代政治、哲学、学术思想带回欧洲，对西方社会产生了积极作用。张先生指出："人类文化的交流，是人类社会发展的必然过程，也是各国各民族从分裂走向和睦团结、和平共处的必要途径……我之所以特别注意中西文化交流，其原因就在此。从中国自身的历史看，中国是个多民族的国家，不仅今天如此，历史上也是如此。经过几千年的时间，各民族的文化无日不起着相互融和的作用，到今天兄弟民族的民间文化都有了很大变化，彼此间的隔阂逐渐消除，成了亲密无间的民族大家庭，人类社会从未来远景看也会是这样，治史者当有世界眼光。"

张先生的另一本中外关系的专著《明代海外贸易简论》，是应上海人民出版社之约而撰写的，1957 年出版。该书篇幅虽不算长，但对明代海外贸易的性质、阶段、种类等作了全面论述，为后人详细研究打下了基础，是一部填补空白的著作。张先生指出：(1)明代海外贸易是在很久的传统上继承发展起来的，活动范围很广，东至日本、琉球，西至波斯、阿拉伯和非洲东岸。(2)明代海外贸易大致分为两类：一是朝贡贸易，二是私人贸易。前者盛于永宣间，从正统至正德呈现衰落现象，至嘉靖几乎完全衰败。隆庆时部分开禁，一方面是欧洲殖民者东来促使朝贡贸易无法维持；另一方面是自身社会经济的发展，私人海上贸易逐渐冲击了明政权对外贸易的控制。到明后期外出经商的华人已同南洋居民联合，与殖民者开展了斗争。(3)朝贡贸易和私人海上贸易都是为封建地主阶级服务的，其商品的种类可证。(4)海外贸易推动了中国人特别南部沿海之民移居南洋，促进了生产经验和技术的交流。

此外，有关于中外关系论文若干篇，如《明清间中西思想之冲突与影响》《明清间佛耶之争辩》等，绝大部分收入《晚学斋论文集》。

秦汉史是张先生研究的另一重要领域，其研究的深度和广度均赢得秦汉史学者交口称赞，曾被聘为秦汉史研究会的顾问。主要研究成果有《汉史论集》《论汉武帝》两部专著及十数篇论文。

先生研究秦汉史起步略晚。抗战期间，颠沛流离，且教学任务繁重，资料有限，只能专攻《史记》和《汉书》。在读《汉书·匈奴传》时，先生注意到武帝时汉王朝与匈奴关系紧张，兵争不休，而到元帝时就缓和多了，其原因很多，而王昭君出嫁则是原因之一，于是写了《王昭君下嫁匈奴考》一文，说明通婚不失为民族走向融合之一途。之后先生又陆续撰写了几组分量重、观点新、影响深远的文章。

《西汉都护通考》《汉河西四郡建置年代考疑》，所论均系汉代中西交通，亦即汉通西域和汉与匈奴的关系。汉通西域与明郑和下西洋，是中国古代历史上对外关系方面的两件大事，影响深远。西域是玉门关(今甘肃敦煌)以西地区的总称，始见于《汉书·西域传》。狭义上讲，西域专指葱岭以东地区，广义上则包括亚洲中部和西部、印度半岛、欧洲东部和非洲北部的广大地区。武帝时派张骞初使西域，宣帝时始设西域都护。都护之设标志着汉在西域建立了政治统治，是西域(狭义)被纳入汉朝版图的标志。张先生对西域的屯田、建官、都护职权、历次人选、都护所属诸国等作了详尽的考证。河西四郡是汉通西域的通衢大道，四郡即武威、张掖、酒泉、敦煌，其建置时间与汉通西域关系甚密。对此，《汉书·地理志》和《本纪》记载有异:《汉书·地理志》记武威为太初四年(公元前 101 年)开，张掖、酒泉为太初元年(公元前 104 年)开，敦煌为武帝后元元年(公元前 88 年)开。而《本纪》所载不同，张掖、敦煌开于元鼎六年(公元前 111 年)，武威、酒泉为元狩二年(公元前 121 年)。在这里不仅建置年代有异，而且开置之次第亦不同。先生经多方面考证，指出四郡的建置序列为:酒泉、张掖、敦煌、武威。其建置年代，先生认为酒泉不是元狩二年建置，而应是元鼎初年;张掖、敦煌的建置时间，先生认为《本纪》所记“元鼎六年之说可据”;武威，先生以从酒泉分出之说为非，应为从张掖分出，建郡年代当在昭帝末宣帝初，即元凤六年后与神爵元年之间。此文刊于齐鲁、金陵、华西大学之《中国文化研究汇刊》。后来劳榦先生之《居延汉简考释文》一书问世，基本肯定了张先生的考证。武威之论更正了建于武帝时之说，实为“发二千年之覆”。

20 世纪 50 年代初，张维华先生撰《论汉武帝》一书。该书不仅评价了汉武帝这个历史人物，更重要的是以汉武帝为枢纽，对这个时代的政治、经济、学术、文化和对外关系作了深刻论述，写出了那个时代的风貌。武帝执政的五十余年，是汉代的极盛时期，所以对这个时代的研究实际上涉及了汉史上所有重大问题。

20 世纪 70、80 年代之交，张先生又撰写了一批秦汉史论文。第一组是关于黄老政治思想，如《释“黄老”之称》《西汉初年黄老政治思想》等，分别刊登在《文史哲》《中国社会科学》上。这些文章大多是应杂志社之约而写的，是先生几十年研究秦汉史之精华，特别是《西汉初年黄老政治思想》，学术价值很高。先生反复强调：西汉初年的黄老政治思想是适应汉初特殊的社会政治形势，即政治上的约法省禁，社会上的休养生息，以老子思想为基础并吸收了其他各家学说而形成的新道家思想。代表黄老政治思想的是司马谈的《六家要旨》。先生以“虚”“因”“静”三字对其进行归纳，强调要把这三者联系起来去理解，才能看到黄老政治思想的整体。他还指出，尽管道家思想有很多消极的东西，对社会发展缺乏促进作用，但对于某一特定时期的社会还有它一定的用处，不可一概而论。这些都是极深刻的结论。

另一组是关于司马迁的研究，先生对司马迁的研究颇具独到之处，先后发表了《司马迁的史学》《司马迁与〈史记〉》和《论司马迁的通古今之变究天人之际》等。首先，先生指出司马迁所处的时代是在各方面都发生了重大历史变化的时代，这些变化使司马迁破除了一些旧传统、旧观念，产生了新思想、新认识。司马迁之所以能完成《史记》这样一部伟大的著作，固然有赖于他的家学渊源，更在于他掌握了丰富的资料和进行了广泛的实地考察。他不仅阅读了石室金匮之书，掌握了国家所藏古文典册，还进行了实地调查和访问。他曾“南游江淮”，“北涉汶、泗”，“西征巴、蜀”，“南略邛、笮、昆明”，足迹几遍天下，每到一地都进行了详细访问和考察。这一切都促使司马迁成为中国史学的真正创始人和奠基者。先生认为《史记》这部巨著的出现，已把历史学从经学中分离出来，从此历史学成了一门较完整独立的学问。先生还认为：(1)司马迁已看到历史是继续的、发展的、演变的，具有了历史进化论的观点，这不仅是历史学的重大问题，而且也是世界观问题；(2)司马迁把历史范畴从极少数贵族的手中展向社会各阶层，以至社会最底层，改变了历史专记帝王将相少数人活动的状况；(3)司马迁之作《史记》使历史最先成为一门综合性的社会学。历史的主要任务，不仅要论述古往今来的演变过程，还要从横的方面论述各时代社会上各种活动相互联系的迹象，从中看到总的面貌。在他以前没有一个人或一部书能完成这个使命。司马迁综合前人的著述赋以新意，发凡启例，完成了纪传体的历史体例，“两千年来，学者宗之，视为正史”，是一件不容忽视的十分重大的事。这些皆自成一家之言，受得史学界的重视和赞颂。

先生在历史地理方面有专著《中国长城建置考》（上）及《明辽东边墙建置沿革考》等文。据先生回忆，燕大研究院毕业回到齐鲁大学任教，有一次翻阅顾炎武的《日知录》，发现有《长城考》一篇，其中提到齐长城，读后颇为惊异：中国的长城在北边，怎么山东还有长城？便继续阅读史书和山东地方志书，写成《齐长城考》，发表于《大公报·史地周刊》，引起学术界的重视。其后又陆续写了《楚方城》《魏长城》《赵长城》《汉边塞》等文，至60年代初，又增写了《秦昭王时之长城》《燕长城》《秦统一后之长城》等文，共8篇，合成一册，1978年由中华书局出版。张先生指出：“至于战国，车战之制渐息，徒骑之用渐广，战争范围，益为扩大，于是有长城之筑矣。”“长城之设，既可以为界，亦可以为防，对于当时各国疆域分合之形势，甚有关系。”先生从《春秋》《国语》《后汉书·郡国志》《水经注》《国策》《史记》《元和郡县志》《太平寰宇记》《通典》《日知录》《读史方舆纪要》《竹书纪年》《括地志》以及大量地方志中拣出有关资料，经排比考证，对战国时齐长城、楚方城、魏河西长城、卷之长城、赵武灵王时所筑之长城及中山长城、秦长城、燕南界长城及北界长城、秦统一后之长城以及汉边塞的形状、起止、经过、修筑年代，一一考证辨析，纠正了诸书记载的片面和失实。先生指出那时的长城并不像今人看到的居庸关八达岭那样完固，当时有砖筑者，有土筑者，有累石者，亦有因山谷自然之势而为之者，或断或续，皆相互连接，自成一段。另，边远辽阔之地起筑不易或难于防守，则设亭堠烽燧以守之。为写长城和辽东边墙，先生作过多次实地考察，如到五原、临河察看赵长城终点高阙，到张家口考察辽东边墙等。到目前为止，长城建置方面的专著尚不多见，遗憾的是由于各种客观原因，其下篇没能完成。

山东地方文献、地方史特别是地方学术史，是张先生研究的另一重要领域，曾撰《跋丁耀亢的〈出劫纪略〉和〈问天亭放言〉》《顾炎武在山东的学术活动及其与李焕章辩论古地理问题的一桩学术公案》等长文。丁耀亢的两种著作无刊本行世，《四库全书总目》也不载。50年代，张先生从友人处看到一个抄本，觉得史料价值很高，便照抄一份。又据李澄中《丁野鹤小传》、王士祯《池北偶谈》等书考证，确认是出自丁耀亢之手。因两文均系以自身遭遇记述清兵在山东及东南沿海劫掠和大顺政权所派山东地方官莅任的情景，在清初对此多讳不敢言，恐就是二文未能刊行的原因。但两文之史料价值至为珍贵，如大顺政权派官到山东青州、寿光、安丘、日照、莒县、诸城等地方后，推行过不少新的政策，其中诸城就“以割富济贫之说，明示通衢，产不论远近，任业主认耕”。这样丁耀亢的二十余顷地和他弟弟丁耀心的十余处庄田，均被原主认回，为时不久，随着清统治的逐渐稳定，丁耀亢等人又纷纷到州县控告，并将农民夺回的土地一一倒算回去。同时，从中亦可看出，清军入山东后，山东农民军曾想暂时搁置与地主阶级的斗争，转而抵御清兵，甚至期望与福王政权下的抗清力量结合，但希望落空了。这些均对山东地方史的研究和农民战争史的研究提供了重要史料。

顾炎武，字亭林，明末清初三大思想家之一，江苏昆山人，但他与山东的关系却甚密切，一生中有 21 年侨居山东，在山东交友甚广，与莱州之赵士莞（字汝彦）、任唐臣（字子良）、德州之程先贞（字正夫）、章丘名士徐夜（字东痴）、济阳经学家张尔岐、曲阜文人颜光敏（字修来）等，均过从甚密。其足迹几遍山东，其著述《日知录》《天下郡国利病书》《肇域志》《金石文字记》等，涉及山东者比重很大，是研究山东地方史不可多得之珍贵资料。先生的这些研究成果以及他主编的《曲阜孔府档案史料选编》，都为研究山东地方史开辟了新的途径。

60 年代初，张先生曾为历史系学生开设中国古代经济史，并编写了教材，同时还陆续写了专论若干篇，如《试论曹魏屯田和西晋占田上的某些问题》《对于〈初学记宝器部·绢第九〉所引〈晋故事〉一文的考释》《对两税法的考释》《唐中期以后的地主庄田经济》《试论两宋封建地主经济的几点征象并提出几个相关的问题》《宋代地租形态》和《清入关前的社会性质》等，对中国古代经济史实进行了考释，并提出了自己独到的见解，分别发表于《山东大学学报》和《历史研究》。

张维华先生对自己的学生一向要求严格，强调道德、学问并重，常说一个品行不端的人搞不好学问。他以自己的高风亮节影响学生。在他逝世后，他的学生写了一副挽联：

百万言鸿篇巨制，上溯秦汉，下逮明清，学贯中西，一代士林共仰泰斗。

六十载春风化雨，前绍孔孟，后宗马列，门盈桃李，五世传人痛悼良师。

此联充分表达了受他熏陶的后辈人对他的深切怀念和景仰。

（原载梁自洁主编：《山东现代著名社会科学家传》第一集，山东教育出版社1991年出版，收入本书时有改动）

著名马克思主义理论家华岗

王启新

华岗，中国共产党的优秀党员和著名学者。

1924年参加中国社会主义青年团，1925年加入中国共产党，先后担任过团地委书记、团省委宣传部部长、团省委书记、团中央宣传部部长，中共湖北省委宣传部部长、中共中央组织局宣传部部长、华北巡视员、《新华日报》总编辑、中共南方局宣传部部长、中共上海工委书记和山东大学校长等职。1954年当选为第一届全国人民代表大会代表。1955年受到错误的审查和处理，被长期关押，1972年含冤病逝。1980年经党中央批准，平反昭雪，恢复名誉。

在几十年的革命岁月中，华岗不仅是一位久经考验的无产阶级革命战士，而且也是一位勤奋的马克思主义理论宣传家和社会科学家，还是革命干部和知识分子的良师益友。他一生在实际工作和学术研究上都有很大的成绩，为革命和学术事业做出了显著贡献。

一、献身共产主义事业

华岗，幼名延年，曾用名华少峰、华西园、刘少陵、林少侯等。1903年6月9日生于浙江省龙游县庙下村的一个农民家庭。他幼年即从事农业劳动。11岁入本村的初级小学读书，后考入离家五里路的溪口镇高级小学。高小毕业后，以优异的成绩考进了衢州师范学校。他生活俭朴，学习努力，除完成课业外，还利用课余时间阅读一些有益的书籍。在五四运动新思潮的影响下，他悉心探求新文化，热心于学生运动。因领导同学反对学校当局蛮横干涉学生运动而被除名，迫使他中断了在师范学校的学习。

1924年暑假，华岗改名华少峰，转入宁波第四中学学习。校长经亨颐是一位进步的教育家，聘请了一批思想进步、有真才实学的教师。当时，宁波是浙江省革命运动比较活跃的地区，中国共产党在宁波成立了特委。经亨颐校长在中共宁波特委的影响和推动下，在校内进步师生的配合下，大胆发动师生宣传革命，积极鼓励学生进行爱国活动。华岗在这里，通过努力学习和积极参加学生运动，开始接受马克思主义，成为学生中反帝反封建反军阀势力、宣传革命的骨干分子。就在这一年，他加入了中国社会主义青年团。不久，便担任了青年团宁波地委宣传部部长。华岗在担任团地委宣传部长的实际工作中，逐渐显露出理论宣传才能。他开始给团中央的机关刊物《中国青年》写稿，批判社会上的错误思潮对青年的影响，还参加了宁波特委办的《火曜》等刊物的编辑工作，向青年介绍马克思主义书籍和进步思想。

1925年夏，中共江浙区委为了发展革命运动，有计划地从宁波抽调一批党团员到各地工作。华岗根据组织的安排，毅然离开学校到南京担任青年团南京地委书记。在那里，他加入了中国共产党，从此开始了职业革命活动家的生涯。在南京工作将近半年，就被调到上海担任团沪西区委书记，随后又任团江浙两省联合省委宣传部部长。他除了负责联合省委宣传工作外，还主管上海以外地区团的领导工作，不断奔波于南京、杭州、宁波等地，指导各地青年团的工作，配合党领导的各条战线的斗争，迎接北伐军的胜利进军。

1927年4月12日，蒋介石发动反革命政变，轰轰烈烈的大革命失败了，成千上万的共产党员、青年团员和革命群众惨遭杀害。华岗没有被敌人的血腥屠杀吓倒，在严重的白色恐怖下，他不顾个人安危，仍然坚守着自己的革命岗位。

大革命失败后，中国社会主义青年团改名为中国共产主义青年团。当时，团江浙联合省委进行了改组，分设浙江和江苏两个团省委。华岗担任团浙江省委书记，负责恢复和重建浙江团的组织。不久，江苏团省委遭到敌人的破坏，华岗又调任团江苏省委书记，并兼管团上海市委的工作。后来他又调任团顺直（河北）省委书记，为恢复和建设北方的团组织而紧张工作。

1928年5月，华岗受党的委派随代表团赴莫斯科，出席中国共产党第六次全国代表大会和中国共产主义青年团第五次全国代表大会。同年10月回国，在上海担任了团中央宣传部部长，并主编共青团中央的机关刊物《列宁青年》。

在整个大革命时期以及大革命失败后的一段时期里，华岗始终没有离开过青年团的领导岗位。他很善于在青年和学生中做细致的组织宣传工作，是当时中国共产党内专门从事青年工作的一位重要干部。陆定一1983年4月15日在一次征集党史资料的座谈会上，讲到华岗这一段革命活动时说："从1925年我就同他一起在青年团里工作，他当时是上海青年团干部中的'四大金刚'之一，他很有学问。"

1929年3月，华岗离开团中央，专门从事党的宣传和组织领导工作。先后担任中共湖北省委宣传部部长、中共中央组织局宣传部部长和华北巡视员，在国民党白色恐怖下继续进行着出生入死的战斗。

在这期间，华岗还从事紧张的著述活动。他从当时革命斗争的现实需要出发，撰写了《中国大革命史》。他最初起意写这本书是在1927年底，那时革命已走向低潮。在革命营垒中，有的人背叛了革命，有的人被敌人的血腥屠杀吓倒，对革命前途失去信心。他认为，必须鼓舞革命群众的士气，把大革命的真相写出，使之流传，用以教育和提高党员与革命群众。

华岗作为大革命的参加者和幸存者，他觉得这次革命的经验教训实在太多了，如果能够以马克思主义的原则和革命斗争的实际，把大革命的历史写出来，可以总结出许多具体的历史教训，用以指导和推动工作。于是，他广泛搜集材料，并且很快编写了一个大纲。后因去莫斯科参加中共六大和共产国际会议，不得不把这项工作暂时搁置下来，把材料和大纲存放在上海一位同志家里。1928年秋，华岗从国外回来，发现那位同志不幸被捕，而过去苦心搜集的材料也完全丢失了。他虽然十分痛惜，但并没有灰心。

华岗根据当时能够搜集到的材料和自己参加实际斗争的回忆，力图按照党的"六大"精神，用马克思主义的立场、观点和方法，来认识和总结大革命的经验教训。从1929年秋开始动笔，到1930年春完成初稿，同年冬又进行了补充和修改。全书30万字，1931年7月由上海春耕书店出版。他在序言中写道："我敬以至诚，将此书纪念大革命中及大革命失败后成千上万为革命牺牲的英勇战士。"可以说，这本书为在大革命中流血牺牲的几十万革命烈士树立了一座不朽的丰碑。

在我国史学史上,《中国大革命史》算得上一部具有开拓性的现代史著作。1982 年,全国政协文史资料出版社重新出版了此书,杨尚昆为之题了书名。廖盖隆在重版前言中评价说:“从那时以来,半个世纪过去了,华岗同志的这本书到现在仍然是详细论述中国第一次大革命历史的唯一著作。”书中用生动的事实,揭穿了蒋介石、汪精卫等人的反革命罪行和种种胡说,对于打击帝国主义和国民党反动派的反动气焰,坚定革命群众的斗志,起了很好的作用。当时一些地下党组织,把《中国大革命史》作为党员和革命群众的学习读物,许多同志从书中受到了教益。

二、在国民党的监狱中

1932 年 9 月,党中央任命华岗为中共满洲特委书记。他化名刘少陵,在由上海出发到东北赴任途中,因护送的交通员被特务跟踪,与交通员一起在青岛被捕。面对敌人的严刑审讯和种种威胁利诱,他坚决不暴露自己的政治身份,保守了党的机密。结果,他以“共产党嫌疑犯”的罪名,被判了五年徒刑,关押在济南的山东省监狱。

在狱中,华岗和任作民(1922 年入党,被捕时任中共山东省委书记)等同志一起,团结全体政治犯,坚持同敌人进行斗争。他们秘密地购买和阅读政治理论书刊,定期讨论各种政治时事问题。华岗和任作民分别担负政治、党建、群众工作等课程的指导任务,提高青年同志的政治理论水平。

在此期间,他们多次组织狱中的政治犯进行绝食斗争,以抗议监狱当局对政治犯的虐待和限制,提出了反对打骂犯人、开放脚镣手铐、自由看书看报、改善犯人伙食等要求。通过这些斗争,狱中的生活条件得到一定的改善,并且锻炼和考验了每个同志的意志,鼓舞了他们争取自由的胜利信心。他们在狱中的这些活动,对山东后来的工作(如组织游击队、开展抗日救亡运动等)都有一定的影响,为革命培养和锻炼了一批干部。

1936 年底,西安事变和平解决后,监狱当局奉命将全部政治犯送往反省院。因山东的反省院容纳不了,要转送到南京、太原和武昌等地。1937 年 2 月,华岗、任作民等十九人被送往武昌反省院。

在武昌反省院，以任作民、华岗和向明（新中国成立初任中共青岛市委书记、山东分局副书记和代理书记）为核心，根据新的条件，组织反省人员继续进行斗争。他们一起商量斗争策略，还发动全院反省人员开展要求上前线杀敌、无条件释放政治犯、抗议对某些反省人员的处罚等斗争活动。

华岗和任作民在反省院，对敌人的反省要求，一向采取敷衍的态度，日记往往三五天甚至一星期才写一次，内容只写天气晴雨变化、自己的健康状况，以及抄录一些《中山全集》的语录之类，从不写任何卑躬屈膝和不利于党的言论。讨论会则经常请病假不去参加。反省院以 6 个月为一期。他们在反省院住满 6 个月后并未被释放，理由是“表现不好”，需要再住6 个月。

抗日战争爆发后，国共第二次合作。华岗买通反省院的看守人员，给当时在武汉地区做秘密工作的冯乃超（新中国成立后任中山大学校长）送去一信，希望向党组织反映营救他们出院。冯乃超立即报告当时在武汉的董必武同志，经董老与国民党当局交涉，1937 年 10 月 16 日华岗和任作民被营救出院。

华岗在敌人的法庭上和监狱里，立场坚定，坚贞不屈，表现了共产党员的高贵品质。五年的监狱生活，虽丝毫没有动摇华岗的革命意志，却严重地摧残了他的身体。为了革命的需要，出了反省院之后，他不顾身体虚弱，又迅速地投入了新的战斗。

三、在蒋管区坚持革命斗争

华岗从武昌反省院出来后，担任了短期的中共湖北省委宣传部部长，接着党又派他参加《新华日报》的筹备工作。在同志们的共同努力下，1938 年1 月 16 日，《新华日报》在汉口创刊，潘梓年任社长，熊瑾玎任经理，华岗任总编辑。那时报社的人员不多，工作十分繁忙。华岗作为总编辑，负责编辑部的全部工作，从新闻和文章的审阅修改、社论专论的撰写，到版面的编排乃至校对工作，都亲力亲为。当时在编辑部工作的石西民后来在回忆文章中称赞“他真是一个不知疲倦的人”。

他在新华日报社工作期间，除了用华岗、华西园署名写评论文章外，还常以林石父、晓风等笔名写多种类型的文章，内容涉及国际、国内政治、经济、军事、文教等广泛的领域。当年在新华日报社工作的熊复回忆说："他给我的印象是一个学问渊博、文思敏捷的学者。他讲起话来，口若悬河，滔滔不绝；而写文章和社论，真是'下笔千言，立等可待'。他对同志和蔼可亲，平易近人，从没见过他有疾言厉色的时候。但他对政治上的原则问题却十分认真，从不苟同，也不轻易放弃自己的意见。这一切引起我对他的尊敬，把他当作自己的导师。"

在新华日报社，华岗坚持党中央制定的抗日民族统一战线的方针政策，抵制王明的右倾投降主义路线和家长式的统治。为此，作为长江局负责人的王明，对华岗十分忌恨，进行打击报复，致使作为总编辑的华岗在工作中甚至没有任何发言权。

1938年春，华岗被派往东南战场作战地记者。他深入前线，写下了第一篇战地通讯《活跃在东南战场的新四军》，在纪念"七七"抗战一周年的报纸上发表。华岗从东南战场回到武汉后，又奉命提前撤离武汉，带领一部分编辑和业务人员，携带一部分物资，乘船到重庆去筹办新华日报社的迁渝工作。1939年秋，他因病不得不离开新华日报社。

长期监狱生活的摧残和出狱后的紧张工作，再加上受王明的打击、压制，使华岗的健康恶化，离开新华日报社后，他不得不在重庆郊区养病。养病期间，他仍然没有放下手中之笔，紧紧围绕当时革命的需要，继续从事研究和写作。

在1939年和1940年之间，华岗编写了《中国民族解放运动史》。他研究历史的一个重要特点，是为了现实斗争的需要。"首先是战士，其次才是学者"，这是华岗始终坚持的信条。他写《中国大革命史》是这样，写《中国民族解放运动史》也是这样。此书分两卷，多达40万字，1940年由上海鸡鸣书店出版。由于紧紧围绕民族解放这个全国人民十分关切的中心问题来研究历史，所以此书出版后，受到广大读者的欢迎，数年之间重印八版之多。当时解放区的一些学校，还把它作为学习中国近代史的课本或必读参考书。

这部《中国民族解放运动史》，对于国内的社会解放运动也加以论述，因为民族解放与社会解放是不能分开的。他在书中指出，在旧中国，没有民族解放战争的胜利，固然谈不上社会解放，可是如果不能实现社会解放，也就不能最后取得反对帝国主义侵略和压迫的胜利。书中所阐述的民族斗争和阶级斗争的一致性，建立广泛的民族统一战线，无产阶级及其政党必须取得和巩固领导权的思想，对鼓舞抗战斗志、加强抗日民族统一战线、坚持抗战方针和推动抗日战争的胜利，起到了一定的作用。

20 世纪 30 年代末和 40 年代前期，华岗还撰写了《社会发展史纲》《苏联外交史》和一些史学论文。其中《论中国历史翻案问题》《历史为什么是科学和怎样变成科学》《论中国社会历史发展阻滞的基因》等论文，后来汇编成《中国历史的翻案》一书，1946 年由上海作家书屋出版。1981 年人民出版社重印此书时，尚钺为之写了序言。

华岗的《社会发展史纲》是应上海生活书店之约而写的。它以简短的篇幅、通俗的语言，勾画出人类社会发展的轮廓，是一本适合青年阅读的启蒙读物。这本书和艾思奇的《大众哲学》等书一样，是当时在白区和沦陷区青年中影响广泛的通俗阐述马克思主义基础理论的著作。许多青年读了这些启蒙读物，提高了认识，进一步接受了马克思主义，走向了革命。

《中国历史的翻案》这本书，可以说是华岗关于研究历史的基本观点和方法的集中论述。他主张研究历史要坚决站在人民的立场，辨正被歪曲的历史，恢复历史的真实面目。他坚决反对捏造历史，认为历史是一种科学，而科学必须实事求是，不容许人们说谎行骗。假如认为为了“训练”和“教育”的目的，可以歪曲、修改或增减历史事实，那就是离开了科学的立场，否定了客观真理。只有尊重科学，按照科学的原则，实事求是，探求真理，掌握客观事物的规律，才能适应历史发展的要求。

1941 年 1 月皖南事变以后，重庆的白色恐怖也随之加剧。南方局为了保存干部，根据党中央的指示，将部分干部疏散到外地。华岗被派到西康雅安(今四川省西部)，做国民党地方势力刘文辉、潘文华和邓锡侯等人的统战工作。后来又回到重庆，参加八路军办事处的工作和整风学习。

1943 年，华岗担任中共南方局宣传部部长。接着，他又被派往云南昆明做龙云等人的统战工作，争取他们与共产党合作。他还按照党的指示，对昆明的民主运动、文化教育界和青年学生运动进行指导和开展工作。为了便于工作，华岗化名林少侯，由楚图南、吴晗等同志介绍，担任云南大学社会学教授。他以云南大学教授的公开身份，参加组织西南文化研究会，开展党的地下工作。他同周新民、李文宜等同志团结政界、文化教育界许多进步人士和青年学生，大力开展爱国民主运动。他主动结识李公朴、闻一多、费孝通等著名人士，参加他们定期主办的学术讨论会，宣传马克思列宁主义，宣传中国共产党的方针政策。

1945年8月，抗日战争胜利。9月，毛泽东同志由延安飞临重庆，与蒋介石谈判"和平建国"问题。华岗应召由昆明到重庆，担任中共代表团顾问，参加谈判工作。毛泽东同志在谈判工作之余，与华岗亲切谈话，说《中国大革命史》"是一部好书，收集了许多宝贵的材料"。

1946年5月，中共代表团由重庆迁往南京、上海。华岗随周恩来同志到了上海。在上海，中共代表团设立了上海工作委员会，主要任务是在民主党派、无党派民主人士、民族工商业家和外国驻沪记者中开展党的统一战线工作。华岗担任上海工委书记，与代表团的其他同志一起，同上海地下党市委配合，组织领导开展爱国民主运动。全面内战爆发后，1947年2月，国民党政府通知中共驻南京、上海等地的代表团全部撤离，强行封闭了中共代表团办事处。作为上海工委书记的华岗，坚持到3月初，才同董必武等同志最后一批乘飞机撤回延安。

1948年春，华岗因身体欠佳，经党中央领导同志同意，秘密从解放区到香港，一方面休养身体，另一方面也准备协助香港工委在民主党派和无党派民主人士中间做一些统战工作，积极争取民主人士到解放区参加新的政治协商会议。当华岗准备陪同一批民主人士回内地参加政协会议时，他却因病不能启程，不得不继续留在香港治病。

在香港期间，华岗利用工作之余带病修订《中国民族解放运动史》第一卷(1950年由北京三联书店出版)，并将其中"太平天国"和"五四运动"两章，修改补充成《太平天国革命战争史》和《五四运动史》单行本，由上海海燕书店出版。

四、在山东大学的建树

在新中国诞生前夕的1949年9月，按照中共中央的通知，华岗从香港乘船返回内地。本来计划先到上海，再到北京，但因吴淞口被敌机轰炸不能靠岸，轮船只能驶往青岛登陆。到了青岛，又因健康原因，华岗不得不暂时留下。

在青岛，华岗受到当地领导同志的热情接待，并且很快同文化教育界的人士建立了联系。当时青岛解放不久，新接管的山东大学急需一位既有革命实践经验又有一定理论水平的老干部来主持工作。经山东省领导同志建议，中央同意华岗留在青岛工作。他开始以教授身份给山东大学师生讲授“社会发展史”这门政治大课。1950 年春学校选举校委会，华岗当选为主任委员。这时，他结合讲授“社会发展史”，把 30 年代末撰写的《社会发展史纲》加以修订，交由北京三联书店出版。此书对新中国成立后全国学习社会发展史，起到了很好的作用。同时，他还把在香港和青岛报刊上发表的论文，选编成《目前新文化运动的方向和任务》一书，交由上海海燕书店出版。

1950 年冬，原在济南的华东大学迁到青岛，于 1951 年 3 月与山东大学合并，成为新的山东大学，华岗被任命为校长。此后，他还被选为第一届全国人民代表大会代表，兼任中国史学会理事、《哲学研究》编委等职务。

华岗在山东大学任职期间，贯彻执行党的政策比较稳妥，深得人心。同他一起工作的副校长童第周、陆侃如，是著名的科学家和文学史专家，教务长、总务长和各院院长也都是知名教授，富有办学经验。华岗本人理论和学术水平较高，懂业务，富有远见和工作魄力，又善于团结知识分子，具有高等学校领导人应有的素质。凡是学校的重大兴革事项，华岗都与两位副校长及教务长、总务长等共同商量，一起作出决定，使他们有职有权。因此，学校在这一时期出现一派生机蓬勃和兴旺发达的景象，被称为是山东大学建校以来的第二个“黄金时代”。

华岗在山东大学工作时的业绩，深得师生员工肯定，概括起来，有如下几点：

一是努力开创学校的新局面。山东大学与华东大学合并后，由于两校的历史和性质不同，以致在思想和工作上都存在一些矛盾，承认和处理好这些矛盾，是摆在学校领导面前的艰巨任务。身为校长兼党委书记的华岗，以坚强的党性、卓越的领导才能、实事求是的态度，解决了各种矛盾。他既放手任用有业务专长的人员，也重视发扬思想政治工作的优良传统，从而使两校人员真诚相见，亲密合作，促使学校开创一个崭新的局面。

二是重视在全校开展马克思列宁主义学习，提高师生员工的政治思想和理论水平，以推动教学和科研工作。山东大学在新中国成立初期就建立了政治大课制度。当时华岗正在青岛养病，尽管身体不好，但仍然热情地为学校师生员工讲授“社会发展史”“共同纲领”等政治大课。合校后，又抓系统的政治理论学习，亲自为师生员工讲授“辩证唯物论”，在全校产生了比较深远的影响，为提高教学和科研工作打下了良好的思想基础。

三是认真贯彻执行党的知识分子政策。他尊重知识，爱护人才，强调知识分子在国家建设中的作用，办好学校必须依靠教师，发挥他们的专长，同时，还必须帮助他们解决工作上和生活中的实际问题。因此，在华岗担任校长期间，广大教师的心情都是舒畅的，工作是勤奋的，政治上要求进步，不少教师成了华岗的知心朋友。

四是主动抓教学工作。华岗坚持亲临教学第一线，深入院系，与教师共同研究课程改革。他主张文科应开一些近现代的课程，并在中文系组成鲁迅研究小组，与教师一起开设“鲁迅研究”课。他十分关心学生德智体的全面发展，除政治大课对学生进行思想政治教育外，还做关于学习方法方面的报告，具体地指导和帮助学生进行学习。他经常接待学生来访，有时还参加学生的班级活动。为了鼓励学生开展文体活动，他曾把自己的一部分稿费捐赠学校，为学生购置文体用品。

五是发扬学术民主。他积极倡导科学研究和学术讨论，同文科教师一起，于1951年创办《文史哲》杂志并被推举为社长。他主张学术上各抒己见，广泛讨论。自己带头写稿，亲自审稿，帮助教师修改文章。1954年，文科两名学生写了《关于〈红楼梦简论〉及其他》一文，许多报刊不予发表。在华岗的支持下，《文史哲》发表了这篇文章，引起了国内学术界的重视。在学术讨论中，华岗善于耐心听取别人的意见，不把意见强加于人。如关于中国古代史分期问题，华岗是主张西周封建说的，但仍鼓励持春秋战国封建说和魏晋南北朝封建说的教师发表自己的意见。在当时的山东大学，学术上的自由讨论，已初步形成了一种风气。

六是抓大事，提高领导和管理水平。他在日常工作中，能认真组织好三个会议，即党委常委会议，每两周一次，讨论贯彻党的方针政策和组织、人事等问题；校务委员会，每月一次，讨论决定学校的大政方针和重要兴革问题；校长办公会议，每周一次，讨论决定教学、科研和行政事务等重大问题。日常工作放手让各有关部门去做，以调动各方面的积极性。他能从事务主义的圈子里跳出来，用更多的时间深入教师和学生中去了解情况，听取意见，考虑学校全局性的工作。

华岗在工作当中，还结合教学和学术研究，把自己的讲课和科研成果，写成《辩证唯物论大纲》《鲁迅思想的逻辑发展》《辩证唯物论和物理学》等书，分别由上海人民出版社、上海新文艺出版社和湖北人民出版社出版。其中《辩证唯物论大纲》一书，对当时社会上开展的马克思主义哲学的理论学习，起了一定的推动作用。

总之，华岗在山东大学期间认真贯彻党的路线方针政策，团结全校师生员工，努力搞好教学、科研和其他各项工作。在他的主持下，全校上下一致，生气勃勃，奋发努力，使山东大学成为国内有影响的重点大学，师生们称誉华岗是一位“懂政策、有能力、会办学”的好校长。

五、遭诬陷含冤去世到平反昭雪

正当华岗年富力强、精力充沛，可以运用他丰富的学识和经验为党和人民做更多工作的时候，却突然意外地遭到诬陷被关进监狱。他的受诬陷，可说是一个时代的悲剧。

1955 年夏秋，在全国开展“反胡风反革命集团”和肃反运动中，华岗被牵连。整整审查了十年，1965 年被判处有期徒刑 13 年，剥夺公民权 7 年。随后，他被送到济南山东省监狱关押。

刑期从 1955 年被捕之日算起，到 1968 年他本应刑满释放，可又值“文化大革命”，刑满仍留在监狱，遭受更加残酷的迫害。对于这一切，华岗始终认为，“这只是暂时的现象”。他坚信党迟早总会有一天搞清楚他的问题，坚信我们党一定会恢复自己的好传统，实事求是地对待一切问题。

华岗是一个坚强的共产主义战士，也是一个勤奋治学的学者。受诬陷以来，他虽然被剥夺了自由，但始终没有停止为党工作。他曾对人说：“只要有一口气，我就要为党为人民工作。”他在隔离审查期间和监狱中，仍用马克思列宁主义对各种问题进行探讨，继续进行研究和写作。不准许写有关政治方面的文章，他就写哲学、文学和自然科学史方面的论著；不准许用钢笔，他就用毛笔写。他眼睛本来高度近视，被隔离和关押多年，近视越来越加深，读书和写作愈发吃力。但他对无产阶级革命事业充满信心，一直保持着革命者的乐观主义精神，所以还是整天看书写作，用他自己的话，为了革命事业，“双膝未胝当知足，可酬热血换文章”。

华岗在被监禁的恶劣环境中，以惊人的毅力，写出了《规律论》、《美学论要》（两书已由人民出版社出版，分别由熊复、邢贲思和林默涵同志写了序言）、《列宁表述“辩证法十六个要素”试释》、《自然科学发展史略》、《科学的分类》、《老子哲学的伟大成就及其消极面和局限性》等近百万字的文稿。这些文稿思考精深，见解独特，有较高的学术价值和现实意义，是他晚年心血的结晶，也是他为学术界留下的一份宝贵的精神财富。

作为党的理论工作者，紧密结合时代的需要来著书立说，是华岗一贯的优点。在他的遗稿中，《规律论》是一部重要的哲学论著，体现了很强的时代精神。他不仅以规律问题为中心来阐述辩证唯物主义哲学的丰富内容，而且列有专门章节论述一般规律和特殊规律的关系和作用，论述思维规律、社会发展规律的特征和运用。他特别强调了规律是客观世界的反映，外部世界的规律是人们有目的活动的基础。科学的任务，就是发现和认识自然界、社会生活和意识形态发展的客观规律。认识了客观规律，人们就能日益运用它以积极影响客观世界的发展。他指出：“在社会主义社会，正确解决主观能动性和客观规律性的关系问题，具有特殊的重要意义；而否认规律的客观性，就要陷入主观唯心主义的立场，给革命和建设事业造成严重的损失。”我们可以想到，在那强调主观意志、忽视客观规律，鼓吹“人有多大胆、地有多高产”，大刮“共产风”的浮夸年代，一个与世隔绝、幽禁在囹圄之中的人，在十分艰难的条件下，凭着仅能看到的几种有限书报，作出如此高度的理论概括，实在是难能可贵的。

1967年以后，华岗遭到林彪、“四人帮”更加严重的迫害。他在狱中原有稍受照顾的待遇，也被完全取消了。他白天要去劳动，晚上睡在拥挤不堪的床铺上，生活条件极端恶劣，不得不停止写作。但他仍然关心国家和人民的命运，关心他工作过的地方和一起工作过的同志，对“文化大革命”所造成的停课、停产、武斗等混乱局面，极为担忧，曾说：“国家怎么能搞成这个样子，这样下去如何得了？”

由于长期关押和狱中生活的折磨，华岗多种疾病并发，健康状况日益恶化，1972年5月17日在济南含冤病逝，终年69岁。

粉碎“四人帮”后，最高人民法院、最高人民检察院和公安部重新审理了华岗的案件，认为过去判处华岗的“罪证”失实，应予纠正。

1980 年 3 月 28 日，中共中央正式批准为华岗平反昭雪，恢复名誉。4 月 10 日，最高人民法院撤销原判，宣告其无罪。5 月 22 日，中共山东省委决定恢复华岗同志的党籍和政治名誉。7 月 5 日，山东省委在济南英雄山烈士陵园为华岗举行隆重的平反昭雪追悼大会。彭真、邓颖超、胡乔木、王任重等领导同志和国内教育界、学术界著名人士送了花圈。山东省党政领导、各界人士和山东大学师生员工代表五百多人参加了追悼会。悼词对华岗的一生作出了公正的评价，肯定了他在几十年的革命斗争中，一贯忠于党、忠于人民，对工作兢兢业业，对人民无限热爱，为中国革命事业作出了应有的贡献。

华岗同志的一生，是革命的一生、战斗的一生，也是在教育和学术上作出卓越成就的一生。他勇于坚持真理，作风民主、平易近人。他对无产阶级革命事业忠心耿耿的高尚品质和革命精神，以及他勤奋创新的治学态度，是值得人们学习和敬仰的。

（原载梁自洁主编：《山东现代著名社会科学家传》第一集，山东教育出版社 1991 年出版，改入本书时有改动）

陆侃如先生与古典文学研究

龚克昌

我国著名古典文学家陆侃如先生，字衎庐，幼名雪成，1903 年 11 月 26 日生于江苏省海门县普兴村一个开明士绅家庭。父亲陆措宜读过师范，热心教育事业，曾任海门县教育局视学，并在家乡创办恒基小学，自任校长，推行新学。陆侃如先生幼年就读于父亲的恒基小学，后又到南通中学学习。

陆侃如先生 1920 年进入北京高等师范学校学习，1922 年考入北京大学，1927 年秋毕业于清华大学研究院，随即到上海中国公学大学部任中国文学系主任，同时在复旦大学、暨南大学中文系任教。1929 年 1 月，陆先生与我国著名古典文学家冯沅君先生结为夫妻。1932 年秋，夫妇俩同赴法国，双双考入巴黎大学文学院。1935 年秋，又双双荣获文学博士学位回国。归国后，陆侃如先生先后任燕京大学中文系主任、中山大学师范学院中文系主任和教务主任。1942 年秋，赴四川三台，在因抗战迁于该地的东北大学任教，同时兼任文学院院长和中文系主任。抗战胜利后，陆先生于 1946 年随东北大学迁回沈阳。1947 年，陆先生来青岛山东大学任教，兼任山东大学图书馆馆长、校务委员会副主任。1951 年春，他被任命为山东大学副校长，相继兼任《文史哲》编委会主任、校科学研究委员会主任和省及市有关部门的多个领导职务，并当选为山东省人民代表。1953 年以后，又相继担任全国政协委员、全国文联委员、全国作协理事、《文学研究》编委等。1956 年，陆先生加入九三学社，任中央常务委员和青岛市分社主任委员。1957 年，陆先生被错划为右派，蒙受了不白之冤。1974 年，被癌症折磨一年之久的冯沅君先生逝世，给陆先生精神上造成了又一重创。1978 年 12 月 1 日，陆先生因脑血栓病卧两年后与世长辞。1979 年 10 月，经中共山东省委批复，对陆侃如先生的错划右派问题予以平反，撤销了对他的全部处分，为他恢复了政治名誉。

陆侃如先生一生中在担任许多行政要职的同时，在我国古典文学研究领域作出了重大贡献。

陆先生自幼机智过人，其父陆措宜先生对他的要求又十分严格。当时他家境相当富裕，但措宜先生却一贯主张不能让子女在物质生活上过于优裕，而须督其一心一意勤学苦读。所以，陆侃如小学毕业后，父亲不许他在离家很近的茅镇中学就读，而要他远去学风较严的南通中学上学。

在治学方面，陆侃如先生属于大器早成的典型。1923 年，他到北京大学刚一年，仅仅 20 岁就由上海东亚图书馆出版了他的《屈原》一书。同年年底，发表了《宋玉评传》。1927 年，东亚图书馆又出版了他的《宋玉》一书。早在 24 岁之前，陆先生就以《楚辞》研究的成就闻名海内外。在清华研究院毕业之前，他还在《努力周报》《晨报副刊》《学灯》《国学丛刊》等刊物上发表了《宋玉赋考》《屈原生卒考证》等十多篇论文。

1922～1927 年的五年，是陆侃如先生在古典文学研究上的第一个旺盛时期。在这期间，他写了几篇研究《诗经》、乐府的论文，并于1925 年完成了《乐府古辞考》，同时开始了《中国诗史》的写作。但是，他研究的中心是《楚辞》。他在 1949 年前后共发表有关《楚辞》的专著和论文共17 种。这些论著的坚实基础，就是在 1922～1927 年这段时间里打下的。

《屈原》和《宋玉》的研究成果，为学术界所公认，并在古典文学研究领域产生了重要的影响。1927 年以后出版的多种文学史都说明了这一点。如 1933 年杨荫深出版的《先秦文学大纲》，书末开列了 42 种参考书，其中近人著作 5 种，有 4 种是陆侃如先生的(即《中国诗史》卷上、《屈原》《宋玉》《左传真伪考》)。杨氏评价说：《屈原》“为最近用新的方法来研究屈原生涯及其作品的一部好书”，《宋玉》“对于研究宋玉的作品，也有新的见解”。又如赵景深的《中国文学小史》，在论及宋玉时则说：“据陆侃如的考证，他的作品只有《九辩》和《招魂》，真是他自己作的。”此外，如刘麟生的《中国文学史》、胡云翼的《新著中国文学史》等，都明言据陆侃如的研究成果而论屈、宋。至于未指名而吸取其研究成果的，更是举不胜举。这些事实说明，陆侃如先生对《楚辞》的研究，在历史上有不可磨灭的贡献。

陆侃如和冯沅君两位先生的结合，不仅是他们两位一生的大事，也是古典文学研究史上的大事。他们两位都是巴黎大学的文学博士，都是新中国的一级教授，都担任过山东大学的副校长。他们的结合，对陆侃如先生的古典文学研究起了很大的促进作用。

1925～1927年在北京读书期间，陆侃如先生就开始了《中国诗史》的写作，并已完成了“导论”及“古代诗史”（南北朝以前）。1927年秋至1930年底，他在上海教书时，又在教学和行政工作之余，继续完成了《中代诗史》（宋以前）。当时，冯沅君先生在上海教授词曲。在陆先生的委托下，她承担了《近代诗史》（宋以后）的写作。在两人共同努力下，于1930年底，完成了《中国诗史》。这是陆冯结合后产生的第一项重要成果。两位先生各自发挥其特长，分工合作，取得了很好的效果，并大大加快了写作速度。从此以后，陆写唐以前，冯写宋以后，就成了他们终身合作的固定方式。继《中国诗史》后不久，他们又以更快的速度完成了《中国文学简史》，1933年由上海大江书店出版。这是陆冯结合后的又一项重要成果。

《中国诗史》于1931年问世后，在文学史界产生了比《屈原》《宋玉》更大的反响。1938年出版的杨荫深《中国文学史大纲》，除《楚辞》部分继续吸取陆说外，“关于乐府部分，多取资于陆侃如氏的《中国诗史》”（该书序）。1946年出版的赵景深《中国文学史新编》，全书共三编，各编均列《中国诗史》为参考书。鲁迅1933年在致曹靖华的信中说：

> 至于史，则我以为可看（一）谢无量：《中国大文学史》，（二）郑振铎：《插图本中国文学史》（已出四本，未完），（三）陆侃如、冯沅君：《中国诗史》（共三本），（四）王国维：《宋元词曲史》，（五）鲁迅：《中国小说史略》。但这些都不过可看材料，见解却都是不正确的。[①]

见解尚不尽正确，这是自然的。但鲁迅以之和谢、郑、王诸史以及他自己的《中国小说史略》并论，足见评价不低。至少说明，在鲁迅看来，在当时已涌现出来的数十种文学史中，这五种是较好的、可读的。1956年《中国诗史》再版以后，评论者们虽正确地指出此书存在罗列现象、缺乏重点等不足之处，但同时认为：“二十多年来，这部著作在我国古典文学研究方面是起到一定的推动作用的。直到今天为止，《中国诗史》还是一部唯一的诗歌史著作。”而且，“在论述一些作家的作品时，常常能打破传统的偏见，提出比较

① 《鲁迅全集》第12卷，北京：人民文学出版社，1981年，第299页。

合乎事实的新见解来”[1]。

这里很值得一提的，是《中国诗史》著者在1930年就接受了一些马克思主义的思想，确如该书新版自序所说，他们当时受到左、右两种思潮的影响，“在思想上是非常混乱的”。书中既运用了马克思、恩格斯的一些论点，也引用了布哈林、波格丹诺夫和胡适的一些意见。这在当时是不足为奇的。值得注意的是，引用谁的话，毕竟是次要的，关键还在于论者据以得出的自己的结论是什么，特别是对待当时现实的态度是什么。陆侃如在1930年夏为该书所写的附论《现代的中国诗》，相当明确地回答了这个问题：

> 无产诗的运动是无产文学运动的一部分，而中国的无产文学运动乃是全世界的运动的一个支流。……
>
> 根据历史的唯物论，我们认识了现社会中有产者与无产者的阶级敌对的尖锐化，知道了无产阶级之必然的胜利。根据科学的美学，我们了解了文艺与社会经济的因果关系，明白了作家与作品只是阶级意识的反映。那么，文学史上必然地有无产文学的一页，又有什么疑义？[2]

1930年前后，正是全国革命处于低潮，无产阶级革命文学运动遭到严重摧残的时期。在这个时期，论者却如此满怀信心，相信“历史上必然的趋势是无法抑遏的”，“相信有新形式与新内容的完美的诗，不久必然出现，来替中国诗史开创个新的局面”。这种思想和信念在当时是难能可贵、不可多得的。正因为论者接受了这些新的思想观点，并把它们运用于教学和论著的实践中去，所以当时上海特务头子潘公展唆使部分学生用匿名信等方式对陆冯二位进行恐吓和辱骂。

陆先生留法归来，到燕京大学工作，时值抗战全面爆发。在这以后的十年中，陆冯一家四度迁徙，先经上海、香港至云南，继到广东、四川，后到沈阳，行程遍及大半个中国，研究工作颇难进行。但在这期间，他却以极大的毅力完成了《中古文学系年》。这是一项十分繁重的工作。全书共80余

---

① 耀东等：《三部中国现代文学史》，《文学研究》1957年第2期。

② 陆侃如：《现代的中国诗》，《中国诗史》“附论”，上海：商务印书馆，1931年。

万字，以丰富的史料，按年系人，对汉晋之间的150多位作家的有关作品、事迹，做了详尽的考订和清理。

本书对作家和作品的系年有两大特点：一是详细，二是可靠。它解决了不少前人未曾涉及和解决的问题，也纠正了前人的一些错误结论。如崔寔的卒年问题，《后汉书·崔寔传》载："建宁中，病卒。家徒四壁立，无以殡敛，光禄勋杨赐、太仆袁逢、少府段颎为备棺椁葬具，大鸿胪袁隗树碑颂德。"建宁共四年，究竟卒于其中何年？敖士英《中国文学年表》列建宁四年而存"疑"。刘汝霖《汉晋学术编年》列建宁三年，根据是此年袁、段二人官职与《后汉书》相符。近年出版的新《辞海》《中国历史人物生卒年表》《中国文学家辞典》等均作建宁三年，大致均据刘说。然而，这个结论有明显的漏洞：杨赐、袁逢二人此年是否也官居光禄勋和太仆呢？陆先生则据钱大昕《后汉书补表》等资料查证，唯建宁元年一年，杨、袁、段三人官职才全部符合，故定崔寔卒年为建宁元年更为可靠。

又如崔骃《西巡颂》的写作时间，严可均《全后汉文》卷四十四引《御览》云："惟永平三年八月己丑，行幸河东。"陆侃如先生并不轻信这个时间。查《后汉书·明帝纪》永平三年并无幸河东之事，这年八月也无己丑日。由此可见，"三年八月"当是误记。陆先生据《后汉书·明帝纪》永平二年"十月……甲子西巡狩，幸长安……十一月甲申，遣使者以中牢祠萧何、霍光，帝谒陵园，过式其墓，进幸河东"，定《西巡颂》为永平二年之作。

《中古文学系年》是陆侃如先生早前就久经酝酿的一个庞大计划的一部分。他认为要通过文学史而鉴古知今，就不仅要知其然，还要知其所以然。所以，文学史研究应分三步走：第一步是朴学工作，即对作者生平、作品时间的考订和对作品的校勘、训诂等。第二步是史学工作，即对作者生活的环境、作品的背景，尤其是对当时社会经济状况的考察。第三步是美学工作，即对作品内容和形式进行分析，探究作者的写作技巧及其在文学史上的影响等。在这种思考的基础上，他计划以中古文学为重点，撰写三部书：一是《中古文学系年》；二是《中古文学论丛》(探讨文学和当时社会经济的关系)；三是《中古文学史》，即在以上两种研究的基础上，进行美学工作，编写一部较理想的断代文学史。

可惜这套计划的第一步也未能全部完成，《中古文学系年》只写到西晋就搁笔了。但这套计划的制定，既形成了陆先生研究古典文学的一套完整见地，也清楚地显示了他治学的方法。

第一，从陆侃如先生走过的研究路途看，他治古典文学是从一点突破（《屈原》《宋玉》），扩大为面的研究（《中国诗史》《中国文学史简编》），再集中深入一点（《中古文学系年》）。这种由点及面、再在面的基础上深入到点的过程，是认识事物的普遍规律，也是逐步深入的必由之路。陆先生的前半生，正是沿着这条道路不断前进的。

第二，从朴学入手，这是陆先生治古典文学的重要特点。屈宋研究是这样，《中国诗史》的写作也是这样，《中古文学系年》更是这样。没有扎扎实实的朴学基础，则"古典文学研究"即使不是空话，也往往会走向谬误。这一点，只要翻一翻一些早期的文学史著作，就会看得一清二楚。如葛遵礼《中国文学史》(1921)论宋玉："著《九辩》《招魂》，望悲其师屈原而作也。其他著有《风赋》《高唐赋》《神女赋》《登徒子好色赋》。"曾毅《中国文学史》(1929)谓："唐虞之文，载于典谟，经孔子删定，自为可信。"在二三十年代的文学史著作中，这种真伪混杂、是非莫辨的论述颇多。研究的对象既误，其研究的结果也就没有多少价值可言了。

第三，不是孤立地进行，而是作一系列互相联系、互为因果的研究，这是陆先生研究工作的又一特点。上面提到的一整套研究计划即是如此。早年对屈宋的研究，和《中国诗史》的撰写密切配合，同时又相应地写了一些有关的考证文章。这样，每一具体工作的完成，都成为整体计划的一部分。

以上三点，一言以蔽之，曰：功到自然成。对研究的问题有了全面调查的基础，再经反复深入和相互配合的研究，自然就胸存丘壑而心中有数了。陆先生写文章有如宿构，即在于此；他研究、判断问题的迅速敏捷，亦在于此。

抗战期间，陆先生在繁忙的科学研究和担任行政职务的同时，还在重庆加入中华全国文艺界抗敌协会，积极为抗日救国出力。他热情支持进步学生的抗日文艺宣传活动，并经常与杨向奎、丁易、姚雪垠、赵纪彬等人商谈抗敌，评议时事。"文革"中在敌档里发现，当时国民党特务已把陆、冯列入了黑户头，记录了他二人参加抗协的活动以及同进步学生的接触。到沈阳后，陆先生与许多有进步思想的教授又都上了国民党特务的黑名单。因此，陆、冯被迫于1947年秋来到青岛山东大学任教。到青岛后，陆侃如先生照样与一些进步教授一起，参加由地下党组织的集体收听解放区广播、阅读革命刊物等活动，并继续支持学生的革命活动。

中华人民共和国成立后，陆先生努力学习马克思主义，思想认识不断提高，在学术研究上也进入了一个黄金时期。1957年以前，他除发表了《我们为什么纪念屈原》《什么是中国文学史的主流》等十多篇论文外，主要是用新的思想观点来指导修改新中国成立前写的《中国诗史》和《中国文学史简编》。特别是后者，在作了较大改动后，连载于《文史哲》杂志，在倾听专家和读者的意见后，又进行了一次更大的修改。两书修改后，分别于1956年、1957年由人民文学出版社和作家出版社再版。与此同时，陆、冯又新写了《中国古典文学简史》，1957年由中国青年出版社出版后，次年又由外文出版社出版了英文版和捷克文版。此外，陆先生还和高亨、黄孝纾合注了《楚辞选》一书，1957年由古典文学出版社出版。

陆、冯的这些著作经用新的观点修改或重新著述，比起旧版有更大的意义。《中国文学史简编》是陆、冯二先生在这个时期有代表性的一部书。在《文史哲》编辑部为此书召开的座谈会上，一些著名古典文学家和语言学家给予很高的评价。殷孟伦先生是这样评价的："新中国成立以来，一般所见此类论著，像这样能够以进步的观点和方法，把上下数千年间祖国的文学遗产，就其发展历史以及人物、作品，都加以综括简要的评论叙述，实在并不多见。我可以肯定地说，两教授这部著作对于读者是极有益处的，从里面可以学得很多的东西。"袁世硕先生认为：此书"确是开始运用了新的观点和方法来论述中国两千多年来的文学发展概况，特别注意到了揭示文学发展和社会发展的联系、文学作品和社会生活与阶级斗争的联系"。刘泮溪教授认为：此书"可说是第一部较全面系统地叙述中国文学发展史的著作"。总之，这是新中国成立后用新观点、新方法完成的第一部系统的文学史著作。

陆先生在繁忙的工作中，能够迅速地拿出这个"第一部"，自然发挥了他以迅敏见长的特点。这个特点在他身上的表现是一贯的。《中国诗史》新版本问世后，《文学研究》发的书评，说它"是一部开创性的著作"。又如《乐府古辞考》，王运熙先生在《乐府诗论丛》中认为该书是"近人专治乐府著作之前驱者"。而较早的《楚辞》研究、其后的《文心雕龙》译注等，都充分显示了他一贯迅敏的治学特点。

1957年陆先生被错划成右派，这对他是一次重大打击。但他却没有因此而沉沦下去，而是振作精神，并凭借免除一切行政事务纠缠的机会，专心致志地从事教学和科研工作，尤其是培养青年教师和研究生。到1958年，陆先生已执教三十余年，可谓桃李满天下。但在他的教育生涯中，自1958年开始的七八年，确是较集中的、有代表性的一段时间。

在这段时间里，陆侃如先生除讲授"汉魏六朝文学史"的基础课和"《文心雕龙》"选修课外，其培养的主要对象是研究生、进修教师和本校青年教师。其培养方式，主要有三：一是个别辅导。有人要进修六朝文学，他就原原本本地给教授六朝文学；有人远道来学《文心雕龙》，他就专为此一人辅导《文心雕龙》；有人需加强外语学习，他也不厌其烦地定期给此一人补习外语。他常常多头进行，认真细致，并根据不同对象和要求，写好辅导提纲。二是用合作的方式，即带领青年和他一起写文章或著书。如《文心雕龙选译》《刘勰论创作》《刘勰和〈文心雕龙〉》《楚辞选译》等书和大量文章，都是用这种方式完成的。三是举办古代文论讨论班。参加这个班的同志，前后二十余人，对一批古代文论研究人才的成长，起到了重要的推动作用。山东大学成为当时全国著名的古代文论研究据点，现在山东大学在古代文论方面仍有较好的基础，与陆先生的努力以及这个讨论班的举办是分不开的。

事实证明，这三种方式都是行之有效的。无论采用何种方式，陆先生那认真负责的精神都令人难忘。古文论讨论班是当时影响较大，也是陆先生组织最得力的一种教学方式。这种方式既能集思广益，发挥青年同志的长处，又能充分发挥指导教师的主导作用。讨论的步骤是先按郭绍虞先生主编的《中国历代文论选》，由陆先生讲解其附录的文字，然后提出讨论题目，大家分头准备后，再集中讨论，最后由陆先生做总结。可惜这个讨论班只从先秦进行到唐末，就被十年动乱打断了。令人遗憾的是，在陆先生的遗物中，发现有三本精装日记本是为讨论班所写的辅导提纲，已从先秦写到近代了。提纲的内容据不同情况而异，有文字简注，有文论的基本意义及其局限，有思考题或小结，还有摘录的有关资料和参考书目。这套提纲虽然尚未完成，其中还留有一些空页，但三本提纲已把全部古文论逐一列具户头，并加编目注页。可见，陆先生对这个讨论班是有长期打算和全面考虑的。而以《文心雕龙》为重点的古文论研究，也是这个时期陆先生研究工作的中心。把自己的研究和培养青年相结合，是他这个时期工作的新特点。

尤其值得一提的是，由于陆先生讲课生动，帮助青年不遗余力，因此青年人都愿与他接近，听他讲课，向他求教。他每次给青年教师或研究生讲课，总有许多人来旁听。他给中文系本科生开古文论课，可容纳百人的大教室总是挤得满满的，其中不乏外校及本系的青年教师。陆先生学问的渊博和才思的敏捷是令人惊异的。人们随便从一篇古文中拿一句话问他，他往往不看上下文，就能给人详加讲解。他写论文基本上是一气呵成，只改动个别字词，绝少推翻重写。而且文章深入浅出，逻辑性强，读来毫不费力。

对古代文论的研究，陆侃如先生仍保持其传统的方法：从朴学做起。对《文心雕龙》的译注，是他古文论研究的第一步。与此同时，他亲手做了大量的资料工作：编辑一份《中国历代文论补充材料目录》，收入《中国历代文论选》未选的有关材料千余种，并且自费印发给讨论班全体成员。在他的辅导笔记上，还分别辑录了一些资料目录，如明清部分录有小说理论资料目录百余种，并用铅笔旁注，其中40余种是已查知为本校图书馆所有的。此时，他又开始了另一项很有意义的资料搜集工作：从《诗经》《楚辞》，到晚唐诸家，各立一个户头（共140多家），分别将历代文论诗话中的有关评论，逐一摘入。由此看来，这是陆先生的又一个庞大计划，可惜才开始不久，就在十年动乱初中止了。

以上种种，都是围绕一个总的目标进行的，即准备编成一部较为理想的古代文学理论史。陆先生对当时已有的几种批评史著作不甚满意，认为有的资料不确，有不少有关文学理论的重要材料尚未受到注意，有的则观点体系太旧。为了编写一部全面而有新体系的古代文学理论史，他除了做一些资料上的准备，重点研究了《文心雕龙》《文赋》等论著外，还从理论上进行了一些探讨，写了《关于文艺理论遗产学习的意见》《如何批判继承文学理论遗产》等文章。他的计划虽未完成，但也取得了一定的成果：第一，已编成一本《中国文学理论简史》，作为教材印发；第二，陆侃如先生所做的一些准备工作本身既有一定价值，也能给后人以有益的启示；第三，也是更重要的意义，在此期间的一系列研究工作中，培养了一批青年，他的未竟事业是后继有人的。

1970年后，陆侃如先生已是七十高龄，他还与一些青年同志一起先后参加了《杜甫诗选》《韩非子选注》《刘禹锡诗文选注》等书的编写工作。即使在后来的病卧期间，他也并未停笔。除亲手整理完冯沅君先生的诗集外，还在难忍的病痛中写了《诗歌创作的金光大道》《忆沅君》《巨星的陨落》等文章。

陆侃如先生晚年的论著，可以《与刘大杰论杜甫信》为代表。此文完稿于1976年11月1日，被誉为《文史哲》1973年复刊后六年中所发质量最高的文章之一。文章有两点值得注意：第一，它是在学术领域内反击"四人帮"大搞儒法斗争的第一篇。其写作正是在"四人帮"横行霸道之际。当时，新版的《中国文学发展史》第二册尚未出书，陆先生只看到了大字本杜甫章的校样。对把杜甫强置于法家之列的谬误，能及时大胆地予以辩驳，说明了作者是颇具胆识的。第二，此文不仅看得准，而且批驳有力。其论证方法正集中反映了陆先生一生的治学特点：不发空论，而是用详尽的事实说话。陆先生曾在信中说："尊稿……促我对杜集再读一遍。"他摘录了一厚本资料，然后对有关的所谓法家人物的诗句逐一加以分析，再综合研究，从而得出一个无可辩驳的结论：杜甫确非法家。这种论证方法，我们从陆先生早期的许多著作中便已经看到过它的力量了，而这篇文章则表现得更集中，更有说服力，使被批评者没有任何反驳的余地。刘大杰先生接到信后很快就复信，表示同意陆先生的意见。许多著名学者给《文史哲》编辑部写信，称这篇文章是"一锤定音"。

陆侃如先生在他临终之际表示：以他自己尚存的四万多元钱，除三分之一留作其继母、弟弟的生活费用，三分之一分给他病中从家乡来的护理人员外，另三分之一捐献给山东大学中文系，作为优秀的古典文学研究成果奖励基金。此举表现了一位老知识分子对祖国科研事业的赤诚之心。如今，陆先生丰富的治学经验还在对我们的科研事业的发展起着促进作用。当年经他亲手培养的青年学者，现在大都在一些高校、科研机构以及出版社和报刊社起着骨干作用。这些，大概可聊以告慰陆侃如先生的在天之灵吧！

（原载梁自洁主编：《山东现代著名社会科学家传》第一集，山东教育出版社1991年出版，收入本书时有改动）

萧涤非先生与杜甫研究

萧光乾

父亲萧涤非，原名忠临，1907 年 1 月 11 日生于江西省临川县茶溪村。1930 年清华大学中文系毕业。1933 年清华大学研究院毕业。历任山东大学、四川大学、西南联大等校讲师、副教授、教授。抗战胜利后，1947 年秋，重回山东大学任教。

中华人民共和国建立后，他曾任山东大学古典文学教研室主任、中文系主任、副教务长，校学术委员会副主任、《文史哲》编委会副主委，文史哲研究所及古籍整理研究所副所长等职；被选为山东省人大代表、第三届全国人大代表，第五、六届全国政协委员，山东省文联副主席，中国唐代文学学会第一任会长；被聘为国务院学位委员会第一届学科评议组成员，《中国大百科全书》（中国文学卷）编委，以及齐鲁书社、山西省古典文学研究会、江西师大、抚州王安石研究会、临川县志编委会等机构的顾问。现任山东大学文史哲研究所教授、名誉所长、博士生导师、《杜甫全集校注》主编、《文史哲》编委、山东省古典文学研究会会长、民盟中央文化委员会委员、国务院古籍整理出版规划小组顾问，以及中华诗词学会、山东诗词学会、山东省陶行知研究会顾问等职，并荣获山东省优秀社会科学工作者称号。

父亲从事中国古典文学的教学与研究已整整 60 年，其间他经历了新旧社会翻天覆地的变化。亲身的体验，使他更加坚定了对祖国、对人民、对中国共产党和社会主义事业的热爱。

在我看来，父亲算得上是鞠躬尽瘁。即使是生病住院。一俟好转，便急着开单子，让家人送书。常听护士同志说："萧老病好一点，就整天忙着看书，手拿放大镜！"他发表在《人民文学》上的那首《满江红・心声》词，就有"暂都将心血付'村夫'"的话。这"村夫"既指杜甫这位人民诗人，也可以理解为人民群众。大家称他“学识广博、功力精深、治学严谨、辞章优美”，“是我国著名的文学史专家、唐代文学专家。对杜甫的研究，成绩尤为卓著，在国内外享有盛名”。这恐怕并非溢美之词。

一、走自己的路

陶行知先生有句名言：“滴自己的汗，吃自己的饭，自己的事自己干；靠天、靠人、靠祖上，不算是好汉。”这话当然不是在提倡“个人奋斗”，而是强调人应当有一种自立自强的精神。父亲在一次大会发言中，谈到闻一多、老舍诸先生无师自通，敢于走自己的路时，曾不无自豪地说：“谈到我个人，也有那么个劲，走自己的路！”我觉得，这是他回首几十年的治学经历所得出的经验之谈。

父亲出生在一个穷秀才家。祖父名雪初，号晴谷，能为人排难解纷，人称“晴谷先生”。祖母杨氏，生三子二女。父亲未满周岁，祖母便去世了。十岁时，祖父也去世。父亲成了孤儿。在此之前，他曾在村上我祖父创办的三益小学读书（“三益”即孔子所谓的“益者三友：友直，友谅，友多闻，益矣”），有时也放牛、爬松毛，亲眼看到了农民的疾苦。

这时虽是辛亥革命后，但读的书还多是《论语》《孟子》《诗经》《左传》等，学习方法也是死记硬背的老一套。对此，父亲说：“死记硬背，也有一定的好处。一些有益的格言，当时虽不懂，但随着年龄的增长，也就会懂得，并影响自己的行为。如《论语》等书中的‘知耻近乎勇’‘不耻不若人，何若人有’，以及‘人一能之，己百之；人十能之，己千之’等这类鼓励人的话，对我的一生就起过积极的促进作用。”不过，他印象最深的，还是《水浒传》里白胜唱的那支“赤日炎炎似火烧”的民歌和《唐诗三百首》中杜甫的《兵车行》等这些反映人民疾苦的诗篇。这在他孤苦的童年中，留下了很深的影响，从而让他读书倍加勤苦。

此后，父亲随我大伯辗转于开封、南昌等地，读过三所中学。1920 年，他由开封北仓小学考入开封留美预备学校（即今河南大学前身）。国文教员是个举人，但很开通，尽量介绍《新青年》上一些有关文学革命的文章，因而父亲对白话文很快就接受了。两年后，转学南昌心远中学，该校的校名取自陶潜诗句“心远地自偏”。吴有训、夏征农等同志曾就读于此。校名还是严复的手笔。

1926年，父亲20岁，由南京江苏省立第一中学同时考取清华大学和东南大学(即后来的中央大学)。因得到一位堂叔的资助，同时又慕梁启超之名，遂入清华大学中文系。在清华的七年，父亲深受黄节先生的教益。1929年，他在《清华周刊》发表了第一篇论文《读词星语》。1930年大学毕业，毕业论文是《历代风诗选》，把从《诗经》以下直到清末黄遵宪所有反映社会现实和民生疾苦的诗，作了一番检查。事实告诉他：反映得最彻底、最真挚而且在历史上也最有进步意义的，不能不推杜甫为首屈一指。这对他后来决定致力于杜甫的研究有很大的影响。另外，他还悉心整理并发表了黄先生讲授曹植、阮籍、谢灵运三家诗的笔记。在旧中国，毕业即是失业。当时国家根本无所谓分配，他自己又找不到工作，幸而这时清华成立研究院，父亲按规定以四年总成绩平均在80分以上，得免试入学，每月有30元津贴。他的导师黄节先生，是第一个在大学讲汉乐府的。父亲的研究院毕业论文《汉魏六朝乐府文学史》，便是由黄先生指导的。因成绩最优，清华同学会半开玩笑地送他一个刻有“状元”二字的铜墨盒(这个墨盒在“文化大革命”时被当作“四旧”查抄，还被放在地下踩了一脚)。

值得一提的是，父亲在青年时代曾是足球名将。1935年出版的《清华校友通讯》记载：“萧涤非，为华北著名足球健将……”当时北平报纸的体育消息中常有他的名字。他的百米11秒1的清华纪录，一直保持到新中国成立后。所以，当他大学中文系毕业、找不到工作时，曾有好心的同学要介绍他去河南当体操教员。他苦笑一下，谢绝了。

1933年，父亲清华研究院毕业，还是找不到工作，经黄节先生力荐，才到青岛国立山东大学任中文系专任讲师。那时，系主任也是黄先生的学生，黄先生对这名学生说，如不接受就断绝师生关系，所以父亲常说黄先生是他的“恩师”！1989年，他怀着崇敬的心情，为即将出版的《黄节诗集》一书题写了书名。父亲在山东大学开的第一门课，是四年级的必修课“词选”。这年他27岁，同学中有的年龄比他还大(著名诗人臧克家便是其中的一位)。由于父亲对“词”之一道，平素也有研究，因而尽管初出茅庐，却是站稳了大学的讲台。此外，他还开了“乐府”等课。父亲是很有正义感的，一度冒险通过邮汇接济在济南狱中的中共地下党员。

1936年秋，山大换校长，父亲被解聘。离青时与母亲结婚。母亲黄兼芬，江西武宁县人，1917年5月16日出生在一个茶商家庭，是著名爱国将领李烈钧将军的外甥女，此时也就读于山大。当时因无力举办婚礼，便向亲友发通知，并声明结婚的当天即行离青。令人深为感动的是，老舍先生居然赶到火车站来送行道贺，并将刚出版的《牛天赐传》送作纪念。对此，父亲后来久久不能忘怀，每一谈及，便联想到老友的不幸遭遇，黯然神伤。

遭山大解聘后，父亲到了四川大学，一待便是五年。1941年，因拒绝参加国民党，被突然解聘，丢了饭碗。那时我还没出世，大哥三岁，二哥才几个月，全家困在峨眉山下(因避日寇轰炸，川大迁峨眉)。父亲异常气愤，但也没有办法。正在走投无路之时，他的老同学余冠英先生来信说，闻一多先生要他去昆明西南联合大学，这才得了活路。他的另一位在香港的清华同学黄玉佳又电汇了五百元路费，这才得以到达昆明。

在昆明的五年，生活更是艰难。父亲曾不得不卖掉他心爱的五色评本《杜工部集》《古诗归》等书，不得不到云南大学、中法大学、英语专科、东方语文专科、建国中学(母亲也曾在此任教)、昆华中学乃至恩光小学等校兼课；即便这样，仍不能维持家人的温饱。我的一个姐姐，还未出世，就说定送人，这使父亲悲痛不已，写了一首《早断》诗："好去娇儿女，休牵弱母心。啼时声莫大，逗者笑宜深。赤县方流血，苍天不雨金。修江与灵谷，是尔故山林。"这首诗被朱自清先生拿去，发表在潘伯鹰先生主编的《饮河诗刊》上。有读者魏君仲孺致函诗社，说诗写得"沉痛真挚，读之泪下"，并殷殷询问父亲的境况。因此，父亲在答谢诗中有"文字有知己，如君异等闲。三声猿自苦，一掬泪难还"之句(父亲说，"一掬泪"也有个出处：白居易诗"还君一掬泪")。

尽管如此，父亲仍然坚持治学。昼则课授，夜则著述。1943年，他的《汉魏六朝乐府文学史》终于出版了。此外，他还在《国文月刊》上发表了一些文章。父亲似颇赞同前人所说的"士先器识而后文艺"的观点，教书多着眼于培养人的骨气，他赠别西南联大毕业同学的诗"端知前路饶荆棘，应念饥驱有独贤"，便含有这种用意。父亲也是这样要求自己的。

1945年，抗战胜利。就在这年的12月1日，昆明爆发了爱国民主运动。父亲的学生潘琰遇难牺牲。她是在扑救受伤同学时，胸部被手榴弹炸伤，手指被弹片削掉，倒地后，腹部又被特务猛戳三刀而惨死的。父亲怀着极为悲愤的心情写了《哭潘琰君》诗二首，痛斥国民党反动派的法西斯暴行。诗一开头就说："堂堂黉宇变屠宫，血染青天白日红！"这下可触怒了反动派，当夜就有人找上门来威胁父亲，说他有意侮辱"党国"，要他当心点。父亲申辩说："事情本来就是发生在光天化日之下的，我并没有造谣！"（这两首诗当时发表在《妇女旬刊》上，现已收入人民文学出版社《一二·一诗选》和河南大学出版社《五四以来诗词选》）

这一时期，父亲在治学上的一个变化，便是他真正接近杜诗，产生了共鸣。宋人李纲说："时平读之（杜诗），未见其工。迨亲更兵火丧乱，诵其词，如出乎其时，犁然有当于人心，然后知为古今之绝唱也！"父亲很有同感。所以，在回到山东大学后，便开了"杜诗体别"这门课，编写了数十万字的讲义（父亲回忆说，记得李希凡同志旁听过这门课）。

1949年6月2日，青岛解放。父亲兴奋地唱道："今宵头上月，一倍觉相亲。不改春风面，来看隔世人。"充分表达了他那如获新生的喜悦。在旧中国，父亲没能钻研马列主义书籍。为了弥补这一缺陷，1951年他主动争取到北京华北人民革命大学政治研究院学习，聆听过艾思奇等同志的报告。这段学习，使他真正找到了学术研究的正确理论和方法。结业时，他写了一首题为《感谢党的教育》的诗，其中有这样几句："废铁能成剑，熔炉大有神。我今从此去，服务永为民。"后来，他曾以这首诗作为《解放集》"前言"的开端和《乐府诗词论薮》"前言"的结尾，的确是表达了他的心声。从此，他进入了学术研究的丰收时期。

从1955年起，在教学的基础上，父亲的《杜甫研究》上、下卷先后出版。在此之前，《文史哲》连载了上卷的五个部分。此外，还出版了《读诗三札记》《解放集》等。1961～1963年，父亲在北京参加《中国文学史》教科书的编写工作。1962年，为纪念杜甫诞生1250周年，他在编书之余，写了多篇纪念文章，发表在《人民日报》《诗刊》《文学评论》《文史哲》《人民画报》等报刊上。1964年，在党组织的鼓励下，他还开了"毛主席诗词"这门课，并应邀到济南工人文化宫和济南军区去讲课，受到好评。同时，发表了一些关于毛主席诗词的文章。直到1990年初，臧克家先生主编《毛泽东诗词鉴赏》一书，邀请他也撰写一篇赏析文章，他自知此事非同小可，但还是接受了。足足写了一个多月，甚至破戒抽了烟。这就是克家先生在书的"前言"中说"萧涤非同志，已经83岁了，一气写了6000字"的实况。

新中国成立17年来，作为一名老教授，父亲始终站在教学第一线，不仅给本科生上课，还辅导进修教师、研究生和外国留学生，从未休假。他那诲人不倦的教学热情和一丝不苟的认真态度，一向为学生所称道。他曾说："如果一堂课教失败了，我会吃不下饭，睡不好觉。"还说："如果在课堂上发现有同学打瞌睡，我会感到内疚，因为自己讲得不好嘛。"事实确是这样，父亲备课一向非常严格认真。在此期间，父亲还担负了一些行政工作。

"文化大革命"中，父亲也被诬为"反动学术权威"，他的《杜甫研究》被列为"大毒草"，他曾为此发誓不再谈杜诗。但当1972年郭沫若先生的《李白与杜甫》一书点名批判他时，尽管在那种不正常的气氛中，被批判者照例没有公开答辩的权利，他还是相当理直气壮地解答了同学们提出的有关杜甫的问题。1975年，在邓小平同志重新主持工作的前后，他应《文史哲》之约，写了一篇关于刘禹锡的文章。这是他10年中发表的唯一的文章。多年不敢有一字来往的亲朋好友，看到他"亮相"，纷纷写信来庆贺他还健在。其实，他曾大病多次，有一次他甚至以为自己真的不行了呢。应当感谢的，是一些好心人同情他，暗中照顾他，在他住院时提供帮助。

经过十年浩劫，父亲已是"牙齿全落双耳聋""缓步仍须竹杖扶"的古稀老人，但工作起来依然不减当年勇。1978年，他接受人民文学出版社的约请，主编《杜甫全集校注》。这是一项艰巨的任务，为了增强实力，他邀请了北师院的廖仲安教授担任副主编，同时根据宋人提出的"不行万里路，不读万卷书，不可读杜诗"的正确观点，一面积累资料，一面率领校注组同志沿着当年杜甫的行踪进行实地考察，集体写成《访古学诗万里行》一书。1979年，在党的十一届三中全会精神鼓舞下，他毅然在《文史哲》上正式发表了《关于〈李白与杜甫〉》的长篇论文，以及其他文章近30篇，其中关于杜甫的有13篇，同时重新修订旧著出版。

为了集思广益，1984年，父亲主持了在巩县举行的《杜甫全集校注》征求意见讨论会。与会的除国内著名学者外，还有加拿大叶嘉莹教授。当时还在世的杜甫38代孙杜思智老人也应邀参加。这次会议在客观上也为杜甫故居(笔架山下的一口寒窑)和杜甫陵园的修建打开了一个新局面。父亲第一次肯定了杜甫的真墓在邙山，他在《重谒邙山少陵墓》一诗中说："忧国忧民不自忧，东西南北苦漂流。为告后来凭吊者，诗王吟骨在邙丘。"(此诗已由杜甫故居纪念馆刻石立于杜甫陵园内)

近几年来，父亲以耄耋之年，多病之躯，仍不断致力于中青年学者和研究生的扶植培养工作。除应聘为山东省文学讲习所的指导教师和参加高校教师职称的评审外，从1985年到1988年，还为在学术界已卓有成就的中老年或脱颖而出的后起之秀撰写书序，如廖仲安教授的《反刍集》、新诗人徐放的《杜甫诗今译》、郭延礼研究员的《中国近代文学新探》等。记得为《反刍集》写序时，父亲正卧病在床，但他还是重书40年前写给著者的一首赠诗作为题词，其中两句是："但使一枝能照眼，不辞心血活莓苔。"我觉得这两句诗生动地表达了父亲一贯寄希望于后辈的一片用心。在为徐放书写的序中，他称赞译者"不忘前辈教益"的诚实态度，并尖锐地指出："这在今天已是一种比较罕见的美德。"话虽不同，但用心并无二致。

与此同时，父亲先后培养了5名硕士生。他的两名博士生分别在1985年和1986年以优异成绩提前毕业，成为我国第一批古典文学专业博士。对于这些研究生毕业后的提高和发展，父亲仍然继续给以必要的指导和帮助。比如一位博士的毕业论文，因经济效益之故出版困难，他便几次亲自写信给出版社，予以力荐，直到出版社表示赔钱也印，并列入出版计划，他依然系念于心。现在，他们都已成为各自工作岗位上的"台柱子"。按照国家教委的安排，父亲还接受了美国耶鲁大学东亚语文系高级进修生的指导任务。这位进修生回国后获得博士学位和副教授头衔，并担任史密斯大学东亚语言文学系主任职务。

此外，父亲一直关心中学语文教学。40多年前，父亲就写了一篇《谈中学读诗》的文章，发表在《国文月刊》上。1987年重新发表时，编者在"附记"中说："我们以为本文所提出的某些观点，即使在今天看来也仍不失其参考的价值。比如提出把'知人'和'论世'作为'选诗的两个最好的标准'，主张'诗歌本身的演进，便是一个学习最好的程序'，从而使学生'能够得到一比较明晰的整个轮廓'等等，迄今似不乏启发的意义。尤其是指出声律实在是近体诗和词的生命线，可谓切中时弊。""现征得萧老同意，交《高中阅读指导》发表，也算是一位81岁的老人对中学阅读的一点关心吧！"

1986年，他在为新蕾出版社《阅读通讯》创刊号写的前言中提出：在中学阅读教学中，应把课内和课外、精读与博览有机地结合起来，努力体现一种较为宏大的整体阅读观。1988年，他又在语文出版社《高中阅读指导》代序中，强调加强中学阅读的指导，至少应注重三点，即嗜好(阅读兴趣)、咬嚼(咬文嚼字的功夫)和鉴赏(揣摩体会)。

父亲如此关心中学语文教学,也是和母亲及我从事这一工作分不开的。然而,1989 年 7 月 20 日,母亲终因操劳过度,突发脑梗、心梗,抢救无效,溘然长逝,享年 74 岁。更为痛心的是,抢救整整 15 天,她竟不得交一言,闻半语,只知流泪,就离开了我们。

年迈的父亲悲思不已。他要我们记住:母亲不仅是一名光荣的人民教师、一名辛勤的园丁,还是一位敢于冲破封建思想束缚的新型女性,也有那么一股走自己的路的劲儿!她不听父母之命那老一套,但凭一纸声明,便同刚被解聘的父亲结婚,而所谓洞房,就是硬席车厢。更可贵的是,53 年来风雨同舟,荣辱与共,在努力工作的同时,尽心竭力地照顾好父亲的生活,支持他的学术研究。抗战期间,母亲凡三次抱着仅有几个月的小孩四处谋生,长途跋涉,历尽艰辛,没有一句怨言。她体质虽弱,却硬是自己奶大了三个儿子,无私地奉献了她伟大的母爱。“文化大革命”中,母亲曾在极其困难的情况下,敢于面对威胁和恫吓,拍案而起,证明父亲的清白,表现了刚强正直、忠贞不渝的高尚情操。可以说,父亲的每一部著作,每一点成就,无不深含着母亲的一片心意。

二、青灯写如豆

45 年前,父亲在《自题〈汉魏六朝乐府文学史〉》一诗中写道:“稿成十年前,稿定十年后。虽非作始功,青灯写如豆。”实际上,他的所有著作大都经历了这样潜心钻研、反复锤炼的过程。总的来看,父亲治学大致可以 1949 年为界,分为两个时期。前期侧重乐府和词,后期侧重杜甫诗和唐诗。他的著作,也主要集中在以下几方面:

1.《汉魏六朝乐府文学史》

此书原为父亲 1933 年清华研究院毕业论文,由黄节先生指导。论文的主要特点是阐发汉乐府民歌的那种“皆感于哀乐,缘事而发”的现实主义精神。故对于“作品之本事及背景,求之不厌其详”,使读者通过了解一个时代乐府的得失,而对那个时代的社会政治状况有所认识。论文在写法上的特点,是“寓诵读于叙述之中”,凡所征引的作品,皆属全篇。这与以前一般概论的摘叙方法，很不相同。

关于这篇论文，黄节先生曾写了两千多字的“审查报告”，多有称许，并总结道：“统观成绩全部，皆能从乐府本身研究。知变迁，有史识；知体制，有文学；知事实，有辨别；知大义，有慨叹，此非容易之才。”这篇论文，1935年父亲在山大时曾改编为讲义，1943年父亲在昆明西南联大时曾再次修改，并由中国文化服务社出版。为了适应读者需要，1984年由人民文学出版社再版。该书问世以来，曾得到学术界的重视。余冠英先生的《汉魏六朝诗论丛》即有征引。王运熙先生的《乐府诗论丛》亦有所征引，并作了专条介绍，认为“用力很深”，“成绩突过前此著作”，“论述多精警之处，如论五言出于西汉乐府民歌不始班固，极有见地”，“论木兰诗为北朝作品，均可成为定论”等。钱仲联先生也曾致函父亲，对该书“引言”中谓在今日而研究乐府“惟有舍声求义。盖其声久佚，不可得而闻知”，许为“通人至论，足以振聋发聩”，并云“岂特乐府为然，宋人之词亦同此例”。有评论说：“今天看来，黄节的评价仍然是非常中肯的”，不失为“乐府文学的最佳通史”。[①] 1986年本书获山东大学优秀著作一等奖。

2.《杜甫研究》

本书原分上、下两卷，分别于1955年、1957年由山东人民出版社出版。1959年出有合订本。1980年，复一分为二，将原下卷分出，改编为作品选注，保存上卷叙述部分，并将自1952年至1980年发表的关于杜甫的文章全部收入下卷，由齐鲁书社再版。

此书是父亲从华北人民革命大学学习归来后试图运用马列主义、毛泽东思想研究杜甫的一部颇费心血的著作，对杜甫的时代、生活、思想和作品等，作了系统的论述，并用了较大篇幅分析了杜诗的艺术性，写有“杜诗的体裁”专章。新中国成立初期，学术界由于怕犯形式主义的错误，因而存在着一种对作品只谈思想性，不谈或少谈艺术性的偏向。他觉得这并不符合毛主席《在延安文艺座谈会上的讲话》的精神。他在研究中，始终遵循“实事求是”和“知人论世”这两条原则。该书收入的《关于〈李白与杜甫〉》一文，是和郭沫若先生争鸣的，不但阐明了父亲一贯坚持的学术观点，也纠正

① 《文学书窗》1984年6月8日。

了郭老在李杜研究上的偏颇，打开了禁锢已久的沉闷局面。文章在《文史哲》发表后，《新华月报》全文转载，在国内外引起了很大的反响。

此书80年代再版后，被称为"建国三十多年来杜甫研究界的代表著作"，认为它不仅"代表了建国初期学术界试图运用历史唯物主义观点研究杜甫及其诗歌的最高成就"，而且"带有80年代的鲜明烙印"，"自建国初期迄今，在杜诗研究界事实上还没有一部在观点、方法或规模上超越《杜甫研究》的著作出现"。[①] 此外，近几年由于校注需要而购置或复印的港台及国外出版的有关杜甫的论著，对本书亦曾翻印，并多有称引。

3.《杜甫诗选注》

该书于1979年由人民文学出版社出版，原为《杜甫研究》下卷。该书共选入杜甫诗281首，按诗人的生活经历分为：读书游历、困守长安、陷贼及为官、漂泊西南等四个时期，并在每个时期之前概述此一时期的写作情况和作品特点。为突出杜甫对各种诗体的擅长，又特在目录上标明每首诗所属的诗体。关于注解，父亲认为最好的办法是"以杜解杜"，也就是清人吴兴祚所说的"不强杜以从我，而举杜以还杜"。他说："我认为这样做，比较容易接近真相。"

写到这里，我想插叙一件事。前些时候有同志发表文章，又提出"娇儿不离膝，畏我复却去"那个老问题，要和父亲商榷。我问父亲，要不要写篇文章答复？父亲说："关于这个问题，我已写过三篇东西，怪腻人的，不写了。但有一点可以肯定：要解决问题，还是得回到'以杜解杜'上面来。根据杜诗，我们可以肯定这个娇儿是指的杜甫所最疼爱的幼子、小名叫骥子的宗武，杜甫困在沦陷了的长安时，写有不少赞美和深深怀念他这个幼子的诗，如'骥子好男儿，前年学语时。问知人客姓，诵得老夫诗。''骥子春犹隔，莺歌暖正繁。别离惊节换，聪慧与谁论。'他思念幼子以至'忆渠愁只睡，炙背俯晴轩'，只要父子能再相见，再迟也不要紧：'倘归免相失，见日敢辞迟?! '这些诗句就是正确理解'娇儿不离膝'二句的最好注脚。因为它表明如此怀念娇儿的杜甫，当他万死一生，如愿以偿地回到娇儿身边时，绝不至于使他的娇儿反而畏惧自己而退去。对娇儿来说，仅仅因为父亲的一点

① 许总：《〈杜甫研究〉得失探》，《学术月刊》1986年第1期。

'少欢趣',便怕得离膝而去,也根本说不上是什么'娇儿'了。"父亲还说,关于这个问题,臧克家同志《杜诗异想录》中的一段话很有说服力[①],他希望持不同意见的同志能读一读。他无意于强人以从己,但也不能屈己以迎人。如果彼此一定要坚持不下,那只好各行其是。因为我们虽然举了一些杜甫诗句作证,自谓"以杜解杜",比较可靠,但"终究无法起杜甫于九泉之下而问之"。即此一例,我觉得"以杜解杜"确为该书一大优点。自问世以来,一直被广泛誉为海内最好的杜诗注本之一是不无道理的。该书已被列为全国高教自学考试的教材。

此外,上海古籍出版社1983年出版的《杜甫诗选注》(普及本),则是在《杜甫研究》下卷和《杜甫诗选注》的基础上,注意吸收新成果,由集体编写、父亲通审定稿的。

4.《读诗三札记》

该书是父亲当年在清华听黄节先生讲曹植、阮籍、谢灵运三家诗时所作的笔记,于1930年和1931年先后在《学衡》和《中国文学会月刊》上发表,1956年由作家出版社出版,最近收入《乐府诗词论薮》一书"附录"。

父亲说当时老先生们讲课,有三种方式:一是既不发讲义,也不用讲稿,如梁启超先生;二是虽不发讲义,却有讲稿,如陈寅恪先生;三是发讲义,而且讲义就是一部书,黄先生即属这一种。这实际上增加了他自己的负担,因为不能照本宣科,得另作一些准备,上课时才有的讲。这也就是黄先生讲诗时往往有超出文字蹊径之外的值得一记的某些见解的原因。为了保存真相,作为一种历史文献,对老先生的这些见解,他未作任何损益。现在看来,仍有其参考价值。如李泽厚同志在其《美的历程》一书中,当论及魏晋时代"文的自觉"时说"从曹植开始,讲究诗的造词炼句",其所举例证,即酌采该书。

5.《解放集》

此书为论文集,是1959年为庆祝新中国成立10周年,由山东人民出版社出版的。共收入论文16篇,依新中国成立前后分为上下两卷。上卷8篇,新中国成立后所作,是主要部分;下卷8篇,新中国成立前所作,是对

① 参见吴嘉编:《克家论诗》,北京:文化艺术出版社,1985年,第382页。

于词的一些探讨和考证。其中《乐府填词与韦昭》一文，把唐宋以来才流行的“按字填词”这一现象，由一般认为始于梁武帝的《江南弄》，推溯到三国时韦昭的《吴鼓吹曲》，较旧说提前了二三百年。这是发前人所未发的创见。

6.《乐府诗词论薮》

该书于1985年由齐鲁书社出版。该书是在《解放集》的基础上，重新整理并扩充的一部古典诗歌论文集。共编入论文27篇，分为乐府、诗词及附录三部分。此书几乎囊括了父亲除其他专著以外的所有有关古典诗歌的单篇文章。其中既有他才思敏捷的少年之作，如父亲在20世纪20年代发表的第一篇文章《读词星语》，也有他深思熟虑的中年之作，如《读〈唐诗选〉注释随笔》等，还有他雄风犹在的老年之作，如《〈东门行〉并不存在“校勘”问题》等。这些不仅从各个方面不同程度地反映了他在各个时期努力探讨古典诗歌现实主义传统的轨迹，而且实际上也是对他的《汉魏六朝乐府文学史》和《杜甫研究》两部书的某些补充和发挥。从专论到评传，从考订到辩难，从注释到鉴赏，题材虽杂，阅读时倒不觉得单调，颇为有趣。此书1986年获山东省社会科学优秀成果一等奖。

7.《皮子文薮》

该书于1959年由中华书局上海编辑所出版。这是属于古籍整理性质的书。父亲说，在校点这部书的过程中，他很费了一番时间和精力，共计校出脱文、误文、衍文、倒文等500余条。1981年，他接受了上海古籍出版社的委托，与郑庆笃老师合作，取前所未见诸本，在原校的基础上重加校勘，作为一个定本。为方便读者全面了解皮日休，新版《皮子文薮》还附录了《文薮》以外的诗文，并加新式标点。有评论说：“这也是近年唐集整理中较好的一种。”（《唐代文学研究年鉴》，1983年）父亲一向很重视断句这一基本功，他自己从小就受过这种训练，深知其中的甘苦和好处，所以他至今还常告诫研究生（包括博士生）说：“不要贪便宜！要有意识地去看一些没有标点的书，让自己瞪瞪眼，伤伤脑筋。”

8.《中国文学史》（四卷本）

该书为高等院校中文系《中国文学史》教科书，由游国恩等五位先生主编，父亲是其中之一，主要负责魏晋南北朝隋唐五代部分。这部文学史是一部名副其实的“老中青三结合”的著作，历时两年多，编写者虽天南地北来自不同的单位，但因同住在北大，朝夕相处，相互切磋，便于发挥集体作用，从而使该书取得较好成果。对于这段生活，父亲很是怀恋，对游国恩先生的逝世，更不胜凄然。该书1963年由人民文学出版社出版，1978年曾修订再版，并多次印刷，目前仍作为全国高等院校通用教材及高教自学考试教材。作为弘扬民族传统文化的重要成果，1987年获国家教委优秀教材特等奖。1990年6月，该书正式签订合同，交由香港三联书店和台湾五南图书出版有限公司，在港、台两地联合出版繁体字版。当初为了使编写工作大体上有个依据，他们先编写出版了一本《中国文学史大纲》，这个大纲1979年香港三联书店翻印过。

此外，未出版的文稿有《杜诗体别》。此为父亲1948年在山东大学首次讲杜诗时所印发的讲义。文稿前有《引言》，父亲本拟收入《杜甫研究》，忙中遗漏了。《引言》主要说了三点：(1)讲义体例。父亲写道：“昔元稹氏谓‘尝欲条析杜诗，体别相附’，兹编盖有取于元氏之言。首绝句，次五、七言律，又次五、七言古。”(后因有见于杜诗仍以编年为最好，而且已经有了浦起龙的《读杜心解》，便搁置了这份讲义)(2)杜诗特点。父亲认为其特点有二：一是“真”。他认为“杜诗之不可及，正在有真情”，并引证庄子的话说：“真者，精诚之至也。不精不诚，不能动人。故强哭者虽悲不哀，强怒者虽严不威，强亲者虽笑不和。真悲无声而哀，真怒未发而威，真亲未笑而和。真者，神动于外，是所以贵真也。”二是“大”。他说：“杜诗之伟大，实有得于学养。”这包括思想内容和艺术形式两个方面。对此，郑板桥就深有感触。他在《板桥后序》中说：“少陵七律、五律、七古、五古、排律皆绝妙，一首可值千金。……是《左传》，是《史记》，似《庄子》《离骚》，而六朝香艳，亦时用之以为奴隶，大哉杜诗，其无所不包括乎！”(3)如何学杜。父亲说：“吾人学杜诗，岂徒曰学其诗而已，固将学其人，学其志也。不学其人，而徒注目游心于文字之间，则所得者，杜之糟粕已耳，虽学犹之未学。”并说：“吾人纵不能为老杜之大，犹当效法其真，则于诗之一道，庶几有所得乎。”我以为这些话至今仍值得我们注意。

父亲还有一份《有是斋诗草》。他搞了一辈子的古典诗歌，但自己却写得很少，他曾在给博士生的题词中说：“余固爱诗，然不善诗，既不敢轻作，所作亦甚少。”他谨守黄节先生“不要勉强”的教导，故凡有作必有真情实感。在所存不到一百首的诗作中,从个人生活经历到时代社会变迁,均有所反映。其中有些在新中国成立前后的报刊上发表过,并获得好评。我曾问父亲为什么要取名“有是斋”,他笑了笑说:“《论语》里不是载有子路批评他的老师孔子‘有是哉,子之迂也’这样一句话吗?诗在今后,自以新诗为主,而自己却仍写些旧体诗,这不是有些‘迂’吗?”

最后,还要附带提及的是,父亲的毛笔字,或者就叫书法,也颇为人喜爱。1984年在巩县开会,会余他应邀挥毫,书赠在场的日本书道友好访华团。不料日本友人反应很热烈,始而兴奋地鼓掌,继而双手举起他写的条幅,终而连连鞠躬致谢。当然这里面也包含着对他的为人和学养的敬慕。但在我看来,他的书法的确清秀雄健,柔中有刚,自成一格,而且在布局上,往往正文与附注大小有别,疏密有致,相映生辉。尤其是缘事而书,字里行间,更见盎然情趣或纪念意义。比如他题写“曾子文章众无有,水之江汉星之斗”两句,便用了两行大字,是正文;下面八行小字是附注:“此王荆公赠曾子固诗句也。《抚州师专学报》将出版‘曾巩研究专辑’,爰录以为贺。非去父母之邦,于今六纪,对乡贤著作曾无一字之发明,愧恧良深,惟有拂拭老眼,敬观厥成。”又如《今日曲江》,正文“曲江无水复无花,休问红巾与翠华。此是少陵歌哭地,欲寻陈迹但窑洼”是三行大字,之后便是四行小字作注:“曲江已成废渠,江底殊平坦,两岸壁立高约20米,相距约50米。其中窑洞对开,并有小学一所,书声琅然,亦一异境也。”总之,我觉得,从字体到意蕴都给人耳目一新的感觉,所以山东大学书画研究院聘他作了顾问。

三、非敢望解颐

10年前,父亲在《〈杜甫研究〉再版漫题》一诗中说:“嗟予幼学杜,今已逾古稀。岂无分寸功,所得亦已微。虽名曰研究,其实无发挥。赋此聊志愧,非敢望解颐。”这是他的真心话。所以,父亲治学60年,却始终很不愿意谈自己的治学经验这类问题。因为他觉得自己并没有搞出什么成果,没有什么可谈的。有些共同性的东西,人所共晓,也用不着重复。因此即使有同志来采访,他也向来不多谈。在我平日和父亲的接触和交谈中,我以为父亲在治学方面有以下一些特点:

1.注重理论的学习和运用

他认为在治学上这是个首要问题,没有正确的理论作为指导,是行不通也搞不好的。他举例说,如果说我那本写于解放前的《汉魏六朝乐府文学史》还不无可取之处,那也是由于得到《文心雕龙》"文变染乎世情,兴废系乎时序"这两句话的启发。因此,新中国成立初期,父亲感到迫切需要学习马列主义、毛泽东思想,尤其是关于文艺理论方面的书籍。这方面的学习使他眼界大为开阔。在《杜甫研究》中,他敢于用较大的篇幅来分析叙述杜诗的艺术性,并专辟了"杜诗的体裁"一章,指出,"杜甫的伟大,不是从天而降,而是来自人民","人民的血泪灌溉了杜甫诗的园地","杜甫之所以能在某些方面突破儒家思想,主要是由于他的接近人民的生活实践"。这些论述,我以为都超越了前人。在实践中,对父亲影响最深的,还有鲁迅先生如下一段名言:"我总以为倘要论文,最好是顾及全篇,并且顾及作者的全人,以及他所处的社会状态,这才较为确凿。要不然,是很容易近乎说梦的。"他认为这是鲁迅先生现身说法的经验之谈,具有普遍的指导意义。对进修教师、研究生和采访者,他都要提到这段话。最近他还发表文章,很赞赏和支持编纂《文学评论家辞典》的首创性之举。

2.熟悉研究对象

比如研究一个作家,首先就得熟悉这个作家的全部作品,越熟越好越有用。父亲说,他对汉乐府就很熟,像《孔雀东南飞》这样 1000 多字的长篇,至今还能背诵,对杜诗也大都如此。他举了一个例子说明熟悉对象的好处:"杜甫《新婚别》有这样两句:'生女有所归,鸡狗亦得将。'仇注是这样解释的:'嫁时将鸡狗以往,欲为室家长久计也。'这显然是错误的,不近情理,不合事实。所以杨伦的《杜诗镜诠》不同意仇氏的说法,改注为'用谚语'。但因为'嫁鸡随鸡,嫁狗随狗'的谚语,宋时才有记载,唐代却找不到文献上的根据,所以杨伦也只能虚晃一笔,这是不能折服仇氏的。我最初也没有找到,但却径直地注上'即俗语所谓嫁鸡随鸡、嫁狗随狗',这也是不科学的,所以总觉得有些慊然。后来,我无意中在王建诗里发现'我身不及逐鸡飞'之句,不觉大喜,因为它证明了唐时确有这一谚语。"父亲说,由此可见,如不熟悉研究对象,有些有用的材料也会当面错过。至于前边说到的"以杜解杜",如不熟悉全部杜诗,就也谈不上。

至于如何才能比较好地熟悉研究对象,他认为最好是对研究对象有热情,感兴趣,以至于爱得入迷。曾有同志要父亲谈谈几十年来治杜诗的甘苦,父亲说:"对于一个治杜诗的人来说,是无所谓甘苦的,都是甘,不以为苦。尽管工作艰苦,但苦中有乐,苦尽甘来,苦也就是甘了。"父亲对杜诗的热爱就有一股废寝忘食的傻劲,常常是因为思考杜诗中的某个问题而寝食不安,如偶有所得,就是半夜三更也要起床把它记录下米。一些诗句他确是在暗诵若干遍后深思熟虑才懂得的。如《观公孙大娘弟子舞剑器行》序中"玉貌锦衣,况余白首"两句,前人读不懂,有的说上下文不接气,有的还要改动原文。父亲开始也读不懂,但却迷上了这个问题,经仔细玩味,才渐渐懂得这是杜甫"以诗为文",省去了公孙大娘这个主语,其实是说,"那时我尚童稚,而公孙大娘已是一个妙龄女郎,现在连我都白了头,公孙大娘就更不用提了"。父亲很欣赏王国维在《人间词话》中引用宋词来比喻做学问的三种境界,他特别强调其中第二种境界,认为对每个搞学问的人来说,没有"衣带渐宽终不悔,为伊消得人憔悴"那种忘我的热情,是不可能做出什么成就的。

3.掌握博与专的辩证关系

父亲治学,从纵的方向看,由《历代风诗选》到《汉魏六朝乐府文学史》再到《杜甫研究》,是由博而专的;但从横的方向,从某一书的具体研究情况看,却又是由专而博的。可见专离不开博,也无不博之专。当年黄先生评父亲那篇乐府史论文,就有"取材甚富","此非全观诸家作品,不能有此确论","可知著者统观兼营,方能辨别如此之确当"等语,正表明了这一点。后来,父亲研究杜诗也是这样进行的。他认为博与专是相辅相成、互相促进的。博是重要的,不博,也就不能成其所谓的专。即以上面提到的鲁迅先生的话来说,由顾及全篇而顾及全人,再顾及所处的社会状况,不博,怎么能行呢?但二者之间,也有个先后次序问题。比如上举那三个"顾及",先抓哪一个呢?显然应当先抓那个"顾及全篇",因为这是基点,是根本,也就是"专"之所在。此后,才能顾及其他。也就是说,对于研究的具体对象,应以专为先。

4.教研结合

父亲的著作,大抵经过了先开课、后发表、再出版这么三步。他认为这样做很有益处，因为可以收集到同学的反映和读者的意见，特别是课堂讲授，是一个严峻的考验，也是一个提高水平的有利条件。所以，他以为在高校乃至中小学校从事教学的同志，最好把自己的科研项目和学校的必修或选修课的课堂教学结合起来。

5.严谨认真

严谨认真是父亲在教学、科研及其行事上的一贯作风。没有把握的东西，他从不发表，要发表的总要有点新意；对于已发表的，如无足够论据推翻，绝不轻易改变。"文化大革命"中，他宁肯发誓不再谈杜诗，也绝不见风使舵，人云亦云。他认为，"实事求是"也是一个学者应有的品德。所以如果自己错了，他就毫不含糊地加以改正。他最反对说空话，强调言必有据。前时某些理论研究文章，满纸新名词、新术语，十分艰深晦涩，让人看不懂，他认为，这种文风要不得。我们研究中国文学，就应面对中国文学实际，从实际出发提出问题，并认真加以研讨解决。引用外人的理论观点，引进新名词、新术语，是为了更好地解决问题，而不是为了其他。

父亲生平最讲究"认真"二字，他最厌恶、最不能容忍的，是那种粗枝大叶的马虎作风。有时，对我的写作提意见，他的认真，简直有点近于"苛刻"，一时叫人受不了。然而，事实上他是对的。特别是当你看到他带病伏案，时而用毛笔勾画，时而用钢笔增补，那个比你自己写作时还要呕心沥血的认真劲儿，你的恼火没有了，真服了他了。最近，他的两位博士研究生毕业后来信，异口同声地说，他们从父亲身上学到了"认真"二字。父亲的认真，还表现在处处为读者着想。他认为文章是写给别人看的，读者想知道些什么，你要告诉读者什么，都应当讲明白，否则就是害人。所以，就连父亲的手稿，也都誊写得清清楚楚。他录取研究生，也把是否认真作为一条重要标准。父亲早年说过"永念先师故，未欲一字苟"的话，就很能概括他的治学态度。

父亲辛勤工作几十年，领导和同志们给了他极大的支持和帮助，党和国家给了他许多的荣誉，人民没有忘记他。现在，父亲已是84岁的人了，他最关心的是历时12个年头的《杜甫全集校注》一书，不知何日才能完成。为此，他有时不能入睡。有一次，父亲半开玩笑半认真地说："陶渊明临终时，写了三首《自挽诗》，其中一首的最后两句是'但恨在世时，饮酒不得足！'

这自然是伤心人别有怀抱的假话。我倒想套用他这两句来表达我的心迹:‘但恨在世时,读杜不得足!’”父亲如此酷爱、倡导杜诗,是否别有其社会意义,我不得而知,谨附记所闻于篇末。

补记:

这个传略从酝酿到现在,始终得力于不少前辈和同志成全的美意。

1980年《晋阳学刊》开始约稿,高增德主编(现为山西省社会科学院党委书记)便锲而不舍,一再宽延时日,孜孜以求,直到1987年定稿。此外,这中间先后应《唐代文学研究年鉴》和《山东画报》之约,写过简介父亲的短文,姜琴、宋卫东、闫庆生等编辑同志鼎力相助。这实际上也为后来这个传略的写作打下了好的基础。稿件发表之后,又有许多读者给予极大的关心和鼓励。我们老家江西省临川县政协的同志,不远千里来访,希望转载。西安市的一位素不相识的工人同志,还就文中“插入语及句号的用法”提出自己的看法。尤其令人感动的,是大诗人臧克家先生那封热情洋溢的来信。他说:“见到你的浩浩长稿,对我吸引力如磁铁。不管工作多忙,活动多(今下午《文汇报》50周年,也不去参加了),花了半晚上、一上午时间,一气读完。”又说:“你的文章,详细、全面。”“不少评句,叫我击节。”还说:“你的文字,并不够华美,抒情味也不足。但,它平实,‘真实’,它‘求是’,写出了萧先生的‘精神’。”这些话不仅表现了前辈对后生的一片真诚的爱护,而且生动地体现了老一辈之间那种真挚的情谊,确实使我深受教益。这次增补,山东省社联梁自洁、吕秀卿同志又提供了许多很好的意见,给予了很大的支持和帮助。凡此种种,都是令人难以忘怀和由衷感激的。

咄嗟之间,已经十年。回顾当初最后敲定这个传略由我代笔,还是由于先母黄兼芬的力促而成的。她老人家在得知我已钻研过材料而传略又转请他人撰写后,便不顾年老体弱,不辞辛苦劳累,当日中午亲往联系,取得对方谅解,拿回了撰写的任务。每念及此,总催我奋进。我想,写好这个传略,也算是对我慈爱的母亲的一个最好的纪念吧。

殊不料,本文付梓之际,父亲已先于1991年4月15日下午5时10分遽然病逝于济,终年86岁。可叹的是,本文篇末附记之言,殆成诗谶,而当日闻之,亦不知其深义,今日读之,始觉其哀,更悲其志。13年前,访古不远万里路,觅杜不惜千金财,南北驱驰,左右逢源,遂得遍访遗踪,尽觅杜注,此后便是千呼万唤不见书。而父亲耄耋之年,虽丹心未折,却奈老无计,时有“实事渐消虚事在”之叹。又岂独是《杜甫全集校注》?《赵次公杜诗先后解辑校》这部他指导的博士学位论著亦在悬置中。他力荐过，呼吁过，以为“不可无一，不能有二”，然虽允诺出版，亦不见日期。此两部百万言书，实为父亲百年心事。“事岂全如人意，但求无愧我心。”父亲匆匆过世，临终未及留下什么遗言，唯有一语永世难忘。他说：“一个人死要对得起祖宗天地！”语极悲怆，撼人魂魄。我想，这话不啻是他一生的总结，也足以使后人深思。感谢吕秀卿老师询及后话，遂补记如上。

萧光乾 1991 年 7 月 9 日夜

（原载梁自洁主编：《山东现代著名社会科学家传》第一集，山东教育出版社 1991 年出版，收入本书时有改动）

哲学家许思园传略

李红岩

那是 1933 年的某日，来中国访问的印度大诗人泰戈尔叩响南京中央大学一间教师宿舍的门。

诗人要访的人恰好未在。当被访问者回访泰戈尔时，诗人已经离开江南了。人们不必为这一巧合的失之交臂遗憾，因为泰戈尔对被访者的一番评价已是令人歆羡：他的英文比我更好，其著作《人性与人之使命》“文字有深湛之智慧，足以启示多数读者明了人生之真谛”。

他叫许思园(1907～1974)，一位曾经同爱因斯坦讨论过相对论，对文、史、哲各科均有深湛造诣的著名学者。

一

1907 年农历七月十七日，许思园出生在江南名城无锡。原名寿康，号思玄，也许是嫌“寿康”缺乏思辨的意味吧，后来改名思园。朋友们更喜欢叫他“思玄”，这自然更符合他那玄学家的特有气质。幼年时的许思园聪明灵秀。无锡的万顷烟波，陶冶了他幼时心灵。

许思园的祖父许钰(1843～1916)，字静山，晚号复庵，是我国近代颇有名气的外交官。他的朴拙无巧与丰富的出使阅历，对许思园后来的书生气质影响颇深，也为他后来优秀的英语造诣奠定了基础。

许思园的父亲许同蔺，字仲威，学问也很渊博，性情善良敦厚，重义轻利，曾在奉天当过地方官，民国时在北京女师任教，晚年在北京通志局任编纂等职，是一位从不肯接受任何贿赂也不许属吏弄钱的清官。夫人秦氏，出自江南名门,以贤德著称。许思园幼时即喜欢钻研数学,受的是姑祖父的影响。他的姑祖父华蘅芳(1833～1902)是近代著名的科学家,也是许思园最敬仰的前辈学者。

大自然的灵秀粹美,悠久深厚的人文传统,优越的家庭教养,加之生性聪明,使许思园大器早慧,进步很快。他尤其酷爱玄思与自然科学,九岁时已能写桌面大的毛笔字,曾在无锡公园多寿楼的个人书法展览中当众挥毫,邻里们常以请他书写对联为荣。他爱听老人讲故事,喜欢独自在书房看书。家里富藏中西诗书史传,少年时代的许思园在书林学海中尽情遨游,满足自己对知识的渴求。丰富的知识、奇异的思索,许思园自己也常常感到非常自豪。

二

1923 年,16 岁的许思园,考入当时著名的上海大同大学。大同大学的教师,如叶尚之、胡敦复、胡宪生诸先生,英文水平都非常高。许思园的英语水平在名师指导下,更是突飞猛进,校长胡敦复特别赏识他。当时相好的同学有傅雷和施蛰存。施蛰存是他同屋对床的同学兼挚友,性情投合,无话不谈。

1926 年,19 岁的许思园大学毕业,已成为一位有独立见解和学识的成熟学人。他来到南京中央大学,任助教,结识了同事唐君毅、周辅成等学者。当时唐君毅先生家境贫寒,在校内无职务,后来许先生出国考察,便将自己的助教职务让给了唐先生,对此,唐先生一直念念未忘。新中国成立后,唐君毅在海外成为国际著名哲学家,高举"新儒学"大旗,飞彩凝晖,淋漓奔放。可以说许、唐两人的文化哲学见解正是桴鼓相应,神形俱似,许先生的部分文稿便是明证。因此,许、唐两人不仅性情接近,尤其学旨相同。另外,值得一提的是,著名学者张载人先生也是这时期由许先生提携出名的。许先生看到张氏一部作品《蜘蛛的日记》,认为是位天才,就把他请来,两人成为朋友。许先生爱才,在朋友间传为美谈。大学毕业的第二年,即 1927 年,年仅 20 岁的许思园以英文写成一部人生哲学的著作 *On the*

Nature and Destiny of Man，译为《人性与人之使命》(又译作《性与天道》)。1933年，这部184页的著作由作者自费出版，开明、钟山等书店代为出售，定价一元二角。这部书显示了许先生沉郁质实的玄思能力和深湛的英文写作本领，不但赢得相当声誉，而且奠定了他日后的学术基础。当时，许先生将此书分寄给海内外一些著名人物，各种奖誉不久即纷纷反馈回来。

英国桂冠诗人约翰·曼斯菲尔德(John Mansfield)深信"此书能将智慧的光明传递给千万读者"。英国戏剧家白克司说："我对此书庄严静穆的文字里所显示的思想大体都具同情。在此时代，发现一个对于人类永久的问题比诸政治上、经济上喧闹的纷争更为关心的作者，实足令人神往。"法国大作家纪德(André Gide)说："病中沉闷孤寂阅读此书，精神顿爽。"德国小说家、1929年诺贝尔奖文学奖获得者托马斯·曼(Thomas Mann)说："此书之出版定能使作者思想、天才为举世所注意。"德国哲学家杜里舒(Hans Driesch)说："此书给我以莫大的兴趣和感应，作者对于康德及叔本华两派伦理学说之分析简直可以令人惊叹。我竟无一处不赞同。"奥国诗人范佛勒说："我从此书认识了性灵的哲学、生活的哲学，尤其是艺术的哲学，绝非一套干燥无味的理论。总之，是一个能融化欧洲数百年来思想产物与古远的东方智慧在一起的哲学。"美国哲学家、诗人桑塔亚那(George Santayana)说："此书富有理想及优雅之情操，足以想见古国之文化渊源，即作者采自西方之观念如'纯爱''理念'之类，似俱可与其本国思想交融而无间隔，且作者在内心分析方面擅有特殊之天才。"印度大诗人泰戈尔则评价道："作者文字有深湛之智慧，足以启示多数读者明了人生之真谛。"

这些当代世界学人的推重，实为罕有的荣誉。名人书札装订成册，约40封，可惜在"文化大革命"中连同不少珍贵书籍、图片、文稿被全部毁掉了。

三

在许思园陆续收到世界各地著名人物表示赞誉之书信的同时，国内学者对《人性与人之使命》一书也给予很高评价。吴宓说:“我从未见到过国人能写这样好的英文。……书中的论述显示出作者思想的深度,令人敬佩。”著名学者景昌极、唐君毅则在《图书评论》杂志第1卷第12期(1933年12月)发表长篇书评,对其进行了深入细致的评论。那么,《人性与人之使命》到底是部怎样的书,有何特点呢?

景昌极先生指出:“此书所本,大抵为西洋正统派之人生理想,得力于柏拉图、康德二氏者为最著,其次则歌德、尼采、莎士比亚、哥娄律己(Coleridge)诸氏之文学名著,亦在兼收并蓄之列。虽称引绝少,而融贯实多,批却导窾不少假借,是能以己意为炉锤者。较之坊间所出人生哲学诸本之敷陈旧说、漫无统系可寻者,诚有上下床之别……此书所称述,虽限于西哲,而可与中国正统派儒家之说相为印证者,正复不少。”

唐君毅先生指出,《人性与人之使命》的特征首先在于“是从自家生活的体验里流露出来”,充满深厚的实感,“至少不至于抄袭”,“作者的心目中似确有个责任义务的观念存在,想由此了解人生真正意义”。其次,本书文学意味很重,是一种文学化的哲学,不同于纯粹理智的,即专门以比较、分析、抽象、综合为能事的科学化的哲学形式,是偏于用心而近乎艺术的。总之,“此书终是一部现代中国难有的有价值的著述”。

《人性与人之使命》是一部地道的“新儒学”派作品。它以正统儒家学说为经,以西洋哲学著作为纬,最后的落脚点则是儒学的新生与复兴,宣扬一种新的综合的向善的人生观,以达到济世救人的目标。这是我国现代一部较早的道德哲学著作。

全书共分两卷,十四章,上卷包括:1.Introductory;2.On the Soul;3.On the Constituents of Personality;4.On the Nature of the Good;5.On the Freedom of Will;6.On Immortality;7.On God;8.On the Meaning of Life。下卷包括:1.On Hedonistic Morals;2.On Kant's Ethical System;3.On the Ethics of Schopenhauer;4.On Virtue and Knowledge;5.On the Doctrine of the Mean;6.On Wonder,Reverence and Mercy.

全书的核心问题在于回答什么是善。作者从知识的分类入手,一步步推到人格的构成以及人类意志的自由、不朽及其他。

知识包括观念的知识和概念的知识。后者来自悟性,前者来自理性;

悟性即心，理性即灵魂。概念知识源于感觉经验，又可划分为五类；观念知识来自感觉经验以外的领域，如崇高感，属于人的精神活动范围。

概念知识与观念知识虽时有混淆，但其本质是截然不同的。其不同表现在：其一，来源不同；其二，价值不同。概念由抽象而得，所以是静而定的，浮泛的，无生命的，呆板的；观念则是活动的，渗透着整个生命并使生命向前。观念的价值比概念高，是产生天才的源泉，在哲学、宗教、艺术三种文化中占突出地位。

人格由四方面——身体、心灵、灵魂和良心组成。它们分别构成人的四种欲望：生理的欲望、利己心、爱和义务感。人格导致行为，人的行为主要来自人的后三种欲望。利己心来自概念，骄矜、虚荣、嫉妒、幸灾乐祸、愤恨、残忍全是利己之心。爱的对象是理想中的美与善，而美亦即善，人类对大自然、伟大人格、高超艺术的爱，亦即对其中所表现的美善的爱。义务感是人格的本质，使人认识到最高价值，产生尊严感与正义感，一个有义务感的人，对自身的罪恶必然会忏悔，对他人的罪恶必然会产生义愤。

在对爱的阐述中，又可引出对善的讨论。只有了解爱的本质，才能了解善。人类是不断扩张生命，使生命意义更加丰富却永远不能完成满足的绵绵过程。爱就是使生命得到扩张的基本动力。爱使人的内心丰富起来并超越自己。善的唯一标准就是生命的扩张，凡促进生命的便是善，缩减生命的就是恶。爱是灵魂本质。

最后，人将达到自由与不朽。自由就是义务感战胜欲望，不朽就是爱。

在《人性与人之使命》的序言里，作者有一段耐人寻味的隽语，恰好表明了其人格、著作、文化观的出发点：

> 我在西方文化中发现的弥足赞取之处愈多，我就愈觉得有理由热爱自己祖国的文化，热爱我们古代哲学家的高度的智慧；尽管我受西方思想家的影响那么深广，我敢说，读者会看到我本书所陈述的一些见解完全符合孔子的遗教，一点也不失孔子教义的本旨与精华。我日益相信：民族性不过是偶然性质的表面点缀，而人性才是到处都是同一的实体。从本质上来看，不同国家的人民为同样的难题所困，为同样的疑团所惑，只有靠存在于人人内心的同一崇高的本性（从某种角度来说是神圣的）才能走近人生的正道。（张载人译）

四

许思园在南京中央大学做了六年助教。就在他的第一部著作《人性与人之使命》出版的1933年，他负笈到欧洲进行学术考察（他不认为自己是出国留学）。许先生先到了英国伦敦，小住不久即转赴法国巴黎。巴黎是座学术空气非常浓厚的城市。他认为法国人“心灵明静温雅，其思想文字最为莹澈，人民性情风度以及乡土习惯俱与旧中国相近”。起初，他住在巴黎拉丁区的一个小旅馆内，每日外出观赏好色胜景，走访哲人智士。后来，他在巴黎大学登记注册撰写博士论文，每天总在图书馆阅览和写作，不以外物惑乱心曲。1938年夏，为了安静与节约，他搬到巴黎近郊 Bourg la-Reine（皇后村）居住，在那里专心致志地准备论文和写作《相对论驳议》一书。同年秋，他在巴黎大学获得文科（哲学门）博士学位。冬，从皇后村迁回巴黎城区。1934～1944年，许思园在法国整整居住了10年。

10年里，许思园不仅结识了许多国际友人，还遇到许多来自祖国的莘莘学子。他们当中包括翻译家罗大冈，一位与许思园可谓“志不同道亦不合”的著名学者；萧石君，一位奔放横肆的才子；钱锺书，无锡同乡；蔡柏树，蔡元培的儿子；朱有瓛，著名教育家；刘佛年，原华东师大校长……在许先生的交往中，并不是所有的人都了解他。因此，他的朋友并不多。他孤恃、天真、独来独往，爱憎分明，在不大的朋友圈子里被一致评为是一个可爱的人。吴寿彭、周辅成、施蛰存等名人对他评价极高。

在巴黎，许思园还遇到一位湖南籍的名门闺秀唐郁南女士。唐女士是近代史上鼎鼎有名的革命家唐才常的侄女、唐有壬的堂妹，当时在中国驻法领事馆任职。她是沈从文、傅增嘏的学生，还亲炙上自康有为、下自胡适之等风云人物，与丁玲、梅兰芳诸人亦有交往。当时领事馆的职权为专门处理有关中国在法学习人员的有关事宜（外交事宜归大使馆统领），因此许思园与唐女士便时常见面。他俩一位奇才横溢，一位端庄貌美，二人志趣相通，早已心心相印。1938年冬，两人在驻法领事馆举行了婚礼，证婚人是当时的驻法大使顾维钧。婚后，夫妻二人珠玉辉映，胶漆相爱，老而弥笃，也饱尝了人世间的酸甜苦辣。

这期间，许思园的治学重心放在了科学哲学上面。当时欧洲正燃烧着第二次世界大战的兵火，德军很快进占了巴黎。1940 年 7 月，许氏夫妇躲到法国乡村住了一段日子。战争并没有使许思园的研究工作停顿下来，到 1942 年，他完成了法文本的《相对论驳议》(*Etudes Critiques sur la Theoriede la Relativite*)一书，又自译为英文。同年，他还用法文写成 *Idées Nouvelles sur les Fondments de la Géométrie*，翌年在法国里昂出版，得到法国大数学家卡当教授和不少著名数学家的称许。该书在回国后曾由卢令士先生根据英文本译成中文，题为《从一种新的观点论几何学基础》，部分内容发表于 1947 年 7 月的《东方与西方》杂志。他的另一作品《波动力学的基础及其哲学含义》(*The Foundations and Philosophical Implications of Wave Mechanics*)，发表于 1947 年 3 月的《加拿大国家研究会学报》(*Canadian Journal of Research*)。该学报原规定不刊登外国人的论文，为了要登出他们认为极有价值的此文，他们修改了章程。

五

对自然科学和哲学的爱好，使许思园常常对自然科学作哲学思考。他的科学哲学研究的立脚点，依然在世道人心、普遍人性的文化范围里，而不是自然科学式的单纯观察与实验。倘若某种科学结论在科学上是正确的，也并不妨碍许思园先生站在社会人心、道德伦理的立场上说它是“不好的”。科学战胜了自然，却同时带来了人性的败坏，那么，又该对科学作怎样的判断呢？许先生的科学观是文化的、人文的、道德性的科学观，不是“科学的”科学观，然而他的人文科学观又是以试图钻入科学内部以内证方法取得为特征的，而绝不是仅仅站在科学外部对它作一丝无谓的价值判断，这又是以通晓自然科学为前提的，当然，这也就更能具有说服力，更能使人信服。

波动力学是现代物理学量子力学的早期名称，是 20 世纪人文科学革命的自然科学前提之一。相对论在宏观方面部分地推翻了牛顿定律，波动力学则在微观方面部分地宣布了牛顿力学的无效。相应地,以牛顿力学为自然基础的哲学理性主义也开始被以波动力学与相对论为自然基础的哲学非理性主义所代替。许思园先生要维护哲学理性主义的神圣性,就不能不对非理性主义的自然科学前提予以驳击,来个釜底抽薪,这是他驳斥量子力学与相对论的思想实质所在。

我们不妨先看他对量子力学的批判。这一批判以他的英文论文《波动力学的基础及其哲学的涵义》为代表,由卢侃先生节译发表于南京《东方与西方》杂志。

1923～1924 年,量子力学的创始人之一德布洛依(Louis Victor de Broglie)提出了量子力学的基础概念,为科学界所公认。许先生承认德氏"实验的事实无可否认","电子乃至其他的质点也如光子一样具有波的性质的观点也不容怀疑。但是德布洛依所提出指以建立运动质点波长的公式的论证殊欠圆满,致使人觉得关于波动力学的基础还大有讨论的余地"。因为德布洛依运动质点波长的公式需要四个成立前提,而这四个前提是全不能成立的。"狭义相对论与客观事实矛盾,故不得不予以摈弃";"严格地说来,爱因斯坦并未能证出光的惰性,爱氏关于物质全体可以变成能的证据更缺乏","爱因斯坦的证明全不可靠,甚至可以说是错误的,只得加以摈弃"。四个前提"没有一个是可靠的","整个一部波动力学","全成了空中楼阁"。德布洛依的公式"确实有实验上的价值。作者的目的不过是指出他所给予这公式的证明的空虚。因此我们所摈弃的只是他的理论。他首先悟到电子的波浪性,这样的天才是值得敬佩的"。

许思园认为:"严格的决定论不过是一种抽象的概念,如同几何学的对象一般。像'直线''圆'等等,人类具体的经验是不可能证明它们一定可以在自然界正确地实现,同样地也不可能在具体的经验里证明严格的决定论的存在……就一般物理现象而论,我们可以说一切都似乎遵守严格的决定论的","晚近微境物理学的发展似乎要瓦解这科学决定论坚强的间架"。他还说:"不决定关系及表示这关系的公式全是空话。不论是经验上或理论上都不能说它有何证据。认为不决定关系是量子力学必然的推论是犯了一大堆的错误。""照新力学的创始者们的看法,新力学已经推翻了严格的决定论。""其实由作者看来严格的决定论是不能由经验证实的,而不决定论同样也无法由经验确定其真实。为了得到不决定关系的结果，先须作一大堆的假定，而这些假定没有一条是完全没有问题的。”“虽然绝对的决定论不能由具体的经验证实，如像几何学的对象不能由经验证实一样（因为理性所创造出来的概念需要绝对的准确性，而具体经验中没有绝对准确的测量），然而不决定论者所提出的论证包含了许多武断的因素，难于使人信从。”在《新物理学与自由意志问题》中，他认为：“不决定论，即使完全成立，也无法证明意志的自由，而事实上对于自由意志问题的解决毫无贡献。”当然，许思园在科学上的许多见解已被证明是错误的，但正如一些人所说的，错误也分三六九等。我们不能因为许先生许多结论的错误而完全否认他在真理道路上追求的价值。

六

1944年，37岁的许思园同夫人一起随中国驻法使馆人员离开法国，到达伊比利亚半岛西部的美丽国家——葡萄牙。翌年，他们离开里斯本，乘葡萄牙商船前往美国。当他们到达普林斯顿时，正赶上美国人民欢庆第二次世界大战胜利，他们也沉浸在反法西斯胜利的喜悦之中。6月7日，许思园“由美国普林斯顿大学前研究部主任爱森哈德君介绍，承爱因斯坦教授邀至其家，除谈及战争、宗教、中国哲学思想外，作者（许先生自谓）并告以曾作一书对其学说提出若干疑难之处。爱氏当场读毕该书一二章，惟谓事冗恐不克细阅全书，别时嘱撰一摘要寄示，因作此篇（原为英文，指《与爱因斯坦教授讨论两个问题》一文，载《东方与西方》1卷5期），然所论及者仅两点而已”。当时爱因斯坦在给他的一张字条中说：“我对我的学说终生抱有怀疑。”

秋末，许氏夫妇迁居纽约。冬，回国。回国后，于1946年春在南京大学任教授，时年39岁。1947年3月，英文论文《波动力学的基础及其哲学含义》在加拿大发表。4月，与友人共同创办《东方与西方》月刊。这是一本以讨论中西文化、哲学为主的综合性刊物，举凡哲学、自然科学、社会科学的专论，国际问题研究，国际人物描述，文艺作品与批评、书评，均在刊载之列。写作者都是当时的饱学之士，如唐君毅、景昌极、牟宗三、张载人、曹源松、宗白华、徐圩、吴寿彭、张基、杨荫浏、熊十力、袁可嘉、吴宓、张翼人等。他们认为当时的“国内学术空气沉寂，刊物水准较战前低落，尤其在综合性刊物，欲求其差可人意者，殆绝无仅有”。因此，他们创办发行《东方与西方》的“主要目的之一即为弥补此项缺憾。当前政治气氛弥漫一切，本刊期能在此极度纷扰之时引发稍许学术兴趣。每期拟发表数篇在学术上有特殊创见之作品。除介绍世界新旧学艺知识外，本刊并拟陆续发表文字，对各时代各地域各民族之文化与理想作透彻之批评，或重新论定其价值”。但《东方与西方》只出版六期，便因经费无继停刊了。

1947 年夏，许思园离开南京，到无锡江南大学，任哲学所所长。继又至安徽大学担任教授。1948 年 9 月，他在《学原》杂志第 2 卷第 1 期发表论文《论机械论与鹄的论》。

七

许思园的学术贡献大致可分为道德哲学、科学哲学以及中西文化研究三个方面。前两个方面，我们已经给予约略介绍，下面我们介绍他对中西文化的研究。

对西方哲学的研究，主要有《论埃比推德》和《论斯宾诺莎》两文。埃比推德(Epictetus)是罗马时代斯多葛派出身奴隶的哲学家，认为人除去“内心的自由”外，其他一切皆可被剥夺。在这个世界里，我们可以必然得到的只有“内心的自由”。对于自己的生命、身体、财产、名誉、地位，我们都做不了主。许先生正确地指出：“埃比推德的学说偏于肯定人生消极的一面。他的中心主张是‘忍受’，可谓非常暗淡，我们从里面得不到什么兴奋和愉快，不能发现‘热情’(Eros)的痕迹，创造者的愉快。”在《论斯宾诺莎》中，许先生认为虽然斯宾诺莎“热烈的信徒里有不少大诗人，然而他的宇宙观却最缺乏诗意，最反对放任我们的想象，用人的心愿与理想来推测并衡量我们的宇宙”。“他的学说与宗教思想可说离开很远。”他的主义是“知识崇拜”。

在中西文化的研究方面，许思园在新中国成立前写有《谈中国文化》《略论中国文化之弱点》《略论宗教与科学思想在中国不发达之原因》等。他认为进行中西文化比较，必须注意几个前提：其一，“西洋古今民族复杂，其习性风俗每大相径庭”，需要具体分析，不可一概而论；其二，“西洋各时代之文化差别甚大，希腊罗马文化与基督教文化面目完全不同”；其三，“国人言西洋文化大都欧美并举，似可等量齐观；此最为皮相之见”。这种观点是有见地的。

许思园主张一种文化一元论，他说：“吾常谓真理乃世界共通之物，不仅科学无国界，即哲学思想在各民族间亦只有深浅详略之不同，而未可武断某种哲学思想为某一民族所独有……中外哲学思想颇多相通之处。”“最普遍之真理或最高之理想，恒不能为某一民族所独有。凭理性建立之哲学思想，中外固不能大相悬殊，由具体经验引发之人生智慧亦复大略相同。”

这样讲并非抹杀中国传统文化的独特本性，这一本性表现为：一是“致中和、极感通之人生理想”；二是“刚健迈往而同时欣然自足之生活态度”；三是“空灵幽淡、令人意远之诗文艺术”；四是“疏朗蕴藉、超然物外之人格风度”；五是“天人合一，物我同体，得诸躬行实践之哲学”；六是“机会均等，有士农工商之分业而无固定阶级之会社组织”；七是“以教摄政，以政合教之政治”；八是“轻个人而重家庭社会之伦理风俗”。

西洋文化的要素是：“其一，虔诚谦卑，渴求美善光明之宗教生活；其二，精骛入极，向灵境飞驰之理想主义及浪漫思潮；其三，弥纶宇宙之数学及科学基本定律；其四，肯定个性尊严之民主政治。”

关于中国文化之弱点，他认为：“中国文化最大弱点为缺乏超现实之理想……两千年来所有学术几无一不以经世致用为其最后目的……唯用主义笼罩整个中国文化”。“中国文化最欠缺狂热与悲情。”

宗教与科学思想在中国不发达之原因，许先生认为：一是从地理气候上看，“中国民族极早进于农业……人民怀土，能安于现世，乐此人生，少恐怖与祈求，其心灵特为清明而平正。在生活中感受自然惠爱，但亦深悟有赖于人自奋发，不承认神是绝大权力，且觉日常生活可与神无甚干涉，宗教意识因以淡薄”。二是历史原因，“中国民族在历史上未遇过大灾难，如犹太、巴比伦、卡泰基等民族所曾遭受者”。“民族精神始终未经受践踏伤侮，两千年来凡黑暗政治俱不能持久”,“故否定人生、超越现世之宗教思想不易引发”。三为社会原因,“中国社会历来有士农工商之分业,而无不可逾越之阶级”,“因此对人间彻底悲观之思想无从形成,而具有阶级革命性之宗教运动亦莫由爆发”。四乃哲学原因,“中国两千余年思想受孔子天人不二之思想笼罩,而一般人笃信中庸之道,不求精采,欠缺悲情与想象,类能安于现实世界,与冥心孤注之宗教精神绝不接近”。

科学思想在古代中国不发达有五大原因:一是民族性原因,中国民族对科学思想殆无偏好,不像希腊人那样具此卓特天赋;二是文字原因,中国古代文字富于直觉性与艺术性,而拙于分析现象关系与探索事物结构;三是哲学原因,“形而上学之早熟实足阻抑科学思想之茁生”;四是社会原因,社会上的功利主义压抑了科学的抽象探索;五是地理原因,自然的惠爱使人们不去探索自然的奥秘。

中国文化之最大成就在艺术、人生智慧、政治制度。

八

1949年,中华人民共和国成立,许思园积极响应中国共产党的号召,留在大陆,并在华北革命大学(1950年转为中国人民大学)学习了近一年。在北京,他住在好友陆定一家里,两人过从甚密。1950年,到山东大学历史系任四级教授。当时,许夫人的妹夫陈机在山东大学生物系任教,许思园由陈机介绍来山东大学。来山东大学后,许先生先后讲授世界通史、政治经济学,并兼任英语专业写作阅读等课。唐郁南女士则任教于外文系。1956年10月至1957年11月,许思园在授课之余暇写出《论中国哲学》《论中国文化》《论中国诗》三部文稿,共12篇,第一部三篇:《中国哲学与西方哲学面貌之不同》《中国哲学之成就》《中国哲学之弱点》;第二部四篇:《中国文化与近代西方》《中国文化之背景》《中国文化之缺陷》《中国文化之评价》;第三部五篇:《中国诗之风格》《中国诗之特色》《中国之自然诗》《李太白》《论杜少陵》。北大周辅成教授读其遗稿,认为:“这些文章乃许先生渊博知识、真知灼见的集中表现。目前在国内能对中外古今文史哲作如此深刻的比较研究，实属罕见。”(见《文史哲》1986 年第 3 期封二)这些文稿曾部分刊载于《文史哲》1985 年第 1 期，《晋阳学刊》1982 年第 5 期，《中国文化研究集刊》第一辑、第五辑，山东大学文史哲研究所《文科论文集刊》1981 年第 2 期。

1957 年，许氏夫妇并陈机教授一起被错误地打成右派，陈机夫人因回上海生育而幸免于难。被错划为右派后，生活十分寂寥，往日过从甚密的同事和常来求教的弟子都不敢再登门了。有人劝他随波逐流，顺从时尚，他红涨着脸说：“这个我不干！”于是被下放到农村进行思想改造。挨到 1963 年，许先生又开始承担外文系的英文授课任务。转年，社教运动开始，他的教课任务被取消，便经常为企业、工厂翻译些工程、机械方面的外文资料。1973 年为山大翻译组译《加蓬史略》，此书于 1975 年由山东人民出版社出版。翻译《加蓬史略》时，他的健康状况已经显得很差，医生说：可能患了脑血栓。经学校同意，到上海治病。服用中药，见有疗效，亲友劝他在上海多留些日子，以求巩固疗效，但他因为要完成所担任的翻译工作，急返曲阜(那时山东大学文科五个系已合并到曲阜师范学院，成立了所谓的“新山大”)。

1974 年 3 月，许先生患心肌梗死，住进曲阜县医院。曲阜地穷偏僻，县医院医药奇缺，要靠上海的亲友寄药。思园夫人的外甥张学人特地从上海带了新药赶到曲阜，想挽救姨夫的生命，可惜为时已晚！

病中，他常怀念无锡乡土。他的骨灰如今安葬在无锡惠山三茅峰西北西瓜山上。许思园无儿无女，他的遗体在曲阜火化时，在场的除许夫人外，只有许、唐两家的两个外甥。晚境身后，凄凉寂寞，可想而知。

有一位 30 年代的老友，直到 1980 年才听到许先生去世的消息，他不胜感慨地写下了下面几段话：“思园死了，他死在大家都是沉默低头的时候，大家都没有笑容的时候，我们用什么来纪念他呢？从他在二十岁左右用英文写《人性与人之使命》一书起，直到最后写《论中国哲学》《论中国文化》与《论中国诗》，他想着人类，为人类的命运苦思玄想，希望能找到一个最后安顿，人类得安顿，自己也得安顿；人类不得安顿，自己也不得安顿。就这样，他过了一生。他对人类有感情，对民族有感情。他死了，我们也不能不对他有感情，不能不想念他，哀悼他……”

许思园在《论中国文化之缺陷》中曾说：

> 卓越人物顶天立地，其受难，遭毁灭，如山崩海裂至足令人惊怖，由极度激动而引发悲悯之情，寅畏虔敬不能自已，而小我之哀愁得以净化。悲情令人振奋，生无穷劲气。冷漠之宇宙足以毁灭，然又不足以毁灭，人类之劲气原不随个体而消亡，直与天地同其不可磨灭。“星空永寂，我心战栗。”唯其战栗，心灵遂与星空同其久大。

许先生这番话使我们相信他参透了人生，相信许先生的学术文章绝不会像山谷中的鲜花那样，自开自谢，无人过问；他不会被人们忘记，会有知赏者想到、念到他。

（原载《无锡文史资料》第26辑，1992年，收入本书时有删节）

殷孟伦先生的学术成就

刘晓东

殷孟伦(1908～1988),字石臞,四川郫县人,我国当代著名的语言文字学、古代文学专家。先生学承章(太炎)、黄(侃),博纳新知,卓然一代学人。"文革"结束后,笔者有幸考入先生门下做研究生,对于先生精深博大之学,虽未能瞻其涯涘,不过聆诲受教,自然也有点"如是所闻",近承《文史哲》杂志之邀,命写一篇绍介先生的文章,因此不揣梼昧,谨撰小文。自知识既窥管,述多隔搔,也只好如此吧。

一、生平经历

殷孟伦先生早年在成都读书,当时四川学风颇盛,廖平之后,若林思进(山腴)、龚道耕(向农)、向楚(仙乔)、赵世忠(少咸)、蒙文通(尔达)、庞俊(石帚)、向承周(宗鲁)、刘咸炘(鉴泉)、祝同曾(屺怀),诸学者竞爽于蜀中(刘师培于民初也一度在蜀授教),其中赵少咸先生为当代屈指可数的音韵学家,对殷先生格外赏识,关系最密,影响也最大。在这样一个良好的学术氛围中,殷先生周游于这些学者之间,或直接奉手,或间接熏陶,于是打上了深厚的传统文化底色,确立了一生治学的起点定位。此后,殷先生力求深造,慕明趋光,遂考入当时国立中央大学中国文学系,正式向黄侃先生拜门称弟子。此时学中更是名师云集,群星交辉,先生又问学于汪东(旭初)、汪国垣(辟疆)、吴梅(瞿庵)诸先生,复请益于章太炎先生,于是学术视野愈益开阔,学术趋向愈益明确,学术思想也逐渐成熟。毕业后,为进一步汲纳新知,于是在1935年又远赴日本东京帝国大学做盐谷温教授的研究生。

在此期间，先生翻译了帕尔默(L.R.Palmer)的《现代语言学导论》和铃木虎雄的《赋史大要》[①]。

1937 年归国后，先生先后任教于四川大学，兼职于中央大学。新中国成立后，于 1953 年调入山东大学，直至 1988 年去世。在此期间，先生一直在教学科研第一线，曾任山东大学中文系古汉语教研室主任、校学术委员会委员、《文史哲》编委、山东省社会科学联合会副主席、山东省语言学会理事长、中国语言学会理事、中国训诂学会副会长、中国音韵学研究会顾问等职。当时山东大学的汉语言文学之所以在全国高校中居于不可忽视的地位，与殷先生的贡献是有着很大关系的。

二、知识结构与治学特点

晚清张之洞撰《书目答问》，在所附《清代著述诸家姓名略》中论及治学次第，云："由小学入经学者，其经学可信；以经学入史学者，其史学可信；由经学、史学入理学者，其理学可信；以经学、史学兼词章者，其词章有用。"[②]这是对清代学者治学方法的总结，也是对此后研究国学者所开示的取径法门。殷孟伦先生作为在当时国学氛围中成长起来的学者，又受学于章、黄一系，自然是循此而行，形成了他知识结构中的层次性与浑然性。殷先生一生服膺于顾炎武、王念孙、段玉裁诸清儒之言，顾氏云："读九经自考文始，考文自知音始，以至诸子百家之书亦莫不然。"[③]王氏云："训诂声音明而小学明，小学明而经学明。"[④]段氏云："音韵明而六书明，六书明而古经传无不可通。"[⑤]所以殷先生早期从赵先生学时就对"小学"尤其是音韵学有了很专精的研究。继从黄先生学时除了精读《说文解字注》《广雅疏证》《尔雅义疏》进一步接受音韵训诂学外，开始对群经下大功夫。先生自述他从黄先

---

① 此书由上海正中书局 1942 年出版。

② 张之洞：《书目答问补正》，北京：中华书局，1963 年，第 221 页。

③ 顾炎武：《答李子德书》，《音学五书》，北京：中华书局，1982 年，第 8 页。

④ 王念孙：《说文段注序》，许慎撰，段玉裁注：《说文解字注》，上海：上海古籍出版社，1981 年，第 1 页。

⑤ 段玉裁：《寄戴东原先生书》，许慎撰，段玉裁注：《说文解字注》，第 805 页。

生求学时的情况时说："先生让我圈点《十三经》，专力章句之学，每天直到深夜方命归寝。如此裁成，经时一年有余，才把《十三经》圈点完。先生于是告我，继此之后，可以把必读书增广至二十四种，我都照先生教导读完了。"[①]这是殷先生的知识内在结构与层次。先生又自言"三十年代初，我侧重于诗歌文辞之学，四十年代起，致力于语言文字学"，则是由于个人兴趣及客观需求形成的次序，两者并不是一回事。

这样，先生治学，先立核心，再将知识层层积累，范围一步步拓展开去，形成了一个层次分明、诸科有序、浑然一体的系统。先生曾对我讲："现在学科愈分愈细，自然是学术发展的自然趋势，而且易于出成果，可是也造成了一些弊病。搞语言的不通文学，搞文学的不通历史，甚至搞唐宋文学的不通六朝，稍微越出一点自己的方向范围便出错误甚至笑话。这种严重的知识缺项使整体知识不到位，是需要补偏救正的。"先生常讲"颛守与兼揽"（即精与博）的关系。他说："能颛守而不能兼揽，则失之于'陋'，就会成为庄子所说的'不该不徧，一曲之士也'；能兼揽而不能颛守，则失之于'杂'，又会成为荀子所说的'闻见杂博，而偶然无所归宿'。"先生治学，能将各科知识相互贯通，思路相互启悟，资料交互运用，方法相互借鉴，就是因为将精与博的关系处理得十分得当。记得有一次先生见我拿着一本某书的"索引"，便说："索引只能够为做学问提供方便，但绝不能拿它来做学问。有的人写文章，看起来旁征博引、头头是道，似乎很渊博，但一经深究，却肤浅之至。为什么？就是因为他的资料大都是从各种索引或辞书中转引来的，有的把意思都弄错了，原来他根本就没从头到尾读过那部书。"又说："做学问，自己肚子里总要有那么几部不需要索引的书才行。"现在都使用电脑了，连"索引"都有些"过时"了。先生这些话，更值得铭记。

三、学术成就

殷先生作为一代博雅的通人，成就是多方面的，大致归纳一下，从语言

---

① 殷孟伦：《忆量守师》，程千帆、唐文编：《量守庐学记》，北京：生活·读书·新知三联书店，1985年，第139页。

文字学、古代文学与考据三方面谈一谈,而且只能从其代表性的著作略作一下述评。

1.语言文字学方面

孟伦先生早年,曾编有音韵学讲义,多承黄(侃)、赵(少咸)之说,取材丰富,条理分明,对汉语音韵学的传授,取得了很好的效果。1933年,《安徽丛书》第二期收录了清代学者程瑶田的《果赢转语记》,先生于1943年在《四川大学集刊》上发表了《果赢转语记疏证》的长文(1985年出版《子云乡人类稿》时,只收录了该文的"叙说"部分),以精湛的音韵学知识和丰富的文献例证,严谨地把握音转的规律,对程瑶田之文作了详尽深入的阐发。按清儒以音转贯通义训求得名之源的专文,以王念孙《释大》最有代表性,但王氏仅取单名,而程氏之作则专取语,"华夏之语,单复兼行。单以立名,复以广用"[①],单复双究,始为全面,故二氏之文,相得益彰。殷先生发现,程氏之作,其音转理论本于戴震《声类表》,于是以戴释程,以程证戴,"举戴表以律程论,依程记而张戴表"[②]。这样,一方面证明了程氏之说皆符合戴氏的音转理论,另一方面也证明了戴氏理论在具体运用中的科学性,从而把以双声叠韵为主要形式的复音词之间所隐藏的音义关系发露无遗。我们现在常用的工具书如朱起凤的《辞通》、符定一的《联绵字典》,往往从音转上联系解释字面不同的联绵词,但多为知其然而不知其所以然。如果研读一下殷先生此文,那么对古代联绵词自然会有更深入的认识、更准确的判断和更广泛的拓及。

1957年,先生在《山东大学学报》第1期上发表了《〈四声五音九弄反纽图〉简释》一文。该图乍看起来确实复杂费解,尤其是在等韵学发展得愈来愈成熟、愈来愈精密之后,人们也就更少去关注它了。清代戴震写了《书玉篇卷末声论反纽图后》[③],不过他的目的只在于说明"反切字音,咸溯源叔然"(按:指孙炎),并非出自神珙,并没有对此图本身作任何研究性说明。及至江有诰,在他的《等韵丛说》中对此图才作了分析和解释。虽说要言不烦,可是确实过于简略了,没有进行全面的阐明。先生撰此文,对图式的结

---

① 殷孟伦:《〈果赢转语记〉疏证叙说》,《子云乡人类稿》,济南:齐鲁书社,1985年,第264页。

② 殷孟伦:《〈果赢转语记〉疏证叙说》,《子云乡人类稿》,第271页。

③ 此文见戴氏《声韵考》卷四,又收入《戴震文集》卷四中。

构、概念的内涵、方法的原理、目的的确认，一一作了极为深入细微的阐发，破千载之迷雾，指明此图是“根据双声叠韵取音的方法，有了进一步发展的产物”①，“是一种简易的熟练反音的方式”②，在汉语音韵学发展过程中给予了一个准确而又合理的价值定位，填补了汉语音韵学史中的一个空白。

先生晚年，尤多致力于训诂学，撰写了一系列这方面的论文，比如对段玉裁《说文解字注》、王念孙《广雅疏证》等作了专书研讨。清代“段王之学”已形成了一个有理论、有方法、有效验的学科，将汉字形、音、义三元素及其之间的关系研究得十分透彻。他们的成就已经为“语言文字学”的独立奠定了实绩性的基础，已使“小学”从“经学”的附庸而蔚为大观成为可能和必然。清末章太炎先生之所以正式将“小学”改称“语言文字学”③，主要就是因为有以段、王为代表的乾嘉学者的实际成就。因此，对他们的著作抽绎其理论和方法，归纳其原则和条例，这对进一步丰富、完善和发展传统语言文字学是极为必要的。先生在这些论文中，发覆表微、钩深启蕴，不是简单地作价值评判，而是致力于探求他们的研治理念与研治方法，从中发掘出了具有启悟性的、对我们进一步研究语言文字有指导意义的元素。同时，先生还撰写了《略谈“训诂学”这门科学的对象和任务》《训诂学的回顾与前瞻》等文章，对“训诂”这一古老概念进行了科学的界定，承“故”融“新”，在对前人成就的总结和深刻认知的基础上提出自己的构想，为“训诂学”日后的发展取向提供了重要的借鉴。

《尔雅》一书，更是先生专精研治的典籍。《尔雅》一书的价值人所共知，这里不必费辞，需要说明的是，先生精切地认识到《尔雅》的性质，一方面“《尔雅》之书，实依他起，必附诸经籍，其用始显，反之则无用”④，另一方面“它又总结了曾经行用过的古汉语的词语，加以类聚群分，勒成专书，这便为古汉语词汇的研究勾画出了一个大的轮廓。唯其如此，这就使《尔雅》由主要以服务于古代文献的阅读为目的的著作，进而成为独立研究词汇这

① 殷孟伦：《〈四声五音九弄反纽图〉简释》，《子云乡人类稿》，第309页。

② 殷孟伦：《〈四声五音九弄反纽图〉简释》，《子云乡人类稿》，第323页。

③ 1906年，章氏撰《论语言文字之学》一文，作为《国学讲习会略说》之一部分，发表在《国粹学报》上，后删定为《语言缘起说》收入《国故论衡》卷上，故不见此语。

④ 殷孟伦：《论治中国语言文字之要籍》，《子云乡人类稿》，第43～44页。

一学科的开端的著作”[1]。他明确提出,《尔雅》既有它的附属性,又有它的独立性。这样,对《尔雅》的研究必然要一方面以群籍证明其义训,另一方面又要以其义训来解读群籍,进行双向求证,彼此互验。同时,又要以音贯义,通过音同、音近、音转的途径来探求义训的相关与文字的相假。实际上,乾嘉以降研究《尔雅》的学者已都遵循这种法则,并取得了辉煌的成就,然而,随着学术的发展和时间的推移,我们今天已不能惬意。以最通行而影响最大的郝懿行《尔雅义疏》来说,郝氏对《尔雅》中文字的声韵部类的归属和转变的规则都欠精当,或失于疏误,或失于拘挛,以至于王念孙、黄侃都对其书大加删订,这是其一。其二是取证材料也不甚完备,后继研究者无论是对文字的校勘还是对佚说的辑存,都有新的成就,取证材料愈益广博,精见卓识层出不穷,但都散见于各家著作,未能汇采以全面疏释本书。先生则全面搜集了郝氏之后直至近代各家之说,博系其通,细别其异,取精用宏,撰写了《尔雅郭氏纂疏》一书。这不同于“汇纂”“诂林”之类的编辑类著作,而是理法具备、断制精确、有伦有脊、自成系统的一部义疏式的典籍,可以说是研究《尔雅》集大成的巨著。遗憾的是,由于种种原因,后几卷尚未写定,稿存于家,尚待整理,只以“举例”的方式发表并收入《子云乡人类稿》中。

2.古代文学方面

殷先生在古代文学方法方面的成就,最有代表性的是《汉魏六朝百三家集题辞注》。这是先生早期(1935年)的著作。明代张溥编《汉魏六朝百三家集》,在所收的每一家文集之前均撰写了该家“题辞”,采撷故实,阐发特色,对各家的文章分别作了简明扼要的述评。不仅表达了他自己的文学观点,而且文风洒然,具有很强的可读性。只是因为散列于全书,不便于给读者一个整体观。先生将各篇“题辞”聚置别录,成一专书,为之作了极为详备的注释,引证了大量史料,语语核其指归,事事发其根据。张氏重在“评”,先生重在“证”,以文献辅证文学,两者俱彰。资料繁富得当,有人称为“碎金遍地”,成为研究汉魏六朝文学的必读之书。

先生又撰《如何理解〈文选〉编选的标准》一文,从《文选》与《文心雕龙》

[1] 殷孟伦:《从〈尔雅〉看古汉语词汇研究》,《子云乡人类稿》,第61～62页。

的关系切入，探讨了萧统之所以不选经、史、子部类文章，重要原因在于指出“文章”与“文学”概念的不同，确认《文选》是“文章”选本而不是现代意义上的“文学”选本，得出了“《文选》是一部在当时有先进文学观点的存留到现在的文章选本”的准确结论。[①] 这对于我们在研究古代文学中注意避免不对应概念，是有普遍意义的。

3.考据方面

这里仅举先生在专书考据和专题考据方面的两个典型例子。

在对专书考据方面，先生在 1963 年发表了《莫友芝与〈韵学源流〉的关系质疑》一文，对近代在语言学界流传较广、影响较大的署名莫友芝的《韵学源流》一书作了深入全面的考察。先生揭示了此书 68 处取材的来源，并结合莫氏的学养，明确指出莫友芝当不是此书的作者。其实，《续修四库全书提要》已对此书作出过质疑性的述评，认为像段玉裁、王念孙、江有诰、钱大昕等人最有价值的研究成果“而友芝概不援引，未明其意”[②]，云“莫氏声韵之学本不精深，如欲撰述此书，但当搜辑旧说排比有序，稍加按语，其功已大，不必自作聪明擅定取舍也”[③]，不过认为此书应是莫氏《声韵考略》的初稿。先生《莫友芝与〈韵学源流〉的关系质疑》在这一认识基础上又进了一步，认为“编者知道莫氏著作有过《声韵考略》这样名称，所以嫁名莫氏，以图为世所重”[④]。我们说此书作者是否为莫氏已不是十分重要了，先生通过内证法，由精确的文献事实判断而自然得出的对学术价值判断的重新认定，才是重要的。

在专题考据方面，先生在 1974 年发表了《试论唐代碎叶城的地理位置》(《文史哲》1974 年第 4 期)一文。此时尚在“文化大革命”期间，这篇文章的产生是读了郭沫若《李白与杜甫》一书中所涉及李白出生于碎叶城而诱发的，问题的发现却是通过分析欧阳修撰《志》的文例而对《新唐书・地理志》中一个句读的正确认知。先生说，对于一个字的“理解属上或属下，

① 参见殷孟伦：《如何理解〈文选〉编选的标准》，《子云乡人类稿》，第388 页。
② 《续修四库全书提要・经部》，北京：中华书局，1993 年，第 1251 页。
③ 《续修四库全书提要・经部》，第 1251 页。
④ 殷孟伦：《莫友芝与〈韵学源流〉的关系质疑》，《子云乡人类稿》，第 441 页。

不仅是文意问题，而且关系到历史的客观实际不容颠倒错乱，关系至为重大”①。句读一准确，文意便讲通了，文意一讲通，问题也就显示出来了。先生征引了大量文献资料，驳正了历史上各种误解，揭示了产生这些误解的原因和过程，指出了“唐有两碎叶城”“碎叶镇即焉耆”说的错误，得出了“碎叶在中亚，焉耆无碎叶”的结论②，从而解决了一个历史地理领域中的大问题。而历史地理学本不是先生的主研方向，但是能写出这样高水平的论文，足见先生学问的渊博了。

以上只是对先学术成就极粗疏肤浅的概述，如果要全面深入地评述先生学术思想、方法和价值，那就应当分别针对各个方面作专题式的探讨和阐发，断不是这样一篇戋戋小文所能完成的了。所以，就让它勉强承担一下作为纪念的任务吧。

（原载《文史哲》2011 年第 5 期，收入本书时有改动）

① 殷孟伦：《试论唐代碎叶城的地理位置》，《子云乡人类稿》，第460 页。

② 参见殷孟伦：《试论唐代碎叶城的地理位置》，《子云乡人类稿》，第469 页。

童书业先生的生平与学术

童教英

先严童书业，字玉绳，号庸安，别名吴流、冯鸿、冯梅、章卷益、卷益、童疑，1908 年 5 月 26 日出生于安徽芜湖。原籍浙江鄞县。清末，曾祖任安徽道员，举家迁居芜湖。

先严自幼体弱多病，除断续在上海寰球小学、圣舫济英文专修学校、北京京华美术学院等学校读过数年书外，自四岁识字起，多系请先生在家教授经史书画或自学。这为他以后的学术生涯打下了深厚的旧学根柢。1928 年起外出谋生，1928～1931 年任南京财政部书记官。1930 年著《论语解诂》，此为先严治经史之始。1931 年失业返回上海家中，读书作画有年。1934 年至杭州投靠其学画之师王季欢，在王季欢指导下著《版本述》，发表于《浙江图书馆馆刊》，此为先严发表文章之始。又将 1933 年著的《虞书疏证》寄顾颉刚处请教。是年夏季，就职于浙江图书馆附属的印刷厂，任校对员，并在惠兴女子中学代课。在《浙江图书馆馆刊》发表《评顾著〈尚书研究讲义〉》。顾颉刚极为欣赏先严的才华，当他到杭州省亲时，即顺道来访并邀先严到北京协助他从事古史研究。1935 年夏先严至北京，在顾颉刚处任研究助理。此后，不论两人是否同处一地，在学问上始终相通。

抗日战争全面爆发后，先严于 1937 年 9 月离开北京，在逃难中过着颠沛流离的生活。1939 年返回上海，任光华大学历史系讲师兼民立女子中学教员及上海美术专科学校国画系讲师，并由顾颉刚自成都委任其为齐鲁大学国学研究所名誉研究员。1941 年太平洋战争爆发，日军进入上海租界，先严又离开上海到宜兴、安庆、常州一带，辗转于各地中学任教谋生。1945 年返回上海，至 1949 年 8 月，历任上海博物馆干事、历史部主任、总务部主任，并在复旦大学代课，又任无锡国学专修学校上海分校史地组教授、光华大学历史系教授。

1949 年 8 月，先严应聘为山东大学历史系教授兼文学研究所研究员。历任山东大学历史系副主任、青岛市人民代表、山东省九三学社科学研究委员、山东省科学委员会委员、山东省政协委员。1968 年 1 月 8 日谢世，终年 60 岁。安息在杭州玉皇山南麓之南山公墓，墓前每年早春怒放的桃花，远处玉带般的钱塘江若隐若现蜿蜒于烟岚掩映、苍翠欲滴的群山中，慰藉着他自幼酷爱山水的遗骨。

先严一生体弱多病，常为求职谋生而辗转奔波，加以战争的动荡和政治运动的影响，若于常人很难在学问上有所成就。但他却仍以极为旺盛的学术生命力，在若干学术领域中奋力进取，业绩累累地走完他 60 年的生命历程。

先严在他 35 年的学术生涯中，至少在下列七个学术领域作出令人称道的贡献：一是古史和古籍的考辨；二是古代地理的研究；三是中国美术史的研究；四是历史理论的探讨；五是古代经济史的研究；六是先秦思想史的研究；七是心理学与精神病学的研究。这七个不同的学术领域，一般学者只要介入任何一两项的话，恐怕都要耗费毕生精力。然而，先严竟兼七者于一身，并都作出相当可贵的贡献。当然，说他把整个学术生命同时投入这七个学术领域，那是不确切的，他是在不同的时期，向不同的学术领域进军，有的领域耗费了他整个的学术生命，有的则只有几年而已。因此，只要观察他学术生涯的先后作为，以及他如何发挥不同的学术创造力，就可以了解他在学术上的贡献了。

一、古史和古籍的考辨

在先严开始其学术生涯之前，顾颉刚已于 1923 年发表了他的“累层地造成的中国古史”的古史理论，并于同年提出了考订古史真伪的四条法则。1930 年，顾颉刚又在《五德终始说下的政治和历史》一文中尖锐地指出：历代的学者，包括孔子、先秦诸子、刘歆及康有为等，为了推行自己心目中的政治思想，先后都以当时流行的史学理论作为思想指导，纷纷地伪造古籍以便诠释历史。顾颉刚这两套学术观点的发表,震撼了当时中国的学术界,引出了不同观点激烈的驳诘辩难。结果,以怀疑的目光审视古籍、古史的人越来越多。先严就是在这种学术氛围中开始他的学术生涯的。他一开始就深受顾颉刚学说的影响,在其自编年谱中写道:"1929 年……读顾颉刚先生《古史辨》,受其影响最深。"到 1933 年,著《礼记考》《虞书疏证》。在其自编年谱中又说:"从是时起,余治经史渐取古史辨派门径,以顾颉刚先生为私淑之师。"

1935 年夏,先严到北京协助顾颉刚从事古史研究,自 1935 年夏至 1937 年 8 月,他代顾颉刚编写了在燕京大学、北京大学讲授春秋史用的讲义,编纂了《尚书通检》,与顾颉刚合写了《禅让传说起于墨家考》《墨子姓氏辨》《夏史三论》《鲧禹的传说》等。自撰《丹朱与驩兜》《帝尧陶唐氏名号溯源》《三皇考序》《夏史考》,编著《春秋考信录》,并编辑《古史辨》第七册。在安定的环境中,以顾颉刚所创的学术观点考辨古史和古籍,成就是巨大的。同时,在学术研究中,又发展着古史辨派观点。他在《古史辨》第七册"自序"中说:

> 古史辨有名的贡献是"累层地造成的古史观",一般人已承认它的价值了,其实,这个观念还有应补充的。因为所谓"累层地造成的古史观"乃是一种积渐造伪的古史观。我们知道:古史传说固然一大部分不可信,但是有意造作古史的人究竟不多,那末,古史传说怎样会"累层"起来的呢?我以为这得用分化演变说去补充它。因为古史传说愈分化愈多,愈演变愈繁。这繁的、多的,哪里去安插呢?于是就"累层"起来了。举个例子来说:春秋以前历史上最高最古的人物是上帝和禹。到了春秋战国间,禹之上又出来了尧舜,这尧舜便是上帝的分化演变,并不是随意假造的。到了战国时,尧舜之上又出来了黄帝、颛顼、帝喾等人,这些人又都是尧舜等的分化演变,也并不是随意伪造的。到了战国的末年,五帝之上又出来了三皇,这三皇的传说又都是黄帝等上帝传说和哲理中的名词的演变分化,也并不是完全伪造的。大约演化出现愈后的人物,他们的地位也便愈高愈古,这便产生了"累层地造成"的现象。所以有了分化说,"累层地造成的古史观"的真实性便越发显著:分化说是累层说的因,累层说则是分化说的果!

这就把同是疑古派健将,却又与顾颉刚观点有所不同的杨宽的古史传说是各民族神话演变分化形成,并非什么人在那里有意作伪的观点,与顾颉刚的"累层地造成的古史观"贯通,使古史辨派对古史和古籍的辨伪建立在更客观、更科学的基础上。因此,先严被公认为古史辨派后起之秀。

1937 年 9 月至 1947 年 8 月,颠沛流离的生活使先严的古史和古籍辨伪的研究较前萎缩。1946 年为古史辨问题与李季展开过论战,1947 年写过若干春秋史论文。此外,还有两件工作值得一提:一是与吕思勉合作重编《古史辨》第七册;二是将为顾颉刚授课而编的春秋史讲义改写为专著,于 1941 年交付开明书店,1946 年出版。《春秋史》是一部将经过严密考订的史料原文改成白话融入叙述中的论述中国春秋时期历史的断代史专著。1989 年书目文献出版社出版的肖黎主编的《中国历史学四十年》一书的"先秦史"篇中,李学勤介绍春秋史研究状况时写道:"就专著而言,迄今还没有代替建国前出版的童书业《春秋史》这一部书。"《春秋史》1949 年后出过修订本,1976 年后又再版。

中华人民共和国成立后,先严一直在山东大学历史系任教。随着教学任务的变更,在不同的学术领域不断开拓,而古史和古籍辨伪方面的研究则陷于停顿。但是,他却把追索、考订古史、古籍真相的方法用于其他研究领域资料的搜集、考订工作,使他的任何研究都能获得事半功倍的成效。

他真诚地学习马克思主义的历史唯物主义著作,真诚地尽力将唯物史观运用于各学术领域的研究,真诚地想将自己的研究适应社会的思潮。但是,他的求实、严谨的学风和以阶级斗争为纲的极"左"思潮的矛盾日渐加剧,这激起他强烈的思想斗争,也使他的研究难以跟上越来越"左"倾的"理论"。彷徨痛苦中,他把自己的研究方向又转向古史、古籍的考辨。首先于 1961 年开始作《中国美术史札记》,到 1965 年动笔写《春秋左传考证》,1966 年5 月完成,1967 年下半年写出《春秋左传札记》。这时离他逝世只有几个月的时间了。"文化大革命"结束后,经顾颉刚介绍,童家将书稿交上海古籍出版社,后转至上海人民出版社,1980 年以《春秋左传研究》之名出版。李学勤在《中国历史学四十年·先秦史》中介绍先秦典籍《左传》的整理工作时写道:"童书业《春秋左传研究》则对书中史事、传说、制度、地理等作了详细考订。"

先严晚年的考证研究，在方法上较以前有所改变，他主张考证的证据不在全面而在精，抓住关键的史料以札记的形式将自己的发现记录下来。不论是《中国美术史札记》，还是《春秋左传考证》，每条发现都只赘几条典型材料，这便是他后期考证的典型方式。这就使得这两部书以不大的篇幅包含了极多的内容。他在完成《春秋左传考证》后曾对我说："这部书每一条都可以扩充成一篇文章，你以后有机会继续研究春秋史时，它可供你使用一辈子。"

先严自 1937 年以后虽没有专注于古史、古籍的考证辨伪，但是考证辨伪的方法却贯穿于他学术生命的全过程。他的遗文中有一篇 1967 年 4 月 5 日写就的短文《考证学的科学规律》，文中认为："考证学是史学中的一门工具性的科学，它有一定的用处，通过它可以弄清楚历史上的许多事实，作为研究历史的基础。"又说："我们现在也还需要考证，在必要的时候，一件历史事实弄不清楚，会妨碍我们对这时期某些历史事实的认识。考证学主要是鉴别史料、弄清事实的功夫。"在这篇短文中，他还为现代考证学总结出六条规律。可见他自 1933 年接受顾颉刚"累层地造成的古史观"起，在整个学术生命中始终致力于考证辨伪的研究，并把它作为一种得心应手的工具，熟练地运用于所有学术领域的研究中。

二、古代地理的研究

顾颉刚曾在各大学教授《中国上古史》，从 1931 年涉足古代地理的研究领域，到 1934 年即达到古代地理研究的高峰，并以北京大学、燕京大学、辅仁大学为基地，与谭其骧联合组织了一个专门研究地理的学会——禹贡学会，主办了纯粹发表地理研究文章的《禹贡》半月刊。先严的学术生命从一开始即与顾颉刚的学术研究融合在一起，1935 年夏进京做顾颉刚的研究助理时，自然也投入了古代地理的研究领域。他奉命代顾颉刚撰写《有仍国考》，又与顾颉刚合写《汉以前人的世界观念与域外交通的故事》。1936 年任禹贡学会编辑，1937 年编《禹贡》半月刊《古代地理专号》，在古代地理的研究领域急速前进。这急速前进的动力是爱国之情。1937 年正值中华民族生死存亡的危急关头，他在《禹贡》半月刊《古代地理专号》序言中写道：

> 我们要明白现在中国现象的成因，无论如何不能不追溯到古代。举个人人知道的简单例子来说：要抵抗人家的侵略，说明满洲和蒙古很早就已成了中国的领土，我们便不能不研究些战国秦汉的历史地理，才好把那时的历史地理来作证明。

可见他是力图用中国古代疆域的沿革来证明日本侵华所散布的地理方面言论的荒谬。

抗日战争和解放战争期间，他并没有放弃古代地理研究，在复旦大学、光华大学讲授历史地理课程，并于1941年编著《中国疆域沿革略》交开明书店，还陆续撰写古代地理方面的考证论文若干篇，又于1948年运用古代地理方面的研究成果与唐兰先生就石鼓文的年代问题进行了一场论战。

到1949年，他的古代地理研究画上了一个句号，除《春秋左传研究》中尚有一些古代地理的考证外，不见有什么重大的古代地理研究论著出现。他的古代地理考证成果的精华被收入1962年中华书局出版的《中国古代地理考证论文集》。

他的古代地理研究偏重于古代政区、疆域、域邑的变迁，从严格意义上说，并没有超出沿革地理学的范畴。

三、中国美术史的研究

就先严而言，所谓中国美术史研究，实际上是中国绘画史和瓷器史研究。

他从1922年，即15岁时开始学中国画，此后不断观摹画帖、阅读画书。几经改换先生后，1926年拜当时极负盛名的画家王季欢为师。王季欢不仅善画，而且画学知识极为渊博，画学见解极为精辟独到，其他学问造诣亦深。先严虽仅在1926～1927年、1934～1935年与王季欢相伴，但他的画，尤其是他的画史研究却深受王季欢的影响。《云蓝先生画膺》一书完全反映了先严画学的师承和发展。此书以记一条王季欢论画语录，写一段先严评论的形式写就。这种形式使先严与王季欢画学观点的同异昭然若揭。先严于1926～1927年还以函授形式师从胡佩衡先生学画，他的山水画技法很大程度上取法胡佩衡。他与胡佩衡的联系一直延续到胡佩衡逝世。据他自编年谱记载，他1929年仿胡佩衡《山水入门》等书，著《学画初步》，可见他在画学上的投入较史学为早。不过，他发表第一篇画学论文《中国山水画南北分宗说辨伪》却是1936年的事了。此文用充分的史料，令人信服地揭示了明末以来占画坛主导地位的"山水画南北分宗说"是董其昌、莫是龙、陈继儒等人的杜撰，绝不符合山水画发展的本来面目。此文一出即在画界掀起不小的波澜。著名画学大师俞剑华、启功等纷纷发表文章评述此观点。他在美术史研究领域的地位就此奠定。1937年他写成《中古绘画史》，后改名为《唐宋绘画丛谈》，于1958年请刘敦愿代为复校后出版。自1936年后，断断续续写过不少绘画史方面的论著。1950年以后先严绘画史研究曾略作停顿，至1961年写《中国美术史札记》，又发表了一系列论文，绘画史研究被重新注入学术的生命力。

与绘画史相比，瓷器史研究的开始要迟得多。先严1946年任上海博物馆历史部主任，近水楼台地开始研究古器物，当年即著文若干篇，第二年开始研究瓷器史。幸运的是，1953年他接受了讲授"中国手工业商业发展史"的教学任务，瓷器作为中国重要的手工业被继续研究。因此直到1960年，瓷器史的论著作为中国手工业商业发展史研究的副产品，源源不断地写出。1957年，还在史学通的协助下修订了部分1949年以前发表的瓷器史论著，编著成《中国瓷器史论丛》，于1958年由上海人民出版社出版。到1961年重开绘画史研究之时，对他而言，美术史研究的两大部分——瓷器史和绘画史，就并驾齐驱地向前推进了。

先严已发表、未发表的美术史论著非常丰富。我用数年之功，从1936年以来数量繁多的报刊上，尽可能地将他的论文搜集起来，与家中收藏的他的美术史遗稿合在一起，编校了70万字的《童书业美术论集》，1989年由上海古籍出版社出版，保存了他几乎全部的美术史论著。

先严曾不无自负地说：研究绘画、瓷器的画家、赏鉴家，虽在绘画技法、古画、古瓷的鉴赏方面造诣颇高，可惜却不懂历史，不能以发展的观点探讨绘画史和瓷器史。对于有关的许多问题，往往不能放到具体的历史环境中进行考察，不能前后比较，贯通研究，因此挖掘不深，甚至出现错误。有些研究历史的人，虽有发展的观点，但对绘画技法、古画、古瓷赏鉴不甚了然，同样也大受限制。而他则既是历史学家，又是绘画行家，兼涉博物考古，自然在绘画史、瓷器史研究上占尽优势。

以研究历史的方法研究绘画史和瓷器史，确实是先严美术史研究的最大特点，也是他成就卓著的根本原因。首先，他以古史、古籍辨伪的方法去考证绘画史、瓷器史史料，弄清了不少被古董商的作伪、赏鉴家的崇古幻想搅得扑朔迷离的绘画史、瓷器史的真相。然后，他将考证确切的史料放入历史发展的长河，动态地、宏观地考察绘画、瓷器发展的规律，于是就获得了与众不同的成就。例如，他通过各代绘画著作的排比，发现在明末董其昌等之前并无山水画有犹如禅宗之南北宗一样的山水画南北宗的记载。他逐个将董其昌等列举的历代南宗和北宗山水画大家的绘画风格与古籍中的记载一一对照，发现明末以前画史著作中的记载与董其昌等的说法并不一致，于是断言山水画南北宗说是董其昌等人的杜撰。他的研究并没就此止步，还贯通画史，进一步发现，中国历代的山水画家虽无南北宗之分，却有南北派之别。这南北派画风的不同是由于南北自然景观不同、画家对景创造的笔墨技巧不同、产生的意境也不同。而且，随着中国历史的发展，经济重心由北向南转移，文化重心也随之转移，于是山水画的画风也由以北方派为主向以江南派为主嬗变。他通过1936年的《中国山水画南北分宗说辨伪》到1937年的《中古绘画史》，再到1961年的《南画研究》一系列的论著，澄清了山水画南北宗说杜撰的始末，造就了他的山水画南北派嬗递说的观点。他的早逝使他未能写出一部全新的绘画史，实在令人遗憾。不过，即便如此，他的美术史的研究成就仍然备受美学界、画界、瓷器史研究者的肯定和推崇。

美术史研究可以说是贯穿于先严整个学术生涯的一个研究领域。《中国美术史札记》这部学术价值极高的考证札记成为他美术史研究的终点。他在《中国美术史札记》的序言中写道："这部《中国美术史札记》，是我三十年研究中国绘画史和中国瓷器史的总结。一般的说法，一概不列，只记录些自己研究见解。"可见这部札记是他美术史研究的结晶之作。

四、历史理论的探讨

先严对历史理论的探讨是从1947年开始的，主要集中于古史分期的研究，从研究中国的古史分期扩展到古代东方各国的古史分期。研究古代社会的分期问题势必涉及社会形态的理论，他在社会形态理论方面也作了探索，尤其对马克思提出的亚细亚生产方式作了较深入的研究。

他在自编年谱中写道："1947年……读侯外庐先生论中国古代社会著作，略受影响。王宜昌来访，谈中国古史分期等问题。"这是他注目于历史理论的开端。自1948年起，他开始读马列主义的书。1949年在山东大学开讲"辩证唯物主义和历史唯物主义"，1950年开讲"马列主义名著选"。自此至谢世，马列主义始终是他研读、讲授的科目，唯物史观成为他1949年以后学术各领域研究的指导性的历史观。

1951年他在《文史哲》上发表了《论"亚细亚生产方法"》一文，在中国学术界重开了有关亚细亚生产方式的讨论。在与日知的争辩中，他完善了他的"马克思提出的亚细亚生产方式是指马克思、恩格斯在当时根据东方国家，尤其是印度社会中保存的原始社会残余研究的原始社会生产方式"的观点。一石激起千重浪，有关亚细亚生产方式的讨论在中国学术界就此一发而不可收拾。在漫长的讨论中涉及的理论问题越来越多，参与讨论的学科和学者也不断扩大和增多。他在讨论中却从理论争论转向对包括中国在内的古代东方各国社会性质的具体分析，希望在史论结合中得出正确结论。

1951年之前，他的中国古史分期的观点为：中国封建社会从西周开始，但氏族制残余严重。1952年的思想改造运动对知识界的影响之一，是更多地以苏联学说为楷模。是年，他在苏联斯特鲁威·阿甫基耶夫学派"古代东方社会"学说的影响下，改变了对中国古史分期的看法，主张夏殷至春秋为原始奴隶制社会，战国秦汉为发展奴隶制社会，魏晋至唐中期为封建社会早期，唐中期至明中期为封建社会中期，明中期至鸦片战争为封建社会后期。他在《文史哲》上发表《关于中国古代社会性质的问题》《中国古史分期问题的讨论》等文章阐明自己的观点。这时，他也开始了对古代东方各国的研究，在《文史哲》上发表《从古巴比伦社会形态认识古代东方社会的特性》一文，并于1954年著《古代东方史纲要》一书，1955年由新知识出版社出版。他在自编年谱中毫不隐讳地承认，他研究古代东方史之初是"模仿苏联斯特鲁威·阿甫基耶夫学派'古代东方社会'学说"的。

但是，他对中国经史的深刻了解加上1952年之后对古代东方各国的历史逐渐深入的研究及对马列主义原著的研究，终究使他不能长久盲目地接受别人的学术观点。到1956年，他不仅又恢复了西周封建论，认为西周春秋为宗法封建社会，而且对古代东方各国的社会分期也提出自己的看法，认为两河流域苏美尔时代为奴隶制社会，从巴比伦时代起转入封建制社会。最后，于1957年在《文史哲》上与苏联科学院院士乌·安·约瑟夫维奇公开商榷中国古史分期等问题。

他认为古代东方各国在原始社会之后，经过一个短暂的、非古典的奴隶社会，便很快进入早期的封建社会。在氏族制残余浓重的封建制中，仍并存着不占统治地位的奴隶制，而且这奴隶制还在向前发展，随着氏族制残余的被削弱，它还呈现出古典奴隶制，也就是希腊、罗马式奴隶制的某些特点。而氏族制影响的减弱，同时也使封建制逐渐成熟，封建制与奴隶制斗争的结局是奴隶制的逐渐消亡。古代东方各国，如中国、两河流域国家、埃及、印度都经历过这个过程。这就是古代东方各国进入早期封建制以后，在一个相当的时期内，从现象上看，奴隶制还呈发展势头的原因所在。

他的社会分期的主要理论根据是：一个社会的性质是由当时处于主导地位的生产关系，尤其是基本的所有制决定的，而且处于主导地位的生产关系的双方中，劳动者的身份更是决定性的因素。所以，他一系列探讨中国古史分期的文章都偏重于探讨西周春秋时庶人的身份，而对巴比伦社会性质的探讨则着重于巴比伦的租佃关系和隶属农民的身份。鉴于中国古史分期问题的众说纷纭，他曾努力想寻找一个大家公认的标准，然后大家运用中国浩瀚的古籍来进行讨论。所以，他的中国古史分期研究的最后一篇文章就是《试论中国古史分期的标准》，可惜未发表。1957年之后，他有关社会性质的论著不多，而且偏重于一些具体事件，如《论"国人暴动"》之类。

他在历史理论领域探讨的成就，十分重要的是他的方法论。他生前根本没听到“比较史学”这一名词，也不知道20世纪50年代一些西方学者在荷兰海牙成立了“社会学和历史学比较研究学会”，并且自1958年起出版《社会学和历史学比较研究》季刊。但他研究古代东方社会分期时却始终运用比较史学的方法。他在对古代东方各国分别研究的基础上，将中国、印度、埃及、两河流域古代的原始社会、奴隶社会、封建社会，尤其是中国和巴比伦封建社会的开端作了一系列横向的空间系列上的比较，力图探索和阐明东方型的奴隶社会特别是封建社会产生条件、发展道路的共同规律和各自的特色。50年代，他能进行如此规模的比较研究，在中国“比较史学”方法的运用上可谓是卓有成效的披荆斩棘者。正是这种独创性受到当时和后来的中外学者的敬重。

五、古代经济史研究

先严经济史领域的研究于1953年展开。1953年以前，他在其他领域的研究中不是不涉及经济史，也不是完全没有经济史方面的论著，但就专门研究而言，应该说自1953年开始。1953年他与张维华合开了“中国土地制度史”课程，又接受了“中国手工业商业发展史”的教学任务。从1953年起，至1959年止，他完成了中国古代手工业商业的研究课题。由于中国重农抑商、轻视工匠的传统，使中国古代统治者都不重视手工业和商业。所以，遗留下来的手工业、商业史料不但贫乏，而且零碎。先严独力从元以前浩瀚的正史、野史、笔记小说中搜寻资料，再充分利用50年代编纂出版的元以后经济史的资料，系统地考察了中国古代手工业商业发展的历史，极为艰辛地完成了这部经济史领域的专史。数年来，在这当时尚乏人问津领域的艰辛耕耘，极大地影响了他的健康，致使1960年以后身体每况愈下。

他在大量占有资料的基础上，经过严密的推论，对中国古代手工业和商业的发展确立了自成体系的观点，并与他对古史分期问题的观点相呼应。他认为西周春秋时代虽有了自由工商业者，但当时社会经济的水平还比较低，从整个社会发展的总趋势看，直到战国时代才出现了农业与手工业的真正分离，实现了社会第三次大分工。在论及明清时代的社会经济状况时，他认为资本主义萌芽的产生，除了需要具备商品经济的一定发展及市场的扩大等条件外，匠户制度逐步解体，产生日益增多的自由劳动力，也是非常重要的。他指出匠户制的被破坏始于明代中叶以后，完成于清康熙年间，这与通常说的中国资本主义萌芽产生的时期基本一致，但他却认为直到鸦片战争以前，中国并没出现正式的资本主义生产关系。

先严有一页遗文谈到他的这项研究工作，认为《中国手工业商业发展史》的特点是："手工业和商业二者互有密切之关系，在本书中看似分叙，其实处处照顾各方面之相互关系，如手工业与商业，商业与交通、城市、货币、高利贷等之关系，写作时并未十分割裂开也。"任何事物都不会孤立地存在和发展。他正是紧紧抓住了事物发展的内在联系，力图客观地揭示这种内在联系及其在相互关联中发展的规律。虽然他始终以此书缺乏考古资料为憾，但这部专史在中国经济史研究中的重要价值仍被公认。《中国手工业商业发展史》一书于 1981 年出版，数年后见台湾翻印本流返大陆。

六、先秦思想史研究

先严于二十多岁时即有志撰写《七子学案》，他把先秦诸子逐一作了系统、认真的研读。但阴差阳错，除了对先秦诸子的事迹，尤其是墨子的事迹进行过一些考辨外，一直到 1959 年以前，他并没有深入先秦思想史领域。1959 年，山东大学历史系要他开"先秦思想史"课，他才认真地从思想史的角度研究先秦诸子。从 1959 年写《孔子思想研究》起，至 1965 年完成《韩非子思想研究》止，在短短六年中他对孔、孟、荀、墨、老、庄、韩非逐一作了研究，写出了具有独到见解的论著，还参与了颇为热烈的孔子研究的论战，成为先秦思想史领域颇为引人注目的学者之一。1982 年 22 万字的《先秦七子思想研究》出版，他先秦思想史领域的研究成果，大部分收入此书。

他的先秦思想史领域的学术研究，在短短六年时间里就突飞猛进地取得一项又一项的成果，这绝非偶然。他自幼熟读古代经籍，从治学之始就在古史、古籍的辨伪中俯仰自得，对先秦史料的真伪了然于胸，对古史分期问题的探讨使他对先秦的社会性质有深刻的认识，对古代手工业商业史的研究又使他对先秦社会经济了如指掌。如此博大精深的根茎，怎能不结出思想史研究的丰硕之果。

值得一提的是，思想史研究最容易受当时的社会思潮的影响。他治学虽力主揭示历史客体的真实性，他本性也拙于与人周旋，貌似逸世独立，但他的学术研究，尤其是思想史领域的研究，没有也不可能摆脱当时社会思潮的影响。这点他在世时已有所觉察并深感苦恼。

七、心理学与精神病学的研究

先严在心理学和精神病学领域的研究鲜为人知，而且不被人理解，这也是他生前极为苦恼之事。

他自幼敏感，敏感到近乎神经质的程度。七岁时失去钟爱他的祖父，对他的精神是个不小的打击。作为嫡长子在大家庭中不可避免地受各种矛盾的冲击，除了读书一无所能的他，拙于应付大家庭的复杂环境。1923 年，即 16 岁时就被迫进入其父开设的会计师事务所去学他根本不喜欢、与他气质也极不相投的会计工作。1928 年即被迫离家独立谋生。抗日战争及解放战争时期，在颠沛流离中他还承担着一家五口的生活重担，尤其 1945 年之后物价飞涨，虽然顾颉刚将我母亲和我姐妹三人安置在苏州祖籍居住，但生活的沉重压力仍使他的精神濒临崩溃。1946 年经人介绍，认识上海著名的精神病学专家粟宗华，交谈之下，大为钦佩。于是自己也去研究心理学和精神病学。到 1948 年，他不仅在这方面发表了论文，而且写成《精神病与心理卫生》一书，后由中华书局出版。1949 年以后到青岛，曾给山东大学医学院附属护士学校讲“护士心理学”，吸引了不少医学院学生听课，课堂由小教室换大教室，大教室换小礼堂，成为当时青岛医学界轰动一时的新闻。

1949 年以后，他又接受了苏联的巴甫洛夫学派的观点，继续研究精神病学，尤其是强迫观念症。他对心理学和精神病学的研究并没停留在理论上，还通过笔谈、走访给远远近近慕名而来的人治疗强迫观念症，深得病人的信任，也有一定的疗效。1967 年岁末，他还到济南一女工家中为其治病，天气突变，回家即患感冒，后转为肺气肿，由于得不到及时治疗而于1968 年1 月 8 日溘然长逝。

除了以上七个方面以外，他还涉足美学、民俗学、民族学等领域，也写过一些论文，但这些都是他学术生命中小小的火花。

先严的学术成果是如此的丰硕，而伴随他学术生命进程始终的教学生涯也是硕果累累的。仅 1949 年之后的 19 年中，他在山东大学历史系就开了“辩证唯物主义与历史唯物主义”“马列主义名著选”“中国社会发展史”“中国上古史”“中古史”“近古史”“近代史”“五四运动史”“中国通史 · 先秦史”“中国土地制度史”“中国手工业商业发展史”“先秦思想史”“史学名著选”“先秦经济史”“世界古代史”“古代东方史”“美学”等课程和“先秦文献”“中国古史分期”两个专题讲座。凡是听过他讲课的人，无不为他知识之渊博、思路之清晰所倾倒。学生们公认，若把童先生讲课内容有言必录地记录下来，就是一篇见解独到、推理严密的好文章。

先严自幼体弱多病，终其一生，从未见他强壮过，尤其逝世前几年，他的肺结核病复发，左肺已烂成一个巨型孔洞。看着他为着一个个课题，连续伏案写作，甚至通宵达旦，然后洗个脸，喝杯牛奶又精神抖擞地去上课，不论什么人都难以想象，如此病弱的身躯，怎么能迸发出这样旺盛的学术生命力！

先严逝世已二十余年，学术界至今仍流传着许多他的奇闻轶事。他不修边幅，与他做学问的灵敏决然相反，在生活上他笨拙到一切要人料理的程度；他头脑绝顶聪明却无论如何弄不懂人情世故，直至离开人间，对社会、对人的了解仍如赤子一般。他的学生们津津乐道的是童先生上课从不带讲稿，也从不戴手表，但每堂课从从容容地讲到“好，我们今天就讲到这里”时，下课铃总是同时响起，以至于童先生讲了结束语而铃声没响，学生们都坚信是校工失职；而学术界传得最多、讲得最神奇的恐怕是他的超人的记忆力和不寻常的理解、分析、推理能力，这些超绝的能力使他在任何学术领域无往而不利。不容否认，他确实有相当的天才，但天才与成就是不能画等号的。他的成就更多地来自他的认真和勤奋。只有家人才知道，不论上过多少遍的熟课，在上课的前一天晚上，他总要面对闹钟，掐着时间，将讲课内容吟唱一遍。从未见他上过无准备的课。他的记忆力也确实超群，许多先秦典籍，包括极为拗口的《尚书》，他都能背诵如流，而且任人随意翻出一页，任意读一句，他马上可以接着背诵下去。所以他自写文章也好，口述文章由家人笔录也好，从不在写作前摘录史料，也从不在写作中翻查古籍，引言随口而出。近人著作他看过一遍也能列举其主要内容和论点，甚至点明这些作品的精彩部分和缺陷。山东大学传为美谈的是他曾不作一字记录，将听过的华岗校长的报告完整地传达给历史系同仁。但是，这超人的记忆力除了天分以外，还应归之于自幼的训练和思想的专注。与他相知的人都知道，他在记书上的超人的记忆力，到了记人、记路之事上就完全失灵了，而且远较一般人为差。他自幼爱看京戏，尤好武打戏。到青岛后，有时晚上也会出去看戏。青岛的路依山势而修，蜿蜒曲折而无定向。他到青岛数年仍辨不清道路。一次晚间看戏出来就走迷了路，只得到附近派出所去问路。派出所民警面对这位不修边幅、其貌不扬的瘦弱者，不相信他是山东大学的教授，打电话到山东大学值班室，学校立即派车到派出所将他接回家。诸如此类小事在山东传为奇谈，而且越传越奇，以至传成"童书业在路上转来转去，被派出所捉去"云云。可见，他的记忆力仅在学问上是超群的。所以，他做学问从不制卡片，他的头脑就是极好的"卡片柜"，他可以在头脑中对各书记载的某人、某事进行比较、分析，从矛盾处找出问题，经过严密的逻辑推理，便形成一篇独具见解的文章。不过，应该指出的是，他做学问从不依赖这异乎寻常的记忆力，任何论著完成后，他立即会翻书复核所引的史料，只有史料复核无误，他才认为这部论著可以算作真正完工。"文化大革命"结束后，家人打开他生前亲手整理的遗稿箱，在一张遗嘱下面是一包包手稿。在未出版的遗著上，他一份份清清楚楚地注明："此稿已全部复核过原文，可出版。""此稿未曾复核原文，若要出版，必须复核原文。"这充分表明，他精博的学问、多产的著作来自一丝不苟的严谨学风。

先严一生唯学问，并不意味着他排除了生活中的七情六欲，形同面壁枯禅。他爱看京戏，爱游山玩水，尤其喜欢桃花，为此还闹过误会。他极喜欢青岛的风景。一次，他想登高远眺，就去攀登山东大学校园内的山头。山东大学的员工家属都知道校园内有的山头上设有海军航空兵的导航站，是禁止攀登的，而他却不知此事，正好攀登了设站的山头，被海军挡驾，扫兴而归。他也有朋友之义、亲亲之情。1950 年之后，家庭人口减少，工资、稿费却相当丰厚，历史系的同仁不论谁有了困难，只要向他开口，通融也好，借贷也好，他从未拒绝过，其慷慨程度从他身后家中无甚积蓄可以看出。至于学问方面，他更是毫无保留，哪怕是伤害过他的人，只要提出问题与他讨论，他仍会热情相待。他的亲亲之情更是感人至深。"文化大革命"时我还在山东大学历史系读书，在那非理性的疯狂岁月，与命名为"反动学术权威"的父亲同处一处所遭受的磨难，是不难想象的。他为了使女儿"过关"，竟对我说："他们对我的批判都没击中我的要害，甚至用反马克思主义的观点来批判我。我的要害我自己最清楚。我起草一份批判稿，你抄了贴出去，他们就会放过你了。"这种天真的自投罗网的建议当然只会被拒绝，但这个建议所含的亲亲之情却令人永志难忘。这就是我在"文化大革命"后甘愿放弃研究生考试、放弃父亲早已为我规划好的春秋史课题，不求闻达，将教学之余全部时间和精力用于父亲遗著整理的原因。

不过，不论是朋友之义也好，亲亲之情也好，在先严来说，都纯然是天性的自然流露。他从不刻意去追求别人的好感、家人的亲热，对社会也绝无功利的要求。他就是那样自自然然地生活着。他终身刻意追求的唯有学问，他在许多学术领域贯注了他的全部生命力。在他的主观上，力求通过严谨地考辨史料，周密地进行推理论证，以求揭示历史客体的本来面目。他的研究是硕果累累的。但是，任何历史学家，不管他的主观愿望如何，他的研究总会打上时代的烙印。在中国史学研究的长河中，他可算是 20 世纪 30 年代至 60 年代的一位学问精博、成就卓著的历史学家。他用他的毕生心血铸就了他在中国史学史上的地位。

(原载梁自洁主编：《山东现代著名社会科学家传》第一集，山东教育出版社 1991 年出版，收入本书时有改动)

黄嘉德先生与萧伯纳研究

李乃坤

黄嘉德(1908～1992),福建晋江人。1931年上海圣约翰大学英文系毕业后留校任教;1947～1948年留学美国,获文学硕士学位;1949年回国后,仍执教于上海圣约翰大学。自1936年开始,他与林语堂先生一起创办“西风社”,任主编,编辑出版《西风月刊》和《西风精华》杂志。1952年,黄先生到青岛山东大学任教,曾任英美文学教研室主任、外文系代理主任。1992年在济南逝世。黄先生在山东大学四十年如一日,孜孜不倦,教书育人,桃李满天下。他的学生不少人早已成为著名学者、教授、博士生导师。在学术上黄先生硕果累累,是全国著名的萧伯纳研究专家。他对山东大学外文学科的建设与发展,尤其对英美文学的教学与研究,作出了巨大的贡献,影响至今。

一

迁校来济南后的山东大学1959年开始招生,我就是59级外文系英语专业的学生。当时的山大本科学制五年。我们四、五年级的“英语精读”课就是由黄嘉德教授担任。大家感到很荣幸,因为早有所闻,黄先生是国家三级教授,颇有声望。果然名不虚传,黄先生一上课便展现了名教授的风范。

课堂上黄先生全部用英语讲授,一口漂亮的美式英语,思之所至,言达意明,内容充实,条理井然。我们听啊,记啊,讨论,回答,不觉一会儿便到了下课的时候。黄先生采用的是传统教学法,语法领先。这种方法特别适用于对成年人教学，有利于发挥理解记忆力。我们班多数同学年龄偏大，很适应这种方法，教学效果很好。当时用的教材是徐燕谋的《英语》，课文都是英美原著的节选。对复杂难懂的长句子，黄先生一般从分析其语法结构入手，例如，This is a compound complex sentence. The main clause is …，the subordinate clause is…（这是一个主从复合句。主句是……从句是……）；主语，谓语，宾语，状语……把句子所有的成分都分析到。懂得了句中各成分间的语法关系，也就理解了整个句子，学生便记住了这个句子。所以接着大都能背讲或默写下来。到毕业时，我们都学会了黄先生的这种方法，分配到大学当教师的人多数能熟练地运用之。

黄先生在教学上留给我们的另一个深刻印象是，他严守上课时间，上课时总是提前到教室等学生，风雨无阻，年年如此。黄先生严格守时的习惯是一种美德，对我们学生也产生了深远的影响。黄先生课堂教学严肃负责，自有风格。他从不开玩笑，不讲多余的话，总是板板正正地讲解应该讲的东西。这是黄先生课堂教学一贯的指导思想。对有错误或成绩较差的学生，他以自己特有的方式进行教育和帮助。我们班有个同学，生活比较拖拉、懒散。一天，他上课迟到了，但黄先生并没有批评他。课后，那同学却说："黄先生不批评却是最严厉的批评。"身教胜于言教。显然，这位同学非常自责，直到毕业再没迟到过。

对成绩一时较差的学生，黄先生的做法是：耐心帮助，严格要求，逐步提高。他讲课的难易取决于班上占多数的中等程度的学生，优等者可外加学习材料，后进生可开"小灶"，即课外多加辅导。黄先生辅导，不厌其烦，循循善诱，但评定成绩却严格标准，绝不拔苗助长。黄先生划成绩有理有据，毕业时，同学们成绩普遍提高，没有不及格者。

20世纪80年代初，黄先生开始招收硕士研究生。他带研究生很有特点：教学紧密结合科研，两者相辅相成。他把自己的科研成果带入课堂，课讲得深刻而精彩。课堂上，他一般不用看讲稿，东西都装在脑子里，必要时用中文词搭个桥，语言转换自如，学生听得明白、痛快、入神。学生议论说，把黄先生讲课内容记录下来，稍加整理就是一篇篇完好的学术论文。

山大的硕士生学制三年，前一年半上课，而后是撰写学位论文。黄先生指导学生写论文，给我们树立了样板。在选题上，他思想很明确：学生要选自己感兴趣的、熟悉的课题去写，不要勉强自己去迎合老师的趣味。他的学生认为，导师是萧伯纳研究专家，写有关萧伯纳的论文会大有益处。黄先生反对这样做。他强调，研究生应正确理解“研究”二字，从论文选题开始，就要有意识地培养自己独立进行研究的能力。选题、收集资料、列写提纲、写出初稿、定稿，整个过程，老师只负责指导，完成则是学生的事。

黄先生在教学上的贡献，还在于他及时开设、讲授文学课程方面。20世纪五六十年代，他和张健教授一起先后开设了“英国文学史”和“英国文学选读”课，为后来英语专业深化和拓展课程体系打下了良好的基础。

二

黄先生的学术研究成果斐然。这主要表现在翻译、论文和专著三个方面。

早在20世纪三四十年代他就从事译介西方文化了，出版了《萧伯纳传》《公民教育》《新女性》《流浪者自传》《翻译论集》等十几部译著。1981年，黄先生出版了新的译作《乌有乡消息》。1984年，长篇译著《二十世纪欧洲史》问世，并获得山东省高校社科优秀成果一等奖。此书为黄先生主译，外文系英语教师集体参译，封面上仅书“黄嘉德（翻译家）校”。就在翻译此书的长达一年的时间里，我们才真切地理解了黄教授的翻译原则、方法和风格。他奉行传统的严复倡导的“信、达、雅”翻译原则。关于“形似”“神似”问题，他主张形神并重，形与神合。这是他在翻译中持之以恒的风格。

虽是知名的翻译家，黄先生平时却很少跟人谈论翻译之事，更见不到他指手画脚地教训译学新手。倒是这次翻译《二十世纪欧洲史》时，我们才有幸不时听到黄先生关于翻译这门学问的教诲。在动手翻译之前，他很认真地告诉我们：这是人民出版社交给我们的任务，尽管是一份义务性的工作，但我们一定要保证质量按时完成；总的原则是要做到信、达、雅，艺术地再现原作。黄先生的话，对我们译好这本大部头的作品起到了动员、鞭策和保证作用。大家译得异常认真，一丝不苟。记得有一次，为确定介词短语“on the river”的译文是“在河上”还是“在河里”，大家联系上下文意思，讨论了很长时间。

通过翻译这本书，我们向黄先生学到许多东西，也深深感到他对青年教师的爱护、帮助、培养、鼓励和期望。他对我们的译稿也比较满意。后来他在一篇文章中总结这次翻译时，结合他多年的实践经验，对英译汉归纳出五条要领："熟悉运用汉语的能力；真正理解英语原文的涵义；把汉英两种语言进行对比，用汉语的词法和句法正确、通顺地表达英语原文的涵义；懂得所译的专业；具有专业以外的广博知识。"[①]我们都很赞成这些原则，在自己后来的翻译实践中一直贯彻执行。

英译汉，译介外国文化，黄先生早在他青年时期就开始了。他做译介的目的很明确，即"洋为中用"，对西方文化"扬长避短"，使我们的民族文化"更为高超，更为完美"。提到译者的条件，他当时的观点和现在的理论是一致的，那时他强调说：译者要"能够理解，并能够运用两种或两种以上的语言文字，要有冷静的头脑，苦干的毅力，忠实的态度，负责的心机"。[②] 黄先生是翻译工作者的榜样，他多年的经验告诉我们：要把翻译做得完好，一是要有正确的理论指导，二是要有丰富的实践经验。

以论文的形式广泛评论欧美文学名家，是黄先生研究外国文学的主要方式之一。他的几十篇颇有见地的评论文章，为他赢得了声誉，读者称他为欧美文学评论家。20 世纪五六十年代，他连续发表了二十余篇论文，主要有《美国民主诗人惠特曼》《法国启蒙运动奠基人孟德斯鸠》《英国作家威廉·莫里斯》《席勒的创作道路》《德国民主诗人海涅》《司汤达和他的代表作〈红与黑〉》《〈吉诃德先生传〉简论》等。这些论文使我国的外国文学研究者大开眼界。有读者说，他们带着极大的兴趣读了这些评论，是这些论文及其所涉作品带他们走上了外国文学研究之路。

综观黄先生关于外国文学的论文，我们可以归纳出以下特征：(1)以马克思主义文艺理论为指南，以原著文本为依据；(2)客观地评价作家和作品，赞扬优点恰到好处，批评缺陷亦不惜言辞；(3)洋为中用，适当选择研究对象；(4)论文题目本身往往表明作者的立论、思想倾向或审美观点；(5)论文表达思想确切、明了，毫无模糊不清或模棱两可之嫌。

---

① 巴金等著，王寿兰编：《当代文学翻译百家谈》，北京：北京大学出版社，1989 年，第 750 页。

② 黄嘉德：《翻译论集》"编者序"，上海：西风社，1941 年。

在广泛研究欧美名家的基础上，黄先生选择英国戏剧家萧伯纳进行重点研究。他对萧伯纳的研究始于20世纪30年代，在我国诸多研究者中是起步较早的，研究成果也是最为显著的，因而获得著名萧伯纳研究专家之称。

作为黄先生的弟子，我曾问他为何选定萧伯纳作为长期研究对象。黄先生说得很坦诚："洋为中用，萧伯纳很值得评介。"他是当代世界文坛极有影响的作家，伟大的批判现实主义戏剧家，而现实主义是所有文学流派中生命力最强、最贴近生活的；萧的特质又是极能敏锐地观察现实，诚实、直率地表现人生与社会；在思想上和艺术上都有卓越的成就。听了黄先生的解释，我深感他选定研究目标所持的严肃态度和原则，是值得我们好好学习的。20世纪七八十年代，我们几位研究英美文学的同事，在决定主要研究对象时都借鉴了黄先生的高见。

黄先生研究萧伯纳，其成就集中体现于他的专著《萧伯纳研究》一书。这部著作是黄先生长期研究的结晶，是他学术思想和研究风格的集成，是新中国成立以来第一部比较完整地评述萧伯纳的学术著作。

这部专著很有特色。第一，它的论述全面、系统、完整，而又重点突出。详尽考察萧伯纳的生平与创作，以分析他的优秀代表作品为主导。广泛讨论萧伯纳的生活经历、思想发展、戏剧理论、剧本、散文作品，并带有大事年谱和附录。研究的重点有二：一是阐明萧伯纳的戏剧理论，二是深入评析其代表作品。关于萧伯纳的戏剧理论，黄先生用五章的篇幅展开论述，最后归结为三大要点：(1)提倡并创作现实主义新戏剧；(2)认为没有冲突就没有戏剧，同时强调人物对话和理论的重要性；(3)坚持戏剧是宣传的工具，反对"为艺术而艺术"。①

第二，评论萧伯纳，纵横欧洲剧坛。书中论及近20位欧洲戏剧家。首先纵贯英国戏剧史，引进从莎士比亚到奥斯本几乎所有英国戏剧名家，让读者看到萧伯纳在戏剧艺术上继承、发展、创造和影响的全过程，看到他如何把英国戏剧革新推进到一个新阶段。《萧伯纳研究》中，有关萧伯纳与莎士比亚关系的论述，是备受读者关注的问题。黄先生结论说，萧伯纳对莎士比亚的评论主要受四个方面的影响：(1)不是以历史主义的观点去看待

---

① 参见黄嘉德：《萧伯纳研究》，济南：山东大学出版社，1989年，第157页。

莎士比亚;(2)认为莎士比亚对人生和人类社会没有一贯的、正确的哲学观点;(3)从其费边主义思想出发,认为莎士比亚不是一位社会改革家;(4)以易卜生的标准去判断莎士比亚的思想和戏剧。黄先生还说,萧伯纳对莎翁的评说尽管存在一些缺点,但观察深刻,有独创性和启发性,可以帮助我们认识英国文坛这两位最伟大的戏剧家。[①]

第三,作者观点明确,论述有力。黄先生用自成一家的朴素语言和平铺直叙的方式,把思想表达得清清楚楚。开卷醒目的标题就明白地表达了作者的思想观点,如"政治狂想剧《苹果车》""军火商与救世军《巴巴拉少校》"等。书中对萧伯纳的哲学思想作了深刻的探讨,赞扬他的"社会决定论"是"马克思主义历史唯物论在戏剧上的具体表现"[②],批评萧的"生命力"理论是企图在生物学中寻找解决社会问题的方法,是"唯心主义的"[③]。

全书渗透着一种观点,那就是对萧伯纳批判现实主义的认识。作者指出:萧伯纳戏剧揭露和批判资本主义的弊端和罪恶,同情苦难的劳动群众,但拿不出解决社会问题的办法,其主要原因是萧伯纳受到费边主义改良思想的影响;他毕竟卷入了这种代表资产阶级改良主义的思潮,这正是萧伯纳的局限性。大概西方人士说萧伯纳"和蔼地厌恶资本主义社会",原因就在这里。

近来,我重读了《萧伯纳研究》和《萧伯纳传》,越发感到黄先生毕生研究萧伯纳的价值。萧伯纳作为作家,不仅文学成就惊人,而且他的人生观、世界观、人格的魅力也有许多令人钦佩之处。在他 94 岁高龄时,甚至病逝前一个月还在写剧本。他逝世的当天晚上,全世界剧院停止营业,舞台灯光熄灭,以示哀悼。这表明他的声望和伟大以及人们对他的热爱和敬仰。他的遗产 36.7 万英镑全部捐赠给公益事业。萧伯纳一生关心人类前途,渴望社会和平。他 75 岁时访问苏联,与斯大林会晤,在对苏联人民致辞中说:"如果列宁的实验获得成功,这个实验将是人类新时代的开始。"[④] 1933 年,萧伯纳 77 岁环球旅行时来到中国,宋庆龄、鲁迅等接见了他。鲁迅先生称赞他"有说真话的勇气","有撕掉绅士们假面的勇气"。路过香

① 参见黄嘉德:《萧伯纳研究》,第 206～208 页。

② 黄嘉德:《萧伯纳研究》,第 229 页。

③ 黄嘉德:《萧伯纳研究》,第 84 页。

④ 黄嘉德:《萧伯纳研究》,第 183 页。

港，萧伯纳发表《告中国人民书》，讲道："中国人民如能一心一德，敢问世界孰能与之抗衡？"[①]每读一遍黄先生的《萧伯纳研究》，就会更深刻地体会到萧伯纳的这种伟大人格力量以及黄先生尽其毕生之力研究萧伯纳的价值。

三

在做人方面，黄先生也是我们的楷模。他的《萧伯纳情书》由山东大学出版社出版。但后来有人"加工"后交由华艺出版社出版，因市场缘由更名为《萧伯纳情书100例》，仍署名"黄嘉德译"。有个读者感到书名与内容不符，在《博览群书》上撰文《由一本书说起》予以批评，并影印一份寄给黄先生。黄先生很快作复，对批评表示欢迎。该读者非常感动，后来发文说："不久黄先生寄赠我一本山东大学出版社出版的《萧伯纳情书》，书上有先生客气的签名。对我的冒昧的批评，他不以为忤，除细致解释外，还题赠书以为纪念，使得我们保持了多年的通信联系。这样开通的胸怀，是值得我长久学习和记忆的。"[②]说到黄先生的谦虚和蔼，题名赠书，我更有实感，他送给我的几本书上，都有他老人家工笔正体的签名。每每看到他的名字，就好像看到他的身影，无限的怀念和敬仰便涌上心头。

1970年，山大文科各系与曲阜师院合并，称山东大学。年过六旬的黄先生也随着山大人去了曲阜。在教材组一次讨论会上，青年教师小杨宣读所写的教材里面用了"OK"一词。黄先生说："正规教材使用这词要慎重。"小杨提到英国某家教材已用了这词，黄先生立刻表示说："那我们也可以用。"教材组同志都诚服地感到，黄先生是语言文字的权威，但他对书面文字严肃谨慎的原则，对晚辈谦虚平等的态度，对问题实事求是的精神，很值得我们学习。

黄先生去世后，根据他的嘱托，他的夫人罗道爱女士将全部510本图书赠给山大外文系资料室。黄先生这宗遗产是极为宝贵的文化财富，其中大部分藏书是山大所没有的，是外语教学和研究极为难得的资料。

---

① 黄嘉德：《萧伯纳研究》，第185页。

② 杨建民：《批评引来签名本》，《中华读书报》2001年12月5日。

谈到黄先生的为人处世，许多同事有个共识，说他“与世无争”。据我理解，这一评价有几层意思。首先，“与世无争”，不是说黄先生不问是非，一味地做“老好人”。他政治态度很明确，热爱祖国，心向和平正义，拥护社会主义理想。1948 年，当不少知识分子争相外走之际，他却毅然从美国回来迎接新中国的诞生。1984 年，他同夫人赴香港探亲。有人猜想，十年动乱，他受了委屈，这一走不会回来了，当时外文系已有先例。然而，新学期开学的第一天，他同其他教师一样，按时出现在课堂上。黄先生有不少社会兼职，他都能尽职尽责。他的一生表现了一位热爱祖国、献身教育事业、长期与党合作共事的民主党派人士的崇高品格。其次，说他“与世无争”，是赞扬他珍惜荣誉但不争名逐利。他三级教授停步 30 年，从未为此争找。他在外文系教授级别最高，学术水平最高，但英语语言文学专业申报博士点，他没争做学科带头人。后来有人不无惋惜地说：“若报黄先生为学科带头人，或许博士授权点早在 20 世纪 80 年代就能批下来，用不着排队挨号到 21 世纪了。”第三，“与世无争”意指他执教六十余年，一生做学问，潜心求真知，孜孜不倦，春蚕到老。第四，在人际关系上，黄先生不善交际，但有修养，有哲学；与人没什么恩怨纠葛，总是严以律己，宽以待人，行善事，不管闲事，似有一种宗教的虔诚；交友不少，但都是君子之交，情感和行为上自然与酒桌饭局之类格格不入。第五，他的“与世无争”有自己的操守，生活有规律，注重生活质量，小康温馨，保护自己，无损他人。显然，黄先生的“与世无争”是他的个性，也是他的生存哲学。随着岁月的流逝，年龄的增长，我越来越赞赏黄先生这种品格，而且不知不觉地在效仿，如果真能做到的话，那该是多么清心愉悦的境界啊！

黄先生是学贯中西的大学者，早年就在大学里讲过《史记》和《汉书》，古文功底极其深厚；黄先生是专家，是国内著名的萧伯纳研究专家。无疑，黄先生是山东大学的骄傲。笔者知道，要全面书写黄教授的卓越贡献，非个人所能及，在这里只是叙点旧事，以纪念敬爱的黄嘉德先生。

（原载《文史哲》2011 年第 5 期，收入本书时有改动）

现代诗人、诗论家高兰教授

张志甫

1987年6月29日，著名现代诗人、诗论家和现代文学史家高兰教授走完了他78年艰难曲折的人生旅程，带着欣慰的笑容与世长辞！人们深深缅怀他，因为他不仅是一位享誉海内外的诗人和学者，同时也是一位诲人不倦、德高望重的师长。而他一生表现出的质朴而赤诚的爱国主义精神，尤为人们所感动、所敬仰。

高兰先生坎坷的一生，不论是在凄风苦雨的战争岁月，还是在新中国社会主义革命和建设的日子里，他始终如一，掬自己满腔热忱和信念，以胜过儿女之于母亲的拳拳爱心，执着追求，矢志不移。他用全部的生命为时代呐喊，为祖国歌唱，并为革命的新一代呕心沥血，无私地奉献出毕生的精力，直到生命的最后一息。

高兰先生的一生是一首壮美的诗篇。诗篇里燃烧着他炽热的生命烈焰，描述着祖国的痛苦与骄傲，闪耀着中国知识分子崇高的爱国主义精神和理想光华！

一

高兰先生原名郭德洁，祖籍是黑龙江省黑河之畔美丽富饶的瑷辉县。但是，高兰先生却是在齐齐哈尔度过了他的童年时代，经历了他人生之初孤寂与贫寒的痛苦磨难。高兰先生的父亲是清末的一名下级军官，母亲是达斡尔族人。父亲曾有几年在辽宁锦州服役。1909年10月14日，高兰先生出生在锦州附近的虹螺岘山村里，是父母的第二个儿子。然而，很不幸，在他尚不满两岁时，父亲突然亡故。母亲忍着巨大的悲痛，带着兄弟二人远路迢迢投亲到齐齐哈尔，在族叔父家中住了下来，从此，母子三人开始了寄人篱下的凄苦生活。但高兰先生自幼聪敏好学，哥哥也很懂事，这使母亲感到莫大欣慰。母亲希望高兰兄弟两个早日长大成人，并征得叔父的同意和支持，送他们入学读书。高兰7岁时入齐齐哈尔师范附小，五年后毕业，于1921年夏天以优异成绩考取只准许15岁以上儿童报名入学的齐齐哈尔师范学校（又名齐齐哈尔省第一师范学校），全家人都异常欢喜。不料外祖母病重，母亲也因为生活习俗的差异，与族叔一家不睦，准备带着两个孩子一起回娘家去住。可叔父认为高兰兄弟是郭家的男儿，不许其母带走；无可奈何，母亲含泪远去，从此，高兰先生再也没有见到母亲。

母亲走后，哥哥辍学做工，为的是挣钱养活弟弟。在失去父爱又失去母爱的孤单、寂寞和凄楚的生活中，兄弟两个相依为命，艰难度日。年仅12岁的高兰终于还是进入了齐齐哈尔师范学校，并以他的才华、勤奋和突出的学习成绩，博得了老师的赏识和同学们的赞扬。他不仅能经常写出令人惊羡的好文章，熟练地背诵诗词歌赋和古文，而且自行阅读了诸如《论说文苑》《甲种文库》等课外书籍。所有这些，既培养了他日益浓厚的文学兴趣，也为他以后的发展奠定了中国古典文学修养的坚实基础。不过，“五四”新文化、新思潮亦如初春的清风在他幼小的心田荡起层层涟漪，所以，他对带着新气象、宣扬新思想的白话杂志，如《儿童世界》《少年杂志》《学生杂志》等，产生了特别的兴趣。虽然时常遭到家人的禁止、反对，但他总是抽空偷闲尽情阅读。他感到，这些书刊里有许多在学校里学不到的知识，向他展示了一个宽阔自由的新天地，也逐渐滋长了他对旧文化、旧教育的怀疑和反抗的情绪。与此同时，高兰还喜欢读小说，唱鼓词。每逢假日或夜晚，他常常借着灯光，给祖母、婶娘和弟弟妹妹们读《说岳全传》《薛仁贵征东》《水浒传》《三国演义》和《红楼梦》等，听得人感动落泪，他自己也时常读着读着，竟泣不成声。高兰先生后来执着于大众文学的提倡，尤其是朗诵诗的创作与研究，在他小时候对民间文学的爱好和诵读才能中已显露端倪。

在“五四”以后的很长一段时间里，齐齐哈尔师范学校依然实行封建教育，空气十分沉寂。所以，学生们对于什么人类、国家，什么民主、科学，都茫茫然。1923年暑假以后，学校里增设了白话文课程，并特聘一位毕业于北京大学的老师来校任教。这位老师以商务印书馆出版的《白话文苑》作教材，给学生讲述新文学和翻译作品，这使学生感到格外新奇。尤其是高兰先生，他在下课以后就立即四处借来白话诗朗诵。无意之中，他得到了一册冰心的诗集《繁星》，反复研读那清新婉丽的诗句，细细体味诗中朴实深湛的哲理，感到了一种从未有过的欢愉。高兰先生回忆说，他是从读《繁星》开始对新文学发生兴趣，并且由此使他看到了新诗伟大的远景。继而，高兰先生又读了泰戈尔的《新月集》《飞鸟集》和郭沫若的《女神》，不仅激起他写作新诗的热情，而且对未来充满了美丽的幻想。高兰先生自己说过："如果说冰心的《繁星》使我对于新诗有了最初的欢喜与认识，那么郭沫若的《女神》和《星空》，应该说是使我最为迷恋与心醉的两部诗集。"五四新文学以巨大的冲击力量，为高兰先生打开了一个新的世界，催发他热烈地憧憬新的人生，有志于创造新的未来。诚然，这憧憬与追求是天真的，也还很朦胧，但因为它合着新时代的狂飙突进，则必将汇入中国人民大众反帝反封建的滚滚革命洪涛之中！

二

1926年的初秋，在大革命的高潮就要到来的前夜，高兰先生同万千热血青年一样，为寻求报国之路，毅然告别了自己可爱的家乡和亲人，从齐齐哈尔来到他向往已久的文化古城——北平（即今北京），希望能进北平的大学深造。他曾先后在北平崇实中学和汇文中学的文科班补习功课，有机会阅读大量的新文学作品。特别是鲁迅的小说和杂文、郭沫若等人的新诗，那鲜明而又深刻的反帝反封建的战斗主题，那深邃而又畅达的思想意蕴和情愫，那自由灵活的艺术形式和那新奇而又感人的艺术表现力，都给予高兰先生以思想的和艺术的丰富滋养，强烈地激发着他的创作智慧和欲望。于是，他开始写作白话新诗，同时也创作小说，并在当时由东北同乡会主办的《励进》杂志上发表了他的白话新诗《初冬的北梅》。从此，高兰先生就决心将自己的一生奉献给祖国的文学事业。

经过了差不多两年的补习准备，高兰先生的美好理想终于成为现实：1928年，他以优异的成绩考入燕京大学国文系。当时，郭绍虞、郑振铎、许地山、俞平伯等一大批著名教授和新文学的先驱者都在这所大学任教，高兰先生为此感到分外骄傲和幸福。尤其令他高兴的是，第一个使他对文学发生浓厚兴趣的诗人冰心，现在就是亲自培养和指导自己的老师。事实上，正是冰心以其独特的文学风格、严谨的治学精神，还有她那高尚的思想修养和道德情操，不仅将高兰引上了诗人的道路，也成为高兰先生的人生楷模和人格理想。

然而，在北平读书的日日夜夜，高兰先生无时无刻不在怀念生他养他的东北故乡，思恋着曾与他朝夕相处的骨肉同胞。1931 年九一八事变后，日本侵略者在东北大地上疯狂地烧、杀、抢、掳，高兰先生一家当然也未免遭劫。为全家人的安危着想，叔父忍痛不再承认远在北平读书的高兰先生是家中的一员。从此，高兰先生有亲不能投，有家不得归，沦为一个四处漂泊的孤儿！这时，他虽然还只是燕京大学的学生，但国破家亡之痛，颠沛流离之苦，已在他心中燃烧起抗日救亡的烈火。他开始在他所主编的《京报》副刊《金拆》上发表诗文，痛斥日寇的侵略暴行，控诉国民党统治下的中国的黑暗社会现实："朔风凛凛，长夜漫漫，一切都在冷酷！一切都在睡眠!"因此，他发出"向前！向前！穿过崎岖的道路，冲破前途的黑暗"(《金拆·发刊词》)的高亢呐喊。与此同时，他在《燕京大学文学年报》创刊号上发表长篇论文《李后主评传》，借古喻今，抨击反动统治者丧权辱国的罪恶行径，表达自己坚贞的抗敌愿望和深沉的爱国情思。其间，高兰先生曾参加北平爱国青年学生组织的卧轨南下活动，到南京去向国民党政府请愿，抗议蒋介石顽固坚持对日寇实行不抵抗主义的妥协投降政策，表现出他为挽救国家和民族危亡，不惜牺牲个人一切的崇高精神。

高兰先生于 1932 年夏在燕京大学国文系毕业。可是在那山河破碎、动荡不安的年代里，哪里有生活的出路？高兰先生最感忧虑的，依然是整个国家和民族已经到了最危险的历史关头，他首先要寻求的是抗日救亡的斗争道路。这一年，他参加了东北抗日义勇军驻北平指挥部的工作，结识了许多来自家乡的义勇军将士。沦陷后的东北三千万同胞在日寇铁蹄蹂躏下的悲惨生活，他们誓死抵抗的不屈精神和英雄业绩，就真实地记录在高兰先生后来发表的报告文学《记天照应》[①]和著名的朗诵诗《吊天照应》中，同时也反映了高兰先生投身抗日救亡的坚强意志和必胜信念。

---

① 高兰:《记天照应》,《哨岗》创刊号,1937 年 10 月 16 日。

三

“八·一三”揭开了全面抗战的序幕，武汉成为当时抗战的中心。于是，各地的进步文学家、艺术家纷纷云集武汉，迅速掀起了抗日文艺宣传的高潮。曾相继在天津、汉口等城市中学教书谋生的高兰先生，再也按捺不住激情，携妇将雏，历尽艰辛，辗转抵达武汉，从此开始了他诗人的生涯！

伟大的时代，召唤着年轻的高兰勇敢地肩负起新的使命和责任。他一扫几年来的沉闷与悲凉，选择了朗诵诗这一文艺武器，以极高的热情去宣传抗战，宣传民众，奋起投身于空前的民族解放战争。1937 年 9 月，《大公报》副刊《战线》发表了高兰的第一首朗诵诗《是时候了，我的同胞！》，并赫然标明着“朗诵诗”字样。10 月初，汉口《战斗》旬刊又发表了他的第二首朗诵诗《我们的祭礼》——这是诗人为纪念鲁迅逝世一周年而写的诗，后被作为武汉文艺界纪念鲁迅逝世周年大会的祭文，并由著名电影演员王莹女士在鲁迅遗像前当众庄严朗诵，立即轰动武汉三镇。从此，“高兰”就成为抗战文艺队伍中一个十分响亮的名字。其实，诗人最早是在 1937 年 10 月 16 日发表报告文学《记天照应》时，因为室内墙上挂着一幅高尔基与罗曼·罗兰在一起的合影，而第一次使用“高兰”这个笔名。或许就是因为他成功地创作了大量优秀的朗诵诗，并一直提倡朗诵诗运动，高兰的名字才为人们所熟识，然而有不少人只知道朗诵诗人是高兰，却不知道高兰就是郭德浩先生。

在继《我们的祭礼》一诗之后，高兰先生的朗诵诗创作便一发而不可收，《向八百壮士致敬礼》《武汉！你祖国的心脏》《我的家在黑龙江》等，在《大公报》《时调》《五月》等这样一些抗战文艺报刊上陆续发表。这些诗以热烈澎湃的爱国激情和慷慨悲壮的时代语言，不仅受到文艺界的高度评价，而且尤其为当时的许多青年读者所喜爱。有些文艺演出，还将高兰先生的诗作为幕前或幕间节目，高兰先生也时常应约到电台朗诵，一时间出现了“朗诵热”。著名的诗人穆木天曾于 1937 年 10 月 23 日，即在王莹女士朗诵《我们的祭礼》后的第六天，就在《大公报》发表评论文章，题为《诗歌朗诵和高兰先生的两首长诗》，称赞高兰先生的朗诵诗是“很好的抗战诗歌”，标志着“八·一三的文学,是长了新芽了”。他因此而誉高兰先生是“新时代黎明期的诗人”。1938年2月,汉口大路书店出版了高兰先生的第一部诗集《高兰朗诵诗集》;同年夏,上海杂志公司又出版了《高兰朗诵诗》。这一年,成都越新书店也出版过一部《高兰朗诵诗集》。即使这样,仍然不能满足读者的需求,一些爱好者只有去手抄,或者油印。后来,香港、长沙商务印书馆和建中出版社也分别在1940年、1943年出版过高兰先生的诗集。在短短的一两年里,高兰先生的朗诵诗就已名扬国内外,想必不是偶然的。

其实,大众朗诵诗的倡导,原是“左联”早在1931年就在一项决议中提出来的,只是一直没能得到实际和广泛的开展。当祖国处于危亡的严重历史关头,一切爱国的诗人无不热切地希望用自己的诗篇唤起全民族的迅速觉醒,鼓舞人民大众投身抗日救亡的斗争。时代要求抗战诗歌必须“用活的语言作民族解放的歌唱”(马乃超《时调·宣言》),而朗诵诗应当在“抗战的队伍中,成为一个文化的铁甲列车”(《高兰朗诵诗集·自序》)。高兰先生还明确主张“展开咱们朗诵的诗歌”,去“推动,参加,这神圣的抗战的洪波”(《展开我们的朗诵诗歌》)。因此有理由说,朗诵诗的诞生和发展,是抗战时代的产物,是我国新诗现实主义传统精神的继承和发扬,也标志着我国新诗沿着民族化、大众化方向发展的必然趋势。在这个意义上,有文史家称高兰先生的朗诵诗在抗战文艺运动中“起了开路先锋的作用”,高兰先生是我国“朗诵诗的先驱”,显然并不过誉。

武汉失守以后,高兰先生也被迫带着全家人撤退到所谓抗战“大后方”的四川重庆。然而,这座美丽的山城处于国民党的专制统治下,没有自由,没有光明,只有无边的黑暗和生活的贫困。这对于一个热烈追求抗战斗争的诗人来说,内心的压抑和苦闷自不待言。而且,贫困的生活又日甚一日地压迫着他。来到重庆,高兰先生在中央大学附中、国立剧专等几所学校任教,或写些诗文,以微薄的收入勉强度日。但是,又因为时常遭到国民党政府当局和教育部的解聘,失业随时威胁着他。其间,高兰先生甚至还曾去一个农场当文书,然而每月只有5元钱的薪金,又如何养活七口之家?由于长时期营养不良,他患了水肿病,以致行走都很困难。更为不幸的是,他年仅七岁的长女苏菲又得了疟疾,因为没有钱医治,眼睁睁望着她死去,这更增加了高兰先生精神上的巨大痛苦和忧伤。至此,社会的专制、失业的痛苦、生活的压迫和女儿的夭折,一起化作诗人心中无可遏止的仇恨和反抗的怒火！1942年3月，高兰先生以他满蘸深情的笔触写下了著名的悼亡诗《哭亡女苏菲》，寄托对自己亲生骨肉的沉痛哀思。这首感人肺腑的诗篇，不仅真切表达了诗人对亡女的无限痛惜和怀念之情，而且也是对国民党统治者压迫劳动人民、摧残进步知识分子的愤怒指控，同时也饱孕着诗人热切企盼美好未来的一往情深。他相信，尽管黑暗的世界"夜更深，露更寒"，但祖国的"旷野将卷起狂飙"，人民革命的风暴正如"雷雨闪电将摇撼着千万重山"！这慷慨悲壮的震天呐喊，抒发了诗人满腔的悲愤和"我要走向风暴"的豪情，也表达了国统区劳苦大众与全国人民的共同心声。所以，《哭亡女苏菲》发表后，特别是经由诗人在群众集会上亲自朗诵，在文艺界乃至全社会引起空前巨大的震动。这首诗反映了高兰爱国主义思想的新发展，标志着他的朗诵诗创作达到了高峰。

四

1950年春夏之交，高兰先生在北京华北大学政治研究院学习期满，年底应教育部之聘到济南华东大学任教，任文艺系教授、副主任。1951年华大与山东大学合并后，到青岛山东大学中文系任教，在这里度过了他的后半生。在这长达近四十年的教学、创作和研究生涯中，他虽然也曾遭受过风霜冰雪的侵袭，但始终没有动摇过对党的坚强信念、对社会主义祖国的无限忠诚、对共产主义理想的执着追求。1982年11月13日，他光荣地加入了中国共产党，实现了自己几十年为之努力奋斗的崇高愿望！这是高兰先生在他漫长的人生道路上不断进行的历史抉择的结果，也是他从民族的命运、国家的前途与自己曲折艰难的人生经历中所得出的历史的结论。正如他在入党时所说："叶落归根，党就是我的最终归根。"

新中国诞生后的最初几年，高兰先生怀着无比兴奋和喜悦的心情，写出一些热情洋溢的新诗。其中，《我的生活，好！好！好！》一首可以说是他在新中国成立以后的朗诵诗优秀代表作。这首诗集中地表达了诗人对党、对社会主义新中国的无限热爱和作为国家主人翁的幸福自豪之情。1953年，高兰先生作为我国第三批赴朝慰问团团员到朝鲜慰问中国人民志愿军，并访问了朝鲜。回国后他写出朗诵诗《英雄的朝鲜，我为你高歌》等，也曾在群众集会上朗诵，深受好评。他这一时期出版的诗集有《用和平的力量推动地球前进》(山东人民出版社，1951年)和《高兰朗诵诗选》(上海新文艺出版社，1956年)。

作为一个诗人，高兰先生的创作机会却越来越少。这是因为他必须把自己的主要精力用于教学。除长期讲授基础课"中国现代文学史"以外，他还须指导研究生的"现代诗歌"等。此外，许多社会工作和社会活动也占去了他不少的时间。高兰先生曾任山东大学中文系主任，同时还兼任山东省人大代表、山东省政协常委、民盟山东省委常委、山东省文联副主席、山东省作家协会副主席、中国民间文艺山东分会副主席以及青岛市教育工会主席等职，为宣传贯彻党的方针、政策，为发展社会主义教育和文化事业作出了积极的多方面的贡献。另一个使高兰先生难以继续诗歌创作的重要原因，那就是在1957年他不幸被错划为"右派"。自此以后，高兰先生几乎足不出户，沉默不语，只有独自忍着心灵的伤痛，静静地等待着党和人民的理解。可是有谁会料到，高兰先生在难言的寂寞和痛苦中熬了十个春秋，又遇上"文化大革命"，完全失去了人身自由，还谈什么诗歌创作和研究？

然而，高兰先生对党、对人民的爱，他对伟大祖国的赤子之心并没有因为自己的不幸而动摇，也没有随着岁月的流逝而淡漠。他在困境中思考，在厄运中追求，努力寻找一切可能的机会为党和人民、为社会主义建设奉献自己的知识和才能。1959年以后，高兰先生开始集中研究诗歌理论和民间文学，曾发表《读东北抗日民歌》和《创新意铸新辞》等学术论文。他以马克思主义的观点和科学方法，结合自己长期以来的创作实践，深刻地分析阐释中外诗歌史发展的规律和艺术特质，由此探索中国现代诗歌艺术民族化、大众化的发展方向，提出了许多独到的理论见解。高兰先生原是准备要陆续写成诗歌八论，出版一部专著的，可因为不久便发生了"文化大革命"，他的研究计划化为泡影。"文化大革命"中期，高兰先生已是花甲老人，但仍与学生一起下乡"开门办学"，参加各种体力劳动。由于长期的巨大精神折磨和难以承受的劳动负荷，他身体日渐衰弱，走路时常跌跤。高兰先生授课，一向以知识渊博而又形象风趣，深受学生欢迎和敬重。但是在"开门办学"期间，他只能给学生讲解毛主席诗词，当然他自己也可以从中获得安慰和鼓舞。高兰先生对毛主席诗词的深刻理解和分析，加之精彩的朗诵，不仅受到广大师生的欢迎，而且还应邀到部队去作过宣讲，一时间引起强烈反响。结果是他白天为工农兵群众和青年学生讲解毛主席诗词，而晚上还得去接受“大批判”，令人啼笑皆非。然而，高兰先生宣传毛泽东思想的热忱和成就是不容否定的，他的讲稿后来竟以铅印本的形式，在教师、学生和毛主席诗词爱好者中间广为流传。

1976年“文化大革命”结束后，党中央发出社会主义四化建设的伟大号召，尚处在厄运中的高兰先生为之欢欣鼓舞，愿为祖国腾飞而战斗的激情又在他的心中翻滚。1978年2月，他在《山东大学学报》上发表《致科技朋友》的新诗，情不自禁地唱道：“中国原是人类科学的故乡，四大发明，在人类文化上早已建立了不朽的功勋。今天，在党的领导下，科技大进军，是空前的壮举，是亿万人民攀登科技的最高峰。”此时，高兰先生虽已年近古稀，但他高兴地看到祖国“大地春回，繁花似锦”。他多么希望早日摆脱沉重的生活，为祖国的春天自由放歌，为四化建设奉献自己的一腔热血呀！

五

党的十一届三中全会之后不久，即1979年的春天，高兰先生被错划右派的问题终于得到了纠正。他获得了新的生命，又重新焕发了青春，从此开始谱写他人生中最闪光的篇章。

高兰先生始终将自己的命运与祖国的命运紧紧联系在一起，所以他在平反以后没有一句怨言，没有提出一项个人的要求。1979年，高兰先生恰好70岁，他禁不住心潮澎湃，浮想联翩，欣然挥毫赋诗《七十抒怀》：

老大寻常事，古稀今不稀。
伏枥志千里，壮心此其时。
跃马长征路，挥戈效驱驰。
东风百花艳，白发唱新诗。

这首诗充分表现了高兰先生对祖国社会主义现代化建设的无限深情和坚定信念，表达了他“烈士暮年，壮心不已”的战斗豪情，显示出革命知识分子的高风亮节。这一年，高兰先生又相继写成《歌唱“五四”六十周年》《歌颂国庆三十周年并寄台湾同胞》等诗，热情赞颂党的十一届三中全会以来的方针和政策,歌颂祖国改革开放的新面貌、新成就。

“夕阳冉冉眷无极”,高兰先生经常以此诗句激励自己。他总是希望自己在晚年能尽量多地为祖国培养一些优秀人才,多搞些研究以促进祖国社会主义精神文明建设。他曾不止一次地对青年教师和学生说:“我年事已高,身体不好,总感到时间已经不多了,有许多事该做,可又力不从心。我想,最重要的是把年轻人培养起来。”为指导研究生,他不顾自己多病的身体,常常备课到深夜,而早晨不到五点就又起床。为帮助中青年教师进修,他一天要回答多少人多少问题,谁也记不清。即使这样繁忙,他也从不说一句累,反倒提醒前去请教的人:“我是快要走的人了,你们有什么问题就抓紧问吧,要不,我就带走了。”他笑着这样说,可听的人心里在流泪！中文系学生都想听高兰先生朗诵或做学术报告,他总是尽量给予满足。因为他行动不便,系领导曾劝他把他的报告和朗诵在家里录音,不必一定到场,可他说:“我是一个普通老师,哪有当老师用录音给学生讲课的道理!”高兰先生为培养青年一代,献出了他的全部知识和心血!

也是从 1979 年起,高兰先生经常是夜以继日地从事学术研究。这一年 6 月,他不顾病魔缠身,拄着拐杖不远千里应邀到四川乐山参加全国首次郭沫若学术讨论会。会上,他作了题为《重读〈女神〉》的学术报告,对郭沫若及其诗集《女神》在中国现代文学史和新诗发展史上的重要成就和地位进行了别有见地的分析论述,引起与获得与会者们高度重视和一致肯定。这篇论文后来发表在山东大学《文史哲》杂志上。几十年来,高兰先生屡遭不幸,他的诗作也长期没有再版,但全国各地有不少读者来信询问或索要。为不让读者感到失望,高兰先生每每亲自手抄并附信致意。于是,高兰先生从 1982 年就着手新编《高兰朗诵诗选》,并为此书撰写了长篇序言,系统论述了中国朗诵诗发生发展的历史、艺术特点及其未来趋向。他认为,“朗诵的诗是‘听的诗’,是‘群众的诗’”,朗诵诗人是“群众的代言人”。所以他坚信,在向“四化”进军的伟大新时代,朗诵诗运动会比过去任何时期都更为宏大、更为成熟。令人遗憾的是,这部新编《高兰朗诵诗选》直到 1987 年夏才由山东文艺出版社付梓印行。而此时高兰先生已是生命垂危,在弥留之际才得到两本样书;而他依然感到无限欣慰,只见他双唇吃力地颤动,脸上现出淡淡的微笑,静静地将书放到枕下,翌日上午便带着他用一生的心血写成的诗,永远地离开了人世！高兰先生晚年还亲自编选了一部多达23万字的《诗的朗诵与朗诵诗》(山东大学出版社,1988年),收入论文资料凡57篇。这部书填补了我国现代诗歌研究方面的一项空白,具有重要的历史价值和理论价值。

高兰先生在他人生的最后几年里,以巨大的精力和顽强的意志为完成教学、研究和创作的任务,兢兢业业,一丝不苟,同时还兼任山东省政协常委、民盟山东省顾问、山东省现代文学研究会副会长、山东省郭沫若研究会会长以及山东省鲁迅研究会顾问等职,对如此繁重的社会工作,他同样是严肃认真的。尤其是作为山东省郭沫若研究会会长,从研究规划到论文选题,从组织学术交流到学会领导集体的团结,甚至包括学会的经费开支,无一不亲自过问,并时常强调要把握学术研究的马克思主义方向、理论联系实际的文风以及要继承发扬勤俭节约,发扬团结协作的精神和廉洁奉公的优良传统。他谆谆告诫会员们:“我们的国家还有困难,每个人都应当首先想到国家,振兴国家的经济建设,振兴和繁荣社会主义文艺和学术研究是最重要的。”他在自己生命的最后时刻,还坚持听取学会的工作汇报,并提出他的希望。他不止一次地嘱咐去医院看望他的青年教师:“你们年轻,前程远大,一定要珍惜时间,国家需要你们呀!”

高兰先生和我们永别了。他用自己的生命谱写的感人诗篇,他的严谨的治学态度和谦虚谨慎、忠厚刚直、诲人不倦的风范将永留人间!

(原载梁自洁主编:《山东现代著名社会科学家传》第一集,山东教育出版社1991年出版,收入本书时有改动)

华山先生的治史成就与风格

王育济　谭景玉

华山先生是20世纪五六十年代山东大学卓有名望的一位历史学者，在宋辽金元史学科、中国古代社会经济史和中国思想史等的研究上都取得了举世公认的学术成就，对山东大学历史学科和《文史哲》杂志的发展亦贡献卓著。然而，对其生平和学术成就，除了其亲友、同事、学生的几篇简单的回忆文章外，鲜有专门的论述。本文拟对先生的生平尤其是早年的情况进行若干考证，对先生的学术成就和治学风格也作一评述。

一

华山（1910～1971），原名华芷荪，或作华志荪，发表作品时亦径用"芷荪""志荪"等，1949年后改为现名，偶用"西岳"之名。先生于1910年11月生于江苏省无锡县张泾桥镇（今无锡市锡山区锡北镇），1971年11月病逝于山东曲阜，享年61岁。

华氏是无锡张泾桥一带的望族。先生的祖父在家道中落后弃学经商，父亲曾应举，未第，以教书终老。出身书香世家的先生自幼就受到了良好的教育。1916年，入张泾桥镇泾皋初等小学读书。1920年，考入县立第五高等小学。1923年小学毕业后，考入当地著名的私立无锡中学初中二年级。1925年，初中毕业，他因酷爱文史，直升该校高中部文科班。私立无锡中学师资力量很强，由著名学者、教育家唐文治任校长。学校办有校刊，鼓励学生写作，先生曾发表多篇诗文。

1928年，先生高中毕业。对先生此后的求学经历，其生前好友王赓唐和其胞弟华舟都称其先考入上海的中国公学大学部中国文学系，半年后辍学，1929 年 8 月出于毕业后谋职方便之考虑而考入清华大学经济学系。[①] 此说有误。[②] 至少到 1930 年 5 月，先生仍在中国公学大学部社会科学院的政治经济系进行第二学年第一学期的学习。[③] 1931 年秋转学进入清华大学，直接读三年级。[④] 先生在清华所属院系不是法学院的经济学系[⑤]，而是该院的政治学系，至少在其从清华毕业时是如此[⑥]。

清华政治学系在 20 世纪 20 年代末得到了很大发展，教师阵容为设系以来最强，开课数量大增[⑦]，必修科目除原来的政治概论和比较政治外，又加上了伦理学、社会学原理、中国近百年史、西洋近百年史、经济概论、财政学、自然科学等，另要求学生选修本系及经济学、历史学、社会学、哲学等系的相关科目。[⑧] 这种课程设置为先生日后在多个史学分支学科中均作出突出成就，奠定了良好的社会科学的理论基础。清华尤重外语学习，先生精通英文和日文，当即那时打下的根基。

清华有学生自办的《清华周刊》等校刊，主要刊载文理各学科学生的作品。华山先生在求学期间勤于撰稿。今天所见其当时的论文主要在国际关系领域，几乎都是中国学者论述相关问题的开创之作，如《美国孤立政策之研究：美国外交政策论之一》《对华门户开放主义之起源》《领事的特权与

---

① 参见王赓唐：《华山生平年录》，华舟：《华山先生简历》，均载华山《中古思想史论集・附录》北京：学苑出版社，2008 年，第 554～561 页。本文关于华山先生生平的论述多参考上述两篇文章，若有可靠史料证明其说之失误，则予以纠正。

② 近年所出《无锡文库》第五辑《近现代名家名著存目》中有华山先生生平简介，依旧沿用此误说。参见《无锡文库》第五辑编写组编著：《无锡文库》第五辑《近现代名家名著存目》，南京：凤凰出版社，2012 年，第 355 页。

③ 参见中国公学大学部编：《中国公学大学部一览》，1930 年，第 123 页。

④ 参见清华大学校史研究室编：《清华大学史料选编》第二卷下册，北京：清华大学出版社，1991 年，第 831 页。

⑤ 山东大学历史系老一代学者大都认为华山先生在清华大学学习的是经济学。如王仲荦先生称其"在清华大学攻读政治经济"（王仲荦：《序言》，华山：《宋史论集》，济南：齐鲁书社，1982 年，第 1 页；乔幼梅先生等亦认为华山先生是经济学专业出身（参见李晓：《宋代茶业经济研究・后记》，北京：中国政法大学出版社，2008 年，第 280 页）。

⑥ 参见国立清华大学校长办公处编：《清华同学录》，1937 年，第 357 页；清华大学校史研究室编：《清华大学史料选编》第二卷下册，第 818 页。

⑦ 参见孙宏云：《中国现代政治学的展开：清华政治学系的早期发展》，北京：三联书店，2005 年，第 103～119 页。

⑧ 参见清华大学编：《国立清华大学本科学程一览（民国十八至十九年度）》，第 125～128 页。

特免权》等。[①] 华山先生参考了大量英文和法文论著，在前两篇文章中对美国孤立主义和门户开放政策的源流、实质甚至演变趋势都进行了详细论述，后一篇文章则对国际法中关于领事是否有特权问题的各种观点进行了客观评述。在清华求学期间，华山先生还发表了两篇关于历史著作的书评，其中阐述了他对于史学的一些认识，表明他对当时史学界的主要思想和基本方法已有相当程度的了解。

一篇是对曹亚伯的《武昌革命真史》的评论。在这篇书评中，他首先叙述了对史学、史学研究及史学家所需素质的基本认识：

> 历史不只是事实的记载，事实固然重要，但仅只一堆事实，尚不能称为历史。历史是连续性的事实的"贯穿"，不仅是个别事实的"堆积"。……真真历史家的任务，不只在忠实地"记载"事实，并且要精密地"解释"事实。只知事实而不知解释的人，仅能称为掌故家，而不是历史家。……
>
> 历史家在运用材料的时候，必须先加以选择……历史绝不是一个杂货铺，破布烂絮，都可引为材料；可以用为材料的，只是那些足以影响历史进程的事实。
>
> 要做一个历史家并不是一件容易的事情：第一，他要有科学的训练，他要在一堆杂乱无绪的史实之中，找出一条历史进程的线索；第二，他应当要有鉴别的能力，知道何种史实为重要，何种史实为不重要，而能于著作时有所选择取舍；第三，他要有公正的态度，对于任何史实皆无先入的主见；他可以解释史实，而不可以个人的好恶，作为批评的标准，所以历史之中，最好少有作者个人的议论，而让读者自己去评判。关于这一点，实在是我国旧史中所犯的最大的毛病。[②]

考究其上述认识的来源，大致不出梁启超在《中国史叙论》《新史学》《中国历史研究法》等论著中对新史学思想的论述。原为清华国学研究院导师的梁启超虽在先生入学前就已去世，但以梁任公之名声，华山先生受

① 三文分别载于《清华周刊》第36卷第9、10期合刊，1932年，第54～89页；第37卷第9、10期合刊，1932年，第82～101页；第39卷第1期，1933年，第148～155页。

② 《清华周刊》第39卷第2期，1933年，第250～252页。

其史学思想之影响亦在情理之中。

平心而论,《武昌革命真史》不是一部严格的史学著作,而是曾为日知会会员的曹亚伯在自身经历的基础上收集相关史料编写而成,其价值在于保存了大量史料。另,该书只强调日知会对武昌首义之功绩,对共进会、文学社等则持非难态度,评论有失公允。由此,华山先生据前述标准,对该书评价很低。他认为该书在辛亥革命史著作中"最为下乘","仅是一堆未曾组织过的材料","不啻一本流水账簿",甚至称其"竟至一千二百余页,实则徒然糟蹋纸张,于史实无补也"。由此亦可知,先生在学术批评上直率的性格在早年就已非常突出。

另一篇是对美国学者拉托莱(K.S.Latouretie)的《中国文化之发达》(*The Development of China*)一书的评论。华山先生特别考察了拉托莱的学术背景,认为他在此书以前已有关于中美早期外交和在华传教士方面的两部著作,"对于中国文化有充分的了解,是没有问题的",加上作者"对于中国有充分的同情",故其著作结构精密,篇幅分配适当,叙事解释条畅,"使人阅读一过,竟能对于中国文化之本质与历史得到一个明晰的概念"。先生在这里特别强调:

> 以一个外国人而对一个文化悬殊的国家之文化,加以批评,除了须要有对于该国文化有充分了解之外,更须有热烈的同情。了解与同情,可以说是在批评任何一种文化的时候所最不可缺的二要件。如果已具备了此二要件,那末不论其批评是好是坏,已有一读的价值。①

"了解之同情"是清华历史学系教授陈寅恪在1931年3月发表的《冯友兰〈中国哲学史〉上册审查报告》中提出的研究中国古代历史文化的方法。华山先生在这里将其适用范围扩展到研究异国或异族文化,无疑是非常巧妙的。

1933年,先生完成了毕业论文《领事制度》后,顺利从清华毕业,旋即返回家乡无锡,受锡光中学之聘,任历史、外语教师。大概是从这一时期开始,先生在授课之余开始从事史学研究。当时的研究集中于中国古代经济史领域。就在1934年一年里,先生发表了关于中国古代经济研究的数篇

---

① 《清华周刊》第39卷第4期,1933年;《今日》第6、7期,1934年。

论文。目前所见先生第一篇公开发表的经济史论文当系于1934年2月刊登在《图书评论》上的对陈登原《中国土地制度》一书提出的明代“两重地主”之说的质疑。[①] 先生指出了陈氏对两则重要史料的误读，从而认为其所说的“两重地主”并不存在。陈氏后来又有答复，仍然坚持自己的观点。对这一争论，著名经济史家梁方仲曾有评论。他认为陈登原“对于华先生提出质疑的两点，都没有明白答复”，并进一步申论，指出了陈氏观点“淆乱史实”的错误，支持了华山先生的观点。[②]

1934年4月和6月，先生在中国经济研究会主办的《中国经济》第2卷第4期和第6期上发表了《隋唐经济史研究》及其续篇。该文长约3.5万字，对隋唐时期的户口、土地分配、赋役制度、币制、常平仓、和籴和买、交通、对外贸易等问题都作了论述，其中尤以对赋税制度演变的论述最为详尽，被认为是20世纪30年代关于隋唐经济史的代表性论文之一[③]，至今仍有参考价值。9月，先生又在《中国经济》第2卷第9期上发表了《魏晋南北朝之经济状况》和《元代之经济状况》两篇论文。前者详细论述了魏晋南北朝时期的经济政策、土地制度、财政状况、民生状况和财政、货币等问题；后者以丰富的史料，对元代的农业、土地、地主与佃户的关系、奴隶制度、财政、钞法、交通、商业等问题都进行了论述，是元代经济研究的开创之作。

这一年，先生还在无锡当地刊物《今日》上发表了《宋代的土地清丈》一文。[④] 这是今天所知先生发表的第一篇关于宋史的论文。该文从宋代“田制不立”讲起，叙述了宋代历次清丈土地的情况。此文很可能是先生1960年发表的《南宋统治阶级分割地租的斗争——经界法和公田法》一文的基础。

1936年，先生改任位于家乡张泾桥的无锡县立女子中学的史地教员。

---

① 华山先生的质疑文字与罗玉东对该书的批评合刊在一起，《图书评论》第2卷第6期，1934年。

② 参见梁方仲：《梁方仲文集·中国社会经济史论》，北京：中华书局，2008年，第466～469页。

③ 参见张国刚：《二十世纪隋唐五代史研究的回顾与展望》，《历史研究》2001年第2期。

④ 《今日》由杨希南于1934年4月在无锡创办，系半月刊，共出版8期（参见无锡市地方志编纂委员会编：《无锡市志》，南京：江苏人民出版社，1995年，第2766页）。由于《今日》只是无锡地方刊物，今已十分难寻。我们目前只找到了该刊物1934年第2期和第6、7期合刊。《宋代的土地清丈》一文在该刊第2期并未完全刊出，可能在后面几期还有连载。在第6、7期合刊上，还重新刊发了先生关于《中国文化之发达》一书的评论。

他平日喜与同事唱和，诗作曾结集为《泾皋诗抄》，未及出版，即因战乱散失。1937年，日寇发动全面侵华战争，无锡很快沦陷，先生避难于家乡。1939年，先生与同事创办私立正风中学，任教导主任。这期间，先生目睹国土沦丧、山河破碎，为寄托故国之思，开始研究宋史，着手写作《岳飞传》，时断时续，历时三年方才完成初稿，但先生自己并不满意，最终没有出版。

1945年抗战胜利后，先生应上海大同大学附属中学之聘，任历史和外语教师。1946年5月，已投身民主进步运动的吴晗自昆明返北平，途经上海。华山先生以清华同学身份邀请其到学校演讲，为此引起校方不满，先生于是在当年暑假辞职返乡。1947年，先生的母校私立无锡中学闻知其赋闲在家，便聘其为外语、历史教师，兼任图书馆主任。至晚从此时开始，先生与中国共产党地下组织接触，逐渐成为教师中的进步分子。[①] 1949年4月，先生兼任无锡市中学史地教学委员会主任，在党的领导下，研究改进中学史地教学的内容和方法，实际上就是研究如何用马克思主义的观点指导中学史地教学。这或可说明在此以前先生已开始学习马克思主义，由此，我们就不难理解先生为什么能从1955年开始连续发表以马克思主义为指导写作的数十篇史学论文了。1951年，先生参加了苏南行署主办的土改学习班，并作了题为“江南的封建土地制度”的演讲。1952年，先生参加九三学社。次年被推选为九三学社无锡分社委员会委员，兼任宣传部部长。1954年，被无锡市教育界推举为无锡市政协委员。

大概从抗战期间写《岳飞传》开始，先生已把主要精力转移到宋史研究上。新中国成立后，先生又用马克思主义的观点整理旧日研究所得。从1955年到1956年6月，先生陆续在《文史哲》上发表了《南宋初的范汝为起义》《〈水浒传〉和〈宋史〉》《南宋绍定、端平间的江、闽、广农民大起义》《略论女真族氏族制度的解体和国家的形成》四篇论文，另在《历史教学》《新史学通讯》上发表了《南宋初年的宋金陕西之战》《绍兴和议后的南宋帝国》等论文，开始引起学术界的关注，并受到山东大学的重视。1956年7月，山东大学历史系为充实师资和科研力量，将先生调入该校，先是在《文史哲》编委会工作，后转到历史系。从此，先生的学术才华得到了充分发挥，其主要的

① 王赓唐据相关知情人提供的信息认为，当时的华山先生“是一位不公开的民盟成员”，参见王赓唐:《中古思想史论集》“编后赘语”，北京:学苑出版社，2008年，第563页。

学术成就大都是在山东大学期间取得的。从1956年调入山东大学到1960年前后，先生主要从事宋辽金元史的教学和研究，在《历史研究》《文史哲》《山东大学学报》《史学月刊》等刊物上发表了宋辽金元史的研究论文十余篇，其最具代表性的关于宋代客户、茶业经济等的论文都是在这一时期完成的，“在不长的时间内崛起成为较有名气的宋史学者”[①]。在20世纪五六十年代大陆的宋史研究领域，除邓广铭、陈乐素、蒙文通等宋史研究的奠基者外，先生是成就十分突出的一位。他的宋史研究论文大都是相关论题的开创之作，许多论文直到今天仍不失其价值，屡屡被学界引用。近些年关于20世纪宋史研究的回顾大多都会提到先生及其宋史研究的成果。[②]

大约从1960年开始，因为山东大学历史系要开设“中国思想史专门化”课程，先生独自承担了宋元明清部分，从此将主要精力转向思想史的教学和研究，仅仅四五年间就发表了十余篇论文。

20世纪五六十年代，中国史学界围绕所谓“五朵金花”问题展开了全国性的大讨论，山东大学历史系在这场声势浩大的学术论争中发挥了极为重要的引领作用。华山先生也参加了相关讨论，在封建土地所有制、资本主义萌芽和农民战争等问题上都发表了引人注目的见解。先生还参加了历史系教师组成的“中国思想史讨论班”，参与了当时关于思想遗产批判继承问题的讨论。

华山先生外语功底极好，不仅曾辅导历史系的青年教师进修日语，而且积极从事翻译工作。他曾翻译过日本学者井上清的《论中日甲午战争的本质》、清水茂的《柳宗元的生活体验及其山水记》等论文，也翻译过英文的《英国侵略中东幕后》等文章，后均刊于《文史哲》杂志。1970年，先生尽管头上还戴着各种各样的“帽子”，仍受命翻译日文科技资料。次年，又受命翻译加拿大学者格莱兹布鲁克(T.Glazbrook)的《加拿大简史》。1970年11月21日晚，先生因心脏病发作去世。第二天，同事打开他的房间后，发现桌子上还整齐地摆着他在头一天译出的数千字译稿。

---

① 参见张其凡:《20世纪下半叶(1950～1998)的中国宋史研究回顾》，范立舟主编:《历史文献与传统文化》第9集，海口:南方出版社，2002年，第180页。

② 如王曾瑜:《宋史研究的回顾与展望》，《历史研究》1997年第4期;包伟民主编:《宋代制度史研究百年(1900～2000)》，北京:商务印书馆，2004年，第325、347、408页;姜义华等主编:《二十世纪中国社会科学·历史学卷》，上海:上海人民出版社，2005年，第188页。

华山先生曾写成《岳飞传》《宋辽金史话》《宋代茶法考》等著作，但均未出版，原稿后皆散佚。先生给我们留下了四五十篇论文，其中宋辽金元史的论文由其生前好友王赓唐编为《宋史论集》，由齐鲁书社于 1982 年出版；中国思想史的论文由王赓唐等辑为《中古思想史论集》，由学苑出版社于 2008 年出版，先生一生主要的论文均已荟萃其中。除上述两部论文集外，我还搜集到了散见于报刊的先生早年的文章十余万字，期待将来有机会将其汇编成集，作为对先生的纪念。需要说明的是，就是华山先生这样一位成就突出的知名学者，其论文直到今天仍不断被学界引用，但先生在生前却未获得任何职称，始终以教员身份从事教学和科研工作。

二

华山先生虽在中华人民共和国成立之前就已发表了一些有影响的论文，但其最主要的学术成就都是在新中国成立之后，尤其是调入山东大学以后取得的。综观先生的这些学术成就，当以社会经济史尤其是宋辽金元社会经济史的研究最为突出。

宋代饮茶之风极盛，茶叶专卖在宋代经济中有重要地位。1940 年，日本学者加藤繁就发表了关于茶叶专卖的论文，但中国学者的专门研究除了对川茶产销的个别研究外，直到 1957 年才有华山先生在《文史哲》第 2 期和第 3 期发表的《从茶叶经济看宋代社会》这一全面论述宋代茶叶经济的论文。该文以马克思主义的经济理论为指导，系统论述了宋代茶叶生产状况、制茶技术以及茶叶专卖制度的演变，分析了围绕茶叶生产和贸易出现的社会矛盾和斗争，并讨论了资本主义萌芽产生和发展的问题。该文尤其关注茶叶经济与宋代社会的关系，学界后来关于宋代茶叶经济研究的主要论题，先生大多已有论述。文中提出的不同地域商人围绕茶法产生的矛盾等一些问题，直到今天仍值得深入探讨。

客户问题是宋代经济史的重要问题，1960 年《历史研究》第 1、2 期合刊发表了先生的《关于宋代的客户问题》一文。1961 年 4 月 12 日，《光明日报》又发表了先生的《再论宋代客户的身份问题》一文。在这两篇文章中，华山先生认为宋代客户对地主的封建隶属关系较之前代已有所减轻，但呈现出曲折发展之势，受历史与地域因素的影响，宋代的主客关系呈现出复杂的状态：在地域上，四川客户的封建隶属关系最强，北方客户的人身比较自由；在时间上，到南宋末年，客户的人身隶属关系似乎又有逐渐加强的倾向，甚至走上了第二次农奴化的道路。在《关于宋代的客户问题》一文中，先生还辨析了"客户"和"佃户"的含义和关系，并讨论了宋代客户的数量和剥削形态等，指出宋代客户比例不是日益降低，而是日益上升，至少在半数以上；宋代主要采用实物折租的形式，纯粹的货币地租还很少。这些在当时都是新的见解。先生的这两篇文章不仅对中国学界关于客户问题的讨论产生了积极影响，而且受到日本学界的高度重视。由于客户的身份问题是"唐宋变革论"中判定宋代是否为近世社会的核心议题之一，日本学者加藤繁、宫崎市定、周藤吉之等在20世纪50年代以前已作过探讨。宫崎市定等京都学派的学者认为以客户为主体的宋代佃户已是具有充分人身自由的自由民，而周藤吉之等东京学派的学者则认为宋代佃户仍是农奴，两种观点僵持不下。[①] 华山先生的观点实际上是折中了日本京都学派和东京学派的观点，对"唐宋变革论"的发展有重要意义。在日本，直到1963年，东京学派的柳田节子方发文强调地域差别的重要性，认为长江中下游地区等"先进地带"人身隶属性弱一些，而荆湖、四川等"后进地带"人身隶属性较强[②]，实际上就是华山先生思路的发展。1964年6月，柳田节子还专门撰文介绍了华山先生的研究。[③] 正因为这两篇文章，华山先生、陈东素先生与日本学者周藤吉之等一起被认为是"在对于客户问题研究的深入拓展上，都有重大贡献"[④]的学者。

1960年，华山先生在《山东大学学报（历史版）》第3期发表了《关于宋代农业生产的若干问题》一文，讨论了宋代农业生产亩产量的提高，劳动力

① 参见高明士：《战后日本的中国史研究》，台北：东昇出版事业公司，1982年，第104～116页。

② 参见[日]柳田节子：《宋代土地所有制にみられる二つの型：先進と邊境》，原载《東洋文化研究所紀要》第29号，1963年，今据氏著《宋元社會經濟史研究》，东京：创文社，1995年，第5～39页。

③ 参见[日]柳田节子：《最近の中国における宋代土地制度研究：華山「関于宋代的客戸問題」を中心として》，原载《東洋文化》第37号，1964年，今据氏著《宋元社會經濟史研究》，第416～437页。

④ 梁太济：《两宋阶级关系的若干问题》，保定：河北大学出版社，1998年，第82页。

数量和耕地面积的增长，生产工具和生产技术的发展，农作物种类及其种植范围的扩大等问题。直到今天，仍被学者誉为“一篇罕见的力作”[①]，其诸多结论广为学界引用。该文对相关数据的考辨及处理方法尤其受到学界赞誉，如文中通过王安石变法时方田均税的数据推算当时的垦田总数，受到了漆侠先生的高度评价。漆侠先生在1987年出版其《宋代经济史》上册时用同样的方法推算了宋代的垦田总数。[②] 当时漆侠先生并未注意到华先生的研究，到1999年该书重新出版时，漆侠先生特意在脚注中加了一段话：“附此一提，华山先生《关于宋代农业生产的若干问题》一文，早就以王安石新法中的方田均税法考察宋代垦田数量，由于我的孤陋寡闻，未能早日参考注明。”[③]

华山先生还有一些宋代经济史研究的论文，如1959年发表于《山东大学学报(历史版)》第2期的《宋代的矿冶工业》一文，较早对宋代矿冶工业进行全面考察，涉及宋代矿产品的产量、产区、生产技术等经营方式，认为宋代的矿冶工业有比较显著的发展，在产量和生产技术上都远高于唐代的水平；在王安石变法前期，矿冶工业最繁荣，此后逐渐衰落，到南宋一落千丈，主要原因是官府采取高度垄断及严重剥削的政策。该文对王安石变法的失败等也提出了一些新见解，值得重视。1960年发表于《山东大学学报(历史版)》第1期的《南宋统治阶级分割地租的斗争》一文，论述了南宋经界法和公田法的实施经过，指出了二者实质上都是统治阶级内部分割地租的斗争。

华山先生对于女真族和契丹族社会形态发展的研究因其自成一家的观点而受到学界高度重视。他于1956年在《文史哲》第6期上发表了与王赓唐合撰的《略论女真族氏族制度的解体和国家的形成》一文，认为女真建国后不久就消灭了辽和北宋，受辽和北宋高度发展的封建文化的影响，其未经过奴隶制而直接向封建制飞跃发展。1958年，先生又在《文史哲》第6期上发表了与费国庆合撰的《阿保机建国前契丹社会试探》一文，认为阿保机称帝前部落酋长的民主推选制早已被破坏，国家制度的萌芽早已发

① 方健：《南宋农业史》，北京：人民出版社，2010年，第6页。

② 参见漆侠：《宋代经济史》(上)，上海：上海人民出版社，1987年，第59～60页。

③ 参见漆侠：《中国经济通史·宋代经济卷》，北京：经济日报出版社，1999年，第65页。

展，到阿保机时代正式建立了半汉化的封建国家制度。这两篇文章在辽金史研究中有很大影响。1982年，中国社会科学院历史研究杂志社为总结新中国成立以来史学研究的主要成果，编辑了一系列论文集，《辽金史论文集》是从1949年至1982年间的800多篇文献中选出23篇论文和1篇研究综述组成，其中收录了华山先生的这两篇文章，可见它们在辽金史研究中的地位。学界在回顾20世纪的辽金史研究时，也对这两篇文章提出的自成一家的观点作了重点介绍。[①]

华山先生对辽金元经济史也有研究，并提出了一些极具创新意义的见解。他于1958年在《文史哲》第2期上发表的《元代赋役制度考略》一文，指出了李剑农《宋元明经济史稿》及《元史》《新元史》有关部分的错误，对元代赋役制度作了全面深入的考证，认为元代的赋役制度极为复杂混乱，并颇有见地地分析了其原因：一方面是蒙古统治者毫无政治经验，在建国之始因时立制，因地立制，没有规划出一套统一的制度；另一方面是蒙古统治者有意造成这样混乱的局面，使地区、职业、地位不同的人民利益相互抵触，不能团结，以达到其加强统治和剥削的目的。先生在一些关于宋代经济的论文中也论及金元时期的经济，如前引《宋代的矿冶工业》一文亦论述了金代矿冶业的发展，认为南宋矿冶工业的发展由于政策的原因而不如金代。文章最后提出：一般历史著作往往把南宋的经济发展估计过高，把金的经济发展估计过低，虽然南北经济发展的不平衡是中唐以后的历史发展趋势，但金在中国北方统治以后经济衰落的程度以及南宋经济的发展程度究竟如何，似乎还有进一步深入研究的必要，恐怕不如一般想象的那样悬殊。前引《再论宋代客户的身份问题》一文则指出：在南宋灭亡前夕，江南农民已完全失去人身自由，走上了第二次农奴化的道路，通常认为元代农民身份极度低落是蒙古入主所致的观点值得商榷。重新评估金代经济发展水平及蒙古入主中原的影响，对探讨中国历史上的经济重心南移问题和恰当评价元代在历史上的地位都有重要意义。20世纪末，美国学者发起了关于“宋元明过渡”的研究，试图证明从南宋到明前期近四个世纪的变迁无论是在国内还是国际的发展进程中都有利于唐宋变革的趋势向明清延伸，要求

① 参见张博泉：《二十世纪中国辽金史研究》，《历史研究》1998年第4期。

重新认识元朝在中国历史发展进程中的地位[①]，其思路与前述华山先生的主张颇有一致之处。

三

在宋辽金元社会经济史的研究之外，华山先生关于宋金政治史、中国思想史和封建土地所有制、农民战争、资本主义萌芽等中国史的重要理论问题的研究也有重要影响。首先是先生对宋金政治史的研究。宋史学界对两宋史的研究长期都是重北宋而轻南宋，20世纪五六十年代，关于南宋史的研究除了邓广铭先生关于岳飞等南宋人物的研究外，其他研究并不多。华山先生连续发表了数篇论文探讨南宋政治、军事及宋金关系等问题，如《南宋初年的宋金陕西之战》《绍兴和议后的南宋帝国》《从采石之战到隆兴和议》和《南宋和金朝中叶的政情和开禧北伐之役》等[②]，其中对宋军富平之战失败的原因、韩侂胄发动开禧北伐的目的及失败的原因等都提出了新的见解。

先生还有《南宋初的范汝为起义》《南宋绍定、端平间的江、闽、广农民大起义》和《金世宗一代的政治和汉族人民起义问题》三篇论文[③]，均是探讨相关农民起义的开创之作。特别值得指出的是，先生在前两篇文章中分析农民起义失败的原因时，不是像当时流行的那样以农民阶级的局限性、落后性概括之，而是注重分析起义军活动区域的各种社会因素。如分析范汝为起义没有提出“均贫富”之类的政治口号的原因时，先生认为可能是受了福建地区生产落后性的限制；分析江、闽、广农民大起义失败的原因时特别论述了这些地区的地主豪强武装，认为他们是镇压起义的主要力量。这种分析思路与近些年学术界重视的区域社会史的方法颇为接近。在后一篇文章中，分析了号称

---

① 参见[美]史乐民：《宋、元、明的过渡问题》，张祎等译，单国钺主编：《当代西方汉学研究集萃·中古史卷》，上海：上海古籍出版社，2012年，第247～285页。

② 四文分别载于《历史教学》1955年第6期、《新史学通讯》1956年第4期、《史学月刊》1958年第6期和1957年第5期，今俱收入华山：《宋史论集》，济南：齐鲁书社，1982年。

③ 三文分别载于《文史哲》1955年第4期、《文史哲》1956年第3期、《文史哲》1956年第11期，今俱收入华山《宋史论集》。

“小尧舜”的金世宗统治时期民族矛盾、阶级矛盾的尖锐及汉人的反抗问题，有助于更全面地认识和评价金世宗其人及其统治。

华山先生约从 1960 年转入中国思想史的研究，边开课，边研究，到 1965 年发表了相关论文十余篇，20 世纪 80 年代初两篇遗作又得以发表，再加上其他未发表的文稿，共约 20 篇，内容涉及隋唐佛学、宋明理学、明代实学及明清之际的启蒙思潮等。

侯外庐先生等主编、完成于 20 世纪 50 年代的《中国思想通史》是用马克思主义的理论与方法为指导写成的一部巨著，对思想史研究有着深远影响。在研究方法上，侯外庐先生强调要从“横通”和“纵通”两个方面考察和分析思想家体系化的思想。“横通”就是要考察思想家个人的思想体系与历史时代的关系，“纵通”就是要考察思想源流的演变。他还主张要找出思想所代表的集团利益或阶级利益，找出思想产生的阶级根源，从而研究思想家世界观的本质特征，为思想家哲学性质的定位提供指针。[①] 华山先生关于思想史的研究方法深受该书的影响，如其在研究道学的形成时就提出：“必须从两方面入手探索：一方面是探索其社会根源，也就是说，探索道学产生时期的阶级关系和阶级斗争形势；另一方面是探索其思想源流，也就是说，探索道学形成以前三教斗争和合流的历史过程。”“没有一定的历史条件和没有长期积累起来的思想材料，任何一种学说是不可能出现的。”[②]需要指出的是，《中国思想通史》体系过于庞大，其中的一些学术观点也有进一步讨论的余地。[③] 华山先生在具体研究中往往能不囿成说，针对该书的一些影响极大的观点提出不同见解。

1962 年，先生在《山东大学学报(历史版)》第 1 期上发表了《从陆象山到王阳明》一文，就宋明理学的一些重要问题提出了独到的见解。以《中国思想通史》为代表，当时学界一般认为陆九渊之学是主观唯心论。先生在深入分析了陆九渊关于“理”的概念后认为，陆氏不仅承认宇宙万物独立存

① 参见方光华：《〈中国思想通史〉评介》，仓修良主编：《中国史学名著评介》第 4 卷，济南：山东教育出版社，2006 年，第 466～474 页。

② 华山：《自汉魏至宋初的儒佛道三教关系和道学的形成》，《山东大学学报(历史版)》1963 年第 2 期。

③ 参见郭齐勇主编：《当代中国哲学研究(1949～2009)》，北京：中国社会科学出版社，2011 年，第 61 页。

在于人的主观意识之外，也承认宇宙万物之理是独立于人的主观意识之外的，应当属于客观唯心主义，与朱熹并无不同。他进一步提出朱、陆之间的差别仅在道德修养入门处的细枝末节上，而在哲学的宇宙论、认识论、伦理观的看法上，两家基本上站在同一立场上。先生还指出：象山哲学属于客观唯心主义是从基本倾向而言的，同时也有相当浓厚的主观唯心主义因素，这些因素通过杨慈湖、陈白沙到王阳明发展为真正的唯心主义哲学体系；陆、王哲学虽然不同，但从发展观点来看却是一脉相承的。

1964 年，先生又在《山东大学学报(历史版)》第 1 期发表了《论泰州学派：与侯外庐先生商榷》一文，针对《中国思想通史》对王艮、何心隐、李贽的评价提出了自己的见解。关于王艮，《中国思想通史》从其出身灶丁和向民众传播自己的思想两点出发，认为其思想具有人民性。华山先生则提出："判定一个思想家的思想之进步与否，其出发点应该是分析他的思想本身，而不是思想家的出身和思想传播的对象。"关于何心隐，《中国思想通史》对其社会思想评价极高，说他是一位人道主义的社会空想家。先生不同意这种说法，在深入分析了何心隐设计的社会方案后，指出其设计都是为了强化封建制度，且没有提及土地所有权问题，故只能是后退方向的空想，而不是前进方向的空想。关于李贽，《中国思想通史》等认为其思想是代表市民的反封建思想。先生虽承认李贽思想的进步性，但强调不能把他的进步性估计得太高，把他描写成近代式的反封建战士。①

除《中国思想通史》外，华山先生还对汤用彤的《印度哲学史略》、梁漱溟的《东西文化及其哲学》、田光烈的《玄奘哲学思想中之辩证法因素》、吕振羽的《中国政治思想史》、钱穆的《中国近三百年学术史》，甚至外国学者R.A.休姆的《印度宗教哲学史解释》等著作中的某些观点进行了商榷，表明了先生对学术创新的追求。

20 世纪五六十年代，中国史学界围绕被称为"五朵金花"的中国古代史分期、封建土地所有制、封建社会的农民战争、资本主义萌芽和汉民族形成等问题展开大规模的讨论，山东大学历史系在几个问题上都发挥了重要作用。置身于这样的学术环境，华山先生也参与了相关的讨论，发表了若干

---

① 王赓唐对华山先生关于泰州学派的研究有详细论述，参见氏著《华山的"泰州学派"研究》，《知半斋续集》，北京：学苑出版社，2006 年，第 139～148 页。

自成一家的观点,受到学界的关注,后来编辑出版的相关问题的许多论文集中都收录了先生的文章。

在封建土地所有制问题上,长期存在土地国有制、土地私有制及二者并存说等的争议,先生对此从法律和经济两个层面进行了论述,他认为:从法律意义上说,在封建社会没有土地私有权,只有占有权或使用权,国家或皇帝才对一切财产有绝对支配权;但从经济意义上说,封建社会有土地私有制。商鞅变法标志着土地私有制兴起,完整的国有制从此开始遭到破坏,唐中期均田制遭破坏后,土地买卖再无限制,私有制就占主导地位了。[①]长期以来,学界在对封建土地所有制问题相关争论的总结中总是把先生的这一观点作为自成一家的观点单独列出。[②]

对资本主义萌芽问题,先生曾在其《从茶叶经济看宋代社会》一文中专列一目"从茶叶经济看资本主义萌芽在宋代出现的可能性及其发展的长期性和艰苦性"加以讨论。他指出:宋代茶叶经济推动了商品经济的发展,茶叶作坊中已有大量雇佣工人存在,并且其工资也货币化了。虽然由于文字史料的缺乏,还不能断言资本主义萌芽在宋代已经产生,但从宋代的条件来看,这种萌芽的出现有极大的可能性,只不过封建国家的垄断政策使其发展比较艰苦,比较缓慢。先生还提出了研究资本主义萌芽应当注意的问题:(1)要从概念上弄清楚究竟什么叫资本主义的"萌芽"。(2)要研究西欧各国资本主义萌芽的历史,看它们出现时的各种社会条件及其发展过程,然后与中国作比较研究。(3)要照顾全面,同时也不要忽视个别例证,不要认为文字中没有的就是事实上不可能有的。(4)不要用落后的事例来否定先进的事例。应该注意各时代的新兴企业和较大规模的企业,也就是说比较典型的企业;如果把落后的小企业作为例证,那么应该说在新中国成立前夕还没有什么资本主义萌芽,这显然是不合理的。这实际上是先生对当时学术界关于资本主义萌芽问题争论的一个学术总结,并指出了推进这一

---

① 参见华山:《关于我国封建社会土地所有制的一些意见》,《光明日报》1960年2月4日;南开大学历史系中国古代史教研组编:《中国封建社会土地所有制形式问题讨论》,北京:三联书店,1962年,第235～242页。

② 如童超:《关于中国封建土地所有制形式问题的讨论综述》,朱绍侯主编:《中国古代史研究入门》,郑州:河南人民出版社,1989年,第607页;王思治:《"封建土地所有制形式"讨论概述》,肖黎主编:《20世纪中国史学重大问题论争》,北京:北京师范大学出版社,2007年,第101～102页。

问题的若干方向。

华山先生关于“封建制度”有一个基本的认识，那就是其应该包括经济基础(即封建生产关系)和全部上层建筑，并不是仅仅指经济基础，而经济基础又包括三个互相联系的部分，即封建土地所有制、人身依附关系和封建剥削制度。这三者中，以封建土地所有制为其基础的基础。先生对于农民战争的认识就是以此为基础展开讨论的。他认为：反对前述封建制度的任何一个方面都是反封建，故而可以说农民战争自始至终是反封建的，这是由封建社会的性质所决定的，但不能说农民战争一开始就反对封建制度，初期农民战争所反对的往往不是封建制度最本质的东西封建土地所有制，而是在其他方面，总是对当时生产力的性质最不适合的那一部分。在封建社会中，农民是生产力的主要体现者，对农民最有害的制度也就是对生产力的发展最不利的制度。农民反对这种制度，破坏这种制度，或者迫使统治阶级作出某些让步和调整，就使生产力有了继续向前发展的可能，这就是农民战争的作用和农民战争的进步性。[①]

对于20世纪60年代初期学术界激烈争论的清官和道德继承问题，先生也发表了明确的观点。1964年，先生在《新建设》第7期发表了《岳飞的爱国主义不能批判地继承吗?》一文，针对岳飞的爱国主义问题研究中的分歧，经过深入分析后提出：在民族斗争中，统治阶级中的一部分人也可能产生自己的爱国主义。岳飞的爱国主义中有劳动人民的爱国主义的因素，这当然是可以批判继承的，就是他的地主阶级爱国主义思想，也并非不能批判继承。[②] 先生在1966年1月12日和17日的《文汇报》上连续发表了《论批评与赞扬》和《为什么要肯定“清官”“好官”?》两篇文章，批评了“清官比贪官更反动”这一“颠倒黑白的奇谈怪论”，认为对清官、好官虽然要进行批判，但必须对他们进行适当的肯定。

---

① 参见华山：《从〈矛盾论〉和〈实践论〉的观点看中国历史上的农民战争问题》，《山东大学学报(历史版)》1961年第1期。

② 苏联学者C.冈恰洛夫于1983年在苏联《远东问题》杂志上发文讨论“历史人物岳飞和中国的思想斗争”，将华山先生的观点列为20世纪五六十年代为岳飞辩护的代表性观点。其中文译稿见《国外社会科学动态》1984年第12期。

四

关于华山先生的治史风格和人格，王仲荦先生在为其《宋史论集》所撰的序言中称赞他是“一个正直、勤奋的历史学者”。他说：

> 华山同志的文章实事求是，史论结合，文笔流畅，富有创造性。他对宋史、思想史发掘较深，是史学界公认的。对聚讼纷纭的史学难题，如中国封建社会土地所有制形式、岳飞的爱国主义、清官等问题，他也发表了不同凡响的创见，在社会上引起重视……华山同志才思敏捷，治学又十分勤奋……除了从事教学和参加集体活动外，无论寒暑他总是在伏案读书或挥毫写作。他不仅钻研古代文献，也刻苦钻研马列主义理论，许多重要经典著作他都反复学习过，写了不少札记，在山大历史系教师中，华山同志的理论水平是名列前茅的。熟悉理论，掌握大量史料，又勤奋写作，这是华山同志在不长时间内能在学术上取得显著成绩的主要原因。华山同志为人正直，不趋炎附势，有正义感。在治学上，他敢于坚持真理，不随人俯仰，不看风转舵。[①]

作为华山先生多年的同事，王仲荦先生的评价当然是很准确的。

从政治倾向上看，华山先生走的也是旧中国一般知识分子的道路，从政治自由主义走向马克思主义，最后努力以马克思主义的理论和方法指导自己的史学研究实践。[②] 先生有很高的马克思主义理论素养，从其在新中国成立后发表的论文中可清楚地看到这一点。如《略论女真族氏族制度的解体和国家的形成》一文就是其依据马克思主义经典作家阐明的私有制、阶级和国家产生与发展的理论分析女真民族发展进程的代表作。文章没有用经典作家的理论代替历史研究的实际，而是严格从史料出发，坚持有一分材料说一分话的原则。先生首先论述了相关史料的可靠性问题，“所有文献的记录，几乎全部出于汉人之手。由于社会文化发展的悬殊，对边

① 王仲荦：《序言》，华山：《宋史论集》，济南：齐鲁书社，1982 年，第 1～3 页。

② 参见王赓唐：《编后赘语》，华山：《中古思想史论集》，北京：学苑出版社，2008 年，第 563 页。

疆民族的见闻的隔膜和限制，以及种族成见等等原因，使这些记载的可靠性，很成问题”，由此认为自己根据这些记载只能“描绘出一幅女真族古代社会的粗略轮廓”。文章对相关记载中关于女真“旧俗”反映的时代及《辽史·百官志》等的记载都进行了很有见地的考证，在此基础上展开分析。文中使用了“大概也差不多”“无从证实”“尚是问题”之类的话语，表明了先生严谨的态度。

先生重视马克思主义理论的指导作用，但从不忽视史料考证在史学研究中的意义，而是努力将两者结合起来。他曾批评某先生在这一问题上的进退失据：在批判了自己以考据代替历史研究的错误办法后，同时似乎又走向另一极端，完全否定了考据在历史研究中的作用，而对不甚可信的资料信以为真。他认为正确的做法应该是“反对繁琐的考证，更反对以考证来代替历史发展规律的研究，但也不应忽视考证在历史研究中的作用”，“在若干重大问题上如果不先弄清历史事实，我们就无法从错误、混乱的历史记述中得出正确的、合乎社会发展规律的结论”。[①] 先生关于宋代客户、茶叶经济及契丹族发展进程的研究都是理论与考据较完美结合的代表作。

20世纪五六十年代，中国思想史或哲学史的研究，受苏联日丹诺夫哲学史定义的影响，认为整个思想史或哲学史就是唯物主义和唯心主义、辩证法和形而上学争斗的历史，思想史研究的目的与意义即是从唯物与唯心、辩证法与形而上学这唯一的视角来给历史上的思想家、思想体系和社会思潮定位、定性。进一步，则是硬要给历史上的哲学家都贴上“进步”或“反动”的政治标签，由此“唯物＝进步，唯心＝反动”的“两个对子”范式主宰了中国哲学史研究，“对号入座”“贴标签”成了思想史或哲学史研究的基本方法[②]。在华山先生看来，思想史研究的重要任务之一就是“如何用马列主义的理论武器给它以比较全面的批判性总结”，“哲学史研究的目的，在于批判继承先行社会和前辈哲学家的思想遗产，为发展和提高人们的思维能力，更好地认识客观世界取得借鉴。因此研究哲学史的任务，就需要站在新的高度，掌握新的方法，对先行思潮进行分析，肯定其历史意义，批判

① 华山、费国庆：《阿保机建国前契丹社会试探》，《文史哲》1958年第6期。

② 参见郭齐勇主编：《当代中国哲学研究(1949～2009)》，第51页；张海燕：《二十世纪的中国思想史研究》，《中国史研究动态》2002年第1期。

其局限性”。[①]

华山先生当时对于思想史的研究也难以避免前述研究范式的束缚，在具体研究中也是注重分析思想家或思想流派究竟是唯物还是唯心、坚持辩证法还是形而上学，尽管如此，他还是反对“对号入座”“贴标签”式的简单研究，主张具体问题具体分析。如其在研究张载的思想时，就指出当时的讨论存在两种相反的倾向：一种是从分析张载一生的政治活动和他的封建复古主义出发，进而认为张载的宇宙观和认识论不可能是唯物主义的，认为一个在政治上保守的人物，根本没有任何可能在解释世界时站在唯物主义的立场上；一种是从张载的唯物主义世界观直接引出他的进步的政治见解。在他们的心目中，仿佛唯物主义的哲学思想和保守的政治观点不可能并存于一个人的思想中。先生认为，“以上两种倾向看起来好像是不可调和的，但却有其共同的出发点，即双方都企图在一个哲学家的哲学思想与他的社会观点和政治态度之间画上一个等号”，为此他提出：

> 我们认为一个思想家的哲学观点和政治观点有其统一的一面，因为任何政治观点都有它的哲学基础，一切政治主张最后总要归结到对整个世界的看法；但是两者还有其区别的一面，尤其是作为一个统治阶级的思想家，出现这种情况，并不奇怪……把世界观和社会观完全统一起来要求古代思想家，是不符合历史主义原则的。我们应该从具体分析一个思想家的思想本身出发而不是从公式出发。抱实事求是的态度，既不苛责于古人，也不为他们曲为解释，这样才有可能作出比较正确的评价。[②]

前文已指出华山先生在学术批评上是比较直率的，当面对一些“颠倒黑白的奇谈怪论”时，在明知站出来会对自身不利的情况下，先生仍然冒着风险挺身而出。从 1959 年开始，翦伯赞、吴晗等大力倡导历史主义，对 1958 年“史学革命”造成的混乱提出了尖锐批评。历史主义思潮虽一度占据上风，但到了 1963 年，史学思潮和社会舆论开始逆转。进入 1964 年，对

---

① 华山：《中古思想史论集》，北京：学苑出版社，2008 年，第 284～491 页。

② 华山：《中古思想史论集》，第 164～166 页。

吴晗、翦伯赞等的批评不断升级。[①] 1965年11月10日，姚文元的《评新编历史剧〈海瑞罢官〉》一文出笼后，明哲保身者已不再发表意见，华山先生却先后发表了《岳飞的爱国主义不能批判地继承吗?》《论批评与赞扬》和《为什么要肯定"清官""好官"?》等文章，鲜明地站在历史主义思潮一边，批判了"清官比贪官更反动"等奇谈怪论。即使在1966年被下放农场劳动，先生也不能容忍他人关于岳飞抗金无意义等谬论，并给予了义正词严的反驳。[②] 先生的正直与直率得到了充分展现。

与此形成鲜明对照的是，先生虽然与学界多有商榷之论，但其论著与当时的一些著作相比有一个突出的特点，那就是在深入分析的基础上立论平和。如其1962年发表于《山东大学学报(历史版)》第1期的《从陆象山到王阳明》一文就被认为是20世纪60年代"较为平和地分析和讨论陆王心学的文章"[③]，其他论文大多亦是如此。直率与平和集于一身，这一看似矛盾的现象恰恰体现了先生的高尚人格和大家风范。

(原载《文史哲》2013年第5期，收入本书时有改动)

---

① 参见王学典:《历史主义思潮的历史命运》，天津:天津人民出版社，1994年，第96～97、199页。

② 参见孙思白:《忆华山同志》，华山:《宋史论集》，济南:齐鲁书社，1982年，"附录"第361～362页。

③ 郭齐勇主编:《当代中国哲学研究(1949～2009)》，第193页。

博通经史、诲人不倦的韩连琪先生

黄冕堂

韩连琪，字东生，1910年出生于山东安丘县的一个书香门第。1935年他毕业于青岛国立山东大学国文系。此时的山东大学正值辉煌时期，校长为“五四”时代的老作家杨振声先生。他倡导民主办学、名师执教，一时间海内众多博学闳通之士如闻一多、梁实秋、沈从文、游国恩、王统照、丁山等都从四面八方云集山大，竞相驰骋所能，授徒讲课。韩连琪先生是1931年暑期考进山大的，在校学习成绩优异，历为优等奖学金的获得者。著名古文字学家、史学家丁山先生对韩先生的勤奋好学、颖悟过人格外赏识，曾有意留他担任自己的研究助手和接班人，但由于种种原因未能如愿。从1935年到1937年，先生任安丘县县立中学校长。此后曾短期转任山东省中学教材编审委员会委员。抗日战争初期，韩先生积极投身抗日，为此而撰写和编发过大量文章。从1940年9月至1947年1月，又先后任中学教员、师范学校校长等职。1947年8月至1951年夏，历任山东师范学院、华东大学教育学院、齐鲁大学历史系等校讲师。1951年下半年，国务院实行高校院系调整，先生随齐鲁大学转人山东大学历史系，历任讲师、副教授、教授，并兼任山大历史系副主任、校学术委员会委员、《文史哲》编委、中国农民战争史研究会第一届理事、中国秦汉史研究会顾问、山东省历史学会顾问、山东地方史学会副会长、《山东地方志》和《管子学刊》编委会顾问等职。

韩连琪先生学识淹贯，文史兼攻，尤其擅长古文字学和先秦秦汉史，对古文献学、考古学、训诂学和宋明理学等亦有所涉猎。先生晚年将全部心力倾注到古史考订和古文献诠释工作中，还悉力研治简牍，如对秦简《编年纪》的校理，耗费时日甚多，厘正了该简牍中的许多讹错和缺漏。对于郭沫若先生的《管子集校》，先生读后发现许多纰漏，颇多异议，决定撰著《管子校释》一书，以弥补其不足。这些令人艳羡的名山之作未及竣工，先生便于1990年元月初溘然长逝。弥留之际，先生犹念念不忘历史系的发展，特立遗嘱将自己半个多世纪收藏的珍贵字画全部捐献出来，以为奖励中青年教师和学子之用。韩先生一生耕耘于祖国的教育和学术园地，呕心沥血，殚精竭虑，毕生默默奉献着，其道德文章、哲人风范，有许多值得我辈和一代一代青年学子总结继承者。

一、一生爱国和不断追求进步

肩负着我国数千年文明的历代知识分子，向来就有着既献身学术同时又不忘国家民族安危的忧国忧民的优良品格。在韩先生身上，我们随时随地都可以察觉到他对古代优秀传统的继承和发扬光大。先生一生热爱祖国，忧国忧民，不断追求光明和进步，敢于同邪恶势力奋勇抗争。抗日战争初期，他赋闲在家，有些日伪教育界要员动员他出任伪职，被他断然拒绝。他毅然投奔抗日战区，担任了鲁苏游击战区总司令部所办《阵中日报》总编辑。其间，他积极撰写和编发了大量抗日文章，揭露日军侵华罪行和血腥统治，鼓励前方将士英勇杀敌，救亡图存。新中国诞生后，先生积极学习马列主义、毛泽东思想，拥护党，拥护社会主义。50年代末60年代初，先生担任历史系副主任，以年届半百之躯，经常带领系内青年教师和学生下乡劳动。十年动乱期间，先生被关押在一个群众组织里，受了许多罪。他却能以博大的胸怀，原宥青年人的过激举动，以朝前看的积极态度，与后生携手共勉。动乱结束后，先生则以无比兴高采烈的心情，热烈拥护党的改革开放等一系列方针政策，积极投身教学和科研工作。

二、博学精思，深根厚壅

前面说过，韩先生曾多年受业于丁山先生之门，并深受其青睐。而丁氏学术则是直接承袭清代“汉学”统绪的。在我与韩先生的数十年交往中，谈得最多的人物是顾炎武、黄宗羲、戴震、姚鼐，评议且赞誉最多的书是顾炎武的《日知录》、赵翼的《廿二史札记》、姚鼐的《古文辞类纂》和张之洞的《书目答问》。在论到"汉学"与"宋学"的得失时，虽然先生确认二者互有短长，但最终的和主要的仍是崇汉。为什么呢？先生曰："汉代许慎的《说文解字》和郑玄的经训，因'去古未远'，且又严遵老辈师长，恪守家法，许多事都出于代代真传以至亲眼目睹，因此，较少臆测和传讹成分。"他又引黄宗羲和姚鼐的文章说："读书当从六经而后史汉，而后韩欧诸大家。浸灌之久，由是发为诗文，始为正路。舍是，则旁蹊曲径矣。"又曰：为学应"以经术为渊源，以迁固欧曾为波澜"。而姚氏之学则主义理、考据、辞章三者并重，"不可一阙"。因此，在学习马列主义以前，先生的治学路子仍是我国传统的由经入史、以经纬史，熔经史文于一炉，综贯百家，上下千载。

这条传统的治学道路和韩先生的学术风范当然不能机械地照搬，但其基本精神和格局仍对后人有重要的启迪作用。

做学问是没有捷径可走的，博览群书，日积月累，仍旧是造就高水平人才的必由之路。规模狭小，孤陋寡闻，必将一事无成，最多也只能培养斗筲之器、袜线之才。为此，有必要从多方面作出努力。

其一，要从意志上树立远大理想，做好负重致远的思想准备，励沉潜，镇浮躁，杜绝任何急功近利或侥幸心理。要大力提倡和恢复前人广为传诵的十年寒窗苦和十年磨一剑的刻苦精神。"夜学晓未休，苦吟神鬼愁。"（孟郊）"读书破万卷，下笔如有神。"（杜甫）必有惊神泣鬼的精神，才能成就惊神泣鬼的事业。

其二，在实际的学业领域，从纵向看，可以专精一段或两段历史，但同时应兼有"前知千年，后知八百"的通贯素养。从横向上看，还必须求得本学科以外的若干邻近学科知识。具言之，学历史的若没有较高的哲学或经学水平作支撑，则绝不可能拥有高度的理性思维和逻辑能力。同时，若没有较深的文学造诣，则绝不可能写出既富有哲理而又独具魅力的上乘文章。鲁迅赞叹司马迁的《史记》乃"史家之绝唱，无韵之离骚"，就形象有力地说明史学工作者是多么需要文学语言的优长来辅佐。

其三，治史有赖文献学和目录学以为入门向导。张之洞曰："诸生好学者来问应读何书？书以何本为善？"又曰："读书不得要领，劳而无功。知某书宜读而不得精校精注本，事倍功半。”他在《书目答问》中列举两千余种典籍之后，说：“疑于浩繁，然分类以求，亦尚亦尽……诸生当知其约，勿骇其多。”书海茫茫，应读之书，古人都动辄在万卷以上，这就必然要发生张之洞所说的种种问题。我毕业后，初走上治学道路，同样也遇到过许多困难。后经韩先生介绍读了《书目答问》，感到大开眼界，过去长期藏在脑子里的许多疑难都迎刃而解了。现在青年治学当然应用新的史料学书籍，但为了深入了解前人的治学精神、门径、道路和方法，再读读《书目答问》或类似的文献，仍将受益多多。

其四，阅读典籍共可分为两类：一类为近人论著。这类书必须读，但水来参差不齐，首先必须严加选择。读这类书的目的主要在于了解研究现状和动态，以为正式研究提供启示、线索等。另一类为古代文献，包括典籍、档案在内。学者要通过艰苦的文献阅读，取得第一手资料进行开掘式的钻研，反对从近人论著中窃取资料、抄袭陈说，反对用转手资料拼凑成文、拾人牙慧。

其五，通读熟读若干部学术名著或基本典籍以为根本，然后逐步推开。阅读古典文献要有轻重缓急，要采用精读与博览结合的办法。为什么呢？因为学术名著和基本典籍内容精要，资料宏富集中，而且讹错较少。有几部主要典籍烂熟于胸，将终身受用。但任何学术名著和基本典籍，即使水平再高，由于时代或政治等多种原因，都不可能十全十美，有的缺陷还颇大。如《二十四史》蕴含了有关古代王朝政治、军事和典章制度等方面的详备内容，却缺少社会下层的各种资料。尺有所短，寸有所长。所以在重点阅读若干要籍的同时，还必须博览。70年代末，韩先生在指导一位青年教师治秦汉史时，第一步教其通读《史记》《汉书》，每天读一卷或两卷，不能一目十行，更不能跳跃式地读，还要边读边作笔记，之后要定期接受检查、考问。这便是精读若干要籍的实践。这位青年现在已步入中年，并已改治史学史，晋升了教授。十年前，她写过一篇《评〈汉书〉李贤注》的文章，送到省史学会评奖，许多老学者都深为她如此谙熟《汉书》而感到惊异。由此可见，青年治学，熟读若干要借以打好根基，是十分必要的。

三、厚积薄发，力戒浮名苟得

名利思想历来是知识分子的致命伤，也是做学问的大敌。人们之所以要大声疾呼反对追名逐利，提倡淡泊人生，不是要像某些道学家那样搞禁欲主义。循名责实，实至名归，理所当然，也是古今志士仁人追求的目标。君子爱财，取之有道，先贤也不忌讳。反对名利思想旨在鞭挞浮名苟得意识，贬斥那些驰骛虚名、不务实际的人。韩连琪先生是崇尊清代汉学的，汉学家的优秀传统之一便是志存高远，唾弃名利。从汉学开山顾炎武，到其集大成者戴震，都对名利思想的存在和危害性作过许多揭露和抨击。顾炎武曰："自余所及见，里中二三十年来号为文人者，无不以浮名苟得为务，而余与同邑归生独喜为古人辞，砥行立节，落落不苟于世，人以为狂。"有的学者误解《论语》中"君子疾没世而名不称焉"一句话的真实旨意，认为圣人也是不能忘情名利的。顾炎武严厉驳斥道："疾名之不称，则必求其实矣，君子岂有务名之心哉。是以乾初九之传曰：不易乎世，不成乎名。"他在《与杨雪臣》一书中谈到科场积弊时指出："人苟遍读五经，略通史鉴，天下之事，自可洞然，患在为声利所迷而不悟耳。"戴震曰："立身守二字，曰不苟……事事不苟，犹未能寡耻辱。"其后，他谈到自己一生为学所始终坚守而不动摇的基石便是"志乎闻道"，"不为一时之名，亦不期身后之名"。他深刻地揭露治学若有名利等"鄙陋之心"横梗胸中，则必将百病丛生，不能自已，任何求真务实的原则都无从谈起。他还进一步列举了追名逐利之徒的种种表现：或"掊击前人以自表暴"，或"依傍先儒以附骥尾"，或"株守先儒而信之笃……宁言周孔误，莫道郑服（指郑玄、服虔）非"，或"私智穿凿"，或"积非成是而无从知"，或"先入为主而惑以终身"等。总之，少实事求是之意，多患得患失之心。

老一辈史家绝大多数都是崇尊汉学并以绍述其统绪自期的，汉学家给后人留下了极宝贵的精神财富，值得我们学习、继承和发扬。韩先生在继承这个好传统方面，正为我们树立了一种新的仪型和风范。他在学术上的具体表现是：

其一，不轻率立论，也就是在学术问题尤其在重大学术悬案上力主深入、反复、全面地长期钻研，不到瓜熟蒂落，决不草率勉强地下结论。韩先生对中国古史分期问题的态度和意见便可以典型地说明这个问题。古史分期问题在新中国诞生不久和《文史哲》创刊之初便开始了讨论。当时有许多初学入门的青年乃至某些根本不治史学的教授都一齐参加了进来，大谈这个论、那个论，喋喋不休。韩先生是专研先秦两汉史的，不仅熟悉典籍资料，而且懂甲骨文、金文，按理说他对此至少是最有发言权者之一。可是无论会内会外，他总是采取多提问题、少下结论的极慎重态度。直至1986年，在其《先秦两汉史论丛》的"后记"中，仍只表示自己倾向于魏晋封建论，但两汉问题复杂，究属何种社会，很难确切论断。这种严谨立论、慎之又慎的态度，与戴震所要求的学者解决问题必须达"十分之见"，是一脉相承的。什么是"十分之见"呢？戴氏曰："必征之古而靡不条贯，合诸道而不留余议，巨细必究，本末兼察。若夫依于传闻以拟其是，择于众说以裁其优，出于空言以定其论，据于孤证以信其通，虽溯流可以知源，不目睹渊泉所导，循根可以达杪，不手披枝肄所歧，皆未至十分之见也。""十分之见"是汉学内独领风骚人物所达到的最高境界。戴氏当即明确申明，他自己的研究水平有达到"十分之见"的，亦有期望达到而实未至者。

其二，不轻易发表文章。顾炎武曰："读书不多，轻言著述，必误后学。"他著《日知录》，早夜诵读，经历一年，仅写了十余条。全书历经数十载写出以后，仍长期藏在家里，仅供朋友、学生参考讨论。再历数年，由于转相传抄而被个别坊间偷偷印出，错漏满纸。为更正错漏，他才勉强同意公开付梓。韩连琪先生一生仅发表论作十余篇和专集一部。从数量上看，确实成果较少，但从质量上看，却篇篇是水平极高的经典之作、传世徽文。其所撰论文，于50～60年代先后被中国人民大学和北京大学选编入《教学参考资料》并公开或内部印出者便多至四篇。其余各篇亦莫不各具真知灼见，笃实增辉。当前党和政府号召学术文化界树立精品意识，但社会上却有些人我行我素，急功近利，学风浮夸，泡沫文化堪忧。像韩先生这样精益求精，坚持惜墨如金、宁缺毋滥，其崇高学术风范对匡正当前时俗也必有所助益。

其三，清贫度日，实过于名，怡然自得。韩先生学问博大，才华横溢，贡献良多，但声誉与实绩却并不相称。50年代初，先生与数位齐鲁大学教师转入山大历史系时，其职称是最低的一位。但其学问却获得了当时系内所有名教授的一致好评，并普遍为此不公平现象而议论过。其后历次晋升职称，先生也总是平心静气处之，顺其自然，决不强求。此次为先生写纪念文章，还使我遇到了一个意想不到的困难。为了解先生生平历史，我原以为从现在多如牛毛的人名辞典和报刊文稿上必可找到若干材料。检阅的结果却令人失望，几乎系内所有老辈、同辈乃至晚辈都可以或多或少地找到些记载，唯独韩先生无片言只语可资凭借。究其原因，还是由于韩先生淡泊名利造成的。据其家人介绍，先生生前收到过许多来信，约其写稿介绍自己，都被他拒绝了，认为写这种应景文字毫无意义。就家境看，韩先生始终是全系最为清贫的。直至1990年谢世，其家内全部存款仅有600元。在声色货利、声光流显的强大诱惑面前，如顾炎武、戴震所叹，多少人为其所迷，多少人受其影响，但韩先生却始终不为所动，依旧砥节砺操，潜心研究，勤学终老，其特立独行，令人肃然起敬。

四、诲人不倦，甘为人梯

我国高校条例规定：高等学校的任务是以教学为主，建立教学和科研两个中心。这就昭示着高校教师的首要职责是教学和培养人才，科研工作必须服从和服务于教学。可是，由于种种原因，高校重科研、轻教学的现象仍是比较普遍。但韩先生与此种倾向无缘，对待一切教学乃至行政工作都极其严肃认真。他积极承担教学任务，全身心备课，而且能循循善诱、严格督导而不知疲倦，形成了自己教书育人的显著特点和优点。韩先生跨进山大校门时，其职称仅是讲师，但他接受教学任务，却是与王仲荦、张维华等名教授采用接力方式开设“中国通史”课程，且打头炮讲授先秦史。先秦史是最难研究和讲授的，原来一直由童书业教授担任。童先生虽然教学水平极高，效果也极好，但一直没有写出过讲义。因此，开设先秦史课程，无论对谁，都是个很大的挑战。韩先生不仅勇于迎接挑战，积极承担了这项艰巨任务，而且付出了极大心血，赶在开课前，写出了山大历史系第一部高水平的30万字的讲义。如前面所说，系内所有名教授都对韩先生的学问给予好评，《先秦史讲义》则是重要因素之一。其后，韩先生上课，我一直在随堂听课作辅导，直接从学生方面了解情况甚多，无论是教学态度还是教学内容、效果，学生都十分满意。后来，韩先生指导研究生或进修生，也总是一如既往，满腔热情，全力以赴，认真负责到底。

总之，先生毕生对祖国对人民的爱心赤诚不渝，真正做到了鞠躬尽瘁，死而后已。感念及此，敬赋俚词一首以为颂。诗曰：

淡然沉毅像先贤，振铎青齐半百年。
始绍乾嘉崇笃学，进修马列启新天。
殷勤训导期毋悔，魂系人梯志不迁。
晚著鸿篇张异彩，复捐琼玉砺桃妍。

（原载《文史哲》2000年第2期，收入本书时有改动）

杨向奎先生在山大十年的科研成就

李尚英

我国著名史学家、经学家、教育家杨向奎先生(我们都尊称为杨向老或向老),字拱辰,河北丰润人,生于1910年1月10日,逝世于2000年7月23日,终年91岁。先生1931年入北京大学历史系,从史学大师顾颉刚、傅斯年受业。1935年毕业后,先后执教于甘肃学院、西北联大、东北大学和山东大学,任甘肃学院文史系讲师、教授(时年28岁,成为青年教授),西北联大副教授,东北大学教授,山东大学教授、中文系主任、历史系主任、文学院院长。作育人才,桃李满园。1956年,调任中国科学院历史研究第一所(1958年与第二所合并为历史研究所,现属中国社会科学院)研究员、明清史研究室主任("文化大革命"后改任清史研究室主任)。1978年,中国社会科学院研究生院创立后任该院历史系教授、硕士研究生和博士研究生导师,孔子基金会副会长,墨子研究中心名誉主任等职。

杨向老孜孜不倦地勤奋为学70年,广泛涉猎经学、史学、哲学和理论物理学、数学,博古通今,著述宏富,并几乎在每个领域均有引领学术界的学术观点和学术著作,为学术界留下了一笔宝贵的财富。早在1943年,先生即已发表其名作《西汉经学与政治》,不同意顾颉刚先生提出的"五行相生是刘歆一派的伪造"的观点,受到学术大师顾颉刚、傅斯年、董作宾等人的称赞。20世纪60年代初,《中国古代社会与古代思想研究》上、下两册先后问世,成为学界的畅销书,先生也由此奠定了自己在学界的大师地位。60年代中叶,杨向老决定要将自己的研究方向改一改。原来,早在四五十年代,先生即感到时间与空间、相对论和量子力学既是自然科学中的重要问题,也是哲学问题,需要予以认真研究,但囿于当时教学任务繁忙,无暇顾及。此后,随着研究的深入,先生又认识到,研究哲学而不懂宇宙、时空等问题，不可能具有科学的宇宙观，没有伟大的哲学思想，很难有杰出的科学成就，因此决定把自己的研究方向由社会科学转到哲学及自然科学。之后，先生在科学研究中，哲学与科学齐上，治史与繙经并举。这样，杨向老就以一业已取得卓越成就的社会科学家，而毅然攀登自然哲学和理论物理学的高峰。“文化大革命”结束后，先生以耄耋之年，精进不已，奋笔疾书，结撰专著《繙经室学术文集》《中国古代史论》《绎史斋学术文集》《清儒学案新编》《大一统与儒家思想》《宗周社会与礼乐文明》《墨经数理研究》《自然哲学与道德哲学》《哲学与科学——自然哲学续编》《杨向奎学术文选》，主持编纂《中国屯垦史》《百年学案》等专著15部，论文200余篇，其中包括《熵和引力》《论时间、空间》等多篇自然科学方面的重要论文。环顾四海，古往今来，皆属罕见。这些论著的出版，进一步确立了杨向老学界大师的不朽地位。

杨向老之所以能取得如此巨大的成就，与先生的治学方法有着十分密切的关系。他曾多次语重心长地教导他的学生说：“研究社会科学，一定要研究历史唯物主义；研究自然界的发展规律，也必须懂得自然辩证法；掌握了这种方法，再学习有关物理学的基础知识，然后用辩证唯物主义的方法进行研究、进行提高，这样才能有所发现，有所发明。当然，相信辩证唯物主义和历史唯物主义的只有我们社会主义国家的学者，资本主义国家的许多学者不相信这种哲学、这种方法，所以他们在研究自然科学中总会遇到一些不可克服的难题。他们当中的一些人并不承认自己成就的取得是运用了自然辩证法，但他们成就的获得，往往是、或者是他们的方法符合自然辩证法，如果完全违背自然辩证法，就不可能获得巨大的成功。”[1]实际上，这些话语杨向老一直在自己的科学研究实践中身体力行着。除了以唯物史观研究社会科学和自然科学外，先生还形成了研究方法中的四重证，即将文献资料、金文和甲骨文、民俗调查和历史档案有机地、完整地结合起来进行科学研究，从而在其著作中不断有新观点、新资料出现。

本文仅对杨向老在山大十年(1946～1956)的科研成就作一概述，希望能达到窥一斑而知全豹之目的。

---

① 《杨向奎学述》，杭州：浙江人民出版社，2000年，“前言”第2页。

杨向老自1946年来到山东大学后，先在中文系教书并任系主任，其后又改任历史系主任，直至1956年奉调离开山大。十年间，先生始终在教学第一线上奔波。教学之余，他主要用唯物史观研究中国古代历史和古代思想，并取得了令人瞩目的重要的科研成果。这些科研成果，为其历史学一代宗师的地位奠定了基础，在先生一生的学术生涯中具有承上启下的作用。

一、以唯物史观研究中国封建社会分期的历史

杨向老与旧式历史学家不同的是，早在新中国成立前就已接触了唯物史观，新中国成立后又十分自觉而认真地学习了辩证唯物主义和历史唯物主义，从而成为中国史学界较早运用唯物史观研究学术问题的学者之一，也是中国史学界获得学术成果最大、最多的学者之一。

20世纪50年代初，史学界掀起了有关西周社会性质的辩论，并由此出现了一场中国封建社会历史分期的大讨论。在这场讨论中，由于对唯物史观认识程度的不同，得出的结论大有差异，甚至大相径庭。有鉴于此，杨向老先后发表了《学习毛泽东思想中的历史学说》《读〈马克思、恩格斯论中国〉——兼论中国封建社会的历史分期问题》《〈家庭、私有制和国家的起源〉学习笔记》《有关中国古史分期的若干问题》《古代史研究中的几个问题》《"中国古史分期问题的讨论"商榷》《从〈周礼〉推论中国古代社会发展的不平衡性》等理论文章，力图运用唯物史观解决历史分期问题。

1.杨向老关于中国封建社会历史分期的理论

中国封建社会始于何时，其内部如何分期？对于这场大讨论中的一关键问题，杨向老一再强调，按照马克思、恩格斯对古代东方和古代中国社会经济关系的论述，我们在研究中国封建社会历史分期问题时，必须关注和深入了解古代东方和古代中国的特点。为此，要做到以下几点：

其一，应该注意古代东方和古代中国社会发展规律的研究。先生认为，中国没有发展出成熟的奴隶所有制社会，周族的兴起，缩短了奴隶所有制社会，过早地摧毁了这不成熟的奴隶统治期，然而奴隶制残余还是顽强

地保留了下来。因此，中国封建制是早熟的，封建关系在长期内一直和奴隶制相结合，“这种和奴隶制结合的生产关系，可以肯定不是奴隶制而是封建制”[①]。先生还强调说，每一个社会形态都有一个主要发展的形态，同时也有着萌芽的形态、残余的形态。“然而残余的形态和主要发展的形态不同，更和萌芽的形态不同，许多史学工作者混淆了这正在发展着与日趋死亡的形态”，因而也混淆了中国历史阶段的划分。又因为有些史学工作者没有注意到中国古代社会发展的规律，“把前进的制度和落后的现象混为一谈，以致历史阶段划分的问题更加复杂化。西周社会性质问题之所以在史学界长期不能取得共识，其根本原因即在于此”[②]。

其二，要研究古史分期，就必然要牵涉到农村公社问题。杨向老认为，作为古代亚细亚基本生产形态的古老的氏族制度和农业公社制度的长期存在，“不仅表现在初期的奴隶社会内，也表现在封建社会内，尤其是封建社会的前期，显著地保留有很多的自由的农业公社成员；氏族制度，农业公社制度的残余，顽强地保留下来”，同时家庭奴隶制也残存下来。以往史学界有一种机械的看法，认为奴隶和农奴是互相排斥的，“有奴隶是奴隶制社会，有农奴是封建社会；如果有奴隶又有农奴，那就变成一种使古史学家迷惘的社会了”，而马克思的“现代家庭”论既包含奴隶制，也包含农奴制，“正好解释古史学家迷惘”了。[③] 由此看来，西周和两汉时期有大量奴隶存在，就不足为奇了，因为这是一种残余的形态，在当时的社会中并不具有主流地位。

其三，要重视对中国古代各地区发展不平衡问题的研究。杨向老指出，《周礼》一书在学术上极有价值，它提供了古代东方社会的许多有用材料。例如，该书叙述的春秋时代的齐国，与西部各国就有所不同。齐国至少在齐桓公时期已是一个封建国家，但还保存着原始氏族制度；从统治者内部来说，也还保存着奴隶制度。但是，这些奴隶不从事农业生产，不是农业奴隶；当时有私人奴隶，但不从事农耕。因此，先生认为，中国古代社会性质难以解决的原因，在很大程度上基于我们对中国古代社会各地区发展

① 《杨向奎集》，北京：中国社会科学出版社，2006年，第35～36页。

② 《杨向奎学述》，第63页。

③ 《杨向奎集》，第23、12页。

的不平衡性认识不足，而往往是以部分代全体，甚或以后来的发展情况说明古代。为此，先生建议，我们史学界要加强对中国古代各地发展的不平衡性进行研究，不能以某一地区某一种材料，来笼统地说明各国的社会性质，而是应该划分开来研究，要一个地区一个地区地解决问题，认清了齐国，认清了三晋，认清了宋、郑，认清了秦、楚，认清了吴、越，然后再说明哪一个地区的社会发展是中国社会发展的主流，这样中国古代社会性质问题才易于获得圆满解决。[①]

2.关于西周社会性质问题

西周社会性质是当时学界的一个热点问题，基本上分为两派：一派是以郭沫若为代表的“西周奴隶制说”；另一派是以范文澜、吕振羽、翦伯赞为代表的“西周封建说”。杨向老赞成后一种说法，认为西周是初期封建社会。他指出，要解决西周社会性质的问题，首先应当解决物质资料生产者的地位变化问题，即究竟谁是剥削者、谁是被剥削者的问题；其次，剥削者和被剥削者曾发生不间断的阶级斗争，这就要求我们找出当时社会的主要矛盾和次要矛盾，然后再把阶级斗争和生产方式结合起来研究。先生认为，西周初年社会的主要矛盾表现为统治者和“殷民”的矛盾，这大批“殷民”是剥削者主要的剥削对象。而《周礼》一书的中心问题就是怎样处理这些“民”的问题，而不是“士”的问题。先生特别强调说，《周礼》所反映的社会不是奴隶社会，而是封建社会；自西周至春秋，凡是记载中的“民”“甿”“庶人”“众人”“农人”，全是指当时被剥削的广大农民阶级，他们或者领有一小块土地，并且有自己的生产工具，或者由领主授田，成为农奴。这种情况的出现，不是偶然的。商末的奴隶暴动和外边部族的入侵，摧毁了奴隶制的生产方式，奴隶制瓦解了。因此，周人已不可能在奴隶制的废墟上恢复奴隶制。还有一个值得注意的现象是，由于商末阶级斗争形势的制约，周初统治者对压迫奴隶和管理农民的方式发生了改变，如同郭老所说，西周出现了一个新字——“德”。由此，先生指出，“德”字的产生，反映了一种新的社会意识，也是新基础的反映。“德”是用以“和民”的，这“民”也是一

① 参见《杨向奎集》，第108～109页。

种“新民”,“以德和民”是西周乃至春秋时代统治阶级的口号。[①]

此后,杨向老还很看重民俗调查的资料,并用以论证自己的观点。例如,先生在看了云南傣族田制的资料后,于1980年11月写的《绎史斋学术文集·前言》中说:

> 现在我……的看法并没有改变,我仍然主张中国封建社会自西周开始,除了古文献的材料外,近年来云南的史学工作者在作了傣族田制与农奴制和周秦社会的比较研究后,同样得出了西周是封建社会的结论。[②]

3.关于中国封建社会的历史发展历程

杨向老认为,中国封建社会的历史发展历程可以分为下列四个阶段:

其一,封建社会前期,即西周到西汉(公元前10世纪至公元)。先生通过对战国至西汉时期土地经营状况和奴隶来源的考察,认为中国封建社会前期是领主经济居主导地位的时期,领主通过公社对农民取得超经济剥削。战国时期以后,地主阶级已经抬头,不过领主的势力并未完全肃清。秦与西汉还是领主与地主交哄的时代。但地主经济并未完全摧毁领主经济,宗法制度的残余还是顽强地保留了下来。先生还认为,“两汉是封建社会。从战国开始到西汉末是一个从宗法封建社会过渡到地主封建社会的时期”,“两汉存在着奴隶是事实……但这时的奴隶已经变质……是结合在封建社会内的家内的奴隶”。[③]

其二,封建社会成熟期,即后汉至晚唐(公元1世纪至9世纪)。杨向老认为,王莽末年的农民起义,摧毁了领主阶级,社会向前发展了。中国在东汉到北魏时期进入了成熟的封建社会。

其三,封建社会后期,即北宋到鸦片战争以前(公元10世纪至19世纪中叶)。杨向老认为,这一时期,农业和手工业顽强地结合,并长时期阻碍了中国工业的发展;中国农村封建经济与商人资本虽存在结合,但这种结合还是封建主义的表现而绝对不能说是资产阶级性质的,加上其他因素,

---

① 参见《杨向奎集》,第124~125页。

② 杨向奎:《绎史斋学术文集》,上海:上海人民出版社,1983年,“前言”第1页。

③ 《杨向奎集》,第56页。

就造成了中国封建社会后期的迟滞性。

其四，半殖民地半封建时期，即鸦片战争到中华人民共和国成立(1840～1949年)。杨向老认为，这个时期虽然是中国半封建半殖民地时期，但原始氏族制度的残余仍然存在，宗族共财制度在南方随处可见，而北方却并不普遍存在，充分反映了中国社会发展的不平衡性。

综上所述，杨向老对中国封建社会的历史分期和西周社会性质的论述，上升到了理论的高度，即从唯物史观出发提出问题并加以分析、论述。先生的论证，逻辑严密，史料依据充分，史论有机结合，这就在范老、吕老、翦老论证的基础上，使"西周封建说"的体系更为系统、完整，也更为科学，因而长时期以来得到许多史学专家和学者的赞同，成为古史分期中岿然自立的一个学派。近年来，"魏晋封建说"虽大有后来居上之势，但恐怕也难以撼动"西周封建说"。

杨向老运用唯物史观研究历史，并不仅仅表现在中国封建社会历史分期上，而在他的研究中随处可见。于此仅举两例：

一是对"古史辨派"的批评。先生认为，科学研究一旦"离开了历史唯物论的武器，是不可能解决任何历史问题的"。他说："我曾经相信过'古史辨'的理论，但我也相信历史的真相、社会的发展规律以及宇宙的奥秘是可以探求的，我不相信'上帝的柜子'永远打不开，而宇宙是可知的。"①先生的这种观点和"古史辨派"是截然对立的。

"古史辨派"是20世纪二三十年代一个很有影响的学派。如杨向老所说，"'古史辨'的功劳主要是对于传说中的古史的'破'，这一破对于后来建立科学的真实的古代史是有积极作用的"，同时也有"冲击某些封建权威""某些封建道统的权威"，继承"'五四'精神的传统，反对封建主义的积极意义"。但先生也指出，"古史辨派"不了解社会发展规律，无端地把西周以前的古史都说成是后人的伪造。他们掀起的"疑古运动"，在古史问题上多"重复过去的老路，恢复到今文学派康有为的立场"，指责汉代刘歆等人伪造《左传》和《周礼》，伪造虞夏商周的古史系统。② 这种观点"是今文学派的

① 杨向奎:《古史辨派的学术思想批判》,《文史哲》1952年第3期;《论"古史辨派"》,《杨向奎集》,第385页。

② 《杨向奎集》,第372、389页。

偏见。儒家托古改制的说法，只是把他们的理想放在古代，并没有伪造中国古代史。中国古代，至少虞、夏、商、周的时代是存在的，我们不能否认这个体系”[①]。

杨向老以唯物史观批评“古史辨派”关于尧舜禹在古史上不存在的论断，颇为精彩。他说：

> 存在于一切书上的关于中国古代史的记载，如果我们能够掌握历史唯物论的方法，加以分析批判，我们可以找得出中国古代社会发展的规律。由于尧舜的禅让传说，我们可以很好地说明那是氏族社会酋长选举制，而不能说那是儒家的伪造。相反，是酋长选举制的传说留下来儒家以禅让制度去解释他，“古史辨派”的说法是本末倒置。由于大禹是水虫的记载，可以说明那是氏族社会的图腾崇拜。整个夏族是以龙蛇作图腾的，黄帝之名轩辕是元鼋，鲧之化为黄熊，是三足鳖，相柳是九头蛇。由于这些图腾的崇拜，可以了解夏代的水患，可以推测夏代的农业、水患和龙蛇崇拜是有关联的。仅仅说大禹是一条虫解决不了任何问题，把禹的天神地位打倒，把古史推翻，这造成古史的混乱，而没有解决任何问题。[②]

先生还批评“古史辨派”，说他们“怀疑虞，怀疑夏，对商、周的许多历史也持怀疑态度。这就未免太过火了，玉石俱焚，这样一来，硬把中国的四五千年的历史变成两三千年历史，这种看法是武断的、没有根据的。无论从古代的文献记载上，还是从考古发掘上，这种理论都是难以成立的”[③]。50年代，杨向老和他的好友、顾先生的得意弟子、著名的疑古健将童书业写文章辩论时，童署名“童疑”，“疑”是疑传统的古史系统；而先生则署名“杨守”，“守”是守虞、夏、商、周以来的古史系统。从署名上看，也反映了先生的历史唯物主义精神。

二是对理论物理学的研究。杨向老于60年代后开始运用唯物史观研究理论物理学和数学，并取得了很多重要成就。其中之一便是将熵引入物

---

① 《杨向奎学述》，第9页。

② 杨向奎：《古史辨派的学术思想批判》，《文史哲》1952年第3期。

③ 《杨向奎学述》，第910页。

理学中，这在当时国内外学界中尚未有先例。先生认为宇宙中充满了熵。熵是引力作用，但它不起“引力”的作用，而起“重力”的作用。熵重是构成大块物质的基础，天体或者星球的构成应当从熵重讲起，而不必从“大爆炸”中去索取什么。这一理论是很重要的，符合事物发展过程中“内因起决定作用”，“外因通过内因起作用”的哲学原理。这里的“内因”即指“熵重”，“外因”即指“大爆炸”。如果“大爆炸”能起作用，那只能是在“熵重”的基础上起作用。

二、杨向老对上古史的重新塑造

著名先秦史学家吴锐先生说，杨向老在史学研究领域贡献最大的“还是对上古史的重建”，“杨派上古史是有成立的基础的，它的两大支柱即神守、社稷守和炎黄文明”。实际上，先生重建的上古史还应包括中国阶级社会的开端、中国古史分期等内容。这两点前已述及，此处不再赘言。

杨向老在山大十年间，对上古史的重建主要做了下面一些工作：

1.对虞、夏两代历史的研究

我国的阶级社会源于何时？有的史家认为自夏代开始，还有的认为自殷代开始。杨向老在《应当给有虞氏一个应有的历史地位》一文中，对虞、夏两代进行了认真研究，梳理出有虞氏的世系，指出虞舜是颛顼之后，颛顼之后有幕，有瞽瞍，有舜，有遂，有胡公。幕和瞽瞍也是传说中有名的人物。有虞氏应当是处于以父系家长制为主导的阶级社会的萌芽时代。当时的生产工具是“击石拊石”，依然还是石器时代，不过已有牛羊，有仓廪，在生产上是畜牧业与农业生产的结合，这时已有关于私有产业的传说。种种迹象表明，有虞氏时代已有了奴隶制的萌芽，因此，可视为我国阶级社会的开始期。

杨向老在《大禹和夏后氏》《夏本纪越王勾践世家地理考实》等文中，对夏代历史进行了研究，并得出了这样的结论：如果说幕和瞽瞍的时代便是中国从原始社会走向阶级社会的时代，那么大禹的时代便是中国真正进入阶级社会的时代。夏代的奴隶制更向前进了一步。杨向老也不同意傅斯年先生的“夷夏东西说”，即夏代起于西方、夷族在东方的主张，而明确指出夏代起于东方；夏代中世以前，政治中心在今山东省，其势力及于河北、河南。晚期则移居河东及伊、洛流域，然而东方仍有其孑遗。《史记·夏本纪》所记，禹后为启，启后为太康、中康、相、少康四君，是符合历史事实的；少康即王位后，有夏中兴之事业于是完成。

2.关于神守与社稷守、炎黄文明的研究

杨向老在山大十年间，不见有神守与社稷守、炎黄文明的研究成果。但实际上，先生从40年代起，即开始对这些重要问题进行专题研究，其成果汇集在60年代初出版的《中国古代社会与古代思想研究》一书中。因此，这里对上述几个问题进行一些简要叙述还是必要的。

先谈神守、社稷守的研究。神守、社稷守是有关中国上古社会实体统治形式的关键问题，反映了中国上古史发展的历程。早在20世纪40年代初，杨向老继国学大师章太炎之后，开始研究神守、社稷守问题，50年代以后，又进一步建立了神守、社稷守问题的理论框架。先生以大禹杀防风氏为例，指出，“防风国”名的出现，说明我国古代在4000年前即存在神守国与社稷守国。神守国（防风氏）时代，即神的时代。社稷守即后来的阶级社会国家，夏即社稷守国。以后属于炎帝系统的姜姓国申、吕，代表我国当时的南方文化，都是曾经称王的国家。它们都是重黎后：重司天属神，后来为申；黎司地属民，后来为吕。于是申为神守国，吕为社稷守国（后来的齐国即出于吕）。这样，杨向老就在这种神话的迷雾中揭开了其中隐藏着的真实的历史。

再谈炎黄文明的研究。杨向老继承和发展了顾颉刚先生关于炎、黄不同族，炎是炎，黄是黄的观点，同时又进一步对姬、姜两个部落的氏族来源、族姓、图腾崇拜进行了深入的分析、研究，指出华夏族尽管可以作为中华民族的代表，但不能说华夏族仅由炎、黄两族构成。而东夷集团尤其是殷商在构成华夏氏族中起了骨干作用。夏、商、周三代，或者是虞、夏、商、周四代，共同融合成华夏族。在四代中，虞、商代表东夷集团，而夏、周代表华夏集团。华夏族的形成当先夏而后周，姜羌之与华夏结合也当先夏而后周。先生的论断，析源解流，使许多纠缠不清的问题各得其解。

80年代后，杨向老出版了《宗周社会与礼乐文明》《论“以社以方”》等重要论著，在神守、社稷守和炎黄文明问题上继续取得重要研究成果。

3.关于中国古代思想史研究

杨向老自走上学术研究之路，就把重点放在了中国古代思想史和经学上。

先谈杨向老的中国古代思想史研究。杨向老自迈入学术领域就开始对中国儒学的一些重要问题进行了专题研究。1955 年，先生发表了《论西汉新儒家的产生》一文，在论述以董仲舒为代表的“新儒家”时指出，董仲舒的“新儒家”是在汉武帝时期统治者不满足于“黄老学说”和法家的基础上应运而生的一种新的儒家，“就是说这是发展了的儒家，不同于孟子，也不同于荀子，正好是这两派的混合”。“新儒家”的思想就是“罢黜百家，表章六经”，而其具体措施则是“改正朔，易服色，行封禅，礼百神”，从而为汉家统治也为儒家“找到了宗教上的依据”。此后，杨向老对儒家的研究不断深入，60 年代初出版的《中国古代社会与古代思想研究》一书充分反映了这一点。该书乙编着重阐述了儒家产生的历史条件、儒家学派的主要思想内容、儒家的发展阶段、作用及其地位，同时对墨家和道家、对宋学和清代汉学也作了深入的分析，提出了一些颇新颖的观点，受到学界的重视。80 年代以后，先生又陆续出版了八卷本的《清儒学案新编》。该书与 30 年代出版的由徐世昌主持编纂的《清儒学案》相比，后者的编写者不是学者，既不懂哲学，也不懂训诂、历史和文化，该书充其量只是一部较为简陋的学术史资料长编；而《清儒学案新编》是从哲学、历史、文化和训诂的角度，阐述了清代学术思想的发展演变过程，起到了清代学术思想史和学术思想史料选编的双重作用。先生自己对该书的评价是：“我的书虽无统一计划，体例也不完整，但典型训诂、考据那部分和今文经学那部分源流分明，解释清楚，可无愧于前人。”先生晚年，又多次谈及现实的新儒家。他说，清初儒学哲学趋于凋敝，民国初年以来，新儒学兴。此后，不断有新儒家产生，其中熊十力、冯友兰被誉为新儒家首要人物中的两位大师。但杨向老认为，这些新儒家的思想都不够新，“我们希望具有更新思想、现代科学思想的大师产生，以应付即将到来的异文化的挑战”①。正是基于这一新思想，先生历经

① 《杨向奎学述》，第 161、95 页。如今自然科学和社会科学的交叉运用和相互借鉴，儒学与现代科学相结合，已成为学界发展的趋势，因此，杨向老提出的新儒学应当与现代科学相结合的思想是正确的，有前瞻的，值得学界重视。

几十年艰苦卓绝的努力，写出了上引的自然科学方面的专著，从而在一定意义上开辟了自然科学和社会科学的交叉运用和相互借鉴之路，同时也充分反映了先生有关儒学与现代科学相结合，在建设中国特色的社会主义、复兴中华民族的伟大使命中发挥更大作用的良好愿望。如今，杨向老已经作古，忆及先生在儒学领域的研究成果及其所开辟的新路，称他是现代新儒家的代表，我想恐怕一点儿也不为过。

再谈杨向老的经学研究。杨向老进入山东大学工作后，继续在经学领域耕耘，于1955年发表了《五行说的起源及其演变》一文，对五行说作了具体的发挥和论述。

山大时期杨向老经学研究的重点是《周礼》。先生在《〈周礼〉的内容分析及其成书年代》一文中指出，自从《周礼》得到王莽的表彰以后，这部书的真伪及其成书年代，就成了中国学术史上的一个"存在问题"，今文学家视其为王莽、刘歆的"伪造"。杨向老在阐释了《周礼》的社会经济制度、政法制度、学术思想和体系、成书的时间与地点以后，指出"《周礼》可能是一部战国中叶左右齐国的书，《大戴礼》曾经引用过它，司马迁、匡衡也引用过它，无论如何不是王莽的伪造"，而且王莽为达到篡夺西汉政权的目的而引用、效仿过"周礼"，同时他本人对《周礼》"还有许多误解"。[①]

在今文经学研究方面，杨向老撰写了《〈公羊传〉中的历史学说》，指出《公羊传》中的"中国""夏"与"夷狄"不是狭义的种族概念，它定义于政治与文化的水平，夷狄可进为中国，华夏可退为夷狄。"中国"而有"夷狄"行，亦新夷狄也。夷狄不能主中国，是"中国不能主中国"。反之，如"夷狄"能匡王室而尊尊，"夷狄"亦新中国，中国当然可以入主中国。此后直至80年代，先生又陆续撰写了一系列论文和《大一统与儒家思想》专著，着重论述和强调公羊学派在历史上的作用。先生认为公羊学派的大一统思想，对于维护中国大一统，正确处理中华民族大家庭中各民族的关系以及民族团结都起了无比的好作用。这体现了杨向老"以史为鉴"的中华传统的史家治史思想。

4.金文与甲骨文研究

在杨向老史学研究方法的四重证中，先生在山大的十年间，主要重视

① 《杨向奎集》，第198、190页。

和运用文献资料、金文和甲骨文两重证。下面以两例叙述先生在金文和甲骨文研究中所取得的令人瞩目的成就。郭沫若先生曾对《国语·周语下》“我姬氏出自天鼋”一句解释说:“天鼋即轩辕也。”轩辕即黄帝,也就是姬氏出自黄帝。杨向老同意这种观点,并从青铜铭文中认出了“玄鼋”这两个字。先生说,天鼋即玄鼋,“天”“玄”古音相同,再从图腾来看,炎帝一系是熊,而黄帝一系是龙,炎黄融合后,出现了《天问》中“焉有虬龙,负熊以游”的有趣场面①,从而有力地支持了郭沫若先生的正确看法,对探索炎黄文明作出了重要贡献。再如,商朝武丁时的卜辞习惯用语中有三个字,这是自甲骨文字出现以来聚讼数十年而未解决的重要问题之一。先生经过详细考证,认为这三字应是“不玄冥”,即指兆璺之不昏暗、不模糊。这一解释得到了著名文史专家郭沫若的赞同:“其言至确。”②

三、杨向老与《文史哲》

杨向老受其师顾颉刚先生的影响,一生喜欢办学术刊物。他始终认为,社会科学的刊物就如同自然科学的实验室,没有刊物的学校与研究机关,研究成果无处发表,得不到学术界的评价、支持和检验,就会枯萎。可以说,刊物是培育学术的泥土,没有刊物,就不会有学术的繁荣;学术刊物的多少及其水平的高低,反映了一个国家学术水平的高低。

1951年,杨向老和山东大学文学院同仁创办了哲学社会科学刊物《文史哲》,其办刊宗旨是:(1)办好刊物,繁荣学术;(2)培养学术人才;(3)发现学术人才。《文史哲》最初只是一个同仁刊物,创办时困难重重,既无经费,又无经验。他们为此花费了不少的心血和精力。当时并无专职编辑,全由中文、历史两系的教师兼任。为了办好这个刊物,杨向老和同事们承担了所有的收稿、约稿、定稿、编辑和校对等工作。印刷厂离校园很远,为了处理有关出版事宜,他们经常步行去印刷厂,有时还要到车间去校对。刊物出版后,由于与外界无联系,无法发行,于是就各自找了一些朋友往各个大

① 参见《杨向奎集》,第218页;《杨向奎学述》,第8页。
② 《杨向奎学述》,第71页。

学寄，再托各大学的朋友将刊物放在各自学校的传达室售卖。卖不出去时，这些朋友便自己掏钱买下，然后将钱寄回编辑部。后来，在山东大学校长华岗、教务长罗竹风的大力支持和协助下，他们又与邮局取得了联系，《文史哲》改由邮局发行，并由此走上了正轨。但这时发行量依然很少，困难万端，杨向老就直接给当时的青岛市委书记兼市长写了一封信，请求给予援助。后者很慷慨地拨给他们2000万元（合现在的2000元），山东省委统战部也拨了2000万元，共4000万元，这就从经费上救活了《文史哲》。然而，此时发行量还是不大，影响也小。后来，杨向老和同事们开动脑筋，寻找学术热点，在刊物上先后开展了有关农民战争、历史发展阶段、中国历史分期等问题的大讨论，特别是开展《红楼梦》的讨论引起了毛泽东主席的注意，发行量迅速上升到几万份。从此，《文史哲》不仅经费和销量问题都得到了圆满的解决，而且在学界中发挥的作用和影响亦日渐扩大和深远；与此相应的是，《文史哲》也培养和造就了一大批学问家，为繁荣和发展祖国的科学事业作出了重要贡献。可以说《文史哲》现已成为学术界的重镇之一。这已为社会上所公认。但杨向老对此总是说，这不能归功于某个人，而是大家共同努力的结果，荣誉应归功于大家。不过，这里应说明一点，杨向老和他的同事们所设计的有关《红楼梦》的讨论，最初本来只是一种百家争鸣，但后来被上升为政治问题，俞平伯先生受到错误批判，有违他们的初衷。后来《文史哲》成为全国各高校文科学报唯一获得中国出版领域最高奖——“中国出版政府奖·期刊奖”的刊物，人们欣喜之余，也不会忘记这其中所凝聚着的杨向老和他的同事们的心血和汗水。

岁月如梭，时节如流。杨向老离开我们已十有一年了。认真学习杨向老和老一辈学者为学术界留下的一笔笔宝贵的财富和学术风范，发扬他们的治学精神和治学方法，是我们学界晚辈和后来人义不容辞的责任，同时也是不断推动我国社会科学向前发展的需要。

（原载《文史哲》2011年第5期，收入本书时有改动）

王绍曾先生与目录版本学研究

杜泽逊

“目录版本”，这是王绍曾先生（1910～2007）生前填写各种表格在“研究方向”一栏最常用的措辞。为什么这样填，而不是“版本目录”？据先生自己解释，目录学是自己的学术根基，从学术史看，先有目录学，后有版本学。“版本目录”还有歧义，那就是在“版本和目录”之外，还可理解为“讲求版本的目录”，那就成为目录学的一个支派了。王绍曾先生一生从事的学术工作有若干方面，成果不可谓不富，但正如先生自己所强调的，其主要成就是目录学。

王绍曾，字介人，号介盦，又号霞客乡亲。江苏江阴人。生于1910年12月19日，卒于2007年4月13日，终年97岁。关于先生的名字，他生前告诉笔者，“绍曾”就是远绍宋代的王曾，他是“敬惜字纸”民间习俗中常见的一个典范。“介人”也就是继承人。“霞客”是指明代地理学家徐霞客，江阴历史文化名人。先生出生在一个农民家庭，母亲以养蚕为生。先生1927年考入无锡国学专修学校，从此步入学术殿堂。

无锡国学专修学校简称“无锡国专”或“国专”，因为全国就这么一所国学专修学校。该校的创始人是国学大师唐文治，王绍曾先生生前称其为“唐老师”。曾在国专授课的老师有钱基博、陈衍等著名学者。钱基博先生担任上海光华大学文学院院长，兼任无锡国专教务长，每周到无锡授课一次。国专培养了大量国学人才，知名的有钱仲联、王蘧常、朱星、周振甫、唐兰、冯其庸等。当时与北京的清华国学研究院、北大国学门都是培养国学专业人才的重镇。王先生在这样一所专科学校，受到专门培养，打下了一生的基础。先生的毕业论文是《目录学分类论》。这篇用文言文写成的长达六万言的大专毕业论文，是那个年代少有的目录学优秀论著。该文从刘向、刘歆父子的《七略》，讲到民国年间引进的杜威十进制法及其在中国之改进，显示了对中国传统目录学的深刻认识和对中西目录学的融合之功。先生一生治学，甚至包括个人的医疗保健，从来不排斥新方法，甚至亲自试验，他的这种开拓进取精神，也是那时养成的。这篇论文是钱基博先生指导的。钱先生对这篇论文非常满意，打了100分，还建议收入《无锡国专学生丛刊》第一期正式出版。当年的这个版本已不易得，王先生藏有一本，近年收入先生的《目录版本校勘学论集》，由上海古籍出版社出版，才广为流传。钱基博先生当时把论文带到光华大学给师生们传看，后来又在另一位弟子俞振楣的论文上作过这样的批语："我自讲学大江南北以来，得三人焉。于目录学得王生绍曾，于《文史通义》得陶生存煦，于韩愈文得俞生振楣。"足见钱基博先生确实把王绍曾先生列入得意弟子的行列。在后来的颠沛流离中，王先生一直保持与钱先生通信。晚年王先生曾与周振甫先生等共同整理再版钱先生的《中国文学史》，并撰写了《钱子泉先生讲学杂忆》的文章。王先生在晚年的教学中，也常常提到钱先生。其师生情谊之笃，影响之深，可以想见。钱基博先生没有出版过目录学专著，只出版了一本版本学著作《版本通义》，是早期不可多得的版本学专著之一，也是王绍曾先生经常提到的。基于对钱基博先生的特殊感情，王绍曾先生和钱锺书先生也保持着联系，写信、赠书，还在1991年与周振甫先生到钱锺书先生家访问过，谈叙两小时，所谈多系往事，并合影留念，当时他们都已是80岁的老人了。

1930年王绍曾先生无锡国专圆满毕业后，经校长唐文治推荐，进入当时亚洲最大的文化出版机构——上海商务印书馆，追随国学大师张元济先生校勘《百衲本二十四史》。这是王先生治学道路上的又一个里程碑。

商务印书馆在中国近代文化的发展进程中扮演着重要角色，严复的学术译作、林纾的文学译作，都是商务印书馆出版的，《东方杂志》《小说月报》这些名刊也是商务印书馆出版的，当然还有遍及全国的中小学教科书。在古籍整理出版方面，几乎独占了数十年来研究中国旧学领域的图书资料系统的是商务的《四部丛刊》《百衲本二十四史》《古逸丛书续编》《丛书集成初编》《孤本元明杂剧》等。商务印书馆还拥有当时全国最大的图书馆——"东方图书馆"，其中的善本部称为"涵芬楼"，收藏着宋元古本、名家抄校，是藏书史上的著名藏书楼。商务印书馆还拥有强大的学者队伍和编辑队伍。

商务印书馆为了整理影印《百衲本二十四史》，专门在张元济先生家附近设立了“校史处”，日常工作由汪诒年、蒋仲茀两先生负责。参加过校史工作的还有赵荣长、胡文楷等先生。校史工作由张元济先生亲自主持。那么，校史处的工作是什么？为什么要从事这项工作？这是必须说明的。

中国的古籍数量庞大，但骨干是“正经”“正史”。正经，即通常说的《十三经》。正史，即《二十四史》。《二十四史》是逐渐累积起来的，其刊刻，元代有《十七史》，明代增加到《二十一史》，清代乾隆间定型为《二十四史》。正史的刊印，从来都是文化出版领域的重中之重。就明清以来的情况看，明代南京国子监有《二十一史》，北京国子监又刊印《二十一史》，形成著名的“南监本”和“北监本”。明末又出现了流传颇广的毛晋汲古阁《十七史》。到清代乾隆年间，著名的皇家刻书处“武英殿”又刻印了《二十四史》。太平天国平息后，同治年间又由江苏、浙江、湖北的五大官书局合刻了《二十四史》，称为“局本”。中华人民共和国成立后，最大的古籍整理工程就是中华书局点校《二十四史》。可以说，谁抓住《二十四史》，谁就可以在出版行业名利双收。商务也不例外。清末以降，《二十四史》已有同文书局、五洲同文书局、图书集成局、竹简斋、史学斋等多个版本。商务自己也印过一种。这些大都直接或间接地来自乾隆武英殿版。至于“局本”，当时也较易得。如何使《二十四史》从学术质量上更上一层楼，超过其他通行版本？是一个很大的学问。张元济想出了影印宋、元、明旧版，汇为《百衲本二十四史》这样一个方案，获得了巨大的成功。在中华书局点校《二十四史》出版前，《百衲本二十四史》一直是绝对的权威。中华书局本出版之后，《百衲本二十四史》依然是老辈学者的插架常备书。

《百衲本二十四史》采用的是影印方法，但经历了艰苦的校勘考证过程。首先要选取各史传世较早的版本，然后要与其他版本尤其是清代乾隆武英殿本对校，参校的版本则有宋、元、明刻本多种，其中以明南、北监、汲古阁本为主体。这样大规模的通校“全史”，在历史上是不多见的。清代武英殿本各卷附有“考证”（即校勘记），算是此前最系统的“全史”校勘工作。至于私家如钱大昕、王鸣盛、赵翼三大家，他们的突破固然很大，但获见旧本太少，无法与张元济相比。张元济主持的《百衲本二十四史》校勘工作，历时多年，最后形成了173册《百衲本二十四史校勘记》手稿。这次校史活动的直接成果是印出了《百衲本二十四史》。这套正史以宋、元、明旧本为底本，同时汲取了殿本以及其他旧本的长处，改正了一些明显的错误，形成了独特的“百衲本”版本系统。第二个成果是每一史后都有一篇张元济的跋，可以说是二十四史版本研究的优秀成果。这些跋曾经出过单行本，后来收入张元济《涉园序跋集录》，广为流传。这些跋文讨论了各史流传的经过和传世各种版本的关系、优劣，尤其对清代的“官版”武英殿本提出了系统的批评。在此之前的相关介绍，如孙德谦的《古书读法略例》等，都把殿本作为最好的版本来推荐。可以说张元济的《百衲本二十四史》打破了这一局面。第三个成果是张元济采取《百衲本二十四史校勘记》精华写成的《校史随笔》。这本只有一册的小书，与陈垣的《元典章校补释例》(后改名《校勘学释例》)可以说是近百年来最富创见的两部校勘学专著。第四个成果就是多达173册的《百衲本二十四史校勘记》手稿了，可以说大规模的《百衲本二十四史校勘记》是张氏校勘学成就的基础。

王绍曾先生在商务印书馆校史处工作到1932年一·二八事变才离开，回到母校无锡国专，任图书馆主任。此前的主任是蒋天枢先生，蒋先生考取清华国学院，由王先生接替。王绍曾先生在校史处的工作就是每天与同事一起从事对校，填写已经印好格式的《百衲本二十四史校勘记》。其间由于工作的需要，也由于王绍曾先生独特的学术头脑，他利用涵芬楼的善本特藏，系统调查了《二十四史》的版本源流。到了无锡国专图书馆后，就撰写并发表了长篇论文《二十四史版本沿革考》，从宋元到明清，用大量的历史资料和目验的材料，理清了“正史”版本源流。该论文在这一领域一直受到格外重视，台湾学者王国良先生在《中国图书文献学论集(增订本)》中特别收入了王先生这篇长文，作为《二十四史》版本考证方面的代表成果来对待，同时入选《中国图书文献学论集(增订本)》的有马衡《中国书籍制度变迁之研究》、余嘉锡《书册制度补考》、胡适《校勘学方法论》、陈垣《校勘法四例》、屈万里《十三经注疏版刻述略》、陈国符《历代道书目及道藏之纂修与镂板》、周叔迦《大藏经雕印源流纪略》、王伯祥《四库全书述略》、谢国桢《丛书刊刻源流考》、杨殿珣《中国年谱概说》、罗香林《中国谱籍之留传与保存》、罗福颐《清内阁大库明清档案之历史及其整理》等。从这一角度可以看出王先生这篇论文的学术地位。

由于参加了《百衲本二十四史》校勘工作，王先生一生都把自己看作张元济先生的学生。的确，王先生在版本学和校勘学上的成就，主要得益于张元济先生的指导。王先生一直对张元济先生怀有深厚的感情，即使离开商务印书馆之后仍与张元济先生保持着密切的来往。“文化大革命”后王先生还写信给中央领导陈云同志，为张元济的儿子张树年先生的工作和生活安排操心。1981 年王先生发现得了癌症，做了切除手术。在手术后不久，他即抱病撰写了《近代出版家张元济》一书，交商务印书馆出版，从而成为新时期张元济研究的开拓者之一。王先生在序言中说：“每当想起三十年代初追随先生校史，谆谆教诲，记忆犹新；近年阅读先生著作，感受尤深，总想写一点东西来表达对先生的敬意。”从这件事上，可以看出王先生对张元济先生的深厚情感。

关于王先生与《百衲本二十四史》的因缘，还表现在王先生在晚年花费了大量精力主持整理《百衲本二十四史校勘记》这件事上。《百衲本二十四史校勘记》173 册在中华书局点校《二十四史》时由赵守俨先生经手借去。“文化大革命”后王先生在一些场合呼吁整理《百衲本二十四史校勘记》，引起时任中华书局副总编辑赵守俨先生的高度重视。他指示中华书局的工作人员在各处寻找《百衲本二十四史校勘记》稿本，分批归还商务印书馆。可惜有 7 种迄今未得下落。经过动荡的岁月，又有谁能保证这些先贤用心血撰写的高层次成果不遭劫难呢？幸存的《百衲本二十四史校勘记》稿本 133 册(16 种)被分批交给王绍曾先生。当时由我一趟一趟用包背到济南，交给王先生，并与王先生一起逐册清理，分辨出张元济先生亲笔和其他校史处成员汪诒年、蒋仲茀等先生的笔迹，这些结论已在王先生的有关论文中体现出来。那时幸存于世的校史处成员只有王绍曾先生一人了。校史处成员赵荣长先生的儿子赵统先生怀着极大的热情担任了繁难的誊录工作，为他客死台湾的父亲尽了最后的孝心。除我之外，山东大学的刘心明、王承略、李士彪、傅根清、徐超、王培元诸先生以及山东教育学院的程远芬等同志分头承担了各史的具体整理工作，先后历时八年，才最后完成并由商务印书馆分册出版。可以说，进入商务校史处参加《百衲本二十四史》校勘工作,对王先生一生的治学产生了极大的影响。记得在整理工作开始时,我们发现《百衲本二十四史校勘记》大都包括原始校记和“定本”。“定本”已删去了《百衲本二十四史》根据殿本修改过的文字内容,这些内容在原始校记中还保存着。“定本”是蒋仲茀先生根据张先生的指示办理的,所以王先生主张照“定本”整理。我则提出吸收原始校记的所有内容、合二为一的方案。王先生不同意。经过反复讨论,王先生说出了这样一句话:“菊老已经这么办了,你说怎么办呢?”张元济先生号菊生,周围人称他“菊老”。影印古书而改动文字,这是当代所不允许的。王先生不主张把改字的部分吸收到《百衲本二十四史校勘记》中,不无回护张元济先生的意思,“为尊者讳”应是内心的根源。但最终王先生还是同意了合二为一的方案。当时部分整理稿已交到商务印书馆,笔者又到商务做了一遍增补工作才印出来。从这件事,可以体会王绍曾先生对张元济先生的特殊感情,这种感情与学术工作交融时,表现形式是相当复杂的,甚至会令旁人觉得不好理解。《百衲本二十四史校勘记》可以说是尘封了五十多年才面世的,这是史学领域和版本校勘学领域屈指可数的成果。傅增湘认为张元济校史的贡献超过了钱大昕、王鸣盛、赵翼。从一定意义上说,这个观点是成立的。20世纪的大规模校史工作一共有两次,其成果便是《百衲本二十四史》和中华书局本二十四史。参加中华书局点校工作的学者,有“南王北唐”之称的王仲荦、唐长孺,在他们的治学经历中,已写下了闪光的一页。王绍曾先生早年参加商务印书馆《百衲本二十四史》校勘工作,晚年又历时八载主持整理了大部头的《百衲本二十四史校勘记》,在他的学术生涯中,也同样是闪光的一页。在认识和评价王绍曾先生的学术贡献时,这一页应当是浓墨重彩的。

1932年一·二八事变后,王绍曾先生去了母校无锡国专图书馆,1935年,又应民族资本家薛福基之邀担任无锡尚仁中学校长。抗战时期先后在成都和西昌从事行政和编辑工作,创办了《新宁远》月刊和《宁远报》。抗战胜利后,先生急于返乡,于是考取了当时国民政府在重庆的县长训练班,结业后分配到上海金山县任县长,18个月后便辞去县长一职闲居上海。中华人民共和国成立后,经著名民主人士周士观先生的推荐,进入华北人民革命大学政治研究院学习。毕业后分配到山东济南工作,曾任山东机械工业学院、济南工学院图书馆副主任。1960年,考上高亨先生的函授研究生。1963 年，经高亨先生推荐调入山东大学图书馆工作。1978 年，根据中央指示，《中国古籍善本书目》编写工作在全国铺开。山东大学图书馆在此之前没有善本书目，王先生从普通古籍中清理出善本约 1200 种，根据有关格式要求，上报《中国古籍善本书目》编委会，同时编出《山东大学古籍善本书目初稿》，交付油印。油印工作因故中辍。后来经过张长华、高传章尤其是沙嘉孙先生的进一步努力，《山东大学图书馆古籍善本书目》终于编成，经周洪才先生校补，出版行世。如果没有目录版本学基础，这项全国古籍善本书目工作就无法完成。

1978 年恢复招收研究生后，山东大学中文系殷孟伦、殷焕先先生，历史系王仲荦先生的研究生，都请王绍曾先生开设目录版本课。1983 年，山东大学古籍整理研究所成立，王先生调任该所工作。1985 年，古籍所招收第一届研究生班，王先生为指导小组成员，开设了目录、校勘方面的两门课，并分工指导连镇标、王君南、杜泽逊的硕士论文。后来又招收了在职研究生王承略，博士生孙荣耒、孙雪萍。我的博士论文则是王先生和徐传武先生联合指导的。

20 世纪 80 年代以后，年逾古稀的王绍曾先生焕发了学术青春，进入了学术生涯最旺盛的阶段，多个项目同时进行。先生每天早起晚睡，匆匆行走于图书馆、古籍所和寓所之间，风雨无阻，不间寒暑。其间出版的成果有《近代出版家张元济》、《山东文献书目》、《山东藏书家史略》（与沙嘉孙合作）、《中国文化史知识丛书》（共 30 种，任主编）、《订补海源阁书目五种》（与崔国光等合作）、《渔洋读书记》（与杜泽逊合辑）、《清史稿艺文志拾遗》、《百衲本二十四史校勘记》（主持整理）、《目录版本校勘学论集》等，《山左戏曲集成》（与宫庆山合编，王承略助编）则是在他去世后才出版行世的。从这些成果中，我们可以想象，在 70 岁到 90 多岁，二十多年间，一位老学者是如何为学术而奋斗的。这样的学者并不多见。这些成果每一项都是相关领域的重要成果，但先生花费精力最多、最重视的，并且最能代表先生目录学成果的是《清史稿艺文志拾遗》。

《清史稿艺文志拾遗》，就其性质来说，属于目录学的分支史志目录。正史中设有“艺文（经籍）志”的有《汉书》《隋书》《旧唐书》《新唐书》《宋史》《明史》六种。北洋政府时期修的《清史稿》也设“艺文志”，合前六种共七种。其他各史缺少“艺文志”的，清代学者大都作了“补志”。有“艺文志”而著录有遗漏的，从宋代王应麟以来，也不断有人作“补编”。这类成果后来被开明书店编进《二十五史补编》，受到学界广泛欢迎。围绕正史艺文志的订补，形成了清代朴学一个领域，也形成了目录学的一个传统，这项工作至今不衰。北洋政府时期修的《清史稿·艺文志》出于著名学者章钰、吴士鉴、朱师辙之手，由于当时条件所限，可资采用的书目太少，像样的书目只有《八千卷楼书目》《愚斋图书馆书目》数种而已，因此，虽然著录清人著述9000余种，但仍有大量遗漏。20世纪50年代，中国科学院武作成先生完成《清史稿艺文志补编》，增补清人著述1万余种。二者相加约两万种。这两项成果1982年由中华书局合订出版，书名为《清史稿艺文志及补编》。王绍曾先生看到这部书后，认为仍有大量清人重要著作未收入，有作再补编之必要，因而规划了《清史稿艺文志拾遗》，得到中华书局的大力支持。中华书局还征求了戴逸、来新夏等先生的意见。王绍曾先生也与顾廷龙、程千帆、王伊同等先生交换意见，受到广泛支持。这项工作开始于1983年，1989年列入教育部全国高校古籍整理研究工作委员会资助项目，1992年列入国务院古籍整理“八五”规划项目，1993年完成，2000年才由中华书局正式出版。参加编纂工作的前后有张长华、沙嘉孙、苗同圃、刘心明、王承略、李艳秋、程远芬及我等十多位同志，但始终由王绍曾先生亲自主持并亲自动手编纂。工作地点先是在山大图书馆古籍部，后移到古籍所资料室，王先生每天都来和项目组的同志一起工作，遇到问题随时商议解决。

《清史稿艺文志拾遗》比以往的艺文志及补志有较大的改善。过去的艺文志及补志基本上不著录版本、出处，《清史稿艺文志拾遗》则注明各书版本、出处。这为使用者提供了较大方便。在著录范围上，《清史稿艺文志拾遗》努力反映清代辑佚方面的成果，一部古佚书有多家辑本，分别作不同条目著录。对于晚清的翻译外国著述，也同样努力著录，同一书的不同译本也分别立目。这些外国著述，凡中国传统四部分类系统不能容的，则在子部另立“新学类”容纳之。四部能容的，也在相应类中增设“域外之属”以著录之。这样，晚清西学东渐的历史就得到了相应的实事求是的反映。对于史志目录来说，跟上学术文化发展，是衡量其成功与否的标准之一。《清史稿艺文志拾遗》可以说跟上了时代的发展，取得了成功。《清史稿艺文志拾遗》值得称道的地方还有网罗信息的丰富。《清史稿艺文志》和武氏《清史稿文艺志补编》一共著录清人著述两万多种，《清史稿艺文志拾遗》则增加了5.4万多种，使清人著述著录在案的达到大约7.5万种。自来史志目录及补史志目录网罗宏富、体例完善，无逾于《清史稿艺文志拾遗》者，从这个意义上讲，《清史稿艺文志拾遗》达到了历史的新高，取得了空前的成绩。在2003年教育部评奖时，《清史稿艺文志拾遗》获得一等奖，这是一种肯定。对于科研工作者来说，你的成果如果不能成为里程碑，也就是今后发展的新起点，那你就失败了。当然再好你也不可能是终结。我认为《清史稿艺文志拾遗》在史志目录编纂史和清代文献目录编纂史上是一个里程碑，因此也是王绍曾先生作为一位目录学家的代表作。当2002年国家新修《清史》工程启动之后，清史委员会主任戴逸先生在多次讲话中都特别提到山东大学王绍曾先生的《清史稿艺文志拾遗》，已经说明新修《清史·艺文志》以及《清人著述总目》的纂修，都必须以《清史稿艺文志拾遗》为基础，这就明确了《清史稿艺文志拾遗》的历史地位。

王绍曾先生从20岁国专毕业后步入学术界，就进入了"正史"研究领域，直到晚年，仍在这个领域耕耘、开花、结果，无论是在目录学领域，还是在版本学、校勘学领域，王绍曾先生的成果都主要在史部。当我们认识王先生学术特色的时候，这一点是应当注意的。

（原载《文史哲》2011年第5期，收入本书时有改动）

正直坚韧的史学家卢振华先生

张大同

卢振华，字南乔。因他发表文章时多以“卢南乔”署名，学界对其字更熟悉，故本篇小传也以“南乔先生”称呼传主。

南乔先生1911年1月8日出生于湖北黄安县（后改名为红安县）。1937年，他毕业于北平师范大学国文系。其后近10年间，他先后在湖北随县列山中学、恩施高中教学，在重庆北碚编译馆工作。日本人投降后的1946年，南乔先生北上青岛，到山东大学执教，此后凡33年未再迁移。学衔由讲师而进副教授、教授，曾任历史系亚洲史教研室主任和中国古代史教研室主任。

南乔先生是研究中国古代史的著名学者，综观其治学生涯，当以研究《史记》用意最深，以点校《南史》《梁书》用力最勤，以考论扁鹊等山东古代科技人物用功最精。以下试分而述之。

一

南乔先生是国内知名的《史记》研究专家。1964年，他主编的《史学名著选读》被指定为高等院校教材。早年还在大学读书时，他就致力于《史记》的研读，立志做《史记集注》，积累了大量的有关资料。后因看到日本学者泷川资言的《史记会注考证》出版，一度中止了这项工作。但后来南乔先生细检泷川资言之《史记会注考证》，发现书中有许多讹误纰漏之处，遂又以高度的民族责任感和执着的热情继续努力。他准备从标点、校勘、注音、注释、补佚、考订六个方面搞一部全面的中国人自己的《史记集注》。但多年来《梁书》和《南史》的点校任务耗费了他大量的心血，其他方面的研究不得不为这项国家重点工程让路。点校任务结束后，南乔先生立即着手从头收集资料，投入这项工程浩大、任务繁重的工作。可惜的是，过度的劳累和病魔的煎熬使他过早地离开了人世，终究壮志未酬，实为我国学术界一大憾事！

南乔先生对《史记》的研究主要集中于历史编纂学方面。1955 年他在《文史哲》上发表的《论司马迁及其历史编纂学》一文影响较大。这篇文章先后被收入吴泽先生主编的《中国史学史论集》和《历史研究》编辑部编辑的《司马迁与〈史记〉论集》。1955 年 11 月 9 日，南乔先生在《青岛日报》上发表了《略谈司马迁和他的〈史记〉》，之后又在此文基础上加以增订，于《文史哲》1956 年第 1 期发表了《司马迁在祖国文化遗产上的伟大贡献与成就》。南乔先生提出，司马迁在编纂方法上不是全无凭借的。他认为，《史记》所立五种体裁中，“书”“世家”“列传”是司马迁创立，而“本纪”之标目先秦已具，系采“禹本纪”之名而立；“表”则仿谱牒之类而立。“可知‘五体’实有创有革，而创制复多于因革，至于剿袭之迹是没有的。往下，两千年间，不论官修或私修的史书体制，未有能稍越〈史记〉藩篱的。”

南乔先生还以他深厚的功力和广博的学识考察了《史记》的史料来源，这些在《史记》研究方面都是带有开创性意义的。他认为，“历史材料对于历史编纂是重要的，事实对于学者就是空气；没有它，你就永远飞腾不起来”。他把《史记》史料的来源归纳为四个方面：一是先秦及并世载籍；二是历代与当代档案；三是考古文物与古文字的书传；四是亲历其地、访其人与口语、遗迹。在该文的附录中，又进一步将《史记》中所用的古籍按篇目排列，共列出 81 种，可见南乔先生用功之深。

1964 年，南乔先生在《山东大学学报》第 4 期发表《从史学和史料来论述〈汉书〉编纂特点》一文（后被收入吴泽主编《中国史学史论集》），从《汉书》对以前诸家的修记及其史料的运用入手，对《汉书》的史料价值作了翔实的考论。南乔先生认为，《汉书》的出现不是偶然的事情。司马迁之后，从元、成至平帝后，意在太史公书而有所“祖述”的，除熟知的褚少孙和刘向、刘歆父子外，还有冯商、卫衡乃至萧奋、刘恂等，共计 20 人之多，只是由于班固《汉书》的体制一新，这种为西汉作史的工作才算告一段落。班固与前人的不同之处在于，前人只是想对《史记》中所缺、断的西汉史事进行补、续，而班固则是要另起炉灶，自成一家。

《汉书》的史料出处不如《史记》明显，故考证起来更为困难。但南乔先生还是从多方面对其征引范围作了探讨，并对前人提出的《汉书》所取资的修记汉事诸家失考之处进行了辨正。

张大可先生在《三十年来史记研究述评》一文中写道："三十年来的研究成果，突出的表现就是广泛探索了司马迁思想的各个方面。郑鹤声、季镇淮两先生对司马迁行年和传纪的研究，卢南乔先生对史记编纂学特点的研究……都是独具见解、启迪新思的。"该文在谈到如何正确运用考据办法，在马克思主义指导下将考据与唯物史观的分析方法结合运用时说："在这方面，卢南乔的《司马迁在祖国文化遗产上的伟大贡献与成就》、程金造的《关于司马迁生卒年月四考》、陈直的《太史公书名考》等，都是考论结合的佳作。""回顾三十年，老一代学者发挥了骨干作用……他们的精辟论述和号召力，奠定了《史记》研究的基础。"①

南乔先生虽然未能实现完成一部中国人自己的《史记集注》的宏愿，但他留下的研究《史记》的几篇论文，已在学术界产生深远的影响，为推动《史记》研究的深入发展作出了重要贡献。

二

《二十四史》的点校出版工作，是新中国学术史上一大盛事。参加点校工作的，是周恩来总理提名的顾颉刚、郑天挺、刘节等全国一流的硕学名家。从1958年开始，到1978年结束，历时20年，南乔先生基本上始终参与其事。《二十四史》中有两史——《南史》和《梁书》是南乔先生点校的，字里行间都融入了南乔先生的心血。

中华书局的这套新版《二十四史》出齐后，山东大学考古学专家刘敦愿先生购置了一套，他想请南乔先生这位点校者本人在他的劳动成果《南史》上写个简单的题记，以资纪念。南乔先生欣然命笔，在病榻上为同乡兼好

---

① 张大可：《三十年来〈史记〉研究述评》，《人文杂志》1983年第6期。

友写下了3000余字的《〈南史〉记言——题赠敦愿兄〈南史〉》。这篇记言的落款时间是1979年1月27日,旧历除夕之夜。这大概是南乔先生留下的最后的文字。从这篇手稿里,可以看到南乔先生为点校工作所走过的艰辛历程。

1958年年底,中华书局派人到青岛,约请山大历史系的几位教授点校南朝五史。当时商议,由张维华、华山先生点校《宋书》,王仲荦先生点校《南齐书》,韩连琪先生点校《陈书》,南乔先生则负责点校《梁书》。1959年暑假,南乔先生就把《梁书》点校完了,是用百衲本和武英殿本对照着点校的,同时对文字异同作了一些校勘。

1963年11月21日,南乔先生由中宣部、文化部和教育部联合行文调至北京中华书局。因为点校《二十四史》的组织工作由中宣部负责,而中华书局属文化部,山东大学等高校则属教育部。不久,在人民大会堂专门召开了会议。中宣部周扬副部长在会上传达了毛主席的指示。周扬说:"我们提出十年改变古书面貌,主席说,先从《二十四史》做起。经过多年,还没有什么进展,只好把分散在各地的人员调集来北京,突击一下,希望能在短时间内完成。"并要求教育部组织的一百多种教材推迟一下,为《二十四史》的点校让路。对古籍的版本问题,周扬也很内行,他指出,不要迷信古本,殿本也不错,有的就可以用殿本作为底本,何必用百衲?会后,学者们在新疆厅用餐,南乔先生和范文澜、吴晗等同在一席。

王仲荦先生因家人非让他在家过完五十大寿不可,迟了些时候才到京。此时恰逢南乔先生53岁生日,他兴来挥笔,书赠仲荦先生五言诗一首。诗中将诸学者点校各书的分工都写到了,正如南乔先生自己所说:"盖记史局之盛,可实录也。"现把此诗照录于兹(诗中括号所注一仍其旧):

昨闻公始满,今朝仆又过(平声)。

幽燕同作客,辛苦共磋磨。

齐梁争手笔(我搞《梁书》是附骥尾),元魏最唐多(原是长孺先生搞《北魏书》)。

追王周齐远,琅玡又挽戈(原是王搞《周》《齐》书)。

二刘期竞爽(刘节先生搞刘昫的《旧唐书》),五代起新波。

桓文陈夫子,门第子盈科(刘乃和、柴德赓和我都受业于援庵先生，郑天挺先生则是先及门也）。

赵宋文章盛，卷卷上虞罗（继祖先生是罗振玉的嫡孙）。
朱明留伟业，遗编费摩挲。
郑老老益壮，括囊而谁何。
诸公皆健者，有如百丈柯，
托以介眉寿，欣然学放歌。

这一年4月间，山大张维华先生亦赴京，点校《陈书》。为使他们全力以赴，无后顾之忧，山东大学特意暂时解脱他们的教学任务。正当学者们一心校书、锐力前行时，"文化大革命"开始了，学者们被告知停止工作，回校参加运动。6月3日，南乔先生就与王、张二先生一起返回山东大学。

第二年，"文化大革命"初期的狂风稍停，二十四史的点校又有短暂的恢复。北京来电话并派中华书局派人到山大，邀山大的教授们再度进京。当时王、张二先生都被打成了"反革命分子"，只有南乔先生尚属"人民内部矛盾"，可以赴京继续工作。6月10日，南乔先生又一次进京。"前度刘郎"只有武汉大学唐（长孺）、陈（仲安）等，其余的都分别被本单位的造反派"揪出去了"。山东大学中文系的高亨先生当时在北京，也从地坛赶到中华书局，参加《宋史》的点校工作。另外，又增加了一些上次未来的学者。谁知好景不长，未到年底，风暴再次袭来，1968年5月，点校工作再度抛锚。

1970年3月18日，天气阴沉，南乔先生到系里去开会。刚刚下过一场大雪，地上的积雪很厚，在经过一道开挖的堑沟时，年近60岁的南乔先生脚下一滑，重重地摔到沟里，大腿骨摔折了。当时正处于"文化大革命"中，先生没有得到认真检查治疗，病情逐渐恶化，下肢逐渐瘫痪，既不能起坐，也难以翻身，就这么半躺半坐着靠在床头上。从此，南乔先生结束了站立、行走的生活，卧床九年，直至逝世。

当年，菩提达摩从南天竺来到嵩山，跏趺面壁九年，终于参悟玄妙禅机，遂成后世佛教禅宗之祖师。南乔先生卧床后也面壁九年，他成就了什么正果呢？他并不像达摩只是苦思冥想，而是笔不稍辍，终于坚持完成了《南史》等书的点校工作，为祖国的文化学术事业奉献出了全部光和热。这光和热，是他用生命的顽强坚毅作燃料发出的。

1970年7月，全国局面稍有稳定，周恩来总理又号召要加快完成《二十四史》的整理工作，并点名由顾颉刚负责。当月，王仲荦先生从北京给南乔先生来信，告诉他中华书局又召集了全国各地的学者。因南乔先生不能前来，《南史》的工作打算另找人接替。关于《南史》的点校，南乔先生在用《册府元龟》对校《梁书》的同时已过录了。又用《通志》对《南史》初校了一遍，还搜集了其他的有关资料。所以他马上写信给北京，希望能让他在济南工作，否则他就把准备好的资料交给接手的同志作为参考。顾颉刚先生得知此事，在会上提议说："为什么不让南乔在济南作呢？"于是中华书局决定让南乔先生在家里继续《南史》的点校工作。

其实，南乔先生只是从《南史》点校的质量着想而接过他那残疾的身躯所难以负荷的重担，完全没有考虑到自己的身体状况。他当时肋骨、肋下和腰际都痛楚难忍，不能侧卧。胃也坏了，老是吐黑水，吃不下东西，有时一连八九天只是喝点豆腐汤，甚至只能喝一碗米汤。但一等疼痛稍轻，呕吐稍停，他又即刻握笔开卷，投入紧张的工作，不分昼夜，无论寒暑，按新规定订正《梁书》并校完排印稿。到 1971 年 2 月，又开始点校《南史》。

南乔先生当时的工作状况是一般人所无法想象的。他的老伴患有精神病，这时也加重了，无法照料他的生活。急需查阅的资料，只能等孩子下班后替他查寻。盛夏，室内酷热难当，他挥汗而不停笔；寒冬，两手冻麻木了，就缩进被子里暖和一下再写。他心里明白，像他现在这种状况，必须付出比常人多许多倍的努力。他的手指和手掌都变了形，一触就疼，但是他忘记了这些，忘记了周围的一切，点书、校书成了他生命的重要组成部分。他每天从黎明工作到深夜，从没有节假日。他用作校勘底本的八十卷线装《南史》卷末的空白页，记录着那艰难跋涉的历程。《南史》卷二十六："一九七三年，五，十二，星期日上午十一时一刻，写校勘记讫。此时，每夜必工作至十二时。"《南史》卷六十六："一九七三年，二，二十一，夜十半，过录标点分段至此。不痛，不倦，急行军。"《南史》卷七十："一九七三年，六，二十五，十二时写校勘记至此。昨晚吐黑水至深夜，今又热，夜稍凉，不得不赶忙也。"1973 年2 月 2 日是农历除夕，在这个大雪纷飞的深夜，南乔先生又在《南史》卷三十六上记下："除夕之夜，标点分段过录尽此卷……儿童鞭炮声已停多时，谅不早也。"

用南乔先生自己的话说，靠着这样"蛮干、苦干"，他在病床上完成了

53 万字的《梁书》校勘付印后的几次校对，又按时胜利地完成了 120 万字的《南史》校点工作。1973 年 8 月 13 日，当最后一页校点文稿完成时，他突然觉得疲倦极了，笔从手里直掉下来。他合上眼睛，眼角却渗出了点点泪花。

从 1958 年起参加点校《梁书》，到 1978 年内蒙古大学整理的《元史》出版，待点校本《二十四史》全部出齐，整整历时 20 年。“廿年辛苦不寻常！”南乔先生后来写道：“古书的整理，汉刘歆是第一次，那时经史不分；宋曾巩是第二次，那时专对正史；清馆臣是第三次，那时专对《二十四史》，即乾隆四年武英殿版，每卷后附有《殿本考证》。我们是第四次。”但南乔先生认为前三次的整理无论是规模上还是质量上都无法与这第四次相比。他的老师陈援庵先生曾批评馆臣们作的《殿本考证》，说它“好比广东人说的用红薯糊墙洞”，简直可以写一本《殿本考证纠谬》。而新中国整理的这部《二十四史》，靠着南乔先生等一大批专家学者一丝不苟的执着和热忱，完全可以经得起千古评说。

三

扁鹊，是一位充满传奇色彩的神医。先秦以来的许多典籍中都有关于他的记载，但是这些记载十分庞杂纷乱，他生活的年代、里籍、名字都成了“朦胧诗”。有人根据扁鹊分析过赵简子、治疗过虢太子病的例子，说他是春秋前期人。又有人根据扁鹊议论过秦武王、被秦太医令刺杀的例子，说他是战国末期人。甚至有人连扁鹊其人其事的真实性也加以怀疑，这是受宋代疑古之风的影响，叶适就说过：“《扁鹊传》，盖为医学者寓言以神其学。”到清代考据学兴起，赵绍祖认为，《史记》中对扁鹊的记述是“太史公故为荒幻之辞”。日本学者安藤惟寅作《扁鹊仓公传割解》，一方面承认轩辕黄帝时扁鹊为“上古神医”，另一方面认为战国时扁鹊为“良医”的代称，“周秦间，凡称良医，皆谓之扁鹊，其人非一人也”。更有甚者，有人认为扁鹊是一个外国人，他之所以叫“秦越人”，是因为经过越地而入秦。南乔先生认为，这些问题如果不取得合理的解决，那么我们就无异于把这位曾经披荆斩棘，给一种科学开辟了道路的人物，放置在“空中楼阁”里进行讨论，其结果将必然是一切无从谈起。他凭着对《史记》研究的深厚功力，在广征博引、潜心研究、缜密考证的基础上，形成了自己对扁鹊的一整套中肯的看法。

首先，关于扁鹊是私名还是公名，是一人还是数人的问题，南乔先生认为，唐以前对凡治疗疾病的人都只称为“医”，《左传》记载的良医如医缓、医和等都有私名，不应时至战国反而私名替而公名兴。而且扁鹊医疗的对象虽涉及多时多人，但其病名却完全相同而诊法也完全无异。假如认为“扁鹊”是公称而非私名，那么周、秦典籍记载的许许多多的“扁鹊”，竟无一个是有真名实姓的。南乔先生还从记载扁鹊的直接材料之外找出例证来作旁证，例如他从《史记》《汉书》的《高祖本纪》中注意到刘邦曾提及扁鹊。出身泗水亭长的汉高祖刘邦在一次战争中受了重伤，“吕后迎良医，医入见。高祖问医，医曰‘病可治’，于是高祖谩骂之曰：‘吾以布衣提三尺剑取天下，此非天命乎？命乃在天，虽扁鹊何益！’”南乔先生认为，明明“良医”是公称，“扁鹊”是私名，怎么能把私名的“扁鹊”解释为公称的“良医”，而又说成是几个不同的人呢？

要确定扁鹊生活的年代，最重要的是看他的医疗活动所涉及人物的年代。正因为典籍中所记扁鹊所接触的人物上自黄帝，下至战国魏文侯时，跨越了若干世纪，所以有人认为扁鹊不是一个特定的人。南乔先生首先追根探源，找出说扁鹊是“黄帝时人”的始作俑者是唐朝张守节及宋朝王应麟，并通检前史，认为：“可以肯定地说，唐以前、汉以前、秦以前，从无轩辕时扁鹊其人其书其事。”然后指出《鹖冠子》记魏文侯问扁鹊医道事、《新语》记扁鹊欲为卫病人治疗事，“皆是后出伪书”，这样就把问题的范围缩小了。但问题还未解决，它像一团乱麻，有的地方断了头，需要细心联结，有的地方又缠绕回旋。晋朝的傅玄、刘宋时的裴骃、清代的梁玉绳……一个个大学者曾小心地试图理清头绪，有的稍理顺了些，可有的又打了新的死结。南乔先生指出：“可知千年以还，诸人对扁鹊时代问题实已无能为力。在一相当时期，勇于互相驳难，彼以此说之人物为虚无，此以彼说之人物相悬绝。在另一相当时期，勇于各自立说，设想虽多，不根于事。伸此说则引彼说为据，张彼说又引此说为据，实堕于逻辑不严的陷阱。由于古书对一事的记载容有出入，而辗转钞刻难免讹误，自唐至清，亦有谨慎学人颇抱‘吾谁适从’之感。李善在历举诸家之说之后，系以一言：‘然此桓侯竟不知何国也!'洪颐煊在历举韦昭说、臣瓒说、韩子说及李善注引韩子说以后,竟不能赞一辞,只好寄慨于'传本不同'。"①

我们在此不可能对南乔先生揭开扁鹊之谜的步骤逐一叙述,只能说南乔先生通过条分缕析的论证,终于完全解开了这一团乱麻似的难题,得出了令人信服的结论:扁鹊这位古代名医是以秦为姓,越人为名,扁鹊为字。扁鹊是私名,而非良医之公称;是一个人,不是好几个人。他所处的时代是齐桓公至秦武王荡时期,活了70多岁,卒年为公元前307年。他的里籍应为勃海(齐国)卢人,不是鄚人,也不是赵人或郑人。

南乔先生的努力并未止于此,他又进而论述了扁鹊的经历与活动,并总结了扁鹊在医学上的四大贡献。他指出,扁鹊教授生徒,开创民间医学,把医学从王官垄断下解放出来,从根本上改变了旧的医事制度;扁鹊反对巫术,把医学建立在现实的科学的基础之上,把医术从巫术中解放出来;扁鹊革新医疗器械,奠定了针灸疗法的基石;扁鹊发明望、闻、问、切四诊法,创立了诊、疗结合的系统。关于扁鹊对后世的影响,南乔先生说,我们"并不是认为扁鹊在这诸多方面已经达到最高峰,而是认为在当时所可允许的条件下取得了首创的,同时也是优异的巨大成就,为后世凿开了有可继承、有可发展的有水之源","扁鹊在中国医学史上的地位,实有如希腊希坡克拉退之被尊为西方医学之祖"。②

南乔先生著述不算多,但都是掷地有声的金石之作,任凭岁月的风雨考验,愈益光彩照人。在南乔先生对扁鹊作出全面考证20年以后,1985年9月在山东省长清县五峰仙庄召开了山东省扁鹊里籍研讨会,1987年5月又在长清县灵岩寺召开了全国扁鹊秦越人里籍学术研讨会。这时南乔先生已逝世好几年了,但他所作考证的权威性影响是显而易见的。1985年会议通过的《关于"扁鹊(秦越人)里籍论证"意见书》说:"与会教授专家一致认为:扁鹊应是战国时期齐国卢人(今山东省长清人)","已故山东大学历史系卢振华(南乔)教授经过翔实考证亦确认为扁鹊是勃海(齐国)卢人,不

① 《扁鹊年代、名、籍辨证》,《山东古代科技人物论集》,济南:齐鲁书社,1979年,第28~52页。

② 《民间医生扁鹊在医学上的贡献及其在中国医学史上的地位》,《山东古代科技人物论集》,第1~25页。

是鄚人、赵人或郑国人（见所著《山东古代科技人物论集》）”。1987 年会议《关于扁鹊秦越人里籍考证意见书》进一步肯定了这个意见。在这两次会议提交的论文中，全国各地的史学界、医学界专家几乎都以尊敬的口吻提到南乔先生的贡献：“千多年来，人们为扁鹊的里籍问题一直争论不休。20 世纪60 年代初，山东大学历史系卢南乔教授，根据大量的文献资料，对扁鹊里籍问题，作了一次详细的考证。他的结论……不仅为我国学术界大多数学者所赞同，而且也为日本皇汉医史学家所接受”“我们很赞赏卢南乔的见解”“卢南乔做了精辟而透彻的辨证”……实践证明，南乔先生解决的这道历史上千年悬而未决的难题，其学术价值正在并将越来越为有识之士所重视。

南乔先生多年工作在山东，对齐鲁之邦有着深厚的感情，除了研究扁鹊以外，他又对仓公、鲁班、夙沙氏等先秦时代齐国、鲁国的科技巨匠分别进行了研究。这些各自独立成篇的论文于 1979 年由齐鲁书社结集出版，取名为《山东古代科技人物论集》。南乔先生在该书的前言中说，这些齐鲁先贤的业绩，“早已跨洲越海和世界各国的先进科技人物媲美齐德了，何止齐鲁，何止中国！至于夙沙氏远在原始社会或说渔猎时代发明了盐，西方国家有过谁发明盐的记载么？恕我谫陋，我回答不上”。从中我们看到了一位老学者强烈的民族自豪感。正是这种自豪感激励着他，“把我们今日文化建设与古代优秀的、进步的、科学的传统联系起来，批判地继承它，批判地发展它！”

南乔先生于 1979 年在济南逝世，终年 68 岁。

南乔先生一生为人正直敦厚，治学态度严谨，用功勤苦。特别是在致残后常年卧床的艰难处境下，更表现出超乎常人的坚韧和刚毅。南乔先生是研究《史记》的，他在身残病卧的情况下对司马迁受刑后发愤著书的精神当有更深切的体认。可以想见，在那备受病痛折磨的日日夜夜里，南乔先生曾多少次从太史公的事迹中汲取力量。我觉得，南乔先生就是鲁迅所礼赞的那种“拼命硬干的人”。正是因为有了这些坚实的“脊梁”，我们的民族才如此地充满着希望。

（原载梁自洁主编：《山东现代著名社会科学家传》第一集，山东教育出版社 1991 年出版，收入本书时有改动）

中国当代美国文学研究的开拓者吴富恒先生

郭继德

山东大学已故校长吴富恒先生(1911～2001),不仅是著名的教育家和社会活动家,而且是国内外闻名遐迩的美国文学研究专家,是我国当代美国文学研究的开拓者,为推动中美文化交流作出了卓尔不群的贡献。正如哈佛大学校长德莱克·勃布(Derek Bob)在1982年哈佛大学346周年校庆讲话中提到的:“1978年以来,中国山东大学校长吴富恒为复兴‘文革’后的大学发挥了重要作用。吴一直促进和国外大学教育交流,特别是和美国文学文化界学者的交流。”他还借一位学者之口,说吴富恒是“一位德高望重,在中国极大地推进了学术研究的人”。

一、成功之路

吴富恒先生于1911年3月18日出生于河北省滦县一个书香门第、教育世家。祖父吴会隆是清末副贡,父亲吴凤苞是廪生秀才。他们没有地产,世代以教书为生。吴富恒从小受到父辈的影响,受到儒家教义的薰沐。他自幼熟读诗书,热爱中国古典哲学,深受孙中山的“不要做大官,要做大事”等思想的影响,从童年时代起,他心中就有了朦胧的国家忧患意识和爱国求新的思想。1919年,他只有8岁,就在五四运动的游行队伍中,跟着高喊“打倒日本帝国主义”“打倒列强”等口号。

吴富恒6岁时,祖父逝世,父亲病魔缠身,家庭经济拮据,他在逆境中进入了洋学堂,开始了学习生活。他学习刻苦认真,成绩优异,得到了舅父的器重和经济资助,考入了天津扶教中学。初中毕业后,又到北京读高中。

北京是文化古都，也是一个充满新思想的天地，使这位从小县城来的少年大开眼界，如饥似渴地接受着新思想，涉猎了新时代的文学作品，熟识了鲁迅、茅盾、冰心、郭沫若、成仿吾等一大批“五四”作家和他们的作品，思想不断地得到升华。

吴富恒先生深受家庭传统影响，感到教育在国计民生中的重要性，立志继承父业，走教育救国之路，于 1929 年毅然报考了北京师范大学。他在两年预科和四年本科的学习过程中，不仅阅读了乔叟、莎士比亚等撰写的西方名著，也阅读了《铁流》等有革命思想的作品，学术思想得到了丰富。他于 1935 年毕业留校，在北师大附中任英语教师，多年的愿望得以实现，也从此跟教育结下了不解之缘。

吴富恒先生潜心于英语教学工作，并进行学术探讨，参加了英语教学组织“正字学会”活动，有幸结识了当时在燕京大学任教的著名学者瑞恰慈(I.A.Richards)教授，这对他后来的人生道路产生了至关重要的影响。北京被日本占领后，吴富恒先生经天津到达了昆明，跟几位教授共同创建了云南省立英语专科学校，任教务主任，兼任英语教师。1940 年夏天，吴富恒先生受正在美国哈佛大学任教的瑞恰慈教授的推荐，获得了美国洛式基金会奖学金。他漂洋过海，负笈远游，在哈佛大学开始了留学生活。他在教育学院注册，其导师瑞恰慈教授是一位文学理论家，代表作《文学批评原理》(*The Principle of Literary Criticism*，1925)和《实践批评》(*Practical Criticism*，1929)等在英美文学界颇有影响，他对吴富恒在文学理论方面的熏陶是不言而喻的。

1941 年下半年，吴富恒先生获得了哈佛大学教育学硕士学位。当时正值第二次世界大战期间，中国正在日本帝国主义铁蹄的蹂躏之下，“国家兴亡，匹夫有责”，吴富恒先生的心始终和祖国相连，他义无反顾地放弃了继续读博士的机会，决定回国。1942 年，他乘外轮辗转印尼、缅甸等国回到昆明，在云南大学任教授，后创办了英文系，任系主任，讲授“英国文学”和“文艺批评”等课程。吴富恒先生与楚图南、吴晗等进步人士过从甚密，跟昆明高校 19 位教授联名写信，要求国民党顺从民意，真诚跟共产党联合抗日。1946 年 4 月，他经吴晗和周新民先生介绍，加入了民盟，积极参加反蒋进步活动，对国民党杀害李公朴和闻一多的罪行极端愤慨。因此，他也遭受了国民党专制政府对其逮捕杀害的恐吓威胁。

1947年1月，吴富恒先生离开了昆明，到达上海。时任中共上海工委书记的华岗介绍他到山东解放区工作。他于当年3月搭乘联合国救济总署运货船到达了烟台解放区。他在外事办工作，担任英文报纸《芝罘新闻》的副总编。在此期间，吴富恒先生跟陆凡女士喜结良缘，成为终身伴侣。不久，国民党军队进攻胶东，吴富恒夫妇随外事办转移到乳山县一个海边小村，穿农民衣，吃农家饭，干庄稼活，这段经历对他们来说是一段崭新的人生历程。

1948年9月，吴富恒先生跟随李澄之先生来到济南，成为济南军管会文教组成员，任高教组副组长。随后到华东大学工作，任文学院教授、文艺系和文学系主任，兼任校文工团团长。1950年冬，华东大学迁往青岛，并入山东大学。吴富恒先生任文学院院长兼外文系主任，给中文系学生讲文艺学，给外文系学生讲英国文学名著选读。1952年后，吴富恒先生任山东大学教务长。他在长期的革命斗争和建设实践中经受住了考验，于1955年被接纳为中国共产党党员。1958年，山东大学迁至济南。翌年，吴富恒先生担任副校长，协助成仿吾校长在完善山东大学的教学科研体制方面做了大量具体有效的工作，使之发生了明显的变化。文科重建了政治系，恢复了1957年被停办的外文系，创办了美国文学研究室和俄苏文学研究室；理科建立了晶体、磁学、计算机等多门新学科。文理学科都有了较快的发展。

吴富恒先生在“文化大革命”中受到了冲击，但他依然矢志不渝，忠诚于教育事业，在“文化大革命”结束后迎来了报效国家的历史机遇。1977年8月，他出席了中国共产党第十一次全国代表大会。翌年3月，又出席了全国科学大会。1978年6月，吴富恒先生被任命为山东大学校长，兼校党委副书记，这为他提供了一个全面施展自己才能的平台，使遭受“文化大革命”严重摧残的山东大学有了全面复苏的新契机。学校规模在不断扩大，有16个系，38个专业，学生人数已近万人。教师队伍在壮大，科研机构也在增加。吴富恒校长兼任文史哲研究所所长和《文史哲》杂志编委会主任，使山东大学在学术界的威望与日俱增。

吴富恒先生任校长期间，特别重视中外校级学术文化交流，做了大量开拓性的工作。他多次率团出国考察西方大学的教学与学术研究，也邀请了不同国家的多个高校代表团访问山大，跟哈佛大学、匹兹堡大学、印第安纳大学、纽约市立大学、里贾纳大学、山口大学等多所国外大学建立了姊妹学校关系，促进了学术交流，提升了山东大学教师的学术水平，提高了山东大学在国际上的声誉。同时，吴富恒校长在国际教育界的影响和威望亦越来越高。1982 年 6 月 10 日，吴富恒由于在长期教育工作中作出的杰出成就，被他的母校、美国最负盛名的哈佛大学授予“荣誉法学博士”学位。从 1942 年吴富恒离开哈佛大学回国参加抗战，到 1982 年回到哈佛大学接受这一荣誉学位，整整 40 年，中国发生了翻天覆地的变化。正如在哈佛大学授予吴富恒先生法学博士证书的证词中所提到的：“在危险的年代里，这个爱国教育家（吴富恒）坚持标榜教育和学术，把它作为建设一个极大的、富有生命力的社会的基础。”充分肯定了吴富恒先生为中国的革命和教育事业作出的卓著贡献。他是第一个在中国做大学校长的哈佛大学毕业生，也是第一个荣膺哈佛大学荣誉法学博士的中国学者。身着中山装的吴富恒先生，到美国哈佛大学接受荣誉法学博士学位证书，为山东大学、为中国学者赢得了无上的荣誉和尊严，这也是他奋斗一生获得极大成功的佐证。

二、山东大学美国文学研究的拓荒者

1949 年之前，山东大学的美国文学研究非常薄弱，曾在山大执教的剧作家洪深于 1934 年在《文学》第 2 卷第 3 号上发表的《奥尼尔年谱》，也只是一般介绍性文章。山东大学全面启动美国文学研究，是在 20 世纪 60 年代初，是由吴富恒先生在其夫人陆凡教授的协助下展开的。1963 年，由吴富恒先生发起，经教育部批准，山东大学创建了美国现代文学研究室，时任山东大学副校长的吴富恒兼任研究室主任，陆凡、张健任副主任。这是国内高校最早成立的一个专门研究美国文学的学术机构。它的创立，对山东大学乃至对中国学术界打通同西方（特别是同美国）进行学术交流的道路，无疑有着筚路蓝缕之功，在开拓美国文学研究的道路上迈出了坚实的一步。1978 年，经教育部批准，美国现代文学研究室扩展成美国现代文学研究所，由陆凡教授任所长。

吴富恒先生深知资料是进行学术研究的基础，于是首先抓资料建设，创建了美国文学资料室。他向教育部申请，获得了每年1万美元的资助，用于直接从国外购买美国文学图书资料。山东大学校方也对美研所给予了充分的经济支持。吴富恒、陆凡等经常出国随时购买一些新书，美国朋友（如印第安纳大学的罗玉正教授等）赠送了一批图书，来山大任教的富布赖特教授每次都带些图书来，从而使资料室的藏书丰富起来，成为国内著名的美国文学资料查阅中心，对美国文学研究起了推动作用。

吴富恒先生作为山东大学美国文学研究的拓荒者，最重要的贡献是带起了一个学术团队。他的夫人陆凡是其最得力的工作助手，也是主要参与者之一。20世纪30年代在上海就颇有名气的英美文学专家黄嘉德也加入了这个梯队。翻译《格列弗游记》成名的英语文学教授张健遂开始了海明威研究。欧阳基从事犹太小说和美国戏剧研究。还从山东师范大学请来了王文彬先生，做美国小说研究。从外文系调来了年轻教师王誉公和郭继德，使学术梯队有了年龄层次感。吴富恒先生视野开阔，从中国社科院外文所和美国所聘了董衡巽、朱虹、李文俊、梅绍武和施咸荣，从华东师大聘了万培德等为兼职教授。校内校外专家组成了一个很有实力的团队，成为全面开展美国文学研究的一支生力军。

吴富恒先生对所内人员研究领域有一个合理的统筹安排。他在哈佛大学读书时，熟读了恩师瑞恰慈的多部文学理论著作，打下了坚实的文学理论功底。他带头从文学理论视角入手，解读美国作家和作品，除了发表一些颇有见解的理论性文章外，还跟陆凡教授联袂精心翻译了瑞尼·韦莱克和奥斯汀·沃论合写的名作《文学理论》一书。他还主编了《外国著名文学家评传》等著作。陆凡教授在云南大学上学时就是吴富恒先生的学生，对文学理论也颇有研究。她在介绍美国著名文学理论家伊哈布·哈桑的文学理论方面做了不少工作，还请他来山大讲过学。陆凡教授给研究生开过“西方文论”课。她重点研究的是美国小说，特别对犹太作家的研究颇有见地，对索尔·贝娄的研究是开拓性的，当时是填补空白的研究。陆凡教授在美国访问过索尔·贝娄这位诺贝尔文学奖获得者，使其研究文章更有学术含量，在国内美国文学研究界影响更大。

犹太文学是山东大学美国现代文学研究所（简称“美研所”）的研究重

点之一。陆凡教授带头研究犹太文学，她指导的一批研究生学位论文写的也多是犹太作家。欧阳基教授对犹太作家伯纳德·马拉默德的小说研究学术造诣很深，还跟郭继德等人合作翻译了马拉默德的短篇小说集《银冠》等。王文彬重点研究美国黑色幽默小说，就此在国内学术界展开了学术“论战”，成为这一研究领域的著名学者之一。黑色幽默小说流派中为首的作家约瑟夫·海勒也是犹太人。黄嘉德教授是国内顶尖的萧伯纳研究专家，20世纪30年代就在上海拜访过萧伯纳，80年代出版过学术专著《萧伯纳研究》。他重点研究19世纪美国文学，发表过许多高水平的学术文章。张健对海明威等20世纪的美国小说家研究颇多。王誉公也加入了对犹太作家的研究队伍，还翻译了贝娄的中篇小说《勿失良臣》等。孙筱珍除了发表了有关贝娄等人的多篇文章外，还翻译了他的短篇小说集。郭继德就约瑟夫·海勒、索尔·贝娄等多位小说家写过学术论文，发表在重要刊物上。山大美研所对美国小说的研究是全面的。撰写的文章多汇集在吴富恒等编著的《美国作家论》《美国小说述评》等著作中。

美国诗歌也是山大美研所研究的一个重要领域。黄嘉德教授对惠特曼诗歌的研究很有深度，发表过不少颇有影响的学术文章。安增才对弗罗斯特等现代诗人研究颇多，在《现代美国文学研究》上发表了多篇文章。王誉公在美国诗歌研究方面有不凡的成绩，特别是对埃米莉·狄金森的研究很有特色，曾获得国家社科项目赞助，撰写了《埃米莉·狄金森诗歌的分类和声韵研究》(2000)一书，是国内第一部狄金森诗歌研究学术专著，填补了国内这一领域的空白。

吴富恒先生对美国戏剧研究非常重视。1981年，他已任山东大学校长，公务之繁忙可想而知，但他依然抽空给在纽约哥伦比亚大学戏剧系做访问学者的郭继德写信，建议他写一部《美国戏剧史》，填补国内这一领域的空白。郭继德的《美国戏剧史》是他于1991年在纽约市立大学研究生院做富布赖特访问学者时撰写完成的，于1993年出版，1995年获国家教委首届中国高校人文社会科学研究优秀成果奖二等奖。这是国内第一部美国戏剧通史，是开拓性著作，跟吴富恒先生的有先见之明的指点颇有关系。欧阳基教授在奥尼尔戏剧研究上有突出贡献，写过多篇评论文章，翻译过多部剧本，还给研究生开过“奥尼尔戏剧”课。黄嘉德译过奥尼尔的剧本

《黄金》等，也写过评论文章。孙筱珍编写了《美国戏剧》教材，给研究生上过戏剧课。研究生的“美国戏剧”课，自1982年起就由郭继德开设，一直延续了下来，还编写了教材。在吴富恒先生的指导下，美国戏剧研究成了一个亮点，还主办了三次、协办了两次全国尤金·奥尼尔戏剧研讨会。

吴富恒先生重视研究成果的出版和交流工作。1964年创办了《现代美国文学研究》杂志，陆凡教授任主编，不定期出版。1978年改为半年刊，后改名《美国文学》。1986年9月4日，经山东省新闻出版局出版管理处批准，有了“报刊印发特许证”。每期出版后除报送外交部等国家外事机关，赠送有关学术机构和高校外文院系资料室，还借郭继德1983年受美国新闻署国际学者交流委员会邀请访问美国的机会，跟美国国会图书馆交流部主任彼得·布里奇(Peter H. Bridge)建立了交流关系。该刊不仅刊登校内的研究成果，也刊登校外的优秀文章。北京大学著名教授赵萝蕤先生就不止一次地在该刊上发表她的研究成果。该刊当时是国内唯一的美国文学研究刊物，一共出了30余期，推动了国内外的学术交流，后因经费拮据而停刊。2000年，山东大学外国语学院决定支持全国美国文学研究会，资助出版研究会年会论文集《美国文学研究》。吴富恒先生听了非常高兴，于2001年3月17日对郭继德说:“一定要办好!”这成了他的遗言。次日他在家中不幸摔倒，患了脑溢血，于当年6月25日与世长辞。2002年美研所合并到外国语学院，郭继德任所长，已主持编辑了五集《美国文学研究》。实际上，现在的《美国文学研究》是早年的《现代美国文学研究》的延续。2011年3月18日是吴富恒先生一百周年诞辰，这也算是对老校长的纪念吧!

在吴富恒先生的率领下，在陆凡教授等鼎力支持下，山东大学美国现代文学研究所在国内外产生了重大影响，强有力地支持了外国语学院的学科建设。山大外院的“英语语言文学博士点”“外国语语言文学博士后留动站”等的申请报告都是以美国文学打头的，正像2006年10月中旬教育部英语专业专家评估组最后的结论中所说的:“山东大学的美国文学研究在国内高校中有明显的优势。”

三、全国美国文学研究会的创始人

吴富恒先生心胸开阔，人在山东大学，心系全国的美国文学研究。在党的十一届三中全会召开前后，他就开始考虑在全国如何开展美国文学研究的问题了。他和陆凡教授先后赴北京联络，得到了北京大学的杨周翰、北京外国语学院的王佐良、人民文学出版社的孙绳武等一批著名学者的支持。他们回到济南后就着手筹办全国美国文学研究座谈会，于 1978 年 1 月 5 日在山东大学开幕。有北京大学、北京外国语学院、山东大学、南京大学等 17 个单位的 38 名代表参加。时值隆冬季节，天气寒冷，但会议开得很热烈。这次座谈会温暖了一批在“文化大革命”中心灵受到摧残、受到冷落的学者的心。这一批与会者成了国内美国文学研究的骨干力量。会上还制定了《全国的现代美国文学研究工作五年远景和两年协作规划》，决定成立两个美国文学资料中心（山东大学和南京大学），并酝酿了成立全国美国文学研究会事宜。这次座谈会对启动国内新时期的美国文学研究起到了重要的推动作用。

1978 年 11 月，中国社科院外国文学研究所在广州召开了全国外国文学研究工作规划会议，成立了中国外国文学学会。吴富恒校长在会上提出成立全国美国文学研究会的建议，得到了与会者的热烈响应和支持。商定由山东大学、北京大学、南京大学等九个单位作为发起单位，开始做筹备工作。1979 年 5 月，在全国五届人大二次会议期间，以吴富恒先生为首的部分筹备单位代表商定当年八九月在海滨城市烟台召开全国美国文学研究会成立大会，由山东大学承办。

全国美国文学研究会成立大会暨学术研讨会于 1979 年 8 月 22 日至 9 月 2 日在烟台举行，经费由山东大学承担。吴富恒校长率山大校办主任吴关生同志和美研所的全体人员操办会议。有北京大学、北京外国语学院、山东大学、南京大学、复旦大学等 41 个单位的 60 多位代表出席。周扬、夏衍等领导同志和山东省的有关领导以不同的方式对会议的召开表示了祝贺。大会除进行了热烈的学术讨论外，更重要的是通过了《全国美国文学研究会(CASAL)章程(草案)》,选出了35名理事,又从中选出了17名常务理事。在学会领导分工时,吴富恒先生被一致推举为会长,陆凡先生为秘书长,秘书处设在山东大学美国现代文学研究所。

吴富恒会长主持美国文学研究会期间兢兢业业,勤勤恳恳,做了大量工作,推动了我国美国文学研究在一个新的历史时期全面展开。

吴富恒先生积极组织学术活动。在学会成立大会上就抽出相当长的一段时间安排学术活动,有大会发言,也有分组讨论,学术气氛浓厚,开了个好头。他还邀请了在山东大学执教的密执安大学(即密歇根大学)人类学系戴孟德教授与会,并作了题为《第二次世界大战后美国家庭制度的变迁和连续性》的专题报告,为当代美国文学研究提供了社会背景,活跃了学术气氛。1981年秋,由上海译文出版社、复旦大学等单位联合举办了第二届年会;1985年春,由南京大学和《译林》联手,在南京举办了第三届年会;后来还举行了第四届(1989)和第五届(1991)年会。特别值得一提的是,1986年秋天在厦门大学召开的海明威学术讨论会开了学会进行专题讨论会的先河。

吴富恒先生重视提拔年轻人。1982年秋天,在由山东大学承办的全国美国文学研究会常务理事会上,吴富恒先生提出增补年轻理事。经讨论后增补了北京外国语学院的钱青,北京大学的陶洁,中国社科院的钱满素,山东大学的郭继德,南京大学的张子清、杨仁敬等为理事。吴富恒先生在会上还宣布郭继德为他的"业务助手"。后来还增补了上海译文出版社的汤永宽为副会长、《译林》的李景端为副秘书长、南开大学的常耀信为常务理事,从而为学会补充了新生力量。

吴富恒先生克服多种困难,积极筹划学会会刊《美国文学丛刊》的编辑出版工作。他亲自任主编。由山大、北大、北外、外文所、南大、复旦等单位学者轮流组稿,最后交到编辑部,经主编终审批准后交出版社出版。《美国文学丛刊》一共出了12期,"寿命"虽短(1981～1984),但学术含量很高,发表了杨岂深、赵萝蕤、黄嘉德、王佐良、冯亦代、梅绍武、张健、陆凡等众多知名学者的文章和译作,在国内外均产生了较大影响,美国一家华文报纸称之为"中美文化交流的使者"。

1991年5月,在山东大学举行的全国美国文学研究会常务理事会上,吴富恒会长也许是感觉自己年纪大了(80 周岁),感到力不从心了,决定把“研究会”交出去。山东大学创建的全国美国文学研究会就从济南移到南京,挂靠南京大学。这即是被学界称为“孔雀东南飞”的轶事。令人欣慰的是,2001 年 12 月在山东大学召开的全国第十届尤金·奥尼尔学术研讨会上,郭继德被选为全国美国戏剧研究会会长,迄今主持着全国的美国戏剧学术活动,即是说山东大学的美国戏剧研究在国内的美国戏剧研究界依然位于前列。这也许对吴富恒先生在天之灵是一个告慰吧。

(原载《文史哲》2011 年第 5 期,收入本书时有改动)

殷焕先教授学术生平

张树铮　张玉来

一

殷焕先，字孟非，别号居养室主人、蜀友室客，笔名齐中、徐兹。1913 年 11 月 13 日生于江苏省六合县，1994 年 11 月 19 日凌晨 3 时因患癌症医治无效，在济南逝世，享年 81 岁。先生是国内著名的语言学家，早年即具有传统文化的教养和底蕴，后来又受到了现代语言学的影响，在现代汉语和古代汉语的诸多领域造诣深厚，多所建树，出版专著十余部，发表论文上百篇，手稿数百万言，为汉语言学的研究和教学贡献了毕生的智慧。

先生幼年丧父，在叔父德仁公的严厉督导下，刻苦诵习古书，打下了良好的古文基础。1936 年考入中央大学中文系，在著名学者赵少咸、马宗霍、胡小石等先生的指导下开始了语言文字学的学习与研究。1940 年大学毕业后，考入时在昆明的北京大学文科研究所，从著名语言学家罗常培先生读研究生，同时得到唐兰、王力、袁家骅等语言学大师的指导。1942 年毕业后，先后任教于国立西南联合大学、北京大学、云南大学、四川大学。1946 年应邀到山东大学任教，直至去世。

新中国成立到 1957 年，是先生学术生涯中的第一个黄金时期。在这期间，先生无论在科研还是在教学以及社会行政活动中都非常活跃。在山东大学，他积极参与著名学术刊物《文史哲》的创办与发展，担任该刊的学术秘书并积极撰稿，发表了一系列有影响的论文；他担任了语言教研室主任，讲授“现代汉语”“古代汉语”“文字学”等课程，其中他讲授的“方言学”

课属于在全国高校中较早开设的选修课程。后来，他担任了山东大学中文系副主任，担负起繁重的行政任务。他还是九三学社山东地区最早的五人小组成员之一，曾担任九三学社中央学习委员。在学术活动中，先生活跃在当时全国最有影响的文字改革、汉语语法研究和方言调查工作第一线，他发表了大量论文，成为当时很有影响的中年语言学家，并被聘为中国科学院语言研究所兼职研究员，《中国语文》《语言研究》《语文学习》等重要语言学杂志的编委。他还担任了山东省方言普查工作委员会副主任，主持山东省方言普查工作。

1957 年“反右”运动中，先生遭受到不公正待遇，教授资格被剥夺，工资骤降，先生在政治和经济上都受到严重影响。在这种极为艰难的环境中，先生表现了一个献身于科学研究事业的知识分子的高贵品质，仍在顽强地利用一切可能的时间进行自己的语言学研究。60 年代前期，在形势略有好转后，他发表了几篇重要的学术论文。可惜，接着而来的十年浩劫再次把先生打入了“冷宫”。“文化大革命”后期，除了教学之外，他参加了《学习字典》以及一些古书的整理注释工作。

拨乱反正之后，先生迎来了自己的又一个黄金时代。他恢复了教授资格，重新活跃在学术舞台上。在教学方面，他接受了大量的研究生和本科生的培养工作，重新担任了中文系现代汉语教研室主任。在研究方面，他整理出版了多年心血凝成的《反切释要》《汉字三论》等学术著作，发表了一批重要论文。在学术活动方面，他担任了中国语言学会首届理事，全国高校文字改革研究会顾问，中国音韵学研究会理事、学术委员、顾问，中国语文现代化学会顾问，华东地区修辞学会顾问，华中理工大学语言研究所客座教授，并积极组织筹备山东省语言学会以及山东省方言研究会、山东省古文字研究会，担任山东省语言学会会长、山东省方言研究会会长、山东省古文字研究会会长、《山东省志・方言志》主编等职。

1982 年夏，胃切除手术之后，先生身体逐渐衰弱，多年辗转于病房与疗养院之间，但他仍然以高昂的热情投入学术研究，积极参加学术活动，培养研究生，扶持求学上进的青年人。他有许多论文是在病榻旁的小桌上或是蹲在地上伏几写成的，有的则是口授由别人记录下来的。病魔无情，最终将先生学术研究的权利夺走了。但直到病逝前，他还在考虑着自己著作的整理出版;在病情发作昏迷后刚刚清醒过来不久,他还趴在病床上用颤抖的手为年轻人写推荐信。他把毕生的精力贡献给了学术,贡献给了他人。

二

先生以学识渊博著称,他的学术贡献是多方面的。在半个多世纪的学术生涯中,他对于古代汉语的音韵、文字、训诂,对于现代汉语的语音、语法、方言调查、推广普通话、语言规范化、文字改革、对外汉语教学等,都作出了卓越的贡献。

文字学是先生的研究重心之一。20世纪50年代,根据自己对汉语汉字的理性认识,根据广大人民群众提高文化水平的需要,他满腔热情地投入了文字改革运动,并以自己扎实的学术研究成果为汉字改革提出了许多重要的意见。他的《汉字简化中的"系统"和"类推"》一文较早地提出了系统类推的原则和方法,对后来简化字的定型起到了促进作用。《明确订定手头草体的规范和建立楷草二体制》则从手头书写的角度提出了手写汉字规范问题。《关于汉字形体结构的简化》一文就汉字形体的整体简化提出了自己的看法。《形声字的形体结构和形声原则》《汉字的教学与汉字的简化》《汉字改革和汉语规范化》等文,从不同角度对汉字的改革和规范化提出了富有启发性和建设性的意见。先生对《汉语拼音方案》的设计也发表了一些独到的见解。他的《谈新形声字》对新形声字的方案进行了驳难;《新文字字母的字类跟音值》《北拉方案里的o、uo、e》《新旧文字与声调》《联系汉字来记注音字母》等文,结合教学对拼音方案进行了探讨。

在对汉字的发展和使用问题长期思考的基础上,先生后期把主要精力放在对汉字和汉字学根本性质以及方法论的研究上。他的《动观文字学》《文字学的破与立》等论文,明确提出了"动观文字学"的观点,指出汉字的研究应该从文字的动态发展入手,以文字发展的规律为对象,而不能机械地静态地看待已有几千年历史和越来越多的人使用的汉字。对于《说文解字》一类的著作,"应取法于许(慎),而必须取鉴于许"。《汉字字形的性质》和《汉字的语言性质》专门探讨汉字性质问题。前一篇从现行汉字的形体结构、“四定”工作等方面提出了对汉字性质的看法；后一篇则从语言的角度讨论现行汉字诸方面问题，提出了现行汉字为“专字专用正字音标”的看法。《对现行汉字性质的再认识》一文阐述了文字的工具性，再次重申了汉字为“专字专用正字音标”的观点。《关于六书》一文，对传统的“六书”说进行了总结和爬梳，指出了传统理解中形而上学的缺陷。《汉字三论》一书，讨论了汉字“六书”的性质，讨论了现行汉字的笔画形体、汉字的简化与教学等方面的问题，阐述了一系列新见解。《谈汉字的部件》是先生从教学、文字信息处理角度对现行汉字形体进行切分研究的成果，充分体现了先生动观文字学的观点，在早期的汉字信息处理界产生了启发性的影响。

先生还写有《古文字学讲义》一书，是他20世纪四五十年代在山东大学开设“古文字学”的讲义，书中对古文字的发展脉络、历史演化规律、考订等都有独到的见解，可惜至今未能正式出版。

先生为音韵学名家。他早年追随罗常培先生研习音韵，深得这门曾被视为“绝学”的学问之奥庭。先生的研究很注意独辟蹊径，重视类的分别和值的审辨。60年代，先生写的《破读的语音性质及其审音》一文，总结了前人关于破读的种种说法，认为破读反映的是语音自然，当自上古始，现代汉语应注意对破读字的语音审定。80年代初，先生又进一步从破读这一独特角度，写了《上古去声质疑》一文。他认为，从破读现象来看，上古汉语里“离去无破”，说明去声作为一个“虚类”早已存在，“其时代可以推到殷商时代”，而它的最后形成则是许多语音要素变化的结果。先生很注意同语系少数民族语言材料的作用，更注意汉语材料的抉微发隐，《关于复辅音的一些看法》就积极而慎重地引用了不同的材料提出了对上古汉语复辅音声母的看法。先生对《切韵》系韵书的研究也耗费了许多心血。他与学生合写的《重纽的历史研究》一文，从不同角度论证《切韵》音系重纽的结构、拟音及其历史来源，促进了对这一问题的研究。他的《释“古今通塞”》，探讨《切韵》性质，也有独到见解。先生还担任国家古籍整理项目《经籍纂音》的执行主编，欲全面整理中国历史上的音韵资料，为音韵学研究提供全面、方便和权威性的材料。虽然这项工作因种种原因未能完成，但它的意义、它的影响却是相当大的。

先生很重视音韵学的普及工作，变“绝”为“通”是他的愿望。他长期在大学里讲授音韵学课程。60年代，他发表了《反切释例》和《反切续释》，第一次系统全面地分析总结了古代反切与今音的对应规律。70年代后期增订出版的《反切释要》一书，以通俗的笔调介绍反切，特别是总结古反切与今音的对应规律，指出如何根据反切拼读今音，这对于读者掌握反切进而读习古书很有帮助。该书初版印数即达15万册，可见社会的欢迎。在多年思考的基础上，他规划了《实用音韵学》的框架，并与学生合作出版。这本书系统全面地讲述了音韵学的有关基础知识及其在有关学科里的应用，为广大文史工作者提供了一部极有实用价值的参考书。

先生还以音韵学家的深沉和对现代汉语语音的深入观察，写出了一系列探讨现代汉语声调与语调的论著。其《字调和语调》作为《汉语知识讲话丛书》的一种，在当时产生了广泛的影响。他的论文《关于字调》《关于变调》《语调概说》《声调和声调教学》，在当时的语文界也都有相当的影响。

先生一向重视方言与音韵之间的比较研究，从历史发展的角度来探讨历史音韵与现代方言之间的联系，并从方法论的角度提出了一些重要意见。他的《方言与音韵》、《方言音韵学构架》(合写)、《应当注意方言音韵的研究》(合写)、《方言音韵释例》等多篇论文，既提出了理论的见解，又提供了具体的研究范例，为方言学和音韵学的结合及其各自研究的深入都很有启发意义。

先生一直重视汉语方言的调查和研究工作。在学生时代，他系统分析描写了六合方言的语音系统，写有《六合音系》。早在1950年，他就率先从教学和语言规范的角度提出了调查和研究方言的方法与意义，发表了《谈方言调查》的论文。他在50年代中期写的《推广普通话中的方言调查工作》被汉语规范化会议收入文件汇编，对后来进行的全国范围内的方言普查工作产生了重要的影响。他担任山东省方言普查工作委员会副主任，具体组织了山东省内方言的普查与整理。从50年代开始，他通过开设方言学课程以及举办方言调查培训班等形式，培养了大批方言学调查和研究人才，其中许多人在方言研究领域取得了突出的成绩。从70年代后期开始，他多次亲自带领学生进行方言调查。80年代，他担任《山东省志·方言志》的主编，对该书的调查编写发挥了重要作用。可惜，当这部书于1995年出版的时候，先生已经不能亲眼看到它了。

先生50年代在汉语语法研究方面也作出了很大的努力。他发表了《谈句子的完整》《谈动宾短语》《句子形式作谓语》《谈连动式》《复杂的谓语》等多篇论文，对于汉语语法中的一些重要而复杂的问题作出了自己的阐释，揭示了汉语语法的特点，在当时产生了较大的影响。他还积极参与了暂拟汉语教学语法体系的制定与宣传，做了许多具体的工作。后来，先生的研究重心已不在语法方面，但他仍然关注语法研究，参与了80年代中学教学语法系统的制定，并指导了多名硕士研究生进行语法研究。

先生在汉语言文字规范化方面作出了突出的贡献。除了文字改革之外，他很早就提出了一字两音的分歧现象及规范原则，写有《请注意一字两音的分歧现象》，为后来异读字的审音提供了有益的意见。他写的《谈书面形式的规范》最早提出异体词（异体字）的概念，并提出了对异体词进行规范的意见，这在当时产生了较大的影响，也开了后来异体词整理工作的先河。另外，他还写有《怎样对待“正”“俗”字》《什么是正确的“白话文”》等论文。直到晚年，他还密切关注着语言文字规范化工作，注意了解计算机时代对于语言文字的重要影响，关注海峡两岸语言文字规范的问题，并写有《海峡两岸汉语规范化的思考》等论文。

综观殷焕先先生的学术研究之路，处处闪现着卓然大家的风采。他主张学术为公，打破藩篱，兼容图新，博采众长，融会贯通，与时代共进；他既专心于学术研究，又以广大群众文化水平的提高和社会的发展进步为己任；他通于古而不泥于古，通于今而又融于古。宽博与精深、严谨与创新、研究与应用有机地结合成了先生学术研究的特色。先生的导师、20世纪中国最著名的语言学大师之一罗常培先生说过：“及门诸子中，孟非最为循谨，治学亦兼综南北雍之长。”可谓的评。

三

先生还精于旧体诗词的创作。他早年爱好文学，曾打算报考当时以文学见长的北京大学中文系。虽然他最后走上了语言学之路，但他并没有与文学分道扬镳，终生保持了吟诗作词的雅好。他的诗或感事抒怀，或酬赠友朋，词意婉切，韵味隽永，为师友所称道。他还精于书道，有人评其书法说：“点画精到，笔路清晰，骨力遒逸。奇崛有情趣，清峻、豪放、雅逸的书卷清气和笔墨趣味沛然其间。”书家或称其为“明清以来文人字写得很好的一位”,“从他大量的作品中可以发现许多古人没有出现过的精彩表现,他的字里的多处重点横画,细微处比王羲之《姨母帖》里的横画还好”。

先生为人谦厚热情,奖掖后进,不遗余力,不仅对自己的学生爱护备至,对登门求教的陌生人同样热情有加。他坦荡忠诚,淡泊名利,安贫敬业。一杯酒、一包烟、一碟花生米,常常伴随着他对学术和对人生的思索。在人生的各种困难面前,他始终乐观、坚韧、刻苦努力、严格自律,表现了高尚的人格和顽强奋进的精神,表现了一个赤诚的知识分子的高风亮节。

先生走了,但他的学术是永恒的,他的精神也是永恒的。

(原载山东省语言学会编:《语海新探》第四辑,山东教育出版社 1999 年出版,收入本书时有改动)

王仲荦先生的生平与学术成就

郑宜秀

近半个世纪以来,我国魏晋南北朝史学术研究领域,学术界一致公认有两大家,即"南唐北王":武汉大学的唐长孺,山东大学的王仲荦。此外,还有"南王北唐"之说,那是指二十四史点校工作,魏晋南北朝部分由王仲荦和唐长孺负责,王分管南朝诸史,唐分管北朝诸史。两说都说明王仲荦先生学业造诣之深、在学术界声誉之高。王仲荦先生不愧是中国当代著名历史学家、魏晋南北朝史的权威。王先生一生潜心于史学教学和研究,撰写了500多万字的历史著作,为新中国马克思主义史学发展作出了杰出的贡献。

一、良好的教育,奋发的人生

王仲荦,一名颂平,又名元崇,浙江余姚人,祖籍山东琅玡,东晋大书法家王羲之的后裔。1913年生于上海,在上海读完了小学、中学和大学,受到了良好的教育。他自幼丧母,由父亲抚养成人。其父王元甫是上海的大资本家,为曾经拥有五个母子厂的上海码头牌火柴厂厂长。他极重视子女的家庭教育,对王仲荦的学业尤为关注,除送王仲荦进正规学校系统学习之外,还延请当代著名汉学家洪在湖(陈布雷、沙孟海的老师)、冯君木等名家为家庭教师专门培养。王仲荦自幼聪颖好学,少年有志,颇有抱负。他爱好文史,长于诗词,18岁弃医学而专攻文科。就学于上海文学院之时,在听课之余,还广泛涉猎文史典籍。

在王仲荦先生的学业史上,有一件事对他影响至关重要,那就是国学大师章太炎先生对他的教诲。

王仲荦先生17岁结婚，岳父是章太炎先生的学生，两家来往关系甚为密切。章夫人汤国梨先生知道王仲荦喜好古典文学，便把他的诗文介绍给章太炎看，并推荐他做章太炎的学生。章太炎先生对这个聪明好学的晚门弟子十分喜爱，除指导他读书学习、研究之外，还常带他到苏州、无锡等地讲学，让他记录讲话，整理文稿，请他参加编辑《制言》杂志工作等。章太炎先生的言传身教，对王仲荦的成长产生了巨大影响。如1930年，17岁的王仲荦要写一部《北周职官志》，向章太炎先生汇报以后，章先生点点头，指示了两条：一是必须细致地研究孙诒让的《周礼正义》；二是必须广泛地参考金石墓志。王仲荦恪遵太炎先生教诲，用几十年时间完成了这一巨著，因后来将西魏、北周两朝的典章制度补充穿插了进去而改名《北周六典》出版。

王仲荦先生还曾师事任伯年之弟任堇叔先生，同样受益匪浅。对章、任二位业师，王先生感恩戴德，终生不忘，并常引以为豪。

王仲荦先生由于自小受到良好教育，个人又十分努力，再加上章太炎、任堇叔、洪在湖、冯君木等大家的专业培养及言传身教，打下了深厚的国学基础。1934年，他在上海正风学院文学系毕业的时候，虽年仅21岁，但已大体完成了《西昆酬唱集》一书的注释工作，开始了《北周六典》的写作。次年又起草了第三部专著《北周地理志》。这三部巨著虽是在50年后的80年代出版，四易其稿，但其起跑点却在50年前的30年代之初。

1937年，抗日战争全面爆发，王仲荦先生随父回到老家浙江余姚。1938年父亲去世后，他回到被日本占领的孤岛上海。面对日本帝国主义的侵略气焰，王先生积极从事爱国救亡活动。为了唤起民众的民族意识，抗击日寇暴行，章夫人汤国梨先生用章太炎先生(1936年去世)的国葬费开办了太炎文学院，学校开设朴学、音韵学、先秦诸子、文学和历史等课，目的是以中华民族优秀传统文化教育青年，启发他们的民族感情、民族自尊心与民族自信心。王先生被聘担任院长秘书室主任兼中国通史教授，讲授中华两千年史课。由于课程本身极易激发学生的爱国热情，而王先生又博学多才，讲述生动，所以很受学生欢迎。但是日伪当局却视为威胁，必欲驱除出沪。他们先以“号召抗日”等罪名加以责难，继而特务给王先生寄来了装有子弹的信函恫吓。南京汪(精卫)伪政权筹建登场之后，文化特务活动更加频繁猖獗。他们诬指文学院办的《兼明》杂志是“反重庆刊物,向伪政府靠拢”,以此败坏其名声。同时,他们还打入教师队伍内部进行策反瓦解,使之内部分化,因此文学院有三位“名教授”去南京当了文化汉奸。在上海局势日益恶化、学院难以维持的情况下,汤国梨先生被迫宣布文学院停办,王先生就此离开上海,同师兄诸祖耿、郑伟业等,经香港、海防、河内,辗转到了云南,1940 年抵达昆明。当时任云贵监察使、负责西南一线防务的李根源是章太炎先生的盟兄弟,他知道王仲荦先生抵达昆明后,便委任他为秘书,专修云南地方志。1942 年,怒江前线告急,李根源邀王仲荦先生同赴保山、龙塘等地参与指挥抗击日军。当时前线统帅部决定撤回昆明,王仲荦先生不以为然,认为敌我兵力对比,敌寡我众,不能退兵,只能抗击。李根源接受此议,决定在怒江上阻击日军,一举成功。为此,李根源曾赠诗王先生表示谢意。亲笔书云《赠余姚元崇》:

壬午(1942 年)六月三,决死在保山。
感君能负重,载得我生还。

1942 年夏,王仲荦先生接受重庆中央大学聘书,即离昆明赴重庆,驻沙坪坝。沙坪坝是当年后方文化区,那里聚集了许多抗日志士和文化名人,尤其是在中央大学,更是学者云集,一大批不愿做亡国奴的流亡学生也会集在此。王先生以为在此任教抒爱国情怀,很是乐意。报到后,学校分配他去重庆磁器口山区柏溪山村中央大学分校师范学院教国文,他欣然前往。在那里他结交了一批文士和品学兼优的青年学子,对他的爱国情怀的陶冶起了重要作用。王先生对这段生活十分怀念。那里环境安定,又藏书甚多,每周除九节课外,大半时间可用来整理旧稿和翻阅图书。他说:“我记得从《册府元龟》到《八琼室金石补正》都是在柏溪翻阅的。”说明他此时读书甚多。

1945 年抗战胜利后,他随中央大学迁回南京,由讲师晋升为副教授。王先生平易近人,教课又好,学生亲昵地称他为“贝贝教授”。当时处在内战前夕,南京和全国各地学生运动此起彼伏。王先生支持学生民主运动,经常接济学生,因此中央大学当局甚为不满,在 1947 年解聘六大教授时,王仲荦教授也在解聘之列。王先生离开南京后,立即收到广州中山大学的聘请。但由于他向往青岛,不久即到青岛国立山东大学任教了。

王仲荦先生来到青岛的第一个春天即 1948 年春便晋升为教授。当时他只有35岁。

1949年，王先生调任山东大学历史研究所，担任研究员。1950年，学校派他到北京参加政治学习，有缘和严仲平教授朝夕相处。这位著名经济学家对中国经济问题的过去和将来都有很深刻的见解，交谈当中，给王先生以极大启发和帮助。从此，王先生也关心起经济问题，热情地投入中国资本主义萌芽问题的讨论，写出了不少有分量的有关经济史方面的学术论文。这不仅为新中国的经济建设提供了重要的历史借鉴，而且从历史角度去鼓励人民投入国家的经济建设。从此之后，他对历史上的经济现象倍加重视并努力深研，表现了一个历史学家的优秀素质。

王仲荦先生在古史分期问题上的魏晋封建论和在资本主义萌芽方面富有创见性的论文，在国内外学术界引起极大反响。1956年《人民日报》以一个整版篇幅介绍他和尚钺先生的魏晋封建论的观点。苏联科学院也转载过他的论文观点。

这一时期，王先生生活宁静而有节奏，家庭和睦而温暖。这是他学术上走上成熟、达到高峰、出成果最多的时期。此时，他除了发表了一系列有创建性的高水平的论文之外，还完成了几部鸿篇巨制。如《关于中国奴隶社会的瓦解及封建关系的形成问题》1957年由湖北人民出版社出版；其代表作《魏晋南北朝史》《隋唐五代史》，虽至80年代才出版，但其初稿是在这时完成的。

正当王先生学术的黄金时代，1957年席卷全国的“反右”运动，打乱了学校教学和研究的正常秩序，这对王先生的科研工作不能不产生一些不良影响，他那些誉满中外的论著和讲义，一夜之间便被定了性——“反动”。面对冷酷的现实，王先生没有表态，到底怎么想的，以后也未说过。但从他1980年尚钺先生逝世后写的《挽尚钺》诗中也可见其一二，挽诗云：

古史自今开草昧，萌芽何必讳清初？
从来学术难论定，且继前人要著书。

前一句的意思是，他和尚钺提出的魏晋封建论结束了古史分期问题的蒙昧状态，开启了新的局面；第二句是对尚钺的清初资本主义萌芽观点遭到批判的不平。在这两个问题上，王先生和尚钺观点一致，肯定了尚钺先生的观点，为尚钺鸣不平，表明他一直坚持己见。

1962年，国务院决定整理古籍，校注《二十四史》，委托中华书局承办。

王先生被中华书局借调去点校《二十四史》，自此常住北京，公余之暇，便整理旧作。

1966 年，“文化大革命”爆发，点校工作被迫停止了五年。在这五年动乱中，王先生回到山大，因长期在外，学生不熟，尚未受到太大的冲击。他虽也曾被勒令劳动，打扫过厕所，遭到过批判、恫吓和抄家之苦，但他都能沉着镇静地对待，用努力工作来排解烦恼。他的丰富的社会阅历告诉他一条生活经验，并形成了个人的独到特点：每处逆境，遇到不称心的时候，就“沉下心来”，尽一切可能搞著述。于是他的《北周地理志》整理出来，定稿了。这五年，他没有白过。

1971 年，点校工作重新开始，王先生又回到北京。王先生分工主持南朝的《宋书》《南齐书》《梁书》《陈书》《南史》五部书的点校，北朝部分由武汉大学唐长孺先生负责，故又有“南王北唐”之说。后来人事变动，王先生只点校了《宋书》《南齐书》和《南史》三部，《梁书》《陈书》两部只做了定稿工作。这个工作历时五年，到 1976 年也就是“文化大革命”结束的那一年全部完成。动乱的十年，王先生有效地抓紧时间，学术上取得了累累硕果，《敦煌学研究》《历代物价考订》以及《新疆緤布》《历史地理学》《谱学》等文章都在这一时间写成。

动乱结束，“四人帮”被打倒。面对这科学文化的春天，王先生虽因心肌梗死病卧在床，但精神却十分振奋，一连写了几十首诗词畅抒情怀。工作上，除教学和研究之外，还先后出任了山东大学历史系主任、学术委员会副主任委员、中国历史学会理事、山东历史学会理事长、中国魏晋南北朝史学会顾问、中国唐史学会副会长、国务院古籍整理出版规划小组成员、国务院和教育部学位委员会历史学科第一届评议组成员、国务院学位委员会评议员、山东大学第一届博士点博士导师等行政、业务及社会工作方面的领导职务，做了大量卓有成效的工作，如为系里已故先生出版遗著、为被错划为右派的同志平反以及加强文科基础课教学等。

在这一时期，他的几部巨著《北周六典》《北周地理志》《西昆酬唱集注》《魏晋南北朝史》《隋唐五代史》等也先后整理或改写出版。除此之外，王先生于 1984 年又完成了《敦煌石室地志残卷考释》一书的编写。该书考释精辟，集结了他 70 年代以来的地理学、敦煌学方面的研究成果。接着又开启了 27 年前拟定的《中国物价史》的撰写工作。该书后来定名为《金泥玉屑丛考》,其资料是50年代末收集的。

1984年,他欣然接受日本学术界的邀请,赴日本讲学。他在日本期间,先后应山口大学、九州大学、京都大学、东京大学和东洋研究所等院校和研究机构的邀请,做了《魏晋南北朝封建论》《魏晋南北朝文化——玄学与佛教》《唐宋文学》《回忆章太炎》等学术报告,以其精湛的学识、朴实谦逊的学者风范,惠听者以难忘的印象,博得极高评价。其翻译加藤洋子著文,题为《王仲荦东京讲学杂论》,刊于香港《明报》1984年10月号,对王先生这次讲学的内容、观点和影响进行了详细的评述,就是其中一例。

1985年夏,德国波恩大学出版《中国》一书,邀请王先生写《中国历史》一文。他从上古写到当代,把中国数千年悠久的历史、灿烂的文化、光荣的优良传统等,用确凿的史料、正确的观点作了概括的论述。这篇概论性的文章,受到读者热烈欢迎。

1985年,身患高血压、心脏病、糖尿病等多种病症且年逾古稀的王仲荦先生,踌躇满志,壮心不已,不顾年迈多病,每天仍坚持工作四五个小时,往往一天要写两三千字。朋友问他今后的打算,他说:"我准备把这些年的论文编成一个集子,集名《华山馆丛稿》,计划一年之内编成。此后视我的健康情况,还预备写几部书。生命不息,写作不止。"①可是,就在他说过这话的第二年,当他完成了上书编写计划,另一部新著《金泥玉屑丛考》刚写完第五卷时,不幸于1986年6月4日因心脏病猝发而溘然辞世。王先生实践了他生前的誓言,走完了他拼搏奋斗的一生,成就了他的光辉业绩,留下了丰硕的学术成果和宝贵的治学经验。王仲荦的名字将彪炳于中国学术史册。

二、兀立的建树　光辉的业绩

王仲荦先生一生未离开过学校,一直致力于教育和科研工作。半个多世纪里,他孜孜不倦,教学之余,著述不辍。尤其是在他人生的最后十年里,接连出版了《北周六典》(中华书局1979年出版)、《北周地理志》(中华

① 《谈谈我的治学经过》,《文史知识》1985年第9期。

书局1980年出版)、《西昆酬唱集注》(中华书局1980年出版)、《魏晋南北朝史》(上海人民出版社1980年出版),再加上生前付梓,之后1987年由中华书局出版的《䃺华山馆丛稿》、1988年由上海人民出版社出版的《隋唐五代史》、1985年交稿于上海古籍出版社的《敦煌石室地志残卷考释》、大体编成的《金泥玉屑丛考》(即《中国古代物价史》),以及先后发表的论文150余篇,总计十余种,四五百万字,都是内容丰富、自成体系、观点独到的传世之作。他终生执教,是一位受欢迎的优秀教师;他著述丰富,创见颇多,是一位著名的学者。王先生逝世后,他的弟子、同事,山东大学历史系教授郑佩欣先生有挽联云:

有遗著四百万字,育齐鲁三千英才。

此联大体道出了王先生一生教学、研究的主要贡献。

王仲荦先生在学术上的建树颇多,归结起来大体有以下几个主要方面:

其一,对古代史上几个重大问题,如古史分期问题、春秋战国之际的农村公社和休耕制度问题、物价问题、明代纺织业生产问题、资本主义萌芽问题等,都进行了开创性的研究。尤其是古史分期问题,他独树一帜,提出了著名的魏晋封建论。他在《关于中国奴隶社会的瓦解及封建关系的形成问题》(湖北人民出版社1957年出版)一书中作了深刻分析,认为从殷商一直到东汉,都是奴隶社会。中国奴隶社会大体可分为两个段落:第一段落从商代到春秋,是社会上农村公社和未获得充分发展的早期奴隶制并存时期;第二段落是从战国到东汉时期较发展的奴隶制,在那里农村公社已彻底瓦解,奴隶制开始在社会上占统治地位;到魏晋时期,封建制度终于形成,并取代奴隶制而占据了主导地位,中国社会进入了封建时代。该书的出版标志着王仲荦先生魏晋封建论的建立,他本人则成了封建论的主要代表人物之一。

1954年王先生在《文史哲》第4期上发表的《春秋战国之际的村公社与休耕制度》一文,被誉为"第一次以马克思主义者的观点探讨了中国历史上长期存在的村公社制度的性质和作用"[①]的佳作。此外,王先生此时发表的

① 吴大琨:《回忆〈文史哲〉初期的王仲荦教授》,《文史哲》1986年第5期。

《两汉奴隶社会说》《魏晋封建论》等颇有分量的史学论文，受到国内外学术界的普遍重视。

1956年由上海人民出版社出版的王先生的《曹操》一书，对曹操的军事才能、经济上的屯田和政治上的远见卓识等进行了实事求是的论述，首次对曹操的历史功绩进行了公允的评价和充分的肯定，为后来史学界讨论曹操其人打下了基础，观点也为多数人所采纳和承认。

其二，在古籍整理方面，王先生的贡献是很大的。如上文已经提到的，早在他十七八岁上学时期就着手注释宋代杨亿编纂的《西昆酬唱集》，并用两年时间写成了《西昆酬唱集注》。1962～1976年，他参加国务院古籍整理出版规划小组组织的《二十四史》的点校工作。今天我们读到的中华书局新校点版本的《二十四史》，其中就有王先生的一份功劳。1960年，他为高等院校主编《资治通鉴选》一书，再版五次。此外，王先生以七十高龄，又组织整理章太炎的遗著，主持《太炎先生全集》的编辑出版工作。

其三，对于魏晋南北朝史和隋唐五代史的贡献，是王先生学术成就的主要部分。王先生专攻魏晋南北朝史是从50年代初开始的。据他自己说，1952年，他在山东大学历史系承担魏晋南北朝隋初唐史的课程，由于自己一口南方口音，北方同学听起来困难，于是就开始写一本讲义来补救这个缺憾，但不尽符合教材要求，以后就索性放开手脚，花了五六年时间，写成了《魏晋南北朝隋初唐史》。该著上册于1961年由上海人民出版社出版；下册则因“文化大革命”爆发，只好搁置箱底，直到十年动乱结束，他才将此稿重新改写，分为《魏晋南北朝史》和《隋唐五代史》两部出版。

1980年，《魏晋南北朝史》由上海人民出版社出版。该著80万字，分上、下两册。这部专史将中国中世纪370余年的复杂历史进行了梳理。在这段历史中，发生过三国鼎立，西晋的统一和内乱，十六国纷争，东晋江左偏安，南北朝对峙，北方的北魏、东魏、西魏、北齐、北周及南方的宋、齐、梁、陈等五朝的更替等重大历史变动；阶级矛盾和民族矛盾错杂，民族斗争、民族仇杀、民族融合同人民的反抗、起义和斗争交织，国家分裂，山河破碎；战争频繁，社会动荡；生产力遭破坏，人民痛苦流离；思想文化儒、释、道诸家并行，互相斗争，互相渗透。现象错综复杂，问题头绪繁乱，要把这段历史抓住核心，理出头绪，揭示出发展规律，于黑暗之中写出光明的一面，是十分不容易的。因此，历代学者或只看见混乱、黑暗的一面，把它与欧洲黑暗的中世纪相提并论，认为无光明可写，或者视为畏途，不敢问津，致使这段历史长期研究薄弱，如坠五里雾中，再加上中国治史传统大多重政治、写战争，对丰富多彩的社会、经济、文化等现象则十分轻视，很少涉及。中华人民共和国成立以来，史学界在马克思主义指导下虽有重大突破性进展，但传统观念的束缚仍很严重。因此，魏晋南北朝史研究也很难脱出如人们评论《左传》时说的帝王将相"相斫书"的窠臼。王先生明察这一弊端，决心给予突破，要学司马迁和班固，用新的观点和方法，将这段历史写出新的内容，建立自己系统全面的新体系。对于这一点，他在《魏晋南北朝史》和《隋唐五代史》的"序言"中作了详细说明，同时在《谈谈自己治学经过》一文中又作了阐释。他说：

> 中国的古史，如《尚书》除《禹贡》篇外，大多是政治史，《左传》前人名为"相斫书"，当然近乎一种诬蔑，但它专讲政治和战争经过，却是实情。司马迁真是一位了不起的史学家，他写了很多政治家、军事家、思想家、文学家的传记，并写得栩栩如生。此外，他的八书都是和经济文化有密切关系的。《货殖列传》《游侠列传》《刺客列传》《儒林列传》，除了文化、经济以外，还介绍了当时的风尚习俗。班固的《汉书》：《食货志》重经济；《地理志》重地理沿革，也牵涉州郡物产；《艺文志》记录了文化的积累；《儒林传》看重学术的传授；《货殖传》《游侠传》也继承了司马迁的《史记》的优良传统，并有发展。班、马的优点，都是全面地介绍当时的社会。不管政治、军事、经济、文化，都全面介绍，这样才能看到祖国的伟大。我们今天写魏晋南北朝史、隋唐五代史，我认为应该继承我国史书的优良传统，全面地介绍出伟大祖国的风貌，不但要把政治史、经济史讲清楚，也要把祖国的优秀文化介绍出来。
>
> 在建国前，有人把魏晋南北朝时期看作是中国历史上的黑暗时代，认为它一团漆黑，社会经济停滞不前，我本人也曾受到过这个看法的影响。后来我这个看法改变了。诚然，魏晋南北朝时期，自然经济占绝对统治地位，货币近于废弃，这是由于封建依附关系的加强而造成的，但不等于说这个社会的进展就裹足不前了，这个社会的文化就不向前发展了。相反，在这个时期，无论是经学思想、哲学思想、宗教思想、史学著作、地理学著作、文学创作、文学批评、绘画、书法、雕塑、

音乐、舞蹈、杂技等等，以及科学技术方面，都有重大的成就。

基于这个认识，王先生认为，魏晋南北朝史不是没什么可写，而是大有作为；不是写不出光明，而是没有深入全面地研究。在这个思想指导下，王先生在全面深入地研究了这段历史之后，针对过去的弊端，实事求是，以大量具体史料为根据，着重写了这一时期的光明面，少写野蛮暴行、黄色和黑暗的东西。他说：

> 拙著《魏晋南北朝史》，文化部分的字数几占全文字的四分之一；《隋唐五代史》共120万字，文化部分，几达50万字。重点写经济部分，强调农业经济的发展，手工业、商业的发展，尤其强调文化的发展，借此来冲淡政治、军事方面黑暗面的影响，我想是有必要的。……凡是太恐怖、太野蛮的行为，如隋末的朱粲，如唐末的秦宗权、孙儒这一类人的暴行一概不写。有关黄色的故事，如隋炀帝戏陈夫人等事……不再提及了。①

此外，王先生在这两部巨著中，强调了民族融合和团结。对北方十六国时期，过去论者往往只看到少数民族的野蛮落后，写民族关系多写民族歧视、仇恨和残杀，这是不符合历史事实的整体面貌的。如果只有仇杀，各族人民还能生存，国家政权还能维持吗？民族融合和团结才是历史的主流。史学家的任务就是透过复杂的历史现象去发现主流，发现本质，把它揭示出来，写出历史的真面貌。王先生的这些独到的见解和这两部专著的许多建树，基本改变了过去那些因偏见形成的蒙昧状态，诚如他《挽尚钺》诗说的"古史自今开草昧"，开辟了魏晋南北朝历史的光明的新局面，为史学界普遍欣然接受。目前史学界流行的魏晋南北朝时期历史的主流——南方经济大开发、北方民族大融合的看法，就是对王先生这些观点和建树的肯定和概括。他的《魏晋南北朝史》于1988年获我国社会科学最高奖赏——国优奖，是理所当然、当之无愧的。

《北周六典》和《北周地理志》，也是王先生的著名力作，是他魏晋南北朝史丰碑的组成部分。这两部著作他在青年时期就完成了草稿，在箱底压

① 《谈谈我的治学经过》，《文史知识》1985年第9期。

了40年，后四易其稿，经过大半生的反复琢磨、修改，才拿出来出版的。《北周六典》40万字，从历史的渊源上阐明了北周典制。西魏、北周的典章制度十分独特，纷乱复杂，是历史研究中的难点。王仲荦先生不畏艰难，收集了《周礼》《左传》《国语》等先秦典籍中关于六官的所有资料和南北朝隋唐史书以及金石、考古资料中有关北周官制的记述，详加考辨，系统排列，将北周一代典制大白于世。此外，他还广搜当时各方面的典章故实，分门别类地置列于各有关官职之下。因此，该书不仅是一部官制史，而且还是具有“会要”性质的杰作。

《北周地理志》70万字，分上、下两册，把北周大象二年(580)以前的疆域、行政区划(215州、552郡、1056县①)的基本情况考辨清楚了。这也是件了不起的工作。因为史籍中有关北周、北齐疆域界划的记载，语焉不详，面貌模糊，不下大功夫是难以搞清的。这是魏晋南北朝史研究中的一个难点和障碍。为了突破这个难点，扫除这个障碍，王仲荦先生收集了有关地志、史书、碑铭中的大量有关资料，写成此书，弥补了这一缺陷，实在功德无量！

《㟃华山馆丛稿》是他的重要论文结集。他对史学广阔领域里的许多独到的见解、观点和理论上的创见，都集在其中，有很高的学术价值，是研究王先生学术思想的重要依据。

《金泥玉屑丛考》是一本有关古代物价史的专著，是王先生经济史研究成果的集中表现，对经济史界也是一个不小的贡献。

王先生学识渊博，国学底子深厚，兴趣也很广泛，除了史学外，对地理学、敦煌学、文学、书法等也有极深造诣和突出的成就。他青年时师事章太炎、任堇叔等国学、书法大师，亲聆他们的教导，在文学书法方面很下功夫，打下了扎实的基础。

王先生轻易不以书法示人。但凡见过他手迹的人，无不感到钦服。他的书法，笔画工整有力，横竖得当，刚健苍劲，气势浑厚，体魄雄健，颇有魏晋风骨。连他的书法老师任堇叔先生也赞叹不已。

王仲荦先生原本是学古典文学的，对于诗词下过很深的功夫，又得到国学大师章太炎和汉学家洪在湖、冯君木等人的指导，对古代典籍研读得很透。他在求学时期写成的《西昆酬唱集注》，就是一部很见功力的文学研

① 大象二年北周统一北齐后有州210、郡508，县1124。以上是书中著录数。

究专著。《西昆酬唱集》是一部很难读懂的作品，里面掌故很多，王先生将其中的典故追根求源，一条不漏地全部注出，对古典文学研究实在是一大贡献。

王先生还有《敦煌石室地志残卷考释》一书，生前已完稿，是他70年代以来关于地理学、地志学、敦煌学研究成果的结集，有极高的学术价值。

三、宝贵的经验、高仰的风范

王先生给我们留下的学术成果是丰富的、宝贵的，然而更值得珍视的是他的治学经验和他的人品风范。

王仲荦先生一生致力于史学，积累了丰富的宝贵经验。撷其要者，大体有以下几点：

一是博。博览群书，打好基础，这是治学的起码知识准备。因此，他在青年时期就把家藏的五六千册书籍通读过了。王先生说过，他爱好文学，20岁前就决定要学文科，听课之余，广泛涉猎，文字学、训诂学、音韵学、古典文学和诗词等无所不读。他为了多记掌故，读通温庭筠、李商隐的诗，就选择了一本《西昆酬唱集》为之作笺注。他认为作此笺注仅靠《佩文韵府》是不行的，于是就找了很多书，经、史、子集无所不有，四面陈之，天天翻检，遇到《西昆酬唱集》中的掌故便记下来，加以考辨，弄清其出处、含义。这种办法，世人谓之“獭祭鱼”[①]。李商隐为文，就是采用此法。王先生也学此法，用了近两年工夫，基本完成了笺注工作。王先生借此熟悉了资料，充实了自己，打好了深造的基础。当时有四五条典故找不到“娘家”，十多年后才在《山海经》郭璞注里找到。

又如他写《北周六典》(起初叫《北周职官志》)，不仅遵从章太炎先生的指示，细致认真地研读了孙诒让氏的《周礼正义》这本集大成的著作，而且广泛参考金石墓志，特别是赵万里氏的《汉魏南北朝墓志集释》；不仅参阅了《国语》《左传》，搜集了其中有关周官的大量资料，而且还对周官以外北周采用的汉魏官制的许多史料一一找出它们的出处，涉及文献资料之广是

① 《吕氏春秋》高诱注说：“獭，水禽也，取狸鱼置水边，四面陈之，世谓之‘祭鱼’。”

少有的。

《北周地理志》的写作困难则更多，涉及面也更广。因为主要依靠的《魏书·地形志》和杨守敬的《隋书地理志考证》很不足用：一是魏收的《魏书》是根据东魏的版图来写的，关西的郡县只据孝武帝永熙旧籍，对西魏添置的郡县一概不收，资料残缺不全；二是《隋书·地理志》对梁、陈、周、齐的郡县废置非常简略，连《魏书·地形志》里所记的北方州、郡和县，在《隋书·地理志》中也找不见。怎么办？只好广泛阅读，以蚂蚁啃骨头的办法，"一个郡一个郡地解决，一个县一个县地解决，郡县次第解决，州也自然而然地解决了"。

然而，最能体现王先生知识广博的，还是他的《魏晋南北朝史》和《隋唐五代史》。在这两部书里，秦汉、魏以及隋唐五代的史籍，他都能十分娴熟地引用，可见其史料基础功底之厚实。

二是精。即在博的基础上，精读深钻几本基本书，把它读得烂熟。王先生说过："一个学者要有几部书熟烂于胸中，这样才能控制全局，无往不胜。"[①]这是他自己的经验之谈，有许多书他是"熟烂于胸中"的，尤其是《资治通鉴》。他常对人说起，抗日战争时期，只身流落于云南、四川，手头别无他书，只有一部《资治通鉴》，于是就反复细读，一连数遍，将其所记上起周威烈王二十三年（前403），下迄后周世宗显德六年（959）一千多年的历史事实和基本线索弄清记熟，从而深得司马光治学精神的精髓。他自己不止一次地说："从某种意义上说，我是靠一部《通鉴》起家的。"他自己这样做，也这样要求学生。尤其是对研究生和青年教师，他一再强调，务必熟读基本资料，追根溯源，不穷不止，切忌浅尝辄止，或专靠第二手资料去做文章，那样是不会有什么创建和造就的。

三是勤。勤读、勤记、勤思、勤写；书不离眼，笔不离手，脑袋不停地思考问题，并把学、记、思、写有机地结合起来，把学到的知识变成自己的活的智慧和创造的源泉，使之开出新的花，结出新的果。这是王先生一生的治学特点和成功的根本要诀。他一生求学、教学、治学，先后六十余年，总是勤勤恳恳，孜孜以求，从不浪费时间。在和平环境、科学文化的春天，固然

① 郑佩欣：《王仲荦》，《中国历史学年鉴（1987年）》，北京：人民出版社，1988年，第367～368页。

精神振奋,全力以赴,日夜拼搏,就是在动荡不安的年代,他也能沉下心来,埋头于读书和写作。抗战时期,他在流浪中熟读了《资治通鉴》;十年动乱中,他在点校《二十四史》之余,还整理、改写旧作,完成了《北周六典》《北周地理志》《西昆酬唱集注》等近200万字的书稿;在他多病缠身、已逾古稀的晚年,仍然给研究生授课、参加各种学术活动和不停地写作;直到他停止呼吸的前一刻,还在伏案赶写他的《金泥玉屑丛考》,实践着他"生命不息,写作不止"的治学之道。

四是严,即严格的自我要求、严肃的治学态度。王先生在学业上精益求精,从不急于发表文章、出版书籍。他常以此态度告诫青年学者"良工不示人以璞",总是要将玉石雕琢得十分完整精美才肯拿出去给人看。如他20岁左右写成的《北周六典》《北周地理志》《西昆酬唱集注》等书稿,就是因为自己觉得当时还年轻,涉世浅,对所用史实史料还不能完全理解,怕不成熟,而把它们搁置起来,压在箱底四十余年,并背着它们辗转于上海、浙江、云南、四川、南京、青岛、济南,经历过抗战烽火的洗礼、十年动乱的劫难,直到年逾花甲,自以为成熟时,才把它们拿出来,重新修改写定、出版。他的《魏晋南北朝史》《隋唐五代史》也是如此。50年代上半期,他即写成了《魏晋南北朝隋初唐史》,1961年由上海人民出版社出版了上册。当1977年上海人民出版社决定再版上册并出版下册时,他说,时隔25年,史学研究发展很快,变化很大,许多问题经过讨论都达到了新的水平,25年前的旧作,不加修改,拿出来发表是不合适的。因此,他毅然决定重新改写。经过六年辛勤劳动,将此稿改定为《魏晋南北朝史》和《隋唐五代史》两部出版。王先生这种严格要求自己的负责精神和科学严谨的治学态度,是值得很好学习和发扬的。

五是创。王先生善于独立思考,勇于开拓创新。他早年从师章太炎先生,当时章太炎因主张读经受到非议,王仲荦也曾认为读经无用。后来亲聆了章先生讲学的内容,经过认真思考以后,这才发现章先生主张读经是为了学习历史,主张"保国性"是为了继承优良传统,发扬爱国主义,与守旧势力提倡的"尊礼读经"的复古主义是根本不同的,因此改变了对章先生的看法。王先生善于独立思考的优点,是他在学术上多有建树的重要因素。

王先生不仅善于独立思考,而且勇于开拓,敢于创新。20世纪五六十年代,当"西周封建论"和"春秋战国封建论"风靡国内史坛,被视为权威观点，在古史分期问题上占统治性地位的时候，他敢于独树一帜，大胆地把自己通过认真研究所得出的不同结论发表出来，供人们讨论，终于成为一家之言——魏晋封建论而载入了史册，为国内外学者承认和敬服。

当传统观点普遍认为魏晋南北朝时期是中国历史上的“黑暗时代”，无什么光明可写的时候，王先生通过自己深入的研究、独到的识见，全面正确地描绘了这一时期的历史全貌，揭示了历史发展的规律和时代的主流：南方经济大开发，北方民族大融合，开拓了魏晋南北朝史研究的新天地。

王先生为人正直，主持正义，严以律己，宽以待人，注重情谊，不忘故旧。不论是对待老师还是同事，也不论是对待朋友还是学生，他都相待以诚，受恩不忘，施惠无念。如他对恩师章太炎和任堇叔，都是常铭于心，永志不忘。太炎先生逝世以后，是他紧随章夫人，协同她创办起太炎文学院，并对章氏后人关怀备至；是他于1936年同沈延国一起，整理了章太炎遗著目录，发表在上海《制言》杂志上；是他在古稀之年，不辞辛劳，于百忙中拿出时间和精力，组织了《章太炎全集》的编辑和出版工作。对任堇叔先生早年写成的《杨刻急就章》一书的书稿，他一直珍藏了几十年，终于在1986年出版问世。

抗日战争时期，他在重庆中央大学柏溪分校任教时，曾与蒋礼鸿（杭州大学教授）共事，过往甚密。30多年后，1978年，蒋先生路过济南，未能与王先生相见，王先生深为遗憾，一气写了三首忆旧诗相寄，以表思念之情深。其中一首云：

> 卅年不见阿龙超（蒋先生属龙，故以龙称），
> 未枉高轩叹寂寥。
> 记得柏溪明月夜，
> 嘉陵江上听清箫。

王先生一生，学而不厌，诲人不倦，为人十分坦诚。尤其是对于后学，总是循循善诱，极尽奖掖，关怀无微不至。1962年，他有个助教，由于不白的原因被迫下放，情绪有些不高，甚至心灰气馁，他就好言相劝，用心安慰鼓励，教他把反面刺激当作激励自己前进的动力，下去老实做人，努力读书，做好工作，将来一定会作出成绩和贡献的。此人遵从王先生的教导，终于走上了成功之路。还有的学生在1957年“反右”斗争中蒙受冤屈，他都

坚信这些学生无辜，竭尽全力奔走呼吁，想方设法为其平反昭雪。

王先生从不计较个人得失。学术上与自己观点不同的讨论，他总是竭诚欢迎，就是言词过火一点，也能看其主流，只要言之成理，就欣然接受。对在“反右倾”和“文革”中飞来的无稽批判和莫须有的罪名，他总是一笑置之，任历史去做结论。对批判过自己，历史已证明批判错了的人，也能历史地分析，正确地对待，表现出一种豁然大度的超然风范。

总之，王仲荦先生的一生是拼搏的一生、奋进的一生、无私奉献的一生。他为新中国的教育和科学文化事业献出了毕生精力，鞠躬尽瘁，死而后已。他的光辉业绩，将永远彪炳于祖国科学文化的史册；他的奋斗精神和丰富的治学经验将永存于世；他的嘉言懿行不仅懿范当代，而且嘉惠后学。

(原载梁自洁主编:《山东现代著名社会科学家传》第一集，山东教育出版社1991年出版，收入本书时有改动)

孙思白先生与民国史研究

韩凌轩

孙思白先生(1913～2002)是追随华岗校长参与创办《文史哲》杂志的著名学者之一,也是著名的中华民国史专家与中华民国史学科奠基人之一。缅怀与梳理前辈学者的学术成就,继承其学术遗产,以推动新时期民国史研究的深入发展,是我们后来者应尽的学术责任。

一、推动建立中华民国史学科的重要贡献

中华人民共和国建立后,中华民国史学科经历了一个从思想认识逐步深入到具体筹备、建立的发展过程。中华民国史是以孙中山为首的国民党人领导、夺取辛亥革命的胜利,到后来在蒋介石领导下,建立全国政权,推动社会变迁,最后走向灭亡的历史,也是以毛泽东为首的无产阶级革命家领导人民进行新民主主义革命,从建立地方政权,推动社会变迁,到推翻国民党政权,建立中华人民共和国的历史。从新民主主义革命史研究发展到民国史学科建立,势所必然。孙思白先生在推动中国现代史研究到建立中华民国史学科的过程中,作出了重要贡献。

中华人民共和国成立后,史学界把从1919年五四运动到1949年新中国建立的30年称为"中国现代史"。[①] 1956年7月,文史科教学大纲审订会召开,此时全国大学历史系"课程表上的'中国现代史'还只是空有其名",

① 1956年7月,在北京召开的文史科教学大纲审订会上,一些学者主张把1840～1949年半殖民地半封建社会的历史统称为"中国近代史",可是长期以来大学历史系在课程设置上,仍习惯于把1919～1949年的历史称为"中国现代史"。

全国14所综合大学，参加“中国现代史”大纲审订的只有5所。在这种情况下，参加大纲审订会的孙思白教授，在1956年10月17日《光明日报》第1版发表了《中国现代史的研究为什么至今这般寥落》一文，提出了阻碍“中国现代史”研究开展的原因：一是负责文教工作的各级领导对这方面的重视和推动不够，二是资料的饥荒。他呼吁加强领导与成立专门机构，每年整理、编印两三百万字的资料，认为这是顺利开展中国现代史研究的当务之急。[①] 当年秋，高教部指定中国人民大学李新、彭明和山东大学孙思白组成编写小组，依据文史科教学大纲审订会审订的中国现代史大纲开始编写讲义，其后又有北京师范大学王真等参加。至1958年冬，讲义草稿大部完成，经教育部和中国科学院历史研究所第三所召开专门会议讨论后，又指定李新、彭明、孙思白、王真、蔡尚思（复旦大学）、陈旭麓（华东师范大学）等进行补充和修改。因为“本书是中国通史的1919～1949年部分”，所以定名为“中国新民主主义革命时期通史”。[②]

《中国新民主主义革命时期通史》共四卷，孙思白先生担任第二卷主要撰稿人，并参加其他三卷的写作讨论与修改工作。这套通史既有国民政府统治下的社会政治、经济、文化状况，又有中国共产党领导下的革命根据地、抗日根据地与解放区的政治、经济、文化的发展，国共力量的消长与新中国建立的发展过程，已经具备中华民国史的实质内容。[③] 这就为《中华民国史》的编写奠定了比较坚实的基础，民国史学科的建立也被提上日程。孙思白先生谈到民国史学科建立的过程时说：

> 1956年全国科学规划会议上这个项目第一次被提出来，并被确定为“全国科学十二年规划”的重点项目之一。后来由于各种原因，这份“规划”的多数项目，包括《中华民国史》在内，没能实行。到1961年纪念辛亥革命五十周年时，董必武同志又向史学工作者提出，重修清史和编民国史的倡议，周总理也一再提到这件事。1971年秋，全国出版

---

① 参见孙思白：《孙思白史论集》，济南：山东大学出版社，2009年，第60页。

② 参见李新、彭明、孙思白、王真、蔡尚思、陈旭麓主编：《中国新民主主义革命时期通史·前言》，北京：高等教育出版社，1959年。

③ 20世纪80年代初，以《中国新民主主义革命时期通史》为蓝本，魏宏运主编的《中国现代史稿》（上、下册）、北京师范大学历史系中国现代史教研室编写的《中国现代史》（上、下册）、黄元起主编的《中国现代史》（上、下册）等相继出版。

> 工作会议制定出版计划时，周总理亲自审阅了拟定的出版计划项目，《中华民国史》就在这时再一次列入了出版计划。[①]

鉴于孙思白先生在推动中国现代史学科方面的高度学术责任心和广泛影响力，1973年他被借调到中国科学院近代史研究所（1976年正式调入）民国史研究组（民国史研究室前身），1980年被任命为民国史研究室主任，主持民国史编写工作。

《中华民国史》刚列入出版计划，孙思白先生已开始思考如何编写这部书了。他说：

> 当1971年全国出版工作会议把编写《中华民国史》这项任务列入计划的信息传出时，我脑海中回旋着的是"兹事体大"，要用辩证唯物主义与历史唯物主义来阐述这段历史。它不同于旧的修史；在体例上应兼收"篇章体"与"纪传""编年""会要"等各种体例的长处。[②]

当他借调到近代史研究所时，所里已于1972年建立了民国史研究组，制订了编写计划。按照这个计划，要编写一部共分三编、六卷的《中华民国史》和作为这部书附录的三套资料。《中华民国史》的三编是：(1)创立时期（一卷）；(2)北京政府时期（两卷）；(3)国民政府时期（三卷）。三套资料是：(1)《中华民国大事纪》；(2)《中华民国人物志》；(3)《民国史专题资料》。

孙思白先生认为，《中华民国史》的框架定了，但开展研究工作还必须解决三个问题：一是《中华民国史》的合理性问题，二是《中华民国史》的主体问题，三是资料收集与研究的全国大协作问题。在《中华民国史》的合理性问题上，孙思白认为大陆与台湾都存在思想障碍。就大陆说，民国史包括一部分旧民主主义历史阶段与全部新民主主义历史阶段。孙思白先生说：

> 已经习惯于用"近代史"和"现代史"划分的人，会感到有些别扭。我们说，这是出于不同角度的考虑。从社会性质划阶段或以革命性质划阶段是一种划分法，从另外的角度写历史就会有另一种划分法。

① 孙思白：《孙思白史论集》，第47页。
② 孙思白：《孙思白史论集》，第48页。

“断代”写史的体例，更多的是从政治上或政权上着眼的。这固然是旧史书体例中习见的一种，从政治上推究一代兴亡之故，从整理与保存一代文献上考虑，也有它的合理之处。①

从通史的角度说，一个国家或一个国家的一个历史阶段，只有掌握政权的阶级能够代表它，而政治（政权）的影响力是涵盖全社会的，其影响力之广、之大，非其他任何因素可比，因此，写一代通史，只能从政治或政权上着眼。从台湾方面说，学界与舆论界认为大陆编写《中华民国史》，是“诡计”“阴谋”，其中“台湾历史学者对我们所定的民国史下限止于1949年，最生反感，认为我们意图暗示‘结束’台湾境内的‘中华民国’的历史”②。孙思白先生就此分析说：

这应当尊重历史的实际情况。历史的实际分为两个方面：国民党政权1949年从大陆撤退，继续在台湾一省执行它的统治权以至于今，这诚然是事实；但在全国大陆范围内建立了自辛亥以来从未有过的统一的政权，这也是铁的事实。……绝不可能把1949年以后以迄今日的中国共产党领导下的中华人民共和国的历史抹去，而仍然当成“国民政府”统治下的民国历史去写；这从我们看，是理所当然，否则便成荒谬。……从尊重历史实际出发，我们的《中华民国史》一书下限止于1949年……是无可非议的。③

关于《中华民国史》的主体问题。在极“左”思潮影响下，历史是人民群众的历史，长期以来成为一种错误的思维定式。对此，孙思白先生说：

《中华民国史》是不是应以人民群众的革命斗争为主体来综合地叙述这段时期内统治者与被统治者的关系呢？……《中华民国史》着眼于政权的兴灭，它是“断代史”。与中国旧史书比较，旧史书以统治阶级为主体，《民国史》也比较地偏重写统治阶级的历史，在记述的对象上或许没有太多不同处；但在编著者分析问题的方法上则大有区别。……既然民国史以写统治阶级的活动为主，那么是不是都加上

① 孙思白：《孙思白史论集》，第46～47页。
② 孙思白：《孙思白史论集》，第55页。
③ 孙思白：《孙思白史论集》，第55～56页。

> “反动的”的限制词呢？显然不行。这段时期内的统治者和当权者，除封建地主阶级和买办阶级的政治代表属于反动的以外，还有以孙中山为首的资产阶级革命家。南京临时政府时期、广州国民政府时期都不是反动的统治。就是护法政府时期和第二次国共合作抗日战争中的国民政府时期，也不能笼统地称之为“反动的统治时期”……总之，我们是以马克思主义观点来写统治阶级活动的历史，这就是我们的结论。在这个统一的认识下，不但要敢于为资产阶级革命家树碑立传，而且要给历史的反面人物树碑立传。①

关于搜集、整理资料与专题研究的全国大协作问题，孙思白先生指出：

> 民国史的资料的特点是浩繁而分散。……不说“回忆录”之类的“活资料”，单就纸上的材料而言，公私机关档案、期刊、报纸、年谱、日记、函电、家谱、行述、纪念册、诗文、手稿、图片等等，不是患少而患太多。……“专题研究”是编写民国史……另一必须度越的关。不广泛开展专题研究的工作，不可能有较高水平的《民国史》著作出现。但是以往民国史的专题论文实在寥若晨星。……总起来说，从“资料”到“问题”，从“问题”到“民国史”，是三层台阶，后者必须以前者作基础。由于“民国史”还是一块待垦的荒地，非有相当多的力量投入不可。因此，需要建立起许多据点，组织成大规模的分工协作系统，把力量首先集中到整编资料和开展专题研究两项工作上来。②

由于孙思白先生不遗余力地组织、推动与奔走呼号，民国史的编写工作得以顺利进行并取得相应成果。正像中国社会科学院近代史研究所领导同志所说：“在民国史研究刚刚起步、各方面尚有诸多困难的情况下，孙思白同志积极工作，在民国史研究的体例、范围、写作等各方面均提出了若干值得重视的意见，为民国史研究的顺利开展与定位以及民国史学科的创立作出了自己的贡献，成为民国史研究早期重要的开拓者之一。”③

---

① 孙思白：《孙思白史论集》，第 49～50 页。

② 孙思白：《孙思白史论集》，第 51～52 页。

③ 《孙思白纪念文集》编辑组编：《孙思白纪念文集》，北京：中国文化艺术出版社，2006 年，第 332 页。

二、推动民国史研究的重要贡献

孙思白先生指出，中华民国在中国历史上是一个非常重要且有着鲜明特点的时期。其特点：一“是近百年来内忧外患最集中的时代，是民族危机最深刻的时期”；二“是中国近代民族、民主革命发生根本变化的时期”；三“是一个我国社会剧烈动荡和转变的时代，它是一个思想解放、百家争鸣的时代，荡来荡去，才统一到社会主义道路上来”；四是“民国史还是一个空白”①。中华民国史，这一块待开垦的处女地，几乎每一节、每一目都是亟待研究的专题。正因如此，孙思白先生自中华人民共和国成立初期就从革命史角度介入民国史研究，调入民国史研究室以后，在组织推动民国史研究之余，就民国史研究诸专题潜心研究，取得颇多拓荒性成果。

1.历史与现实的关系研究

历史研究中普遍存在着历史与现实的关系问题。民国史学科在时间上是距现实最近的学科，与现实的关系最为密切。孙思白先生认为，历史与现实的关系，首先表现为历史与现实之间的区别。民国史距现实最近，区别历史与现实有一定困难，孙思白先生提出了区分二者的原则：“历史是稳定凝结了的现实，现实是流动变化着的历史。历史的研究工作，应以过去稳定了的现实为范围。当一历史事件还处在变动不居的过程中时，它应不属于历史的范围，只属于现实的范围。……一事件的过程还未终结，本质还没有暴露清楚，就不要忙于作为历史问题来考虑。”②那么，区分（民国）历史与现实的“界标”是什么呢？孙思白先生认为：“一是事物的发展过程出现了阶段性，即‘告一段落’；二是事物的本质到一个段落已暴露到十分之七八，人们大致对它各有了一些片段的却又是共同的认识；三是具备了足够说明问题的材料。到这时，这些问题大体上就可以作为历史问题来探

① 孙思白：《孙思白史论集》，第47、58、63页。
② 孙思白：《孙思白史论集》，第30～31页。

讨和总结了。”[①]所谓历史是过去的现实，并不是指昨天或前天，而是指过去了相当长的时间已经冷却了的现实。

其次，历史与现实又是密切关系的，现实是历史诸因素发展的必然结果。“历史与现实之间的联系是自然的延伸……在区别基础上找出两者间内在的、全面自然的联系才是真联系。”[②]当历史学者在历史研究中与现实相联系时，总是以现实为参照，进行逆向思考。正如马克思所说，“对人类生活形式的思索，从而对它的科学分析，总是采取同实际发展相反的道路。这种思索是从事后开始的，就是说，是从发展过程的完成的结果开始的”[③]。只有这样才能深刻彰显历史发展的规律性、历史的知识性、历史的借鉴性以及历史凝聚民族共同体的巨大威力。

2.军阀史研究

军阀史是中华民国史的重要组成部分，也是一块待开垦的园地。为了推进研究，孙思白先生在20世纪80年代初发表了《北洋军阀统治史提纲(1912～1928年)》[④]与《试论军阀史的研究及相关的几个问题》[⑤]两文。关于军阀的含义，孙先生指出：

> 我们把民国史上那些拥有军事力量和政治权力的个人或集团，称之为“军阀”“军阀集团”，就是意在贬斥他们；他们把自己叫做“督军”“巡阅使”“大总统”，不叫军阀。总的说来，他们是统治者，是站在与人民对立的一边，是反面人物。[⑥]

军阀之所以产生，并在民国史上出现“军阀割据与长期混战状态”，根本原因是“国内缺乏统一市场的小农经济”。其次，“各帝国主义大国为了争夺在华利益，要求支配中国政治；各派军阀在争权夺利中都希望获得外国的支持”[⑦]，也是军阀产生的重要原因。这两个原因毛泽东在《中国的红

① 孙思白：《孙思白史论集》，第33～34页。
② 孙思白：《孙思白史论集》，第33页。
③ 马克思：《资本论》，《马克思恩格斯全集》第23卷，北京：人民出版社，1972年，第92页。
④ 孙思白：《北洋军阀统治史提纲(1912～1928年)》，《齐鲁学刊》1983年第5、6期。
⑤ 孙思白：《试论军阀史的研究及相关的几个问题》，《贵州社会科学》1982年第6期。
⑥ 孙思白：《孙思白史论集》，第68页。
⑦ 孙思白：《孙思白史论集》，第70～71页。

色政权为什么能够存在?》一文中都分析过。孙思白特别指出,之所以在袁世凯当政时还能维持一个形式上的统一,而在袁世凯死后才出现军阀混战,“这可能和长久的民族传统文化心理有关。长期的封建‘大一统’需要有一个‘一尊’权力的象征重心,并被涂上一层神秘的色彩。纵然腐朽如晚清朝廷,机诈如袁世凯政府,但由于历史的积累,它仍然在占相当多数落后的人们头脑中起着一种维系力的作用。清亡与袁死之后,这样一种权力象征不复存在,于是离心倾向加大,据地自雄的割裂局面就在这个时候出现了”①。这一分析确是卓见。军阀的产生,固然可以说是中国近代资本主义没有得到充分发展,资产阶级没有形成左右中国近代社会发展的中心势力的结果,而袁世凯能维持形式上的统一并登上皇帝宝座,的确与广大国民头脑中浓厚的臣民意识有关。

这一点陈独秀、李大钊与梁漱溟都有过类似的分析。陈独秀 1917 年 5 月在反思袁世凯复辟帝制的演讲中说:“我们中国多数国民口里虽然是不反对共和,脑子里实在装满了帝制时代的旧思想……所以口一张,手一伸,不知不觉都带君主专制臭味。……袁世凯要做皇帝,也不是妄想;他实在见得多数民意相信帝制,不相信共和。”②

李大钊在 1915 年 5 月 15 日所写反对袁世凯称帝的千古名篇《民彝与政治》中说:“民贼之巢穴,不在民军北指之幽燕,乃在吾人自己之神脑。是则犁庭扫穴之计,与其张皇六师,永事戒备,毋宁名将盘营结寨伏于其脑之神武人物,一一僇尽,绝其根株而肃清之。”③

梁漱溟在反思自己从文化上认识辛亥革命失败、军阀割据的原因时说:“安分守己是中国人的标准态度,盖从其依重家庭家族的社会生活训练出来,而习惯于斗争竞争的西洋人则为其依重集团生活的社会形势实使之然。摹仿西洋的中国宪政制度太缺乏社会基础和历史文化背景,固宜其建立不起。”④孙思白先生所说的“大一统”观念当然就是建立在陈独秀、李大钊与梁漱溟所分析的中国传统文化的“崇圣”“尊君”“安分守己”等心理基础上的。

---

① 孙思白:《孙思白史论集》,第 71 页。

② 任建树主编:《陈独秀著作选编》第 1 卷,上海:上海人民出版社,2009 年,第 333 页。

③ 李大钊:《李大钊全集》第 1 卷,北京:人民出版社,2006 年,第 156 页。

④ 梁漱溟:《梁漱溟全集》第 4 卷,济南:山东人民出版社,1991 年,第 437 页。

孙思白先生还指出，军阀混战“造成了社会的动荡不安，窒息了农工商业的正常生机，阻碍了中国社会向现代化的发展”[①]。但是，强大的民族凝聚力最终战胜了分裂，实现了民国历史上的统一。

3.关于五四新文化运动研究

20 世纪 60 年代初，是孙思白先生学术研究的盛年期。这个时期他陆续发表了《试论五四文化革命的分期及其前后期的转化》[②]《研究五四运动必须解决的一个问题——对“五四时期”范围的广义和狭义的理解》[③]《陈独秀前期思想的解剖》[④]等三篇民国研究的有代表性且影响广泛的学术论文，奠定了他在五四新文化运动史研究领域的权威地位。在前两篇文章中，他主要提出与分析了两个问题。

一是孙思白先生提出“五四时期”的概念与起止时间，并得到学术界公认。

“五四运动”这个称谓在五四运动过程中已经出现。1919 年 5 月 18 日，北京中等以上学校学生联合会在致其他社会团体的《总罢课宣言》的电文中第一次使用了这个提法。但是，“五四时期”的提法则出现得比较晚。孙中山先生 1920 年 1 月在《致海外国民党同志函》中已经从宏观上论述五四运动，即包括新文化运动与五四爱国运动。1935 年 5 月 5 日，张奚若先生在《大公报》发表《国民人格之修养》一文，也认为五四运动应包括“五四”前后的新文化运动，胡适对此表示“大致赞同”[⑤]。何干之先生在 1937 年出版的《近代中国启蒙运动史》中说：“五四启蒙运动，可以说是始于《新青年》的初刊，而终于科学与人生观的论战。《新青年》是民国四年(1915 年)发刊的，人生观的论战，是结束于民国十二年底。”[⑥]这里已提出五四启蒙运动的起止时间，但没有提出“五四时期”的称谓，也没有进行论证。美国华裔学者周策纵先生在其 1960 年用英文出版的《五四运动：现代中国的思想革命》一书中说：

① 孙思白：《孙思白史论集》，第 69 页。

② 《历史研究》1963 年第 2 期。

③ 《文汇报》1963 年 5 月 16 日。

④ 《历史教学》1963 年第 10 期。

⑤ 胡适：《胡适文集》第 11 册，北京：北京大学出版社，1998 年，第 585 页。

⑥ 何干之：《何干之文集》，北京：中国人民大学出版社，1989 年，第 370 页。

> “五四时期”这个概念实际上被许多中国作者非常不严格地使用着。……对这个运动主流的考察表明，运动中的主要事件大多发生于1917年初到1921年底这五年时间内。由于新知识界领导人1917年云集于《新青年》杂志和北京大学，使新思想和新文学改革运动壮大了力量，而1920年后，运动更多地是在直接的政治行动中显示出来，有一个时期思想和社会改革或多或少被忽视了。因而，有理由把“五四”时期限定在1917到1921年这段时期内，而这个时期又可以“五四事件”本身分为前后两个阶段。①

周先生虽然赞同“五四时期”的提法，但是当时大陆读者对这部著作并不了解，一直到20世纪90年代，此书的中文译本才在大陆问世。彭明先生研究五四运动着手较早，但他是从微观研究入手，对“五四时期”的概念并没有特别提出。可以说孙思白先生是中国第一位从宏观入手提出、论述“五四时期”这个概念并得到学术界普遍赞同的学者。他从毛泽东《新民主主义论》以“五四”为界把中国近代思想文化分为两个时期的启示中提出了“五四时期”的起止点：“从1915年9月到1921年6月是五四运动的全部过程。”这个时期的具体分期是：

(1)前期：1915年9月至1919年5月。第一阶段：1915年9月《青年杂志》创刊至1918年11月《庶民的胜利》《Bolshevism的胜利》发表。第二阶段：1918年11月至1919年5月五四运动。

(2)后期：1919年5月五四运动至1921年6月中国共产党的成立之前。②

这样划分的理由是：第一，《新青年》的创刊，标志着辛亥革命失败以来革命意志跃起的新开端，至中国共产党成立，五四新文化运动告一段落，因此以《新青年》创立与中国共产党成立之前作为五四时期的起止点。第二，以五四运动为界标把五四时期分为前后期，显示出新文化运动性质的重要转变。第三，上述前期第一阶段的特征，是资产阶级民主主义的新文化与

---

① [美]周策纵：《五四运动：现代中国的思想革命》，周子平等译，南京：江苏人民出版社，1996年，第6～7页。

② 参见孙思白：《孙思白史论集》，第97页。

封建复古的旧文化作斗争。前期第二阶段的特征,是新文化的主流还是资产阶级民主主义的新文化,但马克思主义的新文化已开始孕育。五四时期后期的特征,是以马克思主义为指导的新民主主义文化开始居于主导地位。

在《研究五四运动必须解决的一个问题》一文中,孙思白又提出"五四时期"的广义、狭义问题:

> 狭义的,是从 1919 年 5 月 4 日爱国运动爆发到 6 月 28 日中国拒绝在巴黎和约上签字;这是着眼于运动的发生到斗争的直接目标获得初步胜利。广义的,我认为应从 1915 年 9 月《新青年》(第 1 卷名《青年杂志》)创刊到 1921 年 7 月中国共产党成立之前,这也可以称为"五四文化革命时期"。①

至此,完整的"五四时期"的概念形成了:一方面包括资产阶级民主主义新文化与封建主义旧文化作斗争的前期和以马克思主义为指导的新民主主义的文化居于主导地位的后期,反映的是五四新文化运动内部思想逻辑发展的全过程;另一方面是包括涵盖五四新文化运动与五四爱国运动的广义的"五四"与专指五四爱国运动的狭义的"五四",反映的是五四新文化运动与五四爱国运动的互动关系。

二是孙思白先生提出"五四"前期向"五四"后期转化的问题。

孙思白先生认为,第一,五四新文化运动前期向后期转化是历史发展的必然趋势。20 世纪,在半封建半殖民地的中国,资产阶级既然无力领导中国人民完成资产阶级民主革命,那么群众必然要求一条革命的新路。第二,完成资产阶级民主革命是"五四"以前与"五四"以后的共同任务,也是前期与后期之间内在的联系纽带,同时又为前期向后期转化提供了内在可能性。第三,十月革命后马克思主义传入中国并在五四后期广泛传播,中国无产阶级作为独立的政治力量登上政治舞台,为五四新文化运动前期向后期转化提供了条件。正是在这种情况下,李大钊、陈独秀等一大批资产阶级激进民主主义者先后转变为马克思主义者,为中国找到了一条走向社会主义之路。后期新文化运动,在以下三方面达到了前期所不可能达到的

① 孙思白:《孙思白史论集》,第 115 页。

成就:(1)批判资本主义制度,肯定社会主义制度;(2)抛弃个人英雄主义的革命,肯定发动阶级斗争,依靠工农群众进行革命;(3)在一定程度上克服了形式主义,透过事物的现象认识到事物本质,从而对各种社会问题要求有一个根本解决。[1] 这是马克思主义者的功劳。

4.关于陈独秀研究

我国政界和学界对陈独秀的评价在 1949 年之前及之后发生过很大变化。一度陈独秀是被作为反面人物进行批判的。1958 年中国人民大学出版过一本《陈独秀问题批判资料》。对陈独秀的研究,开始于 20 世纪60 年代初。孙思白先生的《陈独秀前期思想的解剖》是开山之作。他把陈独秀一生思想历程分为三个阶段:第一阶段(1920 年 10 月以前)是资产阶级民主主义思想占主导的阶段;第二阶段(1927 年以前)是以马克思主义为主导的阶段;第三阶段(1942 年以前)是脱离马克思主义的阶段。《陈独秀前期思想的解剖》是论述第一阶段的思想。在对陈独秀的一片批判声中,孙思白先生以其学者的良心,大胆肯定陈独秀前期的进步作用。他认为陈独秀前期思想以资产阶级民主主义为主导,“认定中国必须继续要求实现欧美式的民主政治,但要民主政治成功,更为首要的与根本的问题是在于革新伦理道德和文学思想”。陈独秀创刊《新青年》,提出民主与科学的口号;抨击专制政治,主张国民政治,鞭挞封建道德,讴歌自由平等;反对封建的旧文学,倡导抒情写实的新文学。“他在文化战线上的斗争,颇为勇猛激烈。尽管他的思想中还存在着严重的弱点,但进步作用的功绩,在本时期内是其主要的方面。正由于此,他在‘五四’前期新文化运动中占有很重要的地位,博得很高的声誉。”[2]但不可否认的是,他的小资产阶级劣根性与不正确的世界观由于在后来没有得到彻底改造,成为他后期一系列错误的根源。这篇正确评价陈独秀前期思想的开山之作,在极“左”思潮统治学术界的不正常的学术环境中受到急风暴雨式的批判。

《陈独秀前期思想的解剖》作为开山之作,是有很高的学术价值的,但不可否认的是也有其失误之处。孙先生认为陈独秀“在文化战线上是勇敢的斗士,到了政治战线上便成了软弱的懦夫;……一勇一怯的两重人格集

---

① 参见孙思白:《孙思白史论集》,第 113 页。
② 孙思白:《孙思白史论集》,第 161 页。

中于他一人之身，构成显明突出的特点”[①]。其实，陈独秀在政治上的消极态度是与他在新文化运动前期的根本主张相一致的，并非一勇一怯。九一八事变前，陈独秀同刘仁静曾谈起办《新青年》的起因。刘仁静回忆说："1915年袁世凯承认二十一条的时候，对他刺激很大，他认为中国还是军阀当权，革不成什么命，在中国进行政治革命没有意义，要从思想革命开始，要革中国人思想的命，因此他就写文章批判孔子，批判旧礼教。这一点陈独秀是有贡献的。”[②]

5.宋庆龄思想研究

宋庆龄先生是孙中山新三民主义的勇敢捍卫者，是中国革命的领袖之一。她的思想与实践活动应该是中华民国史的重要内容。孙思白先生发表于《文史哲》1953年第2期的《宋庆龄先生的思想毅力与伟大成就》一文，概述了她为新中国奋斗的历程。

6.“五四”以来反对封建文化的研究

从文化角度说，中华民国史是民主主义文化与封建文化斗争，民主主义文化不断取得胜利的历史，反对封建文化是中华民国史的重要内容。孙思白先生与我合写的[③]一文粗线条地讨论了这个问题。

7.妇女运动研究

妇女解放的程度是社会发展水平的重要标志之一，也是中华民国史的重要内容之一。1981年9月，孙思白先生在全国妇运史工作会议上作了《试谈〈中国妇女运动史〉的编写问题》[④]的报告，系统地论述了妇女运动问题。

8.学生运动研究

在中国近代民主革命运动中，青年知识分子是首先觉悟的成分。五四时期，数十万学生走在运动前头，并且与工农相结合，把中国革命推向一个崭新的阶段。在此后的革命运动中，学生运动依然是重要组成部分与推进

① 孙思白：《孙思白史论集》，第151页。

② 刘仁静：《回忆党的“一大”》，中国社会科学院现代史研究室、中国革命博物馆选编：《“一大”前后》（二），北京：人民出版社，1980年，第214页。

③ 孙思白：《“五四”以来反封建文化运动之史的考察》，《文史哲》1979年第2期。

④ 孙思白：《孙思白史论集》，第74～81页。

革命走向高潮的重要动力。孙思白先生很重视学生运动研究，因为它是中国革命史，从而也是中华民国史的重要组成部分。他从第二次国内革命战争时期“九一八”与“一二·九”这两次学生运动高潮的比较中，总结学生运动的发展规律及其对中国革命的巨大推动作用。他指出，学生是革命先锋，但不是革命主力，只有与工农群众相结合，才能形成巨大的革命力量。与工农群众相结合，成为一二·九运动在学生运动史上突出的标志。[①]

三、对孙思白先生学术成就的几点认识

无论作为民国史学科建立的推动者，还是作为民国史研究的开拓者与奠基人，孙思白先生都当之无愧。正如朱信泉、严如平二位先生在《缅怀民国史研究的开拓者孙思白同志》一文中所说：“中国社会科学院正式在近代史研究所设立民国史研究室，思白同志继李新之后被任命为研究室主任，领导组织全室的研究工作，更是不辞劳苦。他对民国史研究的范围和著作的体例及编撰的要求等诸多方面，均提出了很好的意见，为民国史学科的创立作出了重要贡献。”[②]

他参与主编的《中国新民主主义革命时期通史》，比较全面、完整、翔实地记叙了这30年间的历史真实，“因而成为几代人研读的传世之作”[③]，在中国近现代学术史上占有重要一页。他研究五四新文化运动的三篇论文，是建构五四新文化运动研究框架之作，得到学术界好评，开创了五四新文化运动研究的新局面，成为陈独秀研究的新起点，是后来的五四爱国运动与五四新文化运动研究者绕不过去的学术成果。

他的民国时代是“大转变”时代的思想，对推动民国史研究具有至关重要的意义。孙思白先生说，民国时代“是一个我国社会剧烈动荡和转变的时代，它是一个思想解放、百家争鸣的时代，荡来荡去，才统一到社会主义

① 参见孙思白：《孙思白史论集》，第167～187页。

② 《孙思白纪念文集》编辑组编：《孙思白纪念文集》，北京：中国文化艺术出版社，2006年，第183页。

③ 《孙思白纪念文集》编辑组编：《孙思白纪念文集》，第182页。

道路上来”[①]，道出了民国这段历史最本质的特征。这个时代，无论是政治、经济、文化、学术，还是社会结构、生活习俗，都是我国自古以来变化最迅速、动荡最激烈、转型最全面的时代。可是这一重要看法却没有在《中华民国史》第一、二编中体现出来。李新主编的《中华民国史》第一编“序言”说：

> 《中华民国史》主要地是写民国时期帝国主义在中国的势力怎样由扩大、深入而逐渐被赶走和被消灭；封建主义如何由没落而走向灭亡；官僚资本主义如何形成、发展和被消灭；民族资本主义又怎样在受压迫、排挤中得到发展，民族资产阶级怎样由领导中国旧民主主义革命、几经挫折和反复动摇而最后接受中国共产党的领导。这些力量的消长兴亡以及它们之间的相互关系，就构成为民国史的主要内容。[②]

从上述关于中华民国史主要内容的说明，可以明显看出并未摆脱长期以来中国革命史框架的严重影响。在《中华民国史》第一、二编所包含的历史时期(1905～1920)，正是中国近代社会转型和文化转型极其重要的时期，但从该书第一、二编的章节内容来看，民国史应该涵盖的社会结构的变化，文化教育与学术的变迁，宗教、社会生活、风俗习惯、妇女生活状况的变迁，都被排除在作者的视野之外，孙思白先生关于民国时期是“我国社会剧烈动荡和转变的时代”这一重要思想没能在《中华民国史》第一、二编中体现出来，应该说是不无遗憾。

不能独立的学术不是真学术，孙思白先生对此是勇敢坚守、矢志不渝的。民国史与现代关系极为密切，是一门标准的“险学”。民国史研究刚开始的时候，“四人帮”还没有被粉碎，极“左”思潮盛行，编写人员顾虑重重。孙思白先生引导大家说：“只要坚持历史唯物主义为指导，写真实、信史，用事实说话，客观公正，就不怕什么帽子、棍子。”孙思白顶住了极“左”思潮的干扰，保证了著述的客观公正性。如前所述，《陈独秀前期思想的解剖》便是坚持学术独立、坚持求真精神的产物。文章发表后，即使遭到暴风骤雨式的批判，孙思白先生也不改初衷，坚持学术观点不动摇。

孙思白先生的学术成果之所以能经得起时间的考验，还由于他的治学

---

① 孙思白：《孙思白史论集》，第 63 页。

② 《中华民国史·序言》，《中华民国史》第一编上，北京：中华书局，1981 年，第 1 页。

态度严谨。他认为，一篇学术论文，或是一项学术研究工作，一定要反复切磋琢磨，不断修正错误，才能达到完美。不论研究一个历史事件，还是研究一个历史人物，当然要尽量掌握全部资料，但是，同样重要的是，文章写成之后不要急于发表，文字出门要谨慎，不妨压一段时间之后再拿出来看，一定还会发现学术观点与文字表达方面的不甚妥当、完美，甚至错误之处。只有经过反复修改，才能够经得起时间考验。

20世纪60年代初，山东大学历史系研究中国思想史的教师，以孙思白先生为主成立了一个思想史讨论班，每两周一次聚会，或就某一专题进行讨论，或交流心得体会，或报告新写就的论文。从这个思想史讨论班不仅走出了山东大学终身教授庞朴、路遥，走出了著名宋史专家华山，而且孙思白先生自己在学术高峰期的学术论文，也都是在这个思想史讨论班上不断讨论、修改后写成的。正是孙思白先生捍卫学术独立的精神与严谨的治学态度，才使他的学术著作能够在中国近现代学术史上保持经久不衰的重要地位。

（原载《文史哲》2011年第5期，收入本书时有改动）

刘泮溪先生与鲁迅研究

张志甫　高重

在中华人民共和国成立以来的众多鲁迅研究者中，山东大学刘泮溪(1914～1978)教授成绩斐然，贡献卓著，海内外知名。他博古而意在通今，掌握和运用马克思主义、毛泽东思想理论武器，以现代文学为基础，以鲁迅研究为方向，以其毕生精力潜心学术探索，著书多种，影响深远。他四十年如一日，教书育人，诚朴谦逊，孜孜不倦，桃李芬芳，为世人敬慕。

一

刘泮溪，字质灵。1914年9月2日出生于山东昌邑县一个小康农民家庭。他六岁入小学，毕业后父亲送他到本地一家洋线铺子当学徒。三年后出徒做生意，因为厌倦这种枯燥乏味的生活，不久便回到家中种地。他见自己小学时的同学不少人升入中学读书，非常羡慕；在他的坚持下，父亲只好同意让他报考中学，满足他继续求学的愿望。1929年夏末，他如愿以偿，考入益都中学。可是，当时的益都中学条件很差，教室是低矮的破草房，宿舍更是阴暗潮湿，每天的伙食也总是窝头咸菜。不到一年的时间，他就因病休学回家。那时候，农村闭塞落后，缺医少药，父亲遍请当地"名医"，都说是得了瘟疫，无法救治，后来才知道是风湿性关节炎和心脏病。父亲也曾劝他退学，但他执意不肯，坚持带病求学。1933年初秋，他在益都初中毕业，考入济南高中——这是当时山东全省最有名气的一所中学。在那里，他除在课堂上受教于老师，课外又阅读了许多文史书籍，特别是"五四"以后郭沫若的新诗，茅盾、叶圣陶、许地山等人的小说，以及俄国十月革命后的文学作品，使他从此对文学产生了浓厚的兴趣。1936 年，他由济南高中毕业，并以优异成绩考入北京大学中文系。当时在北大中文系任教的，有著名学者、教授罗常培、周作人等，胡适是文学院院长兼中文系主任。在这样的高等学府里，他如鱼得水，如饥似渴地攻读各门课程，阅览中外古今名著，同时广泛接触各种外国文艺理论，诸如卢那察尔斯基的《艺术论》、普列汉诺夫的《没有地址的信》等，理论视野为之大开，进一步激发了他对文学的热爱。他喜欢莎士比亚、巴尔扎克、托尔斯泰、高尔基，他崇拜中国古典作家屈原、李白、杜甫和白居易，他更热爱"五四"以来的新文学。郭沫若的《女神》曾使他热血澎湃、感情激荡，无限向往祖国光明的未来，尤使他崇敬景仰的，是鲁迅的小说和杂文。鲁迅作品所蕴含的博大精深的思想内容，冷峻犀利的艺术笔触，对半封建半殖民地社会历史和现实无情的剖析与坚贞不屈的战斗精神，都为他后来走上现代文学研究的道路，并选择鲁迅研究为自己终生的主攻方向打下了坚实的基础。

1935 年冬天，严寒封锁了中国大地。日本侵略者闯进关内，攻陷京津，占领华北，国家和民族处于危亡的时刻。当时，北平青年学生纷纷走出学校，投身抗日救亡斗争。继"一二·九"之后，反帝爱国运动在全国掀起新的高潮。已是北大中文系二年级学生的刘泮溪先生抑制不住内心的激愤，毅然放下书本，走上街头去宣传革命。1936 年，他加入了中华民族解放先锋队。有一天，他正和同学们一起在北京街头宣传，看到张瑞芳女士在广场上演出活报剧《放下你的鞭子》，深受感动，久久不能忘怀，以至于在后来的教学和研究之中，每每以此为例证明革命文艺对于宣传群众、教育群众的作用。

抗日战争全面爆发之后，北京大学、清华大学和天津南开大学三校被迫南迁，先是在湖南长沙成立临时大学，翌年暑假再迁至云南昆明，定名为国立西南联合大学，简称"西南联大"。刘泮溪先生随校由北京到长沙，然后又到昆明。他在西南联大有幸直接受教于闻一多、朱自清、杨振声等知名学者、教授。这些先生的渊博学识、高尚品德，尤其是他们的民主进步思想、赤诚炽热的爱国情怀以及他们对革命真理执着追求的坚毅、勇敢和乐观主义精神，无不对他产生了积极而深刻的影响。

1940 年，刘泮溪先生在西南联大毕业(学籍是北大)。是时正值中国银行到校招聘雇员，他由北大校长蒋梦麟作为优等生推荐到中国银行当文书。那时候，银行待遇优厚，薪水较高，因此竞争者众，但他并不喜欢那种“等因奉此”的案牍工作，尤其是他看不惯那些泛滥于许多银行职业中的行贿受贿、请客送礼、花天酒地的腐朽生活方式和弄虚作假、尔虞我诈的官场作风。上班时间，他在做完自己分内的工作之余，时常将书刊藏在办公桌抽屉里边“偷看”，每遇上级来检查，就顺势用身体将抽屉关上。他凭借文学所给予自己的安慰和力量，打发着无聊的岁月，也积累了丰富的文学知识。他后来发表的散文《“小偷”的控诉》，记述的就是这段生活的一节。为得到精神上的解脱与充实，他后来经友人介绍，到天南中学兼任语文教员，不久被银行发觉，不得不辞去教职。但银行无论如何不是久留之地，他决计离开银行，另谋人生道路。两年之后，他终于通过当时的北大中文系主任罗常培教授介绍，毅然到联大附中任教。

来到联大附中，他仿佛步入一个新的天地。生活虽然清苦，但每天面对活泼可爱的青年学生，他心情舒畅，意气风发，立志献身于教育事业，用知识的雨露浇灌一颗颗天真纯洁的心灵。他的教学认真仔细，风趣生动，又仪表潇洒，性情儒雅，待人谦逊和蔼，因而深受学生爱戴。这期间，他通过联大附中地下党组织读到了毛泽东同志《在延安文艺座谈会上的讲话》，使他进一步加深了对马列主义文艺思想和理论原则的理解，明确了革命文艺发展的正确道路和方向，这成为他后来从事文学研究和教学的指针。正是在《讲话》精神的指引和鼓舞下，他在张天翼主编的《文艺新地》、钱俊瑞和千家驹主编的《中国农村》以及叶圣陶主编的《国文月刊》等进步刊物上连续发表文章，抨击国统区的黑暗现实，表达民主革命的美好理想。1945年，当昆明发生震惊中外的“一二·一”事件时，他愤然走出书斋，加入抗议游行队伍，同联大附中的爱国师生携手并肩，与国民党反动军警展开面对面的斗争，表现出一个进步青年知识分子的凛然正气和为民主革命而勇于献身的高尚节操。

在昆明求学、生活和斗争的八个春秋，给刘泮溪先生留下了永不磨灭的记忆。但是，这里毕竟不是自己的故乡——刘泮溪先生无时无刻不在怀念故乡的山山水水，故乡的骨肉亲人。抗战胜利之后，山东大学在青岛复校。消息传到昆明，他无比兴奋，便同山东籍好友孙昌熙、孙思白等立即应聘到山东大学任教。

1946年秋，刘泮溪先生回到了阔别十年之久的故乡，在青岛山东大学中文系任国文教员。翌年5月，全国掀起了声势浩大的“反饥饿、反内战、反迫害”的民主爱国运动，青岛市的爱国学生于6月2日举行罢课示威游行。山东大学的游行队伍刚刚走出校门，就遭到国民党军警的无理围截和殴打，致使许多学生受伤，也有不少人被架上警车逮捕。对此，刘泮溪先生表现出强烈义愤，他义无反顾地全力支持爱国学生的正义斗争，并不顾个人安危，冒险到山大医院看望和慰问受伤的学生。

1950年华东大学与山东大学合并后，学校组建了文学院，吴富恒教授任院长，刘泮溪先生任文学院秘书兼中文系现代文学教研室主任，不久又升任中文系副主任，并由讲师晋升为副教授。他严于律己，宽以待人，工作勤勤恳恳，任劳任怨；教学严肃认真，诲人不倦，诚朴谦和；研究方向明确，勇于探索，成绩斐然。其间，他还兼任《文史哲》编委、《山东文学》编委、山东省作协副主席、济南市政协委员和民盟山大支部委员等职。他在平凡的岗位上，为我国社会主义教育事业贡献了自己全部的知识和力量，也为现代文学、文艺理论和文艺批评，尤其是为鲁迅研究付出了毕生精力，为后人留下了一笔宝贵的精神财富。

二

刘泮溪先生从青年学生时代就爱好文学，尤其喜欢鲁迅的小说和杂文。对祖国命运的关切与对真理的强烈追求，使他更崇敬鲁迅精神、鲁迅的思想和人格，并抱定学习、研究鲁迅的志愿。自20世纪50年代初，刘泮溪先生作为山东大学中文系现代文学教研室主任，满怀坚定的信念，选定“鲁迅研究”为主攻方向，为此战斗到生命最后一息。

1953年，在华岗校长的倡导和主持下，山东大学中文系开设了“鲁迅研究”专题课，并确定由刘泮溪和孙昌熙、韩长经三人成立专题课小组。这是全国高校首次开设的一门新课程，开高校鲁迅研究之先河。经过几年的努力，以刘泮溪为主，将“鲁迅研究”专题课讲稿编写成《鲁迅研究》一书，于1957年由北京作家出版社出版。该书是新中国成立以来最早问世的鲁迅研究专著之一。全书以鲜明的马克思主义立场、观点和方法，比较全面、系统、深入地研究了鲁迅的生平、思想发展及其创作成就，有许多新的见解和新的开拓。刘泮溪先生承担了全书大半部分的写作任务，特别是杂文部分。《鲁迅研究》一书出版以后，不仅得到国内现代文学研究者特别是鲁迅研究者的极大关注，而且越来越多的高校以该书为教材相继开设“鲁迅研究”专题课，为推动全国的鲁迅研究和培养鲁迅研究的专门人才发挥了积极作用。此外，香港波文书局曾将《鲁迅研究》翻印，苏联、捷克等国的鲁迅研究专家也对该书产生了浓厚兴趣，并给予高度重视。

北京人民文学出版社 1974 年出版的《鲁迅杂文的时代背景》一书，是刘泮溪先生研究鲁迅的另一部专著。该书运用唯物主义辩证法深刻阐释了鲁迅杂文的历史内容和巨大的思想内涵，热情讴歌鲁迅杂文的艺术创造精神。作者通过对中国“五四”前后至 20 世纪 30 年代政治、社会和文化历史的描述，深刻分析了鲁迅执着于杂文创作的根本原因，并由此令人信服地展示出鲁迅以文艺武器献身于中国革命的伟大精神和卓越才能。因此，该书不仅对人们阅读鲁迅杂文具有重要指导作用，而且对深入研究鲁迅思想和文学创作，乃至对探讨革命文艺与生活、与政治的关系也具有相当的学术价值。

在鲁迅研究的道路上，刘泮溪先生始终是一个不倦的探索者。他在授课和著书之余，总是不停地积累，不断地思考，经常在《文史哲》上发表鲁迅研究的学术论文。这些论文有不少后来被收入国家出版事业管理局版本图书研究室编选的《鲁迅思想研究资料》中。刘泮溪先生研究鲁迅，既善于博采众长，集思广益，同时又能独辟蹊径，追求新意。他学习华岗校长对鲁迅思想发展所采纳的辩证唯物主义与历史唯物主义的分析方法，吸收冯雪峰先生对鲁迅作品中现实主义精神特色的科学论断，从而对鲁迅的思想和创作进行综合分析和理论评判，形成自己独具一格的研究框架和观点，轮廓清晰完整，内容充实丰满，促进了国内的鲁迅研究和教学。直到逝世之前，他在病痛之中还时时关心来自国内外的鲁迅研究信息资料，一遍又一遍地阅读鲁迅作品，认真地考虑新的研究计划。

三

刘泮溪先生在北京大学读书期间，接受过西方文艺理论的教育，他也用西方文艺理论写过文艺批评文章。但是，他较早地接触了马克思主义文艺理论，特别是在20世纪40年代初学习了毛泽东同志的《在延安文艺座谈会上的讲话》之后，对于诸如文艺与社会生活、革命文艺与政治、思想内容与艺术形式等一系列文艺的原则问题，获得了革命的自觉意识和明确的是非标准，并从此坚持以马克思主义、毛泽东思想为指导，总结中国“五四”以来的新文学运动发生和发展的历史规律和特点，探讨新文学民族化、大众化的方向，研究以鲁迅、郭沫若为代表的现代作家和他们的文学创作，是新中国较早从事马克思主义文艺理论研究和文艺批评的专家之一。

中华人民共和国成立后不久，刘泮溪先生应邀到北京参加全国第一次高等学校文艺理论教材研讨会，出席会议的还有苏联著名的文论家毕达可夫。经过充分的民主讨论，会上制定出一个新的文艺理论教材提纲。回校后，他深入研究了这门学科的许多新问题，根据提纲编写文艺理论课的讲义。刘泮溪先生认为，最重要的是，努力启发和诱导学生系统掌握马克思主义文艺理论的基本原则和基础知识，树立无产阶级的文艺观；同时，强调理论联系实际，学以致用，努力建设中国的社会主义文艺理论体系。他的文艺理论讲义，始终贯穿着毛泽东同志《在延安文艺座谈会上的讲话》的精神，突出文艺的特殊规律、文艺与生活的关系、社会主义文艺的性质和任务等问题，阐明了无产阶级新文学对中国传统文学的批判继承和对外国文艺思想的批判吸收的辩证观点，并以鲁迅为例，深刻分析中国“五四”以来的新文学所具有的鲜明时代特色和民族化、大众化风格。他教的这门课，因为内容丰富、重点突出、分析透彻、观点新颖而深受学生欢迎，由此培养出许多爱好者，其中不少人后来成为我国马克思主义文艺理论研究的优秀人才。他在文艺理论研究方面的主要成果，被收集在《文论小集》中，于1959年由山东人民出版社出版。

刘泮溪先生还擅长诗歌评论。早在1940年，他的大学毕业论文《从“诗界革命”到新诗》就是在朱自清先生指导之下写成的一篇优秀诗歌研究论文，较早提出并阐释了五四新文学与近代文学革命的历史承继关系这样一个重要课题。此后，他又在一些报刊上发表了诸如《希腊史诗“奥德赛”是怎样运用比喻的》《释〈诗经〉“伐柯”》《论鲁迅的诗歌》《读郭沫若的〈女神〉》等诗论和诗评。

刘泮溪先生的诗论和诗评包含着一个中心思想，那就是主张诗歌的民族化、大众化方向。因此，他虽然不善于写诗，却对民间歌谣有着特殊的爱好。他认为人民群众的口头创作表达的是人民群众的心声，是最富有生命力的艺术。民间歌谣简洁、明快、质朴而又刚健清新，洋溢着泥土的芳香，充满了生活气息，是我们民族的文化瑰宝。早在西南联大读书时期以及毕业后在昆明工作期间，他就搜集和整理过当地少数民族歌谣，并为《西南歌谣三百篇》写序。回到山东以后，他又着意搜集山东、河北一带的民间歌谣，发表了《从冀鲁民谣看中国封建农村的妇女》一文。为搜集这些民间歌谣，他利用许多节假日或其他可能的机会到一些乡村采访，也向来自全国各地的学生征集。这不仅给他的诗论、诗评提供了充分的论据，同时也为他研究现代文学提供了丰富的材料。他常常运用一些亲自搜集来的歌谣，分析阐明文艺与生活、革命文艺与人民大众的关系等重大理论问题，生动形象，深入浅出，具有很强的说服力。他性情沉静，平日寡言少语，然而每逢师生联欢会，他总喜欢登台唱起动人的民间小调，表达自己对民间文艺的深厚感情。

四

刘泮溪先生在山东大学执教凡四十年，曾讲授“中国现代文学史”“文学概论”和“鲁迅研究”等多门课程。他以自己渊博的知识和辛勤的劳动，为社会主义祖国培养了众多优秀文学人才。除一般课堂教学之外，他还花费大量时间和精力培养研究生、助教，辅导进修教师。他的这些学生中，有不少现已成为知名学者、教授，或者是科研、文艺以及党和国家一些重要单位、部门的专家和领导骨干，而他诚朴谦逊、诲人不倦的师风，更是值得发扬光大的。

1961～1963年，刘泮溪先生奉调去北京参加教育部主持的全国高校现代文学史教材的编写工作。这是新中国成立后首次统编现代文学史，工程浩大，任务繁重，国家领导极为重视。为确保编写工作圆满成功，周扬同志负责总的领导，调集了唐弢、王瑶、刘绶松、严家炎等著名现代文学专家和教授以及中国社会科学院文学研究所和北京大学、北京师范大学、中国人民大学、山东大学等高校一批中青年骨干教师组成编委会，由唐弢任主编，资深编委有严家炎、刘绶松、王瑶、路坎、刘泮溪等人。编委会拟议将整个现代文学史分为“五四”时期、“左联”时期、抗战时期国统区和解放区四个部分，并根据各位编委的研究专长分成四个编写小组分别编写。可是编委会的大多数人以往的主攻研究方向是“五四”和“左联”两个时期，相对来说，对解放区的文学研究就显得比较薄弱。刘泮溪先生一直潜心鲁迅研究，论其专长，自然是承担“五四”或“左联”时期最为理想。不过，解放区文学毕竟是非常重要的一部分，唐弢同志和编委会经再三斟酌，最后决定委托刘泮溪主持编写解放区文学部分。刘泮溪先生愉快地接受了这一艰巨而光荣的任务。他以工作为重、顾全大局的精神，给编委们留下了非常好的印象。

其实，刘泮溪先生从他在昆明最早学习毛泽东同志的《在延安文艺座谈会上的讲话》时起，就十分向往解放区崭新的人民文艺。他认为，解放区文艺是中国现代文学划时代的变化，具有伟大的历史意义。为此，他怀着极大的热情研读过解放区作家丁玲、赵树理、周立波、李季等人在《讲话》精神指引下所创作的文艺作品。至于《兄妹开荒》《白毛女》《血泪仇》等著名秧歌剧、民族新歌剧，他不但研读剧本，而且在新中国成立初多次观看过演出，直接感受到这些崭新的人民文艺所表现出的巨大思想力和艺术生命力。他尤其喜爱诸如《王贵与李香香》《漳河水》等一些采用民歌形式写成的新诗，因为这些诗主题鲜明，形象生动，形式活泼，语言自然流畅，朴实优美，是“五四”以来新诗的再创造。他发表过《赵树理的创作在文学史上的意义》《文艺作品要进一步民族化大众化》等论文。刘泮溪先生长期以来对解放区文学的高度重视和研究，无疑为他确保完成解放区文学史的编写任务提供了有利的条件；也是在这个意义上，刘泮溪先生对中国现代文学史的教材建设以及教学与研究的发展，作出了不容低估的重要贡献。

在十年动乱里，刘泮溪先生失去了人身自由，长期被强迫接受“劳动改造”，教学和研究无法正常进行。“文化大革命”中期，他虽获得“解放”，但心脏病日趋严重，教学和研究都力不从心。在病中，他还是勉强支撑着认真备课，盼望有机会再去教学。后来出版的《鲁迅杂文的时代背景》一书，就是他为学生准备的“鲁迅研究专题”的教材。此外，他还参加了山东大学中文系《学习字典》的编写工作。这部字典于1974年出版以后很受读者欢迎，因供不应求，1976年再版。在政治压抑和病痛折磨的日子里，刘泮溪先生最重要的贡献，是注释鲁迅的历史小说《故事新编》——国家出版局组织领导的《鲁迅全集》注释工作的一部分。这是一项全国性高水平的艰巨工程，刘泮溪先生为此耗尽了他生命的最后时光。他忍着阵阵发作的心绞痛，甚至在潮湿低矮的防震棚里，仍坚持撰写注释材料，参加注释工作会议，将自己多年积累的珍贵资料，毫无保留地提供给山东大学中文系《故事新编》注释小组。他预感到自己的时间已经不多了，愈是争分夺秒地工作，工作……他在给唐弢先生的一封信中不无感慨地写道："过去枉抛心力，一事无成，思之惭愧。今后想做的事情还很多，目前除《故事新编》注释外，还想做个计划，在文学史方面，在鲁迅研究方面，不免想尽一点力量。我身患重病，但即使这个计划能够达到，为人民工作的时间已屈指可数了。"一个革命知识分子对事业、对人民的赤胆忠心跃然纸上！令人十分遗憾的是，刘泮溪没有来得及看到他参加注释的新版《鲁迅全集》，就于 1978 年 2 月 17 日与世长辞了。然而，刘泮溪为鲁迅研究，为祖国的教育事业所作出的贡献，将为人们永志不忘。

五

1958 年，刘泮溪先生应邀到东德讲学，在柏林洪堡大学讲授中国文学史，为中德文化交流，为在国外传播祖国文化作出了可贵的贡献。

如同在国内教学一样，他为德国学生认真编写讲义，努力用浅显易懂的语言和具体而又生动的分析，使德国学生了解中国文学，理解中国文学的伟大成就以及对世界文学的独特贡献。这使德国学生很感兴趣，激发了他们对中国文学强烈的求知欲望。在教学过程中，由于他知识渊博，又认真负责，赢得了学生的信任和爱戴，结下了深厚的友谊。当隆重的圣诞节到来时，学生们热情地邀他赴圣诞晚宴，共同度过欢乐美好的时刻。

刘泮溪先生在洪堡大学讲学的同时，还接受了中国教育部委派他的另一任务：应德国莱比锡卡尔·马克思大学东方语言文学院院长聘请，指导该院一位名叫贝伊玛的博士研究生撰写毕业论文。这位博士生的论文选题是"鲁迅研究"。刘泮溪先生为她仔细修订提纲，提供材料，润色文章，直到论文圆满完成。

在德国讲学期间，刘泮溪先生曾利用业余时间游览莱比锡市的名胜古迹，还特意去文化名城魏玛参观歌德故居。他不会忘记，歌德的鸿篇巨制《浮士德》和小说《少年维特之烦恼》，曾在他青年时代震撼过自己的心灵；他更清楚，是歌德第一个发现并高度评价了中国的小说。站立在歌德和席勒的巨大铜像前，他心潮激荡，思绪万千。他意识到自己作为一名中德文化交流的使者，一定要以出色的工作实现祖国的重托。刘泮溪先生全身心交付给中德文化交流，也感动了许多德国学者的心。洪堡大学东方学院主任贝喜先生，曾数次请刘泮溪先生到家中做客，畅叙中德友谊（贝喜先生到过中国，能讲一口流利的普通话）。刘泮溪回国以后，两人还长时期通信，表达彼此之间的绵绵友情。

刘泮溪先生的一生，虽然并无多少轰轰烈烈之伟业，但他执着追求进步，热爱祖国，坚持正义和真理，为人诚朴、谦恭，无限忠诚党的教育事业，为祖国、为人民鞠躬尽瘁、死而后已的精神和道德情操，都表现了中国一代知识分子的高风亮节。

> 泮溪为人谨慎淳朴、忠诚可托。在旧社会，刻苦向学，锲而不舍，向往光明，守正不阿；解放后，热爱党、热爱社会主义，研究鲁迅，业有专攻，嘉掖青年，名挡域外。德才兼备，为朋辈推许；典型永存，足资后学取法。呜呼！天不假年，未能在新时期展其骥足，人所共惜！

这是山东师范大学管谨韧教授在刘泮溪先生逝世以后所写的一篇悼文，援引在此作为结语，想是再合适不过了。

（原载梁自洁主编：《山东现代著名社会科学家传》第一集，山东教育出版社1991年出版，收入本书时有改动）

孙昌熙先生研治鲁迅和现代文学的成就

张学军

一、从创作到治学

孙昌熙先生(1914～1998)是我国著名的鲁迅研究专家和现代文学史家。在他一生的学术研究中,涉猎文学理论、古代文学、文学批评史和现代文学,然而,其学术成就最高的还是鲁迅研究和现代文学研究。

孙昌熙先生1936年考入北京大学中文系。1937年抗日战争全面爆发后,随校南迁。在西南联大读书时,选修了杨振声先生的"小说习作"课,奠定了他的创作基础。在杨振声、沈从文先生的帮助下,他开始在昆明的《中央日报》《云南日报》上发表小说和散文。毕业后留校任朱自清先生的助教,仍然热心于创作,常在杨振声、李广田先生主编的《世界学生》(后改为《世界文艺》)上发表作品,但很少写学术论文。后来,在朱自清先生的督促下,才写了一篇论文《元曲中的水浒故事》,发表在1944年《国学月刊》上。1944年,孙昌熙先生到云南大理的华中大学(即今天华中师范大学的前身)任讲师,讲授"大一国文""文学概论""中国小说史"。孙先生最满意的中篇小说《枇杷园》(发表于贵阳《文讯》新四号上)就是在此期间创作的。1946年到青岛的山东大学之后,讲授"大一国文""现代小说散文作品选讲""中国现代文艺思潮小史""中国小说史"等。授课之余,仍热心于文学创作,与友人办《晚风》副刊,发表了一些散文和抒情小品。在新中国成立之前,他发表了一部中篇小说、十几篇短篇小说和许多散文小品,并把创作当成自己的第二职业。

新中国成立后，文学创作强调工农兵方向，教书生涯与工农兵生活完全相隔。自己熟悉的生活又不能写，孙先生一时陷入苦闷之中。但他并未忘怀于创作。1950年暑假，他参加了山东省农业调查团，深入乡村一个多月，收集了一些材料，回校后写了一篇散文投到《山东文艺》，但不久就被退了回来。“旧的不能写，新的又不要，纯粹当一个教书匠，又不甘心，于是我苦闷彷徨了。我得感谢王统照先生，他当时主持中文系，他曾为当时的《胶东日报》(《青岛日报》前身)拉我一篇作品评论稿，我写了一篇《野草·风筝》评析，发表后，我非常高兴。”[①]这是孙先生第一篇研究鲁迅的文章，也坚定了他弃文学创作改做研究的信心。王统照先生的一篇约稿，成为孙昌熙先生教学与专业上的一个转机。1951年《文史哲》创刊号发表了孙先生的《鲁迅与高尔基》，论述了两人的友谊、鲁迅对高尔基的评论，并对二者进行了比较。

1953年，在华岗校长的指导下，孙昌熙先生与刘泮溪、韩长经先生一道开设了“鲁迅研究”课。讲稿经过不断修改，陆续在《文史哲》杂志上发表，最后结集成书，定名为《鲁迅研究》，1957年由作家出版社出版。这部书探讨了鲁迅的哲学、政治、科学和文艺思想的形成和发展，研究了鲁迅小说、杂文、散文、诗歌和书信的创作特色，论述了鲁迅整理祖国文学遗产和介绍世界文艺的成就。这是新中国成立后系统地研究鲁迅最早的一部书，代表了当时的研究水平。香港波文书局将此书翻印，苏联、捷克的鲁迅研究专家对此书也给予了高度评价，由此孙昌熙先生走上鲁迅研究的道路。在鲁迅研究中，孙昌熙先生用力最多、成就最大的是对鲁迅文艺思想和“小说史学”的研究。

二、鲁迅文艺思想研究

孙昌熙先生有着深厚的文艺理论素养。1944年在云南大理的华中大学教“文学概论”课程时，得到了李广田先生的帮助。李广田先生当时在西南联大讲授“文学论”，试图以马列文论作为核心建立新型的文学理论。孙

---

① 孙昌熙：《失之东隅，收之桑榆》，山东省文联编：《山东文坛纪实》，济南：山东文艺出版社，1989年，第109页。

先生把李广田先生的讲稿借来认真学习，并吸收进课程中，由此接触到普列汉诺夫和高尔基的文学论。1956年，山东大学中文系成立了文艺理论教研组，孙先生转到文艺理论组，承担“文学概论”“文艺评论”“文艺理论专题”等课程的教学工作。在此期间，孙昌熙先生主编了一本教材《文艺学新论》，1959年由山东人民出版社出版后，引起很大反响。中国人民大学的《教学与研究》发表评论，认为这是当时最好的一部教材。1962年在准备教“中国文学批评史”课程时，孙先生在青岛图书馆发现了一本清人孙联奎著的《诗品臆说》，认为这是解说诗品很有独创见解的一部著作，于是与研究生刘淦合作把它和清代杨廷芝著的《廿四诗品浅解》合起来，作了校订和评价，题为《司空图〈诗品〉解说二种》，1962年交由山东人民出版社出版。这本书在学术界引起重视，郭绍虞先生给予很高的评价，齐鲁书社1980年再版。从事这些教学工作时，孙先生并未忘怀于鲁迅研究，这些积累为他研究鲁迅的文艺思想打下了坚实的基础。

1978年，孙昌熙先生招收了以中国现代文学史为基础、以鲁迅研究为方向的研究生，又重新开始了鲁迅文艺思想这一课题的研究，并作为研究生学位论文的选题范围。当时的鲁迅研究界热心于探索鲁迅小说的特色，或争论《故事新编》是否是历史小说，特别是集中于“油滑”应如何理解时，孙先生发现鲁迅的文艺思想是有待研究的一个重要领域。如能在这一领域有所收获，不仅能丰富“文学概论”的教学，而且对于创作和欣赏也有指导意义，还可进一步探索鲁迅的美学观。1983年，天津人民出版社出版了《鲁迅文艺思想新探》，这是孙先生带领四位研究生撰写的一部系统的、新意迭出的学术专著。这部著作论及鲁迅文艺思想的一些基本范畴：浪漫主义、现实主义、悲剧、喜剧、创作、风格、欣赏等。当时的同类著作只有刘再复的《鲁迅美学思想论稿》，两部书各有千秋。刘再复的著作以真、善、美为纲，以论述的系统性取胜；孙先生的著作则体察精细，对鲁迅的悲剧观、风格论、欣赏论等问题的探讨更为精确和深入。

孙昌熙先生很注意对新理论、新方法的学习，比较文学新学科启发了他对鲁迅比较文学观的探究。孙先生《鲁迅的比较文学观及其研治古典文学的成就》（《鲁迅研究》丛刊总第6期）的论文，从鲁迅全部著述中钩稽出鲁迅的比较文学思想与实践，进行了深入的探讨。孙先生认为，鲁迅从事比较文学研究和实践的目的是发扬自己民族的文学艺术。孙先生指出：鲁迅比较文学观的形成，一是深受勃兰兑斯的《十九世纪文学主流》的影响，二是受到日本比较文学界的影响，三是受中国传统的“校雠学”的影响，从校对正误发展为有益的文学比较。

孙昌熙先生指出，鲁迅运用比较文学的方法研治中国古典小说时，从印度、日本文学与中国文学的关系中，发现了一个东方文学体系。鲁迅认为中国小说受印度佛教思想和故事的影响很大，印度佛教思想和故事传入后，与中国原有的巫风鬼道结合起来，便产生了六朝志怪小说。鲁迅先生认为：“魏晋以来，渐译释典，天竺故事亦流传世间，文人喜其颖异，于有意或无意中用之，遂蜕化为国有。”[①]如阳羡鹅笼的故事，就显示出印度佛教思想的影响，并且中国化了。鲁迅还看到中国小说受印度佛教思想消极影响的一面，由于报应思想的影响，遂产生说报应之书。如《续金瓶梅》就是宣传对于《金瓶梅》的因果报应。鲁迅先生批评说：“这样的讲到后世的事情的小说，如果推演开去，三世四世，可以永远做不完工，实在是一种奇怪而有趣的做法。但这在古代的印度却是曾经有过的，如《鸯堀摩罗经》就是一例。”[②]印度故事对于中国以输入为主，而中国对于日本则主要是输出。据鲁迅所掌握的材料，唐传奇中张文成的《游仙窟》《大唐三藏法师取经诗话》和元刊本《全相平话》等传入日本，中国本土反而散失，而日本也尘封已久。20世纪20年代，日本新发现了元刊本《全相平话》五种，于是又返回故国，鲁迅先生从这一现象中看到了比较文学上的一个“回返影响”规律。

孙昌熙先生指出，鲁迅有着深厚的中国文学素养，后来又阅读了大量的外国文学作品，这就使他的比较文学研究有了雄厚的基础。除了影响研究之外，鲁迅认为，在世界文学中存在着广泛的可比性，没有任何因缘关系的文学同样可以进行比较研究。这是因为人类总有些共通的东西。在《摩罗诗力说》中，鲁迅就把爱国诗人屈原同从无联系的诸摩罗诗人进行了比较，开辟了比较文学的新领域——无影响和实证的“平行研究”。在比较中，我们认识到屈原这位诗人的局限：屈原虽然“放言无惮，为前人所不敢言。然中亦多芳菲凄恻之音，而反抗挑战，则终其篇未能见，感动后世，为力非强”[③]。中国的刘勰与希腊的亚里士多德没有关系，《文心雕龙》也没有

① 鲁迅：《中国小说史略》，《鲁迅全集》第9卷，北京：人民文学出版社，2005年，第52页。
② 鲁迅：《中国小说的历史的变迁》，《鲁迅全集》第9卷，第341页。
③ 鲁迅：《坟·摩罗诗力说》，《鲁迅全集》第1卷，第71页。

论述戏剧问题，鲁迅却把他们及其作品进行了比较，认为两人是古代东西两大文艺理论家，世界上的创作，“而篇章既富，评骘遂生，东则有刘彦和之《文心》，西则有亚里士多德之《诗学》，解析神质，包举洪纤，开源发流，为世楷式”①。孙先生认为，这种平行研究的目的，是深入认识本民族的这份文艺理论遗产的价值和在世界上的地位。孙先生还指出，在神话研究上，鲁迅运用平行研究的方法，也取得了重大成就。他广泛阅读了世界各国的神话，从社会发展共同性的角度，理解小说起源于神话这一世界文化发展的共同规律。他说：“但在古代，不问小说或诗歌，其要素总离不开神话，印度、埃及、希腊都如此，中国亦然。”②并以此结论反驳《汉书・艺文志上》“小说家者流，盖出于稗官”的旧说。他说：“稗官采集小说的有无，是另一问题；即使真有，也不过是小说书之起源，不是小说之起源。至于现在一班研究文学史者，却多从小说起源于神话。”③从而纠正了中国小说史上统治了很久的一个错误观点。

过去对鲁迅的研究，大都集中于对鲁迅作品与外国文学的比较，还没有出现过对鲁迅的比较文学思想研究的成果，孙先生的这篇文章是研究鲁迅比较文学思想的第一篇论文，被学术界认为是研究鲁迅比较文学思想的引论，从而也确立了鲁迅作为中国比较文学开创者的地位。

三、鲁迅小说史学研究

孙昌熙先生的《鲁迅“小说史学”初探》1989年由山东教育出版社出版。这是他多年思考积累的结晶，也是第一部系统研究鲁迅与中国小说史的学术专著。孙昌熙先生对中国古典小说有着深厚的学养。幼读私塾时，他就喜爱中国古典白话小说。1957年，孙昌熙先生出版了一本《怎样阅读〈三国演义〉》，可以说他一直未能忘怀于古典小说。当他将精力转向鲁迅研究之际，鲁迅与古典小说的关系，就成为一个主要的研究方向。孙昌熙先生说过进行这项研究的原因：“在新中国成立不久，就有人写了这类文章，像郑

① 鲁迅：《集外集拾遗补编・题记一篇》，《鲁迅全集》第8卷，第370页。
② 鲁迅：《中国小说的历史的变迁》，《鲁迅全集》第9卷，第313页。
③ 鲁迅：《中国小说的历史的变迁》，《鲁迅全集》第9卷，第312页。

振铎的《中国小说史家的鲁迅》(1949 年 10 月《人民文学》)引起我的注意,但未决心去研究。只是在写《鲁迅研究·鲁迅整理中国文学遗产的成绩》一章时,稍稍翻读了一下,做了一般的介绍。在 70 年代中期,见有人在报上发表研究鲁迅《中国小说史略》的论文,才引起我研究这部书的浓厚兴趣。"①孙昌熙先生两度开设"中国小说史"课程,都参考过《中国小说史略》,但未注意研究。从 1973 年起,他开始收集积累鲁迅有关小说史的一切资料,并注意与鲁迅有关的人士关于这方面的回忆材料。从 1976 年开始,孙昌熙先生主持《鲁迅全集》中《故事新编》的注释工作,其中涉及大量的古典文献,为研究鲁迅的"小说史学"做了资料准备。由此也产生了一个副产品,即孙先生主编的《〈故事新编〉试析》,它 1982 年由福建人民出版社出版。

《鲁迅"小说史学"初探》共分八章,孙昌熙先生撰写了其中的五章:我对"中国小说史学"的理解、鲁迅与《山海经》、鲁迅与《世说新语》、鲁迅论《聊斋志异》、鲁迅与《儒林外史》。另外三章是由钱振纲、黄健、高旭东研究生论文中的精华部分组成,分别是鲁迅论唐传奇、鲁迅论《三国志演义》、鲁迅论《水浒》。

孙昌熙先生首先提出了鲁迅"小说史学"的概念,这是对鲁迅研究中国小说史所取得的成就的最好概括。鲁迅是中国小说史的开创者,他科学地整理、研究中国古典小说,就是要"从倒行的杂乱的作品里寻出一条进行的线索来"②。孙昌熙先生从鲁迅研究小说史的资料准备、科学方法、历史分期、发展规律、评价标准等方面,论述了鲁迅"小说史学"体系。

在学术研究中,孙昌熙先生非常敬佩鲁迅考据整理资料的功夫。他说:"鲁迅研究'中国小说史',当然需要小说史料,可是由于中国历来不把小说当作文学,因而古代的小说史料就异常缺乏,必须从类书或古书的注释里去挖掘。这已经是一种繁重的披沙拣金的工作了,而汉晋以来的小说虽已较多,但中国文人向来是喜欢作伪的,也伪造了许多小说,如果不能识别真伪,就会造成严重的错误。"③鲁迅就指出过许多丛书如《格致丛书》《历

① 《孙昌熙自述》,高增德、丁东编:《世纪学人自述》第五卷,北京:北京十月文艺出版社,2000 年,第 46 页。

② 鲁迅:《中国小说的历史的变迁》,《鲁迅全集》第 9 卷,第 311 页。

③ 刘泮溪、孙昌熙、韩长经:《鲁迅研究》,北京:作家出版社,1957 年,第 304~305 页。

代小史》《五朝小说》《唐人说荟》中的许多错谬之处：删削内容、别立名目、乱题撰人、时代错误等。[①] 如果不加以考据，而据此材料来写作，将会有损于中国小说史的真实性和科学性。孙先生认为："考订材料的真伪及其所属的时代，不仅是一种繁难的工作，而且也得有古典文学的修养和科学的卓见的。"[②]鲁迅就具有深厚的古典文学的修养和科学的卓见史识。在北京大学讲授中国小说史之前，鲁迅就已整理出《古小说钩沉》和《唐宋传奇集》；在讲小说史时，又整理出《小说旧闻钞》。孙先生认为，这是鲁迅为《中国小说史略》所做的"长编"工作。《古小说钩沉》是中国第一部校辑唐代以前小说的著述，从大量的类书中辑录了唐以前散佚的 36 种小说，是《中国小说史略》第 3 篇到第 7 篇的主要史料。《唐宋传奇集》选载了唐宋小说 45 篇，鲁迅不仅校正了文句与作者的一些错误，而且在后面附了两万字的"稗边小缀"，考订了作者，并探究了故事的源流。这是《中国小说史略》第 8 篇到第 11 篇的主要史料。《小说旧闻钞》收集了宋以后小说的 41 种史料，从此书引用的书目上，可知鲁迅参考了 92 种书籍，共 1575 卷，并加了 34 条按语，对史料补缺正误。《中国小说史略》中的第 12 篇至第 28 篇的材料，大都出于此书。[③]

孙昌熙先生发现鲁迅在研治中国小说史的时候，就运用了历史唯物主义的科学方法，把作家作品与时代社会相结合，并将其放在社会历史的发展中进行考察："由于他是一个清醒的战斗的现实主义的作家和批评家，很早就注意了文学和时代社会、政治经济等的密切关系，从而看到了文学发展的基本规律，于是就以这种新的眼光研究了小说的发展与演变，发生和衰歇，解决了许多小说史上的问题。"[④]如六朝多产生志怪小说，则主要是受到佛道两教的影响。晋人崇尚清谈，讲标格，因而有记载"畸行隽语"的《世说新语》面世。唐传奇的产生则与干谒名公的"敲门砖"很有关系等。再如《水浒传》的发展，由于水浒故事经过历代文人的"荟萃取舍"，就有了多种代表着各个时代特点的版本，因而也就表现出各种不同的思想性。于是，

① 参见鲁迅：《且介亭杂文二集·书的还魂与赶造》，《鲁迅全集》第 6 卷，第 238 页；《集外集拾遗补编·破〈唐人说荟〉》，《鲁迅全集》第 8 卷，第 132 页。

② 刘泮溪、孙昌熙、韩长经：《鲁迅研究》，第 305 页。

③ 参见刘泮溪、孙昌熙、韩长经：《鲁迅研究》，第 307～309 页。

④ 刘泮溪、孙昌熙、韩长经：《鲁迅研究》，第 311 页。

从发展演变上就可以看出各种版本的社会价值和文学价值。“而清朝的武侠公案小说,则与当时的特殊的政治情势所影响到社会上产生的一种‘乐为臣仆’的心理有密切关系。”①

在小说史的分期问题上,孙昌熙先生指出,鲁迅并未拘泥于以朝代为小说史的分期方法。小说史主要是科学地、系统地对历代作家作品作“史”的合理安排和精当的论述。作家的文学观念、思想感情和创作固然会受到当时的社会政治的影响,但是由于各个作家创作个性的不同,其作品就会呈现出不同的风貌,同一朝代也会出现不同的品类和流派。小说史上的各种品类和流派存在着继承与革新的成长过程,不会与朝代的更替取同一步伐,而是具有长久的生命力,越是优秀的作品,越具有穿越时空的生命力。所以小说的发展具有相对的独立性。当然,鲁迅并未忽视朝代与小说发展的关系,如唐代的传奇至宋衰亡,就在《中国小说史略》中用较多的篇章进行论述。但鲁迅更尊重小说自身发展的规律,有时甚至以作品为篇题,如第七篇《〈世说新语〉及其前后》。“由于一种小说类型的变迁,一个朝代往往概括不了,因为它有一个成长期,它的发展往往经历两朝以上者甚多,所以鲁迅就以时代为经,以品类为纬,做经纬交叉之篇题,如第十三篇《宋元之拟话本》、第十四篇《元明传来之讲史》。”②鲁迅以时代为经、作品类型为纬的划分法,建立起一个科学的、完整的小说史框架,并把他研究中国小说所发现的许多类型间的有机联系的规律充实到这一框架中,从而形成了他的科学体系。

孙昌熙先生深入探讨了鲁迅对古典小说发展规律的认识。鲁迅认为中国文学由于不断吸收民间文学和外国文学的滋养而获得新的生机,不断前进。“这是鲁迅研究中外文学史,特别是通过自己的创作实践中的一大发现。”③鲁迅通过对小说性质的研究,发现中国有两种性质不同的小说:士大夫创作与民间创作。这两类小说既是对立的,又是相互影响的。民间的话本小说对文人小说创作有着极大的影响,鲁迅在《中国小说的历史的变迁》第四讲《宋人之“说话”及其影响》中把这一现象说得很清楚。鲁迅指

① 孙昌熙:《鲁迅“小说史学”初探》,济南:山东教育出版社,1989 年,第 8 页。
② 孙昌熙:《鲁迅“小说史学”初探》,第 7 页。
③ 孙昌熙:《鲁迅“小说史学”初探》,第 9 页。

出:“《大宋宣和遗事》……就是《水浒》之先声。”[①]《聊斋志异》也是由于大量吸收了“四方同人又以邮筒相寄”[②]的民间故事才盛行不衰。虽然鲁迅在1934年才把它作为规律明确地提出来,他说民间文学“偶有一点为文人所见,往往倒吃惊,吸入自己的作品中,作为新的养料。旧文学衰颓时,因为摄取民间文学或外国文学而起一个新的转变,这例子是常见于文学史上的”[③],但是鲁迅在写作《中国小说史略》时,就明确地意识到这一问题的存在,如文人摄取民间话本改造成长篇白话小说等,并从自己的创作的体验中(如《社戏》《无常》等就吸取了民间文艺的素材)意识到民间文艺对于文人创作的重要性。

孙昌熙先生认为,鲁迅的“小说史学”充分体现出进步的民主思想与落后的理学思想两种创作倾向对立、斗争的历史过程,正是这种对立和斗争推动了中国小说历史的发展。孙昌熙先生指出:“每当旧思想一度得胜,杂草丛生,文坛便荒芜起来。小说史也就来到黑暗时代。但总有新的作品破壳而出,进步的新生力量有不可战胜性,像宋之白话小说便冲破了宋传奇之旧壳而显示它的无限生命力,而且在中国小说史上占据主导地位。因为它代表了市民思想战胜了浸透儒家意识的宋传奇。”[④]鲁迅比较研究了唐宋传奇的区别,指出:“唐人大抵描写时事,而宋人则极多讲古事。唐人小说少教训,而宋则多教训。”[⑤]唐传奇往往写社会悲剧,人物也有反抗性,如蒋防的《霍小玉传》即为一例。而宋传奇则以“团圆”剧取代了悲剧,如秦醇的《谭意歌传》,“盖袭蒋防之《霍小玉传》,而结以‘团圆’者也”[⑥]。《谭意歌传》抄袭了《霍小玉传》的故事,把谭意歌描写成一个封建命妇。宋代的理学思想影响了传奇的创作,理学家发明了一个调和社会矛盾、具有很大欺骗性的创作手法:以大团圆作结局,为封建统治粉饰太平。所以鲁迅认为,传奇小说到唐亡时就绝了。宋代的士大夫在创作上实在没有什么贡献,“但其时社会上却另有一种平民底小说,代之而兴了。这类作品,不但体裁不同,文章上也起了改革,用的是白话,所以实在是小说史上的一大变迁。因为

① 鲁迅:《中国小说的历史的变迁》,《鲁迅全集》第9卷,第331页。
② 鲁迅:《中国小说史略》,《鲁迅全集》第9卷,第216页。
③ 鲁迅:《且介亭杂文·门外文谈》,《鲁迅全集》第6卷,第97页。
④ 孙昌熙:《鲁迅“小说史学”初探》,济南:山东教育出版社,1989年,第13页。
⑤ 鲁迅:《中国小说的历史的变迁》,《鲁迅全集》第9卷,第329页。
⑥ 鲁迅:《中国小说史略》,《鲁迅全集》第9卷,第109页。

当时一般士大夫，虽然都讲理学，鄙视小说，而一般人民，是仍要娱乐的；平民的小说之起来，正是无足怪讶的事”[①]。宋代白话小说以“主在娱心”的鲜明特色，来对抗并取代了“文以载道”的主劝惩的宋传奇，显示了市民民主思想的胜利。

孙昌熙先生认为，在宋白话小说之后向理学发起第二次冲击的是《红楼梦》。鲁迅多次高度评价《红楼梦》，充分肯定它的历史价值，说它是伟大的作品，冲出了大团圆的重围，写出了社会悲剧，“其要点在敢于如实描写，并无讳饰”，“自有《红楼梦》出来以后，传统的思想和写法都打破了”。[②] 孙昌熙先生认为民主思想虽然战胜了道学家思想，从而推动了小说史的健康发展，但是旧思想是不甘心灭亡的，“总是千方百计地挣扎和反扑，而且往往是改头换面渗透进新兴小说中来，一旦转化成主导一面时，小说史上便又出现衰落时代。如人情小说之末流，即才子佳人小说的盛行时，新形式的‘大团圆’便再度风行：公子落难，佳人爱怜，金榜题名，奉旨成婚”[③]。另外，狗尾续貂也是一种反扑，如《红楼梦》自问世以来，续作极多，有《后红楼梦》《续红楼梦》《红楼复梦》《红楼幻梦》《红楼圆梦》等，“大概是补其缺陷，结以团圆”[④]，理学重新统治了小说创作。所以鲁迅在谈到中国小说发展的曲折道路时说：“有两种很特别的现象：一种是新的来了好久之后而旧的又回复过来，即是反复；一种是新的来了好久之后而旧的并不废去，即是羼杂。然而就并不进化么？那也不然，只是比较的慢，使我们性急的人，有一日三秋之感罢了。文艺，文艺之一的小说，自然也如此。”[⑤]孙昌熙先生研究了鲁迅对中国小说发展脉络的梳理，认为在中国小说史上存在着“娱心”和写实的小说与“劝惩”的、粉饰的小说，这两种小说的对立发展，构成了中国古典小说进化、发展的规律。

孙昌熙先生还深入地论述了鲁迅评价古典小说的标准：反对瞒和骗之作，肯定反映现实人生的小说；批判投降之作，推崇反抗精神之书；在讽刺小说中，反对“私怀怨毒”，肯定“公心讽世”；在人物塑造上，反对主观臆造

① 鲁迅：《中国小说的历史的变迁》，《鲁迅全集》第9卷，第329～330页。
② 鲁迅：《中国小说史略》，《鲁迅全集》第9卷，第348页。
③ 孙昌熙：《鲁迅“小说史学”初探》，第15页。
④ 鲁迅：《中国小说的历史的变迁》，《鲁迅全集》第9卷，第348页。
⑤ 鲁迅：《中国小说的历史的变迁》，《鲁迅全集》第9卷，第311页。

的失真和完人，推崇“真的人物”。

《鲁迅“小说史学”初探》在论及鲁迅与古典小说的具体作品时，也提出了一系列富有创见的学术观点，使鲁迅小说史学初具规模。广博的知识、深厚的学养，使孙昌熙先生在鲁迅研究中总有发前人所未发的独到见解。但由于孙先生年事已高并患有眼疾，未能写出《鲁迅论〈西游记〉》和《鲁迅与〈红楼梦〉》两篇，这是孙先生的遗憾。

四、现代文学史研究

新中国成立后的前十七年中，由于一体化的文学格局，中国现代文学史的书写被严格地限制在新民主主义政治理论框架之内。这种政治型的文学史，具有突出无产阶级思想领导、强调阶级分析的特点，而忽略了文学的审美特质，从而导致一大批作家或缺席或被贬低，这就把多元形态的新文学史，局限为新民主主义革命文学史。孙昌熙先生与田仲济先生共同主编的《中国现代文学史》大胆地突破了旧有的文学史写作禁区，为新时期文学史写作拨乱反正、恢复重建作出了表率。此著实事求是地面对史实，将一批过去受到忽视的作家如徐志摩、沈从文、庐隐、凌叔华、李金发等写入文学史，并重新评价了过去被贬抑的作家如胡适等应有的文学史地位，从而恢复了新文学史的本来面貌。[①] 孙昌熙先生说过：“我同大家一块，大胆解放思想，冲破禁区，为了把五四的文学革命运动的实际情况搞清楚，实事求是地编写这部文学史，还它以历史真面目，我研究了胡适在这一时期所起的作用，我同人合作写了《试论五四新文学运动中胡适的历史作用》……并把它吸收到《中国现代文学史》中来。”[②]这篇发表在《文史哲》1979 年第 3 期上的文章指出：“长期以来，在《中国现代文学史》中，胡适的历史作用基本上被否定了，并作为反面教员出现，这是不公正的。”文章从倡导文学革命、提倡白话文学、提出积极的文学主张和创作实践的成就《尝试集》《终身大事》等方面，充分肯定了胡适在五四新文学运动中的历史作用。文章对胡适五四文学观念的本质作了有意义的探讨与重新评价，是对传统文学史

① 参见孙昌熙、田仲济：《中国现代文学史》，济南：山东人民出版社，1979 年。

② 《孙昌熙自述》，高增德、丁东编：《世纪学人自述》第五卷，第 49～50 页。

观念的一个颠覆。这部文学史著作虽然没有完全摆脱政治书写的框架，但在当时出版的同类著作中却是最具有突破性意义的专著。

1984年，田仲济和孙昌熙先生共同主编的《中国现代小说史》是大陆第一部现代小说史专著。这部著作以独特的视角，以作品中人物形象发展史为中心来研究小说史，拓宽了文学史研究的视野。正如孙昌熙先生在此书“后记”中所说：“这部书在写法上，也有一点新的尝试：那就是从史的角度，重点分析和评价新文学运动以来，随着时代的进展，不断出现的各类人物形象。……小说史就是不断创造人物的历史。它一方面是人物形象从粗糙到典型的艺术创新史，另方面则是在各种各样人物形象的变化发展中，反映出时代社会发展史。”①过去的文学史编写，大都将现代文学三十年分为几个阶段来叙述，这就将作家的作品分为几个阶段来分析，显得支离破碎。而这部小说史则避免了这种弊端。最重要的还在于这部小说史著作摆脱了政治的框架，突出了“文学是人学”的理念。

1987年，孙昌熙先生与朱德发先生主编的《中国现代文学史新编》由宁夏人民出版社出版。这部新编的文学史“表现出将现代文学史书写由政治范式纳入人本范式的理性自觉；尽管这也是尝试性的积极探索，不过它应是中国现代文学史书写由政治型向人本型转换的重要标志”。它以人本文学史观为主导，努力写成“人性解放的形象史，人生奋斗的形象史，民族解放的形象史，阶级斗争的形象史，现代国人灵魂的衍化史”。“可以说这本书的编写体例完全突破了中国现代文学史书写的政治框架，自觉地把现代文学史研究与书写纳入了人学的轨道”②，从而显示出文学史写作中人的自觉。

孙昌熙先生除了主编了上述现代文学史著作之外，还写下了许多研究现代作家作品的论文。他除了写过鲁迅、茅盾、老舍、臧克家等作家的研究论文之外，还写了研究杨振声、闻一多、李广田、沈从文等作家的论文。他说：“同时为了弥补现代文学史之缺，或者说为了丰富它的内容，我还注意到五四以来，在文学史上有过贡献的作家作品的研究。我认为这些作家不能因为他们的作品较少，而不写进文学史。如在‘五四’初期即露头角的杨振声的小说创作，就应该给他以应有的历史地位。所以我同别人合作写了《论杨振声的小说创作》(《文史哲》1982年第4期)，作为向现代文学史家们

① 田仲济、孙昌熙主编：《中国现代小说史》，济南：山东文艺出版社，1984年，第580页。

② 以上引文均见朱德发：《现代文学史书写的理论探讨》，济南：山东人民出版社，2010年，第35页。

的一个积极呼吁。”[①]他还与张华合编了《杨振声选集》，选编了杨振声的小说、散文和文艺论文57篇，集中地反映了杨振声创作的风貌。前有萧乾写的《我的启蒙老师杨振声》为代序，后附有孙先生与张华合写的《杨振声和他的创作》，对杨振声的创作进行了深入的论析，对其在现代文学史上的地位进行了科学的评价。[②] 1989年，孙先生又写下了《把中国新文学抬上大学讲坛的人——追忆抗日战争期间接受恩师杨振声教授教诲的日子》，高度评价了杨振声为在大学讲授新文学所作的努力，还满怀深情地回忆了受教于杨振声先生的岁月。

晚年，孙昌熙先生有一种浓重的怀旧情绪，愈加怀念当年在北大、西南联大读书时杨振声、闻一多、朱自清、李广田、沈从文等老师，非常珍惜所结下的师生情谊。孙先生写研究他们的学术论文，也写怀念追忆的文章，都是纪念先师的一种形式。他不仅为杨振声编选集、写文章，高度评价其在文学史上的地位，对当年李广田先生借给他文学论讲义更是念念不忘，多次写文章谈到李广田先生的帮助，还先后写下了《铮铮铁汉，锦绣文章——李广田散文特色初探》(《柳泉》1982年第4期)、《论李广田散文的思想和艺术特色》(《文史哲》1984年第4期)、《评李广田散文研究中的一种倾向》(《山东社会科学》1987年第2期)等学术论文，这些文章是对研究界长期忽略的李广田散文研究的一个补充，也对某些文学史著作认为李广田早期散文“题材狭窄”等的错误说法进行了辩驳。他指出李广田有着深厚的生活积累和艺术功力，其散文具有朴素真诚、沉郁而又清新的风格，在散发着泥土气息的篇章中，无不表达了作者的抗争之情和希望。他还写了《闻一多与〈山海经〉》(《云南师范大学学报》1985年第6期)的学术论文，也写了《拍案而起的闻一多》(《山东文学》1985年第10期)的忆怀文章。一缕缕的思念之情，织就了一篇篇难忘师恩的文章。这一篇篇文章，既弥补了现代文学史研究之阙，也包含着他为老师生前身后被忽略的处境鸣不平的因素。

(原载《文史哲》2011年第5期，收入本书时有改动)

---

① 《孙昌熙自述》，高增德、丁东编：《世纪学人自述》第5卷，北京：北京十月文艺出版社，2000年，第50页。

② 孙昌熙、张华：《杨振声选集》，北京：人民文学出版社，1987年。

吕荧先生的人格精神与学术思想

谭好哲

在百余年来山东大学人文学术的天幕上，闪耀着众多明亮的星辰，吕荧先生是其中令人仰望而又难以忘怀的一颗。吕荧，原名何佶，曾用名何云圃，笔名倪平、吕荧等，1915年11月25日生于安徽省天长县新何庄一个书香之家。1935年考入北京大学史学系，读书时积极参加抗日爱国的"一二·九"运动，七七事变后流亡武汉，1939年赴昆明西南联大复学，1941年毕业后任中学教师。1946年至1949年初先后执教于贵州大学与台湾师范学院。1949年4月离开台湾经香港到达北平，7月出席中华全国文学艺术工作者代表大会，并加入全国文协。1950年10月受聘为山东大学中文系教授，11月接替王统照先生兼文史系主任。1951年3月担任文史分开后的中文系主任。1952年春末因在文艺学教学风波中无端受到批判而离开山大。1954年3月加入中国作家协会。1955年，经胡乔木建议聘为《人民日报》文艺部顾问。1955年6月受胡风集团案牵连被隔离审查长达一年之久，此后长期在家养病。1966年"文化大革命"爆发后，被收容强制劳动改造，1969年3月5日病亡于北京清河劳改农场。

吕荧先生是著名的左翼文艺理论家、翻译家和美学家，一生多病、多难，却始终不改"真"而"纯"的艺术理想和求真爱美的人生操守，纯正做人，倾心治学，在动荡困顿的岁月里留下了大量文学翻译、文艺理论和美学研究论著。其至真至纯的人格精神、成就斐然的文学译著和独树一帜的美学探求，已成为当代学术薪火相传中一份重要的思想遗产。

一、至真至纯的人格精神

中国学术历来崇尚学问与道德的统一，主张文品即人品，但是由于种种历史的原因和人性分裂，无论古今，学问与道德、文品与人品不相统一的情况不胜枚举，非常多见。在那个特殊历史时期，由于极“左”政治思潮愈演愈烈，正直为人者往往难以自保，文人的精神人格急剧萎缩与颓败的情况便越发普遍，以至于“文化大革命”结束后许多良心未泯的文人一直在被是否应该自我忏悔的精神苦恼所纠缠。然而，吕荧先生不存在这种情况，假如能够活到“文化大革命”之后，他也不会有此苦恼。他是一个文艺追求与人生追求高度统一，从而在当代文坛上显示出卓尔不群的精神气质与个性的人物。在《人的花朵》里论诗的本质时，吕荧先生指出：“诗，人的生活与情感底融合的交流，人的理知与想象底凝结的晶体；人底真挚，人底单纯。”[①]在《诗的真实》一文中论述《荷马史诗》时，他又写道：“在他的时代，这个诗人完成了巨大的真实。”“在这样的真实背后站立着的，是一个和这真实同样巨大的，山一样的人。这个人把真实提高到诗。”[②]“真”与“纯”是吕荧先生的文艺理想，也是他的人生追求，至真至纯就是其人格精神的最好概括。

吕荧先生做人的“真”与“纯”体现于他的真诚真率，重友情、重义气，也体现于他的爱憎分明、刚正不阿。他不虚伪，不矫情，不投机取巧，不圆滑世故，磊落正直，清纯如水。他五岁丧母，由乳母张氏抚养。由于自小失去母爱，且年轻时就患上过胃病、肺病、神经衰弱等多种疾病，所以身体清瘦虚弱，生活自理能力差，养成孤僻孤傲的个性，一生爱情生活和家庭生活迭经挫折。也正因如此，他一生都渴望真爱真情，在家庭破离亲情不再之后，而特别看重与朋友的友情，他与胡风、冯雪峰、聂绀弩、楼适夷、骆宾基、邵荃麟、萧军、碧野等诸多大家名家保持终生的友谊，无论风云如何变幻，甚至自己被强制收容劳动改造期间，还经常念叨着冯雪峰等朋友们的名字，挂念着他们的安危。这其中与胡风的关系更是一个显证。他从 1937 年因

① 吕荧：《人的花朵》，上海：新新出版社，1948 年，第 1 页。

② 吕荧：《文学的倾向》，上海：上海书报杂志联合发行所，1950 年，第 168 页。

向胡风主编的著名文学杂志《七月》投稿而开始与其建立联系，此后在学术上、生活上得到胡风多方的提携、帮助和指导，与其结为终生的朋友。在胡风“反革命集团”冤案事发前后，他没有像当时许多的人那样迎合政治潮流，对之横加批判、无情打击，也没有像有的胡风曾经的朋友那样为求自保，对之反戈一击、落井下石，而是继续保持与胡风的联系，经常去看望胡风和他的家人，送去一个朋友的关心和温暖。1954 年，先生翻译的普希金名著《叶甫盖尼·奥涅金》校改本由人民文学出版社出版，当时胡风的政治处境已经非常不好，初译本中原有胡风译的三节诗，有人在背后猜测，这次他一定会把那几节删去，然而先生不仅没有删去，还特别在《校改后记》里交待说：“初译本中胡风同志译的三节诗（第六章十五节、十六节、三十八节），仍然保存，这使我的粗劣的译文添了光彩。”胡风夫人梅志曾就此写道：“在当时的情况下，他如果删去那几节，是完全可以谅解的。而他敢于留下它，敢于写上这几句话，倒使我们吃惊和感动了。胡风看后，手里捧着书，轻声地叹气：‘唉！这个吕荧，真是……’后面没说出的话一定是‘真傻，真太认真，真太重情义……’”[①]不仅如此，吕荧先生甚至“不识时务”地试图公开为胡风进行辩护。1955 年 5 月 25 日，全国文联主席团和作协主席团在北京举行七百余人参加的扩大会议，声讨“胡风反革命集团”。在滔滔批判声浪之中，吕荧先生竟主动向主持会议的郭沫若要求发言，当众提出胡风的问题不是政治问题，而是思想认识问题，胡风不是反革命。结果遭到斥责围攻，在一片嘘声中被赶下台。为此，他一度被定性为胡风集团的反动分子，并经最高人民检察院批准进行隔离审查。经长达一年之久的审查之后，其大脑神经受到严重摧残，健康状况恶化，随后长期养病在家。虽然如此，解除审查之后的吕荧先生仍不断关心着胡风的命运，常去看望梅志，盼望胡风能早日从狱中出来。在那严酷恶劣的政治环境之中，在那灾难当头人人避之唯恐不及的时刻，吕荧先生的所作所为，显示出弥足珍贵的人性良知和朋友情谊。

能够体现吕荧先生个性气质的另一个典型事例是他供职山东大学时发生的一场关于文艺学教学问题的风波。吕荧先生的美学和文艺理论素养高，理论概括力强，对中外历史、文化与文学尤其是俄苏文学与中国现代

---

① 梅志：《人的花朵——记吕荧与胡风》，晓风主编：《我与胡风》（上），银川：宁夏人民出版社，2004 年，第 92 页。

文学有较深研究，授课内容理论联系实际，再加上表达能力也很好，对培养学生很用心，在大学讲课一直甚受好评。他在贵州大学历史系任副教授时，讲授“西洋通史”“西洋文化史”“从文艺复兴到法国革命”，同时兼教英语系的课程，学生们称赞听他的课是“一清如水，学习上的享受”。在山东大学任教时，他主讲“文艺学”“俄罗斯文学”“俄罗斯文学史”等课程。他的一位学生赵淮青后来这样追述其讲课风采：“记得那天，吕先生穿了一身深灰色凡尔丁中山装，面庞清癯、白皙，戴一副深褐色近视眼镜，让人一看就想起瞿秋白的容貌来。他显得有点羸弱，春暖时节，那双黑色高筒布棉鞋还未能脱下来。他微微颔首向大家致意，并不开口，转身在黑板上写下‘文艺学’三个大字，苍劲有力……几堂课下来，同学们发现，吕先生讲课实在非同寻常，内容丰富，条理井然，分析透彻，见解精辟，他有自己的理论系统，有扎实的文史哲功底，且能深入浅出地表达，教学水平堪称一流。同学们还发现，这位先生讲课不苟言笑，庄重沉稳，自有一种风度翩翩的动人处。消息很快传开了，文学院的历史系、外文系的学生也来听课，教室内外人挤得满满当当，只好迁到理学院一个大教室去上课。”[①]当年的许多山大毕业生都讲过听吕荧先生讲课要提前去争抢座位的经历。然而，可能是由于个性较强，工作中敢想敢干、勇于负责得罪了人，而且对当时学生过多地参与政治活动影响正常学习表露过担忧，对来自原华东大学有些领导的“左”的做法有看法，对有关领导说过“我们可不能误人子弟啊”之类的话，在山大仅一年多一点他就被卷进了一场深受伤害的教学风波。1951 年 11 月，突然在《文艺报》第 5 卷第 2 期(11 月 10 日)上《关于高等学校文艺教学中的偏向问题》通栏标题下，发表了山东大学中文系办公室干事张祺《离开毛主席的文艺思想是无法进行文艺教学》的来信。这封据说“是有人背后指使并经过有关领导研究和过目的”[②]来信，揭发吕荧先生在“文艺学”教学中有严重偏离实际和教条主义的倾向，不重视《在延安文艺座谈会上的讲话》的指导作用，看不起来自解放区的新文学作品，盲目崇拜西欧和俄罗斯名著等等。这封“来信”在学校内引起了极大震动。“来信”一发表，“时任山东大学副教务长的一位领导要求吕荧检查，要中文系学生对吕荧开展批判，系党支部书记积极到各班进行动员，要求同学写小字报，开小组讨论

① 赵淮青：《吕荧：他没有坟墓，更没有碑》，《山东大学报》2004 年 9 月 30 日。

② 许志杰：《美学家吕荧之死》，《齐鲁晚报》2005 年 12 月 31 日。

会。甚至有人在班上提出:谁不参加批判吕荧,是对党的号召的态度问题,党团员要受到批评甚至受到严厉处分的。”[①]为此,吕荧先生在校内与有关领导就文艺学教学应该如何开展做过一些交谈和解释,并在次年1月25日的《文艺报》上刊出了给编辑部的自我辩护信,说张祺没去听过文艺学的课,他所引的课堂上的有些话与原意正好相反,还有一些话自己根本没有讲过,表明自己的文艺学教学不是采取“教条主义态度”,而是尽力运用马克思主义的立场和方法来解释文艺现象,尽管在运用过程中不是那么熟练和全面。此外,一些有正义感的学生有的“出于气愤,将那期《文艺报》撕得粉碎”,有的“联名写信给《文艺报》,指出张祺的信纯属道听途说,捕风捉影,断章取义,片面歪曲,要求澄清事实”[②]。但是,这一切都无济于事。《文艺报》在刊登吕荧辩护信的“编辑的话”中,批评他“缺乏自我批评的精神”,采取了“不正确的态度”。经过一番准备,学校还在大礼堂召开了一次文学院全体师生参加的批判大会。尽管在华岗校长的干预下,会场横幅上的“批判”二字被取消,改成“文艺学教学思想讨论会”,但基调仍然是批判,发言的师生明显地站在《文艺报》和张祺一边。随后,在2月25日的《文艺报》上,发表了由这次讨论会形成的四篇批评文章。[③] 这种上纲上线、根本不听解释的无理、武断批评,致使吕先生极为愤慨,痛苦无奈之下,拂袖而去,先到上海新文艺出版社,后受冯雪峰邀请到北京人民文学出版社从事译著工作,虽经求贤若渴、对之极为赏识的华岗校长亲笔致函挽留规劝,但终未归来。从此,山大失去了一位好老师。

在那个特殊历史时期,吕荧先生的至真至纯使之显得很另类。由于其“真”和“纯”,他在一些人眼里倔强孤傲、特立独行,在另一些人眼里不谙世情、不懂屈伸。其实,从他主动地卷进胡风集团事件和被动地成为教学风波的主角来看,常人眼中的这些看法却正体现出他刚强正直、宁折不弯的品格与风骨,其坚守学术真理、维护人格尊严的人生勇气和浩然正气,在当

---

① 田钢:《吕荧先生离开山东大学的前前后后》,《山东大学报》2012年4月25日。

② 田钢:《吕荧先生离开山东大学的前前后后》,《山东大学报》2012年4月25日。

③ 四篇文章包括被认为“中毒”较深的两位文艺学课代表李希凡、吕家乡在压力下写的两篇自我检讨性批评文章,《文艺报》根据张祺几次通信整理的一篇短文,文学院吴富恒院长的一篇讨论稿。李、吕的两篇检讨文章,还发表在《文史哲》1952年第8期上,题目分别为《批判我的教条主义脱离实际文艺学习》《我在文艺学习中走了弯路》,同期还发表了《逃兵赶快归队》的短文,把吕荧去上海称为逃跑。

代中国文坛上投射出一道令人震颤的光芒！正如有的论者指出的，吕荧先生关于胡风的公开发言，表明在一个病态的语境中，还有知识分子发出了属于自己的声音。从某种意义上说，这一个人的声音是对那个时代知识分子集体荣誉的一种挽回。又如有的学者所言，在那个知识分子自相践踏、一败涂地的年代，他的存在，为这个苦难的民族挽回了一点点尊严。梅志先生在其纪念文章中曾深情地说："他是一个好人，一个一生追求真善美的人，人的花朵。"①著名作家骆宾基也称他是"我们民族的花朵"②。以花喻人，真是贴切中肯的感念和评价。的确，吕荧先生就是一朵由至真至纯的人格精神养育出的不朽的人的花朵、民族的花朵！

二、成就斐然的文学译著

吕荧先生中学期间即开始学写诗歌和散文，1935 年考入北京大学史学系后参加进步文艺团体"浪花社"，1938 年流亡武汉时参加了"中华全国文艺界抗敌协会"成立大会。大学毕业后，他虽然主要在学校和出版社等部门工作，但其一生的命运却与文学结下不解之缘。1938 年他在《七月》杂志上发表小说《北中国的炬火》（署笔名"倪平"）。1949 年由上海书报杂志联合发行所出版的诗集《火的云霞》，收录了他 1934～1943 年的诗作 24 首。由此可见其文学创作的起步时间是比较早的。在刚刚踏入文坛之初，他也在另外的方面爆发着自己的文学潜力，那就是文学评论和翻译。早在 1936 年 10 月，他就写好了《论艺术方法上的鲁迅》，1937 年 3 月又写了《田间与抒情诗》。1937 年 4 月，他把这两篇文章寄给胡风征求批评意见，根据胡风的意见前一篇在 1940 年改写成《鲁迅的艺术方法》，后一篇即是《人的花朵》（艾青、田间合撰）中论及田间诗的那部分的雏形。据梅志回忆，当时胡风认为，吕荧自己写诗是成不了大诗人的，因为他要不热情过火，要不又写得太冷。他自己也承认不会控制感情。或许是受这个评价的影响，再加上其最初的几篇翻译和评论文章得到胡风的指导并顺利发表所获得的鼓励，其文学之路此后主要转向了评论、翻译和美学研究。1940 年，他在《七月》

① 梅志：《人的花朵——记吕荧与胡风》，晓风主编：《我与胡风》（上），第 105 页。

② 转引自《吕荧文艺与美学论集》，上海：上海文艺出版社，1984 年，第 539 页。

杂志上连续发表了文论译文《叙述与描写》(卢卡契撰)、《普世庚论草稿》(高尔基撰)以及文学评论《人的花朵》和《鲁迅的艺术方法》等文,这年秋天还开始翻译普世庚即普希金的《叶甫盖尼·奥涅金》。这些译、著使之在翻译和诗论方面崭露头角,从此奠定了其左翼翻译家和文艺理论家的地位。

自《叙述与描写》的译文发表开始,先生开始在著述中署名吕荧,取荧字"有一分热,发一分光"的意思。诚如其名字一样,为了在新文学的事业中发出人生的热和光,即使是在厄运当头乃至身陷囹圄、被敌视包围的时候,他也矢志不渝,不改初衷。梅志回忆说,胡风事件后相见时,"每次都听他说道:'我要修改我的文章','我要写美学方面的文章','我要翻译普列汉诺夫','我要翻译莎士比亚'"[①]。在劳改农场时的难友姜葆琛在他那篇描述先生强制劳改时期悲惨境况的回忆文章中也写道:"吕荧只有一个箱子,虽不大,却很沉。有一次,他打开来,取出了一包包的蜡烛和一架旧的英文打字机,除此,箱内什么都没有了。后来我们相处日久,互相取得了信任,吕荧说:'坐牢也要工作的,带点蜡烛准备夜间写文章……'他甚至还肯于告诉我,箱子夹层里藏着他的美学著作和尚未刊印的《莎士比亚十四行诗集》的译稿。"[②]这就是吕荧先生,他分明就是一个文学殉道者,一个不屈的精神战士。可叹的是,即使这样一点微薄的希望,也被严酷的现实毁灭了。他想要写作的愿望最终化为泡影,已译好的《莎士比亚十四行诗集》手稿也遗失了。

虽然有此不堪回首的种种,令人感到欣慰的是吕荧先生在三十余年动荡困顿的岁月里还是留下了众多的文学著述。先生在外语学习上用力甚劲,精通俄语、英语、德语,文学译著颇丰,从 1943 年至 1957 年先后共出版文学作品和文学理论译著 8 部,包括卢那卡尔斯基的《普世庚论》、普希金的《叶甫盖尼·奥涅金》、吉尔波丁的《普世庚传》、卢卡契的《叙述与描写》、列宁的《列宁论作家》和《列宁与文学问题》、莎士比亚的《仲夏夜之梦》、普列汉诺夫的《论西欧文学》。有的译著多次再版。先生于文学翻译一丝不苟,精益求精。比如他在翻译《叙述与描写》时不仅参考了许多书,还拜托胡风找资料,在半年多的时间内多次与胡风通信讨论,最后托人对照英文原文才定稿。胡风在为该文所写的《校完小记》中写道:"在译者的意思是

① 梅志:《人的花朵——记吕荧与胡风》,晓风主编:《我与胡风》(上),第 103 页。

② 姜葆琛:《冬天的回忆——记美学家吕荧之死》,《人民日报》1983 年 5 月 27 日。

要我校对原文看一遍，但因为忙乱，也因为英语程度实在不高明，只好拜托了W君。他看了以后说对译文很佩服，虽然有几处觉得应加商酌，但也想不出更好的译法。译者的认真是可以看得出来的，但就那注释，也就花了不少的工夫。”[①]此后吕荧先生还曾为翻译《叶甫盖尼·奥涅金》而积劳成疾。他的这些译著，属于现代新文学先驱鲁迅等人早就在做的那种“盗取天火”的工作，意在为中国新文学的建设提供借鉴和营养，而且有两个明显的特点：一是作品翻译注重经典名著；二是文论翻译聚焦于马克思主义文论，列宁、普列汉诺夫的经典地位自不必说，卢卡契是20世纪马克思主义文论的代表人物之一，曾被美国当代文论史学大家威勒克誉为20世纪四大文艺理论名家之一，卢那卡尔斯基和高尔基是苏联十月革命前后的著名革命文学家，也是著名的马克思主义文论家。因此，这些译著对于优秀文学经典的继承和传播，对于中国现代文艺理论的建设，其意义是不言自明的。

除文学翻译之外，吕荧先生在文艺理论方面所取得的成绩也不可小看。他先后出版论文集四部：《人的花朵》，1945年以“泥土社”名义在重庆自费出版，同年由重庆星火出版社出版，1947年由上海新新出版社再行出版，次年再版；《关于工人文艺》，1952年由上海新文艺出版社出版；《文学的倾向性》，1950年由上海书报杂志联合发行所出版；《艺术的理解》，1958年由作家出版社出版。这些论文集所收录的文章都是结合中外文学创作的实际和具体作品而展开的，其中的许多文章，如《人的花朵》中对鲁迅、艾青、田间、曹禺的评论，《文学的倾向性》里对文学与真实、文学与政治、现实主义与自然主义及其关系的论述，《关于工人文艺》对新中国成立后新兴工人文艺的成就与问题的分析，《艺术的理解》中对革命新文艺创作中公式主义、概念化有害倾向的关注，以及各文集中对欧洲经典作家和文学的研究，都从不同视角、不同层面点画了中国新文学前行的印记，也体现了一个具有创作经验和深厚马克思主义文艺理论造诣的研究者对文艺的真知灼见。李希凡在回忆与悼念文章中写道：“吕先生是使我对文艺理论产生浓烈兴趣的启蒙的导师。他那深邃而优美的文论，他的知识广博、逻辑严谨的文艺理论教学，在解放初期偏处青岛的山东大学，曾经怎样吸引了我们这些

① 转引自梅志：《人的花朵——记吕荧与胡风》，晓风主编：《我与胡风》（上），第103页。

求知如渴的青年呵!”又评价他的讲课说:“他讲授的文艺学,在那时就已经有了系统的理论体系,贯串着鲜明的马克思主义观点,例证、分析,都出自他自己的研究心得和体会,这些都是我们从当时已有的一些文艺理论教材中难得见到的。”[①]其实,这也正是吕荧先生文章写作的一个特点。那么,吕荧先生“系统的理论体系”以及这个体系的核心主导观念又是什么呢?简要回答的话,这个体系就是现实主义。其现实主义理论体系,包含着对文艺社会本质与作用的思考,包含着对文艺与现实的关系、文艺与政治的关系、文艺中的现实主义与自然主义的关系、文艺中的继承与创新的关系、现实主义创作与世界观的关系以及新文艺发展方向等众多基本理论问题的论析,而贯串这所有问题的核心主导文艺观念即是真实。前面已经指出,在其评论艾青和田间诗歌创作的成名作《人的花朵》(1940)一文中,就把“真”与“纯”作为诗(文学)的本质。稍后,在《曹禺的道路》(1943)中又说:“戏剧的诗也正如真正哲学的诗,它必须真实,无比的真实。”“诗由真实而来,失去了真(原版有“的”字,作者后来修改时去掉——引者),也失去了诗。”[②]在《艺术与政治》(1946)里他又写道:“只有通过真实,血肉的真实,艺术家才能表现人物,社会,历史,时代,表现思想,精神,力,真理。艺术也才能获得生命。”[③]可以说,吕荧先生是现实主义文艺真实性观念的坚定捍卫者和深刻阐发者。

吕荧先生捍卫和阐发的艺术真实,有其充实的思想内容。这个“真”包含着作家主观情感上的真诚、真挚,更包括,确切地说,首先是指作家对客观生活现实理智认识上的真实,他说:

> 具现着现实的“真”与“纯”,获得了个性的风格与艺术的完成的诗人,他的诗篇将为人们所传诵,他的诗中所抒写的个人的感情和事象,正反映着某一时代某一社会某一阶层的智慧者底情感与理知:这一切与他的诗篇一同,永生在诗的世界与人的世界里面。在这一意义上说,诗人是人的花朵。[④]

---

① 李希凡:《回忆与悼念——编后记》,《吕荧文艺与美学论集》,上海:上海文艺出版社,1984年,第546、546～547页。

② 吕荧:《人的花朵》,第144、151页。

③ 吕荧:《艺术与政治》,《文学的倾向》,第25页。

④ 吕荧:《人的花朵》,第2页。

这种真实，也和基于某种生物学或抽象的社会观念而客观描摹生活事象之偶然性的自然主义文学不同，要求深入事物的内部，“透过事物的表象把握本质，创造‘典型环境中的典型人物’，因为不这样就不能够表现真实的现实”[①]。在把握本质的同时，现实主义的艺术真实还要求在理智和情感深深地透入现实的运动过程中，揭示现实的运动和发展，以实践的姿态介入现实的战斗，既表现现实，又变革现实，“这也是为什么新现实主义必须结合革命的浪漫主义的原因”[②]。而艺术的真实性也不排斥艺术的想象活动，想象之于艺术，不但容许，而且是必要的。不过，有真实的想象，也有空虚的想象，前者是现实的抽象，后者只是观念的抽象。“真实的想象深化而且提高现实，空虚的想象浮华而且模糊现实。我们只有经过前面一种想象，才能达到一切方生和未生的事物。”[③]可见，艺术的真实性包含着艺术精神上的现实主义属性，也包含着思想内容和艺术思维上的规定。事实上，真实不仅是吕荧先生的文艺观念，而且也是其开展文艺研究和评论的标准。比如，谈到两万五千年前冰鹿人的艺术时他写道：

> 我们可以想一想在这些作品里，令我们觉得灿然惊人的，那是什么？是古？不是。是美？不是。是什么？——那是真实。[④]

原始艺术如此，后来时代一切伟大的艺术，荷马的史诗，莎士比亚的戏剧等，其魅力之源首先都在于真实。基于这种认识，他在《论〈奥涅金〉》里由衷地赞颂“普希金的纯朴、真实、深刻的诗”具有“诗的真实”，是“在人的真实，诗人的现实生活中完成”[⑤]的诗，又热情地赞扬新中国的工人文艺创作“完全摆脱了形式主义自然主义的老套……真实具体地表现出了生活和劳动的内容的本质”，并由其“爽直、质朴、真实”而预感到“创作真的文艺的时候到了”[⑥]。也正是基于同样的认识，他在《曹禺的道路》里赞扬曹禺的戏剧具有戏剧的动作和紧张，有卓越的精思、才力和技巧，又批评其观念化的

---

① 吕荧：《论现实主义》，《文学的倾向》，第125页。

② 吕荧：《论现实主义》，《文学的倾向》，第115页。

③ 吕荧：《关于表现新事物》，《吕荧文艺与美学论集》，第14页。

④ 吕荧：《艺术散记》，《吕荧文艺与美学论集》，第56页。

⑤ 吕荧：《论〈奥涅金〉》，《吕荧文艺与美学论集》，第337页。

⑥ 吕荧：《关于工人文艺》，上海：新文艺出版社，1952年，第11、5页。

创作倾向,导致其创作缺乏现实的真实,因而缺乏诗的素质。可见,吕荧先生的文艺观念建构和他的文艺研究与评论是一体两面、相生共进的,从不同的侧面彰显其作为文艺理论家的丰厚与沉实。

如前所述,先生对马克思主义文艺理论翻译用力甚多,对马克思主义经典文论家的相关思想是非常熟悉的。恩格斯在 1888 年 4 月写给英国女作家玛·哈克奈斯的信中曾夸赞女作者的小说具有“现实主义的真实性”,并明确地提出:“现实主义的意思是,除细节的真实外,还要真实地再现典型环境中的典型人物。”该信还将现实主义作家巴尔扎克与自然主义作家左拉相对比,认为巴尔扎克“是比过去、现在和未来的一切左拉都要伟大得多的现实主义大师”,也谈到巴尔扎克的现实主义创作方法使其违反自己的阶级同情和政治偏见,“是现实主义的最伟大胜利之一”①,等等。在《叙述与描写》中,卢卡契根据恩格斯的思想,从叙述与描写两种创作方法的角度进一步论析了现实主义与自然主义的分野,认为现实主义具有“表现生活过程的真实运动的能力”,而自然主义的观察与描写的方法丧失了这种能力,“削弱并缩小了、因而不适当地反映了资本主义的现实”②。从以上引证和其他大量文章中,不难看出先生的文艺观与这些经典论著的思想联系。再譬如,他较早发表的研究托尔斯泰《战争与和平》的论文结语写道:“托尔斯泰的艺术——真实,否定了他的哲学。这是现实主义底伟大的胜利之一。”③论文的研究方法甚至用语就分明受到恩格斯致玛·哈克奈斯信的明显影响。此外,对真实性的强调也是中国新文学运动的一个传统。五四文学革命运动时期,鲁迅先生就曾期望中国作家中能出几个睁了眼睛看人生的勇猛闯将,冲出“瞒和骗的大泽”,“取下假面,真诚地,深入地,大胆地看取人生并且写出他的血和肉来”,从而开辟出“一片崭新的文场”。④ 所以,先生对艺术真实性问题的理论建构和批评实践,不仅是对马克思主义文艺理论而且也是对现代新文学传统的传承和发展。

---

① 《马克思恩格斯选集》第 4 卷,北京:人民出版社,1995 年,第 682、683 页。

② 《卢卡契文学论文集》(一),北京:中国社会科学出版社,1980 年,第 77 页。

③ 吕荧:《论〈战争与和平〉的艺术·历史·哲学》,《人的花朵》,第 190 页。

④ 鲁迅:《坟·论睁了眼看》,《鲁迅全集》第 1 卷,北京:人民文学出版社,2005 年,第 255 页。

三、独树一帜的美学探求

由于秉持真实论的文艺观，吕荧先生论文艺通常将对内容的了解置于对形式的了解之先，把真放在美之前，但这并不表明他忽视文艺的形式，不讲艺术的美，而只是表明他在内容与形式、真与美的关系上有自己的理解。正如他在《艺术散记》里所论："原始的现实主义创作，单纯而且朴素的表现着艺术生命与社会生活的关系，艺术的真和美的根源。在艺术上，美的境界源于真实的境界，源于生活的境界。"又说："只有善的艺术和真的艺术，为人民大众的幸福而战斗，以表现现实为内容的艺术，才能完成美的创造，获得它的光辉的生命。"[①]诚如梅志所言，他是懂诗的。不单是诗，他也懂小说、懂戏剧、懂艺术，分外爱美。这从他对艾青和田间的诗歌创作、曹禺的戏剧创作以及莎士比亚、托尔斯泰、普希金等经典作品的艺术分析中即可看出。他平素讲究穿着，很有风度。即使身处惨境，依然不忘美的欣赏。姜葆琛在回忆中写道："记得我们的囚室门前是一片苗圃和稻田。田畦上有株盛开白花的茨菇，他的任务是看苗，他就绕着那株白花转，一转就是几小时，有时和花讲话，不断地称赞着：'真美啊！真美！'傍晚时候，微风吹拂着他那零散的衣衫，他拄着一根柳条，远处逆光看去，俨然是一幅当代的'屈子行吟图'。"[②]他不仅懂得艺术中的美，珍惜生活中的美，而且还将对美的理性思考凝聚为对美学的探讨，在当代美学研究中成就了一家之言、一派之说。

20世纪五六十年代，美学研究掀起过一个热潮，被学界称为"美学大讨论"。在美学大讨论中，形成了四派有代表性的观点：或认为美是一种意识形态性的主观评价，是人的一种观念；或坚持美与主观评价无关，而与事物存在的客观属性和条件有关，美在物本身；或主张美既与客观存在条件有关，又跟人的主观心理状态有关，是主观与客观的统一；或强调美既是客观的，又必须具有社会性，是客观性与社会性的统一。吕荧、蔡仪、朱光潜、李泽厚分别是这四派观点的公认代表。相比于其他三派的代表人物，吕荧先

---

① 吕荧：《吕荧文艺与美学论集》，第58、65页。

② 姜葆琛：《冬天的回忆——记美学家吕荧之死》，《人民日报》1983年5月27日。

生的美学论文并不多，总共只有5篇，分别为《美学问题——兼评蔡仪教授的〈新美学〉》(1953年《文艺报》16、17期)、《美是什么》(1957年12月3日《人民日报》)、《美学论原——答朱光潜教授》(《哲学研究》1958年第3期)、《再论美学问题——答蔡仪教授》(1958年11月完稿，没有单独发表)、《关于"美"与"好"》(1962年9月16日《人民日报》)。其中，前4篇结为一集，1959年8月以"美学书怀"为名由作家出版社出版。5篇文章后来全部收入《吕荧文艺与美学论集》。吕荧先生的美学研究是美学大讨论的产物，具有很强的"讨论"特点，也就是论辩性，收入《美学书怀》中的4篇文章都是在与其他各派代表人物的论战、辩难中写就的。吕荧先生虽然文章不多，而且由于过早病亡，没有机会使自己的观点在"文化大革命"结束之后的新时期得到进一步的发展，更没有形成系统的专著，但是他的文章观点鲜明、逻辑自洽、独树一帜，无愧于一派之代表的学界评价。

吕荧先生的美学研究着重于解决美的社会本质问题。在《美学问题》里他首次提出："美是物在人的主观中的反映，是一种观念。"由于观念都是社会性的，所以说美是一种观念，就是说美是一种社会观念，一种社会意识。"美是人的一种观念，而任何精神生活的观念，都是以现实生活为基础而形成的，都是社会的产物，社会的观念。"①在《美学论原》里他又说："无论是美的概念或美的观念，都不是人'先天的'具有的，都是人在现实生活中形成的，都是客观现实的反映，都是社会存在决定的社会意识，所以美也是社会意识之一。"②对美的本质的这种界定，首先肯定了美的观念本身就是一种客观存在的社会现象。"作为社会意识形态之一的美的观念，它是客观的存在的现象；但是是在一定的社会生活中和历史条件下的客观的存在的现象……美的观念因时代、因社会、因人、因人的生活所决定的思想意识而不同。"③其次，肯定了美的生活属性，这一点下面再论。再次，美的观念虽以主观反映的形式存在，但并非纯主观的，具有客观性，"人的观念是主观的，但是它是客观决定的主观，人的社会生活，社会存在决定的社会意识。在这一意义上它也有客观性"④。基于这些认识，他明确指出："美的本

① 《吕荧文艺与美学论集》，第416页。
② 《吕荧文艺与美学论集》，第454页。
③ 《吕荧文艺与美学论集》，第416页。
④ 《吕荧文艺与美学论集》，第495页。

质是它的现实性，社会性。”[①]比较来看，在强调美的本质的客观性与社会性方面，吕荧先生其实与以李泽厚为代表的一派是相同的，只不过李泽厚的言说常以“美”而论，吕荧先生的言说常以“美的观念”而论罢了。而且，在美学大讨论四派代表人物中，吕荧先生与李泽厚都极为推崇“美是生活”的命题，不是没有原因的。李泽厚 1958 年所作《论美是生活及其他》中写道：“美是什么？‘美是生活’。车尔尼雪夫斯基这一观点，恐怕仍是迄今较好的看法。这个看法鲜明地反对了唯心主义，坚持了唯物主义；它肯定美存在于现实生活之中，艺术只是现实生活的反映和复制。其实，我们以前所一再强调的所谓美的客观性、美是客观存在，主要的意思，也就在此。”[②]实际上，吕荧先生也正是在同样的意义上肯定这一命题的。

如果撇开参与讨论的各方在概念使用、观念解释和逻辑论证等一些具体问题上的差异和纠缠不论，从宏观层面上分析与其他各派代表人物的理论差异，美是人的观念说有三个方面最值得注意：

首先，与当时大多数参与讨论者仅仅从认识论角度论述美学问题不同，吕荧先生敏锐而又明确地认识到对美的本质的探讨不能囿于哲学认识论一隅，指出“美作为一种社会意识，要明确美是什么，需要从本质论、认识论、实践论三方面进行研讨”[③]。基于三者之间的区分，他依据马克思《政治经济学批判序言》里所表述的社会存在决定社会意识、经济基础决定上层建筑的历史唯物论观点，从社会生活的客观性、现实性角度论证了美的本质；依据列宁的哲学反映论关于人的观念是客观世界的反映的思想，提出并论证了美的认识须由感性认识（美感）上升为理性认识（美的概念、观念），在人的认识中美的感觉和美的概念、观念是同一的，而这种上升和统一的过程全部是在现实的个人生活和社会生活中实现的；依据马克思的《1844 年经济学哲学手稿》《政治经济学批判导言》、恩格斯的《自然辩证法》和列宁的《哲学笔记》等著作中有关的“实践论”观点，从人类生活实践的角度探讨了美的意识的起源和发展，证明从狩猎时代到农耕时代再到此后的阶级社会，人类的审美意识、审美观念以及对于客观存在事物美与丑的评价是历史地形成与变化着的，并强调马克思《1844 年经济学哲学手稿》中关

① 《吕荧文艺与美学论集》，第 513 页。

② 李泽厚：《美学论集》，上海：上海文艺出版社，1980 年，第 100 页。

③ 《吕荧文艺与美学论集》，第 456 页。

于“人也按照美的规律来塑造物体”的话“是在实践论的意义上而言的”[①]。吕荧先生很重视这三论之间的区分。他从美学史的角度指出，康德的哲学只有认识论和实践论而没有本质论，普列汉诺夫仅限于美的本质论，克罗齐、朱光潜都用认识论代替本质论。在与蔡仪论争时，他明确指出：“在马克思主义理论中，马克思的意识论是本质论，列宁的反映论是认识论。此为两大基本论点，互相关联，但是不能混同。”并说：“我在《美学问题》中云：‘美是物在人的主观中的反映，是一种观念。’这里包含着两个论点，列宁的反映论（认识论）和马克思的意识论（本质论）。‘美是物在人的主观中的反映’为认识论的论点，‘美是一种观念’为本质论的论点。”[②]可惜，由于当时背景下强大的认识论视域的遮蔽，这些富有卓见的观点并没有得到论战对手的重视。

其次，与前一个方面相连，吕荧先生从对美的本质的现实性、社会性规定出发，在大讨论中首先重新阐发了车尔尼雪夫斯基“美是生活”的命题。他认为“美是生活”的观点到今天仍具有活生生的意义，是我们更向前进的起点，并进一步论证说：

> 美是生活本身的产物，美的决定者，美的标准，就是生活。凡是合于人的生活概念的东西，能够丰富提高人的生活，增进人的幸福的东西，就是美的东西。美不是超现实的，超功利的，无所为而为的。美随历史和社会生活本身的变化和发展而变化发展，并且反作用于人的生活和意识。[③]

从美是生活的观点出发，他还一再说明美和善一样，都是社会的观念，有其基于生活功利的内在联系。为此，他还专门写了《关于“美”与“好”》一文，阐明美与好（善）是生活中的问题，不是推理上的问题，“离开了人的生活而谈美与好的人，是无法说明美与好的”，并指出人们在社会生活里通常是把美与好当作同义语使用的，二者有很密切的关系，“平常所说的‘美’，显然是从‘好’（‘善’）发展而来的”[④]。可以说，对“美是生活”命题的这种阐

① 《吕荧文艺与美学论集》，第510页。
② 《吕荧文艺与美学论集》，第485、486页。
③ 《吕荧文艺与美学论集》，第436～437页。
④ 《吕荧文艺与美学论集》，第531、534页。

发，是建立在社会生活本体论基础之上的，是对当时侧重于概念推理也就是抽象地谈论问题的研究倾向的反拨。

再次，吕荧先生尝试在人类社会生活实践中论证美和美的观念的历史生成，打破了纠缠于唯物论和唯心论的哲学立场的分野而在心与物、美感与美的人为二分上所造成的种种理论困境。在《美是什么》中，他以恩格斯《自然辩证法》和显然来自马克思《1844 年经济学哲学手稿》的“人化的自然”说证明人化的自然是人的劳动和历史社会的产物，“自然美本身有它一定的社会内容，自然美也就是一种社会美”[①]，美的观念是社会历史的产物；在《再论美学问题》中，他又大段引证《1844 年经济学哲学手稿》里的话，由“人化的自然之结果”来证明“辩证唯物论者不仅认为美的意识，美的观念具有社会历史的内容，而且认为美的感觉，美感或快感也是如此。因为人的感官和感觉本身就是社会的历史的产物”[②]。当代，吕荧先生是较早从马克思《1844 年经济学哲学手稿》中寻找理论依据从事美学探讨的学人之一。他引证和阐发《1844 年经济学哲学手稿》的思想，实质上是想在社会生活本体论的基础上，以实践为中介证明美的观念与对事物美与丑的评价其实是历史进程中的一体两面，从历史维度来看，并不是先有一个客观的审美对象摆在那里，然后才产生审美意识和观念。当时的论战对手批评他不讲美的客观性只讲主观因而是唯心主义的，这本身就是囿于认识论立场而不是从本质论或社会生活本体论看问题所致。正是基于对美的本质问题的上述理解和自己解决这一问题的特殊思路和理论立场，他批评朱光潜先生建立在物甲（物本身）、物乙（物的形象）区分基础上的“美是主观与客观的统一”说仍然不脱克罗齐的“形相直觉”说，来源于康德主观唯心主义的哲学和美学；他尤其批评蔡仪先生的“美在客观说”脱离人的社会生活，从抽象的事物属性条件寻找美的本质，走向了机械唯物主义的形而上学，在唯物论的前提下发展了唯心论的美学，其“美是典型”的观点排除了马克思的意识论，其美的观念是客观事物的美的映象之反映的观点修正了列宁的反映论。这些论辩性的批评论文，既抓住了对方的理论弱点，也从人、己观点的对比中凸显了论者自己的观点和立场，闪现着思想活力和论辩智慧，读之畅快淋漓，思之启示良多。

---

① 《吕荧文艺与美学论集》，第 404 页。

② 《吕荧文艺与美学论集》，第 505 页。

历史有情，岁月不老。吕荧先生人格纯真刚正，其为人也值得缅怀，而其学术嘉惠学林，其成就亦足以沾溉后学。于今观之，吕荧先生的文艺学思想和美学探索虽然不可否认地带有时代的局限性，比如其文艺学思想过于专注于现实主义，其美学研究的理论资源主要来自马克思主义经典思想家和俄国19世纪的革命民主主义美学，但是其中的许多观点在今天看来不仅有其超越时人之处，有其理论独特性，在当下和今后的文艺学、美学研究和观念建构中仍然具有重要的启示价值。他的现实主义文艺观反对作家以漠不关心的超然态度对待现实，强调文艺家要在理智和情感上深深地透入现实的运动过程中，以实践的姿态介入现实生活的战斗，做现实的变革者、创造者，这不仅是对当时的机械反映论文艺观的超越，对当下那些沉湎小我之中、缺乏历史责任的作家来说也不啻为当头棒喝。他强调对美的本质的思考不能囿于哲学认识论一隅，需要从本质论、认识论、实践论三方面进行探讨，特别是他通过对车尔尼雪夫斯基“美是生活”命题的再阐发，试图以马克思《1844年经济学哲学手稿》中的自然人化观念为依据，在社会生活本体论的基础上，从人类社会生活实践来论证美和美的观念的历史生成，打破唯物论和唯心论的哲学分野而在心与物、美感与美的二元分离上所造成的种种理论困境，敏锐地认识和触及了20世纪五六十年代美学大讨论中的理论误区以及走出误区的可能路径，这在当时还是不为人所理解的另类理论观点和声音，而新时期以来的许多美学研究者却正是沿着这样的认识思路和努力方向走过来的。可以说吕荧先生不仅是当代美学大讨论中富有建树的积极参与者和新时期美学人不在场而思想在场的实际影响者，而且将审美问题与人类的社会生活和实践历史地联结起来，从而使美学永远葆有人类生活气息亦即人学意蕴的学术理路和研究取向，在今后的美学研究中也是不会过时的。

（原载《文史哲》2013年第1期，收入本书时有改动）

蒋维崧先生的学术贡献与书法篆刻艺术

傅合远

蒋维崧先生(1915～2006)是我国著名的语言文字学家,曾任山东省语言学会副会长,《汉语大词典》副主编,山东大学特聘教授、博士生导师,在语言文字、音韵、训诂研究和辞书编纂方面有着重要的历史贡献和影响。蒋维崧先生还是著名的书法篆刻艺术家,曾任山东省书法家协会主席、中国篆刻艺术院名誉院长、山东大学艺术研究中心名誉主任,先后出版过《蒋维崧印存》《蒋维崧临商周金文》《蒋维崧书迹》和《蒋维崧书法集》等艺术作品集,他的篆刻、金文、行书艺术,以精湛的表现技巧、浓厚的学问气息和峻洁清雅、雍容和穆、蕴藉隽永的艺术风格腾声艺林,在当代书法艺术及篆刻界有着重要的地位。本文拟对蒋维崧先生的学术成就、艺术创造和历史影响作些浅探。

一

蒋维崧,字峻斋,1915 年 11 月出生于江苏常州。曾祖父蒋曰豫,是晚清有名的学者,长于经史及声韵训诂之学,有《韩诗辑》《问奇室诗文集》等行世,并兼擅书法,《清史列传·文苑传》有传。蒋家古籍书画收藏甚富,有浓郁的传统文化气氛,这使得蒋维崧幼年时期就受到了良好的文化熏陶。1934 年,蒋维崧先生考入中央大学中国文学系,此时,黄侃、汪东、吴梅、汪辟疆、胡小石等著名学者都在此执教,蒋维崧先生深受这些名师的指导和影响,尤对《说文》《尔雅》《广韵》诸书下了很大功夫,在语言文字学研究方面打下了坚实的基础。

1938 年毕业后,蒋维崧先生先后在重庆高级工业职业学校、中央大学、广西大学担任助教、讲师。新中国成立后，又在中国人民银行华东区行和中央高教部任职。他于1955年调入山东大学，先后在中文系、古籍整理研究所、文史哲研究院从事汉语言文字、训诂、音韵学等专业的教学与研究，为本科生、硕士生、博士生开过“现代汉语”“汉字发展史”“《说文解字》研究”“甲骨文”“金文选读”“书法篆刻实践”等多门课程，培养了多届硕士生和博士生，历任中文系副主任、文史哲研究所副所长、《文史哲》编委等职。

蒋维崧先生在治学方面尤为勤奋用功，他不杂交游，常常闭门扃户，手不释卷，潜心读书和思考。蒋先生知识广博，学养深厚，其学术领域和成就主要在汉语言文字、音韵、训诂学研究和词典编纂等方面。在文字学研究上，早在1940年，蒋维崧先生就应中央大学历史系金静庵先生之托，为《中央大学历史系所藏甲骨文字》作过释文。在研究方法上，他既遵循前辈学者如孙诒让、王国维等先生“由许书以溯金文，由金文以窥书契”的途径，又注重根据文字在其应用环境中的具体情况，从文意、语法等方面综合论证，力求通过对古文字的考释，发现汉字结构的原则和规律。1963年，蒋先生在《山东大学学报》第3期上发表了《由隶变问题谈到汉字研究的途径和方法》一文，有针对性地指出汉字的发展由于造字观念和方式发生了改变，特别是形声字的发展，对文字的古今演变有着重要的意义。蒋维崧先生认为殷商时期的形声字偏旁狭窄，偏旁的意义具体，但大致到春秋中期以至战国时期，形声字大量增加，性质也发生了变化，即偏旁的使用范围较前宽泛，而偏旁的意义概括。当文字系统中还存在着大批象形字和图形式结构的时候，是无法用保持偏旁对应而改变笔画的方法来达到简化的目的的，只有当形声字大量产生，形声原则成为主要的孳生新字的方法时，汉字才有可能调整出一套定型的偏旁，同时简化偏旁的结合方式。汉字只有发展到了以定型的偏旁组合成字、以形声字为主的阶段，才可能完全脱离象形意味，隶书的变化正是在这样一个历史条件下产生的。该文视野开阔，分析细致精到而充分，“提出许多开创性见解，为建立新的汉字学奠定了基础”[①]，在学术界产生了巨大的影响。

蒋维崧先生在研究古文字的同时，也特别关注文字的现实问题。1958年他在《文史哲》第5期发表了《简化汉字建立汉字字形的规范》，

① 刘聿鑫：《蒋维崧》，《师门琐忆——纪念蒋维崧先生》，北京：中国文化出版社，2010年，第72页。

1973年在《文史哲》第1期发表《关于利用形声原则简化汉字的问题》等文章，不仅指出了汉字规范化的意义和标准，尤其强调利用形声字简化汉字的理论和方法，充分体现了他对汉字简化理论的深刻思考和关注。

1959年，蒋先生出版了《汉字浅论》一书，概括而精辟、系统而全面地论述了汉字的产生，字体的演变规律、特点及对其使用和改革等重要问题，其卓识高见深受同行专家的称赏，该书被一些高等院校列为语言学教学参考书。

蒋先生深厚宽广的学问、严谨科学的态度与高度的事业心和责任感，尤体现在他担任《汉语大词典》副主编的工作中。这部词典的编纂与撰写自1975年起，历时十几年，是当时全国最重要、最重大的科研项目之一，其目的是要对我国语言词语作出历史性的最为系统最为权威的整理与编纂，以充分体现中华民族悠久而深厚的文化传统和语言词汇内在含义的丰富性，以及词汇使用的规范性。这部词典的词条数以万计，虽精微琐细，却是一部涉及哲学、历史、法律、文学、语言、艺术、民俗、天文、地理等学科知识，内容无所不包的百科全书。为了完成这一极其艰巨的任务，蒋先生不惜放弃已启动多年的研究课题，甚至将有待清定的书稿也暂时放进书橱，其高度的事业心、责任感，令人感佩。

在《汉语大词典》的编纂过程中，蒋维崧先生敢于认真负责，不仅在组织编纂队伍、培训编纂人员方面做了大量工作，还针对编写队伍存在的问题，根据自己多年的词典编写经验，高屋建瓴地提出了行之有效的《汉语大词典》编写指导意见：(1)分析词义，要注意词义的变化，既要弄懂一个词在其具体语言环境中的确切意义，又要分析其在不同语境中意义的差别，以及意义变化的源流脉络、发展线索与性质；(2)释义要抓住要害，力求准确；(3)要认真审核资料，不能收“破词”；(4)要从上下文文意的联系中推求，要与其他书中用例互证，避免臆测。① 蒋先生还特别强调说：“要解决一个问题必须要用尽可能完备的文献资料把问题捆起来，然后一棍子打死它。这样这个问题解决了，就等于把它打死了，永远翻不得案。当资料尚不完备时就先不要忙于下结论。”②蒋先生也正是这样善于将合理的归纳与细致的

① 参见刘聿鑫：《蒋维崧》，《师门琐忆——纪念蒋维崧先生》，第74～75页。

② 刘晓东：《我所了解的蒋峻斋先生》，山东省书法家协会编：《独上高楼——蒋维崧教授纪念文集》，济南：齐鲁书社，2008年，第44页。

分析相结合,对大量的词条作了沙里淘金、去粗取精、去伪存真、富有建设性的辨析与确认,不仅发掘了一些词义的精确含义,而且也汰除了旧辞书中的一些“破词”,修正了某些词汇由辗转因袭而产生的缺陷与不足。如“女伴”一词,有的辞书解释为“女性伴侣”,书证是唐代孟浩然的《庭橘》诗“女伴争攀摘,摘窥碍叶深”,明代孟称舜的《桃花人面》第二出“笑将女伴携双手,闲向空庭看海棠”等。蒋先生认为,根据用例,应分析出“女伴”一词所指的变化。古代只称“女子的女性伴侣”,近现代以来才泛称“女性伴侣”,这样就更为准确地把握了“女伴”词义的古今变化。按《汉语大词典》的性质,只简单地释为“女性伴侣”是不合适的。再如,《词源》收了“奴官”一词,并释为“唐时出身低贱的下级军官”,书证是《旧唐书·王毛仲传》“北门奴官太盛,豪者皆一心,不除之,必起大患”。蒋先生则旁查《资治通鉴》卷二一三《唐纪二十九·玄宗开元十八年》,发现断句应是“北门奴,官太盛”,并进而认为“奴官”并非一词,是破词,不能录用。[①] 类似的例子不胜枚举,由此进一步提高了《汉语大词典》的编写质量。

蒋维崧先生在《汉语大词典》的审稿定稿过程中,极为严谨认真、一丝不苟,视学术为生命。由于长时期的劳累,有一次竟累得晕倒在椅子上。蒋先生从没有大学者、名教授的架子,姿仪高朗,谦光下逮,因而同事和青年学子遇到问题,总是先想起先生,愿意向他请教,而且每次都能得到满意的解答。有一次,《汉语大词典》编写组开会,外地的一位同志在发言中谈到有一个词,自己花了很多工夫,至今未找到用例。当这位同志发言结束时,蒋先生已经从书架上取下《文苑英华》,并在此书中找到了该词用例。这位同志非常惊奇,而先生却平和地笑着说:“我的学问都在书架上。”其实大家都知道,先生的学问是记在心里边的。

蒋维崧先生谙熟古籍,经常为出版社和学者待要出版的著作审稿,他对发现的问题总是毫无保留地指出来。在翻检审阅《刘禹锡诗集编年笺注》一书时,蒋先生即曾就多处文字指疑并提出修改意见。如刘禹锡《马嵬行》诗中有“平生服杏丹,颜色真如故”之句,近人大都认为“杏丹”出自葛洪《神仙传·董奉传》,蒋先生则广搜《云笈七签》《太平广记》等书证,认为“杏

---

① 参见刘晓东:《我所了解的蒋峻斋先生》,山东省书法家协会编:《独上高楼——蒋维崧教授纪念文集》,第43页。

丹”即“杏金丹”。[1] 像这样极有价值的发现，是完全可以写成学术论文的，而蒋先生却都作了无私的奉献，实为难能可贵。先生的学问，不仅宽博，而且精深。《汉语大词典》编写组都认为蒋先生改的稿子，最为“服人”，自己写的卡片，只有经蒋先生审后心里才踏实。《汉语大词典》主编罗竹风先生曾说：“蒋先生看了的稿子不用再审。”[2]这是对蒋先生学问深厚的肯定，更是一种称誉。

蒋维崧先生不仅学问渊博精深，而且品行雅洁、人格高尚。2001年，蒋维崧先生毅然决定将60余幅书法精品捐献给山东大学。2002年，他被山东大学聘为特聘教授，每年有10万元的津贴，他表示不要。有人提议用津贴设立“蒋维崧奖学金”或“蒋维崧艺术基金”，他也不肯。最后，他作出决定，将津贴捐献给了山东大学书法艺术研究中心。在当今物欲横流的时代，蒋维崧先生所展示出来的高风亮节和无私奉献的人格精神，实为学人之楷模，令人敬仰。

二

蒋维崧先生在书法篆刻艺术上，也以其独特的艺术风格、鲜明的创新意识，取得了卓然不群、独开胜境的艺术成就，是当代最享盛名的艺术家之一。他的金文、行书，片纸只字，人争以为宝，深为国内外艺术收藏家或机构、拍卖行所青睐。但蒋维崧先生从不以著名书法家自居，他说：“我不是‘职业’书法家，我有我的职业，所以不受人牵制。”[3]他以学问为立身之本，使其艺术创造具有了一种摆脱功利束缚、超然独立、自由表现的精神。但这绝不意味着书法对于蒋维崧先生仅仅就是“余事”“雅兴”而已。蒋维崧先生有着极高的艺术天赋，在青年时期就对多种艺术形式表现出极大的兴趣与热情。他不仅喜欢书法、篆刻，还学过国画。他的律诗也写得典雅清

---

① 参见刘聿鑫：《蒋维崧》，《师门琐忆——纪念蒋维崧先生》，第77页。

② 刘聿鑫：《在汉语大词典编写组工作》，《师门琐忆——纪念蒋维崧先生》，第44页。

③ 徐超：《学垂典范，艺壮国光》，山东省书法家协会编：《独上高楼——蒋维崧教授纪念文集》，第26页。

丽，曾得名家“诗格在唐宋之间”[①]的赏评。但蒋先生并不想做一位兴趣广泛、多艺兼能的艺术通才，而希望成为在某种艺术形式上有独特创造的艺术大家。[②] 为此，蒋先生不仅割舍了对国画的学习，古诗在后来也作得很少，只有书法、篆刻成为伴随他一生的艺术追求。即使在长期担负繁重的本科、研究生教学和科研工作期间，他也始终没有淡化和中断对书法的兴致和关注，减却对书法艺术探索创造的热情。尤为可贵的是，在完成《汉语大词典》的编写工作后，已是古稀之年的蒋维崧先生，却焕发出极大的书法热情，以惊人的毅力遍临古代名迹法帖。从 1998 年齐鲁书社出版的《蒋维崧临商周金文》来看，他临写金文之多、之勤，所花功夫之深，实属罕见。除此之外，他在这时还临写了大量小篆、古隶、帛书、甲骨、行书法典等。甚至在医院的病房里，对来探望他病情的人还询问：“你最近看到我的书风有变化吗?”“我最近吸收了楚简的成分。”[③]以此，足可见出他对书法的执着和志在高远的理想与抱负。

翻开中华书局 2005 年出版的《蒋维崧书法集》第一幅作品，蒋维崧先生书写的正是屈原《离骚》中“路漫漫其修远兮，吾将上下而求索”一语，这似乎也正是他对书法艺术探索的心迹的写照。它表明，当中华书局结集出版能代表其一生书法艺术成就的作品集时，面对那些曾注入心血、情感，充满鲜活生命力的作品，蒋维崧先生并没有表现出不期而遇的快感和收获的喜悦，而是对自己辛勤耕耘、艰辛而漫长的探索之路流露出一种不可名状的孤寂与苦闷。艺术贵在创新，创新才有艺术生命和价值。创新是每一位艺术家苦苦追寻的理想。但艺术创新不是空洞的口号，也非抽象的概念，它是以确立新的艺术理念，找到具体的艺术表现和创造的新手段、新方法、新形式为前提的。特别是作为最具民族文化特质的书法艺术，它不仅历史悠久，而且在每个历史时期都发展得极为充分和完善。因而作为现代艺术家，若没有可以燃烧的激情、钢铁般的意志与信念、高深的艺术修养和远见卓识，是难以穿透这铁壁铜墙一般的堡垒，走进去，又跳出来的。这一点，

---

① 周冰：《蒋维崧与潘伯鹰》，山东省书法家协会编：《独上高楼——蒋维崧教授纪念文集》，第 218 页。

② 参见清如：《回忆峻翁》，山东省书法家协会编：《独上高楼——蒋维崧教授纪念文集》，第 210 页。

③ 刘聿鑫：《在古籍整理研究所、文史哲研究院工作》，《师门琐忆——纪念蒋维崧先生》，第 62～63 页。

也是蒋维崧先生所不能回避的。他要实现自己的艺术理想，想在书法艺术史上占有一定位置，势必也要思考艺术的创新以及创新的方法、途径，寻找艺术创新的突破口和艺术价值的立足点。虽然他对这些问题的思考没有专门的著作和论文发表，但从他平时与友人或学生的谈话里透露出了个中信息。他认为："艺术的创新，重要的是要根据现在的眼光和现今的资料，找出可以改善前人和超越前人的地方，以此为突破口进行探索。"[①]又说："历史上为书法作出贡献的书法家，无不能在前人的基础上广泛借鉴吸收，增添一些新的成分，以成就自己的面目风格。这些就可以成为创新。所谓增添新的成分，究之也还是来自广泛借鉴，善于吸收变化，至于利用新资料，开拓前人所未能涉足的领域，当然更是一条求新的道路。"[②]可见，蒋维崧先生的艺术创新思想就是"借古开新"，即借助只有在现代才能发现的古代的文物和书法资料，用今人的综合学养和审美眼光，加以发掘培育和创造，赋予它以深刻的文化内涵和艺术活力，以弥补历史的局限和不足，体现当代艺术家的创造精神与境界，从而确立自己的艺术地位和价值。从蒋维崧先生的艺术创新思想与实践来看，他在篆刻、金文、行书等方面取得的独特而高超的艺术成就，都是这种创新意识与方法的深刻体现。从一定意义上来说，把握蒋维崧先生对金文汉字所蕴藏的艺术价值的发现、提升和创造性的融会贯通，是了解蒋维崧篆刻、金文、行书艺术创造与表现的一把钥匙。

蒋维崧先生的艺术才能，最早是从其篆刻艺术成就中体现出来的。早在中央大学求学期间，为满足自己的艺术兴趣，他便到艺术系选修著名词人、篆刻家乔大壮先生的篆刻课程。在乔先生的精心指导与点拨下，他的篆刻艺术水平提高很快，22岁时其篆刻作品就参加了全国艺展。乔大壮先生对蒋维崧先生所显示出来的艺术才华更是器重，不仅将他收为弟子，将自己珍藏多年的《陈师曾印蜕》郑重相传，更有"要从此事叩皇坟""千秋名氏要烦君"[③]的诗句相赠，字里行间对蒋先生的艺术未来寄予厚望。蒋维崧

---

① 徐超：《学垂典范，艺壮国光》，山东省书法家协会编：《独上高楼——蒋维崧教授纪念文集》，第23页。

② 转引自俞黎华：《蒋维崧先生篆刻艺术刍议》，山东省书法家协会编：《独上高楼——蒋维崧纪念文集》，第67页。

③ 刘晓东：《我所了解的蒋峻斋先生》，山东省书法家协会编：《独上高楼——蒋维崧教授纪念文集》，第45页。

先生也没有辜负老师的期望，其篆刻愈刻愈精、愈奇，新意迭出，一时名动山城重庆，蜚声艺林。大画家徐悲鸿先生多次请蒋先生刻章，章士钊先生在获得蒋先生的刻章后，还以“作者篆刻擅巴蜀”的诗句相赠，更有不少学者名士以得到或收藏蒋先生的印章为幸事。

蒋维崧先生的篆刻，一个突出的特征是突破了“印崇秦汉”的历史局限，比其师乔大壮先生更为自觉大胆地将金文等多种文字引入印刻。从其《蒋维崧印存》来看，不仅有金文、小篆，还有甲骨文、战国文字、汉隶等古代文字，甚至将楷、行、草书等今文字体入印。正是入印文字体势的增加，进一步丰富了印刻的表现素材和艺术手段，开拓了篆刻艺术的表现空间和审美元素，使印刻艺术的形式也更丰富多样、清新别致。

蒋先生篆刻的另一特征，是章法布局的精巧雅洁。他的印刻虽文字体式多样，但并非简单地照搬或集字式堆积于印面，而是根据印刻之材料、文字甚至用途等作出精心的构思与设计。特别是其金文刻印，多使字的部首揖让、向背，顾盼有意；线条的屈伸、长短、参差、穿插，奇正相生；虚实、疏密，既有对比，又和谐统一。有的清新简淡，有的雍容华贵，有的疏朗素洁，更有不少字数多的印章，将方寸之中的空间排列变成了一维的连贯运动，跌宕起伏，逸奇多姿，有很强的抒情感。他的刻印刀法精湛，既峭拔洗练，又含蓄婉畅。他奏刀时从不残损印面，全凭巧妙构思，而无刻意雕饰之弊，看似自然无为，其实独具匠心。每方印章，都是一个有品格、有意味的表现形式。中华书局1992年出版的《蒋维崧印存》“出版说明”称蒋维崧先生是乔大壮先生篆刻艺术的唯一传人，蒋维崧先生在92岁高龄时被中国篆刻艺术院聘为名誉院长，足见其篆刻艺术的成就与影响。

蒋维崧先生的金文书法也达到了独步当世、引领风骚的艺术境界。所谓金文，主要是指商周时期铸刻在钟鼎等铜器上的铭文，是处于甲骨文之后与秦小篆之前的一种古文字。这种古文字，在很长一段历史时期内，亦如同商周青铜礼器一样，被历史封存了。直到清中叶，特别是20世纪以来，随着考古学的不断发展，大量的商周青铜器陆续出土，金文才得以重见天日。一时虽有不少古文字学家，如吴大澂、罗振玉等都给予了积极的关注，他们在对金文汉字的研究及揭示金文在汉字历史发展中的地位与意义方面作出了贡献，但在发掘金文的艺术价值上，或因方法和书写功力等局限，未能摆脱小篆的影响，也未能使金文的艺术特质更充分地凸显出来。

吴昌硕等虽在篆书的用笔用墨方面富有创造性，但也主要限于小篆或石鼓文，很少触及金文，而蒋维崧先生则是在专业从事数十年古文字教学与研究的同时，以艺术家的敏感，洞见到了金文汉字所蕴藏的极大的艺术价值。如果说深厚的古文字修养使他能更准确地把握与理解金文汉字结体造型的法则与规律，保证其书写的规范，那么从艺术的角度对金文所作的长期大量临摹实践，则使他领悟并揭示了金文汉字的表现手段和艺术价值。从蒋维崧先生的金文书法作品中，我们可以清楚地看到他在金文书法的用笔、结体和审美特点方面都有独特的发现与创造。

首先，在用笔上，金文书法与其他书体，特别是与甲骨文、小篆等古体书法存在着差异。书法艺术的用笔决定着线条的特质。书法中篆、隶、真、行、草等不同的书体与审美都是由于不同的用笔方法决定的。蒋维崧先生在对金文大量临写和艺术创造过程中，发掘出金文的书写笔画，大都是藏锋逆入，行笔有一个用力提按的动作，顺势出笔。它既不同于甲骨文的直入顺出，起收皆见锋锷，也不同于小篆藏锋逆入，行笔平提，收笔回势。正是用笔的差异，决定了甲骨文、金文、小篆线条的不同变化。甲骨文的线条是率直显露的，既不婉转优雅也少变化，而小篆的线条则是瘦劲修长，粗细均衡，藏头护尾，无往不收，但线条的运动指向相对封闭，缺少些开放、张力和动感。只有金文的线条，有藏有露，有收有放，既圆浑厚重又有粗细、轻重、疾徐的节奏变化，是最富有运动感和表现力的。

其次，在结体造型上，金文既不像甲骨文那样短促拙朴、率直寒俭、缺少圆活柔婉之态，也不似小篆那样峻伟修长、端庄谨严、太过理性排布而少从容随机的变化。金文的结体奇伟宽和、雍容醇厚，既变化多姿，又不乏自然天成之妙，是最富艺术表现潜质的。正是由于这种差异，我们不仅可以看到蒋维崧先生对金文汉字艺术发掘的意义，更可窥见其金文书法艺术创造的价值与魅力。

把握蒋维崧先生对金文汉字艺术价值的开发与提升，是认识蒋维崧篆刻、金文、行书艺术创造与表现的一把钥匙。蒋维崧先生的金文书法，在用笔上不仅发掘了金文汉字笔画中的动感，更用行书的笔意和墨色变化强化了这种动感，其线条浑圆挺劲，伴着提按轻重疾徐的运动，纵横延宕，既参差错落，奇正相生，有容纳万物、妙合自然之意趣，又善于提炼升华，笔笔有势，俯仰顾盼，刚柔并济，若“磔髦竦骨，裨短截长，有似夫忠臣抗直，补过匡主之节也；矩折规转，却密就疏，有似夫孝子承顺，慎终思远之心也；耀质含章，或柔或刚，有似夫哲人行藏，知进知退之行也”①，蕴理而意深，又或博雅峻伟，风华高洁，疏旷朴茂，或超然悠游，蕴润谐和，文采斐然，华光射人，达到了“博采众美，合而为字”，“书则一字已见其心”②，已见其意、已见其情的艺术境界。蒋维崧先生的金文艺术，真正实现了金文的书写规范与艺术创造的自由，古朴典雅的金石气息与现代鲜活的人文风采的和谐统一，从而使金文字体在数千年的沉寂之后大放异彩，成为现代书法体势中最具艺术魅力的一种形式，这是一种历史性的开拓与创造。

蒋维崧先生的行书，更有着超逸脱俗、妙造高韵的审美价值。蒋维崧学书，早年由其师乔大壮引荐，师从著名学者、诗人、书法家沈尹默先生。沈尹默师曾把其研究书法用笔的理论成果《执笔五字法》手书一册传与蒋维崧，以此可见老师的厚爱与期待。蒋维崧先生的行书可以说是从沈尹默师入而远循“二王”法典的。从其早期的行书来看，虽清新雅洁，舒和柔婉，体完法备，但尚未脱沈尹默先生书法的影响。直到中年以后，蒋维崧先生广开视野、博涉众家，融宋米芾之超逸、唐怀素小草千文之简淡，特别是他创造性地将金文笔意用于行书的表现，使他的行书显示出了独特的创造力和个性特征。

蒋维崧先生的行书，最突出的特征是用篆书笔意，“圆笔属纸，令笔心常在点画中行”③。起笔不出虚尖，收笔也不作重按提顿，无偏侧圭角之弊，有浑凝圆通之妙。在结体上，也受到金文的影响，不作平正安稳之态，以倚侧造势，挺然舒秀，峻洁清丽，别有韵致。在章法布局上，行距疏阔，而字距势密，虽字字独立，但笔断意连，如线穿珠，形圆势畅而不可破。他的行书创作真正到了欣然落笔，未有不达于心灵之奥者，胸中所郁，也未有不显于腕下笔端者，不思而为，却尽显神奇，超然法外又了无遗憾，最为充分地表现了其高韵深情。它如山涧溪流，可洗污涤浊，亦如林中朗月，清辉浴人，使人沉静、渊默，又顿生登高远上之心。若不拘于字法形相，而论空灵韵致，蒋维崧先生之行书，可超宋逾唐，直接东晋“二王”一脉，其卓尔孤标、耀

① 张怀瓘：《书断》，潘运告编著：《张怀瓘书论》，长沙：湖南美术出版社，1997年，第57页。

② 张怀瓘：《书断》，第228页。

③ 蔡邕：《九势》，上海书画出版社、华东师范大学古籍整理研究室选编：《历代书法论文选》，上海：上海书画出版社，1979年，第6页。

古抗今而毫无愧色。

蒋维崧先生所具有的深厚渊博的人文学养，是他艺术表现与创造的灵魂。正是由于具有渊博的知识、超人的洞见与敏感，蒋先生发现了金文汉字的艺术价值，并使自己的艺术创造显示出巨大张力，从而深化了艺术技能技巧的精神与文化内涵，达到了“灿烂的‘艺’赋予‘道’以形象和生命，‘道’给予‘艺’以深度和灵魂”[①]的境界。蒋维崧先生篆刻、金文、行书所表现出来的艺术境界，有其一便可名家、立世，而居其三为一身者，在当代书坛，实少有与其媲美与抗衡者。

三

蒋维崧先生不仅学垂嘉誉，艺耀古今，他所表现出来的以学问滋养艺术、以艺术辉映学问、学艺双修、道艺两进的思想和道路，对山东大学学科建设、人才培养以及当代书法艺术创作与发展也都产生了积极的影响。

首先，在学科建设和人才培养方面，蒋维崧先生坚持文字学研究与书法艺术创造密切结合，在“汉语言文字学(含书法)”研究方向，招收硕士生，在“文字训诂与书法文化”研究方向，招收博士生，这对山东大学的学科设置和发展，具有创新性和开拓性的意义。我国的书法艺术具有悠久的历史和传统。虽早自汉代，它就同礼、乐、射、御、书、数(“六艺”)一起，形成了一套素朴的学习方法和制度，但真正将书法作为一门独立的专业和学科，而同其他艺术形式与专业分开，并形成一套由本科、硕士、博士、博士后组成的完备的现代教学体系，则是我国20世纪60年代初至90年代才完成的事情。书法专业的本科、硕士、博士点在全国的设置和分布极为广泛，大部分设置在有美术学专业的师范和艺术院校，也有的放在综合大学的古典文献学、古典文学和文艺学、历史学等专业，而山东大学则是放在汉语言文字学专业的。蒋维崧先生自1984年起即在“汉语言文字学(含书法)”研究方向设置美学理论课程，招收和培养有书法特长的硕士研究生。这不仅在山东

① 宗白华:《中国艺术意境之诞生》,《美学与意境》,北京:人民出版社,1987年,第219页。

大学学科建设中是首创，即使在国内也尚不多见。[①] 2002年，蒋维崧先生被山东大学聘为博士生导师时，学校曾有意让其在艺术学院招收博士生，但蒋先生认为，书法是中华民族博大精深的传统文化孕育出来的艺术形式，高层次艺术人才的培养最重要的是加强传统文化的学习，提高治学能力和综合的人文素养，为将来的发展打好基础，至于锤炼艺术的技能技巧和临帖，应是一辈子的事，不是在学校期间所能完成的，因而他还是坚持在文学与新闻传播学院"汉语言文字学专业文字训诂与书法文化学"研究方向招收博士生。蒋维崧先生坚持学问修养的提高与艺术创作并重的思想，既充分体现了山东大学作为重点综合院校在高层次艺术人才培养上的优势和传统，也确立了山东大学在这一学科建设和人才培养上的特点。这一特点对全国其他院校的书法艺术学科设置和人才培养是具有一定的启示意义的。从蒋维崧先生在这一学科的人才培养实践来看，他所培养的硕士生和博士生都是既能做专业学问研究又能进行艺术创作的两栖人才。他们中已有不少人不仅在学术研究上具有突出造诣，而且在艺术创作上也取得了一定成就，产生了很好的社会影响。

其次，蒋维崧先生的书法艺术，特别是对金文汉字的艺术开发和创造所表现出来的成就和境界，对当代书法的发展和审美取向也具有积极影响。

在对金文书体的艺术开发和创造方面，正是赖蒋维崧先生的苦心冥探和不懈努力，发掘和总结了金文书法的用笔、结体、审美与表现特征，并以其独特的艺术语言对这一铸刻工艺实用性文字作了一次自诞生以来最重要的文人化改造，才使其潜在的审美价值和艺术表现力获得了充分的提升和显现。不可否认，在蒋先生之前已有一些文字学家和艺术家对金文汉字的艺术价值作了一定的探索与发掘，但都未达到像蒋先生这样将金文汉字书写变成真正的艺术创造，使金文艺术获得极大提升，成为一种与小篆、隶书、楷书、行书、草书等具有同等地位的艺术体式的程度。由此，我们可以说蒋维崧先生对金文汉字艺术的开发和创造所作出的贡献，是历史性的，是前无古人的。

---

① 参见刘聿鑫：《蒋维崧先生对自己书法艺术的看法》，《师门琐忆——纪念蒋维崧先生》，第97页。

康有为在评价清代邓石如在小篆艺术上所取得的成就时曾指出："完白山人未出，天下以秦分为不可作之书，自非好古之士，鲜或能之。完白既出之后，三尺竖僮仅解操笔，皆能为篆。"[①]这种评价化用于蒋维崧先生在金文艺术发展中所发挥的历史作用，似更为适合。大匠给人以规矩，他既为人设置障碍，也为他人更高层次的探索提供了方法和途径。我们已经看到，当今不少写金文者，从运笔到结体，多受到蒋维崧先生的影响和启发。

蒋维崧先生书法艺术的表现境界也对当代书法艺术的审美取向具有启示意义。宗白华说，中国艺术，唯书法"可以代替建筑在西方美术史中的地位，凭借它来窥探各个时代艺术风格的特征"[②]。书法是最具民族文化特色的艺术样式，有着悠久的历史和丰厚的美学积淀与传统。所谓"晋人书取韵，唐人书取法，宋人书取意"[③]，明清重性情等，无不是书法心与物、意与法、情与理、神与形、自由与必然、优雅和谐艺术风尚与审美思想的历史体现。

进入20世纪，特别是随着我国改革开放政策的实行，西方现代、后现代文化大量涌入，民族文化和审美传统受到了极大冲击，书法艺术的审美思想也发生了裂变。也许是人们想迫切地展现书法的当代性，急于创新，以新为美，出现了魏碑热、章草热、小楷热、汉简热、象形字热等，追"热"成风，但这种创新如果不以深刻的创造为参照，其新也浅，其新也俗，或沦为丑、怪。艺术应该强调个性，追求自由，但这种个性和自由如不以熟练地掌握艺术的技能技巧、遵循艺术的规律为前提，任笔为体，那么这种个性和自由就会走向艺术的反面，不仅因为缺乏超越性而导致平庸低俗，甚至表现美将会沦为展示丑。这一时期书法艺术的创作虽然繁荣，从书者众，但其审美价值和表现境界却令人忧虑，而蒋维崧先生的艺术创造则表现出了超拔时俗、昂首天外、高标独立的历史价值。蒋维崧先生对书法艺术的创新有着清醒的认识和独到的见解，他曾经说："艺术出新，并不是要把旧的东西推倒重来……以为一定要搞得面目全非才是新，结果只好从丑、怪、僻里

① 康有为：《广艺舟双楫》，上海书画出版社、华东师范大学古籍整理研究室选编：《历代书法论文选》，上海：上海书画出版社，1979年，第790页。

② 宗白华：《中国书法里的美学思想》，《美学与意境》，第333页。

③ 董其昌：《容台集》，崔尔平选编：《明清书法论文选》，上海：上海书店出版社，1994年，第218页。

找出路，以至于走上邪路。”[①]蒋先生的金文、行书艺术，不仅深入古典传统，发现古人的优势和薄弱环节，锤炼笔法，技艺精湛，更善于用深厚的人文学养、开阔的胸襟、高尚的人格精神改造传统，创作出更富内在精神和意趣脱俗、境界深远、具有时代审美特点和个性的艺术精品。可以说他格调高雅、意蕴深厚的艺术创造不仅为这一古老而传统的艺术注入了新的生机和活力，而且也为当代书法艺术的审美取向指出了向上一路，将对现代人的书法创造和审美产生积极的影响和作用。

当代著名书法家欧阳中石先生在蒋维崧行书《东坡诗长卷》题跋中写道：“文德翰采，光及北辰。”[②]如果说前一句是对蒋先生艺术精神特质的概括，那么后一句以“北辰”对“群星”的妙喻，实为对蒋先生书法在当代艺术中历史地位的允评。著名书法家陈梗桥先生更认为蒋先生的书法已经达到了艺术典范的境界：“典范不是唯一的，典范的意义是永恒的。”[③]典范也只有在历史的重复性解读中才能产生意义，发挥作用。蒋维崧先生的书法篆刻艺术创造成就与贡献，必将在现代书法史上留下浓墨重彩的一笔。

（原载《文史哲》2011 年第 5 期，收入本书时有改动）

---

① 靳鹤亭：《诗文满腹，书艺风流》，山东省书法家协会编：《独上高楼——蒋维崧教授纪念文集》，第 103 页。

② 清如：《回忆峻翁》，山东省书法家协会编：《独上高楼——蒋维崧教授纪念文集》，第 206 页。

③ 陈梗桥：《典范》，山东省书法家协会编：《独上高楼——蒋维崧教授纪念文集》，第 9 页。

赵俪生先生的治学历程与学术成就

王桂琴

赵俪生先生是我国著名的史学家，早年投身革命，中年转入学术研究。他文史哲兼长而尤精于史，在农民战争史、土地制度史文化史等领域进行了开拓性的研究，取得了非凡的成绩。他的农民战争史研究开了中国史学界的先河，立论超前，见解深刻；土地制度史研究另辟蹊径，史论结合，自成体系；中国文化史研究不囿学科畛域，线索清晰，鞭辟入里；研究顾炎武，孜孜不倦，毕生不辍，并以之为楷模；对西北之学、地方史、边疆史、蒲松龄研究等皆有涉猎。赵俪生先生以其曲折的经历、独特的个性、高尚的人格、渊博的学识、执着的追求，成为当今时代逸群绝伦、独具风采的学术名家。

一

举凡研究学人、学术，都要讲究学历门派、学术渊源、师业承受。赵俪生先生之所以成为学术名家，除了他的天赋外，还与其特殊的经历、家学传统、学校教育、师承关系和社会背景有很大的关系。这些因素或多或少地在赵先生的学术构成中起着作用。

1917 年 6 月，赵俪生出生于山东安丘一个颇有文化传统的农民之家。他 18 岁考取了北京大学，一星期以后又转到清华大学外语系。“一二·九”运动爆发后，他站在运动的最前列，掌过门旗，进行过演讲，参加了左翼作家联盟和民族解放先锋队，当过清华文学会主席，编过《清华周刊》和《副刊》。这段经历使赵先生被校友称为“老一代清华精英”。

卢沟桥事变后，赵先生到山西参加抗日游击战争。到过延安，两年后因病离开部队，在陕西乾州中学讲授英语。1946 年底，赵先生作为西北地区代表应邀出席在上海召开的“全国文艺界抗敌协会”复员大会。1947年夏，被傅斯年推荐到河南大学任教，受聘为文学院文史系副教授。1948年6月，赵先生到解放区的华北大学任研究员，给艾思奇同志当助手。1949年，被派到济南市军管会工作，后调到北京中国科学院编译局。1950年秋到长春，任东北师大教授；同年冬到青岛山东大学任教。

在山东大学工作时期是赵先生学术生涯中极为重要的时期。赵先生深得华岗校长的厚爱，是当时历史系有名的“八大金刚”之一。山东大学以文史见长与《文史哲》有着直接的关系。他担任《文史哲》的编委并先后在《文史哲》上发表文章22篇，甚至有时一年就在该刊物上发表文章达4篇。他除了讲授“社会发展史”“辩证唯物论与历史唯物论”“马列主义名著选读”“中国通史”外，还开设了“中国农民战争史”“中国土地制度史”等课程，为山东大学的教学和学术繁荣作出了贡献，与老一代山大人一起创造了20世纪50年代山东大学的辉煌。

1957年夏，赵先生奉调到兰州大学任教。1958年被补划为右派，“撤去教授学衔，降四级，监督使用”，被剥夺了政治权利和教课、写作的权利，工资由高教三级降到七级。不久，兰大的文科下马，赵先生所在系被并入西北师范学院历史系，之后在河西走廊丹县的农场接受改造。就是在这样的情况下，工暇时他也总是一个人读车，作了大量读书笔记。农村同事用“太史公，牛马走”来形容他，寄寓了嘲讽、同情、钦佩等复杂情感。1961年兰大文科恢复，赵先生又回到了兰大历史系。1963年，学校给赵先生摘掉了右派帽子。1970年，兰大动员正当盛年的赵先生办理了退职手续。1972年10月，经周恩来总理过问，赵先生得以复职。党的十一届三中全会后赵先生所谓“右派”问题获得彻底改正，他重新回到阔别已久的讲堂和学术园地，焕发出了第二次学术青春。

赵先生经历了旧中国的苦难和新中国的昌盛，他的命运与国家和民族的命运息息相关。与此同时，赵先生的治学经历显示了自身的特点。他受过正规教育，从小学、中学到大学，属于科班出身；他有着良好的家庭熏陶和师承关系；论学术思想渊源，可谓古、今、中、外兼有，文、史、哲理并包，儒、道、墨、马列主义皆通。

赵先生在回顾他的师承关系、学术渊源时，曾借用蔡尚思先生的话说：“老师有两种，一是‘死老师’，一是‘活老师’。”执行口授面谕、传道授业的是“活老师”，而只能通过文字的传导接受教诲的是“死老师”。这里所谓的“死老师”就是浩如烟海的书籍，赵先生正是从它们当中汲取了养料成分。

在青岛铁路中学，赵先生接受了新思想的启蒙，他后来意识到这段经历使他“头脑开始接受第一次铸造”。在清华大学，赵先生受到了中国最好的教育，开阔了眼界。赵先生回忆说：“至于老师，那么山南的，海北的，不同国籍的外国人，每人愿意讲什么就讲什么，愿意怎样讲就怎样讲，同学也一样，虽然以江苏、河北、山东、浙江、广东籍的居多数，但全国各省包括边远如甘肃、青海、贵州、云南籍贯的都有，每人有着各自不同的学历、方音、风俗习惯，包括特别聪明的和特别乖僻的都在内。‘山外有山、人外有人’的感受，会油然而生。”与此同时，赵先生接受了马克思主义，从而走上了革命的道路。

在赵先生的师承关系中，既有家传的又有社会的，既有文学的又有历史的，既有自由主义的又有马列主义的，既有“沉潜”的又有“高明”的。他的祖父是举人，内阁中书；父亲是秀才，擅长书法，喜爱填词。赵先生曾说：他的头一个文化老师是他的父亲。赵先生第二个文化老师是闻一多先生。在中学读书时，赵先生就在他伯父的书斋里见过闻一多先生。后来闻一多先生到清华教书，就成了赵先生的老师。赵先生回忆说，闻先生“搞考据、搞训诂……在沉潜之余，还有见解、有议论，这些议论对我们学生来说，启发很大”。他说：“我平生第一次学会查类书、翻丛书，就是围绕着闻一多先生的作业开始的。”“久之尝出滋味，即根据一根线头可以找到很多花花绿绿的线头……对一件事的底蕴，像破案一样，追踪寻访，从类书中找到线索，还要缘着这条线索深入到一部原书中去……一般习惯是借查甲案的机会，不知不觉地牵连到乙案、丙案上来。我和闻先生中间，不仅有学业的传递，还有他对我人格上的陶冶。”直到抗战时期，他们之间还有书信往来。闻一多在昆明遇害后，赵先生怀着沉重的心情在上海《文艺复兴》上发表了《混着血丝的记忆》，以示对先生的怀念。赵先生的第三个文化老师是嵇文甫先生，也是第一位对赵先生有影响的史学家。嵇先生很早就接触了马克思主义，又研究哲学，属于“高明”一派。在河南大学的一年，赵先生和嵇先生朝夕相见，每写文章都要请教嵇先生，从中受到鼓励、指导和启发。赵先生的第四个文化老师是山东省图书馆馆长王献唐先生。王先生“在鉴别琐节的时候，是十分沉潜的；但他在赋性上又有不少狂气，狂气发作时就非常高明了”。赵先生跟王先生学到了识读“两周金文辞”等文献的招数。

除了文化、文献方面的老师，还有理论方面的老师，对赵先生产生过重大影响的有艾思奇、何干之、华岗等。赵先生回忆说：“当时在华大，真是进步学者如云，如过江之鲫，但我最受影响的，只有两位，一是艾思奇同志，一是何干之同志，他二人在‘史论结合’方面给了我不少的教益。”赵先生认为，华岗是一位老资格的革命家。“他是一个学者型的人，是一个知识面挺广而不在哪一方面搞专精的学者，往往这样的学者更能给后辈人才带来多方面的影响，这就是为什么华岗死后山大学生久久怀念着他的原因之所在。……至于我本人，我是在许多方面从华岗那里受益。”在清华读书时，华岗的《1925～1927 中国大革命史》就给赵先生以深刻的影响。华岗担任山东大学校长后，赵先生应邀来山大工作，他俩交往甚密。华岗给赵先生以思想理论上的指导，使赵先生在学术界扶摇直上。赵先生称华岗“确确实实是政治论争和学术论争中的一名老资格的舵手”。

在对赵先生有影响的“死老师”中，要数史籍和马列主义著作了。除了阅读大量的文史典册之外，他还“读了几部书，一是傅青主的《霜红龛集》，二是全祖望的《鲒埼亭集》，三是钱牧斋的《初学集》和《有学集》”。赵先生被这几部书“勾引”得神魂颠倒，自己对自己小声呼叫“过瘾呀，过瘾呀”。

赵先生对马克思主义，也有一个接触、学习、运用的过程。上中学时，他就买了一本德国塔尔海玛著的《现代世界观》。“这是一本马克思主义深深印入我的心坎的头一本书，我终生不忘它，丢失了，在旧书摊上遇见再买一本回来，反复几次，总要有这本书留在自己身边。”抗战时赵先生在西安买了一本《路易·波拿巴的雾月十八日》。他白天教书，深夜在一盏油灯下就翻译它。慢慢地，赵先生居然被迷住了，“读到中半以后，精义滚滚而来，诸如对山岳党、秩序党、社会民主派的阶级分析，对小农性质的分析，对工农联盟概念的阐发；这些精义带给我的影响不是一时而是终身”。新中国成立后，他在济南买了一大堆从苏联过来的马列著作和理论书籍。“记得我最爱读列宁的《谈谈辩证法问题》一篇，其中讲螺旋形的运动变化发展，还批及诡辩。列宁对诡辩说了一句辛辣的俏皮话，‘脑袋钻不进去的地方就把尾巴插进去’，此语我终生不忘。”对斯大林，赵先生也有自己的看法，不完全否定。他一直喜爱斯大林文章中明朗不移的逻辑，特别是《辩证唯物主义与历史唯物主义》一文，对赵先生影响极大。

二

综观赵先生的学术历程，从文学入门，思想文化起步，历史研究飞跃，哲学反思落脚，大致经历了五个阶段，转换了四次阵地。赵先生说："六十年来，我治过明清之际的思想史，治过北魏、北齐、北周以来的北朝史，治过农民战争史和土地制度史，治过先秦时期儒家思想和道家思想史，以及这两家思想的互补与交融。童书业说过，做学问要有个'老营盘'。他的'老营盘'就是春秋史和《左传》。我没有做到这一点，我的治学，如西域贾胡'至一处辄止'；但也有一点好，好在于面子宽，看问题的眼光就不限于一隅。我这个做法，做着做着，到老来，就渐近于哲学，至少是历史哲学。""我的最终宿营地，怕还是哲学。我爱思维，纵观我的一生，由文学而历史，由历史而哲学，历史学到头来不过是一个过渡、一个跳板。"

1932～1940年为第一个阶段，在这一阶段赵俪生先生主要是热衷于翻译、文学。在初中时，赵先生热心新文艺，与同学组织"浪花"文艺社，在《胶济日报》上开办《浪花》副刊，赵先生在上面发表白话诗、散文、短篇小说和译品。他经常到青岛大学图书馆借阅外文书籍，此后一直业余从事翻译。从译短篇到译中篇到译长篇，从译英、美作品到译俄国的、苏联的、日本的作品，从译文艺作品到译马克思主义经典著作到译近代西方社会科学文章。译作有《人性的风》《两兄弟》、苏联长篇小说《孤独》，还以"冯夷"为笔名发表小说《风沙》《紫荆开花的时候》，写过报告文学《王老婆山上》，曾发表战地通讯《任海龙》，并完成了小说《中条山的梦》的创作。赵先生自称这是自己"浸润在新文艺中的十年"。

1940～1952年为第二阶段，主要从事明清思想文化史的研究。1940年前后，赵先生正式确定由新文艺向史学"跳槽"。为什么进入史学，赵先生说："理由很简单，它比兄弟学门更深邃，耐人探索。"他在初始阶段就读了明清之际学者的大量书籍，立志要像那些爱国者那样写出当代的革命者和爱国者的事迹。他在陕西乾州中学教书时，写了一篇《清初山、陕学者交游事迹考》，1946年在《大公报・文史周刊》上刊出。这是赵先生发表的第一篇论文，受到了胡适之先生的鼓励。继之，他又写了《王山史年谱》《张蒿庵年谱》等。这一时期，赵先生在考据方面用力甚深，对明清之际四大学派、顾炎武等方面的研究，充分显示了他治学的严谨和扎实的史学功底。他所写的文章和年谱在《学原》《国文月刊》《读书通讯》《文史哲》上大量发表。

1953～1957 年为第三阶段，在这一阶段赵俪生先生主要从事中国农民战争史研究。新中国成立后，山东大学历史系以健全"基础课"为工作重点。当时的著名教授杨向奎、童书业、张维华、赵俪生、郑鹤声、黄云眉、王仲荦等分别承担"中国通史"和"世界通史"的讲授。1952 年课程改革时，大家商议要开设专业课。为了配合当时政治形势，与刚盛开的"五朵金花"研究相匹配，山大历史系确定新开三门专业课——"中国土地制度史""中国手工业商业发展史""中国农民战争史"，分别由张维华、童书业、赵俪生先生担任。于是，赵先生就与"中国农民战争史"结缘。三五年之内，他发表了十余篇研究农民战争史的学术论文，并与夫人高昭一先生合著《中国农民战争史论文集》，由上海知识出版社出版。

1978～1985 年为第四个阶段，在这一阶段赵俪生先生主要从事中国土地制度史和边疆史研究。他的《试论南宋土地关系的特点》《有关井田制的一些辨析》《亚细亚生产方式及其在中国历史上的遗存》《汉屯田劳动者所受剥削性质与数量上的差异》《从亚细亚生产方式的角度看西周的井田制度》《试论两汉的土地所有制和社会经济结构》《试论明代土地赋役问题症结之所在》《金元两朝对中原土地关系所作出的变动》等文章，构成了他土地制度研究领域中很重要的内容。他的《西辽史新证》《新疆出土佉卢文简书内容的考释与分析》《历史上各族人民共同建设西北边疆简述》《明朝与西域的关系》《清初遗民奔走活动事迹考》等文章是他西北之学和边疆史研究的力作。

从 1986 年至今为第五个阶段，在这一阶段赵俪生先生主要是从事中国思想文化史研究和顾炎武研究。在中国思想文化史方面，其代表作有《说上古部落迁徙和地名转移》《有关孔子思想中"仁""礼"关系问题的辨析》《丝绸之路上两个大团——中国与伊朗史的比较》。对孟子、管子等先秦诸子和《诗》《易》等也多有涉猎。20 世纪 90 年代，赵先生开始了对整个 20 世纪史学的回顾与反思，对 20 世纪的史学进行了梳理。在该项研究中，他发表论文达 30 篇之多。

赵先生知识渊博，研究领域广泛。除了着力于历史、思想文化史的研究之外，他还对史学理论、诗歌等有所探索和爱好。2002 年，赵先生把他几十年来的研究成果结集成《赵俪生文集》，由兰州大学出版社出版。《赵俪生文集》共六卷，250 余万言，集中而全面地反映了赵先生几十年来在学术园地里辛勤耕耘的成果，包括史学理论与方法、中国农民战争史、中国土地制度史、中国古代史、顾炎武研究、思想文化史、西北地方史研究论著以及学术自传、自序、杂文、杂诗、小说、通讯、译作等，内容极其丰富。赵先生自诩为“杂家”，其实为博大精深也。

三

赵先生的研究博大精深，既有微观的个案分析，又有宏观的理论把握；既有横向瞬间的事件解剖，又有纵向千年的规律总结。不论在哪个领域里，大都是“成一家之言”，受到国内外专家的赞誉。在历史学和思想文化史方面，大多数研究是具有开创意义的。中国农民战争史研究、中国土地制度史研究、思想文化史研究构成了赵先生学术大厦的主体框架，成为赵先生一生学术研究的三个重点。

在中国这样一个以农为本的国度里，农民问题成为最大的政治问题由来已久。赵先生与夫人高昭一合著的《中国农民战争史论文集》是研究农民战争史的代表作，也是新中国第一部研究农民战争史的专著。赵先生研究农民战争史的第一个专题是农民的身份。他发现，对农民的身份进行分析意义重大，这对研究历次农民起义规模的大小、战斗力的强弱、坚持时间的长短、其内部凝聚力的大小都有关系。其中 1956 年发表于《文史哲》的《靖康、建炎间若干农民武装力量性质的分析》一文是其代表作。此文曾受到日本广岛大学寺地遵先生的好评，并撰文赞誉。第二个专题是农民起义和国家机器之间的关系。他就“农民起义”和“国家机器”作为互相对立、互相冲突的两方各有其有利条件和不利条件而进行有关研究，引发了后来的关于农民政权的性质、作用及意义的研究。这些问题都一度成为研究的热门，推动了历史研究的深入和发展。第三个专题是农民起义与多民族关系间的关系。中国从来就是一个多民族国家，因此研究农民战争史必涉及民族问题，这也是个比较难以理清的错综复杂的历史问题。赵先生认为，一般情况下，周边的头人和中原的统治者关系较深，而周边人民往往同情起义，但有时又恰恰相反。但不论如何，中原的动荡对周边来说，总是一种带动，启发他们生产力和文化能力的提高以及生产关系、阶级关系的调整。第四个专题是宗教在农民起义中所起的作用。赵先生指出：农民起义是近代革命以前的一种革命，那时没有革命的信仰，因此要有力量就需要信仰。在没有政党之前，信仰的力量往往需要从宗教中去汲取。宗教的某些机能起着一种宣传、鼓动和组织作用。赵先生的许多研究成果都具有拓荒、奠基的作用，一些研究成果产生了重大影响。他“最早判定农民政权依然是封建政权”，被誉为“中国农民故争史研究的开拓者之一”。此结论是史学家王学典先生在综观近半个世纪中国史学主潮的涨落起伏之后而得出的，它一语破的，十分中肯。

赵先生站在史学阵地的前沿，高举历史主义这面大旗，对农民政权的性质作了科学的界定。农民战争史研究中的历史主义学派首先就是在论证农民政权的封建性这个问题的过程中形成的。在谈到农民政权的性质时，赵先生说：“它不可能不仍是属于封建类型的政权。大家试想一想，不能创造新的生产关系来代替地主剥削农民的旧关系，不能彻底打垮地主阶级和地主阶级的剥削，那么，即便把唐家专制皇朝赶到四川去了（自然这无可否认的是起了一种对统治给予严重打击的作用），这新建立起来的大齐政权也仍然向人民征粮征税，也仍然不曾否认地主剥削农民的合法。在这一点上看，农民起义的政权是不能跟资产阶级政权相比，更无法跟无产阶级领导的政权相比的。”这一观点赵先生在 1953 年就鲜明地提出来了。这与 1958 年前后出现的“见封建就反”“见地主就骂”“见农民就捧”的所谓的“阶级观点”形成了鲜明的对比。它不论对农民战争史研究还是对其他领域里的历史研究都有启发和借鉴作用。

赵先生对农民战争史研究发凡起例的影响，还在于他培养了一批出类拔萃的学生，其中以孙祚民、孙达人最为知名。他们两人后来分别成为农民战争史研究中两个学派的代表，使农民战争史从无到有，风靡一时，成为一门显学。现在看来，当年赵先生的一些观点也未必恰当、科学，对农民战争在历史上的作用存在着估计过高的偏向，但他对推动历史研究和学术发展的作用是不可否定的。这就是那个时代的学术，无可厚非。

中国土地制度史历来是史学研究中比较难啃的骨头，大量枯燥乏味的数据考证、纷繁多绪的历史脉络使许多人望而却步。然而，赵先生不畏艰难，勇敢地进入了这片园地。无论是多么高深的理论见解、多么烦琐的数据考证，他都能驾轻就熟，并且用形象而朴实的语言表达给读者。例如，他把两汉经济比喻成一个“球”，把中国封建王朝政策性调整的阶级实质比喻成三根“松紧带”。这些不仅是形象的比喻，而且起到一种功能性的隐喻作用，常常引发出一些话题，深化认识。他以独有的驾驭能力和概括能力为学术界奉献的《中国土地制度史要论》，为该研究领域最有代表性的著作之一。

在这方面，赵先生的贡献之一，就是站在历史主义的立场，用简单、流畅的语言将土地制度私有由浅化到深化缓慢演进的过程勾勒出来。在对土地制度史的分析论述中，他特别注重对马克思主义的再认识。他认为对马克思主义的观点不能生搬硬套，否则会削足适履，要灵活运用才行。在理论上，他“缘着马克思的启示，从人们财产私有制不断深化、纯粹化，而人们古老共同体和国家权力又不断阻止这种深化、纯粹化的矛盾角度，去一层层认识问题，一层层分析问题”。赵先生认为，马克思主义的亚细亚生产方式是解剖中国井田制的一把钥匙。他指出，“亚细亚”的全部特征在井田制的历史上并不完备，即有一些特征是没有的，如水利。这是赵先生对马克思关于亚细亚生产方式理论的独创，也是符合中国历史实际的。赵先生正是从经典著作中得到启示，对史料悉心料理，对中国经济史的每一个关节精心检查，对周代半公社所有制的井田制度、魏晋南北朝的半国家所有制的均田制度、宋代和宋代以后的地主(相对)土地所有制找到了准确的解释。

与土地制度史方面的观点相联系，赵先生对古史分期问题提出了自己的看法。他坚决反对把西周奴隶社会塑造成“鼎盛”，把当时的阶级关系只说成是奴隶和奴隶主的尖锐对立，而排斥农业劳动中大量的自由民的观点。他认为，西周只能是奴隶社会的低级阶段。只有到了西汉，私有制才前进了一大步，社会总气氛才有一点古典经济的味道，而封建制又开始萌芽。赵先生指出，从人类财产由公有向私有的总的转化过程来看，私有制夹在原始的和高级的公有中间，但它不能最终消灭公有，而只能最终为公有所扬弃，从而完成一个伟大的历程。

赵先生从来就有一种“自我逆反”的性格，他总是走在时代的前列，用他的思想和感情去激发对历史的反思、对文化的继承和弘扬。随着“四人帮”的倒台和改革开放的开始,中国再次出现了文化热。赵先生不顾自己耄耋之年,又以他那趋时、超前的心态迎接了这场文化热。他热心致力于传统文化尤其是先秦和明清思想文化的探索,于是文化史研究又构成了赵先生研究的第三个重点。

赵先生针对长期以来存在的“左”的简单化的倾向和在历史研究中“以论带史”、先定性后分析的研究方法,直戳中国文化史研究的要害。他指出:“在中国文化史上,我们很难定性某一思想家为唯物主义的,也很难定性某一思想家为唯心主义的。”将王阳明定性为反动的主观唯心主义思想家,其不伦不类已达极度,政治和学术已经完全搅得分不开家了。赵先生主张站在历史唯物主义的立场上把握历史人物,从而得出符合历史实际的结论来。高昭一先生说:“他提倡还是应当多从中国的文化传统以及继承与扬弃的关系中去提高认识能力,他对原始思维、迷信与科学、宗教哲学与美学、从孟子到王阳明对主观能动性的弘扬等一系列命题,提出自己多年来形成的独到的见解。”

关于中、西文化,赵先生认为各有所长,也各有所短,它们之间具有互补性。他说:“总起来看,他们是一种偏,我们是一种偏,二者应该互补,也只能互补,在悠长历史段落中互补。说‘互补’,就是说不能互相代替,不能把儒学硬搬到西方去,也不能要中国‘全盘西化’。文化的融合需要更悠长的时间,跟军事征服完全不相同,它需要一个‘雾露晕染’的过程。”

关于中国文化思想的源头,赵先生认为,把《诗》《书》《易》串联,就可以找到,而这三者又是不平衡的:《尚书》只是条令;《诗》中有生动而丰富的民俗;《易》虽还不是哲学本身,但已经是哲学的胞胎了。而任何一种文化都要以哲学为其轴心,所以《易》最重要。因为“儒家精研人道,精研人的内在的自我完善,但在宇宙问题和辩证思维方面,相对不足;道家提倡天人之道,频繁地阐发对立的观念,但在人际关系和现实社会方面,采消极态度,办法不足。这两者通过什么来体现融合呢?是《周易》”。他说:“向‘内’和向‘外’综合,是一种互补;儒家和道家的综合、天人之间的综合,又是一种互补。补来补去,中华文化不就日益壮大了吗?”

对顾炎武的研究倾注了赵先生一生的心血。从著作到生平,从思想到活动,从诗歌到爱好,无不涉猎,如痴如醉。赵先生先后发表研究顾炎武文章及论著近20种，在国内外产生了广泛影响，他也因此成为名副其实的顾炎武研究权威。

赵先生把顾炎武放在明末清初大的历史背景下，不仅研究顾炎武本人，而且研究与他有关系的人，甚至同一时代的人或有影响的人，并且进行比较。如《王山史年谱》《清初遗民奔走活动事迹考略》《清初关中学者故里访问小记》等，不仅让人们清楚地认识了顾炎武、王山史等历史人物，而且对明末清初北方的学术史有了更进一层的认识。他把历史上那一群群学者志士交游往来的踪迹，“怎样栖栖南北、联络声气，怎样建立活动根据地，怎样被几个有正义的大吏所掩护，把一幕幕学术和政治混而为一的民族运动，很生动地传写出来”。赵先生一生都致力于顾炎武研究，并以之为楷模。他推崇顾炎武的诗句“苍龙日暮还行雨，老树春深更着花”，他自己也像苍龙、老树那样在史学园地里耕耘了一片又一片。他崇拜顾炎武到了如此的地步，以至于给自己的第一个孩子也起名为“绛”(顾原名绛，后更名为炎武)，既赋以其节操学问以自励，也作为他开始从事史学研究工作的纪念。

赵先生不是穷一经、治一史的专家，而是涉猎广泛的学者。自1957年定居陇右以来，他对西北产生了浓厚的感情，同时也对西北之学产生了兴趣，研究内容涉及五凉史、西辽史、蒙古在西域诸汗王史、帖木儿汗国史等。与此同时，他对家乡山东的事情尤其是学术活动多有关注。他除与夫人高昭一先生合作出版了《历史上山东农民起义》一书外，还先后研究过齐鲁名士管仲、辛弃疾、王渔洋、孔尚任等。在蒲松龄研究方面，更是别具一格。他以人性异化的观点，剖析蒲松龄笔下被社会扭曲了的妇女的反常心态，既新颖又透辟。

四

赵先生是一个性情独特的学者，金景芳先生曾这样评价他的为人：“颇倜傥自喜，不以岸异为非。论学敢于坚持自己的意见，于同时代人少所许可，以是每不见谅于人。然先生实胸怀坦荡，无适无莫。当其与友人纵论天下事，热情奔放，不可羁勒，盖其天性然也。”著名学者蓝翎也曾指出：“史学家最贵胆识与人格。有的人虽专攻历史，但常常依附权势，把历史当泥团，看眼色捏来捏去，胆识已无，人格扫地，不可能成其为真正的史家。赵先生鄙视此辈，耻与为伍，卓然独立，昂昂然继续走自己的路。赵先生的学问博大精深，独领风骚；赵先生的讲课更是诙谐风趣，美妙绝伦；赵先生的治学方法独具一格，视野开阔。”

在近50年的从教生涯中，他先后在河南大学、华北大学、东北师范大学、山东大学、兰州大学从事教学工作。所开十几门课程既有中国通史这样的基础课，又有针对某个专题的专业课，还有马克思主义理论课、逻辑学等。他对课堂教学有着高超的驾驭能力，他的气势和激情以及他雍容大度的风姿素为同仁所称道。他对教学有着强烈的责任感和特殊的爱好，把它视为自己学术生命的一部分。每次讲大课以前的准备，高昭一先生用“如临大敌”几个字来形容。每次讲大课之后，赵先生总要休息几天时间才能恢复体力。赵先生的讲课极具风采。课堂上他神采飞扬，妙语连珠，闭着双眼斜对背后的墙壁全神贯注地讲，从而把每个学生的注意力都吸引过来。一堂课下来，学生似乎不是在听课，而是在欣赏一次讲演。历史课本来枯燥，尤其像农民战争问题、土地制度问题、井田制问题更是如此，但赵先生总能归纳出理性的思路，条理清晰，深入浅出，博约结合，妙趣横生，将理论性、知识性和趣味性熔于一炉，给人以深刻的启迪。

赵先生的研究方法独具一格。他的研究视野开阔，见解独到。如研究土地制度史把握了三个转弯，论点由浅入深，即使不是专业研究人员也能看得懂，更不用说他在许多场合下那些极具风采的比喻了。他善于用马克思主义的理论去指导史学研究。赵先生一生酷爱思维，善于思辨。他是新一代的马克思主义史学家，不是机械地把马克思主义拿过来，而是创造性地把马克思主义亚细亚生产方式的理论作为解剖中国井田制的一把钥匙，史论结合，高屋建瓴。这与今天那些只会套用马克思主义书本词语的人是截然不同的两码事。他做学问绝不轻浮，用几十年工夫去“追补”《二十四史》《十三经》。

他文章写得很美。“即使严肃的史学命题也从来不板着面孔‘布道’，装出一副高深莫测的样子，而是平易近人，娓娓道来，与读者平等交流。高昭一先生认为：“他于教学科研，既从现实主义的严谨去进行缜密的逻辑推演、高度的抽象思辨，又以浪漫主义的热情去调动活跃的形象思维、超时空的直觉感觉，从那些没有生命的材料符号中去扑捉‘象’和‘情’。”这也是我们后学的共同感受。

赵先生说过学术界有不同风格的两派学人：一派是“高明派”，一派是“沉潜派”。“高明派”视野开阔，高屋建瓴，选题宽广，有很高的才情和驾驭能力；“沉潜派”则选题狭窄，深钻细研，对史料竭泽而渔。他在上课时形象地说：“‘沉潜派’在‘竭泽而渔’时，不但要抓住大鱼，连小鱼羔也不放过。”引起了同学们的哄堂大笑。中国学术界深受乾嘉学派的影响，选题越专越好，越细越好，越窄越好，是一种占主导地位的价值观念，在这种观念的支配下，往往对“沉潜派”推崇备至，而对“高明派”则毁誉不一。实际上，“沉潜派”至多也只是在史料本身的真实性上得到科学的论证，关于如何诠释文献，理解文献典籍的记载，从中求出因果联系则不去考虑。赵先生经常说自己搞学问如“西域贾胡，至一处辄止”，以杂家自诩。他在史学领域的三次重点转移就说明了这一点。然而每次转移，尽管时间长短不一，但他都留下了许多富有启迪的创造性研究成果。赵先生虽属“高明派”，但又不乏“沉潜派”的功底。他重视史料，但不抠擞史料，不处理像“某人之卒年究在本年之十二月抑在次年之正月”那样的问题，也不喜欢停留在几斗麦子几斗米、官收多少和田主收多少这些问题上。他旗帜鲜明地指出：“光考据不行，还需要思辨！”他认为，琐节问题，只有当它紧密地联系着大关节目问题时才去处理它。实际上，他的考据文章也做得很好。赵先生在史学研究中，总能将理性主义的努力和感性主义的努力结合起来，使两者保持着平衡与谐和，而偏重于理性一边。

综观赵先生上下追溯、纵横捭阖的综合研究，他总能驰骋江海，如入无人之境，阐幽发微，道前人所未及；总能将具体事实升华为理性思考，并顽强地写出“赵家风格”来。如果没有高超的思辨能力和理论水平，没有宏观的驾驭能力和深厚的史学功底，没有穿穴载籍和高度的抽象力，没有横溢的才华和敏捷的思维，没有坚强的毅力和自强不息的精神，是不可能做到的。

赵先生正是这样的学术名家！

（原载《文史哲》2003 年第 5 期，收入本书时有改动）

刘敦愿与中国早期美术研究

郑岩

刘敦愿(1918～1997)作古多年以后,历史学家姜伯勤说:“刘敦愿先生有关美术考古与古代文明的研究,为中国艺术史学的建立,做出了奠基性的贡献,其学术创见体现出一种博大的人文精神。”[①]但坦率地说,在其所处的时代,刘敦愿这个名字只在一个较小的圈子内为人所知,其学术成就在很大程度上被“潮流”“风气”“体制”“系统”遮蔽。在他去世二十多年后的今天,他的贡献才逐步显现出其深层的价值。

与许多高度“专业化”的学者不同,刘敦愿的学术研究覆盖面极为广博,他可以被看作一位考古学家或美术史家,但实际的研究领域除了古代美术考古、史前与商周考古等,还包括山东古国史、古代神话与民俗、中国古代农业和畜牧业史、中国科技史、古文献等诸多方面,尤以对中国早期美术和考古的研究用力最深。本文重点讨论他对中国早期美术研究的贡献。

一

顾颉刚 1945 年写作的《中国当代史学》之“美术史的研究”一节开篇说:

> 美术史的研究,方今正在萌芽之中。美术是一种专门的技术,非内行人,是无法深究它的历史的,而中国美术家,新的一派所学的是西洋的美术,对于本国的美术史,研究起来,当然有相当的困难;而旧派的美术家,又往往缺乏历史的观念和方法,所以中国美术史方面研究

① 刘敦愿:《美术考古与古代文明》简体字版(北京:人民美术出版社,2007 年)封底推荐语。

的成绩,并不十分丰富。[①]

20世纪上半叶,只有为数不多的历史学家像顾颉刚这样注意到美术史研究这个较为专门的领域。而他对于美术史的关注,也主要是着眼于通史写作。与此同时,作为近代学科意义的美术史学正在中国成长。一批西方和日本学者写作的中国美术史著作陆续译为中文,中国的艺术家和学者也在这些著作的基础上结合旧学修养,开始在民族国家的概念下重写中国绘画史。顾颉刚提到了潘天寿、俞剑华、郑昶、滕固、童书业、陈师曾等人的绘画史著述,也谈到中国营造学社对古代建筑的调查与研究。但是,诚如其言,对于整体的中国美术史研究而言,这些成绩仍十分有限。在他看来,治美术史者应具备两个条件:一是须掌握足够的本国历史知识;二是须具备现代史学的眼光。关于第一点,道理不言自明。熟悉顾氏学术思想的人,也不难明白他第二点所说的"历史的观念和方法"指的是不为传统史学所束缚的新的学术理念。环顾当时的学界,顾颉刚深感同时具备这两方面条件的人才十分稀缺。

在顾颉刚这部书写作之前的一年,刘敦愿从国立艺术专科学校毕业,开始了他的学术生涯。从刘敦愿的学习经历和后来的研究来看,他是一位在很大程度上同时具备顾氏所举的两个条件的为数不多的学者。刘敦愿,字子舒,1918年6月24日生于湖北汉阳。其曾祖父刘传莹,字椒云,清道光十九年(1839)举人,经学家,官至国子监学正,于《清史稿》有传。[②] 其父刘人劭,字少淮,是一位铁路职员,曾参加同盟会。在这样一个家庭环境中,刘敦愿颇受新学影响。他幼时喜爱读书、绘画,曾就读于郑州扶轮小学和扶轮中学。1939年,刘敦愿在昆明考入国立艺术专科学校西画科[③],随留法归国的秦宣夫教授学习素描。受秦宣夫影响,刘敦愿开始从古代艺术的角度接触到西方考古学知识。不久,他认识到自己的气质与禀赋更适合学术研究,而不是做艺术家,便逐步将精力转向学术。他最早的兴趣集中在西方美术史,但战时外来资料颇不易得,而当时国立艺专所在的四川巴县(今属重庆)可以见到一些汉代画像砖等古代文物,他便转向对中国美术史

① 顾颉刚:《当代中国史学》,南京:胜利出版公司,1947年,第122页。关于音乐史的研究,也在"美术"的名目下叙述。

② 参见《清史稿·儒林传》,北京:中华书局,1977年,第13157页。

③ 该校在抗日期间由北平与杭州两所艺专合并而成。

的学习。由国立艺专校区磐溪过嘉陵江,是中央大学所在的沙坪坝。刘敦愿定期渡江旁听中央大学丁山教授的“商周史”等课程,颇得其嘉许。在丁山教授指导下,刘敦愿花大气力埋头研读先秦文献,为日后的学术研究打下了坚实的基础。

刘敦愿1944年从国立艺专毕业,曾在蒙文通任馆长的四川省立图书馆工作,并在学术上得其引导。次年,刘敦愿又在迁往成都的齐鲁大学旁听考古学家吴金鼎讲授“田野考古学”。吴金鼎早在1928年就于山东历城龙山镇城子崖(今属济南章丘区)发现新石器时代的“黑陶文化”(今称山东龙山文化、典型龙山文化或海岱龙山文化),参与了中国第一部田野考古报告《城子崖》的编写。后跟随对考古地层学有重要贡献的英国考古学家彼特里教授(William Flinders Petrie)参与巴勒斯坦的发掘工作,并获伦敦大学博士学位。吴金鼎的课程可能是刘敦愿最早受到的考古学训练。1947年,经丁山推荐,刘敦愿受聘于青岛山东大学中文系,讲授“历史文选”等课程,同时协助丁山的研究。1953年5月,他从山大中文系转入历史系。同年8月,进入文化部社会文化事业管理局、中国科学院考古研究所和北京大学联合举办的第二期考古工作人员训练班学习,参加了洛阳烧沟汉墓发掘。他还得到王献唐、顾颉刚、徐中舒、沈从文和童书业等学者的提携,在史学界、考古学界、美术界交游颇广。

刘敦愿对于田野考古有着极大的热情。从20世纪50年代初到60年代初,他在山东日照、五莲、即墨、临沂、胶县等地从事史前和商周遗址的调查,发现了多处早期遗址。他根据一幅高凤翰款博古图的线索,找寻到胶县三里河遗址[①],在学界传为美谈。他对于日照两城镇玉坑的调查[②],以及所发表的有关两城镇龙山文化兽面纹玉锛(或称圭)的文章[③]等,是研究同时期玉器十分关键的材料。同一时期,他还发表了多篇论山东龙山文化的文章,也是较早注意到大汶口文化陶器特征的学者,对建立山东新石器时代考古学文化序列有着重要贡献。

---

① 参见刘敦愿:《根据一张古画寻找到的龙山文化遗址——山东胶县北三里河遗址调查小记》,《刘敦愿文集》,北京:科学出版社,2012年,第403～407页。刘敦愿的部分文章在收入其自选集《美术考古与古代文明》时,标题有所调整,文字也有所修订。以下所引其原文,只注明《刘敦愿文集》的版本信息,不再另外注出论文最初发表和转载的版本信息。

② 参见刘敦愿:《有关日照两城镇玉坑玉器的资料》,《刘敦愿文集》,第410～413页。

③ 参见刘敦愿:《记两城镇遗址发现的两件石器》,《刘敦愿文集》,第408～409页。

“文化大革命”期间，刘敦愿受到严重冲击，被迫中断学术工作，但他仍利用业余时间积累资料，为以后的研究工作做准备。经过刘敦愿等学者多年的努力，1972 年春，山东大学历史系考古专业创建，他出任教研室主任，为开展教学工作筚路蓝缕，殚精竭虑，先后组织和参与山东泗水尹家城、日照东海峪、临淄齐故城等遗址的发掘。他亲自承担“商周考古”“美术考古”等课程，始终注重田野考古的教学和实践，从不以个人长短来限定学生的发展，使山东大学考古专业的教学与研究水平稳步提高。今天活跃于学术界的于海广、白云翔、栾丰实、杜金鹏、倪志云、方辉、许宏等，都是他指导过的学生，李清泉、毕斐等美术史学者在年轻时也受其亲炙。

20 世纪 80 年代，刘敦愿的行政工作减少，研究进入高峰时段，发表了大量论文。1994 年，其自选集《美术考古与古代文明》经热心的台湾同行推荐，由台北允晨文化有限公司出版。1997 年 1 月 15 日，刘敦愿因肺心病医治无效，逝世于济南，享年 79 岁。2007 年《美术考古与古代文明》简体字版由人民美术出版社出版。2012 年由科学出版社出版的《刘敦愿文集》收录论文 115 篇，可以反映其研究的总体面貌。他在晚年基本完成的古籍整理项目《齐乘校释》，由其学生刘伯勤等补充完善，也在 2012 年由中华书局出版，并在 2018 年出版了修订本。刘敦愿论文的另外几种选本，目前正在编辑中。

二

刘敦愿学术功底深厚，视野开阔，涉猎极广，但其终生矢志不渝的是对以青铜艺术为核心的中国早期美术的研究。他的《考古学与古代艺术研究》一文，初稿成于 20 世纪 60 年代初，经数易其稿，才在 1986 年发表于《文史哲》杂志。这是他唯一直接从理论角度阐述其学术理念的文章，尽管他私下曾说到对该文不甚满意，但仍可作为探讨其基本学术主张的入口。

该文所说的“考古学”，“指的是现代意义的考古学，即以田野考古学方法作为基础的考古学”[①]，而不是传统的金石学或西方的铭刻学。刘敦愿对

① 参见刘敦愿:《考古学与古代艺术研究》,《刘敦愿文集》,第 4 页。

古代艺术的研究，不再局限于传世品或零散出土的古代遗物，而是20世纪以来科学调查和发掘所得的考古材料。他指出：

> 现代考古学强调地下出土资料的完整性，把古代艺术品看作共存关系中的一个组成部分，与其他的各种遗物互相印证，反对过去那种只重艺术品而舍弃一般遗物的错误做法。为此，必须把古代艺术品同产生它们的特定的社会土壤与历史条件密切地结合起来，这样，就为古代艺术的研究提供了客观的科学基础。[①]

由于考古材料最大限度地保留了历史遗存的物质性原境，用好考古材料，可以使美术史的研究基础得到根本性的更新。该文将“艺术”一词界定在造型艺术的范围，即通常所说的“美术”。刘敦愿提到，美术包括“建筑、雕塑、绘画与工艺美术”[②]。这是20世纪初中国所接受的西方“美术”固有的分类。尽管这种分类方式只是在欧洲特定的历史背景和现实条件下形成的，但在当时的确使中国美术史的研究不再局限于原有的书画史传统，而扩展到更多的门类，也使中国艺术与西方艺术具有了一种比较研究的平台。“考古学”与“美术”这两个概念，均是“新学”的组成部分，刘敦愿的学术道路，也就是在这种新的学科构架下展开的。

刘敦愿从欧洲考古学兴起和发展的历程，特别是对于古典时期艺术品的搜集与研究的历史，来讨论考古学与古代艺术研究的关系。这显示出他多年的一个目标，即参照西方古典美术史的体系，利用丰富系统的田野考古材料，以先秦青铜艺术为中心，建立中国古典美术的框架。

刘敦愿的自选集题为《美术考古与古代文明》，其中“美术考古”(Kunstarchäologie)一词，源于郭沫若所译德国学者米海里司(Adolf Michaelis)《美术考古一世纪》[③]一书。他早年学习油画，深知古典美术是欧洲艺术最为重要的渊源。他逐字逐句反复研读米氏的书，在考古学与美术史学两个学科交流不足的情况下，“美术考古”一词为身在考古界而又有志于美术史研究的刘敦愿提供了一个名正言顺的术语。更重要的是，他从中

---

① 刘敦愿：《考古学与古代艺术研究》，《刘敦愿文集》，第8页。

② 刘敦愿：《考古学与古代艺术研究》，《刘敦愿文集》，第3页。

③ 该书德文版初版于1906年，是综述19世纪古典考古学发展史的早期著作之一。尽管这只是一本比较通俗的著作，但在中国产生了重要影响。对于这个问题的讨论，见郑岩：《论“美术考古学”一词的由来》，《美术研究》2010年第1期。

为中国早期美术史的写作，找到了西方古典美术这个参照系统。他还认真研读过多种古典学著作，如希罗多德的《历史》、修昔底德的《伯罗奔尼撒战争史》、塔西佗的《历史》、温克尔曼的《古代美术史》等，获得了西方古典历史的基础知识。

刘敦愿早年在巴县已接触到汉代画像砖石的材料，而山东汉代画像石的材料更为丰富。他虽有多篇文章论及山东汉代画像的问题，但并未以此作为重点。刘敦愿还曾得到史学家童书业的信任，1956 年前后协助童氏修订《唐宋绘画谈丛》[①]一书，但他也没有由此转向对绘画史的研究，而始终专注于中国青铜艺术。

宋代兴起的金石学在商周青铜器研究方面成就斐然，如在定名、分类、铭文释读等方面都积累了丰厚的经验，但其主要目标在于补助经学。近人将青铜器研究纳入史学和考古学的框架，但于其艺术价值，仍是最为薄弱的一环，也被研究者视为畏途。20 世纪，有大批学者和艺术家致力于开拓中国艺术的视野，如鲁迅收集汉画拓片，郑振铎收集古代版画和陶俑，张大千等人调查敦煌，都有不同的贡献。但像刘敦愿这样全面利用考古材料，自觉而系统地研究青铜艺术者，却为数不多。在当时的考古学界，他的努力常常为人所不解，甚至被少数同行讥笑。但他认为，如果不理解青铜器艺术，那么对后来中国艺术的研究就缺少了重要的基础。他指出，商周青铜器多礼器与兵器，乃王室和贵族为“国之大事”而造，是当时物质和精神文化水准最集中的体现，青铜艺术“就世界范围来说，它自成一格独立的体系；就中国古代造型艺术来说，它曾居于压倒的优势，并给其他部门（如绘画、雕刻与书法）种种影响”[②]。因此，他从年轻时起，最大的目标便在于从青铜艺术中探寻中国艺术的根基。

商周青铜器奇伟诡谲，高古幽远，意义暧昧难明。刘敦愿知难而进，所凭依的是扎实的传统文献功底和开阔的学术视野。他回忆丁山时曾说：“他教导我要老老实实地读书，要‘读书’知之，而不要‘翻书’知之。从先秦典籍读起，一本一本地读，一个字不落地读，因为一个字就是一个问题，秦汉是一句话一个问题，魏晋以下一段一个问题，唐宋以下往往是一篇说明

① 童书业 1957 年 3 月 12 日在该书“著者说明”中对此有明确的说明，见童书业著，童教英编校：《童书业美术论集》，上海：上海古籍出版社，1989 年，第 367～374 页。

② 刘敦愿：《中国早期的雕刻艺术及其特点》，《刘敦愿文集》，第 13 页。

一个问题了。他谆谆教导，先秦典籍是重点所在，祖国传统文化的源头，也是为人处世的根本，一刻也不能忘。当然丁先生也不是教我走'读经'的老路，根据他的治学经验，读书与资料工作之外，还要选择几种传统与现代的科学，与古史研究有关的，依次一一专攻，多一门学问就多一把开门的钥匙，这样，学问也就能够成其博大精深了。"[①]文献与其他相关科学并重，这两个方面的确是他后来治学最重要的基础。

刘敦愿对青铜艺术的研究主要集中在如下几个方面：

其一，逐一论述青铜器饕餮（兽面）、鸱鸮、鹰、虎、豕（豭）、牛、鹿、貘、鸡、蝉等动物母题和勾连纹、圆涡纹等几何纹样的形式与意义。

学界关于青铜艺术母题和纹样的研究通常有两条基本路径：一部分学者重视形式分析，主要通过寻找纹样变化的规律，建立其年代序列和风格谱系，但他们大多不涉及甚至有意回避纹样的文化意义；另一部分学者则认为青铜器动物纹样蕴含着深刻的宗教意义，在祭祀活动中有着特定的功能。前者重视对器物本体的研究，后者则注重与外部文化元素的联系。刘敦愿不在形式和意义上单选一端，而兼顾了内外两个方面，既以其美术史家独有的目光对器物形态和纹样加以细致的观察和分析，同时也认为大部分母题和纹样蕴含着特定的宗教意义。

刘敦愿分析了多种兽面纹的共性与个性，指出："中国古代鼎彝重器之上，兽面纹样运用得如此普遍，不无可能也寓有神明的无处不在，临鉴在上，主宰着人间祸福的含义，至少从艺术构思的角度来考虑，似乎是不妨作如是观的。"[②]"这种程式化了的组合，既是一种装饰方法，然而也不无可能寓有某种有待探明的深刻含义。因为它明明在显示一之可以剖分为二，而合二又可以为一的，其中似有某种哲理存焉。……疑是企图表现宇宙万物之间的对立统一关系。"[③]"中国古代哲学中的阴阳五行学说，研究的就是这种种相反相成的微妙关系与互相转化。专门成学虽在战国秦汉时期，估计在野蛮与文明之际的'虞夏商周'，也应有所萌芽，并在艺术上也有所表现，兽面纹样的这种奇异组合关系是否便是，很值得考虑。"[④]他在努力发掘各

① 刘敦愿：《〈美术考古与古代文明〉自序》，《刘敦愿文集》，第888页。
② 刘敦愿：《青铜器装饰因素与纹样含义》，《刘敦愿文集》，第146～147页。
③ 刘敦愿：《青铜器装饰因素与纹样含义》，《刘敦愿文集》，第147页。
④ 刘敦愿：《青铜器装饰因素与纹样含义》，《刘敦愿文集》，第147页。

种可能性解释的同时，又不妄下结论，指出："古代艺术品的装饰因素，往往相当浓厚，表现在青铜器上尤其如此，因此如何使之与内容区分开来，也为我们提出了难题，求之过深，不免'望文生义'，必然失之牵强附会；如果其中有些确乎是有所为而发，视而不见，不加重视，也难免遗憾。"①

刘敦愿重视图像材料与传统文献的互证，同时也注重对文献有效性的审核。例如，《吕氏春秋·先知览》中对于"周鼎著饕餮，有首无身"的记载，金石学家援以命名商周青铜器上最常见的兽面纹。而刘敦愿注意到，此类纹样许多是有身体的，只是隐而不彰，《吕氏春秋》的描述与实物所见不符。由于"文献不足征"，刘敦愿提倡综合运用各种材料，"交叉火网打目标"。他采用《隋书·东夷传·流求国》"人间门户上必安兽头骨角"以避邪驱鬼的记载作为旁证，来论证兽面纹的含义。② 表面看来，这条文献与商和西周的距离比《吕氏春秋》更为遥远，但是其背后却有视觉形式的分析作为基础，也反映出他对于民族学材料的重视。又如，他利用商周文字来补充这一时期绘画材料的不足，指出："语言的譬喻与概括，寓有深意，然而由来久远，估计古代青铜器装饰艺术上有所体现，或不致有如一般想象之简单。"③如此由文字与纹样在形态上的相似性，推想到二者更深层的联系，极具启发性。在关于祭祀用猴的分析中，他既重视母题与祭祀仪式本身的关系，又注意结合动物学知识。在关于勾连纹的讨论中，他追溯了纹样与编织技术的关系。他对民族学、神话学材料的利用，乃至对晚期笔记中史料的采用，时时可见。

其二，在史前文化中追溯青铜艺术的渊源。

刘敦愿结合对山东地区的田野调查，撰写了多篇文章讨论史前艺术，并处处留意史前艺术与青铜艺术的联系。他在1959年发表的《论（山东）龙山文化陶器的技术与艺术》④一文，详细论述了陶器制作技术与器物形制、装饰和色彩的内在的关联。他认为山东龙山文化"爱好单纯的颜色是其特点"，各种颜色的陶器都是"有意识的制作"，其中外加白色陶衣的黄陶

---

① 刘敦愿：《青铜器装饰因素与纹样含义》，《刘敦愿文集》，第147～148页。

② 参见刘敦愿：《饕餮（兽面）纹样的起源与含义问题》，《刘敦愿文集》，第157页。

③ 刘敦愿：《青铜器装饰因素与纹样含义》，《刘敦愿文集》，第147页。对于这个问题更详细的讨论，见刘敦愿《商周时期的象形文字、纹样与绘画》，《刘敦愿文集》，第24～36页。

④ 刘敦愿：《论（山东）龙山文化陶器的技术与艺术》，《刘敦愿文集》，第115～131页。

和红陶鬶“大约是模仿白陶鬶，可能这种白色泥土难得，所以才这样做的”。[①] 他还敏锐地注意到薄胎黑陶的缺点，即由于制作过于薄巧而易碎，违反了陶土的性能。这些看法在今天仍不失其价值。该文的讨论还结合了对山东即墨西城汇村土法烧制黑陶调查的材料，可视为实验考古学的先声，也与时下相当新颖的“技术艺术史”不谋而合。

在《大汶口文化陶器与竹编艺术》[②]一文中，技术的视角进一步得到发展。《论古代仿匏器皿及其艺术构思》[③]贯穿了史前与青铜时代，以现存器物倒推有机质器物大量使用的可能性。《试论中国青铜时代艺术中的东方史前文化因素》[④]一文，则清晰地论述了山东史前文化对中原青铜艺术的贡献。刘敦愿对于史前艺术的研究，并不局限于山东地区的材料，《论鹳鱼石斧图的艺术性及其他》[⑤]、《彩陶盆舞蹈纹样研究》[⑥]等，将眼光扩展到整个黄河流域。

其三，通过对战国画像铜器和汉代艺术的研究，探求青铜艺术的转变与影响。

刘敦愿系统收集了战国时期带有刻划、镌铸和镶嵌的绘画性图像的铜器资料，他将这类图像看作青铜艺术向汉代转变的重要一环，称之为“画像青铜器”。他先后分析了狩猎、采桑、舟战、鸟蛇相斗、庭院植树与养鹤等题材，解释了这些图像在绘画语言上的特征，并对其中许多主题提出了新的解释。在雕刻艺术方面，他独具慧眼地发现了《周礼·考工记·梓人为筍虡》篇的理论价值，并结合《庄子·达生》“梓庆削木为鐻”和考古材料，对这篇重要文献进行了详细阐释。[⑦] 他还对西汉长沙马王堆帛画和棺画[⑧]、河北

---

① 刘敦愿：《论（山东）龙山文化陶器的技术与艺术》，《刘敦愿文集》，第121页。

② 刘敦愿：《大汶口文化陶器与竹编艺术》，《刘敦愿文集》，第108～112页。

③ 刘敦愿：《论古代仿匏器皿及其艺术构思》，《刘敦愿文集》，第72～79页。

④ 刘敦愿：《试论中国青铜时代艺术中的东方史前文化因素》，《刘敦愿文集》，第259～270页。

⑤ 刘敦愿：《论鹳鱼石斧图的艺术性及其他》，《刘敦愿文集》，第95～99页。

⑥ 刘敦愿：《彩陶盆舞蹈纹样研究》，《刘敦愿文集》，第100～107页。

⑦ 参见刘敦愿：《〈考工记·梓人为筍虡〉篇今译及所见雕刻装饰理论》，《刘敦愿文集》，第80～93页。

⑧ 参见刘敦愿：《马王堆西汉帛画中的若干神话问题》《论马王堆一号汉墓黑地彩绘棺图像》，《刘敦愿文集》，第321～331、332～343页。

定县122号西汉墓出土的金错狩猎纹铜车饰[①]和多种汉代画像砖石的题材进行了讨论。这些研究，揭示了商周青铜艺术对后世的影响。

其四，在上述研究的基础上，讨论早期古典艺术的一般性问题。

从诸如《试论中国古代绘画中的透视观》[②]、《试论青铜器的动物纹饰的对称法则问题》[③]等文章，都可以看到刘敦愿从整体上重新思考中国早期美术史形式特征的尝试。在《中国早期的雕刻艺术及其特点》[④]一文中，他指出在佛教进入之前，中国和古代两河流域、早期基督教、伊斯兰教一样，存在着对偶像的禁忌，故以偶像为中心的雕刻艺术不够发达。这篇文章已经涉及中国早期艺术最为关键的一个问题，由此发展下去，可以对早期中国美术自身的特征和发展逻辑获得更为深入的认识。

由于青年时代接受过绘画的训练，刘敦愿对艺术语言有独到的理解，对图像有十分敏锐的洞察力，他长于视觉分析，往往能言他人之所未言，发他人之所未发。一个典型的例子是他对山东龙山文化黑陶器竹节状结构的讨论。有研究者认为，黑陶豆竹节状的柄部可证明山东古代确曾有竹子存在。刘敦愿审慎地提出商榷，认为"因为豆柄，还有某些其他器物（如陶杯之类），器表之作竹节形态，应是一种装饰手法，是对那种层层平行的弦纹的一种灵活处理，未必就是截取竹节直接制作器物，然后陶器又进行了模仿"[⑤]。他将陶器上轮制形成的细密弦纹与器表凸起箍节之间形式上的关联，从制作技术等内部因素加以分析，注重艺术语言自身的规律，富有说服力。《中国古代绘画艺术中的时间与运动》[⑥]等文章，时时处处有着精彩的洞见，皆是作品细读绝好的案例。

刘敦愿在对中国古代艺术的讨论中，常常以其他民族的材料为参照。例如，他论及商代青铜器一首双身的纹样，即以古代希腊瓶绘中神化的动物和近代印第安人建筑物上的木雕作比较。[⑦] 这类例子极多，既说明他对

---

① 参见刘敦愿：《西汉动物画中的杰作——定县金错狩猎纹铜车饰画像分析》，《刘敦愿文集》，第344～349页。

② 刘敦愿：《试论中国古代绘画中的透视观》，《刘敦愿文集》，第48～56页。

③ 刘敦愿：《试论青铜器的动物纹饰的对称法则问题》，《刘敦愿文集》，第246～258页。

④ 刘敦愿：《中国早期的雕刻艺术及其特点》，《刘敦愿文集》，第13～23页。

⑤ 刘敦愿：《大汶口文化陶器与竹编艺术》，《刘敦愿文集》，第109页。

⑥ 刘敦愿：《中国古代绘画艺术中的时间与运动》，《刘敦愿文集》，第57～66页

⑦ 参见刘敦愿：《青铜器装饰因素与纹样含义》，《刘敦愿文集》，第144页。

于外国美术史材料的娴熟，也说明他试图从文化比较的角度来理解中国艺术。在不同学科的交叉中，他的眼光是双向的，既重视借助其他学科的知识，运用多重证据，从多种维度发掘青铜艺术的意义，又将青铜器的造型和纹样看作史料，拓展出对于古代国族、神话、农业、畜牧业、环境等方面的讨论，探讨后世民俗、民间美术的渊源，视野极为开阔。

三

在人文科学的“图像转向”被学术界热议，公众对博物馆艺术展览的热情持续不减等背景下，美术史学科的发展正面临着重要的历史机遇。在这个时候，我们回望刘敦愿的学术研究，当然不难发现其价值之所在。但刘敦愿生前却是一位寂寞的独行者，其外部学术资源相当有限。分析总结其原因，对于相关学术史的研究也是必要的工作。

刘敦愿评论乃师丁山为学，是由小学入经学，再由经学入史学。[①] 从这种学科视角来看，刘敦愿则是从艺术实践出发，进入历史学和考古学，晚年再次将主要精力回归美术史研究。这样一种复杂的结构，不是通过科系划分清晰的专业化教学建立的，而与他个人的理想、选择、机缘密不可分。刘敦愿为人诚恳豁达，温厚谦让，不喜经营，不立门户。他在研究中不趋热点，不争风头。他有方闲章，文曰“宁为牛后”，可谓夫子自道。20 世纪 50 年代，山大历史系人才济济，在诸如古史分期、农民战争史等问题的研究上风生水起，各领风骚。刘敦愿作为“小字辈”，几乎完全远离这些讨论。尽管他早在 20 世纪 60 年代初已居于龙山文化研究的前沿，但后来当学界兴起关于文明起源等问题的热烈讨论时，他却很少发声。刘敦愿还在很大程度上保持着一位艺术家的性格与热情，他兴趣广泛，不专一宗，除了美术史、考古学和历史学的论述，他还撰写了大量长短不一的文章，讨论农业史、畜牧史、鸟兽草虫乃至神话、民俗、民间艺术等诸多方面。他长期以一种个人化的状态，游弋于多个学科的边缘和交叉点上。刘敦愿这种“不识时务”的天真，在很大程度上成为他的“短板”。

① 参见刘敦愿：《回忆丁山先生》，《刘敦愿文集》，第 876 页。

刘敦愿本人自我认定为考古学者。作为山东大学考古专业的创建者，他作出了无可替代的贡献，使得该校的考古学教学与研究始终坚定不移地建立在田野工作的基础之上。刘敦愿还曾担任中国考古学会理事、山东考古学会副理事长等职。但他绝不是一名“考古匠”，他对田野考古学意义的认识，来自他对学术史深入的思考和广博的学术视野。实际上，刘敦愿在世时，在考古学界并不占有显赫的地位，“主流”考古学界将其视作“异类”者不乏其人。他在考古界重要杂志上发表的文章，多限于调查报告，即局限于材料本身，而反映其学术观点和思想的大量论文，不得不辗转发表在各种不同性质的刊物和文集中。即使专门研究青铜器的论著，在关于学术史的陈述中，也多是一带而过，不能充分看到其研究的价值。这当然与他的性格、机遇不无关系，但更深层的原因是受制于学科之间的壁垒和学科的发展阶段。

20 世纪的中国考古学成就斐然，令世界瞩目。中央研究院历史语言研究所下属的考古组自殷墟发掘伊始，即建立了一套机构化、制度化的工作机制。这种传统一直发展为新中国成立后长期存在的各级别考古研究院所。这些行之有效学术机构和制度是中国田野考古学最主要的力量，作出了历史性的贡献，但客观上也使得其他研究传统和范式边缘化。

历史语言研究所建立之初，即秉承傅斯年“中国兰克学派”的道路，以“动手动脚找材料”为主要手段，以“实证”为唯一标准。傅斯年之所以选择这种 19 世纪末的史学主张，目的在于继“疑古”风潮之后，更新中国史学的材料基础，从文化上重新建立国民的信心。[①] 但中国考古学者很少注意到，20 世纪初兰克学派在西方即受到许多批评。人们也很少知道，傅斯年晚年已在反思自己的主张，“对获得客观性知识可能性的乐观发生了巨大变化”[②]。田野考古材料的迅速增长，一方面为中国考古学赢得了国际性的声誉，大批考古工作者信心满满，但另一方面也使得其中的许多人极少关注其他相关学科的发展变化。在阐释的层面，宏大叙事的话语体系和粗糙的科学主义倾向至今仍时有所见。

刘敦愿年轻时没有机会参与系统的田野发掘和集体性研究项目，只能

① 对于这个问题的讨论，见王汎森：《傅斯年——中国近代历史与政治中的个体生命》，王晓冰译，北京：生活·读书·新知三联书店，2017 年，第 128～139 页。

② 王汎森：《傅斯年——中国近代历史与政治中的个体生命》，第 224 页。

以个人之力，从事相关的野外调查。到山大考古专业创建时，他已不算年轻，无力从头做起。他在田野考古训练上缺少师承，技术方面始终难以称得上专家，无论是地层学、类型学，还是后来主导性的“区系类型”研究，他都缺少足够的发言权。他虽然很早就熟读蒙特留斯（Oscar Montelius）的《先史考古学方法论》，却很少在研究中遵从类型学的写作范式，而活跃的艺术因素也的确不是仅靠类型学就能捕捉到的，还必须立足于更为宽厚的学术基础，寻求更加精微、多样的表述。随着考古教学与研究的日益专业化和单一化，许多考古学同行并不习惯刘敦愿旁征博引、文思纵横的行文。

刘敦愿指出：“从欧洲近代考古学的发展与古代艺术研究的关系来看，二者互相促进，互为因果。”为说明这一点，他特别举出郭沫若对米海里司《美术考古一世纪》的翻译为例证，指出郭氏需要必备的考古学知识时，“不是译读一本考古学通论，而是这本关于古代艺术研究的专著，并且认为获益匪浅，这个问题不是很值得我们深思吗？”[①]他认为，在欧洲，对古典艺术品的搜集与研究，曾是现代考古学的先驱，而古代艺术研究在更高的基础上，是可以重新作用于考古学的。如他提到很多图像材料可以补充实物材料之不足，对于复原古代社会有着重要意义；他还呼吁考古学家加强艺术修养，“大体通晓艺术各部门的一些特点与发展规律”[②]。可惜的是，对于考古学而言，这种呼声实在太微弱了。

另一方面，美术史作为一个人文学科，在20世纪不像考古学那样有着迅猛的发展，而长期呈现出一种学科史。值得注意的是，刘敦愿在《考古学与古代艺术研究》一文中，几乎不使用“美术史”一词。尽管他的许多研究在今天来看毫无疑问属于美术史的范畴，但他的研究仍与当时主要活跃在各美术院校的“美术史”有着极不相同的面貌，而“过早地”呈现出一种历史学的特征。当时的美术史研究仍与美学、美术批评界限不明，强调与艺术创作的互动，对古代美术的研究以卷轴画为主流，少量学者涉及宗教美术，于更早的青铜时代和石器时代，则很少有人问津，因此当时美术史界的学者多将刘敦愿看作一位考古学家。

刘敦愿数十年坚守研究古代美术的理想，可以说是一位“错时”的美术史家。如果我们仅仅囿于考古学的视野，是难以全面理解他在古代美术研

---

① 刘敦愿：《考古学与古代艺术研究》，《刘敦愿文集》，第7页。

② 刘敦愿：《考古学与古代艺术研究》，《刘敦愿文集》，第11页。

究方面的贡献的。刘敦愿的工作可以看作20世纪初以来美术史学科建设总体工程的一部分，他与其他同时代学者的努力，使得中国美术史的史料基础大大扩展，也拓宽了美术史研究的时间维度和艺术类型。刘敦愿在建设中国古典美术体系上的努力，具有开创之功。

毋庸讳言，刘敦愿在学术上的局限也是明显的。例如，如何更加系统地利用考古学材料，将考古学所建立的时空框架与美术史的问题进行更有机的对接，是他已经注意到却未及充分展开的课题。又如，由于难以及时了解国外美术史研究的基本情况，他所使用的美术史研究概念和框架相对陈旧，也未及充分结合中国材料，对于外来的学术工具进行自觉的批判性研究，但是，这与其说是他个人的遗憾，倒不如说是整个学界需要认真思考的问题。

时至今日，中国学术界对于早期中国美术史的研究仍较为薄弱。汉代以下中古美术研究近年来有显著的发展，但先秦与史前美术史研究，仍投入力量不足，中国古典时代的美术整体面貌仍不够清晰，这与日益丰富的考古材料极不相称。而美术史的概念、问题、理论、方法、框架都需要结合中国的材料进一步讨论和发展。在这样的情况下，刘敦愿的学术遗产就值得我们特别加以重视。

（原载《文史哲》2021年第2期，收入本书时有改动）

俗文学、满学与敦煌学家关德栋先生

叶涛

关德栋先生(1920～2005)是我国著名的俗文学、满学和敦煌学研究专家,在长达六十余年的学术生涯中,他的学术业绩,为我国俗文学、敦煌学和满学等学科的建设作出了突出贡献。

一、生平述略

关德栋先生,满族(隶属镶黄旗籍),北京人。其父是一位清贫的中学教师,艰苦的生活、严格的家教,培养了他倔强坚毅的性格,养成了他勤奋好学的精神。

1939年,关先生以优异的成绩考入北京大学,就读于文学院中国语言文学系。大学学习期间,正是30年代中国俗文学学科创建初期,先生受郑振铎、钱杏邨(阿英)、赵景深等著名学者的影响,开始了对俗文学的研读。他善于继承前人的业绩,又勇于开拓创新,40年代之后接连发表文章,引起了学界的注意。大学毕业以后,关先生先后任北平中国佛教学院讲师、沈阳博物院档案编整处满文档案翻译组组长、上海佛学院教授、上海无锡国学专修学校副教授、上海美术专科学校讲师。中华人民共和国成立后先后担任兰州大学少数民族语文系副教授、福建师范学院中文系教授兼系主任、福州大学中文系教授兼系主任。1953年调任山东大学中文系教授,直至去世。

关先生于1983～1984年获得美国路斯基金,应美国宾夕法尼亚大学东方研究系邀请,赴美讲学。1993年又获德国国家科学委员会基金,应邀赴德国柏林国家图书馆和科隆大学东亚研究所满学系从事合作研究。

关先生在大学任教的数十年间，先后讲授"中国文学史""中国民族史""蒙藏佛教史""佛典文学""民俗学""人民口头创作""民间文学概论""明清俗曲概论""敦煌文献研究""梵文"等课程。从1955年起培养研究生，1981年后又指导美国、法国、日本、意大利、韩国、巴基斯坦等国的硕士和博士进修生，进行"敦煌学""宝卷""聊斋说唱""明代时调歌曲""满族谚语""讲唱文学"和"中巴关系史"等课题的研究及论文撰写。

由于关先生德高望重，他还被聘任为山东省文史研究馆馆员，兼任中国民间文艺家协会理事、中国民间文艺家协会山东分会名誉主席、中国敦煌吐鲁番学会理事、中国俗文学学会副会长、东方民族民间文化学会理事长、山东省文联委员、清蒙古车王府藏曲本编辑委员会顾问等职。《中国戏曲曲艺辞典》《中国目录学辞典》《中国大百科全书·戏曲曲艺卷》《满族现代文学艺术家传略》《中国民间文艺辞典》《民间文学大辞典》等，都设专目介绍他的生平和学术成就。

二、俗文学研究

关德栋先生的学术成就涉及多个方面，但其核心则是俗文学和民间文学研究，学术成果也多集中在这一领域。

作为一门学科，中国俗文学研究，始自"五四"前夕北京大学《歌谣》周刊的活动，而其体系的建立，则应从1938年郑振铎先生在商务印书馆出版了上下两册的《中国俗文学史》算起。关先生作为郑振铎的学生与朋友，一踏进学术的领域，便与俗文学、民间文学结下了不解之缘。

在俗文学领域，曲艺这种艺术形式历来占有重要地位，关先生的俗文学研究工作也在曲艺方面用力最多，发掘也最深。1958年初版、1960年重版、1983年新一版的《曲艺论集》，是先生曲艺研究的代表作。

《曲艺论集》收录关先生不同时期的论文22篇，大体可以分为两类：一类属于曲艺文学资料的搜集和校订的文章，其中有的提供了珍贵的曲艺文学资料，有的是对一些曲艺文学作品作了叙录、评价和整理，有的则属于书志学范围，介绍了某类曲艺文学的版本目录；另一类文章则是对曲艺文学中的诸多理论问题进行探讨，其中有的考证曲艺文学作品用字命名的来源,有的探讨了曲艺文学中某种样式的源流和发展,有的阐述了曲艺文学中某种样式的体例。《曲艺论集》因其学术价值的重要,已作为专门条目载入《中国戏曲曲艺辞典》《中国大百科全书·戏曲曲艺卷》《民间文学词典》等。

关先生俗文学研究的另一大批成果,则表现在资料的搜集和古籍文献资料的编纂方面。

早在1950年,先生就编辑出版了《新疆民歌民谭集》。1959～1962年与赵景深教授共同筹划编校出版了《明清民歌时调丛书》,关先生出版了校序《挂枝儿》《山歌》《贾凫西木皮词校注》等。特别引人注目的是,整理校订明代作家冯梦龙辑集的《挂枝儿》与《山歌》所作的两篇序言都很长,合起来几乎可以成为一本书。在两篇序言中,先生对这两种民歌形式的起源、流传、历代辑集的情况、冯本的特点、内容分类、作品的艺术特色等作了精到细致的分析,又特别对冯梦龙为民间文学、俗文学的贡献作出了大胆的评价,肯定了冯梦龙在搜集和编辑这类民歌上的严肃认真的科学态度。关先生指出:"冯梦龙是在明代热爱民间文学、通俗文学的人士中,工作较早、贡献最大的一位作家。他几乎是用尽了毕生的精力从事着民间文学、通俗文学的搜集、整理、研究和编写的工作……他这种以最大热忱不倦工作的精神,是同时代文人、作家难于与之相比的。"①"冯梦龙在《童痴一弄·挂枝儿》'刊布成帙,举世传颂'后,虽为当时人们攻讦,但是他并没有怯生生地对着这一大宗民间文学遗产望之却步,反而是以更大的勇气、热忱继续搜集着《山歌》,辑集成《童痴二弄·山歌》。这种精神、魄力,在明代较进步的诗人、作家当中却是仅见的。"②"冯梦龙曾根据搜集、整理、研究民间文学、通俗文学的感受,归结当代民间歌曲的优点在于:抒写的'是真境',所以它们'自有真趣',是'天地间自然之文'。因此在《叙山歌》里,首先认为'山歌'是'民间性情之响','但有假诗文,无假山歌'。又从创作态度和动机方面分析说:'以山歌不与诗文争名,故不屑假。'这正是针对当时文人诗歌创作当中的缺点来论证,是具有现实意义和进步作用的……他认识到民间情歌的反封建礼教的意义和作用,明白宣布要用'挂枝儿'、'山歌'来表现真挚的爱情,与虚伪的封建礼教抗争。这种战斗精神的表现,在明代较进步

---

① 《挂枝儿》"序",北京:中华书局,1962年。

② 《山歌》"序",北京:中华书局,1962年。

的诗人、作家当中确乎是无人能与之相比的。可见《叙山歌》在研究冯梦龙思想以及中国古典文学理论批评上，是篇具有一定重要意义的文献资料。”[①]

关先生对蒲松龄的研究则采取了一个特殊的角度，开辟了一方使人耳目一新的天地。

《聊斋志异》是思想性和艺术性很高的作品，但因为这部书是用文言写成，文化水平一般的读者不易领略。俗文学中的“志目”是《聊斋志异》的一种普及形式。它以通俗文艺特有的艺术手段，为文化水平较低的人扫除了语言文字上的障碍，满足了广大民众欣赏《聊斋志异》故事的渴望，成为群众文化生活的重要内容，也成为我国文艺发展史上的一份珍贵遗产。特别值得引人深思的是，将《聊斋志异》改编为通俗文艺形式“志目”的第一个人正是蒲松龄自己。他在《聊斋志异》书稿已经流传并得到了同时代名位极重的诗人王士禛(渔洋)的赏识与推重的时候，忽然下决心要把自己的作品翻改成为当时文人所不齿的“俚曲”，他这样做的目的正如他儿子蒲箬撰写的《故显考进士候选儒学训导柳泉公行述》所指出的：“总以为学士大夫之针砭，而犹恨不如晨钟暮鼓，可参破村庸之迷，而大醒市媪之梦。”他知道把《聊斋志异》的故事改写成通俗俚曲，可以产生更深入人心的艺术力量，“使街衢里巷之中，见者歌，而闻者亦泣”。由蒲松龄开始的俗文学“志目”，以其动人的艺术活力在民间流传百余年，但是，不幸和其他民间文艺作品一样，一向被士大夫们判为“卑不足道”“不登大雅之堂”，一般只在下层社会中流传，或在艺人的记忆里保存，较少有刊本传世；即使偶有记录传抄，往往也不为学者们所注意。当这些作品越来越受到重视的时候，它们的抄本已经成了难得的珍品。

关先生为了满足人们艺术欣赏和探讨《聊斋志异》艺术影响的学术研究需要，以他独具的眼光，广为搜集资料，先后编成出版了《聊斋俚曲选》(1980)、《聊斋志异戏曲集》(1983)、《聊斋志异说唱集》(1983)、《聊斋志异话本集》(1991)。书之卷首，都载有反映研究成果的长篇前言。例如，《聊斋志异说唱集》的前言，在研究了170多个传统说唱“志目”的基础上，对“志目”在各个历史阶段不同形式的俚曲、子弟书、单弦牌子曲、鼓词、宝卷、

① 《山歌》“序”，北京：中华书局，1962年。

弹词和评书一一进行分析，对这些说唱形式的起源、与《聊斋志异》的关系、著名说书艺人的事迹、“志目”唱本的内容与流传、艺术特色、各种艺术形式的相互作用、前人所编“志目”选本等均作了详尽的介绍与评价。其对于为广大群众喜闻乐见而为当时文人所不齿的俗文学“志目”的倾心与用力，明明白白地渗透在文章的字字句句当中。

从蒲松龄自编《聊斋俚曲》，到百余年间聊斋故事说唱的“志目”在民间山花野草般地流行与传播，再到关先生对聊斋的各种说唱形式的苦心搜求、保存资料、精心进行研究的经历，这反映了中国文学史上历来就存在着的两种天地、两种志趣。也许只有对此作出充分的比较研究之后，才能充分地估计关先生从特殊角度对蒲松龄、对《聊斋志异》、对聊斋故事的各种艺术表现形式所作的研究的重要意义。

三、满学与敦煌学研究

关德栋教授博学多闻、涉猎广泛，并能用满语和多种外文资料进行跨学科的研究。

关先生作为满族人，自幼受到满族传统文化的熏陶，精通本民族语文，在满族文化研究、满汉文化交流研究上取得了一系列引人注目的成果。先生早年搜集校订的满汉语混合子弟书《螃蟹段儿》《升官图》以及满文俚曲《黄昏卸得残妆罢》等，就是了解和研讨满汉文化相互交融的宝贵资料。1946～1947 年，先生在沈阳博物院从事的《满文老档》的翻译工作，则是我国有计划地直接从满语原文翻译这部重要史料的开始；与此同时，先生还进行了“满文档成语”的辑录工作。

鉴于满语文献在探讨近世中华民族历史文化研究上的重要意义，关先生注意对满语文献的搜集、整理与研究。如对 1723 年刊刻的图理琛出使土尔扈特途经俄罗斯归来上书康熙的黄册所撰写的《异域录》满文本进行了深入研究、校注，并写出了研究论文《略论图理深〈异域录〉满文本对汉文本的订补及其他》，这是首次依据原始资料的满语文献研究 18 世纪初中俄关系史的论述，也是对《异域录》满文本的第一次介绍。1979～1980 年，关先生参加《满汉辞典》的编纂时，曾前往新疆察布查尔锡伯自治县进行满语文与锡伯语关系的调查。1984年出版的与他人合作编成的《子弟书丛钞》，在对满族文学在我国文学艺术发展的继承研究上作出了贡献。即使在“文化大革命”的艰难岁月中，他也没有停止对“满学”的研究，他克服重重困难，以惊人的毅力，整理编成了一部《满文成语词典稿》。

关先生以对跨民族关系的满汉文化交融问题的研究为基点，得出了这样的结论：源远流长的中华民族的灿烂文化是中华各民族共同创造的，不论在社会科学领域作任何方面的研究，都不能忽视这一基点。正因为信守着这样的观点，他在学术研究中时时着意于各民族文化交流的探讨。先生在西北工作时，注意搜集民间文学作品，出版了《新疆民歌民谭集》(1950)，对西藏典籍文献作过介绍，对流行于南亚的《大会经》作过翻译。

关先生还是20世纪40年代国内研究敦煌文献的著名学者之一，也是我国为数不多的研究梵、巴文典籍的学者。

关先生广泛运用语文资料，整理、研究敦煌文献，提出个人见解，成一家之言。1942年于《佛学月刊》发表谈敦煌民间文学的文章之后，他又陆续发表了《谈变文》《读〈唐代俗讲考〉的商榷》《略说“变”字的来源》《“丑女缘起”故事的根据》《变文目》等一系列论文。早在1947年3月，向达先生在《补说唐代俗讲二三事——兼答周一良、关德栋两先生》一文中就曾有“二十年来注意敦煌俗讲文学者，寥寥可数。今日得读周、关两先生的文章，不胜空谷足音之感。个人除去欢喜赞叹而外，并向孙、周、关诸先生表示敬意”的感喟。1982年，周绍良、白化文编选《敦煌变文论文集》，收录了20世纪80年代以前、国内自王国维以下研究敦煌俗文学的论文50余篇，仅关先生的论文就收录了5篇之多，足见其在敦煌俗文学研究开拓过程中的功绩。

四、治学方法

读万卷书，行万里路，自古以来就是有成就的文人所追求的一种经历。对于重视俗文化及其文学作品的搜集者与研究整理者来说，又几乎是一种必备的条件、必经的历程。

关德栋教授生长在学术气氛浓重、见世面机会很多的古都北京，那里有藏书丰富的图书馆以及私家藏书可供研读，读书期间更得到了许多著名学者的指导与帮助。工作以后，他足迹遍于大江南北、祖国东西，视野更为开阔，读书所涉猎的面日益宽广，向著名学者问学的机缘又多，于是完全投身于无边无际的学问的海洋。

关先生研究满族文学，熟悉本族语文，在沈阳博物院从事翻译《满文老档》工作时，注意到其间引及“萨迦格言”“太公家教”的情况。正因有这样的经历和这样的知识，他才能对满、汉语混合写成的民间文学作品作圆满的介绍和详尽的注释。他为满汉语混合的子弟书《螃蟹段儿》作的注释有234条之多，《升官图》注释也有几十条。正是他这样多才而苦心的工作，才使得清代中叶出现的这类所谓“满汉兼”的妙文为中外学人所知见、引录、论述。这在日本著名学者太田辰夫教授、波多野太郎教授等人的著作中均曾论及。

关先生读郑振铎的《中国俗文学史》，注意到郑先生在第十二章“弹词”里讲过的福州“评话”是弹词的论断，记住了郑先生提到的最负盛名的福州长篇评话《榴花梦》。当他有机会到福州工作的时候，耳闻目睹“福州流行的‘评话’，正与一般所说的弹词相同，不仅是在故事取材上相类，而且它的体式也与某些弹词作品一样，多是全部以七言韵语组成，没有说白与唱词之分”。他就地访求，终于见到了相当数量的福建评话抄本和当年郑振铎先生“惜未得一读”、阿英先生所见不全的《榴花梦》抄本，就此写成了《李桂玉的〈榴花梦〉》。

关先生在《谈“落花”》一文中，将《续高僧传》中提到的“落花”与流行于苏北一带和南京等地方民间佛教的经忏活动中唱的“散花”作比较，不仅引经据典，还直接引用僧侣的话：“经会不会尚在其次，如多会这种东西（‘散花’）才是好的大师傅。”由此得出结论：“从‘散花’到‘落花’，逐渐形成为僧侣们谋生的一种技艺。”“内容并与佛教没什么关系，实是袭用曲艺。”常见人们或者鄙薄“故纸堆”，或者视典籍之外无学问，唯于关先生的治学方法中，可见这种熔“故纸堆”与俗文化生活于一炉的大手段，庶几可以得到历史的真实。

新中国成立以后，关先生从事人民口头创作、民间文学教学。1954年和1955年，作为当时课程的“生产实习”，他两度带领学生深入沂蒙山区进行田野调查，两次实习印有《人民口头创作实习资料汇编》“沂水卷”“淄博”

“洪山卷”三册。这是新中国首次有计划地搜集整理民间文学作品的田野作业活动的组成部分。关先生对于能够参加这样的活动感到荣幸，并且认为，一个从事民间文学、通俗文学研究的学者，只有在田野作业与室内研究两方面都下大力气，才能够真正有作为，获得有意义的成果。

1983年，关先生应邀去美国讲学，他自己把此行变成了一个“读书”和“行路”的过程。行前他订的研究计划有：了解美国在东方学、汉学方面的研究历史和现状；搜集散佚在美国的满学资料和中国俗文学资料。讲学是成功的，他的计划也完成了。他在美国搜集到的满学研究资料有《聊斋志异》满文译者札克丹的未刊稿、《水浒传》满文译本残卷、《桃花扇》中的《哀江南》、关系到《再生缘》作者研究而著名的《云贞寄外书》满文本等，以及散佚的明清戏曲俗曲资料。与此同时，他还留意了国外汉学家的研究成果。当回顾这段经历时，关先生对治学与教学的方法曾作了这样一个小结：“搞学术研究应该有一个开阔的视野。过去我们往往习惯于从单一的角度考虑问题，比如搞俗文学的，就只搞自己的这一摊，不去想一想国外对我们俗文学的研究状况如何，俗文学与其他学科之间有什么联系，思路比较狭窄。在美国考察期间，我发现美国人很重视东、西方文化的比较研究，在研究方法和教学方法上也有很多值得我们借鉴的地方。美国学者认为研究俗文学要有多学科的知识，俗文学还应该与语言、音乐等学科结合起来研究，既考虑纵向联系，也考虑横向联系。这就关系到学者的知识结构问题。在教学上他们着重学生智能的培养，学生的知识结构是跨越多种学科的。我们现在的教育在这方面做得很不够。”他进而提出：“俗文学研究不能停留在概念之争上，应该和整个民族文化联系起来，脱离了民族传统文化就无法全面理解俗文学。在研究方法上也应有所突破，学会从多角度、多层次考虑问题。”

关先生的文风也常使人耳清目明。如20世纪40年代他作《变文目》，“每目除注明庋藏处、公刊处外，如学者于该目撰有论著，亦为注明”，仔细辑出四十六目，给当时研究者以极大的方便。他作《宝卷漫录》，注意到《螳螂做亲宝卷》中有曲艺作品中为数不多的以“动物、昆虫为角色敷衍故事”的特色；注意到《菱花镜宝卷》不同于一般宝卷，多宣传市民落后思想，而能“部分地反映了当时社会的黑暗”；注意到《梨花宝卷》中前后两用的“曲词嵌药名的写法”；注意到《双金花宝卷》“介绍了一段清末的莲花落曲词”。

虽只慢慢来，却不时点明文中的“眼睛”。所作《关于“十二时”》，连引文在内，不过千字出头，《关于“三仗鼓”》更短，全文不足 300 字，但都是真正的短小精干、实有见地的文章。他辑集的几本资料性较强的书，序言写得很长，洋洋洒洒，千言万语，虽长而绝不空泛，像枝叶繁盛的大树，高大而充满生机。有话则长，无话则短，只为研究问题，不端学者的架子，也不摆学术论文的架子，这种实事求是的文风，很值得提倡和效法。

（原载《文史哲》2011 年第 5 期，收入本书时有改动）

葛懋春先生的学术向路与领域

李红岩

葛懋春（1926～1996）先生是我国当代知名的马克思主义史学家。他一生坚定信仰唯物史观，虔诚学习马列主义，爱党爱国，赓续中国马克思主义史学的知识形态与意识形态，配合社会主义建设时期中国共产党的历史任务，在史学理论、中国思想史、马克思主义经典著作解读、历史科研组织、历史教学等方面作出了重要贡献。他理论修养深厚，思维细密，下笔严谨，作品大气；为人率真，尊师重教，不苟言笑，气质高贵，深受史学界尊重，是新中国成立后中国马克思主义史学的代表性人物之一。

一、学术向路

葛懋春，又名方晓虹，曾与庞朴共同使用笔名鲁春龙。生于1926年2月，安徽省肥西县刘河乡葛大郢人，知识分子家庭出身。1946年8月毕业于舒城晓天安徽第七临时中学。同年9月，由于仰慕青岛风光，放弃家乡的安徽大学，考入山东大学外文系。开学后不久，即参加“反饥饿，反内战，反迫害”学生运动，与进步同学组织历史研究会，研读马列著作，师从中国哲学史家赵纪彬。1948年夏，受国民党迫害，流亡南京、上海、台湾。1949年春节后，由台湾返上海转青岛，到山东大学历史系三年级继续学习。[①] 1950年冬，参加山东昌潍专区土改工作组。1951年，由山东大学历史系毕业，留校任教，担任山东大学《文史哲》杂志编委会常务编委兼秘书，达六年之久。同时，讲授“哲学”“马列主义名著选”“联共（布）党史”“中国

① 参见铁前：《葛懋春教授和史学理论研究》，《文史哲》1987年第3期。

思想史”“史学概论”等课程。其间，师从华岗、杨向奎、赵纪彬，发表毕业论文《从昌潍土改工作中看封建剥削》。文章运用农村经济理论，分析作者在土改调查中搜集的山东农村资料，论证土地改革的必然性。其后，将研究重点放在经济基础与上层建筑关系的探讨上，在《历史教学》《文史哲》《大公报》上推出了几篇颇为醒目的文章，同时与赵俪生、赵宗复进行了学术讨论。1953 年，应华东人民出版社之约，在先前论文的基础上，编写了《基础和上层建筑》(1954 年 9 月出版)一书。该书三年之内 7 次印刷，印数超 10 万册，代表了当时的主流思想和最高理论水平。

新中国成立后的十年，是青年葛懋春激情澎湃、展露才华、奋发有为的时期。当时，山东大学名师云集，气氛激昂，思想活跃。他置身于浓烈的马列主义学风中，全身心投入马列主义的教学与宣传，力求用马列主义思想改造旧中国的学风与文风，塑造全新的学术样态。他协助著名马克思主义思想家华岗，以《文史哲》为阵地，在自觉顺应并推进新政权总体政治格局的思想指导下，大力促进学术繁荣。他在总结华岗的学术贡献时曾说，华岗这一时期论著的根本特点“就是结合中国革命实际和历史实际阐明马克思列宁主义、毛泽东思想”①。华岗的这一特点，也正是青年葛懋春的特点。华岗、赵纪彬是葛懋春先生终生尊仰的学术导师。②

在回忆 20 世纪 50 年代初的工作情形时，葛先生说：“华岗同志是山大兼任教授，是我们马克思主义理论的启蒙教师，我因为听他讲授中国近现代史、中共党史、鲁迅研究等课，经常向他提问，同他比较熟悉。毕业后，我留校当助教，兼任《文史哲》杂志常务编委和秘书，彼此接触机会更多。”“我那几年习作的稿子，没有一篇不是经过他审阅修改的。我的毕业论文《从昌潍土改工作中看封建剥削》是我的处女作，记得就是由赵俪生教授推荐，经过华岗同志审定，在《文史哲》第 1 卷第 3 期上刊登出来的。”如果说华岗在新中国成立后有学术传人，葛懋春先生当名列前茅；如果说中国马克思主义史学队伍有华岗一系，葛懋春先生应是重要成员。

华岗是《文史哲》杂志社社长。每次召开常务编委会前，葛先生都会向华岗汇报对稿件的初审意见。耳提面命间，他的理论水平迅速提升。《文

---

① 葛懋春：《回忆早期〈文史哲〉杂志社社长华岗同志》，《文史哲》1981 年第 4 期。

② 葛先生性情孤傲，自视甚高，但对老一辈马克思主义史家执礼甚恭。1988 年，吴泽先生来山东大学讲学，我有幸亲睹了葛先生难得一见的谦恭。

史哲》的编委大多数是山东大学文科各系教授，皆为饱学之士。葛先生与之共事，可谓出道之初，即置身于第一流学林。这段时间的工作经历，让他有机会密切地与著名教授童书业、陆侃如、冯沅君、杨向奎、赵俪生、吴富恒、萧涤非、黄云眉、丁山、高亨、王仲荦、高兰、殷焕光等人交往，学识大进。

20世纪50年代初期，《文史哲》是衡量我国学术状况的重要窗口。杂志所刊登的有关亚细亚生产方式、中国奴隶社会和封建社会分期问题的重要文章，主要是由华岗积极策划、推动和领导，但也凝聚了葛先生的心血。《文史哲》还是新中国成立后最早批判胡适学术思想的学术期刊。据葛先生说，1952～1954年，《文史哲》涉及批判胡适实用主义的文章有6篇之多，1954年第5期还特别发表了童书业《批判胡适"实验主义"学术思想》的文章。批胡适、树马列，是华岗一以贯之的学术宗仰。所以，葛先生后来指出，从《文史哲》很早就批判胡适可以看出，该刊1954年发表李希凡、蓝翎轰动全国的批评《红楼梦》研究的文章，绝非偶然，而是华岗办刊思想的必然。它既不是"作者奉命写作"，也不是"编者奉命刊登"，而是"新中国成立初期山东大学的师生，联系学术界实际，批判唯心史观，学习马克思主义的必然产物"。

发表李希凡、蓝翎的文章，是葛先生平生的"精彩"一笔。由于毛泽东的关注和介入，这一事件成为共和国历史上的重大政治事件之一。但是，葛先生很少对人提起这件事情，从未利用它来捞取政治资本。他说："《文史哲》常务编委会发表这篇文章根本没有接到任何上级的指示，当时也不可能预见到它后来在思想界产生多大的影响。文章发表后，连《人民日报》编辑部都不知道作者的通信地址，《文史哲》编辑在接到该报长途电话询问作者通讯处时，还不知什么原因。这说明《文史哲》发表这篇文章没有经过什么精巧安排。但是应该承认它和华岗同志领导下的《文史哲》，比较重视批判胡适实用主义哲学，比较重视刊登不知名的年轻人的文章是有关系的。"[①]这段话是实事求是的。

李希凡后来也回忆说："学兄、老友、《文史哲》当时的责任编辑葛懋春先生在通信中，劝我仍可业余写作，鼓励我继续给《文史哲》写稿。寒假期间，我就整理了关于《水浒》问题的几篇文章，并把其中与历史学家张政烺

① 葛懋春：《回忆早期〈文史哲〉杂志社社长华岗同志》，《文史哲》1981年第4期。

先生讨论如何评价《水浒》的一篇寄给了懋春。""可以看出,不拘于权威之见,鼓励争鸣,在华岗校长和我的老师们的学术思想和办刊思想里,是非常自然的事。""随后,我与蓝翎合作,写了一篇批评俞平伯先生《红楼梦》研究思想的文章,也曾想向北京文艺刊物投稿,探询了一下,没有回音,我只得又把它寄给懋春,恳求母校的支持。这就是那篇《关于〈红楼梦简论〉及其他》,发表于《文史哲》1954 年第 9 期。……据我的老师杨向奎先生后来讲,发表这些文章,是经过《文史哲》编委会讨论通过的。"①他还说:"我现在已记不清当时编辑部还有谁,只记得始终和我有联系的是葛懋春同志。我到北京后,一直还和葛懋春同志通信,很可惜,他给我的信,都在'文化革命'中散失了。我在 1953、1954 年和他通信中,曾诉说过自己失掉专业的苦闷和彷徨,也从他那里得到过不少帮助和支持。他鼓励我课余写作,不要放下笔;还主动来信问起在写什么,在考虑什么问题,有文章可寄给《文史哲》。正是在他的热情鼓励下,我修改了在校时写的旧作《略谈〈水浒〉评价问题》(载《文史哲》1954 年第 4 期);也正是在他的热情鼓励下,我和蓝翎同志商量,将当时找不到园地发表的我们合写的那篇《关于〈红楼梦简论〉及其他》(载《文史哲》1954 年第 9 期),寄给他寻求《文史哲》的支持。葛懋春同志还经常把编委会或师长、读者的意见转达给我们。"②

1957 年夏,葛先生下放青岛郊区农村劳动。一年半后,被派往枣庄煤矿,主持编写《枣庄煤矿史》(山东人民出版社,1959 年)。1959 年秋,赴北京大学哲学系中国哲学史教研室进修,随冯友兰先生学习中国哲学史,"大约每周在冯先生家开会,边讨论,边请教"。1960 年秋后返回山东大学,致力于研究中国思想史、史学理论,单独或与庞朴联合发表论文,积极参加文化遗产问题讨论,对胡适、张东荪、梁启超以及无政府主义思想进行评析,产生了较大的学术影响。"文化大革命"中,被定为山东"小三家村"、山大历史系思想史讨论班"黑店"的主要成员,在恶劣环境中编辑《曲阜孔府档案史料选编》(齐鲁书社,1979 年)。此外,还参与编写了《商君书选注》《商君书新注》《商君书评注》等论著。

"文化大革命"后,葛先生迎来学术研究的第二个高峰。他接受教育部委托,主编出版了新中国成立后第一部史学理论专业大学教材《历史科学

① 李希凡:《华岗校长与"百家争鸣"》,《文史哲》2003 年第 3 期。
② 李希凡:《〈文史哲〉培养了我》,《文史哲》1981 年第 4 期。

概论》(山东教育出版社,1983 年),另与项观奇主编《历史科学概论参考资料》(山东教育出版社,1985 年),主编《中国现代史论选》(广西师范大学出版社,1990 年),与姜义华主编《当代外国史学理论丛书》主编《梁启超哲学思想论文选》(北京大学出版社,1984 年)、《胡适哲学思想资料选》(华东师范大学出版社,1981 年),与蒋俊、李兴芝合编《无政府主义思想资料选》(上、下卷,北京大学出版社,1984 年)等。还先后担任了山东大学学术委员会委员,历史系主任、系务委员会主任,华东中国哲学史学会副会长、山东省历史学会副会长、山东省哲学学会副会长等职务。全身心投入史学理论研究与学科建设,是葛先生这一时期治学的基本特征。他的基本史学思想,反映在后来结集出版的《史论集》(山东大学出版社,1991 年)一书中。

葛先生父母弟妹均侨居美国,生活富裕。[①] 改革开放后,三个子女亦赴美学习,事业有成。先生与老伴郑莹先生独守"空巢",许多人劝他们赴美定居。后赴美探亲,许多人料想他不会回来了。谁想,1990 年夏,已经严重患病、讲话困难的葛先生,竟然插着导尿管飞回国内。当时我在北京迎接,先生竟老泪纵横,猛然喊道:"我想家!"1996 年 7 月 19 日在济南去世,享年 70 岁。[②]

二、史学理论研究

早在 20 世纪 60 年代,葛先生就与庞朴先生编纂《历史科学概论大纲》。粉碎"四人帮"后,他是最早倡导史学理论研究并付诸实践、最早推出相关成果的历史学家。他在国内最早招收史学理论专业研究生,最早组织学界力量出版《历史科学概论》教材。他很早就敏锐地看到,史学理论与历史唯物主义既有联系,又有区别,不能完全用历史唯物主义代替史学理论。20 世纪80 年代中前期,他是我国史学理论界有代表性的知名学者。

葛先生之所以重视史学理论研究,与他敏锐地看到了时代变迁对历史发展的基础性作用密切相关。他观察到,1978 年以来,历史发展动力、社会

---

① 某次,陈鼓应先生在山大历史系演讲,曾当众说自己曾得到葛先生胞弟资助。

② 关于葛先生之爱国情怀故事颇多,可参见孟嘉(吕家乡):《悼念葛懋春》,《一朵喇叭花》,北京:中国戏剧出版社,2000 年。

发展规律性、人类历史发展的统一性和多样性、亚细亚生产方式等历史理论问题以及史论关系、历史和现实政治、批判和继承关系等史学理论问题，亟待通过史学理论建设来推动和规范。他还注意到，随着国外史学方法、流派、理论研究的进展，史学理论的视野已经大大拓展，再不可能在“封闭状态”下进行理论思考。因此，他大声呼吁，要加强大学的史学理论教学和研究，尽快扭转史学理论的边缘学科地位。

什么是史学理论？葛先生认为：

> 它应是在唯物史观指导下，对各国史学理论的实践、史学研究的方法进行科学的总结和概括，特别应是对马克思主义史学实践的理论总结和概括。它同历史唯物主义既有联系，也有区别。历史唯物主义是历史科学理论的基础。因此，史学理论的发展和加强，首先必须开展马克思主义史学史、史学理论发展史的研究，特别要开展对马克思、恩格斯等经典作家的史学原著的研究，以便从中学习马克思、恩格斯是怎样运用唯物史观来研究、分析历史的；同时，还要研究近百年来各国马克思主义史学家是怎样运用马克思主义立场、观点、方法来研究人类社会历史的。对于五四运动以后我国老一辈马克思主义史学家，他们开创马克思主义史学的经验，也应加以总结。其次，发展马克思主义史学理论，还必须加强研究中外史学史、深入研究地主、资产阶级史学，总结中外史学遗产中的积极成果，汲取其中合理成分。
>
> 要发展马克思主义史学理论，需要结合三十多年来，史学界在实际教学和研究中已经提出的重大史学理论问题、方法论问题进行深入讨论，认真贯彻双百方针，开展实事求是的同志式的探讨。[①]

上述思想，表达了经历过“文化大革命”的老一辈史学家的基本共识。据葛先生的助手项观奇回忆，20 世纪 80 年代初，葛先生专程到北京拜访尹达、刘大年等人，听取他们对史学理论研究的意见，大家的认识基本一致。应该说，这一基本思想，既反映了葛先生等人既有的知识结构、学术宗仰，也反映了历史变迁对其固有思想观念所带来的变化。一方面，他们依旧坚定地信仰马列主义；另一方面，也力求适应形势的发展，有所拓展和前进。

---

① 葛懋春：《关于加强史学理论研究的建议》，《文史哲》1983 年第 4 期。

因此，在原有的宗旨下加入开放的特质，成为葛先生等人在改革开放新时期的基本学术取向。

上述宗旨和思想集中体现在1983年首版的《历史科学概论》中。这本书是1978年受教育部委托，由山东大学、云南大学合作编写的。葛先生任主编，谢本书任副主编。初稿写成后于1980年12月召开讨论会，同时印出试用本，在部分高等院校试用。[①] 全书的特点：一是宗旨明确，体现为对唯物史观的坚守，以及对唯物史观框架内若干历史理论问题的阐述；二是理论性强，至今依然不失其思想的深刻与绵密；三是重视对中外史学理论史的总结，表现出很大的开放性。

在一些人心目中，葛先生思想偏"左"。是否如此，见仁见智。但可以肯定的是，他对马列主义的信仰纯粹真诚，勤奋攻读，是将其作为真学问来做的，思想并不保守。在1983年4月举行的中国史学会首次学术年会、中国史学界第三次代表大会上，他所作的呼吁，就是"编辑史学理论研究丛书和史学理论译丛"。"尤其要加强对国外马克思主义史学理论的研究，以及资产阶级史学方法论的系统介绍，以便进一步评论其得失，汲取其中合理成分。"他的呼吁得到了周谷城、白寿彝等著名学者的支持。其后，他与姜义华会同茅家琦等人，领导项观奇编译出版了《历史比较研究法》《历史计量研究法》，可谓开研究外国史学理论研究风气之先。同时，他非常重视中国近现代史学理论史资料搜集、整理和研究工作，领导出版了《历史科学概论参考资料》《中国现代史论选》[②]等资料集。他说，人口增长和地理环境在历史发展中的作用、历史教学中如何贯彻爱国主义等问题，都应该参考中外史学思想来加以研究。

自20世纪80年代起，山东大学历史系即成为学界瞩目的史学理论研究重要基地，与北京师范大学、华东师范大学上演了一出令人称道的"三国"大戏。山东大学的史学理论研究之所以受学界重视，饮水思源，应归功于葛先生。那时学界流传的史学概论教材，除葛先生主编的一种外，后来又有白寿彝先生主编的《史学概论》，田昌五、居建文的《历史学概论》，吴泽主编的《史学概论》。这些教材各有偏重，风格不同。为此，葛先生积极推

① 《历史研究》1982年第4期、《红旗》1984年第13期、《中国史研究动态》1984年第7期均曾对该书予以介绍。

② 该书用力甚勤，可惜只出版了上册，其他两册竟因经费原因而夭折。

动对史学理论学科对象、任务和体系的讨论。他最重要的一个思想，是把史学概论的对象限定为马克思主义史学。“不是其他时代、其他阶级的史学”，“是马克思主义史学的概论”。“它既有别于解放前出版的那类仅侧重讲史料考证和历史编纂的史学概论，又不是中国封建史学概论、中国近代史学概论或其他具体的某一时代的中外史学的概论”，“是历史科学学”。因为有这样的界定，葛先生主编的教材以思想性见胜，而不以历史文献学与编纂方法的阐述为特质。书中对历史科学认识特点、研究方法、怎样对客观历史进行马克思主义的科学研究等的阐述，达到了当时史学理论研究的最高水平。事实证明，注重思想训练，对于培养学术独立分析研究历史的能力，可谓至要。缺乏这种训练，学生就更容易成为“历史匠”，而非“史学家”。

葛先生说：“比起其他学科，我们对于历史认识论、历史方法论的研究显得太差了，也许是因为，一方面可能有满足于某些简单化思维方法的倾向，认为熟记某些公式就足够应付一切，把某些理论看成是一成不变、不必联系实际加以发展的绝对完善的方法；另一方面也可能有轻视认识论、方法论的经验主义的倾向，认为史料就是一切，把理论探讨一律看作是虚的、空的、没有学术价值的东西，不如探讨具体的历史问题，哪怕微小而又微小，但却是实的、真的、学术价值高的东西，因而有不少人面对史学理论、史学方法论这一难题望而却步。”①在形式主义、碎片化盛行的今天，回顾葛先生的告诫，不能不佩服其先觉。

粉碎“四人帮”后，在深入揭批江青集团的背景下，史学界对阶级斗争理论、阶级分析方法进行了新的审视，总的趋势是不赞成过分夸大历史上的阶级斗争现象，反对将阶级分析方法夸大为历史研究的唯一方法。葛先生较早地介入了讨论。他显然不赞成废弃阶级分析方法，而主张坚守。但是，他认为在历史发展动力论上，应该将“生产方式的改变”与“阶级斗争”统一起来，因为“把生产的发展同阶级关系变化的本质联系加以论证”，原本是马克思主义经典作家的方法论本质特征。他说：“根据生产力的不同水平，生产发展的一定历史阶段来考察阶级的产生、阶级结构的变化和阶级的最后消灭，是马克思主义阶级斗争理论和资产阶级的阶级学说的一个

① 葛懋春、项观奇：《浅谈历史科学概论的对象和体系》，《文史哲》1985年第2期。

根本区别。""在史学领域中坚持马克思主义的阶级分析，首先必须重视研究历史上阶级和阶级斗争赖以存在的经济关系，揭露隐藏在政治思想斗争背后的，而最终起着决定作用的阶级的物质利益，把经济史研究摆在重要地位。"他认为，新中国成立初期，广大史学工作者原本"比较重视运用生产方式决定社会历史发展的理论来探讨社会经济史中的有关问题"。但1958年以后，"由于理论界片面夸大政治等上层建筑对社会发展的作用，于是史学论坛上出现了离开阶级斗争据以存在的经济条件，大讲特讲历史上政治、思想因素的决定作用的现象"。这一结论，也代表了老一辈马克思主义史家的基本共识。

同时，葛先生还提出，坚持阶级分析方法，"要求我们对待历史上的阶级斗争要具体问题具体分析，估计到阶级斗争现象的复杂性，防止公式化，简单化"。为此，他严厉批评了用阶级成分代替阶级分析的简单化倾向，尖锐指出："如果有人认为考订出孔子成分，就算是解决了孔子思想的阶级性问题，那不是出于丑化马克思主义阶级分析，便是不顾历史事实的瞎说。"[①] 对于深受斯大林思想影响的葛先生来说，得出这样的认识和结论，不能不说体现了其思想的进步。

在史学理论领域，葛先生着重论述的另一论题是史论关系。他不赞成"以论代史"或"带史"的提法，也不赞成20世纪80年代许多人主张的"论从史出"，但也不否定上述提法的合理因素，而是主张"史论结合"。他说："可靠的历史资料和科学的历史理论，是历史研究不可缺少的两个方面。"就历史研究的一般程序而言，自然应该"详细地占有历史资料并进行具体分析，然后才有可能从中引出科学的结论"。所谓具体分析，就是"对一般和个别、主流和支流、本质和现象加以严格的区分，从事实的联系中去把握事实的真相"。他特别强调："忠实、准确是使用资料的起码原则，只有忠于事实，才能忠于真理。"但是，他并不认可"史学就是史料学"以及"回到乾嘉去"的提法，因为"掌握大量史料只是说明历史发展规律的前提条件，从而是达到历史研究目的一个必要步骤"。同时，他也强调，"要反对以空论代替具体分析史实的脱离实际的倾向"。从对上述两种倾向的批评出发，他提出"理论和史料的统一"，并把这一命题提升到认识论与党性的高度予以

① 葛懋春：《史学理论研究中的阶级和阶级分析问题》，《东岳论丛》1980年第2期。

论述。从认识论的角度看史论关系，是葛先生的高明之处，但将其置于党性原则之内，容可商榷。因为即使对马克思主义史家，也未可皆用党性原则来要求。但是葛先生提出史论结合是科学的态度，是理论和实际统一的态度，是克服历史研究中教条主义和经验主义所必须强调的；“理论和历史实际的统一，是马克思主义史学的重要特征”，与“寓论于史”有原则区别，等等，无疑是正确的。他大声疾呼“轻视史料工作的学风，必须扭转过来。每一个史学工作者都要准备长期坐冷板凳，在积累资料中下硬功夫、苦功夫，讲空话显然是无济于事的”①，无疑是历史学健康发展的针石良药。

史论关系问题在史学界曾长期争论，以致国外有汉学家以此为题做博士论文。我认为，就基本面说，葛先生的论述是允当的。至于说怎样结合，当然不必拘泥于葛先生的观点。从今天史学界的状况看，这一结论对于克服历史特殊论或单向普遍论的倾向，依然不失其药石般的积极作用。

关于经济基础与上层建筑的关系，葛先生有至为精彩的阐释，堪称20世纪50年代初的代表人物。他的基本观点是：经济基础决定上层建筑，但上层建筑的改变有迟有速。其原因，不在于上层建筑本身的“顽固性”和统治阶级的有意保留，“而主要是在于上层建筑所据以产生的、存在于它外部的社会物质生活条件变化及上层建筑某些特点”②。新中国成立之初，赵俪生先生曾就此议题发表论文，苏州华东人民革命大学政治研究院的祁龙威读到后，认为赵的观点“错误”，请其“再做深入探讨”。赵因忙且多病，“即委托同事葛懋春先生代为处理”。于是，葛先生写了一篇与赵俪生先生商榷的文章，赵先生随即把葛文推荐给天津《历史教学》发表，并于1951年12月5日在葛文末尾写了一段话：“兹经葛先生研究，撰为此文，并经华岗先生审阅，认为足以纠正错误，补充读者的理解。”③此后，葛先生继续丰富自己的论文，愈加详细地论述了形式与内容、上层建筑与生产及人的行为、上层建筑与革命斗争、上层建筑对基础的不同关系与作用、意识形态的发展特点等问题。这一研究理论水平甚高，也留下一段学术佳话。④ 葛先生

① 葛懋春：《论史论结合中的几个问题》，《文史哲》1982年第2期。

② 葛懋春：《史论集》，济南：山东大学出版社，1991年，第83页。

③ 葛懋春：《关于上层建筑变革规律的探讨》，《历史教学》1952年第1期

④ 赵俪生所著《文史学的新探索》（上海：海燕书店，1952年），特意收入葛先生扩充后的长文。

认为，生产力和技术，都不应该包括在经济基础之内。他说，生产方式与经济基础有区别。生产方式中的生产力不属于基础，生产方式中的生产关系的总和才是基础。“既然不适合生产力性质的每一时代的生产关系、基础是要消亡或消灭的，那么把生产力、技术列入基础，也就等于说生产力、技术亦要随某一时代的基础的消亡或消灭而消亡或消灭的。”事实是，“旧基础被新基础更替，但是旧时代所遗留下来的生产力、技术，不但没有被消灭，而且被继承下来加以充分运用”。同时，自然科学和语言不属于上层建筑。[①] 这一结论在今天看来，也有很强的现实意义。

在社会经济形态理论领域，葛先生认为，五种生产方式学说，“确有马克思主义经典著作的根据”，“有关五种生产方式学说，马克思主义经典作家说得很多”。他认为，马克思的古代社会演进思想应该表述为：原始东方共有制（亚细亚的生产方式）过渡到奴隶制未切实支配生产的时期（以小农民经济和独立手工业为经济基础的时期），再过渡到农奴制已切实支配生产的生产方式。[②] 这一总结是在大批判的语境下得出的，但看得出，葛先生是努力从学术学理出发的。

葛先生的史学理论研究，与现实状况的关系非常密切，总是带有鲜明的时代印记。许多人可能并不认同他的观点或结论，但学者们都承认，他具有深厚的理论功底、缜密的分析能力、真诚的学术态度，为史学理论学科建设和发展作出了很大贡献。

三、中国思想史研究

葛懋春先生又是中国思想史研究专家。思想史的一般理论方法、先秦诸子、五四时期思想思潮，是他集中研究的三个领域。

1.主张批判继承创新，反对“抽象继承法”

20世纪五六十年代，围绕如何继承哲学遗产、文学遗产，如何古为今用，展开了一场方法论的讨论。葛懋春与庞朴先生一起参加了讨论。当

---

① 参见葛懋春：《学习斯大林关于基础和上层建筑理论的笔记》，《文史哲》1953年第3期。

② 葛懋春：《批判李鸿哲反对五种生产方式学说的谬论》，《文史哲》1957年第12期。

时，冯友兰先生提出“抽象继承法”的著名命题，葛懋春、庞朴先生则提出“批判继承创新”说来相克。回顾“鲁春龙”当年的文章，虽不免有以马克思主义大帽子压人的意味，但总体看，学理性还是第一位的。而且，就学理本身的真理性而言，我们不能不说，“鲁春龙”的观点更加圆融，对于今天的文化建设，依然具有借鉴意义。他们提出：“对文化遗产采取批判继承的方法，是为了创立新的文化体系。”“批判地审查和批判地吸收，都是为了创新。有了对历史遗产的批判地审查，就便于批判地吸收其中一切有益的东西；而批判地吸收了一切有益的东西，就便于创立新的文化。”“不继承就不能创新；同样的，不创新也完不成继承。”他们的结论是：批判、继承、创新，是文化发展中三个不可分割的环节，也是把人类文化推向前进的三个不可缺少的环节，“而批判态度，则是继承、创新的前提、基础和核心”①。这一观点，与当今的国家文化发展战略完全一致，可以说经受住了时间的检验。特别是其中对“创新”的突出与强调，极其鲜活。

葛懋春与庞朴先生还采用与冯友兰先生商榷的形式，非常深入细腻地讨论了所谓“具有普遍性形式的思想”。通观他们的文章，核心论点在于论定，所谓“具有普遍性形式的思想”，无非挂羊头卖狗肉。比如资产阶级人权思想，是一种具有全人类形式的思想，但在内容上，却是资产阶级的。自由、平等、博爱等等，无不具有“人类性”的外貌，内囊却是资产阶级的阶级性。总之，将思想、制度或组织，赋予所谓“普遍性形式”，无非用假象掩盖真相。② 这一时期，葛懋春与庞朴先生连续向冯友兰出击③，虽有特定的现实背景，但确实表现了非常优质的马克思主义理论素养和思想才华，结论也是站得住脚的。笔者以为，前两年理论界讨论所谓“普世价值”，其界域依然未出当年“鲁春龙”的命题。可以说，对于“普遍形式思想”的辨析，最为充分地体现了葛先生的思想风采。

1963年，山东大学历史系中国思想史研讨班就历史文化思想遗产批判继承问题至少进行了两次专门讨论。讨论的问题包括：对毛泽东主席关于

---

① 鲁春龙：《试论文化遗产的批判继承原则》，《文史哲》1964年第3期。

② 鲁春龙：《怎样理解“具有普遍性形式的思想”》，《新建设》1963年第10期。此文连同上一文，均收入庞朴的论文集《沉思集》（上海：上海人民出版社，1982年）。庞先生说：二文由他执笔，“文中精邃思想，则由懋春兄提供”。

③ 又如鲁春龙：《评冯友兰“普遍性形式”理论的一个新说法》，《文史哲》1964年第1期。

古代文化遗产的批判继承方针应如何理解？怎样区分古人思想遗产中的封建性糟粕和民主性精华？思想发展的继承性和阶级社会中思想体系的阶级性的关系，等等。葛先生是讨论中的要角。他的相关思想，对深化讨论有促进，也在讨论中深化。[①]

2.反对将孔子思想现代化，细微辨析墨家的非儒、反孔思想

必须反对把古人的思想现代化，这是葛先生的一个重要思想，也是他具体运用历史主义原则的一个生动体现。他认为，在孔子研究中，存在着很严重的将孔子思想现代化的问题。例如，有人说孔子的“仁的思想是一种忘我的、无私的、积极奋发的精神”。还有人说，孔子“不患寡而患不均”的说法，是主张“取消私有制”。有人说孔子主张“理论和实践相结合”，主张走群众路线。有人把孔子描绘为高举“平等”“博爱”“人道主义”大旗的资产阶级民主战士。葛先生指出，上述做法，“是一种名义上把孔子奉为教主而实际上把孔子当做玩偶的‘托古改制’”。他说：“历史上的孔子是悲剧里的英雄，而这些思想家们手里再现的孔子，则成了笑剧里的丑角。”[②]我认为，目前孔子、儒学乃至整个国学研究中存在的最大问题，就是将古人现代化。

早在1959年北京大学进修期间，葛先生为参加山东孔子讨论会就撰写了《试论孔子天道观》一文，对郭沫若关于孔子天道观的评价提出异议，分析了孔子天道观尊天和疑天的思想矛盾与根源。“文革”结束后，葛先生进一步提出，孔子的哲学体系是唯心主义的，认识论上持先验论的观点，但孔子的教学实践以“学而知之”为指导，以多见、多闻等感性活动为知识的源泉，注重力行在认识过程中的作用，在先秦认识论发展史上具有一定的积极意义。[③] 这一论断，是对“四人帮”“评法批儒”运动的拨乱反正，是最早以科学态度重新评价孔子的重要论文之一。

葛先生还运用深厚的文献学考证功夫证明，非儒、反孔口号是墨子后学明确提出的。非儒、反孔作为墨家的新纲领，大体是在墨子死后，儒、墨两家思想对立激化的时候，墨子后学为突出反儒需要而提出的。非儒、反孔在墨子时代根本没有成为思想辩论的主题，也没有被墨子单独列为治国

① 详细情况见葛懋春：《关于文化遗产批判继承问题的讨论》，《文史哲》1963年第3期。

② 春龙：《必须反对把古人思想现代化》，《文史哲》1963年第4期。

③ 参见葛懋春：《孔子认识论评价中的一个问题》，《文史哲》1978年第5期。

政纲。因为儒学、孔子思想在墨子时代的影响还没有后来那样大，它既没有成为战国各国统治者奉行的统治思想，更没有占据独尊的统治地位，墨子没有必要把非儒反孔口号单独列为主要政纲。① 葛先生这一结论，完全得之于文本辨析，不仅具有坚实的史料支撑，而且表现出娴熟运用历史与逻辑相统一方法的特征。

3.肯定秦惠王，重评商鞅

“文革”期间，江青等人抱着影射史学的阴暗政治目的，大赞商鞅，大批秦惠王，将秦惠王杀害商鞅说成是奴隶主贵族的反攻倒算。葛先生则撰文提出，秦惠王是维护商鞅变法的，是地主阶级政治代表，不是奴隶主贵族复辟派。惠王虽然排斥过法家商鞅，但并没有破坏商鞅制定的法制，也没有起用反对商鞅变法的旧贵族代表人物。他杀商鞅，既不是反对法制，也不是为了扶植旧贵族，而是为了防止商鞅夺取王权。他说：“惠王杀害商鞅，虽然使秦国失去一个有才干的政治家，但在客观上却加强了以惠王为首的封建专制。”因此，这是地主阶级内部君主和重臣之间争夺最高统治权的斗争，根本不是什么地主与奴隶主、法家与儒家的复辟和反复辟斗争。由于杀商鞅为后来继续推行法制、扩大秦国势力创造了政治条件，所以不能抹杀秦惠王的历史作用。②

葛先生深刻揭露了商鞅对农民的残暴性，以细腻的文本梳理证明，商鞅变法后的秦国不是什么农民的乐园，而是地主压榨农民的地狱。新兴封建制所带来的生产发展的成果，完全被地主阶级窃夺了。③ 所以，杀商鞅其实符合当时农民的心愿，大快人心。他更进一步深刻地指出：“商鞅法治的基本原则，所以一直能为两千多年的剥削阶级所奉行，其根本原因就在于他主张镇压劳动人民，保护私有制，维护地主阶级对农民的统治。”④这一结论，可谓振聋发聩，令人油然而生通透之感。

---

① 葛懋春：《“非儒”篇为墨子遗教说质疑》，中国哲学史学会编：《论中国哲学史：宋明理学讨论会论文集》，杭州：浙江人民出版社，1983年。

② 葛懋春：《秦惠王历史作用再评价：兼论商鞅被害事件的实质》，《中国古代史论丛》1981年第1辑。

③ 葛懋春：《商鞅变法是怎样强化地主对农民统治的》，《历史论丛》第2辑，济南：齐鲁书社，1981年。

④ 葛懋春：《商鞅法治的主要目的是什么？——评梁效〈论商鞅〉》，《文史哲》1977年第3期。

4.揭批胡适，评析五四时期思想与思潮

20世纪50年代，葛先生不仅是揭批胡适的重要推手，而且还亲自撰写揭批文章。他与庞朴认为，胡适思想的特点，在于以庸俗进化论来冒充科学进化论，利用科学进化论关于普遍联系的观念，用非本质联系代替本质联系，认为发展只是量的增减，抹杀矛盾斗争的发展动力。[①] 60年代，葛先生进一步对“问题与主义论战”进行研究，认为这场论战的中心问题是“中国问题要不要在马克思主义思想指导下，通过革命道路来解决，实质上也就是中国是不是应该以俄为师、走十月革命的道路”[②]。可谓抓住了问题的根本。其实，这一根本问题，由于立场不同，至今也存在严重的观点对立。葛先生完全站在李大钊的立场，对胡适的相关论点逐一予以批驳。

与揭批胡适的文章相比，他与人合作批判张东荪的文章，文本分析性更强，哲学思辨意味也更重。他们认为，张东荪哲学是中外古今的主观唯心论和不可知论的杂拌，“是帝国主义、封建主义和大资产阶级麻醉、欺骗中国人民的工具”[③]，可谓特定时代的烙印非常明显。

“五四”前后的无政府主义思潮，是葛先生另一着力颇多的研究对象。他认为，无政府主义者在辛亥革命后用取消一切政府、反对建立革命政权等空谈来代替当时反对袁世凯、反对帝国主义侵略，一直到建立革命政权的具体革命任务，实际上对当时的革命运动起了阻碍作用。不过无政府主义者刘师复空想的政治经济纲领，是在旧的资产阶级共和国方案幻灭，新的科学社会主义纲领还未引起人们注意的时候出现的，这个纲领虽然是空想的，不能解决中国革命实际问题，但是他们在一些资产阶级政治家还迷恋资产阶级共和国方案，政客们企图用玩弄代议制来装扮其反动政权的时候，提出了反对剥削制度等，在思想上多少还能启发人们抛开资产阶级共和国幻想而探索新的救国救民方案。葛先生还认为，1919年之前，无政府主义者并没有把马克思主义作为主要攻击对象，其后则有意识地把主要攻击矛头转向马克思主义，目的是争夺新文化运动的领导权。双方的论战自

① 参见葛懋春、庞朴：《批判胡适的庸俗进化论》，《文史哲》1955年第5期。

② 葛懋春：《五四时期马克思主义者对胡适派改良主义的斗争——论“问题与主义”论战中的几个问题》，《山东大学学报》（历史版）1962年第1期。

③ 蒋捷夫、葛懋春：《批判张东荪的主观唯心主义和不可知论》，《山东大学学报》1955年第2期。

1920年延续到1922年，主要意义是基本划清了马克思主义和无政府主义间的思想界限，扩大了马克思主义思想的影响，为建立马克思主义政党奠定了思想基础。论战的缺点是“早期马克思主义者对于唯物史观阶级斗争理论的认识还不够，因而对无政府主义的人性论没有能加以深刻批判，甚至肯定有一般的人性存在”①。

葛先生的中国思想史研究，以逻辑严整、思维细密、框架圆满、思想性强见长。在他笔下，所有材料都是鲜活的，都紧扣论证的主题，不枝不蔓，在“应有尽有”中做到了“应无尽无”。这种颇具哲学思辨意味的研究特点，得益于他深厚的马克思主义修养，也验证着他对马克思主义理论的运用水平。他的马克思主义理论知识系统，包含从马克思到毛泽东的全部阶段与样式，斯大林、毛泽东的著作占据重要位置。他立足于原典马克思主义、列宁与斯大林主义、毛泽东思想的一体性与一贯性，以之观察思想事实，得出符合中国社会主义建设时期历史任务的结论，很多著述由此而带有鲜明的时代特征。他的著述饱含对真理孜孜以求的强烈愿望、认真执着的钻研精神，时常闪耀出思想的光华。毋庸讳言，他的许多观点只是具有思想史的价值，但其中所深蓄的思辨精神与思想光华，还值得后人去发掘和弘扬。我们应以历史主义的态度，去深入发掘其精神遗产中积极和闪光的内容，这既是我们的责任，也是思想史研究当中一种正当的、负责任的立场。

（原载《文史哲》2011年第5期，收入本书时有改动）

① 葛懋春：《五四时期马克思主义与无政府主义论战》，《山东大学学报》1962年第3期。

博而能一的“龙学”家牟世金先生

倪志云

一

牟世金，1928 年 7 月 19 日出生在四川省忠县东坡镇。四川省位于我国西南，山川壮美，钟灵毓秀。牟世金先生虽然在 22 岁时就远别故土，但直到晚年，他仍然用那浓重的乡音不无自豪地说：“我是四川人。”牟先生体貌魁岸质朴而不失灵秀之气。在考入山东大学之前，他任过中学语文教师，参加过解放军，还做过商业工作。他精力充沛，兴趣广泛，习诗词，好书画，能篆刻。如此广泛的爱好和多方面的修养，为他后来在古典文学、古代文艺理论及《文心雕龙》研究等学术领域创获丰硕的成果，成为博而能一的“龙学”家，提供了良好的素质。

1956 年 8 月，牟世金先生考入山东大学中文系，此时他已 28 岁。四年之后毕业留校，走上治学之路，已逾而立之年。牟先生自谓：“我毕竟是在教育、军事、商业方面绕行一圈，然后才半路出家，进入后半生才从事古典文学工作的。”这种“在学业上起步较晚”的紧迫意识，显然一直伴随着牟先生后半生的学术生涯，熟悉他的人都不难感觉到他那寸阴必惜的紧迫感。这种紧迫感正是他在学术上能够获得高度成功的一个重要的心理因素。

牟先生为人宽厚朴实。1958 年，山东大学校长成仿吾先生亲率中文系师生编写《中国大文学史》，陆侃如教授与学生牟世金被任命为汉魏六朝段的正、副段长。课题先让组员们挑选，最后留给两位段长的只剩下《文心雕龙》。《文心雕龙》为公元 6 世纪初南朝齐梁时人刘勰所著，是中国古代文论中内容最丰富、最有系统也是最早的一部著作。它的文学理论的巨大价值，从20世纪20年代起，即受到现代学者的关注。现代《文心雕龙》研究(简称“龙学”)因而诞生。但用骈文写成的《文心雕龙》颇不易读，在50年代，“龙学”仍不是一个热门课题。人弃我取，牟世金先生一鼓作气将范文澜的《文心雕龙注》通读了五遍。尤为幸运的是，陆侃如先生是当代杰出的中国文学史及古代文论研究专家，素以治《楚辞》学、中国文学史及《文心雕龙》著称于世。牟世金先生在大学期间，从陆侃如先生学习汉魏六朝文学史基础课及《文心雕龙》选修课。从在陆侃如先生指导下共同承担《文心雕龙》研究课题任务后，牟世金更与“龙学”结下不解之缘。

1960年8月，牟世金留校任陆侃如先生的助手。陆先生为他制订了长期的培训计划，指定逐年必读和参考书目100多种，并且具体周密地规定了各个阶段的详细进度、要求达到的目标和相应的措施等。1962～1963年，牟世金与陆先生合著的《文心雕龙选译》《刘勰论创作》相继出版，可谓牟先生研治“龙学”的坚实起步。1964年初，牟先生发表《近年来〈文心雕龙〉研究中存在的几个问题》一文，这是牟先生首次独自发表关于《文心雕龙》研究的论文。尽管由于撰作时期主、客观条件的限制，文中有个别观点不尽正确(牟先生晚年也颇有“悔其少作”之意)，但这篇文章不但深刻地指出当时《文心雕龙》研究中存在的某些非唯物史观的方法及由此导致的琐细概念争论等问题，而且在“龙学”史上第一次明确地提出：“有探讨刘勰自己的文学理论体系的必要。目前注意于此的还不多见，我希望《文心雕龙》的研究者们考虑这个问题。”表现出牟先生在学术研究中的敏锐目光与卓识。

十年动乱，严肃的社会科学研究被各种各样的“大批判”取代。“王风委蔓草，战国多荆榛。”但又有多少怀正志道之人仍在那冬天的荒原上默默耕耘。牟世金先生在十年动乱中，其“龙学”研究也不得不中辍，但他的治学之志却未因此而消泯，在贤淑的夫人赵璧清的全力支持下，他在自己简陋的书斋中仍尽其可能地致力于学问。窗外风风雨雨，窗里青灯黄卷。

当十年动乱结束之后，科学文教事业复兴繁荣之时，牟世金先生方得以专心致志于教学和学术研究。辛勤的耕耘总会有收获。1978年以后的十年间，牟先生在“龙学”领域奉献出精研深思的累累硕果。1978年，牟先生与陆侃如先生合著《刘勰和文心雕龙》出版。陆侃如先生还拟与牟先生合著《文心雕龙》的全注译本。不幸的是，陆侃如先生于1978年12月病逝。

牟先生便请蒋维崧先生支持和协助，以《文心雕龙》选译为基础，完成了《文心雕龙》全书的译注，并重写了长篇引论和题解，最终完成 1981 年和 1982 年分上、下册出版的《文心雕龙译注》一书。此外，牟先生的"龙学"专著有 1983 年出版的《雕龙集》、1985 年出版的《台湾〈文心雕龙〉研究鸟瞰》、1986 年出版的《文心雕龙精选》、1988 年出版的《刘勰年谱汇考》、1988 年完成的《〈文心雕龙〉研究》等。牟先生发表在《中国社会科学》《文学评论》《文史哲》等刊物上的 90 余篇论文中，有关《文心雕龙》的专题论文在半数以上。这些论著涉及《文心雕龙》的注、译、考、论等多层次、多方面，其卓著的"龙学"成就为海内外学术界同行所瞩目。

二

牟世金先生师从陆侃如先生 20 年。陆先生对古代文论研究从朴学做起的踏实审慎的治学态度，对牟世金影响至深。《文心雕龙》成书距今已近 1500 年，而且是用骈文写成的"体大而虑周"的文论巨著。现代研读者要读懂原文，充分而准确地注释，难度较大。在牟先生完成《文心雕龙译注》之前，已有著名学者范文澜的《文心雕龙注》久享盛誉，其他选注本也已有多种。牟先生著《文心雕龙译注》，做到博采众长、匡谬补正、力求准确，从而使自己的著作在已有的基础上更趋完善。例如《史传》篇有"宣后乱秦"一句，范注沿前人之说引《史记 · 匈奴列传》："秦昭王时，义渠戎王与宣太后乱，有二子。"据此则宣后之"乱"就是淫乱。此注征于《史传》，似无不当。其他注本也都从此说。但牟先生详审原文，认为"宣后乱秦"与"吕氏危汉"的史事性质应相似，均是用以论证下文的"政事难假""名号宜慎"的论题，释"乱秦"为淫乱便与上下文义不相切合。牟先生据《史记 · 穰侯列传》"穰侯魏冉者，秦昭王母宣太后弟也。……昭王少，宣太后自治，任魏冉为政"撰注，并加评语道："宣太后理政期间，用魏冉、白起等，对秦国的强大起过一定作用。刘勰所谓'乱秦'，完全从封建正统观念出发。"这不仅纠正了流传已久的误注，而且以历史唯物主义的观点评判了历史事件和刘勰的偏见。牟先生的《文心雕龙译注》对古代文论中同一语词在不同语境中的概念意义不尽相同的问题也能细心明察。《原道》篇中两用"天地之心"一语，注家多未注意它们的不同语义。前句出自《礼记·礼运》,已见范注。而牟先生指出后句是出自《易·复》,与前一句人处在天地之间的位置之义不同,后句"'心'是本性,指天地有文,是其本来就有的特点"。牟先生的《文心雕龙译注》对全部原文的今译也同样表现出匠心独见、锋颖精密的特点。例如,《练字》篇有这样几句:"是以前汉小学,率多玮字,非独制异,乃共晓难也。"不仅没有援用典故,文字上也没有什么特别需要注解的。但对这几句的今译,已有的译本多未允当。牟先生经推敲所撰译文始使原义昭然,文理畅达。《文心雕龙译注》是"龙学"史上第一部全今译本,其精审准确的注释、畅达的译文以及其着意于刘勰文学理论体系分析的严谨的引言和题解,受到学术界专家和广大读者的高度评价。

牟世金先生在60年代初即明确提出应探讨刘勰自己的文学理论体系。牟先生恰当地把握了辩证唯物论的方法论原则,在"龙学"领域以至在古代文艺理论研究中,坚持微观研究与宏观研究的辩证统一,主张对于《文心雕龙》具体理论概念的阐释,应不背离其自身的理论体系,而对于其完整的理论体系的探索,也应以对原文准确的理解为基础。牟先生在这一学术主张下执着地进行探索。1981年第2期《中国社会科学》发表牟世金先生的《〈文心雕龙〉的总论及其理论体系》一文,这是他多年潜心研究的结晶,也是《文心雕龙》研究史上明确着意于全面探求刘勰的文学理论体系的第一篇专论。牟先生认为:"《文心雕龙》的理论体系是以'衔华佩实'为核心,以研究物、情、言的相互关系为纲组成的。"只有全面了解《文心雕龙》的理论体系,才能科学地评估《文心雕龙》的文学理论价值,准确认识其成就和不足,并可为《文心雕龙》研究中一些长期争论不休的具体问题的解决提供切实的坐标依据。从牟先生发表这篇论文以来,《文心雕龙》的文学理论体系的问题已日益为研究者所重视,而且已有多种不同的意见先后提出。在各家之论中,牟先生的观点仍是最有影响的一种。而牟先生在这一方面的开辟作用,更是功不可没。

牟先生治"龙学",坚持微观与宏观研究有机结合。他认为:"《文心雕龙》研究中存在一些长期争论不休的问题,如果从刘勰的整个理论体系着眼来研究,把这些问题放到刘勰的理论体系中去考察,是很容易辨识清楚的。”[①]牟先生对于《文心雕龙》许多具体问题的深入探讨和精当的见解，正是他自己所倡导的这一方法的实践及其成果。《文心雕龙》的首篇为《原道》。刘勰在《序志》篇中说：“盖《文心》之作也，本乎道。”牟先生因而曾断言：“可以毫不夸大地说，若不知‘原道’之‘道’为何物，便无‘龙学’可言。”[②]刘勰“原道”论在《文心雕龙》理论中的关键性越来越受到《文心雕龙》研究者的普遍重视。但论者关于“原道”之“道”的解释众说纷纭，有“儒道”说、“佛道”说、“宇宙本体”“自然规律”等种种不一。牟世金先生坚持从《文心雕龙》自身的文学理论体系着眼，在陆侃如先生首创“‘自然之道’就是自然的道理或规律”[③]之说的基础上，在周振甫先生“刘勰的原道，完全着眼在文上”[④]一说的启发下，提出“原道”之“道”“是指万物自然有文的法则或规律”[⑤]，“《原道》全篇严密的逻辑和明确而纵贯首尾的论旨，都说明刘勰‘本乎道’的‘道’，就是天地万物都具有自然美的规律”[⑥]。牟先生的见解代表了在“原道”论的探讨中越来越趋近的一些解说。而这些解说的趋于近似，也许就是“原道”论问题将得以辨识清楚的很好的迹象。此外，如对刘勰的“征圣”“宗经”思想、《文心雕龙》的“风骨”论、“通变”论、创作论等问题，牟先生都着意以刘勰的理论体系为坐标轴进行具体的分析论述，由此获得的一系列见解，不刻意求新而新意迭出，不苟同于他人而立论严谨，为揭示《文心雕龙》文学理论的本来意蕴进行了坚实的探索。

牟世金先生治“龙学”，不仅有自己明确的宗旨，以及围绕这一宗旨进行的一系列独到的探索，而且一贯关注“龙学”史及海内外《文心雕龙》的研究状况与动态。60 年代初，他之所以能最先提出“有探讨刘勰自己的文学理论体系的必要”，就是基于他对“龙学”史，尤其是 50 年代中期以来的关于《文心雕龙》研究中存在的问题的清楚认识。1977 年以后，“龙学”进入兴盛时期。牟先生为总结前人与当代海内外学人的经验，先后撰写了《〈文心

---

① 《〈文心雕龙〉的总论及其理论体系》，《中国社会科学》1981 年第 2 期。
② 《〈文心雕龙〉研究的回顾与展望》，《文心雕龙学刊》第 2 辑，济南：齐鲁书社，1984 年。
③ 陆侃如、牟世金：《刘勰和文心雕龙》上海：上海古籍出版社，1978 年，第 15 页。
④ 周振甫《〈文心雕龙〉的〈原道〉》，《光明日报》1962 年 12 月 30 日。
⑤ 《刘勰思想三论》，《文史哲》1981 年第 1 期。
⑥ 《刘勰“原道”论管见》，《文史哲》1984 年第 6 期。

雕龙〉研究的回顾与展望》[1]、《龙学七十年概观》[2]、《日本研究〈文心雕龙〉一瞥》、《台湾〈文心雕龙〉研究鸟瞰》及《刘勰年谱汇考》等论著。著名学者王元化先生评价牟先生这一类论著说:“他在搜集资料上,用力甚勤,继承了清人不病琐、获之创的求实学风,决不贪图省力,以第二手资料充数。”[3]在1985年撰著的《台湾〈文心雕龙〉研究鸟瞰》一书中,牟先生力图就其所知,对近30年来台湾地区《文心雕龙》研究的得失予以客观中肯的述评,并期以此促进海峡两岸的共相切磋得以早日实现。《〈文心雕龙〉研究的回顾与展望》一文,是对于50年代至80年代初期大陆“龙学”的总结。而洋洋4万字的《龙学七十年概观》一文,更是对七十年“龙学”研究史的总结性文献。在这篇长文中,牟先生将“龙学”史划分为诞生、发展和兴盛三个时期,并分别对这三个时期的“龙学”成就与存在的问题作出概要的评介。1988年出版的《刘勰年谱汇考》一书,则是牟先生在充分掌握海内外已有的刘勰年谱资料的基础上,对刘勰生平作出的“力求其详而突出重点”的深入研究。其中关于刘勰的生卒年、《灭惑论》撰年、《文心雕龙》成书年代等“龙学”中至为关键的问题,均以对可靠史料的详考为证,提出自己独到的见解。因而《刘勰年谱汇考》一书被誉为集大成之作。

从20世纪60年代初起,牟世金先生的《文心雕龙》研究成果便受到海内外“龙学”界的注意。他与陆侃如先生合著的《刘勰论创作》于1963年出版,香港文昌书局当年便翻印出版了此书。1982年《刘勰论创作》经牟先生增修再版,香港三联书店又以此书作为向海外重点推荐书目之一,中国香港、中国台湾、日本的许多“龙学”论著,都列此书为重要参考书。他的以《文心雕龙》研究为主要内容的论文集《雕龙集》获得1981～1983年山东省社会科学优秀成果一等奖。日本东京东方书店1985年7月出版的《中国文学语学论文集》将牟先生的《刘勰“原道”论的实质和意义》一文置于六篇《文心雕龙》论文之首。国外汉学家对于牟先生论著更是屡见称引,如日本学者安东谅在一篇论文中反复援引牟先生《雕龙集》的观点,并称之为“牟

---

① 该文是为甫之、涂光社主编1949～1982年《〈文心雕龙〉研究论文选》所作序文。

② 该文是为人民文学出版社拟出的七十年来《〈文心雕龙〉研究论文选》(牟世金、于维璋主选)所作序文。

③ 王元化:《〈文心雕龙研究〉序》。

世金精密的理论"①。苏联季谢维奇在其专著《中国的文心》一书中，也多次提及牟先生的观点。美国的刘若愚等学者对牟先生的论著也每有称引，并给予高度评价。

1983年秋，牟世金先生参加中国社会科学院《文心雕龙》考察团访问日本。虽然他的"龙学"成果受到日本汉学家的称赞，但他并未满足于自己个人的已有成绩。他了解到日本汉学家及港、台学者对《文心雕龙》都极为重视，其论著之多及部头之巨都令他感到意外。而大陆的"龙学"经历"文革"十年的"抛荒"，竟曾蒙台省孤岛学者"空山不见人"之讥②。作为大陆的"龙学"家的强烈责任感，促使牟先生为"龙学"的兴盛更加发愤努力。从日本回国后，牟先生便接受人民文学出版社之约，着手撰写巨著《〈文心雕龙〉研究》，并决定招收以《文心雕龙》为研究方向攻读硕士学位的研究生，为培养"龙学"新军倾注心血。在此后五年的时间里，牟先生指导的两届六位专攻《文心雕龙》的研究生均以优良的成绩毕业。他结合教学工作，在日益增多的学术行政事务之余，争分夺秒地撰著《〈文心雕龙〉研究》。他在日记中精细地记录着撰写每一个章节所花去的时间，他要求自己保持平均每日千字的速度，有时甚至日成近3000字。他从来不睡午觉，他那堆满书籍的书斋，灯光常常亮到子夜时分。他那魁岸的身躯渐渐微弓起了宽厚的胸背。1988年初春，他终于完成了《〈文心雕龙〉研究》这部40万字巨著。

牟世金先生在《〈文心雕龙〉研究》一书的自序中说，他的有关《文心雕龙》的种种注、译、考、论以及对"龙学"史的总结，都是为撰著《〈文心雕龙〉研究》一书所作的准备。王元化先生在为牟先生《文心雕龙研究》所作序言中盛称此书"立论之严谨，断案之精审"，并说："世金同志可以说得上是《文心雕龙》的功臣，这一点，有他的大量论著可以为证。"程千帆先生也在为牟世金先生主编的《中国古代文论家评传》所写的序言中称赞："世金先生……研究《文心雕龙》，卓著成绩，蜚声海内外。"《文心雕龙研究》的完成，"标志着牟世金成为一位全面的龙学家。放眼七十年龙学史，龙学家们或

---

① [日]安东谅《〈文心雕龙〉下篇的篇次》，原载东京东方书店1985年出版的《中国文学语学论集》。另见《中华文史论丛》第2辑，上海：上海古籍出版社，1985年。

② 台湾师范大学国文系王更生教授在所著《近六十年来〈文心雕龙〉研究概观》一文中，对大陆"文革"时期的"龙学"有"顿成绝响""空山不见人"等讥评。但是，王更生教授后来读到牟世金先生的《〈文心雕龙〉研究的回顾与展望》等论著，对大陆"龙学"已有重新肯定的评价。

长于校勘，或重在注释，或精于评点，或深于论证。牟世金则以其不下十种龙学著作，成为对注、译、考、论各个方面都有重要贡献的龙学家”①。

三

牟世金先生在《文心雕龙》研究上取得了卓著的成绩。但牟先生治“龙学”，并不是着意于成为守此一“经”的专家。他不仅在“龙学”领域坚持微观与宏观研究的紧密结合，而且更将“龙学”置于“在马克思主义思想指导之下，探索、总结我国古代文艺理论自己的体系”②的宏观目标之中。牟世金先生在深入研究《文心雕龙》的同时，也致力于古代文艺理论的综合研究。1980年出版的《文学艺术民族特色试探》一书，即是牟先生对中国古代文学、绘画、书法、音乐、舞蹈等各种艺术理论进行综合研究以总结艺术规律的一个成果。这一成果被认为是古代文论研究的一个突破。1987年8月，牟先生应邀参加香港第四届国际比较文学讨论会，这位著名“龙学”家提交的论文却是《中西戏剧艺术共同规律初探》，这不免有些令人惊奇。但熟悉牟先生的人都知道，牟先生的学术功底是颇为宽博的。《文心雕龙译注》的精详的注释，充分表现出牟先生对经、史、子、集的博学多识。而在他已发表的90多篇论文中，除“龙学”专题占半数以外，其他论述涉及古代作家及作品、古代文论、古代思想史上的儒家、墨家、道家、经学、玄学等在文学及文论中的影响等众多课题。《中西戏剧艺术共同规律初探》一文，则以其坚实的质量被选入内地与香港合编的《比较戏剧学论文集》，并列为首篇。

1985年秋，国家教委批准由牟世金先生主持的古代文艺理论综合研究的博士点基金项目。牟先生在山东大学校、系领导的支持下，不辞奔波之劳，积极组织人力，设想以集体研究、分工合作的方式，计划近期完成一部《中国古代文艺理论史》，而长远的目标就是研究和总结中国古代文学艺术的共同规律及特质。牟先生把《文心雕龙》研究作为一个先期深入的典型探方，设想以此为基础，由点及面地进行对古代文艺理论的全面发掘和综合

① 傅合远、戚良德：《取精用宏，博而能一——记牟世金教授》，《古典文学知识》1988年第5期。

② 《雕龙集》，第157页。

研究。他满怀信心，满怀至诚的使命感。他曾说：“我余生能完成这一任务也就很满足了。”但令人叹惋的是，这竟成了牟先生未竟的遗愿！

牟世金先生年逾而立才师从陆侃如先生治“龙学”，当在学术上刚刚确立了良好的开端，便遭“文革”十年动乱。直到“文革”结束，尤其是党的十一届三中全会之后，牟先生才得以潜心致力于学术研究。他在短短几年内便为“龙学”奉献出累累硕果，因而被学术界视为“速成”的专家学者。明确的治学宗旨，广博的学识基础，高远的奋斗目标，都是牟先生在学术上取得卓著成绩的关键因素。此外，牟先生的成功还得力于他自己总结的“友、敌、师”读书三字法。牟先生认为，应以“友、敌、师”的态度对待书本知识，勤读书而不轻信书，不重简单的记诵接受而重自得，化书本知识为自己的学问。牟先生说：“据我的实践，‘友、敌、师’辩证统一的读书方法，确能迅速培养和提高敏锐的思考、辨析或判断问题的能力。”有效的读书法被学术界认为是“牟世金教授的速成之秘”[①]。但牟先生的“秘诀”并不自秘，而是乐于度人金针的。1982 年第 4 期《文史哲》“学者谈治学”专栏发表了牟先生《我的读书法》一文，经《治学之道》《读书方法探寻》《吉林日报》《博览群书》《中学生》等书刊转载或介绍，在读者中有广泛的影响。1985 年 10 月号《新闻与成才》将牟先生“三字读书法”列入首届“《新闻与成才》优秀读者奖”试题。据该刊编者反映，三字及其基本含义为绝大多数应试者所掌握。当然，牟先生也强调方法的掌握者是人，“善读书者，当以此法对待此法”。[②]

四

牟先生执教近 30 年，先后为本科生、研究生开设汉魏六朝文学、古代文论、中国文学批评史、《文心雕龙》研究等多门课程。牟先生学识深富，重视教法。在基础课教学中，不取照宣现成讲稿方式，注重引导学生理解研究教材，强调培养学生的基本功。牟先生说：“居今而言基本功，并不是记诵某些死的知识和条文，而是活的创造能力；它应该是一个研究者必备的

---

① 戚良德：《怎样博览群书——牟世金教授的速成之秘》，《博览群书》1987 年第 9 期。

② 《我的读书法》，《文史哲》1982 年第 4 期。

基本知识、基本理论、基本技能和基本方法的总合。”[①]他以培养学生的真才实学为己任，竭诚奉献自己的心血。他每每将自己精湛的科研成果及时运用于教学以提高教学质量。例如，1980年，牟先生即将多年研究所得关于刘勰的文学理论体系的学说首先用于《文心雕龙》选修课的教学，次年才将此成果撰成论文发表于《中国社会科学》。他的《文赋的主要贡献何在》等重要论文也都在发表之前就作为讲稿而用于课堂讲学。牟先生的课堂讲授内容充实而生动，很受学生们的欢迎。

牟世金先生身为教师，胸襟宽宏，情怀空阔。他认为，要使学术不断发展和前进，就不能重复汉儒严守师法、家法的老路。牟先生风趣地说：“要是夫子步亦步，夫子趋亦趋，只能在老师已有见解的范围内做学问，我们怎能从孔夫子发展到今天？”[②]牟先生奖掖后学，勉励学生努力超越老师。他培养的两届主攻《文心雕龙》批评史的研究生，既以高标准严格要求，又热忱指导，循循善诱。香港友人给他寄来新书，他浏览后认为书中某一部分的新观点与一位研究生的毕业论文有关，便将此书先借给这位研究生研读。另一位研究生对《文心雕龙·总术》篇的理论性质有新见解，学术界一向认为《文心雕龙·总术》篇只是创作论的总结，这位研究生则认为此篇不仅是创作论的总结，同时也是文体论的总结。这一见解虽与牟先生已有的意见不尽一致，但他为学生有言之成理的创见而感到十分高兴，鼓励这位研究生将其想法撰成论文，并热心推荐发表。牟先生不但对自己的学生竭诚扶植，而且对素不相识的登门、寄文求教者也一向一视同仁。1984年冬，一位外地学生写了一篇“龙学”论文，文中对牟先生的观点提出商榷。这位学生与牟先生向无交往，但十分敬重牟先生的学识，便径将文稿寄给牟先生以求指教。半个月后，这位学生便收到牟先生字迹工整的复函，他表示非常欢迎别人与自己讨论问题，牟先生并将这位学生的论文推荐给有关刊物。牟先生以他高尚的品格、无私的精神而深受青年学人的尊敬。

由于牟世金先生在科研、教学方面不断作出新的贡献，1978年他晋升为讲师，1980年晋升为副教授，1983年晋升为教授，1987年7月名列《光明日报》“优秀知识分子光荣榜”。在恪守教职、致力科研之外，牟先生还积极

① 《基本功和新方法》，《文史知识》1986年第4期。
② 《“近亲繁殖”小议》，《山东大学学报》1987年第2期。

从事社会学术文化活动。在这方面，牟先生有不逐虚名、力求务实的勇气。牟先生这一思想作风的确立，是在深受老校长吴富恒先生的思想影响和直接鼓励下的一个跃进。吴富恒先生对于牟先生学术上的精进深有影响。牟先生关于《文心雕龙》的文学理论体系的研究，就曾受到吴富恒先生介绍自己留学时所师从的语义学派美学与文学批评的创立者瑞恰兹的学说的启发。而牟先生倡议筹建全国文心雕龙学会，更直接受到吴校长的热情鼓励和切实支持。1983 年 8 月，在中国文心雕龙学会成立大会上，牟先生当选为常务理事兼秘书长，并任《文心雕龙学刊》编辑组组长。此后，他为把这个学会的工作做好而竭精尽力。文心雕龙学会副会长王元化先生说："学会的繁杂事务几乎都是由他承担起来的，因此学会倘在学术界有所贡献，首先得归功于他。"[①]在中国古代文论学会分别于 1983 年及 1987 年召开的第三次及第五次年会上，牟先生均当选为理事。此外，牟先生还先后担任山东大学文科学术委员会主任、山东大学中文系主任、山东大学中文学科组组长、山东大学中文系学术委员会主任、山东大学文心雕龙研究室主任、山东省高校技术职务评审委员会中文学科组成员、山东省古典文学研究会常务理事、山东大学《文史哲》编委、中国古典文学研究年鉴编委、《古代文学理论研究丛刊》编委、国际《文心雕龙年鉴》编委等学术、行政领导职务。他是一个质朴踏实、富于责任感的学者，他对自己所承担的工作总是兢兢业业。众多的职务，繁忙的工作，使他的生活节奏过分紧张。1987 年底，他出任山东大学中文系主任。系主任是一个事务尤繁的重担，他表示将尽力秉公办事，不谋私利，发扬民主，加强团结，领导同志们把中文系办得更好。当时，他正忙于《〈文心雕龙〉研究》的紧张撰写，但因分心力于系务工作，每月 3 万字的写作量不得不降至每月两万字。虽然如此，他的实际工作强度还是大大增加了。

1988 年是农历的“龙年”。这一年春节，牟世金先生格外高兴，他说："今年是龙年，我属龙，六十岁喽！我的《〈文心雕龙〉研究》也正巧能在今年完成。真是与‘龙’有缘啊！"为尽快写成《〈文心雕龙〉研究》一书，龙年春节期间，牟世金先生也没有暂搁纸笔，仍以一日千字的速度写成“作家论”一节。

---

① 王元化：《〈文心雕龙研究〉序》。

但万万未想到，厄运竟在龙年之初降临。不断加速的过度紧张的工作节奏，损害了牟先生的健康。这一年二月末，身体一向结实的牟先生忽然病了。医生说必须立即住院治疗。他却执意要再坚持十天左右，以期完成《〈文心雕龙〉研究》一书。经过手术和一个多月的治疗，牟先生自认为病已无妨，坚持要继续从事日常工作。为让牟先生配合治疗，医生、领导和牟先生家属决定告诉牟先生，他患的是癌症。牟先生表现出令人难以置信的镇定和达观。对于医生和家人为安慰他而说的手术及治疗非常成功的话，他信而不疑。为配合治病，在坚持适当的工作之余，他也接受了友人们的建议，每天坚持练气功。他说："我一向注重德、智方面的上进，本来自以为身体不成问题，所以忽视了体育，现在该补补体育的课了。"他一直爱好书法，书法被认为是有益于养生的活动。这期间，他便也搦管作书，并以之赠送大夫、友人。他仍然谈笑风生，关心系务工作，每天都兴冲冲地忙碌着。他说："人生价值在于有自己的作为。这就是我最基本的人生信条。它促我'走着一条艰苦的道路'，也促我'速成'。当前，正促我战胜恶疾——双重癌症。"癌症一这个病魔对他来说似乎肯定是要败阵的杀手。

1988 年 11 月，牟世金先生极力说服医生、校领导和家人同意让他出席在广州举行的《文心雕龙》国际研讨会。校领导决定由牟先生夫人赵璧清老师亲自陪同牟先生前往广州。牟先生由衷地感激校领导对他的关心照顾。在广州会上，他与来自国内、日本、意大利、瑞典、苏联的"龙学"专家欢聚一堂，切磋学问。这是"龙学"史上的盛会。牟世金提交大会的长文《龙学七十年概观》，总结七十年"龙学"史，欣然作出"龙学具有强大的生命力"的结论。

但令人悲切的是，为"龙学"的发展和兴盛作出杰出贡献的牟世金先生，终因癌症医治无效，于 1989 年 6 月 19 日黄昏，在济南不幸逝世，年仅 61 岁。牟世金先生的盛年早逝，是"龙学"研究的巨大损失！是社会科学界的巨大损失！是教育界的巨大损失！但牟世金先生可敬的人格，生命不息、奋进不止、鞠躬尽瘁、严肃治学、诲人不倦的崇高精神，以及他那些渊博精深的著作，都将永传于后世。

（原载梁自洁主编：《山东现代著名社会科学家传》第一集，山东教育出版社 1991 年出版，收入本书时有改动）

庞朴先生的治学领域和学术成就

冯建国

一、生平简历

庞朴(1928年10月25日～2015年1月9日),字若木,著名历史学家、哲学家、文化史学家。江苏淮阴人。六岁时,庞朴进入淮阴一所清真寺办的穆英小学读书,在此读了四年初小,之后又到孔庙小学上高小。全面抗战爆发后,上过两年私塾,熟读了《三字经》《百家姓》《千字文》《幼学琼林》《千家诗》这些蒙学读物外,又在"四书五经"上下过苦功夫,打下了较好的中国古代传统文化的基础。1949年初,庞朴先生和两个朋友投奔革命,渡江进入解放区,原定目标是投奔华北大学的艾思奇先生学习哲学,但走到济南就被留在华东大学学习。

1954年中国人民大学哲学系研究班毕业。1954～1973年的二十年间,庞朴先生在山东大学任教。其学术研究,正渊源于这一时期。从1962年起,庞朴先生兼任山东大学学术刊物《文史哲》编委。1974年,庞先生调往中国科学院哲学社会科学部《历史研究》杂志从事编辑工作,后任中国社会科学院《中国社会科学》杂志副编审、副总编和《历史研究》主编等职。1981年接受联合国教科文组织之聘担任《人类文化与科学发展史》国际编辑委员会国际编委和中国代表,第一届国际儒学联合会理事,国际简帛研究中心主任,中国社会科学院研究员、荣誉学部委员,全国古籍规划小组成员,北京大学《儒藏》总编纂,中国人民大学国学院特聘教授,复旦大学、南开大学、杭州大学、武汉大学等校兼职教授;美国加利福尼亚大学伯克利分校、哈佛大学、日本东京大学、挪威奥斯陆大学、挪威国家科学院等校和科研客座教授、研究员。2005年起，庞朴先生任山东大学文史哲研究院名誉院长、儒学研究中心主任、儒学高等研究院学术委员会主任、终身教授。庞朴先生在学术研究上成就卓然，著作等身。2010年，庞朴先生获儒学研究的最高学术奖项——“孔子文化奖”。

二、研究领域和学术成就

庞朴先生的学术专业领域为中国古代思想史，但他治学的面相当宽泛，涉及政治、历史、哲学、天文、文化等领域。他治学态度科学严谨，求实求真，同时又独辟蹊径，大胆创新，善于挑战难度极高的学术课题，其学术研究在国内外都产生了重大影响。随着时间的推移，他的学术研究成果将会得到更多的认可、更高的评价。同时，庞朴先生还是一个入世情怀极深的学者，在深入研究中国古代思想文化的同时，密切关注当代的社会政治，身体力行地去查找比对二者之间的关联，以期在传统文化的研究中找到解决当代社会弊端的方法和道路。其学术成就，举其大略，有以下几个方面：

1.上古天文学、历法研究

庞朴先生的学术生涯最早始于山东大学。1952年，山东大学选送庞朴到中国人民大学攻读研究生课程。两年后，毕业回到山东大学教马克思主义哲学。1956年，庞朴先生发表的《否定的否定是辩证法的一个规律》一文，成为其最早的学术成果。以此为始，庞朴先生的学术研究，开始由马克思主义转向中国哲学领域，并逐渐形成了自己的研究思路。然而，这一转变却成为他在“文革”中被批判的重要原因。1971年，他被下放到了曲阜，接受再教育。此时，庞朴先生的书架都被贴上了封条，而且明令禁止看书。庞朴先生发现曲阜夜空星星特别明亮，既然地上没有书可念，那就念这个无字的天书吧。于是他就开始在打麦场上看星空。用了两年的时间，庞朴先生成了星座方面的专家。到了“文革”后期，庞朴先生和他的书都得到解放。一天，夜读《左传》，读到昭公十七年时，注意到一件事：天文官预测，六月初一将要发生日食。于是，向国君报告说，六月初一有日食，要准备救日。就是举行一种拯救太阳的仪式，以免太阳被天狗吃掉。天文官强调，六月初一是个特殊的日子，这天的救日仪式要特别隆重。当时执政的大臣提出异议，认为六月初一不是个重要的日子，只有正月初一的日食才需慎重对待。但天文官解释说，这个六月初一就是正月初一。为什么六月初一就是正月初一？以前从没有人认真对待过这个问题。经过思考，庞朴先生发现，原来这是由于里面有两套历法的缘故，就像今天一个日子有阳历和阴历两种说法一样。于是，庞朴先生顺着这个线索开始梳理，结果发现在中国上古曾有一个火历的存在。就是说，在以太阳和太阴为授时星象以前，古代中国人曾有很长一段时间以大火星（心宿二）为生产和生活的纪时根据。

大火昏起东方之时，被认作一年之始；待到大火西流，则预示冬天来临。庞朴先生称这种疏阔但却固着于生产与生活的纪时法为“火历”。为了证明“火历”，庞朴先生连续发表三篇文章，即《“火历”初探》《“火历”续探》《“火历”三探》，证实了“火历”不仅在文献中留有大量痕迹，而且在民俗中也保存着浓厚的风习，如华人为何尚龙，龙为何戏珠，寒食、灶神，等等；天文学史上不少费解的难题，如二十八宿的顺序何以逆反，太岁纪年法的旋转方向为何与日月五星相左，干支古代写法中为何有两个“子”字，等等，也都只能以“火历”来澄清。

庞朴先生的发现引起了天文学界的极大兴趣。中国科学院院士、天文史学界权威席泽宗教授就公开高度评价过庞朴先生的这一发现，并认为这种做法才是研究中国天文学史的正确方法。因为在他看来，现在许多研究中国天文史的学者用的都是西方的科学体系，这样中国很多天文史料都通不过被削掉了，如此一来，中国天文史的研究就没法发展了。庞朴先生的火历研究和发现，为中国天文学史的研究创出了一条新的路径。

2.开复兴传统文化研究先声

在“四人帮”倒台、“文化大革命”结束后，庞朴先生于1978年8月在《历史研究》上发表了《孔子思想的再评价》一文，开始对孔子思想展开全面而客观的评价工作。“文革”虽刚结束，但此时意识形态的束缚却依然如故。《孔子思想的再评价》一文的发表，是中国当代学术史上的一个重要事件，这是“文革”后第一次有学者冒着危险给孔子儒学撰文平反，此文也由此成为中国传统文化复兴的一个重要转折点。

在这篇文章中，庞朴先生为了肃清“四人帮”在批孔问题上造成的混乱，运用历史唯物主义对孔子思想进行了客观的分析评价。他讲道，孔子是一位保守的思想家，他相信周王朝是社会制度的最完美的形式，并以维护周天子的一统天下和重建文武周公事业为己任。但是，孔子的政治学说既为新势力代表者所难以容许，也为旧制度把持者所不愿接受，所以他的政治主张最终成为一套空想的理论。不过，孔子的思想中也包含某些颇有价值的部分，如关于“礼”和“仁”的学说。庞朴先生还对孔子的哲学思想和教育思想等进行了分析评价。庞朴先生的这些客观评价告诉了大家一个真实的孔子，从而把“四人帮”出于某种政治需要而将孔子一贬再贬，直至变成十恶不赦的头号罪人形象得以颠覆。“四人帮”假批孔的真面目被识破和遭到批判后，先声既振，孔子儒学研究开始走上正常的学术道路。

继《孔子思想的再评价》后，庞朴先生于 1980 年在《中国社会科学》创刊号上发表了震惊学界的《中庸平议》一文，在传统文化研究中引起巨大的反响。文章提出了中庸的四种形态——A 而 B，A 而不 A，亦 A 亦 B，不 A 不 B，以抗争非 A 即 B 的僵化的二分法。庞朴先生之所以对中庸感兴趣，是因为他在经历了“文化大革命”后对斗争哲学有着深刻的体会和反思。他说：“在夺取政权的时候更多的是讲斗争，建设社会的时候更多的是强调统一，这是花了几十年工夫才找到的。‘文化大革命’是斗争哲学的最大的表现，把一切问题彻底暴露了，现在大家看得很清楚，统一是重要的。”庞朴先生从方法论的角度来研究儒学，还儒家中庸之道以本来面目，开辟了传统儒学研究的新局面。

发表《中庸平议》一文后，1984 年，庞朴先生的《儒家辩证法研究》一书出版问世，此书从辩证法的角度对儒学进行了崭新的阐释，通过严密的论证和精彩的思辨，打破了只有道、法两家有辩证法而儒家没有的成见，指出儒家不仅有高深的辩证法思想，而且还是道家用弱、法家用强的辩证法的折中或综合，是它们逻辑发展的必然，再次震动整个学术界。此书一问世，便赢得了学术界的广泛好评，被奉为当代儒学研究的经典之作。该书从辩证法的角度分析了儒学中仁义、礼乐、忠恕、圣智、中庸等基本理论范畴的对立统一关系，不仅对传统的儒家思想从崭新的角度进行了阐释，而且还明确提出了“一分为三”的观念和方法，揭示了儒家学说背后蕴藏的丰富的辩证法思想，对国内外儒学研究产生了深远影响，这是庞朴先生在哲学上对中国乃至世界思想学术作出的杰出贡献。

3.诸子研究和考释

20世纪80年代以前,庞朴先生的学术成就突出地体现在他对先秦学术发展史的研究、还原和梳理方面,“80年代以前我学术研究的重点是诸子学”,并产生了许多令人瞩目的学术成果,如《论孔子的思想中心》《老子的朴素的辩证法思想》《墨经的辩证思想》等。这些篇章不仅深入阐述了诸子主要学说思想,更是特别注重各派学说思潮的辩证发展与演变,这是庞朴先生匠心独运的研究思路。

这一思路的形成,是庞朴先生偏爱辩证法研究的结果。从庞朴先生发表第一篇学术论文《否定的否定是辩证法的一个规律》,到后续发表的《老子的朴素的辩证法思想》《论孔子的思想中心》《墨经的辩证思想》等文,他在其早期的学术研究中,突出地表现出了他的立基于辩证法的研究思路,及运用其辩证法思想开展学术研究的路向。而否定的否定辩证法,成为此时期庞朴先生研究中国哲学的主要工具,这也是他后来窥得“一分为三”堂奥的最初门径。

由此出发,庞朴先生更是萌生了写成一部《中国辩证思想发展史》的想法。通过对孔子的思想中心即中庸的阐释,对老子的辩证法思想的把握,以及对墨经、名家等的辩证思想的发掘,庞朴先生发现在中国古代诸子哲学思想中存在一种主张对立统一、中和平衡的辩证思想,于是他想完成这样一部别具特色的哲学史著作,以指引人们摆脱思想上二元颉颃的困境。但由于各种原因,最终这一想法在其有生之年没有得以完全实现。虽是如此,但其雄厚的学术功力、敏锐的思想眼光以及旁人难及的哲学思维,都已向世人展现无遗。

4.领军“文化热”

20世纪80年代“文化热”的出现,与庞朴先生对文化研究的重视和推动有莫大关系。1981年,庞朴先生受联合国教科文组织之聘,担任《人类文化与科学发展史》国际编委会中国代表。出于职业的敏感性,庞朴先生发现中国当时极端缺乏文化方面的研究成果。原因自然是“文化大革命”。“谁也不会想到,十年‘文化大革命’的恶果之一,竟是大革了文化的命。”因此,他开始在学界呼吁文化研究的重要性。

当然,“文化热”的兴起有其现实的社会背景,与当时改革开放和四个现代化国策的提出有关。现代化的对立面是传统，所以在谈现代化的同时，很自然就有一个如何对待传统的问题。西方曾认为，要现代化就不要传统，要现代化就必须抛弃传统。现在我们国家提出现代化了，那传统怎么办？这是当年摆在国人面前的一个现实问题。1982年，庞朴先生在《人民日报》上发表了《应该注意文化史的研究》一文，率先发出重视文化史研究的时代性呼声，引起学界的强烈反响，从而掀起了80年代文化热的序幕。

文化是什么？庞朴先生首先便碰到文化的概念问题。庞朴先生为此曾去拜访大文化家钱锺书。钱锺书先生说，你不问我的时候，我知道文化是什么，你一问我，我倒糊涂了。事实上真是这样，当时谁也搞不清楚文化的形式是什么，内容是什么，怎样发展的，怎样衰败的。文化跟政治、经济的关系等，没有人能形成任何一点非常肯定的表述。

在整个20世纪80年代，庞朴先生曾就文化学、文化史、文化传统与现代化诸问题，数十次地发表演说、撰写文章，阐述其对文化的各种思想认识，从而推动了文化研究热潮的前进。庞朴先生的一系列重要观点可归纳为“一、二、三”：一就是一个定义，什么叫文化？文化就是人化。二就是认为文化有两个属性，即民族性和时代性。三就是文化有三个层面，即物质的、精神的和制度的三个层面。庞朴先生对于文化的定义、两个属性和三层结构的阐述，引起了学界的极大重视，成为探讨中华文化问题的重要理论指导。

庞朴先生的《文化结构与近代中国》的著名演讲，以隐喻的方式把当时正在兴起的文化热定位为新的五四运动。他在“文化热”兴起和进行同时发表的那些评论、讲话和访谈，引导和推动着“文化热”的兴起和发展，是“文化热”中当之无愧的领军人物。

5.“一分为三”研究

庞朴先生是中华文化研究的大家，不仅仅指其知识之渊博、见解之深刻，更是指他富有创新精神，往往能够独辟蹊径地获得新解。而在诸多创见中，影响最大的莫若对中华文化密码“一分为三”的探究。进入20世纪90年代后，庞朴先生开始从文化现象入手，致力于中国辩证思想的研究，以解读中华文化密码。比如说，他从黄帝的传说开始，用黄帝的故事说混沌，用“伯乐相马”来谈认识论，从“庖丁解牛”谈实践论，通过一批出土文物（纺锤)来谈“玄”,运用几个上古文字来说“无”,如此等等,最后当然都要归结到中国辩证思维。

其实,庞朴倡导“一分为三”,偏好方法论的研究,早在1952～1954年就读中国人民大学时便已开始。1956年发表的《否定的否定是辩证法的一个规律》一文便是他最早的成果。十年动乱期间,庞朴先生深感中庸至德之可亲可贵,并亲历了“民鲜能久矣”的可叹可悲,于是有了认真看待“中庸之道”的酝酿,在1981年的《中国社会科学》创刊号上,发表了震惊学界的《中庸平议》一文。1984年,他的《儒家辩证法研究》出版问世。书中从辩证思想角度对仁义等的解说,对儒家“一分为三”方法的揭示和分析,都以其敏锐而平实的学风,博得海内外学者的赞誉。

庞朴先生在《中庸平议》之后深深相信,中国文化体系有个密码,那就是“三”:

> 世界在本质上是统一的,同时又是三分的;统一是三分的统一,三分是统一的三分。源远流长博大精深的中华文化,其密码也正是一个“三”字。

“三”的秘密一经揭示,便成为解读传统文化的一把密钥,如燃犀烛怪,具有直指人类文化本质的力量。于是庞朴便用这个密码去开中国文化宝藏之锁,也用开了锁的宝藏文化来反证密码之存在。如《解牛之解》《相马之相》《黄帝与混沌》《阴阳五行探源》《六峑与杂多》等。古稀之后,庞朴先生开始对“一分为三”给出理论上的说明,于是有了《三分法论纲》《中庸与三分》《三极:中国人的智慧》《三分法:解读中国文化的密码》《关于中国古代三分法的研讨——四圣二谛与三分》等尝试。2001年9月,他开始撰写《一分为三论》,2003年3月出版,给“一分为三”研究画上了一个圆满的句号。

中国古书里还说尧舜都有三只眼睛。而这第三只眼睛,是一只看不见的眼睛,它既看左边的情况,又看右边的情况,然后综合两边的情况,得出一个正确的判断。

庞朴还用中国诡辩派的“鸡三足”来解释三分法。诡辩派的“鸡三足”说,听来似乎是一种奇谈怪论,其实并不是说鸡真有三条腿。而是说,鸡有左腿,又有右腿,两条对立的腿到一起以后,它们之间一定还有一只看不见的足，在指挥着左右两只看得见的足，所以是“鸡三足”。

当前，中国正处在构建社会主义和谐社会的进程中。如何解决改革与稳定、自由和秩序、发展与公正的关系，消除分化，缩小差距，建设和谐社会，在庞朴看来，说到底，还是一个二分抑或三分的问题，是用斗争哲学还是用同一来化解对立的问题。“在我看来，构建和谐社会，实际上就是‘执两用中’。一个中庸的、兼顾各方利益的、采纳各种长处的社会才是和谐社会。”

在“三分法”的研究中，庞朴特别推崇明末清初的一位大思想家方以智。在庞朴先生看来，方以智的思想精华“公因反因”说，正是中国古代辩证法中的三分法思想。而且，他提出的时间要比西方黑格尔早很多年。

方以智的《东西均》一书虽只有10万字，但因其用典晦涩、陈义玄奥之故，为世人所公认难读，庞朴先生也是读而又废者，凡三次。但是，庞朴先生认为：“他所抉发的宇宙奥秘，那个一分为三的道理，很是应该也很有必要广泛为众人周知，以利于认识世界建设世界。”于是，庞朴先生发了一个宏愿，决定着手注释方以智这一论著，以飨世人。耗时三载，终于使这部书呈现于世。今天，也只有如庞朴先生这般具有哲学头脑的人，才可以将此书解释得如此明白。

除了哲学家的思辨，庞朴先生的校释工作，还体现出了一个文献学家的精审与严谨。在做《东西均注释》时，他以中华书局1962年的点校本为底本，又亲自到安徽省博物馆根据方以智十一世孙方鸿寿所献原件逐字核校，改正了中华书局本中大小漏误50余处，使《东西均》的原貌可更准确地呈现于世。于是，庞朴先生成为众所周认的方以智研究专家。

6.出土简帛文献的研究和贡献

1973年长沙马王堆出土了一批先秦文献，庞朴先生从《文物》上读到了有关马王堆的简报后，指认出其中有属于思孟五行学说的篇章，并将其整理校注命名为《五行》。文章证明，马王堆帛书所谓的“仁、义、礼、智、圣”五种德行，即荀子《非十二子》中指责的子思、孟轲所造作的五行，从而解决了中国学术史上的一大谜团，博得了海内外学者普遍赞誉。

不过，文章写完后当时并没有立即发表，而是放在了抽屉里，一直到“四人帮”倒台。之所以不发，是因为当时正值“批儒评法”的影射史学肆虐时期，人们对于儒学唯恐避之而不及，此刻若要发表有关儒家的思孟五行说，那简直是自找倒霉。然而，这却不妨碍庞朴先生的“独立之精神，自由之思想”。“四人帮”倒台后，庞朴先生才把这篇文章交给了《文物》杂志。庞朴先生此举得到学界的一致认同，使沉寂了两千多年的思孟五行古谜，因之得以迎刃而解。

1998年，《郭店楚墓竹简》出版再一次震惊了学界。因为郭店楚简里有许多以前从未见过的东西。这重新点燃了庞朴先生20多年前爬梳马王堆汉墓帛书时的好古之情，于是对荆门郭店竹简进行逐篇研究，提出了儒家“三重道德论”、从心旁字看思孟学派心性说、“仁”范畴的演化等精辟见解。

庞朴先生认为，郭店楚简虽然只有一万三千多字，但是意义却相当重大。它的价值主要在于它填补了孔子和孟子之间的空白。以前谈起先秦儒家就会谈到三位代表人物——孔子、孟子、荀子，而实际上这三个人物只是三个点而已，孔子只谈“仁”，孟子谈“仁义”，那么怎样从孔子到孟子，孟子是怎样用“义”去补充“仁”的呢？实际上，郭店楚简就从内外两方面回答了这个问题。从孔子的“性相近”到孟子的“性善论”，从孔子“仁”到孟子“仁义”的提出，这两个过程在郭店楚简中都得到了充分的体现，可以说郭店楚简是联系孔子和孟子的一座桥梁。

在郭店楚简里面，庞朴先生还发现了有大量带“心”的字，这个现象在以前没有发现，大家也都不知道。显然，这样一种研究“心”的潮流的形成，是为了回答如何从人道到天道的问题。具体讲，郭店楚简里有一篇《心之命处》，该篇里有一个重要的命题，那就是“道始于情”。以前大家一直认为儒家思想认为人心是善的，人情是恶的，现在发现了“道始于情”，如果“情”是恶的话，那么“道”也就是恶的了。所以从“道始于情”看，儒家对“情”应该是肯定的。汉代以后一直到宋明理学实际上都是反对“情”的，而郭店楚简正好帮助解开了这个结。庞朴先生对这些千古谜团的破解，令很多人惊讶不已。

为推进简帛研究的深入发展，庞朴先生以70岁高龄倡议成立了国际简帛研究中心，并创办和主持了“简帛研究”网站，专门发表与出土文献有关的各种文章，此举得到海内外简帛学人的大力支持和一致好评。

庞朴先生在年逾古稀之时，依然学问不辍。2005年在山东济南、2006年在山东邹城、2007年在山东临沂，他主持召开了三届世界儒学论坛，分别讨论了孔子、孟子、荀子思想的当代价值。直到临终之前，还在主持国家社科基金重大项目《中国儒学通志》、山东大学985重大项目《儒学小丛书》100种等。在从事学术研究之外，庞朴先生还在北京大学、中国人民大学、山东大学等国内多所高校指导博士生。他乐于提携后进，喜欢和青年人交朋友，不少青年学者登门向他求教，他总是耐心加以解答，有不同意见，亦可无拘无束，自由辩论，绝不会盛气凌人。中国人讲做人与为学的统一，庞朴先生给学界留下深刻影响的不仅是他渊博的学识、睿智的见解，还有他宽厚的长者风范。他是智者，更是仁者。

（原载王守常主编：《师道师说·庞朴卷》，东方出版社2018年出版，收入本书时有改动）

周来祥和谐美学思想的理论贡献与历史价值

周纪文　戴孝军

作为具有世界影响的美学家，周来祥先生(1929～2011)一生执着于美学的研究和教育，发表了290多篇有影响的学术论文，出版了20多种美学论著，形成了以“美是和谐”为核心观点的独特的美学理论体系，学界称之为“和谐美学学派”。和谐美学思想和理论体系既具有独特的理论观点与研究方法，又具有突出的学术价值和历史价值。其理论特征主要体现在三个方面：一是以“和谐”为元范畴，提出了“美是和谐”的理论观念；二是始终坚持马克思主义的辩证思维方法论；三是建立和完善了一个理论体系。这个体系的建构又体现在两个层面：一是在和谐、崇高、丑、荒诞、辩证和谐等范畴的逻辑演变与不断丰富发展中，实现了逻辑与历史相统一的理论论证；二是将“美是和谐”的观念贯穿于哲学美学、文艺美学、中西比较美学、中西美学史、审美文化学等美学的各个分支学科，建构了和谐美学的大体系。这个大体系不但体现于美学理论本身，而且在学科建设、教学培养乃至社会实践之中都具有建设性意义。周先生的和谐美学思想与理论体系具有重大的理论贡献和历史价值，这种价值体现在理论发展中的建构意义、学术追求中的启示意义以及思想传播中的实践意义之中。周先生在六十多年的美学追求中，一直致力于思考和建构，在坚持核心观点和价值追求的基础上，凭着对学术理想的信仰和自身理论意识的敏锐，不断地推进理论思考，完善思想体系，实现理论超越。周先生的学术生涯充分展现了他勇于坚守理想信仰的坚毅精神和不断开拓创新的勤勉精神，其和谐美学理论与思想体系则是周先生用生命浇灌的美学之花。

一、和谐美学思想的理论贡献

1.独特而鲜明的理论观点——美是和谐

“美是和谐”是和谐论美学对美的本质的规定，也是和谐论美学思想的核心内容。周来祥先生是这样界定“和谐”范畴的：

> 和谐是一个深刻的美学和哲学范畴。它起码包括这样紧密联系的四层含义：一是形式的和谐。人、物、艺术、外在因素的大小、比例及其组合的均衡、和谐(形式美)。二是内容的和谐，即主观与客观、心与物、情感与理智的和谐(内容美)。三是形式与内容的和谐统一(生活美，特别是艺术美更以此为主要的要求)。从唯物主义说，首先是内容的和谐，内容的和谐要求着形式的和谐，并规定着内容和形式之间的和谐统一。四是内容的和谐又决定于主体与客体、人与自然、个性与社会的和谐自由的关系，这种和谐自由的关系集中体现为完美的、全面发展的人(在艺术中则体现为理想的典型和意境)。[①]

首先，周来祥先生是从审美关系上来界定“美是和谐”，认为“美是和谐”是一种关系范畴，关系各方既相互依赖又相互制约，达到一种和谐自由的境界。其次，和谐是一种广义的美，不再是单独的形式美，形式美只是和谐美的一种，和谐不只包括形式美，还包括内容美、形式和内容的统一及其理想状态，是一种主观与客观、主体与客体、人与自然、个性与社会的和谐关系。最后，和谐作为一个最本质的抽象和最深刻的归纳，处于一个逻辑起点的位置，这个逻辑起点符合辩证逻辑的方法论，它的展开能为一个理论的生长提供空间和动力。因为和谐是一种关系范畴，关系之间的变化也会引起暂时的不和谐状态，比如崇高、丑和荒诞，但是从本质意义上讲，这些不和谐状态只是暂时的，最终还会走向和谐状态。

对于和谐范畴，周来祥先生不但作了抽象的定义和逻辑的论证，而且从美学史的角度，对和谐范畴的发展作了梳理，指出和谐是美在各个历史

① 《周来祥美学文选》(上)，桂林：广西师范大学出版社，1998年，第312页。

时期的共同理想。尽管这一理想在古代、近代和现代的具体表现并不相同，即古代主要认为美是真或善，近代主要认为美是自由，现代认为美与人类的生存实践密切相关，但是不同时代的美的形态有着内在的本质统一性，即美始终与人类的生存状态和实践活动紧密相连，是对人的本质力量的正面价值的肯定。美和审美的历史发展以及美学理论的发展证明，和谐是人与自然、主体与客体、合目的性与合规律性的统一，和谐的统一也就是自由，美的本质特征就是和谐、自由。

周来祥先生最初对“和谐”范畴的论述主要来自对西方美学发展史的考察，是一种范畴发展的历史梳理，并进一步论证和总结了“美是和谐”观念。“和谐”范畴的梳理与“美是和谐”观念的论证虽然来自西方美学史，但“和谐”范畴与观念却又极具中国性。当然，在中国古典美学发展史上，范畴的发展与论证一直不够严谨，周先生后来还是专门写文章论证了“和谐”概念在中国古典美学中的发展，以及“和谐”观念与思想在中国古代思想史中的发展与变化。实际上，在中国传统的美学思想中，尽管没有对“和谐”范畴作过严格的论证，但内在精神却是更加符合“和谐”的本质规定，如“和而不同”“天人合一”“和实生物”等。因此，周来祥先生认为中国传统文化的根本精神就是中和主义，儒家讲人与社会之和，道家讲人与自然之和，禅家讲内在的心理之和，都重“和”。“和”的内容已成为中国人传统的心理结构和思维方式。这样的文化精神就陶铸了中国古典和谐和美的艺术。正像傅谨在《辩证思维的魅力》一文中所说，黑格尔逻辑体系的致命缺陷在于缺乏感性体验的基础，而和谐论的逻辑起点则是既有深刻的理论内涵，又有生动的感性意蕴，“中国人尤其注重艺术与审美活动中的感性体验的悠久的美学传统，使周来祥先生形成了与在西方理性主义传统中滋生的美学家们截然不同的思维模式，而正是这种东方式的思维特点与辩证法的有机结合造就了周来祥先生中国式的辩证思维方法”[①]。可以看出，美是和谐的观念既具有西方式的理性辩证特征，有高度的概括力和生长力，又具有中国式的感性体验特征，有充分的说服力和亲和力。对此张岱年先生曾给予高度评价：周来祥提出“美是和谐”，“这是中西两千年美学思想的深刻总结，非常精湛，非常正确”，“是对于当代美学的一项重要贡献”。[②]

---

① 傅谨：《周来祥先生和谐美学研究评论文选》，北京：中国文史出版社，2002年，第344页。

② 张岱年：《谈〈周来祥美学文选〉》，《光明日报》1999年8月13日。

2.理论思想的坚实基础——辩证思维的方法论

和谐论美学思想始终坚持马克思主义的辩证思维方法的运用,这是周来祥先生治学的一贯特点,也是和谐论美学思想的一大特色。周来祥先生认为方法是治学的"生命线",它比研究成果更重要,因此,他终其一生都在坚持运用、发展马克思主义的辩证思维方法。对于马克思主义的辩证思维方法,周来祥先生既有深入的研究,更有独特的运用。应该说,辩证思维是马克思主义美学与文艺学的内在要求。辩证思维是黑格尔创造的,马克思给予了唯物主义改造。周来祥先生认为辩证思维方法不同于形而上学思维的最大的特点就是运用流动概念和流动范畴,在概念和范畴的辩证运动过程中再现客观事物发展的历史过程。在辩证思维方法中,周来祥先生最注重抽象上升到具体、逻辑与历史相统一的方法。周来祥先生认为抽象上升到具体是概念的辩证运动,寻找逻辑起点是这个运动的关键,找到了逻辑起点就完成了体系的一半。而逻辑与历史的统一方法则是将概念范畴的运动置于历史具体之中。周先生认为:

> 所谓历史的方法是通过事物现象的发展过程,以揭示事物内在联系和规律的方法。逻辑的方法和历史的方法在形式上是不同的,但在内容上是一致的。因为历史的方法包含着逻辑,包含着客观事物的逻辑和规律。逻辑的方法也是历史的方法,因为逻辑的过程,反映着历史的过程和规律。所以在这个意义上二者本质上是一致的,是理论和实践相结合的一个形态,在这个意义上讲历史的方法也就是逻辑的方法,逻辑的方法也就是历史的方法。①

因而,在方法论的层面上,周来祥先生的和谐美学不但找到了正确的逻辑起点,而且这种历史观念也表现出与各家美学理论的差异。

理性主义美学为阐明美的本质定义耗尽了无数美学家的智慧,但是,无论将美定义为何种概念,这个定义都必须面对无限丰富的社会现实和艺术事实的检验。因而伴随着一个又一个美的定义,质疑和批判从来就没有停止过,直到20世纪非理性思潮突起,干脆放弃了这种努力。把逻辑运动中的概念放入历史运动之中,将逻辑与历史统一起来,不能不说是在方法

① 《周来祥美学文选》(上),第157页。

论层面上的一种突破。正是基于这种突破，和谐论美学思想试图为美的本质寻找一种新的思路，即将美的定义和审美关系的变化放在人类审美活动的历史发展之中，以宏观的视野和运动的思维来审视丰富而具体的审美活动和审美感受，在总结人类审美活动的历史发展和审美经验的时代转化的基础上界定美的本质。

周来祥先生认为美学研究只能从最抽象的美的本质开始，然后从美的本质发展出各种美的形态，社会美的出现是对美的本质的否定和扬弃，自然美又是对社会美的否定和扬弃，社会美又可以看作美的本质和自然美的中间环节，概念的发展一个比一个丰富，一个比一个具体，各种美的形态的展开，使美的本质这一概念得到日益深刻的规定性，再回到美的实践和创造的关系的时候，也就具有了丰富的内容。这就是美的本质概念的逻辑发展。而逻辑的也是历史的，美和审美又是一种历史现象，随着人类历史的演进和政治、经济、文化等各个方面的变化，人类的审美趣味和审美理想也在不断变化色彩，从静观的优美到激进的崇高，从极端的丑直至裂变的荒诞，人类的审美趣味也会变幻万端。如果不将美的定义放在如此复杂的现象之中来审视，那么美的本质就无从谈起。可以说，正是将美看作历史的、运动发展的概念，所以和谐论美学从古代的美到近代的美，再到现代的美，从和谐美到崇高美再到丑、荒诞，逻辑的推演和历史的转换才能相吻合。从这一点上看，和谐论美学超越了经典美学试图从美的现象中总结美的本质的努力，深刻指出美具有时代性，审美趣味和审美理想也必然是历史性和时代性的结果。

当然，和谐论美学的历史主义观并不仅仅是注重研究史料而缺乏逻辑，正像经典的理论注重逻辑而忽视历史一样。和谐论美学就是要将二者结合起来，因而和谐论美学思想将美的定义放在历史的具体观察之中，但又不是去归纳历史，而是提出具有时代性的审美主潮的特征。这种审美历史不是随机性的，不是无规律可循的，逻辑的发展必然符合历史的自然进程，而历史的具体也在本质上表现出自身的规律性，暗合逻辑的发展，这就是逻辑和历史的本质统一。这同时也在方法论层面上表现出一种辩证逻辑的精神和历史主义的观念。

可见，虽然当时各家的美学理论都是以马克思主义方法论为基础，但和谐论的特征在于对辩证思维方法始终如一的坚持，以及对历史唯物主义的继承，强调逻辑与历史的统一，既追求理论研究的严谨、逻辑推理的缜密，以西方的辩证思维纠正传统思维的模糊性，又强调结合历史、结合现实，在理论研究的各个环节强调有的放矢、有据可依、符合历史事实，以纠正纯粹逻辑推演的封闭性，这也是“主潮式”研究方法的设想和依据之所在。

3.完善而具有建构意义的和谐美学思想体系

和谐美学思想对当代中国美学最大的贡献是理论体系，这个理论体系不仅是思想的成果，还是在方法论基础上的必然构建。这个思想体系包括方法论、美的本质论（包括艺术的审美本质）、美的形态论（包括艺术的审美形态）、审美意识论、中西方美学史理论、中西方比较美学理论等。这是一个庞大的思想体系，它是以和谐为核心，展开美学范畴的辩证运动和逻辑构架，这是它的根本特点。从范畴的纵向发展看，是从古代素朴的和谐美，经近代的崇高（以及现代和后现代的丑与荒诞），发展到社会主义新型的辩证和谐美，这通常被称为“三大美学”，或古代的美、近代的美、现代的美三大美的形态。从更加严格的逻辑结构看，美的对立面不是崇高，而是丑。“美是和谐，丑是不和谐，反和谐。”崇高与荒诞都是过渡性范畴，崇高是由和谐向丑的反和谐的过渡，荒诞则是由反和谐的丑趋向于新的和谐的过渡。在这里，无论是美的范畴发展，还是理论的逻辑架构，都是以和谐为轴心而展开的。这是和谐美学的基本内容，也是和谐美学的独特创造，更是它与实践美学、生存美学、生命美学等的不同之处。因此，闫国忠教授认为，和谐美学是20世纪中国创造的六种“美学模式”之一。[①] 季羡林先生称赞道：“周来祥教授独树和谐美学的大旗，既能自圆其说，又是独辟蹊径，不落窠臼，巍然挺立于美学之林，为中国美学界增光添彩。”[②]

对于理论体系，美学界一直存在不同的看法。西方现代美学是没有体系的。在黑格尔美学体系之后，西方占主导的是非理性的美学思潮，就是不承认体系，要打垮体系，认为体系是理性的代言，是理性高于一切的结果，是独断论和目的论的表现。但是，我们注意到，西方经过了体系时代，经过了康德、黑格尔那样的大体系，发现了体系给思想发展带来的弊端，所

① 参见闫国忠：《美学百年总序》，《中华读书报》1999年10月13日。

② 季羡林：《读周来祥教授〈美学文选〉》，《光明日报》1999年3月12日。

以他们要反对体系，纠体系建构之偏。但是事物的发展都是辩证的，体系的建立在一定历史阶段是必要的，而且也是有益处的。体系可以为人们看待世界提供一个视角，为思考问题提供一种方法。当然体系不是万能的，它不可能解决一切问题，也不可能适用于一切时代。周来祥先生很清楚这一点，当美学发展开始走入反思体系的时候，当理论研究面临新的实践问题的时候，他既没有选择匆忙地抛弃体系，也没有选择盲目地维护体系，而是自觉地回到理论本身，回到体系本身，从理论基础和实践问题出发，完成自我的超越：一次是提出了近代崇高范畴，使得和谐美学体系由封闭走向开放；一次是反思和论证主客体的二元对立问题，回到哲学美学的方法论基础和本质问题，解决理论体系的基础问题。

二、和谐美学理论的历史价值

1.理论发展中的建构价值

和谐美学思想和理论体系的发展，表现在六十多年来周来祥先生不断将其向纵深和宽广推进，一直致力于理论性的创新发展和体系建构。这种建构一方面体现在“美是和谐”思想观念的丰富与发展之中，另一方面体现在和谐美学理论大体系的构建之中。在和谐美学思想体系自身发展完善的同时，又表现出对当代中国美学思想的推进和对学科建设积极而重要的促进作用。

对于一个理论体系来说，明确研究对象是首要的问题，和谐论美学思想正是从这个基础问题来建构它的思想体系，显示出它的独特性。20世纪五六十年代，人们针对美的研究对象是客观对象还是审美主体，是客观属性还是主观体验，是美的一般规律还是艺术的特殊表现形式而争论不休的时候，周来祥先生立足于马克思主义的实践观点，提出了美在本原上是源自审美实践活动的审美主客体之间的客观关系，而在本质上，这种关系是一种和谐自由的关系的闪光思想，并把其作为逻辑起点，多角度、多层次、全方位地为我们展开了一个充满理性思辨色彩和丰富实践内容的美学理论体系。20世纪八九十年代，和谐论美学思想体系面临现代、后现代主义的挑战，周来祥先生深入研究了西方现代、后现代艺术，终于以“崇高”“丑”

“荒诞”的范畴论证来完成了体系的自新。随着建设和谐社会方针的提出，周先生在和谐美学思想中找到现实基础的支持之后，没有简单地嫁接和解释，而是返回了理论的哲学基础问题，从思维方式、创新性提出“和谐思维”的概念，既发展了和谐美学思想，也将和谐理论的论证从社会实践层面引领至哲学基础层面，拓宽了其理论结构。

在建立和完善“美是和谐”思想观念的同时，周来祥先生一直致力于美学研究领域的拓展和美学学科的建设。早在20世纪80年代，周来祥先生就开始了对文艺美学的研究，出版了《文学艺术的审美特征与美学规律——文艺美学原理》，以艺术的审美本质为逻辑起点，从质和量的两个分类原则出发，在质的方面，以三大美的理论和中西比较美学的纵横发展和对比为结构；在量的方面，从再现艺术、表现艺术和综合艺术作分类研究，最后又对艺术创作、艺术作品和艺术欣赏与批评进行了分析阐述。在文艺美学理论中，形成了独具特色的理论体系。这是我国美学界提出的第一个体系性的文艺美学理论。2003年，周来祥先生又出版了《文艺美学》一书，进一步系统研究和论证文艺美学，指出文艺美学是由哲学认识论、心理学、社会学、伦理学、生存实践等各种角度、多个层次、多种方法高度融合所规定的美学的中介学科和分支学科，是客观存在的。“和谐论”文艺美学体系弘扬、发展了古今中外尤其是康德的美学思想和艺术理论，既有对美和艺术的总体把握，又有对艺术作品审美构成的具体探索，并且它运用发展着的辩证思维方法，构筑了一个纵横结合、网络式、圆圈形的逻辑框架体系，这是它的特色。对于比较美学，周先生也是较早涉足这一领域并提出独特理论的研究者之一。1992年出版的《中西比较美学大纲》是中国美学界第一部系统研究中西比较美学的专著，一改过去比较研究只注重具体研究和局部研究的传统，使比较美学在学科建设和理论建设上都有了飞跃性的发展。2007年，年近八旬的周先生编纂完成了一套六卷本的《中华审美文化通史》，从而系统地研究和整理了中国传统文化、近现代文化现象中的一切审美因素，较为全面地把握了中国审美文化的本质、特点及其发生、发展、嬗变、兴替的美学规律，成为第一部有着贯彻统一的核心观点和理论体系的审美文化通史。

尽管周来祥先生编撰了《中国美学主潮》和《西方美学主潮》，但他一直还有一个心愿，就是希望撰写一部有思想特色和理论体系的“中国美学史”,这个心愿如今也成了一个遗憾。但是,他所涉及的哲学美学、文艺美学、比较美学、中国美学史、西方美学史、审美文化史的研究以及在美学教学和培养上的经验,都为我们留下了宝贵的财富。

2.学术追求中的启示价值

周来祥先生是美学界为数不多的一位贯穿中国美学六十多年发展史的美学家,他从20世纪五六十年代的美学大讨论开始,一直站在美学研究的学术前沿,从未中断过美学的思考、科研和教学。更难能可贵的是,他创立的和谐美学思想,从提出到完善,从抽象到丰富,再到一次次的超越,为中国当代美学贡献了极具理论价值和学术特色的美学思想体系。从这个意义上讲,和谐美学思想作为一个文本、一个对象,不仅可以研究它的理论思想,还可以研究它的发展,因为在它的发展历程中具有很重要的启示价值。这个启示价值主要有三点:一是坚持学术创新,保持敏锐的理论意识,合理提出并完善独特的学术观点;二是坚持学术信仰,无论学术环境的热与冷,都不改变研究的热情和思考的努力;三是坚持学术胸怀,既把自己的研究视野不断扩大和深入,也积极吸收和接纳新鲜的、不同的思想和观念。

和谐美学思想的每一次建构都是在美学思想发展的关键时期遇到了纠缠不清的问题时提出的。像20世纪五六十年代美学大讨论形成的四家学派,说到底就是在“唯心”与“唯物”之间兜圈子,强调的是从哲学而不是从美学学科角度的划分,更没有对审美和艺术的特征给予足够的重视。周先生经过自己的思考,提出了“美是和谐”的美的本质论,以审美关系为研究对象,就更加准确地捕捉到审美和艺术的独特性,找到了更为合理的理论基础。20世纪80年代末以后,随着西方现代、后现代思潮的冲击,青年学人流露出越来越激烈的对体系的反感和否定,周来祥先生在深入研究西方现代、后现代艺术的基础上,详细论述了“崇高”“丑”“荒诞”这些范畴,并完成了体系的自新。20世纪80年代初,周来祥先生认为崇高是一个近代范畴,具有过渡性和双重性的特点,但是正是这种过渡性的特征,使崇高更像一个处于古典和谐与现代辩证和谐之间的链接,而没有显示出独特的重要位置和理论价值。所以,在《美和崇高纵横谈》一文中,周先生认为崇高是一个有着独立价值和地位的美学范畴,在和谐美学中与和谐一样具有重要的地位,而不再是一个处于古典和谐与现代辩证和谐之间的过渡性范畴。周来祥先生认为崇高的加入,使古典和谐美逐渐向分裂、对立转化,但还没有完全分裂、彻底对立,还是和谐的。丑和荒诞的加入彻底打破了古典和谐美的静止状态,使分裂与对立成为常态、动态,但是在理论的深层又有一种和谐美的回归,但是这个回归的和谐美不是古典的和谐美,而是一种充满现代意识的辩证的动态的和谐美。进入21世纪,周来祥先生针对众人对主客二元对立思维模式的争论,发表了一系列超越主客二元对立的思维模式的文章,提出"和谐思维"的概念,使辩证思维又发展到一个新的阶段。周来祥先生认为主客二元对立的基础是差异和矛盾,这是它的本质属性,但是差异和矛盾并不等于二元对立,也不是必然导向二元对立,因为差异和矛盾可以区分出对立与非对立,也就是对立和杂多。按照黑格尔的分析,杂多是不同事物各自独立;而对立是本质的"异",相异者,就是与自身正相反对的别物。即杂多和对立是有本质区别的,杂多是外在的非本质的"异",杂多之间性质是并列的,比如酸、甜、苦、辣、咸;而对立则是内在的本质的"异",对立之间是肯定与否定的关系,是相互规定的关系,比如真和假、美和丑,它们之间相比较而存在。事实上,承认矛盾的对立,可以走到二元对立,也可以不走到二元对立,而走到对立的和谐统一。

中国当代美学经历了从体系时代到反体系时代以及多元发展和转型时期,再到和谐社会建设的新时代。和谐美学自身也经历了体系时代阶段、后体系时代阶段(自我超越阶段)和新世纪的本质超越阶段。这种时间阶段性上的一致并不是刻意保持的,而是因为周来祥先生同样在和谐理论发展的挑战与机遇中不断思考,因此说和谐美学思想的每一次突破和自我超越,都表现出他作为一位理论家和思想家敏锐的问题意识和理论意识,表现出他对学术理想矢志不渝的追求,表现出一种创造性的理论探索精神。周来祥先生从创建和谐美学体系,并坚持到生命的最后一刻,是非常不容易的。和谐美学思想和理论体系从诞生到发展不断面对质疑和困境,周来祥先生从不马上反驳和辩解,而是认真地、默默地去思考,经过长时间反复思考和论证后,再提出自己的观点和阐释。因此,和谐美学理论在发展中一直都在坚持理论体系自身发展之路,思想学派发展之路。所以,周来祥先生在提出思想学派百家争鸣的重要性以后,特别强调了坚持:坚持自己的观点、信仰,不为物喜,不为己悲,在顺境中保持冷静,在逆境中耐得住寂寞,不左顾右盼,不浅尝辄止,要持之以恒。这是值得我们后辈学习和铭记的。

3.社会发展中的实践价值

一个理论的价值和意义在一定程度上还取决于它的现实意义，取决于它面对现实问题和发展变化时的应对性和指导性。进入21世纪，在党中央提出建设社会主义和谐社会方针之后，周先生在和谐美学思想找到现实基础的支持后，并没有简单地嫁接和解释，而是返回到理论的哲学基础，创造性地提出了“和谐思维”的概念。周先生认为和谐思维是相对于矛盾思维提出的，是辩证思维的两大类型，都属于辩证思维的子范畴，是绝对的、普遍存在的，也是事物发展的根本动力。但是，和谐思维首先是一种关系范畴，各个方面的关系和要素是决定和谐体本质的关键。周来祥先生认为现代辩证思维强调建立在对立双方（或多方）利益根本一致并不断协调的基础之上，合作发展，互利共赢，这使得和谐思维与矛盾思维在本质内涵和运动特征上都有了明显的差异。在处理事情的方式上，矛盾思维主张以斗争的方式来处理矛盾，而和谐思维则是以相互协调、相互融合、共同发展的方式来处理。周来祥先生认为，尤其在社会主义和谐社会建设与全球共谋发展的今天，和谐思维才是和平建设和持续发展的基础。

周来祥先生认为社会主义和谐社会建设为和谐美学的发展提供了物质条件和现实基础，也为中国当代美学的发展提供了启示和机遇。和谐美学认为和谐是动态的、发展的、历史的，由古代素朴的和谐美，经近代对立的崇高美，向现代更高更新的辩证和谐美发展。当然，也一直有人质疑现代辩证和谐美，认为这只是美好的理想而已，是理论的假设。社会主义和谐社会建设的提出为现代和谐美学提供了物质基础，也为美学理论的发展提出了任务和要求。社会主义和谐社会是人与社会、人与自然、人与自身、主体与对象高度和谐统一的社会，在此基础上必将产生出新的审美关系，创造出新的现代和谐美，形成新的和谐美学。所以说社会主义和谐社会是和谐美学的源泉和发展动力，同时为彻底消解二元对立、开创辩证和谐的新时代创造物质条件。研究和谐美学与和谐社会的关系，一方面将和谐美学的发展置于现实的基础之上，另一方面又使理论的发展获得现实意义。和谐美学作为社会主义和谐文化的一个有机组成部分，必将对建设和谐文化、构建和谐社会，推动人与自然、人与社会、人与自身的和谐发展，培育社会主义全面和谐发展的现代人产生积极作用。

和谐美学思想理论既是抽象的又是具体的，既是深奥的哲学美学思想，又是与现实相联系的、可以行之有效的观念和方法，周来祥先生就曾说和谐美学的最大特点，就在于“既是具有中国特色的又是符合马克思主义的，既能领起美学研究潮流的又能解决美学实际问题的”[①]。从这个意义上讲，周来祥先生的和谐美学思想的价值和意义已经超出了美学学科本身，他所提出的“美是和谐”的观念、“和谐思维”的方法论以及他所倡导的“和谐”精神，必将产生更加深远和广阔的影响，这也是周来祥先生作为一位思想家所做出的更大意义的贡献。

（原载《文史哲》2011 年第 5 期，收入本书时有改动）

① 《周来祥美学文选》（下），第 1944 页。

乔伟先生法史研究的学术底蕴与现实关怀

徐显明　马建红

乔伟先生(1932～1997)是一位博古通今的法史学者，在几十年的法学研究中，他既立足于史，又不囿于史，以顽强的毅力和锲而不舍的精神，不断开拓自己的学术视野，在法史研究领域取得了辉煌的成果，在他的身上，折射出一位法史学者深厚的学术底蕴和知识分子的现实关怀。

乔伟，又名乔木青，1932年出生于黑龙江省林甸县，1951年考入东北人民大学(现吉林大学)法律系法学专业学习。四年后，他以各科全部优良的成绩毕业并留校任教。后由于政治运动，他被剥夺了授课的权利，调到吉大图书馆，成为线装古籍书库的一名工作人员。面对浩如烟海的古代典籍，乔伟先生根据“就地取材”原则，转向了对中国法律制度史和中国法律思想史的研究，而《七略》《汉书·艺文志》《四库全书总目提要》等也成为他必修的日课，这些被他称为“读了一个硕士学位再加上一个博士学位的课程”[①]，为其日后丰硕的学术成果的产出打下了坚实的基础。1969年10月，乔伟先生被迫离开吉大图书馆，携家带口迁往农村插队落户。1974年返城后，仍被剥夺了工作的权利。直到1978年8月才又回到吉大法律系，继续从事他所钟情的法学事业。1983年，乔伟先生应聘到山东大学法律系后任系主任，1985年晋升为教授，任山东大学法学研究所所长，并担任校务委员会委员、校学术委员会委员、校学位委员及《文史哲》编委等重要职务。1997年9月12日，乔伟教授因病辞世，留下诸多未及完成的宏大而详尽的写作计划，无论对逝者还是生者，这都是一个永远无法弥补的遗憾。

乔伟先生著述颇丰，出版专著4部，发表文章50余篇，主编工具书、教科书21部。其中特色鲜明的《中国法律制度史》《唐律研究》分别获得山东

---

① 《乔伟自述》，《乔伟文集》卷一，济南：山东大学出版社，2000年，第3页。

省1984年度和1986年度社会科学优秀成果一等奖；他任副主编和主要撰稿人的全国统编教材《中国法制史》获司法部优秀教材奖；他任总主编组织编写的大型《法学丛书》、主持编写的《中国法制通史》(十卷本)第三卷《魏晋南北朝》等影响广泛；他主编的《新编法学词典》，获全国优秀畅销书奖。近四十年来，乔伟先生自著文字200余万，编写文字800余万，总计逾千万。2000年9月，由《乔伟文集》编委会编辑出版了乔伟先生改革开放以来近二十年的部分学术成果，即五卷本的《乔伟文集》，计210余万字。该文集第一卷为《先秦法制史》和《中国刑法史稿》，第二卷是《中国法律制度史》，第三卷为《唐律研究》，第四、五卷是文论部分，分别为《古代法研究》和《现代法研究》。嗣后，乔伟先生的部分遗稿被发现，2007年由山东大学出版社编辑出版，是为《乔伟文集》补卷，即《三国时期法制史稿》。该文集凝聚着乔伟先生毕生的心血，是一位法学家留给法学界及全社会的一份宝贵的法律文化遗产。

一、立基于史：新时期法史学界的奠基者之一

20世纪70年代末，是一个百废待兴而又充满希望和生机的时期，刚刚回到吉林大学法律系任教的乔伟先生，立即投身于法学学科和法学研究工作的恢复中。在那个特殊时期，他与几位同道先贤，共同发挥了解放思想、拨乱反正、承先启后的作用。作为中国法律史学形成的标志、代表中国法律史学者多年科研水平和重大成果的《中国法制史》(本科教材)、《中国法制史教程》(全国自考通用教材)、《中国法制通史》多卷本和《中国法律思想史》多卷本的出版和问世，都凝聚着乔伟先生的心血。他参与课题和项目的重大决策，提出大纲和思想观点，并做具体的组织领导工作。他与他的同龄人一道，创造了改革开放以来法史学研究的辉煌，是新时期法史学界当之无愧的奠基者之一。

1.中国法制史应是法学专史

任何一门学科，都应有其明确的研究对象和研究范围。中国法史学科的发展，也始于对其研究对象和范围的厘定和廓清。新中国成立后，我国曾在各综合性大学法律系和各政法学院设置了中国法律制度史和中国法

律思想史的课程。但由于受苏联“国家与法权的历史”模式的影响，在20世纪50年代初期，我国采用《苏联国家与法权通史》作为教本，内容以俄国历史为主，根本不涉及中国的法律制度。在研究对象上，则将国家的政治制度与法律制度放在一起讲授，并以政治制度为主，法律制度只是其辅助和陪衬。新中国成立后的三十余年间，虽然由于其内容与中国的实际脱节、课程体系的庞杂而进行过改革，从《苏联国家与法权通史》到《中国国家与法权的历史》，再到《中国国家与法律制度史》，但用国家制度史来代替法律制度史的研究教学模式却一仍其旧。“国家制度”有其丰富的内涵，举凡一个国家的政治、经济、教育、文化、财政、税收等各项制度都包含于其中，而法律制度只不过是国家制度的一个组成部分。因此，把国家制度与法律制度并列为一门学科的研究对象，本身就是不科学的。另外，在把法制作为国家政治的一个组成部分加以研究的时候，法律史往往处于政治史的从属地位，致使法律自身发展的规律难以被认识。这种观点还隐含着政治理论中忽视法律因素的因子，使法律完全沦为实现某一政治任务的手段和工具。基于这一认识，乔伟先生从自己的学科着手，率先提出了应把政治制度史与法律制度史分开加以研究的观点。他认为，中国法律制度史必须突出“法”，要着重在“法律”二字上狠下功夫，其研究对象只能是“中国各个历史时期的法律制度发生、发展和演变的规律”，具体而言，它包括“研究我国古代法律的起源、本质和作用；研究各个历史时期的统治阶级如何依靠国家的强制力量把本阶级的意志上升为国家意志的过程；研究各朝代法律制度的内容、特点和发展规律；研究古代法律在实际生活中的适用”。一句话，就是要突出中国法制史作为法学专史的特点。[①]

乔伟先生的观点甫经提出，立即引发了一场全国范围内的关于“中国法制史研究对象”的大讨论，先后有五种观点登场立论，而讨论的结果是多数法律史学者赞同他的观点。以这场讨论为标志，中国法制史学科终于完成了对照搬外国模式的变革。后来通用的国家统编教材《中国法制史》即是以这场讨论后的统一认识为根据来设置其体系和内容的。

2.“礼法结合”是中华法系的基本特点

中国古代立法，自夏迄清，源远流长，绵延不绝，而且以其“沿革清晰、

① 参见乔伟：《中国法律制度史·导论》，《乔伟文集》卷二，第15页。

内容丰富、影响深广、特点突出而被公认为五大法系之一——中华法系”[①]。20世纪30年代中期，法史学界就中华法系的特点展开过讨论。著名学者陈顾远、程树德等都著文发表过看法。他们认为“中华法系精神的表现，亦即中华民族精神之表现”。可惜这场讨论因时局的动荡而未能进行到底。20世纪80年代，新中国培养的法史学家重新认识这一法制史上的重大理论问题，把对中华法系的研究推向了新的发展阶段。乔伟先生也积极参加了这场讨论。他强调法系的民族属性，立足于中华法系与世界其他法系的比较研究，反对把中国封建法律制度的特点等同于中华法系特点的传统说法。他认为：

> 礼法结合是中华法系的基本特点。中华法系的特点与中国封建法律制度的特点有相通之处但又不是同质的东西，后者着眼于其阶级性，而前者则着眼于其民族性。中华法系特点的形成既有政治经济的原因，它首先是历代统治阶级长期法治经验的总结，也有民族的原因，它其次也反映了华夏民族既重视礼义道德规范又讲求法治公道的历史传统。礼法结合的过程，大致经历了西周奴隶制国家礼法并用、春秋战国至秦由礼法并用改为弃礼任法、汉代以后至清礼法合流三个发展阶段。礼法结合的途径有两条：其一是立法者以儒家经典为立法根据或以儒家的经典来阐释司法的理由；其二是直接把礼义道德规范纳入法律，把礼的规定改为法律条文，使之上升为法律制度。[②]

由于把法律思想的研究引入制度史的研究中，乔伟先生的观点被法史学界公认为是卓有新意的一家之言，其独到之见也被称为与陈朝璧的“三点论”、张晋藩的“六点论”鼎足三分的“基本点论”。

3.《唐律研究》领一时之盛

在浩如烟海的中国古代法制典籍中，能够提挈上下的法典是极两千年之盛的唐律。《唐律疏议序》中说：“盖姬周而下，文物仪章莫备于唐。”明人亦谓“历代之律，皆以汉九章为宗，至唐始集其成”（《明史·刑法志》）。现代法史学者也认为，唐律是我国古代立法的最大成果，它标志着封建专制

---

① 张晋藩总主编、蒲坚主编：《中国法制通史》第1卷《夏商周》，北京：法律出版社，1999年，“总序”第1页。

② 乔伟：《论中华法系的基本特点》，《乔伟文集》卷四，第74～107页。

主义法律制度的完备与发达，正因为它有着承上启下、宗流后世的历史地位，所以研究唐律既被认为是打开封建法史大门的钥匙，也被认为是采撷中国法律文化皇冠上的明珠。

乔伟先生是新中国成立后对唐律研究起步较早的学者之一。当众多的淘金者认识到唐律的价值纷纷涌向盛唐宝库的时候，他已经满载而归了。早在20世纪80年代初期，乔伟先生就为研究生开设唐律研究的专题讲座，之后，其讲稿曾以《唐律概论》为名结集刊印传播。1985年，他将对唐律研究的心得集为数十万言的《唐律研究》，由山东人民出版社出版。在书中，乔伟教授对唐律产生的历史条件、指导思想、制定过程以及作为唐律支柱的五刑、十恶、八议等的起源、沿革、成制与发展作了全面而系统的研究，达到了前所未有的高度。尤其令人称道的是，作者运用现代刑法原理，以犯罪客体为分类标准，将唐律中400余个罪名归为八类，对其每类的构成要件作了对比，首倡了古代法与现代法的比较研究。这种研究方法充分显示了作者深厚的史学功底。《唐律研究》出版后，受到法学界的高度评价："这是我们目前所能见到的新中国40年来研究唐朝刑法最为系统、全面的著作"，"为研究唐代刑法的最大成果"。[①] 著名唐律研究专家、南京大学法学院教授钱大群认为，乔伟教授对唐律研究的贡献，"一是新中国成立后大陆学者中系统完整地研究唐律并写出著作出版的最早的一位学者；二是贯彻了典籍研究重于渊源探求的民族传统；三是把作为'刑律'的唐律置于唐代整个法律制度产生的大环境中去研究其性质特点；四是在《唐律研究》一书中，研究内容的实际结构上基本以现代法学的体系来深入地解析及研究唐律"，"为与他同时及在他之后的唐律研究者，提供了一个非常好的研究范例"。[②]《唐律研究》因其全面总结唐代法制的经验与教训，并为我国当代民主法制建设提供了许多宝贵的历史借鉴而荣获山东省1986年度社会科学优秀成果一等奖。

4.魏晋南北朝法制研究的开创之功

在中国古代历史上，魏晋南北朝是一个政治、经济大变动和民族大迁移、大融合的时期，具有时间跨度大、涉及朝代多、民族成分复杂的特点。

---

① 张晋藩主编：《中国法制史研究综述》，北京：中国人民公安大学出版社，1990年，第234～235页。

② 引自钱大群教授在"纪念乔伟教授逝世三周年暨《乔伟文集》出版座谈会"上的发言。

与此相适应，中国封建法律制度的各个方面也在此时发生了巨大变化，为隋唐以后的封建法律制度走向成熟打下了基础。因此，魏晋南北朝时期的法律制度上承秦汉，下启隋唐，在中国古代法律发展史上占有重要地位。然而，在这一时期，由于战争连绵不断，国家处于分裂状态，政权更迭频繁，历史上遗留下来的法律资源既不完整也不系统，而一些研究中国法制史的专门著作对这一时期的叙述又十分简略，语焉不详，所以这一重要历史时期的法律制度史研究，“基本上处于空白状态”①。乔伟教授在其生命的最后几年，承担了国家“七五”至“八五”规划哲学社会科学重点科研项目《中国法制通史》(十卷本)第三卷《魏晋南北朝》的主编任务。这是一块难啃的硬骨头，但他却认为正可以在此领域做开拓性的工作。在与上海大学的陈汉生教授编写该卷书稿时，乔伟先生从基础工作开始，在古书堆中“大海捞针”，一点一滴地搜集整理，然后经过考证、梳理、分析、编纂，历时五年，修改数次，最终完成了这部著作，可以说该卷代表了当前这一研究领域的最高水平。而乔伟先生自己对这一时期的研究成果，也以《乔伟文集》补卷《三国时期法制史稿》的形式呈现于读者面前，为我们今天认识这段历史中法制的原生态奠定了基础。

上述几个方面，远远不能涵盖乔伟先生在中国法史学科方面的贡献，事实上，他的建树是多方面的，这也是他成为中国法史学界代表之一的实力所在。他对中国国家起源的研究和中国法产生的分析，对先秦诸子法律思想的探源发微、对秦汉刑制的考察、对汉文帝废肉刑得失的评价、对魏晋律学的探讨、对唐初法制经验的总结、对宋明理学与法制关系的阐述、对清时以例代律成因的说明、对法律思想与法律制度相互作用的论证、对古今法律的比较研究等都有精辟独到之处。而这些成就的取得，与他治学的勤勉和严谨分不开。搞法史研究，必须立足于史，史料的搜集、整理和辨证，需要研究者投入大量的时间和精力，正所谓“上穷碧落下黄泉，动手动脚找资料”(胡适语)。急功近利者往往贪图时功，转述别人的第二、第三手资料，作为论文的根据，这样的文章难有较强的说服力。乔伟先生在几十年的研究生涯中，逐步养成了治学严谨的学风。在吉大图书馆工作期间，他面对线装古籍书库的20多万册图书，围绕中国法制史和法律思想史学科的

① 张晋藩总主编、乔伟主编:《中国法制通史》第三卷《魏晋南北朝》,“绪言”第2页。

主题，搜集了大量的资料。他先从通典、通志、通考、各朝会典以及图书集成等类书入手，再进一步扩大到原著。他认为要“在科学研究中取得实实在在的成果，最好应用第一手材料，即从原本著作中去取证。这样写起文章来言之凿凿，一般是经得起检验的”[①]。与乔伟先生一起编著过教材的法史学界同行对此都记忆犹新。在1991年9月给《中国法制通史·魏晋南北朝》的副主编、上海大学陈汉生教授的一封信中，乔伟先生谈到写作要“首先从搜集资料开始，能搞到的书尽量看看，正史、通鉴、通典、通志、通考则是必读之书。我当前正在进行此项工作，苦不胜苦也”。这种扎实严谨的治学精神，正是如今浮躁的学界所应以自警的。

二、不囿于史：学术研究中的现实关怀

借鉴与扬弃是学者治史的两个基本功，它要求史学家既能钻进去又能钻出来。治史者往往容易成为一个玩文字游戏的食古不化的书呆子；而治史者也只有不囿于史才能真正做到“通古今之变”，成为社会的良心。乔伟先生对现实的深切关怀，贯穿于他的整个学术研究生涯。

1.不做简单的“文字工匠”

乔伟先生认为学者不能只作简单的“文字工匠”。在为研究生开设“唐律研究”专题讲座时，他对此进行过阐释：

> 历史学家研究历史不是为了过去。如果研究历史不能从古人成与败的经验教训中找出今人应走的道路，那么历史学家不过是个文字工匠。我研究唐律的目的，不仅在于证明唐律如何结构严谨、文字简洁、注疏确切和举例适当，而且在于探讨贞观之治与完备的法制之间的内在联系，以此说明社会主义民主政治的建立离不开健全的法制保障这个颠扑不破的真理。

这种对传统法律文化的借鉴和扬弃的思想，贯穿于乔伟先生史学研究的始终。在《论法制建设中借鉴历史经验的问题》一文中，他将古代成功的

① 《乔伟自述》，《乔伟文集》卷一，第3页。

法制建设经验提炼为五个方面："缘法而治，健全制度"；"礼刑并用，罪刑相称"；"以法治吏，刑无等级"；"有法必依，取信于民"；"审时度势，厉行改革"。他认为这些代表中国法律文化精髓的东西，在今天仍是值得褒扬的。同时，他也认为，像"以言代法""等级特权""同罪异罚""重刑伤民""刑罚残酷""拷讯逼供""株连无辜""冤狱丛生"等这些古代立法、司法实践中最野蛮、落后的一面，则是我们必须贬斥肃清的。他的基本思路是"研究古代的法是为了建立现代的法"，这在他的《论我国封建法律制度的三次重大改革及其历史教训》(《法学研究》1988 年第 1 期)一文中也有所体现。文章说：秦国商鞅对法制的改革——封建法制形成时期的改革，汉初文景二帝对法制的改革——封建法制确立时期的改革，唐初李世民对法制的改革——封建法制完备时期的改革，它们共同的成功经验是：首先，三次改革都把政治制度的改革、经济体制的改革与法制改革结合起来同步进行；其次，三次改革都在实行之前寻找到了推行改革的理论依据，使改革的意向成为普遍接受的变革社会的动力；再次，三次改革都证明了"用法更难于立法"的规律，改革成功的关键在于使倡言改革的立法者与贯彻改革方针的执法者上下和谐；最后，三次改革都抓住了民心起应的时机，这证明顺应历史潮流的改革才是能够取得成功的改革。

该文完成于我国政治、经济体制改革大潮勃起的背景下，文中所论，处处洋溢着作者为改革添砖加瓦的热情。乔伟先生把对中国法制史、法律思想史方面的一个个专题研究，与当代的改革和发展结合起来，鉴古以明今，充分表现了他作为一位法学家关心国运昌祚的时代责任感。

2.万马齐喑中的学术坚守

在学术环境较为宽松的时期，学者坚持理性客观的研究似乎并不难，只要有足够的知识储备和敏锐的洞察力，即可在自己钟情的学术领域纵横驰骋，然而如果身处政治环境险恶、动辄因言获罪的年代，学者超常的胆识和非凡的理论勇气，则变得必不可少。"文革"的十年浩劫，不仅造成了万马齐喑的局面，更使学者斯文扫地，学术界一片荒芜。在众生苟且的时代，乔伟教授却仍能坚守一贯的学术情怀，堪称时代的良心。在极其荒诞的"批儒评法"的 1973 年，乔伟教授就开始着手研究儒法两家的对立及相互联系。他先后撰写了《商鞅法治思想探源》《商鞅法治理论与实践的初步研究》，忆写了被抄没的《族刑连坐法的初步探讨》等有关法学理论与实践的文章，在初步弄清法家思想特色的基础上，又撰写了对比鲜明的阐述儒家法律思想特色的《先秦儒家的法律思想及其历史地位》《董仲舒“德主刑辅”思想的初步研究》《荀况“法后王”考辨》《荀况王霸思想初探》《荀韩政治法律思想比较研究》等文章，理清了中国古代政治法律思想儒法合流的基本脉络。这些征引有据的学术论文，有力地驳斥了当时一部分人为附会极“左”政治而对秦始皇所作的美化，也廓清了人们强加给荀子的种种臆造。撰写这些文章的当时，他并未企望即时面世，只想把自得之识传给后世，意在让后人知道在那万马齐喑的年代里，也曾有过一股被压抑的真理之声。1979 年之后，他的上述论文相继在《哲学研究》《社会科学战线》《文史哲》等刊物上发表，篇篇掷地有声，给人们留下了深刻的印象。20 世纪 90 年代，“顾准热”之所以能够兴起，其原因就在于在那样一个只允许一个人思想而使大众失语的时代，顾准仍然能以摒弃主流意识形态话语进行独立思考的人格而给当代人带来的心灵上的震撼。事实上，正因为有顾准先生、乔伟先生等这样在“文革”中不惧因言获罪的威胁，仍然孜孜矻矻、为真理上下求索的学者的存在，才不致使改革开放后的学术思想界成为蛮荒之地。

3.屡破“禁区”，引领学术研究新风潮

乔伟先生以其非凡的学术才华，奠定了他在中国法史学界的地位，而在现代法的研究领域，他也能常领风骚。在所有学科中，政治与法律有一种无法割裂的亲缘关系，而治法学之人也往往因对“敏感”问题的关注而遭受整肃。因此，在法学研究中，也会形成一些有形无形的“禁区”，而突破“禁区”的能力与胆识又决定着学者在学界的地位。改革开放初期，科学发展的春天虽已来临，却仍处于乍暖还寒的季节，饱受“反右”之苦及“文革”之害的乔伟先生，却并未三缄其口。早在 1978 年，当人权问题还是一个禁区而乏人问津的时候，他就撰写了《论人权、“恐资病”及医治的药方》一文，驳斥了把人权作为资产阶级专利品的观点，认为在社会主义国家“从法律上强调保障劳动人民的基本人权，使人权成为神圣不可侵犯的权利，是十分必要的”。该文的成稿时间比我国 1991 年发表《中国人权状况白皮书》早了13 年，这对一位长期受到不公正待遇的人来说，需要何等的勇气和胆略！1979 年 1 月 5 日，他的《独立审判，只服从法律》一文，发表在《人民日报》上，迅即引起了巨大轰动。曾几何时，多少人因坚持独立审判而引咎受罚，而乔伟先生竟然敢犯这样的大忌，确实体现了他明达识度与执着的追求真理的精神。此外，每当法理学界在法学基本理论问题上发生较大争论时，他都以其敏锐的学术眼光，洞察到争论的实质及突破的方法，并以一家之言注入力量。如他的《"权利本位说"质疑——论权利与义务的辩证关系》一文，从理论和现实的角度，分析论述了公民权利与义务的性质，提出了权利义务相统一是我国宪法的一项基本原则的观点；而《自由、必然与法律》《论社会主义初级阶段的法制建设》《新时期法制建设的指导方针》《邓小平法制思想论纲——建设有中国特色的社会主义法制》等文章，也都能另辟蹊径，以其独到的见解给人们留下深刻的印象。

4.服务社会，推动地方法制建设

乔伟先生不仅是一位与时代节奏合拍的法学家，还是一个积极参与司法实践和法制建设的法律工作者。他的特殊经历，使他懂得冤屈与不平，往往与钳制当事人的言论自由与遏制当事人的辩护权利联系在一起，因而他常把自己的学识形诸文字，为民鼓与呼。作为著名律师，他出庭辩护、代理的案件不计其数，其中成功的经验多被他整理成文公开发表。他的《要正确对待辩护》《律师制度的初步研究》《划清诬告与错告的界限》等文，在律师界影响广泛。由他在律师制度恢复后不久编写出版的《律师手册》，是当时律师以至法官、检察官手头必备的办案工具书。就在发表《独立审判，只服从法律》的同一年，他还发表了《健全检察机关，加强法律监督》《独立行使职权、维护国家法制》等文，完成了他构思已久的由关于辩护的论文到关于审判的论文再到关于检察的论文的一组文章，实现了他重建新中国司法制度的夙愿。

乔伟先生社会兼职甚多，在应聘担任山东省人民政府首席法律顾问期间，他提出了依法行政的建议，并围绕依法行政问题撰写发表了一系列文章，如《关于依法行政和行政复议的问题》《依法行政的重要保证》《论政府法制工作的性质、地位和任务》《关于政府依法决策和依法行政的几个问题》等，使1986年成为山东省的"依法行政"年，被党中央作为经验在全国推广。可以说，从依法行政到依法治国，饱含着包括乔伟先生在内的众多法学家的努力和心血。

三、以法治吏研究：鉴古明今的经典范例

吏治制度与吏治思想，是盛开在古史法苑中的一朵奇葩。作为一名成绩斐然的法史学者，乔伟先生曾对中国古代的吏治思想与制度给予热切关注，他在对吏治传统进行梳理批判的同时，着力于为解决当代人所面临的各种现实问题提供有益的借鉴。这种借鉴也绝不只停留在宏观的空泛的层面，而是更着眼于具体的切实可行的制度领域。可以说乔伟先生对古代吏治的研究，是其“立足于史，不囿于史”风格的具体体现，是法史研究中鉴古明今的经典范例。

1.以法治吏是可资借鉴的历史经验

20 世纪 80 年代，社会上盛行一种对传统文化采取简单肯定或否定的做法，乔伟先生对此提出批评：“那种认为中国传统文化思想一无是处，甚至把中国过去与现在的一切丑恶现象都归罪于传统文化思想的看法，更是不公正的。”[①]他认为，今天我们要建设“具有中国特色的社会主义法制体系”，而所谓的“中国特色”，其实质就是“中国的历史传统和中国的现实国情”。抛开历史和国情，不仅“中国特色”无从谈起，而且这样的法律也会因为脱离实际而在现实中碰壁，成为一纸具文。因此，对自己民族历史上的法学文化遗产，我们所面临的不是能不能或可不可以继承的问题，而是如何认识发掘这些遗产和如何继承的问题。我们对古人应予以同情的了解，“不应看他哪些没有做到，而应看他做了些什么”[②]。不苛责古人，系统地整理我们所承继的一切，以期对当代的生活有所借鉴，是当代学人应有的态度。

在诸多优秀法学文化遗产中，乔伟先生既有对法律文化遗产全景式的综合概述，也有对其中某一方面个案的具体剖析，而对古代吏治经验的发掘和继承即是其中之一。改革开放以来，我党总结新中国成立后特别是“十年浩劫”在法制建设上的正反两方面的经验教训，从改革制度、健全法

---

① 乔伟：《传统文化与法制建设》，《乔伟文集》卷四，第 526～527 页。

② [美]斯塔夫里阿诺斯：《全球通史——1500 年以前的世界》，吴象婴、梁赤民译，上海：上海社会科学院出版社，1999 年，第 220 页。

制着手，提出了“有法可依、有法必依、执法必严、违法必究”的总方针，建立了较为完备的社会主义法律体系。然而，有了完备的法制，还需要人们的执行和遵守，而严格依法办事的关键，则在于能否建立一支刚直不阿、清正廉明、执法如山的干部队伍。乔伟先生针对当时社会上普遍存在的特权思想蔓延、以言代法、以权压法、贪赃枉法等专横、腐败现象，提出“必须建立有效的监察制度，使任何违法犯罪的行为都能及时得到纠正而无法逃脱惩罚。在这方面，我国古代以纠举违法为宗旨的监察制度和西方国家以察举贪污为目的的法律设施，有许多东西可资借鉴”①。因为对于统治者来说，治国的关键不仅在于选贤任能、起用人才，更重要的是要保证国家官员都能够正确无误地执行国家的政策和法律。为此，历代王朝不仅形成了较为系统的吏治思想，而且还逐步建立了一整套完备的吏治制度。这些思想和制度，有的可以为我们今天的法制建设提供参考，有的甚至可以直接“拿来”加以运用。乔伟先生认为，古代的吏治思想和吏治制度，就是这些优秀遗产的重要组成部分。

2.古代以法治吏思想及其制度体现

乔伟先生根据《说文解字》中“吏，治人者也”的解释，认为：“吏是执行国家的方针政策，统治和管理民众的工具。在封建专制时代，吏高于民，是民之‘父母’。管治民众的官吏，就和牧人放牧牛羊一样称之为‘牧民官’。”②在我国历史上，无论是作为社会精英的士大夫阶层，还是实权在握的最高统治者，都积极主张建立一支奉公守法、清正廉明的官吏队伍，形成了较为系统的以法律手段整顿吏治的思想，同时注意在社会治理的层面实践这些主张，二者互相印证，相得益彰。乔伟先生在其研究中，对此均有系统的整理和阐释。

(1)古代以法治吏的思想渊源

乔伟先生对儒法两家的以法治吏思想进行过系统的梳理。他认为，无论是儒家的礼治倡导者，还是法家的法治推行者，都强调以法治吏的重要性。

先秦儒家学者是礼治论者，主张以仁义道德治理天下，但他们并不反

① 乔伟：《法学简论十则——我的法律观》，《乔伟文集》卷四，第5页。
② 乔伟：《中国古代以法治吏的经验教训》，《乔伟文集》卷四，第447页。

对用法律手段来治理国家。孔子就主张要根据形势的变化,“宽猛相济”,“一张一弛”,实际上就是要礼刑并用、礼法结合。只是在推行礼法时,先秦儒家都很重视人的作用,特别是当权者的表率作用。乔伟先生认为,孔子的“政者,正也;子帅以正,孰敢不正”“其身正,不令而行;其身不正,虽令不从”“苟正其身矣,于从政乎何有?不能正其身,如正人何?”,都表明孔子强调统治者个人在实施礼义法度中必须以身作则,成为民众的表率。只要当权者自己认真地遵守礼义法度,则民众无不响应,国家也一定能治理得好。依据政治上上行下效的定律,那些占据高位的政府官员洁身自好、清正廉明,则是国家形成良好吏治的关键。

如果说儒家还只是停留在用规范性较弱的礼来约束官吏,可以名之为“以礼治吏”的话,那么法家则从可操作的层面,明确地提出了以法治吏的主张。商鞅认为:“守法守职之吏有不行王法者,罪死不赦,刑及三族。周官之人,知而讦之上者,自勉于罪,尸袭其官长之官爵田禄。”他主张用法律来约束官吏,甚至对官吏也实行族刑连坐之法,其目的是使官吏虽受命于千里之外,也都能尽忠于封建君主。乔伟先生认为,在法家中,继承和发展了商鞅“以法治吏”思想并提出了一整套“以法治吏”理论的是韩非。韩非主张君主要驾驭他的官吏,就必须采用“施赏不迁,行诛无赦”的法律手段,才能保证他们效忠于君主并认真履行自己的职责。韩非还进一步提出了“明主治吏不治民”的主张,认为这种方法好比“摇木之本,与引网之纲”。摇木之本,则枝叶必动;引网之纲,则万目必张。只有首先实现吏治,而后方能做到“民治”。“救火者,吏操壶走火,则一人之用也;操鞭使人,则役万夫。”(《韩非子·外储说右下》)乔伟先生对此分析道:“封建统治阶级强调治吏的目的,首先是为了把‘操鞭使人’的官吏整治好,然后再让他们去‘役使万夫’。所以归根到底,封建统治者治吏的目的,还是为了治民。”[①]而治吏的方法无他,乃是法律,而且是严刑峻法。

无论是儒家柔性的“以礼治吏”,还是法家刚性的“以法治吏”,他们都认为重点在于担任国家领导职务的高级官吏,甚至包括国家的最高统治者要带头遵守礼法制度,“因为在封建时代对法制的最大破坏,主要不是来自于社会下层,而是来自于统治阶级内部”[②]。孔子的“身正令行”、商鞅的“法

① 乔伟:《论我国古代以法治吏的若干问题》,《乔伟文集》卷四,第248～249页。

② 乔伟:《论我国古代以法治吏的若干问题》,《乔伟文集》卷四,第249页。

之不行,自上犯之”,都说明立法者带头破坏自己制定的法律,是造成有令不行、有禁不止的根源。对此,作为国家的最高领导者,应努力做到“言不中法者,不听也;行不中法者,不尚也;事不中法者,不为也”,即一言一行都不能出于法之外。历史上的一些有道明君就时刻以此自诫,如唐太宗李世民曾总结君主守法的重要性:“若安天下,必须先正其身,未有身正而影曲,上治而下乱者。”(《贞观政要·君道》)

(2)古代以法治吏的制度设施

乔伟先生总结古代的以法治吏,“就是把官吏的选拔、任用、职责、考核、升降、奖惩等一系列环节,都纳入法制化轨道,使之规范化、制度化,而且使这种法律与制度具有稳定性、连续性和极大的权威,任何人都不得按照个人意志去改变它。简单说,历史上的以法治吏,就是以法律手段去整顿吏治”①。综观整个古代史,在一些吏治比较清明的时期,如汉朝的文景之治、唐朝的贞观之治和清朝的康乾盛世,统治者都注意把以法治吏放到为政的首位,采用各种办法来防止官吏贪赃枉法、营私舞弊。在防范的环节上,侧重于“两头”:一是选拔任用,一是监督检查。而在选拔官吏方面,“不让那些平庸无能、贪得无厌或品质恶劣之辈混入官吏队伍,保持官吏队伍的纯洁性”与“想尽一切办法(包括高薪)把社会上的优秀人才吸收到国家机关中来,建立一个名副其实的‘人才政府’”②具有同等的重要性。盛行久远的科举考试选拔官吏的制度,就为选贤任能、去贪汰劣、堵塞品行恶劣者从政的门路提供了宝贵的经验。而在对官吏队伍进行经常性的监督检查,防止他们掌权后违法乱纪、巧取豪夺,即时纠举并清除那些腐败变质及贪赃枉法的官吏,惩恶扬善,赏勤罚懒,不断激励官吏的进取心,提高国家机关的工作效能方面,我国古代的监察制度、上计制度等,也都是比较成功的经验。从秦朝开始发其端,由后继的各个王朝不断发展,至明清时期臻于完善的御史监察制度,以其发展脉络的清晰、制度设施的完善、结构体系的完备,引起了政治学、历史学及法史学界的极大关注,也成为自民国以降各种性质的政府所必资借鉴的珍贵传统。而考试选官与行政监察,还被民主革命的先行者孙中山先生纳入他著名的“五权宪法”体系,足见其作为优秀的吏治传统的组成部分,已成为中国人的基本共识。

---

① 乔伟:《中国古代以法治吏的经验教训》,《乔伟文集》卷四,第449页。
② 乔伟:《中国古代以法治吏的经验教训》,《乔伟文集》卷四,第450页。

乔伟先生认为，中国古代除了在官吏的选拔和监督方面积累了丰富的经验，更具特色的是历代统治者运用法律手段以整顿吏治所形成的一系列行之有效的措施，这主要体现为在法律上明确规定了官吏违法行为的法律责任，包括官吏失职的法律责任、官吏职务犯罪的法律责任及官吏职务上的连带责任等。这些有关官吏法律责任的规定的施行，为促使封建官吏忠于职守、勤于尽责，发挥了重要的作用，也为我们今天反腐倡廉提供了宝贵的经验。

(3)唐律中的吏治

乔伟先生是我国改革开放后对唐律研究起步较早的学者之一，在其成果《唐律研究》中，他将有关以法治吏的部分，归纳为职官"职务上的犯罪"和执法官吏在"审判上的犯罪"，并对每一类犯罪的构成、特征及处罚方法作了详尽的梳理和深入的分析，是古代以法治吏制度化的集中体现。

乔伟先生把官吏职务上的犯罪归纳为以下几种：一是贪污行为，主要是指封建官吏利用职权非法占有公私财物的行为。诸如侵吞、盗窃、骗取、套取封建国家的财物、收受他人贿赂以及其他违法取利的行为均属于贪污行为。为便于官吏准确地定罪量刑，唐律又把这类犯罪细分为受财请求、受所监临财物及其他贪赃受贿行为等，这些惩贪规定的施行为唐初"官吏多自清谨"局面的形成奠定了良好的基础。二是擅权行为，即指官吏在执行职务时滥用与超越职权的行为，包括置署过限、非法兴造、擅自兴造、非法赋敛、擅奏改律令式、出使辄干他事、代署代判等，保证了各级国家机关的正常运行和各种政策的正确实施，绝不容许官吏滥用或超越法律赋予他的职权。三是失职行为，即要求封建官员没有克尽职责应当受到刑事处分的行为，都是失职行为。如贡举非其人、稽误制书及官文书、上书奏事有误、事应奏不奏、贻误公事、主司脱漏户口、部内田畴荒芜、不言及妄言灾害、违法授田课农桑、应受复除而不给、输课税物违期、不修堤防桥梁等，这对增强各级官吏的责任心、强化官僚机构的统治效能、保证官吏尽职尽责，起到了重要的作用。四是对官吏的违纪行为，唐律也作了严格的规定。违纪行为主要是指贪污、擅权、失职以外的其他一些违反官规官法的行为，如泄密、旷职、出界等，使官吏在为皇权服务的过程中不得有丝毫懈怠。为保证封建法律的实施，李唐王朝还建立了一整套执行法律的制度，其中最重要的是审判制度，明确规定法官在审判上的法律责任，用法律手段来杜绝徇私枉法的行为和不负责任的审判作风。乔伟先生的这些归纳总结，向我们展示了唐朝吏治制度的精细度与全面性，这不能不让人惊叹于唐朝人在制度建设上的智慧。

3.从以法治吏到依法行政

如前所述，乔伟先生不仅是一个与时代合拍的法学家，同时还积极投身中国的法制建设，在司法实践中发挥自己的学术专长，服务于社会。他曾长期应聘担任山东省人民政府首席法律顾问、淄博市人民政府特邀法律顾问等。在任职期间，乔伟先生多次以著文和演讲的形式，对政府施行法治、依法行政的问题进行探讨和宣传。他总结自新中国成立以来我们在行政管理上的失误和教训，认为一个社会政治及风气的好坏，在于是否有一支清正廉洁、勤于政事的官吏队伍，而这支队伍的锻造和管理则必须依法进行。20 世纪 90 年代前后，社会上普遍存在着有令不行、有禁不止的现象，中央虽三令五申制止乱涨价、乱摊派，而乱涨价、乱摊派的歪风却愈演愈烈；国家虽制定了严厉打击经济犯罪的法律，但贪赃枉法、行贿受贿等行为不仅没有收敛反而更加严重。乔伟先生认为造成这种局面的原因，就在于国家机关和领导干部不能以身作则，带头遵守法制。为此，他提出要解决此类问题，就必须借鉴古代以法治吏的经验，建立严格的行政执法责任制，即应该由各地区、各部门的主要负责人对本地区、本部门的执法情况负完全责任，并把执法情况的好坏作为考核干部的主要内容之一，凡是在本地区、本部门发生违法的事情，首先必须追究领导者的责任，“失察者以渎职论，知情者以故纵论，同谋者以枉法论”[①]。在施行法治、依法行政过程中，只有依法加强对官吏的管理，才能收到良好的效果，这是古代封建王朝留给我们的一条宝贵经验。

不仅如此，乔伟先生还从具体问题入手，提出借鉴古法以解决现实问题。20 世纪 90 年代以来，社会上制造与销售假冒伪劣产品的行为非但屡禁不止，反而大有向各行业全方位蔓延的态势。乔伟先生对此深恶痛绝，认为制售假冒伪劣产品严重危害广大人民群众的身心健康，人民对制售者恨之入骨，可谓“人人皆曰可杀”。我国刑事立法上的不足和地方政府的监管不力甚至包庇纵容，是造成这一状况的主要原因。他建议应借鉴唐代的

① 乔伟：《关于政府依法决策和依法行政的几个问题》，《乔伟文集》卷五，第 505 页。

立法经验，除了对制售者处以重刑、没收其非法所得外，还应该明确规定主管机关的刑事责任。他对唐律中"市及州、县官司知情，各与同罪；不觉者，减二等"的规定非常赞赏，认为这对于我们今天制止制售伪劣产品的斗争具有重要的现实意义。[①] 直至今日，制售假冒伪劣产品的违法犯罪活动仍很猖獗，究其原因，"涉及中国社会转型阶段地方保护主义和地方政府监管及地方司法机构执法缺位的问题"。"大规模的恶性食品或药品安全事件的背后，往往是相关地方政府部门在某个环节的监管出了问题。"解决的关键还是应落实到"如何对地方政府部门滥用权力的做法进行追究和制裁的问题"上。[②] 其实，"以法治吏""依法行政"依然是我们走出社会管理困境的制胜法宝。

四、结 语

从上述分析我们可以看出，作为法学家的乔伟先生，在他的学术研究中，无论是对史料的占有和运用，还是对制度、思想源流及其沿革的清晰梳理，都展示着其深厚的学术底蕴；而通过研究得出的结论，则仍为当下的社会提供着滋养。这不是简单地为学术而学术的学究式的研究，而是既立足于史，又不囿于史，从人类的经验中汲取英华，使那些死的知识能"活过来"，古为今用，可以为人类提供知识增量的研究。从做学问的角度而言，要做到如乔伟先生那样在浩如烟海的史料中纵横捭阖，随意采撷，并以清新的文笔、深邃的思想、充分的立论和痛快酣畅的风格，信手拈来，皆成文章，没有对学术的热情，没有对学问的敬畏，没有对现实社会的关怀，没有甘坐冷板凳、能下笨功夫的精神，则绝不可能达到如斯境界的。在当今这个急功近利的时代，这也是广大后学所当谨记的。

（原载《文史哲》2011 年第 5 期，收入本书时有改动）

---

① 参见乔伟：《法学简论四则·严惩制售伪劣产品的不法行为——从唐律规定引起的思考》，《乔伟文集》卷五，第 815～816 页。

② 邓正来：《中国法学研究中"中国"的缺位》，《中国法学向何处去》，北京：商务印书馆，2006 年，第 122～123 页。

胸怀豁达的哲人丁冠之先生

颜炳罡

丁冠之(1932～2010),著名历史学家、哲学家,山东大学资深教授。生前系中国孔子基金会学术委员会顾问、中国儒学年鉴社特约编审、中国实学会副会长、山东周易研究会永远名誉会长、尼山圣源书院执行院长、《文史哲》主编。2010年3月8日因病去世,享年78岁。

一、哲人谢世,天人同悲

2010年3月8日晚7点左右,我正在吃饭,忽接到陈炎校长的电话,告诉我丁冠之先生情况不好。我立即放下筷子,由妻子驾车,与陈校长一起赶往医院。在赶往医院的路上,丁先生的长公子丁维铎打来电话说,丁先生在做肺部穿刺时出了点意外,医生正在抢救。到了医院,看到几名医生正在反复挤压丁先生的胸部,后来得知丁先生那时已经停止了心跳,永远离开了我们……

丁冠之先生是3月4日住进医院的。住院的当天晚上,我与妻子去看他,他告诉我们,入院的前一天,一整夜因为病痛没有睡好。住进医院,能吃、能睡,似乎病也没有了。看到他正打着点滴,又有家人陪护,精神很好,我便就兰陵文化研究丛书、尼山圣源书院相关事情向他作了汇报,他都表示满意,并催促我们,家里有孩子,快快回去。5日晚7点多,我打他手机,问他检查和身体情况。他说,一切良好,正在做各项检查。在电话里,他很有兴致,多说了几句。他说,通过这次生病,体会到两个很重要:一是身体很重要,二是亲情很重要。这两个很重要,竟然是先生向我说的最后两句话。

丁先生是2010年1月18日开始感到不适的。之前他的身体一向很好，虽然走路不是很快，但步子迈得很大，坚实有力，一点也不迟缓。即使与年轻人一起参加活动，无论是爬山，还是平道，他从不要人搀扶，也从不落在年轻人的后面。三年前，为创作《孔子圣迹图》，我们每天驱车上千里，辗转于河南、山东之间，白天跑景点，晚上开会讨论，丁老师一直神采飞扬，毫无倦意。最近两年，因尼山圣源书院建设之事，他常常在济南、泗水之间行走，他只是偶尔说自己初到外地睡不好，但精力还是很充沛。

可谁能想到，当年的3月8日，在做身体检查时，一个小小的肺部穿刺竟使这位经历无数风风雨雨，历尽坎坷的哲学教授瞬间告别了他眷恋的世界，告别了他的许多规划、理想和许多正在进行着的事业与研究。令人扼腕叹息的是，离开这个世界之前，竟然没有给他留下说一句话的机会。

哲人谢世，天人同悲！丁先生谢世的当天晚上，济南纷纷扬扬地下起雪，天地一色，山河缟素。12日，来自北京、青岛、烟台、兖州、曲阜、泗水、济南等地的数百名亲朋好友、同事学生、各级领导向这位老人做最后告别。14日，按照老家的习惯，是亲属给先生圆坟的日子，也是逝者第一个重要祭日，非常巧合，这天下午济南又淅淅沥沥下起了小雨。天黑了，我顶着风雨又去丁府，探看师母及其家人，直感到天地与我同悲！

二、农家子弟，平民本色

丁冠之先生1932年出生于山东省苍山县庄坞镇向曙村一个世代为农的自耕农家庭。这里地处苏鲁两省边界，临沂、郯城、苍山之间，地势平坦，一望无际。父亲丁继文是位乡间先生，识字解文，在乡下就是文化人了。继文公终生服膺“吃亏好”的人生格言，这三个字也成为丁氏家教的箴言。

早在19世纪中期，在中国的大都会已经出现了新式学堂，1905年晚清政府也废除了科考制度，然而在偏远乡间，私塾依然是文化传播的主要场所。丁先生8岁发蒙受教，所接受的依然是《三字经》《百家姓》《论语》等之乎者也之类的旧式教育。

而由于出自农家，他自幼就参加各种农事活动。丁先生说，农活除了扬场(将谷物与糠、土石等杂物分离出来的技术,要懂风向、风速,注意扬起东西的高度等)没有干过外,刨、耕、耙、耩、耪、割、挑、担、扛、除草、追肥、使牛等样样在行。"文革"时,丁先生与中国社会科学院的一批学者下放到河南劳动改造,正逢割麦子,丁先生挽起裤腿,捋起袖子,拿起镰刀,腰一弯,干起活来,有板有眼,与当地农民相比一点也不逊色。村干部说:"老丁,你真是好把式!"

乡间的阅历,让丁冠之先生养成了朴实、吃苦、耐劳、奉献等优良品质。无论是在青岛求学于山大,还是工作于北京、济南,无论是在困顿的日子里,还是位居学报之王——《文史哲》主编的位子,他始终保持着平民意识与平民风格。每当走到乡下,面对着田野,一种亲切感便从先生的心里油然而生,见到农民尤其是有了点年纪的农民,他总要上前聊上几句,就像遇见了老邻居。

丁先生一直住在山大家属宿舍南院37号楼1层一个不到60平方米的房子里。不是没有改善住房条件的机会,而是因为他舍不得房前那个小院。在小院里,丁先生种上蒜苗、韭菜、豆角、小菜,还栽上石榴树,当然也有一些花草。他每日早早起床,站在自家的小院里,望着自己亲手播下的那一片生机,仿佛回到自己的童年,回到了自己眷恋的乡土。

三、带研究生:就是与学生"谈"

丁冠之先生健谈、善饮,"享誉"学界,颇有几分魏晋名士风度。他多次告诉我,带学生,老师讲一句,学生记一句,是最无意义的工作。他说,自幼至壮,听了老师那么多课,至今能记得的几句,反而是与老师交往、闲谈中可能是老师漫不经心的话。所以他主张带研究生最好的方式就是与研究生交谈,无拘无束地谈,甚至是无主题地谈。谈,可以相互启发,可以对学生随机点拨。先生是这样说的,也是这样做的。有一次,丁先生晚饭后走进博士宿舍,与几位博士交谈,谈得忘记了时间,管宿舍楼门的大爷将楼门锁上了,先生便翻窗跳墙而走。博士们说:"丁教授跳墙,可载入《新世说新语》矣。"

一天下午,我为博士生上课,我提议到咖啡厅,邀丁老师来谈,博士们群起响应。在先生住所附近的咖啡厅，泡上一壶茶，我与博士们恭候先生的到来。先生推门而入，博士们欢呼雷动。他们给先生酌上一杯茶水，先生正式开谈。大家你一言，我一语，谈学术，说文章，话人生，评时政。说到兴头上，先生开怀大笑，不知不觉中夜幕降临了，让一群致力于国学研究的博士生们度过了一个难忘的下午。

先生善谈、乐谈，为谈不怕浪费时间，不计身份，不分年龄，年轻人愿与之谈，老教授也愿与之谈。先生作为山东大学退休教授协会秘书长、总支书记，老教授们聚在一起，或散步遛弯，或登高望远，时常可以看见先生的身影，听到先生爽朗的笑声……

丁先生善饮，凡遇意气相投之人，即使到了古稀之年，四两半斤的高度白酒也不在话下。2007 年，我乔迁新居，与先生为邻，恭请先生家中小酌。师生对饮，一瓶白酒下去，我已醉矣，而先生谈兴正健……

四、弘扬儒学，竭尽全力

丁冠之先生是历史学出身，然而职业却是从事中国哲学史的研究、教学，并最早以研究魏晋玄学而见知于学术界。1982 年，由中国社会科学院哲学所调入山东大学以来，他全身心地投入儒学的研究、传播、推广事业之中。

丁先生是《孔子研究》的创刊人之一，长期担任该刊的常务编委，他还是《中国儒学年鉴》的特约编审、山东大学儒学研究中心《儒林》的特约编审。20 世纪 80 年代中期到 90 年代初，山东的中国哲学研究颇为活跃，有“鲁军”崛起之称。孔子学术研讨会、孟子学术研讨会、荀子思想研讨会等先后召开，不仅启动了山东的儒学研究，而且对全国儒学热的兴起也有着非常重要的推动作用。在这些学术会议上，人们常常看到丁先生忙碌的身影。进入 21 世纪，山东大学儒学研究中心成立，丁先生为儒学中心的建设与发展积极建言献策，由儒学中心策划并主办的每一次儒学全球论坛，丁先生都付出了自己的心血。尤其是 2008 年在山东苍山举行的荀子当代价值国际学术研讨会，丁先生充当了会议前线总指挥与总调度的角色。近年来，丁先生不顾年迈，走进校园，深入社区，登上孔子学院的教师论坛，宣讲孔子,播撒儒学的种子,为中华文化的复兴,为建设民族精神家园作出了卓越的贡献。

尤其值得一提的是,丁冠之先生晚年将其主要精力用在尼山圣源书院的建设上。尼山圣源书院是由北京、济南、曲阜、台湾、香港以及美国等地关心儒学价值的人文学者在孔子诞生地——尼山共同创办的书院。书院首席顾问为全国人大常委会前副委员长许嘉璐教授,名誉院长为哈佛大学杜维明教授,中央民族大学牟钟鉴教授为院长,先生出任尼山圣源书院执行院长。作为执行院长,为书院的筹建、筹资选址等事务,先生奔波于济南、泗水之间。

为弘扬儒学,丁先生竭尽全力。有学者问他:丁老师,你说儒学在现代社会还有什么用?先生不假思索,脱口而出:“最起码骂人还有用!今天我们还可以用不仁不义不忠不孝骂人。”儒学,骂人还有用,是一句极其朴实且具有深刻含义的话语,既是先生的肺腑之言,也是先生对儒学价值最幽默的概括。一方面,它告诉我们儒家的价值观、是非观,在我们这个民族中还起着重要作用,还为这个民族的主流价值所接受、所认同;另一方面,它也告诉我们,如果儒家的这个价值观、是非观颠倒了,这个民族的道德堤坝可以说就是被彻底冲垮了,民族精神家园将面临灭顶之灾!

五、马路钻眼与人类“能”死

丁冠之先生对科技的发展,对人类的前途与命运,怀有深深的忧虑。科技的发展,现代化的进展,是把双刃剑,利弊同在。然而,现代化对整个人类的前途而言,是一条任何民族都不愿止步也不能止步的不归路。

济南,有泉城之美誉。然而,每逢降雨量减少,地下水位骤降,名泉喷涌告急,就会揪起许多市民的心。先生不仅关心泉水喷涌,更关心水资源的浪费。住在济南的人都知道,这个城市南高北低,东高西低,每逢下雨尤其是暴雨,整个济南就是滚滚河流,大量的雨水带着杂物白白流走了。面对此情此景,老师愤激地说,我看马路应该全部钻成眼,让这些水从这些眼里渗入地下,补充地下水而不是白白流走。“马路钻眼”,听起来好像是开玩笑,但先生说得很认真,绝非开玩笑。至于马路能否钻眼另当别论,然而，夏天的雨水，对于北方缺水的城市而言不能白白流走，却有着远见。

丁先生作为一位具有深度忧患意识与人文关怀的儒者，对人类的命运与前途有着自己的看法。人类智能的不断开发，科技的不断创新发展，在给人类带来福音的同时，也给人类带来巨大的忧患，核威胁、克隆人、能源枯竭、生态灾难、环境危机等，现代化的每一步进展都与这些东西如影相随。有一次，丁老师对人类前途不无忧虑地说："我看，人类早晚得'能'死。"此语一出，令人震撼！

一切产生出来的东西，最终都会灭亡，这是马克思主义辩证法的基本原则。人类从无到有，最终也会由有到无，即人类最终也会消失，这完全合乎辩证原则。然而，人类以何种方式消失，未来学家有种种猜想，但人类早晚得"能"死，可称得上猜想之一。如果说恐龙之所以可以主宰地球在于其形体的话，那么人类首出庶物，高于万物，主宰地球，就在于其"智能"。即使没有小星球撞击地球，没有地球气候的剧烈变化，恐龙这个物种也会消失。因为偌大身躯，那么强的繁殖能力，必然会导致生态灾难，因食物匮乏而灭绝。而人类若没有智能，便无法存在与发展；但若没有德性支配，智能就会过度滥用，同样会将人类送往死亡之途。

六、哲人已逝，典范永存

丁冠之先生求学、讲学、治学，终生与学问打交道，看稿、审稿、编稿，后半生"为他人做嫁衣裳"。先生虽然已经离开了这个他曾眷恋的世界，离开了他所执着的事业，但先生的人格、修为确证了"太上立德"的典范意义，他将永远活在人们的心中。

丁先生胸怀豁达，淡泊名利。先生晚年，多次走出校园，走进社区，进行讲学，从不计报酬，甚至分文不取。为人审稿、改稿、写各种鉴定、推荐意见等，别人送来酬劳，也分文不要。如果别人硬是放下，他坚决让家人代为寄回。山大儒学研究中心成立时，丁先生已经退休，中心主任庞朴先生登门请他出山，出任中心期刊《儒林》的主编，丁先生坚辞主编，让庞先生任主编，自己做特约编审。可《儒林》的每期稿子，全部由先生来审，审过后，逐篇写出意见，拿到编委会定夺，他实际上扮演着主编的角色。这是何等的胸怀！

丁先生修德敬业，永无止境，一生将自己的人格作为艺术品进行不断雕刻、打磨。他一直认为，儒家思想以孝悌为本，以孝悌为根，他践行孝道，也推行孝道文化。先生幼时，身患重病的母亲让他代为上坟。回来的路上，他将上坟的祭品——一串葡萄吃了。病重的母亲问他："葡萄呢？"先生痛悔不已。不久慈母去世，于是他便终生不吃葡萄！直到晚年，每一念及于此，先生眼里总是闪动着泪花。先生常以此来说明"子欲养而亲不待"的道理，以警示后人。先生为人子做到了孝，为人父做到了慈，为人夫做到了义，为人兄做到了友，与人交做到了信。先生治家有方，丁府子孙满堂，互敬互爱，其乐融融。

丁冠之先生用他78年的人生经历，谱写了一曲人生的华章，彰显了人格的尊严与价值，为这个时代树立了光辉的典范，这个世界会记住他！

（原载《博览群书》2010年第6期，收入本书时有改动）

狄其骢文艺学研究的理论贡献与学术意识

谭好哲

在中国当代文艺学研究的学术历程中，已故著名文艺理论家狄其骢先生(1993～1997)占有重要的位置。狄其骢先生是江苏溧阳人，1933年生，1956年于山东大学中文系毕业后留校任教，1993年由国务院学位委员会遴选为文艺学专业博士生导师，1997年6月因罹患癌症不幸去世。狄其骢先生终其一生都是在校园里度过的，作为一个学院知识分子，他为人温厚坦诚、淡泊名利，为学则锐意进取、孜孜以求，人品学品皆给学界留下了良好的口碑和风范。历时性地纵观狄其骢先生一生的学术历程，从大学毕业到"文革"爆发之间的10年，是其在形象思维和艺术性等具体问题的研究上以强劲的学术冲力赢得学界瞩目从而成为山东大学文艺学团队中的重要一员的时期，从"文革"结束到他病逝前的20年，则是其走向文艺学研究的更高起点和更为阔大的境界，并作为学科带头人之一将山东大学的文艺学研究推向国内学界前列的时期。而共时性地研究其一生的学术业绩，则大体上可以区分为文艺基本理论研究、比较文学元理论研究、马克思主义文艺理论的经典释读和当代形态建设、文艺学改革和教材建设的探索与实践四个方面，在这些不同方面的理论研究和成就，既体现了他对学术真理的执着追求，同时也凸显了他作为一个真正的理论家由思维心态、价值取向和方法选择等方面凝聚而成的自觉学术意识。

一、文艺基本理论研究的问题意识

作为一门研究文艺现象的理论学科，文艺学首先需要在文艺基本理论上形成问题视域并取得学术突破。一定程度上说，文艺学(其他理论亦复如此)的发展就是基本理论研究中新、旧问题交相更替的历史，而它在现实文艺发展进程中是否有作用、有力量，很大程度上也要看其是否抓住了问题，对问题的掌握有多么深广。因此，对文艺学研究来说，问题意识必不可少。在1993年出版的《文艺学问题》一书的后记里，狄其骢先生写道：

> 1979年以来，我为文艺学硕士生开讲文艺理论专题课，取名为“文艺学问题”。课程所讲的专题内容随着实际的发展不断有所更新，开始是对十年动乱后文艺学问题的反思，后来进入对改革文艺学和建构马克思主义文艺学问题的探讨。课程所讲的专题形式基本是三段结构：“问题的来龙去脉”、“问题的关键所在”、“问题的思索探讨”。讲述较为铺陈，后来提出为论文发表出来的，大都取自“问题的思索探讨”。[①]

由此可见，狄先生的学术研究完全是以问题意识为思维聚点的。

对于真正的文艺学研究来说，具有自觉的问题意识，还只是进入理论之思的一个主体条件，更重要的是你抓住的必须是真正的文艺问题，尤其是与文艺的本质特征相关的大问题，文艺理论研究成就的大小正与此相关。狄其骢先生的治学之路是从向真而大的文艺问题发起冲击开始的。其处女作也是其成名作《关于形象思维问题》写于1957年，该文针对当时形象思维讨论中的一些成见和问题，明确地肯定了“艺术是形象思维”的定义，并对构成艺术实质的两个因素——思维性与形象性的辩证关系作了十分透彻的阐述。文章认为思维性是艺术的实质，揭示的是艺术与其他社会意识形态的共同性质，形象性是艺术的特殊性，揭示的是艺术区别于其他社会意识形态的个性，艺术的思维性借由形象性表现出来；形象思维是一个有机的完整的概念，它不是形象加思维，也不是思维加形象，而是形象化了的思维、思维化了的形象；形象思维的过程，乃是思维化(对认识对象本质特征的抽象概括)和形象化(给选择和改造的生活内容以个性和生命)辩证统一的复杂过程。在此基础上，论文还对形象思维与日常思维和逻辑思维的关系作了辩证论析。该文在当时颇具声誉的《新建设》杂志1958年5月号上刊出后，被收入多种形象思维研究资料选编之中，至今仍然是形象

---

① 狄其骢：《文艺学问题》，济南：山东大学出版社，1993年，第366页。

思维研究的重要参考文献之一。

循着对艺术特性问题的研究思路，20世纪60年代初期，狄先生又分别在《文史哲》等学术期刊上发表了论艺术性、文学典型以及世界观与创作的关系等方面的研究论文。其中《试论艺术性的概念》一文特别值得关注，该文针对当时苏联和国内学界一些理论家首先从艺术反映生活的真实性和思想内容方面来论定艺术性的见解，明确提出艺术性是文艺的特性，是文艺区别于其他意识形态的总的标志，艺术性的特征是反映生活的形象性。由此，他进一步指出："从文艺创作本身来讲，艺术性的概念，是个有关艺术形式的概念。文艺创作中的艺术性问题，是个如何创造高度形象性的艺术形式的问题。"[①]基于艺术性关乎艺术形式的见解，该文强调不能混淆内容与形式的区别，只看到内容对形式的决定作用，而看不到形式的相对独立性，并着重论述了艺术技巧和艺术感染力在达成艺术性上的重要性。可以想见，在20世纪60年代那个谈论形式即有可能被扣上"形式主义"帽子的语境里，该文阔论形式和技巧是需要几分理论勇气的，而文章对艺术性问题的层层论析，尤其是将艺术感染力引入艺术性的界定之中，以及对技巧与技术关系的辩证，确实显示了独立的识见。

"文革"结束后，狄先生将自己多年来于孤独、沉寂中的思考变成了一篇篇具有深度和力度的文章。其中有些文章是对"文革"前理论思考的继续。如在他与吴富恒先生合撰的《形象思维散论》一文中，在反驳否定形象思维论的观点时，不再一般地谈论艺术思维的形象性，而是进一步从人类思维的起源、特点以及创作的过程各个方面阐发了想象在形象思维中的重要地位和作用，得出"形象的诞生，是思维的结果，也是想象的结果"，形象思维"是思维与想象的结合，抽象力与想象力的结合"的认识结论。[②] 该文还指出，由于思维和形象结合的特点，也就派生出形象思维的另外两个特点：一是伴随着情感活动，二是允许虚构。稍后一点发表的《艺术创作中的情感问题》一文，紧承上文进一步探讨了艺术创作中的情感问题。该文从艺术占有对象的方式进而由艺术对象的性质论证了艺术创作为什么需要情感的问题，认为艺术的对象是活生生的整体，是以人为中心的充满生机的社会和自然界，艺术对象的整体性和艺术方式的形象性，决定了作家需

---

① 狄其骢：《试论艺术性的概念》，《山东大学学报》1961年第3期。

② 参见吴富恒、狄其骢：《形象思维散论》，《文史哲》1978年第2期。

要有敏锐的知觉和充沛的情感，因为艺术对象的感性特点，只有通过作家的知觉感受和情感体验才能占有。在艺术创作中，情感不仅是创作的动力，而且是创作的内容和能力。论文还从动力作用、提炼作用、结构作用和移入作用四个方面分析了情感在创作中的作用。[①]

当然，狄先生此期的论文，更多的则是基于文艺领域的拨乱反正和理论深化的需要所作出的新的思考。“写真实”曾经是一个被极“左”文艺思潮否定的命题，新时期之初，文艺界普遍要求恢复“写真实”在文艺创作尤其是现实主义创作中的地位，然而在艺术真实与生活真实、生活真实与生活事实等等的关系上却存在着各种混乱、不同的认识。基于此种状况，狄其骢先生先后撰写了《略论文艺真实性的特点》《现实主义和自然主义在真实性问题上的区别》等文，阐明文艺的真实不是刻板地消极地反映生活的真实，而是作家创造性地认识生活的结晶，文艺真实性的生命在于它反映生活的现实性、新颖性和独创性。在此基础上，他从艺术真实与生活真实、生活真实与生活事实以及对人的真实和人的本质认识上的分歧诸方面，论证了现实主义和自然主义在文艺真实性问题上的分野。随后狄先生的思考自然而然地由艺术真实性问题转向了现实主义文艺问题，先是于80年代初期依据对恩格斯给敏·考茨基和玛·哈克奈斯的两封著名文艺书信的解读，写下了《倾向·真实·典型——读恩格斯的两封信》一文，对以真实为核心的现实主义文艺的三个基本概念的内涵及其相互关系作了深入的阐发。[②] 80年代后期，面对现实主义文艺在大量传入的西方现代派文艺和新兴起的通俗文艺浪潮的双重冲击下轰动效应风光不再的境况，狄先生又以敏锐的时代感知和学术理性写下了《冲击和命运：察看现实主义的生命力》这篇在当时极具分量和影响的文章。该文从宏观上分析了来自浪漫主义运动、来自现代主义和来自苏联在斯大林逝世及其错误被揭发后所形成的“解冻”浪潮对现实主义的三次强烈冲击，同时也阐发了现实主义在不断的冲击和危机中通过不断的自我调适和变化以存活和再生的活力和流向，认为现实主义是人类审美创造的基本方式，“从历史发展来看，现实主义总是在冲击中更新和发展的。它有解决问题和排除危机的内在机制，它能调整与现实的审美关系，更新自身的内在结构和功能，以适应发展着的社会

① 参见狄其骢：《艺术创作中的情感问题》，《文史哲》1981年第3期。

② 狄其骢：《倾向·真实·典型——读恩格斯的两封信》，《文史哲》1982年第2期。

需要。这就是现实主义创作方法的本质所在"[①]。这两篇文章可以说既是对艺术真实问题的深化与拓展,也是在文坛面临西方各种文艺思潮的冲击和文艺观念的引进而变得六神无主的境遇下,对一种艺术精神的坚守。古人有"文章合为时而著"的优良传统,狄先生这些基于艺术实践的发展所提出的时代性问题的回应文章,正是这种优良传统的当代传承。

二、学科拓展的创新意识

随着西方各种理论观念、研究方法和文艺思潮的引进,20 世纪 80 年代中期,中国文艺学界不仅迎来了观念解放、方法更新、术语爆炸的一波波浪潮,于文艺理论研究的学科形态方面也在改变着过去那种由社会政治取向甚至是由庸俗社会学主导的封闭、单调的格局,开始了学科结构破局的萌动和研究领域拓展的尝试,文艺心理学、文艺社会学、文艺文化学、比较文学、比较诗学等新兴学科应时而生。这种新的学科形态和研究领域的拓展,是文艺学研究学术自觉的结果,也是学术创新的体现。在这个学科拓展、学术创新的新潮涌动中,狄其骢先生以开放的心态面对蜂拥而至的西方新学,吸取和融会其中各种有价值的观念和方法,对自己已有的知识结构作出了丰富、充实、调整、改进,并相应地调整了自己的学科方向,在文艺学研究上又进入了一个新天地、新境界。

此一时期,狄先生在学科方向上的自觉调整主要体现在两个方面:一是对于文艺心理学的研究;二是对于比较文学和比较诗学的研究。在前一方面,狄先生承担了国家教委的重点科研项目"创作心理学研究",并已完成书稿写作,且列入了山东教育出版社的出版计划,只是由于当时狄先生正忙于《文艺学新论》教材的写作和出版,再加之他惯有的学术审慎,认为其中有的部分尚需再加修改,这部书稿的出版很遗憾地被搁置下来。这部书稿的内容,狄先生曾为其研究生系统地讲述过,从内容设置和研究取向上看,是其之前对文艺创作心理如艺术思维、艺术情感等问题思考的深化和系统化;从其所借鉴的心理学知识来看,已经远远超过当时有的知名学

---

① 狄其骢:《冲击和命运——察看现实主义的生命力》,《文史哲》1988 年第 3 期。

者仅以国内学者曹日昌的普通心理学教科书为理论指导的文艺心理学研究，而是广泛汲取和融会了各种当代心理学与生理学的最新研究成果和方法。同时，他也不赞成孤立绝缘地以纯心理学的知识解决复杂的文艺心理问题，尤其不同意当时有些学者仅仅以当代西方心理学尤其是欧美的人本主义心理学为研究心理问题之圭臬的做法，认为文艺心理是艺术活动主体与社会历史文化互动互融的结晶，主张充分注意和借鉴苏联社会文化学派心理学研究的成果。这些看法和理论资源的选择，使其文艺心理学研究显示出与众不同的面貌。

在学科拓展方面，狄先生更为人知的是其对比较文学和比较诗学的研究。80年代中期，狄先生连续推出了《比较文学特性初探》《开放性和可比性——比较文学略论》《比较文学的活力》《中西诗学比较探源》等颇具学术含量的专论，集中对比较文学的学科性质和中西基本艺术观念的差异等具有“元理论”性质的问题作了论说，文心独具，颇多创建，赢得了海内外学界的称赏。这些文章的主要理论价值包括以下几个方面：一是从世界文学的发展和比较文学自身的发展两方面论证了比较文学的两大特性：开放性和可比性。关于开放性，狄先生指出：

> 比较文学本身，可以说是一门开放型的学科，这不仅表现为它的诞生是适应了世界文学发展的开放潮流，而且表现在它自身的发展过程，也是一个开放过程。①

关于比较性，他强调比较文学成为一门独立学科，在于它有比较性的对象和比较性的方法。从文学史的研究中发现、寻找到比较性的对象、材料，形成和确定具有可比性的课题是比较文学研究的基础，“它要求从材料的异同中，发现和揭示出内在的联系，并把它提高到总体上来认识，这才是比较文学研究的目的”②。二是提出并探讨了比较文学的比较价值和自由度问题。关于比较价值，他主要从比较对象角度论证了价值何来与价值所指两个问题。他指出，并不是把不同的材料罗列一通就会产生价值，只有客体具有可比性并且能够实现比较目的的研究才有价值。而文学研究的关联价值是多方面的，有美学价值、政治价值、伦理价值、实用价值等，“比

---

① 狄其骢：《开放性与可比性——比较文学略论》，《文学评论家》(创刊号)1985年第1期。
② 狄其骢：《开放性与可比性——比较文学略论》，《文学评论家》(创刊号)1985年第1期。

较价值，应该是美学价值”[①]。脱离开美学价值，算不得比较文学。关于比较文学的自由度，他主要从比较方法的角度，从具有客观性质的比较性结构对象的自由性质，以及研究主体参与研究对象的发现和现实化的能动性和自由两个方面作出了论证，认为“方法的比较性，使比较文学能适应世界的可比性，自由结构比较性对象，充分发挥比较能动性，从比较中探索文学现象的深层内蕴”[②]。

《中西诗学比较探源》是狄其骢先生又一篇引人瞩目的研究论文。在20世纪八九十年代的中西诗学和美学比较中，论者大多套用日本著名美学家今道友信关于西方的古典艺术理论是模仿即再现，东方的古典艺术理论是写意即表现，艺术概念的历史西方是从再现到表现，东方是从表现到再现，这是在同时展开的一种逆现象的观点。[③] 狄先生通过对作为中西诗学的比较源头、比较基因的言志说和模仿说的严谨考证、分析和比较，彻底颠覆了这种人云亦云的流行成见。他指出，言志说所言之志包含三个层次的内容：一是个人之志，即所谓情；二是社会之志，即所谓理；三是宇宙之志，即所谓道。完全不具有西方文艺复兴以来兴起的表现说“自我表现”的内涵：

> 言志说和表现说是有实质性的差异的。表现说是在个人与社会对立的基础上，实现自我，表现自我，自我表现的无限自由，是创作追求的理想；而言志说是在个人与社会统一的前提下，实现社会的理想。[④]

基于此种认识，狄先生概括比较了言志说与表现说六个方面的不同。进而，他又分析指出，言志说和模仿说都生成于古代奴隶制社会，历史因素相同，尽管“模仿说与言志说相比，一个是面向自然，是外向的，一个是面向自身，是内向的，但异途同归，都追求人与自然，人与社会的统一”[⑤]。由于这种一致，两种理论都主张艺术创造中物与我、理与情要和谐统一。所以，

---

① 狄其骢：《开放性与可比性——比较文学略论》，《文学评论家》（创刊号）1985年第1期。

② 狄其骢：《比较文学特性初探》，《文史哲》1985年第2期。

③ 参见[日]今道友信：《关于美》，鲍显阳、王永丽译，哈尔滨：黑龙江人民出版社，1983年，第74～75页。

④ 狄其骢：《中西诗学比较探源》，《文史哲》1986年第3期。

⑤ 狄其骢：《中西诗学比较探源》，《文史哲》1986年第3期。

言志说与模仿说倒是具有内涵方面的一致性。在中国诗学史上,“只是到了晚明,李贽、汤显祖、袁氏三兄弟为代表的‘情真’说一派,才与言志说相对立,而开始具有类似西方近代诗学中的表现性质”[①]。该文不囿于流行的权威之见,洋溢着锐意进取的创新意识,为中西诗学的比较研究做了奠基性的工作,并确立了一个诗学比较的范本。

三、马克思主义文论研究的主义意识

马克思主义文艺理论研究是狄其骢先生学术生涯中又一个用力甚深、成就骄人的领域。他在这一领域的研究努力可以概括为两个方面:一是对马克思主义经典文论的科学释读,二是对马克思主义文艺学的当代建构。无论释读还是建构,都体现着一种鲜明突出的主义意识,即所释读的对象是马克思主义的,所建构的观念是马克思主义的,所运用的方法要体现马克思主义方法论的要求,而理论研究的最终目的也是坚持和发展马克思主义文艺理论。

对马克思主义经典文论的释读首先体现在为开展马列文论教学而由他领衔的《马克思主义经典文论选读》教材的编著上。在该教材的“绪论”里,狄先生针对马克思主义经典文论不像文学概论那样具有完整的理论系统,只是一篇篇具有针对性的、与一定具体对象相关联的理论文本的特点,提出了对经典文论的三种科学释读方法,即历史地读而不教条抽象地读、整体地读而不断章取义地读、实践地读而不脱离现状地读。所谓“历史地读”,“就是要把它放在一定的历史背景中去读,不要脱离产生文论的历史基础,要掌握文论的历史特点”;所谓“整体地读”,“就是要把经典作家的文论放在一定的理论背景中去读,不脱离产生文论的马克思主义理论基础,要掌握文论的理论特点”;所谓“实践地读”,“是把经典文论放到我们的现状中来理解和把握,判断它的当代意义,它在实践发展中的意义”。[②] 狄先生在这里对经典文论特点的概括以及对释读方法的阐发是对教学来讲的,并且在选读教材的编写中得到了很好的贯彻,同时这些概括和阐发也作为

① 狄其骢:《中西诗学比较探源》,《文史哲》1986年第3期。
② 狄其骢:《马克思主义经典文论选读》,济南:山东大学出版社,1991年,第5、6～7页。

基本方法论原则贯彻于其经典释读文章之中。其中,《〈在延安文艺座谈会上的讲话〉的现代意义》一文甚为典型,该文分析论证了《在延安文艺座谈会上的讲话》将文艺的根本问题由文艺的意识形态性转为文艺为什么人服务的巨大意义,认为“为什么人的问题,实质是个文艺意识形态性的问题,但毛泽东不是从关于意识形态的理论思考中提出为什么人的问题,而是从意识形态的建设实践中提出来的,这是马克思主义意识形态理论的创造性的发展”①,体现了马克思主义的实践人学。这一转变的意义还在于从文艺与政治的外在关系进入文艺(作家和作品)与读者的内在关系,从读者的主体性来审视文艺,开拓了文艺理论的对象范围和视野,加深了对文艺的认识和理论体系的完整性。比较而言,“在文艺的意识形态理论中,着重的是文艺的社会功能,读者只是意识形态审美教育的对象,而当文艺的根本问题重点转向为什么人为读者时,着重的是社会对文艺的社会功能,读者成了服务对象,是对文艺施加影响的主体。这一转变,不能不说是马克思主义文艺理论的创新”②。该文是国内较早阐发《在延安文艺座谈会上的讲话》马克思主义读者理论思想的论文之一,体现了狄先生对经典文论的卓识新见。

狄先生对马克思主义文艺学的建构努力表现在两个方面:一是对马克思主义文艺观念体系的探索和整合,二是对马克思主义文艺理论当代形态建设的思考。对马克思主义文艺观念体系的架构,狄先生不同意国内有些学者仅仅从结构形式的完整性与否看待一种理论的体系性,从而用“断简残篇”论来否定马克思主义文艺理论的体系性。他指出:

> 一种艺术哲学理论是否形成体系,其根本条件并不在结构形式的完整,而决定于其艺术理论的内在的统一,正是这种理论的内在统一性构成理论的体系,标志出理论的深度和创见。③

据此,他指出,马恩的艺术理论虽分散为对各个文艺问题的格言式的论述,但有自己的体系精神,并因之使各个观点之间有着内在的统一性。

① 狄其骢:《〈在延安文艺座谈会上的讲话〉的现代意义》,《文史哲》1992年第3期。

② 狄其骢:《〈在延安文艺座谈会上的讲话〉的现代意义》,《文史哲》1992年第3期。

③ 狄其骢、谭好哲:《艺术哲学的革命——论马克思恩格斯艺术哲学的体系特征和审美理想》,《文学评论》1991年第3期。

对马克思主义经典文艺理论的体系精神，狄先生一是着重于马克思主义世界观尤其是历史唯物主义观点和方法的贯通，认为经典文论归属于马克思主义的理论整体，“它是历史唯物主义在审美和艺术中的具体体现，历史唯物主义贯穿在分散的各个艺术观点中，使其有内在的统一性，组成特定的艺术理论体系”[①]；二是着重于其核心观念即审美理想的内在凝聚，认为马克思主义的审美理想是社会理想、人的理想和美的理想的三重组合，在历史发展和社会实践的基础上将三者最终统一起来，是马克思主义文艺美学思想的重要观点和方法。马克思主义经典文论包含着多方面的理论内容和观点，“贯穿这众多方面内容和观点的主线，就是马恩的审美理想。审美理想是马恩艺术哲学理论的核心观念或灵魂，它构成和显示出理论的整体统一性和逻辑连贯性”[②]。从世界观的理论整体性和审美理想的内在贯通性的双重视角来阐发马克思主义经典文论的体系性，在国内学界属于首创。狄其骢先生主编的专著《马克思恩格斯艺术哲学》[③]就是以此为思想指导而写成的。该书获得山东省社会科学优秀成果一等奖和全国马列文艺论著研究会首届优秀论著成果奖，被学界誉为新时期马克思主义文论研究的代表性成果，当属实至名归。

关于马克思主义文艺理论当代形态的建设，狄其骢先生也有着自己的特殊思考。当代形态建设的提法，始于20世纪80年代中期，但是当时的论者大多将思考中心放在如何吸取当代西方人文社科和文学艺术的理论与方法来丰富、补充、拓展经典文论方面，强调的是当代形态对经典形态的突破和超越。对此，狄其骢先生则认为，理论体系既是个整体，也是个过程。从其作为一个过程的角度来看，马克思主义文艺理论当代形态建设确有其必然与必要，在一定意义上说，“不能满足时代对文艺理论的需求，在当代激烈的意识形态的斗争中就会被击败”[④]。但是，当代形态建设不是马克思主义与非马克思主义的趋同，不是超越意识形态的非意识形态化，它本身就是一种意识形态的建设，不存在一个普遍适用的标准和原则，中国的马

① 狄其骢：《文艺学问题》，济南：山东大学出版社，1993年，第114页。

② 狄其骢、谭好哲：《艺术哲学的革命——论马克思恩格斯艺术哲学的体系特征和审美理想》，《文学评论》1991年第3期。

③ 狄其骢主编：《马克思恩格斯艺术哲学》，济南：山东文艺出版社，1991年。

④ 狄其骢：《马克思主义文艺理论建设的当代形态》，《高校理论战线》1992年第6期。

克思主义文艺理论当代形态建设不能沿袭西方马克思主义那种反经典传统的发展模式，而要把经典形态与当代形态视为同一种马克思主义文艺理论发展过程中的两个阶段，在发扬马克思主义文艺理论基本精神的前提下正确处理好坚持和发展的关系、经典形态和当代形态的关系。这种当代形态的建设思路是“主义”的坚守，也是与时俱进的，是马克思主义文艺理论发展的正道。

四、文艺学改革与教材建设的综合意识

在经历了西方新思潮新理论的大规模引进以及观念的变革、方法的更新和学科的膨胀与分化之后，文艺理论研究在20世纪80年代中后期进入一个多样而又繁杂、博采而又混乱的多元化学术格局。如何看待这种多元化的格局？多元化之后中国文艺理论又该如何走，走往何处？这些问题，在80年代与90年代转换之际成为一些有担当意识的学人不得不面对与思考的课题，文艺学的改革问题继80年代初期的改革呼声之后再度成为一个话题。

就此境况与话题，狄其骢先生于1989年接连发表了两篇文义相续、颇具影响的重头文章。一篇为《文艺理论的多元化境况》，该文首先从中西文化学术发展的历史出发，分析了文化学术多元繁荣与一元化发展的关系，而后分析了文艺理论的多元化境况对于打破旧有的纯一的理论秩序和思维方式的时代必然与价值意义，最后对多元化将如何发展作了展望，指出在多元化境况中，各种文艺理论都有同等的生存和发展权利，但其中又必有自由竞赛、生存斗争，各种文艺理论都应该在这种竞赛和斗争中求得自己的发展，马克思主义文艺理论亦复如此。[①] 接下来的一篇文章《面向新的综合——探讨文艺理论发展的趋向和问题》承接上文的基本观点，进一步分析指出，多元化后的文艺理论出现各种理论相互疏远和隔阂的趋向，这是应该解决的一个问题。文艺理论多元发展的关键不在量而在质，不在分化而在综合，综合是分化的深入。正处于中西文化碰撞交汇中的文艺理

① 参与狄其骢：《文艺理论的多元化境况》，《山东大学学报（哲学社会科学版）》1989年第1期。

论，主要的发展模式将是从综合中创建。而文艺理论的综合创建，也是个现代化的问题。现代文艺理论重心的转移不是理论建构原则向主体论转移，而是理论对象的研究侧重点向主体能动性的转移，这是理论综合的现代化也就是文艺学改革必须予以重视的问题。[①] 由此可见，走综合创建之路，就是狄先生对多元化境况中文艺理论该如何走下去的一个回答。

狄先生对文艺学改革问题的上述思考和认识，在其文艺学教材编写中得到了很好的贯彻与再阐发。1959 年，山东大学中文系文艺理论教研室出版过一部在当时较有影响的《文艺学新论》，当时甚为年轻的狄其骢先生是三位编著者之一。从 1990 年起，以狄先生为主，带着两位年轻学者，又编著了一部书名依旧而结构内容全新的《文艺学新论》，1994 年由山东教育出版社出版。这部新的教材由狄先生提出编著"意图"和全书四编的章节大纲，并撰写了"前言"和"后记"。"前言"对教材的编著原则、架构方式、建设目标作了清晰明了、新意迭出的阐述。编著原则被确定为"出新不出格"。出新，重点在新事实的探索，就是要拓宽旧有教材的事实视野，冲破旧有教材的事实禁区，这就要求对一切有价值的事实材料和理论采取开放和宽容的态度。但是，开放和宽容绝不是对一切事实的兼容并蓄，理论是有自己的倾向和主体性的，这就要求对事实具有自己的选择和综合，在主体视野和事实视野的融合中，在主体对事实的同化和顺应中建构新的主体视野。因此，具体到教材编写来说，"所谓出新，就是出马克思主义文艺学之新，也就是建构马克思主义文艺学的新视野"[②]。出新的目的应该是使马克思主义文艺学比从前更为充实丰富、焕然一新。但是，如果取得了兼容并蓄的增值，却模糊了马克思主义理论的真面目，甚至容蓄了与之格格不入的东西，这就不是出新，而是出格了。这里的"格"，就是"马克思主义文艺学的本色"，亦即前面所言的体系精神。可见，这个"出新不出格"的编著原则与狄先生所坚持的问题意识、创新意识和主义意识是一致的。

由于教材是对事实的认识和概括，所以在架构方式上，教材的结构体系(理论结构)就应以对象结构为依据，教材的理论结构要能够对文学现象和文学活动作出认识、理解和解释。文艺学的理论结构是由概念组成的体

---

① 参与狄其骢:《面向新的综合——探讨文艺理论发展的趋向和问题》,《文史哲》1989 年第 2 期。

② 狄其骢:《文艺学新论·前言》,济南:山东教育出版社,1996 年,第 4 页。

系，但是“概念体系的组建，并非单纯的逻辑整理工作，而是一项以对象结构为依据、以马克思主义文艺学出新为目的的认识建构活动”[①]。具体到教材整体构架的设计，这部教材采取对对象的动态理解来替代过去的静态理解，以系统性理解替代整体性理解。依据对文学活动的动态理解，教材的结构以文学活动的三大环节——文学作品、文学创作、文学交流为主要构件。而为了理解和解释文学活动是什么，在三大活动构成的三编之前又加了一编总论，三编是微观而总论是宏观，三编是文学经验总结而总论是艺术哲学概论，三编是总论的理论基础和实证而总论则是三编的理论升华和灵魂，这就使教材的理论结构的系统性大为加强。

“前言”的最后部分以“走向综合一体化”作为建设目标，也就是理论追求的思路和方向。这是对前述《面向新的综合——探讨文艺理论发展的趋向和问题》一文基本观点的再阐述，但在思想的表达上更为明确。在这里，狄先生把新的综合称为“综合一体化”，并对其内涵与外延作了明确表述。从内涵上讲，一体化是指汲取、批判、改造各种理论价值的综合活动，“这种综合一体化，从内在性质看，就是马克思主义化，从外在形式看，就是体系化、科学化”[②]；从外延上讲，“综合一体化，大体上说有三种类型，即结构性一体化、层次性一体化、材料性一体化”[③]。结构性一体化，是全局性的综合一体化，是全书四大编即总论编与三大分论编的总体结构的一体化，总论自身要有理论的综合一体化，还要把总论的观点贯穿到三大分论编即文学活动三大环节的分论中；层次性一体化就是把一些不同的甚至对立的概念，在统一命题下一体化，成为解释这一命题的一个方面一个层次的概念；而材料性一体化则是把那些不能作结构性一体化综合而又觉得有综合的理论价值和需要的材料，作为一种参照和借用材料，在分析提炼的基础上最后作出自己的综合判断。三种类型的一体化就将性质上的马克思主义化、马克思主义的体系化科学化落到了实处。

《文艺学新论》在使用中颇受学生欢迎，也得到学界好评，多次再版，荣获第三届国家教委优秀教材二等奖。2009 年，经修改之后，又作为普通高等教育“十一五”国家级规划教材，以《文艺学通论》之名由高等教育出版社

---

① 狄其骢：《文艺学新论·前言》，第 6 页。

② 狄其骢：《文艺学新论·前言》，第 11 页。

③ 狄其骢：《文艺学新论·前言》，第 11 页。

出版。该教材的成功绝非偶然，从根本上讲是源于狄先生精深的学术造诣和思考。狄先生所作的上述三个方面的阐述，是对其长期文艺学教学经验的总结和升华，也是其学术思想学术意识的体现和阐发，因而不仅对新的文艺学教材编写有其具体的借鉴价值，对文艺学理论研究也有重要的启迪意义。就当下和未来的中国文艺学研究而言，“出新不出格”的学术创新原则依然有其指导意义，“综合一体化”的理论建设目标仍是诱人的追求方向。

最后，应该说明的是，本文出于论文结构的方便，从狄先生不同方面的理论活动和成果来彰显其学术意识，这并不意味着这些学术意识只是与不同方面的研究和努力相关联，事实上，本文所阐发的这四种学术意识是有机综合地渗透于其各个方面的努力和成就之中的。对于后来的研究者来说，狄先生在不同领域所取得的理论建树，他所提出的观点、解决的问题、作出的论断，至今仍有着相当的真理性内容，依然值得学习和借鉴，而他在毕生的学术追求与拓展中所体现出的有所担承、有所守持的学者精神，所贯通的上述各种学术意识，或许更具有启示价值。学术的进步，学术薪火的传承，有赖于这种学者精神和学术意识所提供的内在支撑！

（原载《文史哲》2011年第5期，收入本书时有改动）

董治安先生的治学风格和特点

王洲明

董治安(1934～2012),江苏徐州人。1956年毕业于山东大学中文系,留校任教,曾任山东大学古籍整理研究所所长、山东大学中文系主任。董先生是我国著名文史学家,被山东大学授予"育才功勋"称号。兼任全国古籍整理出版规划领导小组成员,教育部全国高等院校古籍整理研究工作委员会委员。

2012年5月27日零时,董治安先生永远地离开了我们,悲痛而又空落落的心渐渐地沉静下来。作为先生最早入门的学生,在长达34年的时间里,先生给予我的实在是太多了,值得回忆的事情也实在是太多了。我想,与先生相处谈得最多的是学术,从先生处受益最多的也是学术,冷静地思考和总结先生的治学风格和特点,既是对先生很好的纪念,同时又是一次很好的学习。

一

董治安先生学术功底深厚,学术视野开阔,就治学的范围来说,涉及经学、子学、文献学、中国古典文学,并旁及文化、历史、哲学、思想等门类和学科。就经学而言,先生较多关注的是《易》《诗》《书》。对《易》研究的论著有《孔子与〈周易〉》《〈周易〉浅谈》《战国文献论〈易〉引〈易〉综录》《两汉〈易〉的承传与〈易〉学的演化》以及扬雄《太玄经(二十八篇)释义》等。对《诗》研究的论著有《〈诗经〉绪说》《从〈左传〉〈国语〉看"诗三百"在春秋时期的流传》《关于战国时期"诗三百"的流传》《战国文献论〈诗〉、引〈诗〉综录》《两汉〈诗〉的承传与〈诗〉学的演化》《〈史记〉称〈诗〉平议》以及对《诗·唐风》的研究等。对《书》研究的论著有《〈书·盘庚〉笺证》《〈书·大诰〉笺证》《战国文献引〈书〉综录》《两汉〈书〉的承传与〈书〉学的演化》等。上述研究，既有对专经本身的研究，又有属于经学史的研究。对子学的研究，涉及面甚广，计有对孔子、孙(武)子、曾子、孟子、荀子、韩非子、晏子、贾子(贾谊)的研究，并旁及老、庄之学，如其中论孔子与六经的关系，论孙武其人与《孙子兵法》的时代，论曾子其人以及其在儒学传授中的地位，对《晏子春秋》时代、性质的考辨与论析，对贾子(谊)人品、文品的分析及其在散文史上地位的评判等，都属于卓有见地的研究成果。先生的上述研究，从宽泛的意义上说，又都属于中国古典文学中的先秦两汉段的文学研究。此外，或出于对中国文学发展史规律性的总结，或出于对某种文学题材的演化的思考，或是对某些代表性的文学形象的分析，则更是有意识地对文学现象作深入细致的探讨分析，从某一些方面提出了新的问题和见解，对文学特别是先秦两汉文学研究起到了推动性的作用。属于第一类成果的有《孟子的"仁政"思想及其在中国古代文学史上的影响》《重读〈汉文学史纲要〉》等；属于第二类成果的有《关于由"辞"到"赋"的发展演变》《汉赋的困厄与解脱——关于汉赋同经学联系的一点探讨》等；属于第三类成果的有对《楚辞·九歌·东君》日神形象的分析、对羿和后羿故事演变的论析等。

董治安先生另一重大学术贡献，是参与领导和从事古籍整理工作。早在1983年，董先生就参加了全国高等院校古籍整理研究工作委员会，为古委会历届委员，参与诸多学术活动。同时，也承担了若干规划项目，如被列为"国家教委古籍整理'七·五'规划重点项目"的《古代文史名著选译丛书》，就负责其中的《左传选译》《墨子选译》《吕氏春秋选译》《韩诗外传选译》《申鉴中论选译》等十多种古籍译注的审阅工作。他主编或与人合作主编的有《二十五史外人物总传要籍集成》《诗经词典》《老庄词典》《诗经要籍提要》(双主编)等，与人合作完成或集体完成的有《先秦散文精华》《荀子汇校汇注》《商君书译注》(集体，定稿人之一)。在大型类书、丛书、全集等类型的古籍整理和编纂方面，其中代表性的是《中华大典·先秦两汉文学分典》和《两汉全书》的整理和编纂。这两部同属于国家重大项目的大型类书的编纂完成和出版，填补了国家文化建设在这个方面的空白，其学术价值自不待言；而它们所彰显的，是项目组织者、领导者、作为两部大书主编的董治安先生对先秦两汉古籍的熟稔程度、卓越的学术见识和辛勤的付出。

二

董治安先生是一代学术大师高亨先生(1900～1986)的嫡传弟子,可以说,董先生得到了高先生的真传。这首先就表现在董先生的学术研究和高先生的学术研究一样,时时处处都表现出对古籍文献的重视,思想深处潜存着一种朴学的研究方法和意识。读董先生的著作,我们感觉到,文献的运用贯穿于学术研究的始终,这似乎已不是刻意的追求,而简直就是本应如此、本来就如此的从事学术研究的常态。用时髦的话来说,就是已经进入一种"化"境。

我先举一个非常具体的例子,即关于羿与后羿的问题。历史典籍的记载,或称羿,或称后羿,有不少论者就将二者混同为一人。董先生从《墨子·非儒》篇"古者羿作弓"、《吕氏春秋·勿躬》篇"夷羿作弓"以及《山海经·海内经》"少皞生般,般是始为弓矢。帝俊赐羿彤弓素缯,以扶下国,羿是始去恤下地之百艰"对羿的这些记载中,认识到神话中的羿与弓箭之间存在密切联系,具有原始社会的人们所带有的鲜明特征。其次,由《淮南子·本经》"尧乃使羿诛凿齿于畴华之野,杀九婴于凶水之上,缴大风于青丘之泽,上射十日而下杀猰貐,断修蛇于洞庭,禽(擒)封豨于桑林"的记载,认识到羿乃神话中与自然作斗争、为民除害的英雄形象。关于后羿,则由《左传·襄公四年》记载中所引《夏训》较完整的有关后羿的传说故事,得出后羿与神话中的羿本质上有所不同,即后羿是有穷国的国君;于夏朝末衰落时乘机夺取了夏的政权;忽于政事,沉迷于打猎;宠信奸佞寒浞并最终被寒浞夺取了国与家。通过对文献的考索,从根本上厘清了羿与后羿的不同,并进一步分析了这个由神话到历史传说的故事所蕴含的丰富的历史内涵,以及这类故事演化的复杂性和其中的某些规律。[①] 虽然是一个很具体的问题,但由于有坚实文献资料的支撑,不仅能解决学术界久悬而未决的问题,而且能由小见大,总结或印证文学史发展中某些规律性的东西。

再举一个问题牵涉稍多一点的、关于《晏子春秋》成书时代考辨的例

① 详参董治安:《从上古神话到历史传说——谈羿和后羿故事的演变》,《先秦文献与先秦文学》,济南:齐鲁书社,1994年,第399～409页。

子。记得有一次董先生不无悔意地对我说:“写《晏子春秋》文章时,还很年轻,与吴则虞先生的辩论口气重了一点,要是现在就不会了。”我能从中体会出先生坚持一生的为人处事中谦恭温良的品行。我们看先生60年代初写作的一组关于《晏子春秋》的文章,也包括先生所指的与吴则虞先生辩论的那篇文章,皆资料丰富,析论翔实,虽然不无青年人的朝气(时为1962年,先生29岁),但已经显示出向老成持重方向发展的趋势。董先生不同意吴则虞先生“《晏子春秋》作于战国后说”,而认为应该肯定《晏子春秋》完成于战国时代。文章首先针对吴先生的立论根据,以充分的文献资料为基础,提出:“从书名看”,“《晏子春秋》有可能产生在战国时期”;“从写作体裁看”,“《晏子春秋》有可能产生在战国时期”。然后,结合吴先生提出的《晏子春秋》中的四个“内证”,以无可辩驳的文献资料论证了这些内证都不能成立。如吴先生提出《晏子春秋》中的引《诗》与《毛诗》为同一学派,而《毛诗》的创始人为毛亨,那么“其成书的年代,自然比毛亨要晚”。其实,事实远非如此。董先生将《晏子春秋》中二十条引诗逐一检查,发现其中的引《诗》,“既不尽同于三家诗,也有异于《毛诗》。本来,产生《晏子春秋》的战国时代,传《诗经》者尚未分家,如果用汉代诗家的眼光去读《晏子春秋》,只摘出其引诗与《毛诗》相同的几条,没有作全面的考察”,其得出的结论自然就不会是正确的。[①] 当然,“《晏子春秋》战国作说”现已得到银雀山西汉墓简本《晏子春秋》印证,这从实证上证明了先生做学问的扎实、可靠。

我还想举《两汉全书》前言为例。汉人文献的丛集,自汉代就开始了,而且至近代也没有停止。逐一考察和整理近两千余年来的汉代丛集,以至所有文献的存录、流传的情况,该是何等繁杂的工作,又需要整理者具备何等丰富的文献知识和卓越的学术眼光。董先生为《两汉全书》所作的前言即《汉代文献的丛集与〈两汉全书〉的编纂》,从认识和把握自汉代迄今历代学术发展不同特点的高度,来寻觅、描述汉代文献在各个时期存录的实际情况,并以此为基础,制定了《两汉全书》的编纂原则和具体的规制。可以说这是对两汉文献所做的一项正本清源的工作。正因为要正本,也正因为要清源,所以汉代及以后所有的总集、别集、丛集、史志、丛书、类书乃至经籍类的传注、辑佚书等,无不涉及。我想,董先生重视文献,熟稔文献,于先

① 详参董治安:《与吴则虞先生谈〈晏子春秋〉的时代》,《先秦文献与先秦文学》,第375~389页。

秦两汉乃至中国古代文献知识的深厚积累，于此得到了充分的体现。[①]

读先生二十几岁的文章和中、晚年的文章，还是能够体味到其中某些风格的细微变化的。随着时间的推移，先生的文章越趋明断、精纯、老到，但始终不变的是对文献资料的重视。在给我们作《左传》讨论课总结时，董先生说："不能先提原则，而后到古书中去找条文。"说这话的时候先生45岁。这是先生对初窥学术殿堂的我们的谆谆教导，也是先生所认为的、所遵循的最重要的治学途径。

三

董治安先生学术研究的另一显著特点是，往往就所研究的论题进行追本溯源的工作。他对某一论题追本溯源、穷尽式的资料上的搜集整理，经常成为后来研究同一问题者的重要参考，已有不少被间接引用。如他集录的《战国文献论〈诗〉、引〈诗〉综录》《战国文献引〈书〉综录》《战国文献论〈易〉、引〈易〉综录》《先秦文献所载古乐舞史料综录》《先秦文献所载古乐律史料综录》《先秦文献所载逸书、逸文史料综录》《〈史记〉称〈诗〉综录》等，都属于这一类的成果。这固然是为从事相关问题研究所作的资料方面的准备，但由于它们是某一类问题某一时段（特别是先秦两汉段）所有资料的全编，所以其本身也同样具有重要的学术价值。而且，由董先生的这一类成果，我想起了董先生最后帮助高亨先生整理完成的《古字通假会典》。《古字通假会典》是高先生通读先秦两汉全部古书（包括全部注文）将其中涉及的通假字裒集在一起，再按韵部分别排列而成书的。董先生所做的是结合某一问题，而通读先秦两汉相关古书并裒集全部相关资料，虽然规模远不能与高先生当年撰作《古字通假会典》相比，成果的性质也与之不同，但通过通读古书（特别是先秦两汉的书）追本溯源、穷尽式地掌握相关资料的做法，则是完全一致的。由此我们看到了董先生与高先生的治学路数是一脉相承的。

董先生所从事的许多具体研究，往往都习惯于用这种追本溯源式的研

① 详见董治安：《汉代文献的丛集与〈两汉全书〉的编纂》，《两汉文献与两汉文学》，上海：上海古籍出版社，2005年，第3～18页。

究方法。他对许多历史人物及其著作的研究就都是这样做的。比如关于孙子和《孙子兵法》，就特意详细列举了先秦两汉古籍对孙武其人、《孙子兵法》其书的记述。除《史记·孙子吴起列传》外，《史记》中称孙武的还见于《律书》《吴太伯世家》《伍子胥列传》《货殖列传》《太史公自序》。其他汉人著作提到孙武及其兵书的有《淮南子·兵略》、《汉书》(除《艺文志》之外还有《古今人表》《刑法志》)、《论衡·量知》《吴越春秋·阖闾内传》《越绝书·外传记吴地传》等。并由汉代溯及先秦，指出《尉缭子·制论》中最早提到“武”的名字；次又见《荀子·议兵》、《韩非子》(《守道》《五蠹》)、《吕氏春秋·上德》。正是因为有了这种穷尽式的资料引述和细致透彻的论析，所以得出的“孙武其人其事，自战国中期至于两汉，显然已经流传甚广，多为人知”“至少不迟于战国之末，孙武所著兵书已广泛传布于世”的结论，具有很强的说服力。① 其他如论范蠡、论曾子、说荀卿和荀卿书、说晏子和《晏子春秋》、说贾谊及其《新书》，都具有这种特点。董先生对这类追本溯源式的研究颇为自许，在总结对曾子的研究时说：“曾参被称‘宗圣’，影响深远，而有关历史资料甚多却真伪窜乱、难以尽从。我于资料辨析用力较多，所取、所弃未与前人尽同；对曾子的本真面貌和主要历史作用，也就自己的思考作出了一些论析。”其实，董先生的那些学术分量很重的有关经学史、思想文化史方面的论文，如有关两汉《易》《书》《诗》的承传与经学化过程的系列论文，如对齐鲁文化(特别是齐文化)研究的多方面的思考等，也同样如此。只不过由于该类文章涉及问题更复杂，时空跨度更大，需要更多也是更高的属于理性层面上的辩证综合，所以在具体表现上不是那样明显而已。

四

跟先生读书期间，先生不止一次地谈过：“最好能写一些喇叭式的文章。”所谓“喇叭式的文章”，就是说文章的切入点要小，而随着文章的展开，论题逐渐扩大。还有一层意思是从结构文章的逻辑上说的，大前提、小前提、结论这种三段式的论说方式不是就一定不好，但如果能够深入论题，由

① 详见董治安：《〈孙子兵法〉琐说二题》，《先秦文献与先秦文学》，第345～352页。

小及大地逐一地推理出结论，则文章就更为扎实。可以说，这种主张与相当一段时间时兴的所谓大视野、大理论、大结构的选题方式迥然不同。如果有水平、有能力，大视野、大理论、大结构的选题方式当然好，但如果实力不及而又强行为之，其结果就很可能作出貌似吓人实际上却内容薄弱甚或是空洞无物的文章了。我们的学术研究在一段时间内不够深入，就与这种选题方式其实也是思维方式有一定的关系。

正像董先生自己所说的那样，他的不少文章都有切入点甚小而涉及问题甚大的特点。前面提到的《从上古神话到历史传说——谈羿和后羿故事的演变》，文章的切入点是一个很具体的问题，即羿和后羿故事的演变。董先生的做法是先结合从原始社会到初期文明社会历史的演化，从详细的文献资料中勾勒出该故事的历史演变过程，在此基础上进一步认识我国上古神话向历史传说发展演变的轨迹，从而得出结论："历史传说的产生，不论是否借助和利用了神话人物的名字或某些题材，其本身，毕竟是一个独立的、全新的发展和创造。"这对于神话研究界如何区别原始意义上的神话与历史传说，无疑提供了实践上和理论意义上的借鉴。要知道，神话与传说故事的区分，是一个颇多争议而又久悬未决的学术问题。我们再看《汉赋中所见〈老〉〈庄〉史料述略》这篇文章。文章的主要内容是对贾谊的《吊屈原赋》《鸟赋》、扬雄的《太玄赋》《解嘲》、班固的《幽通赋》、张衡的《思玄赋》《归田赋》《髑髅赋》以及赵壹的《刺世疾邪赋》中所引、所用《老》《庄》资料的阐释、分析，这无疑对进一步解读原赋提供了很大的帮助。更大的意义则在于，通过分析研究得出了如下重要结论：其一，"儒显而道隐，前者（儒）多示人以官方正统的面目，而后者（道）则往往表现为私家异端的倾向，中国封建社会中这种儒道互补的文化结构特征早在汉代其实已略见其端倪"；其二，"儒、道两家本来就存在既相对立又相融通的两个方面，而汉代赋家所表现的这种'显达则奉乎儒，隐退则转趋于道'，其实也显示了我国封建社会一般士人由儒而道思想演化的某些轨迹"；其三，长期以来"给人造成错觉，似乎在汉代，《庄子》尚不为世人所知，还是湮没无闻的，然而事实并非如此"，"在两汉阶段，《庄子》即使一时尚未完全能与《老子》并驾齐驱，其本身也已流传甚广，影响不可低估。有人认为，《庄子》是在晋代才名气忽然大了起来,恐怕是值得重作斟酌的”。[1] 这些都是涉及中国(特别是汉代)文化史、思想史的大问题,学术界对这些问题的认识或似是而非(如对庄子在汉代影响的问题),或虽有成说却未必能认识得如此深刻准确(如说儒道互补文化结构汉代已见端倪,从汉赋作家身上已体现出儒道对封建士人显达隐退行端的影响),所有这些结论都是在逐一具体论析中得出的,因而一点儿也不突兀,而是水到渠成,极平和,极自然,却又因为是建筑在严密的内在逻辑基础上,所以具有强大的说服力。

这种“以小见大”的确定题目和论述问题的方式,看似简单,实则真正做起来并不容易。能否做到这一点,与对文献资料的掌握是否全面,对重要的文献资料是否熟悉,以及对文献资料的认识是否到位密切相关,当然也与能否做到对全部论题了然于胸密切相关,而说到底,是与一个人的学术功底和学术识见有关。与初步地掌握了一些资料,就大视野、大理论、大结构地组织架构文章相比,董先生习惯于写作的这类文章,的确能更细致、更平实、更明确、更科学地论析问题,因此文章也更具有说服力。

五

董治安先生从事学术研究的另一重要特点是具备宏阔的学术视野。具体说来,即是能在大的学术背景观照下,从事具体问题的学术研究。前面已经说过,从小处细处入手,做到“以小见大”很不容易;而以宏阔的学术眼光,观察具体的研究对象,从而总结出大至某一时代或某一领域的重要的带有普遍性意义的规律,就更不容易做到。我觉得这中间有一个史识问题。研究文史的人都知道史料和史识的重要性。所谓“史识”,简单地说就是研究者在阅读了史料后由具体到抽象、由感性到理性、由现象到本质、由判断到概念,对事物认识逐步深化的过程,就是由个别到一般,再由一般到个别,由肯定到否定,再由否定到肯定无数次地往复的认识过程,这种既矛盾又统一的认识过程贯穿于研究的始终。正是在这个过程中,最终形成对事物认识的观点,予研究对象以理性的阐释,或总结出事物发展的某些规

---

① 详见董治安:《汉赋中所见〈老〉〈庄〉史料述略》,《先秦文献与先秦文学》,第 332～344 页。

律。董先生的许多论著都是在宏阔的视野中观察具体的研究对象，是具备很高史识的具体表现。

先看《两汉文献中的经籍传注——〈两汉全书〉编纂杂识之一》。对于两汉的经籍传注，学界更多地强调其作为训诂学资料的价值，并未将其放到学术史和文化思想发展史的角度进行衡量。董先生的文章，不仅首次明确地提出一大批两汉经籍传注“已属于具有独立意义的学术著作的范围”的观点，而且详细地分析了自先秦至汉末如此长的历史时期内经籍传注发展的轨迹，以及汉代经籍传注发展与汉代社会文化之间密不可分的联系。这是在对汉代社会、文化作宏阔观照后，对发生在其背景下的具体的、又各自不同的经籍传注所作出的第一次全面的考察。汉代经学与汉代经籍传注存在密切联系。《老子道德经河上公章句》所带有的东汉社会思潮的烙印及标志着《老子》思想向道教理论的演化。赵岐的《孟子章句》标志着东汉后期孟子和《孟子》其书地位的空前提高，也反映了西汉以来的传统经学已经失去号令天下的局面。汉末高诱同时为《战国策》《吕氏春秋》与《淮南子》三部古籍作注，则反映了汉末杂家学说的重新活跃以及高诱本人强调道家思想对杂家的某种主导作用。凡此种种认识，读后都有一种高屋建瓴的感觉。①

我还想举出《汉赋的困厄与解脱——关于汉赋同经学联系的一点探讨》一文。这篇文章实际上是结合汉代最重要的意识形态即今文经学与古文经学彼此消长的发展，来揭示汉代由司马相如等人“润色鸿业”的大赋到扬雄的“壮夫不为”，再由班固、张衡的京苑大赋勃兴到“增加人性和情趣，别开生面”的东汉抒情短赋的相对繁荣，几乎是贯穿汉代始末的汉代辞赋发展变化深层次的思想文化原因。这是在结合具体作家、作品作具体的分析，但又自始至终注意到与时代主流思想意识的把握相联系。②

董先生似乎不大喜欢作那种鸿篇巨制式的长文，也绝不摆出故作高深、不可一世的架子，就像前面所说过的，是在平实中透露出真知灼见。同样，这里讲到的董先生充满智慧、甚或机趣的史识以及宏阔视域下的学术研究，亦颇具上述风格特点。

---

① 详见董治安：《两汉文献中的经籍传注——〈两汉全书〉编纂杂识之一》，《两汉文献与两汉文学》，第19～35页。

② 详见董治安：《汉赋的困厄与解脱——关于汉赋同经学联系的一点探讨》，《两汉文献与两汉文学》，第142～155页。

六

董治安先生为人一生都非常严谨。同样,先生毕生的学术研究也非常严谨。可以说讲究严谨是董先生又一重要的治学特点和风格。而且"晚节渐于诗律细",愈到晚年这种特点和风格表现得就愈加突出。

记得我们读研究生时,董先生就说过:"对喜爱的作家扬之过高,对不喜爱的作家贬之过低,情有可原,但都不是科学的态度,任何研究所得出的结论都要有分寸感。"通过自己多年来的研究实践才逐渐地体会到,从某种意义上说,追求分寸就是追求严谨,也就是追求学术研究的那种科学性。

董先生文章的严谨性表现在诸多方面。从写作的规范看,真正做到了文献资料的可靠性,也就是我们经常讲的无一字无来历,无一字无出处。即便是大家熟悉的文献资料,也不惮其烦地注明出处;容易引起歧义的还一一注明文献的版本。如《两汉〈诗〉学史札记三则》引《说文解字》,特意标出"本篇引用《说文》悉依段玉裁《说文解字注》本,上海古籍出版社 1981 年据经韵楼原刻本整理影印版"①。之所以如此,原因在于该文是论析《说文》既引《毛诗》又引"三家诗"的复杂现象,而二者之间的不同,主要表现在文字上的差异,所以交代《说文》的版本就十分必要了。出于同样的原因,他在考察《吕氏春秋》论《诗》和引《诗》的情况时,同样一一注明所引古籍的详细版本。不仅标明今人整理的本子,而且还注明整理者所据的古刊本。②于此可见其用心之细。古籍的记载也往往会有讹误,后人的标点由于对文意理解的不同也不尽一致。董先生对此类问题的处理,同样是一一注明,并申明所取观点的根据。如《两汉〈诗〉学史札记三则》,许慎《说文解字》十五卷上之《叙》有关于其引《诗》系统的说明,说"其称《易》,孟氏;《书》,孔氏;《诗》,毛氏;《礼》,《周官》;《春秋》,左氏;《论语》《孝经》,皆古文也。其于所不知,盖阙如也"。对这段话的标点,董先生特为注明:

> 许慎的这段话有不少歧异的理解。此处从李学勤先生据今人高

---

① 董治安:《两汉〈诗〉学史札记三则》,《两汉文献与两汉文学》,第 117 页。

② 参见董治安:《〈吕氏春秋〉之论诗引诗与战国末期诗学的发展——兼论〈吕〉书 引〈诗〉于汉四家诗的异同》,《两汉文献与两汉文学》,第 106 页。

明说所作标点(参见李文《〈说文〉前叙称经说》,载上海远东出版社版王元化主编《古文化丛论》)。又,周予同先生对这段话的标点与此大体一致(《周予同经学史论著选集》,上海人民出版社 1983 年 11 月版 886 页);但周先生径改原文"其称《易》,孟氏"为"其称《易》,费氏",不知所据。[①]

于一条标点有歧义的资料作如此详细的说明,正体现出董先生做学问一丝不苟的态度。

如果说董先生文章中的文献资料,是无一字无来历,那么他所有文章的结论则都建筑在详尽的文献资料和严密论析的基础之上,就是无一处无根据了。前者所追求的是文献资料的绝对真实性,后者所追求的则是运用真实丰富文献资料对结论论证的充分性和可靠性。这后者则更需要严密的辩证思维逻辑。这里也举一个很小的例子。《汉赋的困厄与解脱——关于汉赋同经学联系的一点探讨》讲到汉代辞赋的发展繁荣时,先说"《汉书·艺文志》于'六艺'、'诸子'以外,昭然别立'诗赋'一门,可以看出汉人对于赋作的特予重视。《汉书·艺文志》收列各地'歌诗'三百十六首(包括'乐府'),而赋作竟达九百余篇,更标明了汉人作赋的热情和踊跃",接着引《文心雕龙·诠赋》:赋之于汉"蔚成大国","繁积于宣时,校阅于成世,进御之赋千有余首"。同时,又以括弧的形式加有按语:"班固《两都赋》序文中已有'故孝成之世,论而录之,盖御者千有余篇'的话。"有了上述资料,应该说对汉代辞赋的繁盛现象已经论述得很充分了。但为了使读者对《汉书·艺文志》所载"九百余篇"有更直观的认识,又于页下注加按语:"《汉书·艺文志·诗赋略》所列赋类,计七十八家,九百九十四篇。除去屈原二十五篇、唐勒四篇、宋玉十六篇、荀卿十篇、秦时杂赋九篇以及年代失考的先秦'杂赋'若干篇,'汉志'实收西汉赋七十三家约九百数十篇。"[②]对这些具体问题的论析尚且如此严密、严谨,其他论析更复杂、理论性更强问题的例子就毋庸烦举了。

我感到,董先生对于学术问题似乎抱有虔诚甚或是敬畏之心,时时地

---

① 董治安:《两汉〈诗〉学史札记三则》,《两汉文献与两汉文学》,第 116 页。

② 董治安:《汉赋的困厄与解脱——关于汉赋同经学联系的一点探讨》,《两汉文献与两汉文学》,第 142 页。

恐怕说不清楚，时时地恐怕说过头话。所以他做学问的严谨，又往往表现在他对自己所作研究结论的表述上。如在谈到“辞”与“赋”的不同，对“赋”在文学上的贡献时说：“其实，这种‘文学的自觉’，早自曹丕以前，在由辞到赋的发展演变中，已经见其端倪。如上所说，汉赋开始把再现客体作为表现重点，确立新体散文方式，特别是在谋篇结构和具体描摹上种种富于文学意义的创作实践，从总体看，确乎表现了对文学功能的进一步开掘，显示了文学认识之前所未有的某种提升，因而从一个方面标志了我国古代文学创作的由自发走向自觉。”这里表述得是何等准确、何等到位！但即便如此，仍然又很有分寸地说：“在不回避楚辞与汉赋若干历史联系的同时，还应当重视辞、赋之间客观存在的差异，并且注意从文体上把二者如实地区别开来。”①意在告诫研究者，在我们充分总结和肯定汉赋对散文文体发展所作出贡献的同时，千万不能忽略“更富有激情与想象、更具有节奏感和押韵形式的古体诗歌”楚辞所具有的高度的文学性。其他如对《说苑》文学地位的评价，也同样准确而严谨。② 在另外一些热点的、有争议的学术问题上，董先生也有自己的看法，但也不轻易否定别人的观点。“舜耕历山”的“历山”究竟在何地？学界一向争论不休。有“蒲州说”“潘城说”“曹州说”“越州说”等，就山东而言，曹县和济南就互不相让。董先生检索到东汉高诱的《淮南子注》和北魏郦道元的《水经注》中有关“舜耕历山”资料后，一方面倾向于“舜耕历山”的“历山”就在济南历城的合理性，但“另一方面并不否认‘舜耕’史实的科学考定尚须别有所待，因而对于各处流传已久的许多异说，应当是积极重视、留待参考。至于诸说彼此存在的分歧，究其原委，不过是汲取了各地民间口头创作中的演绎成分，成为自汉以来传说的新篇”，它们本来就是弘扬中国传统文化的应有之义，“简单以一种传说否定另一种传说，同样是不妥当、也是不必要的”。舜毕竟是我国夏朝之前传说中的人物，其真实身份大概就是一个部落首领，其耕地的“历山”究竟在何处，先秦的典籍中并没有记载，虽然东汉高诱和北魏郦道元的记载算是较早的记载了，但也没有绝对的可靠性，应该说也仅只是记载的传说而已。③对该问题的研究，董先生所坚持的依然是一种严谨、科学的态度。

---

① 董治安：《关于由“辞”到“赋”的发展演变》，《两汉文献与两汉文学》，第130～131页。

② 详见董治安：《〈刘向《说苑》研究〉序》，《两汉文献与两汉文学》，第228～229页。

③ 详见董治安：《“舜耕历山”的一些查考》，《两汉文献与两汉文学》，第238～250页。

七

文如其人。董治安先生的治学风格和特点，浸润着他的思想、品格、学养、追求、兴趣和爱好。我们能从中体悟出很值得思考的一些问题。

师生相处，交谈甚多，相知也甚深。记得约在20世纪80年代中期，在一次交谈中董先生谈道：他固然受儒家思想的影响很深，但在内心深处也有道家思想，甚或说有某些道家的坚守。听过后我当时并没很在意。现在回忆起来，再回头看看先生一生的处世为人，再仔细思考先生治学的风格和特点，对先生上面的一段话才有了更深切的感受。先生逝世一周年，弟子们决定出一本纪念文集以示纪念，师门全体一致同意用“儒风道骨，君子气象”作为文集的名称。这“儒风道骨，君子气象”，就是对先生人格精神最形象、最准确的概括。其表现在治学风格和特点上，就是孜孜以求的进取精神、创新精神与雍容、娴雅平静心境的统一。其治学风格和特点，恰恰正是其人格精神外在表现的重要方面。我很看重先生说的“某些道家坚守”的话，或许正是因为此，董先生的学术研究中有一种对自然与平和的坚持。实事求是地说，要真正做好学问，是需要有一个安静的心态的。急功近利，一蹴而就，是学术研究的大敌。有感于今天学术界某些非正常现象，我们强调要像董先生那样，有意识地去追求一点自然平和的研究态度乃至生活态度，不是一件很有意义的事情吗?

董先生不是守旧的人，但董先生是受旧传统影响较深的人。分析起来这旧传统中有许多应属于优秀传统美德。在董先生所坚持的传统中，一个非常重要的传统就是学统。董先生当然首先看重自己所禀受的学统，他不止一次地讲高亨先生如何讲授《诗经》、讲授楚辞、讲授《文字形义学》等课程，不止一次地讲高先生是如何指导他从事学术研究的，不止一次地回忆起高亨先生讲当年在清华研究院是如何亲炙梁任公、王静安等大师的学术芳华的，可以说董先生是有意识地继承和传授高亨先生本色、务实、开拓、创新的治学传统的。在高亨先生过世很多年后，董先生还深情地回忆说：“他让我首先读几种先秦经籍，作为研修先秦两汉文学的第一步。临别时，他把自己在清华研究院毕业时梁任公先生书赠的两句话转示于我：‘读书最要识家法，行事不可同俗人'。"[①]此外，董先生说起周围很多先生的学术传统的渊源，如数家珍，如说殷孟伦先生是黄侃弟子，得章（太炎）黄（侃）学派的真传；说萧涤非先生当年在清华研究院作乐府诗研究，如何受到黄节先生的赏识；说蒋维崧先生如何师从沈尹默、乔大壮先生，在书法、篆刻上形成独特的风格。如此等等，所重视的是学统对一个人的成长乃至最终成为名家、大家的重要性。对今天的不少高校纷纷扰扰，追求改校名、排座次，却很少讲传统、学统，甚至已不知传统、学统为何物的现状来说，董先生的做法不也很富有启发意义吗？

作为一个学人，希望著作等身，扬名后世，应该说是很高的追求。我体会，董先生似乎并没有十分看重这个方面的追求。他在兢兢业业地读书，在兢兢业业地教书，在兢兢业业地做学问。就做学问而言，他的确是厚积而薄发，经他研究的这许多领域的许多问题，都给学界提供了重要的研究成果，甚至每当后人研究同类问题的时候，成为绕不过去的、必须参考阅读的资料。之所以会如此，我觉得与前面所述他追求自然、平和的人生态度有关。此外，还与他能有意识地摆正做人与为文的关系有关。如自 1979 年至 1987 年为整理高亨先生的《古字通假会典》费力耗时前后有八九年之久，这确乎是常人很难为之的。又如，董先生那种认真负责的教学态度，又耗去他多少心血和时间，他是把教好书当作一个教师的神圣天职来看待的。他为教好学生所付出的也实在是太多了。董先生为文的贡献特别是为人的品格，受到学界高度评价和认可。我想，董先生的做法，对今天愈来愈不大重视教书育人的高等学校教育而言，同样具有启发意义。

"泰山其颓乎，梁木其坏乎，哲人其萎乎！"董先生已远离我们永归道山了，总结先生的学术，缅怀先生的高风亮节，以寄托对先生绵绵无穷期的思念。

（原载《文史哲》2013 年第 6 期，收入本书时有改动）

---

① 董治安：《我与先秦两汉文史研究》，《两汉文献与两汉文学》，第 404 页。

张金光先生生前身后事

王学典

“张金光老师今早病故了！”当我 2013 年 9 月 2 日下午得知这一消息时，正伏案赶写一个东西，但放下电话后，却再也一个字写不下去了，张老师那张饱经风霜的面容，始终在脑海里挥之不去。第二天，我和老同事陈尚胜教授偕赵凯球先生往张府吊唁。在那张效果很不好、几乎失容的遗像前，我们鞠躬和张老师永别。贫寒的家境，悲伤的亲属，使我站在遗像前的那一刻感到极度的压抑和悲怆。那一刻，多么想放声一哭，为上苍和命运对作为史学天才的张老师的不公而哭！

张老师走了！这个世界上从此少了一个以学问为生命、以学问为信仰的人。用“惊天地泣鬼神”来形容他对学问的痴迷和虔诚那是远远不够的。而上苍和命运的不公在于没给他做学问的最基本的条件。来张府吊唁我才知道，他生前都没有一间属于自己的书房，这可能在山东大学文科教师中是不多见的。“不图腰缠十万贯，但求坐拥五车书”，是自古以来多少书生的梦想！他到去世也没实现这个梦想！他有五个孩子，现住在南院家属院一个三居室的套房里，家里一度连摆双人床都睡不下，哪里还会有他自己的书房！他不仅没有自己的书房，甚至也没有自己的书桌，他的那些名留学术史的论著都是在饭桌上写成的。他不仅没有自己的书桌，他甚至也没有自己的一个书架！其实他根本用不着书架，因为他甚至没有自己治学的专用书籍！他买不起书。他 1956 年入读南开大学历史系，本来是学明清史的，之所以后来改治秦汉史，就是因为秦汉史的资料到处都有，不需要自己再掏钱买书。他实在太穷了！

他至去世都没能完全逃脱贫穷的魔爪，虽然一段时间以来已有很大改善。他像当年马克思所自况的那样：贫穷如同魔鬼紧紧抓住自己的衣角，无论怎么用力都甩不掉。张老师有什么办法：妻子带着五个孩子从乡下进城谋生，在20世纪90年代大学教师的工资水平下，这怎么能养活得了？

张老师走了，也许他只有走才能彻底摆脱贫穷带给他的那种刻骨铭心的压迫感和挣扎感。七十七年的生涯，已让他尝尽生活的艰辛。

张老师走了，秦汉史学界从此少了一根支撑自己的栋梁，这个领域从此少了一个引领者，少了一个最辛勤的劳作者。中国史学界从此少了一个已臻最高治史境界的杰出历史学家。

在生活中他是个左支右绌、捉襟见肘、短于生计的贫民，但一入秦汉史领域，他则成为一员纵横驰骋、冲锋陷阵、如入无人之境的猛将，最后则赢得了此一领域几乎所有学者的敬重。

出手不凡，大气磅礴，是张老师在科研上最重要的特点。他的成果，无论是论文还是著作，几乎件件都是一等选题，件件都搅动了秦汉史研究领域。用他自己的话说："吾所汲汲以求者便是一个'新'字"，"无新见誓不为文"！1983年，刚刚研究生毕业的他，几乎同时在《中国史研究》和《文史哲》上推出了《试论秦自商鞅变法后的土地制度》和《秦自商鞅变法后的租赋徭役制度》两篇长文，在学术界率先提出了秦自商鞅变法后实行的乃是"普遍的真正的土地国有制"的见解。此一见解，堪称石破天惊，翻了一个历史巨案。因为连小学生都知道，商鞅变法，"废井田开阡陌"，开中国土地私有制之先河。而且，这一看法从董仲舒以来就流行。而张老师现在则提出：商鞅实行的田制改革，其实质就是土地国有化，是"按户计口授田制"。一石激起千层浪，先秦秦汉土地制度史从此被改写。

为张老师所改写的又何止是秦的土地制度史？秦的户籍制度、爵赏制度、学吏制度、乡官制度、家庭制度、刑徒制度、田地规划制度、阡陌封疆制度、租赋徭役制度、官社经济体制和居资赎债制度等，均为张老师的"详尽研究"所改写。而且，不仅是改写的问题，其中若干制度，要么为张老师所发现并首先命名，例如秦的"为田制度"即田地规划方案，就是"一个从未被认知的问题"，秦的"官社经济体制"，"一向为学术界之所未知"，秦的官作"居资赎债"制度，"由于文献阙文，过去一无所知"，这些端有赖他的努力而被发现并彰明于世；要么有的制度虽为人们所知，但并不清楚，例如"秦的阡陌封疆制度"早已是"千古之谜"，虽"历来说者蜂起"，然"终无破解"，秦所确立的系统的乡官组织及乡政运作，后世也"不甚了了"，秦的"以吏为师"的教育制度，千古以来也"鲜为人说"，特别是对秦的"户籍制度"，后世

“尤其无知，向为学术界一大空白”，这些也端赖张老师的洞察力而大白于世。

以上述发现和发掘为基础的《秦制研究》一书，其巨大的学术史意义更不容轻忽了。论者咸认为，这部皇皇近百万言的巨著，将不仅成为“秦制”研究的经典，也将会是近三十年来整个中国历史研究的代表作。因为“秦制”开此后中国历史之先河，“汉承秦制”，历代又承汉制，以“郡县制”为核心的两千多年来的“自上而下的等级授权制”格局就这样延续了下来。然而，有关“秦制”，特别是“秦制”形成过程的文献存世极少，连离秦灭不远的司马迁也慨叹：“惜哉，惜哉！独有《秦纪》，又不载日月，其文略不具。”这样，作为中国制度源头的“秦制”，特别是其中的“食货志”，在此后两千多年间，就长期处在“无闻”的状态。张老师的《秦制研究》，从根本上结束了这一状态，填补了一项学术空白，秦制研究从此进入了一个新的历史阶段。

张老师常年处在“蜗居”状态，但屋墙的四壁似乎并未限制住他高远的学术视野。他是一个有巨大学术雄心、学术抱负的人，虽然身居“外省”，但他未必不想在学术上称王。他是一个想创造学派也创造了学派的人，他是一个想提出自己的方法论也提出了方法论的人。

深厚的实证功力与卓越的概念化能力同臻至境，是张老师治学的杰出之处，他在这两方面同时获得了同行的激赏和钦服，这很不容易。秦汉史研究名家黄留珠先生，对张老师的材料疏通考辨功夫就再三致意、称道不已。他认为张金光先生关于秦简《法律答问》“部佐匿诸民田”应作“部佐未将诸民田上报”的考证，关于龙岗秦简“行田”为国家授田制的考证，关于“畤企”为田中畎亩规划形貌的考证，关于“制辕田”即“为田开阡陌封疆”的考证，关于青川秦木牍文“畛”的考证，关于孟子井田说非乌托邦而是“一种具体的国家份地授田形式”的考证，关于“君子”“野人”对立即官民对立的考证，关于“提封田”制的商榷等，均“堪称史料疏考功夫之典型”。其中，张老师关于《商君书·境内》之“校徒操出”应为“技徒操掘”的考订，尤为“精妙”，“令人叫绝”。这一考证，既纠正了章太炎的老师俞樾的疏解，也超越了高亨先生在《商君书注解》中的相关训诂，“更接近历史的原貌”。

张老师的实证功力无疑是一流的，但他在任何意义上都不愿意做一个实证主义者。他说：“实证不过是我的第一步功夫，还要进一步出于实证而进到分析研究的理论层次，亦即史、论结合的层次。”所以，我认为他已进入大历史学家的行列：他不仅把自己的研究推进到较高的学术层面，而且他追求的，还是学术的世界设准。在他看来，历史研究的最高境界，“并非仅为了描述历史”，而是要发现历史本身的逻辑，“并从中提炼和建构普遍性理论分析系统概念”。他说：“吾致力于此道之研究凡三十余年，其目的在于另辟蹊径，以求走出西方历史中心论，以免西方学术话语体系所笼罩之困境，回归中国历史境遇，建构一符合中国历史实践逻辑的理论体系。”

应该说，经过三十多年的努力，张老师已经实现了他治学的初衷：初步建构起了一个奠立在历史实证基础上的、粗具规模的中国古代社会形态演变框架和一套属于自己的、独创的概念范畴，而这一点是并世的其他任何历史学家所没有做到的。在他看来，中国古代（周至清）社会形态大致可分为以下四个前后相继的时期：邑社时代（西周春秋）、官社时代（战国秦）、半官社时代（汉唐间）、国家个体小农时代（宋清间）。而用来反映这一历史描述框架的核心概念有“官社经济体制”“邑社农村共同体”“国家体制式社会形态”“国家权力中心论”“中国地权本体论”等。在构筑这个历史框架和概念系统时，张老师也作出了一些宏观历史判断：周秦以降三千年，“不是民间社会决定国家，而是国家权力塑造整个社会”，“国家权力是中国历史的决定性因素”，“官民二元对立是中国古代社会阶级结构的基本格局”等。这些基本判断和概括的理论意义是不容低估的：由此出发，将改写整个中国历史。

张老师也是中国史学界少数具有方法论自觉的学者，事实上，他一直一面在治学，一面在进行升华和反思，遂逐步形成了带有他自己特点的治学方法和历史理念。关于前者，他说其原则是：“断代问题，通史做法；具体问题，一般做法；个别问题，普遍做法。”也就是说，不管大小问题，总是先做通体研究，打通一条线，旁及一大片，在时空两个维度上把握具体和个别问题。譬如，他研究“秦制”，“其时限却不仅囿于秦十四年的历史，其空间界域亦非仅囿于秦之旧部，而是上挂下连，左右旁通，亦即追究前后通时变，旁及六国考异同，上考其源，中究其制，下指其归。一言以蔽之曰：于秦制中通古今之变，于通变中深考秦制”。

至于张老师的历史观念，尤深具启发意义。他说其历史观念是：由传统的二维关系调整为三维关系，由平面关系调整为立体关系，由左右关系调整为上下关系，横向关系调整为纵向关系，进一步地说，把民间关系调整为官民关系；把社会间关系调整为国家对社会间关系。总之，他认为，“官民关系，国家与社会的关系”，在传统中国，远比所谓地主与农民的关系更重要，更具本质的意义。在他看来，传统的“阶级论”的方法，“恰恰略去了国家权力这个在中国社会历史中最重要的、决定性的维度”，而官民关系，不仅是统治与被统治的关系，更是传统中国最重要的剥削关系。这堪称张老师的典型的中国历史观了。如同前面所说，他的历史观如得到贯彻和实践，整个中国古代历史叙事将呈现另外的面貌。

近六十年来，有两个“主义”对史学界危害巨大：前三十年是“教条主义”，后三十年是“实证主义”。“教条主义”的危害，大家有目共睹，而且达成了共识，但“实证主义”的危害，尚未引起史学界的足够重视，不仅如此，“实证主义”由于披上了学风严谨的外衣而益发受到鼓励和放纵。当前中国正在急剧崛起和转型，但处在这个伟大进程中的历史学却失去了方向感，不知何去何从，这就是实证主义泛滥所种下的恶果。实证主义对史学界的危害不亚于“教条主义”。“实证主义”只相信“归纳”的作用，完全排斥“演绎”，排斥抽象概括、排斥理论工具、排斥概念化能力，甚至排斥“问题意识”的作用，从而把史学界完全引向了“只低头拉车不抬头看路”的困境。如同现在中国的工厂企业大都处在世界产业链的末端，中国的史学界现在也处在世界学术产业链的末端：中国的学者如同世界学术分工中的小工，每每像蚂蚁一样到处收集整理材料、清理事实，然后外国学者利用这些材料和事实加工成概念和模型，中国学者再引进这些概念和理论来解释历史。如果这些概念和模型与中国社会历史基本相合也就罢了，问题就在于它们并不相合。一方面学术界对概念和理论嗷嗷待哺，另一方面引进的“洋奶粉”与中国的肠胃不合，而中国的学术奶企又不生产这些所需要的东西，所以中国史学界只好陈陈相因而找不到出路了。在这个背景之下，张金光先生对中国学术界的意义也就不言而喻了。他对中国古代社会形态的概括容或可商，他提出的一系列概念范畴亦不乏可挑剔之处，但我们仍不能不承认，他在中国学术的本土化、中国话语体系的形成方面已尽了开辟的责任。他的努力，代表着未来中国学术研究的一个健康的方向！

张老师走了，山东大学从此失去了一个能为自己创造巨大声誉的人，《文史哲》杂志从此失去了一位杰出作者。作为秦汉史专家的张金光先生是从《文史哲》起步的，他的秦汉史研究的处女作《论曹操》，就发表在1977年第4期《文史哲》上，在此后三十多年间，他在《文史哲》上共刊出11篇文章，这些文章虽不能说篇篇都是精品，但大都能在学术史上留名则是肯定的。他在《文史哲》2010年第5期上的绝笔之作是《关于中国古代(周至清)社会形态问题的新思维》一文，正是在此篇文章中，他提出了他关于整个中国古代社会形态的基本概念。可以说，正是通过《文史哲》杂志这个平台，张老师走向全国，走向世界。

“君子之交淡如水。”我和张老师的交往实际上比水还淡。在他生前，我从未去过他的府上。不是不想去，而是不能去：他孩子多，住处之窘迫可想而知，他又很要面子，在这种情况下去他府上无异于让他难堪。我们所有的见面都是在路上或是在系里开会的时候。尽管见面很少，尽管年辈有悬殊，但他始终把我看作他的学术知音，见面就聊学术，全是最近学术上的所思所想，我不记得聊过学术之外的任何东西。他也没给我正式开过课，我读本科期间，他还在上研究生。唯一的例外是他作为研究生实习，给我们开过一次讲座，但对这次讲座我已全无印象。但他却是我来山大读书后结识最早的人。“七九级”是1979年9月初开学的，记得就在当月，历史系在文史楼201教室召开“历史发展动力的学术讨论会”，上大学前我就关注这场历史学界的“真理标准问题”讨论，所以，当时还是新生的我挤进会场旁听了这场讨论，老师们之间的这场唇枪舌剑，让我大开眼界。张老师作为研究生在会上作了一个比较激烈的发言，依稀记得是说农民起义没起什么好作用之类的，给我留下较深的印象。因此，直到现在，连他当年开讨论会时坐在201教室的哪个位置，我都记得十分清晰。在我留校做教师后，他还做过另一次令人印象深刻的发言。记得是20世纪90年代初新一轮改革启动之后，教育界受冲击很大，许多人感到传统学科已发生生存危机。在这个背景下，为应对这一局面，当时有人动议历史系改名为“旅游系”或“旅游文化系”。对此，许多人私下有保留，但也没人公开反对，但张老师却在教师大会上站起来发言，主张以不改为好。这说出了许多人的心声，此动议遂被搁置。张老师的坦率、冒失和学者风骨，于此可见一斑。

我和张老师之间唯一一次比较“大”的交往，已被他记录在案。在

2003年10月28日写的《秦制研究》一书的“后记”中，张老师在叙述了此书出版的过程中所经历的一次又一次挫折后，说：“《秦制研究》书稿几经周折，今由山东大学文史哲研究院院长王学典先生鼎力相助，推荐给上海古籍出版社出版。历经十余载坎坷路，终赖王学典先生给画上了一个圆满的句号，几十年的学术研究生涯，终于有了一个完美的结局，吾不胜感激之至，没齿不忘。”张老师实在言重了！

《秦制研究》一书堪称他一生心血之所寄，是张老师的“藏之名山”之作，他对此书的看重不亚于司马迁对《史记》的珍视。他在此书“后记”的第一句话是：“这部《秦制研究》书稿，是我二十余年来含辛茹苦之作，它凝聚着我的心血与良知。”张老师在自述中说：当他1981年开始有志做“秦制”研究时，曾拟订了100多个题目，其中做成了12个题目。1987年，应一家出版社之约，他把这12篇论文整合成《秦制研究》一书，而当时正是学术著作出版艰难的时刻。《秦制研究》至少先后经历了三家出版社，均未付梓。前面说了，我和张老师见面很少，大概是1997年的一天，在文史楼楼下碰到了他。看到他右手几个手指均缠着白纱布，脸色蜡黄，便问他怎么了，他说台湾联经要他的《秦制研究》，但必须用繁体字交稿，张老师实在不愿错过这个难得的出版机会，遂夜以继日，将这部近百万字的书稿重抄了一遍，中指、食指、大拇指为此全部磨出了血泡，没办法，他就用纱布缠上继续抄。听完之后，在心灵受到巨大震撼之余，他的《秦制研究》书稿就这样刻在我脑子里了。2002年底，当新生的文史哲研究院筹划出版自己的“专刊”时，我想到了这部历经磨难的书稿，并推荐给了我的同事们，遂被列入首批专刊计划，并于2004年面世。此书一面世，好评如潮，震动了整个秦汉史领域，为此套“专刊”赢得了良好的声誉。应该感谢张老师，因为直到十年后的今天，此书仍在继续给“专刊”创造声誉：2011年，山东大学的老校友，誉满全球的何炳棣先生在清华大学演讲时，所表扬的当世学人的唯一一部相关著作，就是《秦制研究》。

张老师走了。早在2012年初，他其实就透出了即将离世的悲音：他把学生对他的一篇访谈稿刊发在《史学月刊》上，竟题为《独上高楼，望尽天涯路》，这等于告诉世人：孤独的、郁愤的、寂寞的他即将驾鹤远行……

张老师，您走好！天堂里也许没有人世间的“风刀雪剑”。在那里，您也可以多招点研究生——在人世间据说您只带过两个硕士生；在那里，您也可以评上博士生导师，为自己找几个学术传人——如果我没记错的话，您在人世间是在退休之年才评上教授的，当然无缘博导，尽管谁都知道您很有学问。可谁叫您如此耿介呢？“一生负气成今日，四海无人对夕阳”，这句诗是对您一生的概括吗？

（原载王学典：《怀念八十年代》，广东人民出版社 2015 年出版，收入本书时有改动）

陈炎先生的学术次第与学术贡献

杨天奇

1977年10月21日，《人民日报》正式发表关于《高等学校招生进行重大改革》的社论，中断11年的高考制度自此正式恢复，先师陈炎生于传统书香之家，自小偏爱读书，高考恢复不及一年，便以优异成绩考入山东大学中文系。此时中国正面临前所未有的转型压力，"拨乱反正""百废待兴"一时成为社会主潮，"尊重知识、尊重人才"的提议也在全国蔚然成风，先生深知机遇难逢，每日发奋苦读，勤学钻研，即便上课途中仍不忘手捧阿尔森·古留加所著《康德传》，独享思辨之愉悦。先生自幼聪颖异常，天赋甚高，加之虚心好学，深得老师赏识。1982年本科毕业之际，学院诸多名师鼓励并力荐其留校任教，此时先生家人又多次来信催促其回京工作，先生思乡心切，意欲北归，然为报母校培育之恩，最终选择留校工作，此后备历艰辛，兢兢业业，数十年如一日，虽心力俱尽，却始终不渝。

陈炎先生的专业是中国语言文学，学术训练却是哲学美学。他1987年获得硕士学位，导师是和谐美学学派奠基者、当代著名美学家周来祥教授。先生在山东大学学习工作期间，与周来祥教授论学最多，受其影响最为深刻。1998年，第14届国际美学大会于斯洛文尼亚首都卢布尔雅那举行，周来祥教授受邀参会并发表题为"中国美学走向世界"的主旨演讲，一度引起与会国际人士的高度关注。[①] 时隔三年后，第15届国际美学大会于日本东京召开，周来祥教授围绕"21世纪的美学"会议主题，明确提出"既要反对欧洲中心主义，也要反对狭隘的民族主义"的学术主张。[②] 体会到老师

---

① 周来祥：《中国美学走向世界》，《东方丛刊》1999年第4辑（总第30辑），桂林：广西师范大学出版社，1999年。

② 参见周来祥：《21世纪的美学》，《东方丛刊》2003年第4辑（总第46辑），桂林：广西师范大学出版社，2003年。

既立足于本土文化根基，却又主张容纳不同文明的学术用心与夙愿，陈炎先生决心沿袭老师期望的取向不断开拓，力倡“学问无古今”“学问无中西”“学问无大小”“学问无疆界”，他早年虽主攻中国美学与传统文化研究，然其出版的第一本学术著作竟为《现代西方哲学美学述评》。

陈先生拥有深厚的哲学功底，他的专长是文艺理论、文化哲学与中国儒学，其美学思想自成体系，尤其对中西文化异同、反理性思潮、文明与文化等前沿问题颇有见地，晚年主要致力于“中国儒学学科建设”“中华传统文化的创造性转换”“文化多样性与和谐世界构建”三大问题研究，不少论著已在英语学界和日韩学界受到高度关注。怎奈天不假年，先生宏愿未成完璧而与世长辞，留下诸多未竟事业。先生著述宏富，学问广博精深，然限于篇幅，不能尽述，现只就其荦荦大者，略举数端如下。

一、美学研究的积淀与突破

进入20世纪80年代，西方哲学和文学名著再度受到中国读书人追捧，不少大学青年教师开始恶补西学。陈先生早年虽主攻中国美学与中国文化研究，但为进一步比较中西美学思想的异同，不得不将目光投向西方。自1988年始，先生主动请缨为研究生开设“西方美学专题”“西方美学史”等专业课程，自此便与西方美学结下不解之缘。先生以为，学高才能为师，唯发奋苦读才能赢得台下年龄相仿“听众”的认同与青睐，如是三年，他不但将康德、叔本华、尼采、柏格森、海德格尔、萨特等哲学家代表作尽数读完，而且精研各类西哲文献。此后，他又全身心投入康德、尼采哲学研究之中。

先生方过而立之年，已在学界小有名气。1993年初，上海《学术月刊》编辑林榕立电话告知先生，希望他能撰写一篇有分量的文章，以引起学界广泛关注。以先生深厚的文化与哲学修养撰文著书，自如探囊取物，教书之余，他已写出大量书稿，但因各种原因，多数作品尚未公开发表。此时适逢名刊约稿，先生倍感欣喜，特将其中最得意的一篇佳作《试论“积淀说”与“突破说”》认真誊写后寄予编辑部。是年5月，《试论“积淀说”与“突破说”》被《学术月刊》作为头题文章重点刊发，一时得到学界高度赞誉。此后编辑部又围绕该文章陆续召开两场专题研讨会，会上很多学者基本赞成先生的学术观点，但亦有不少学者持反对意见。先生以为，受篇幅所限，文中有很多学理上的问题尚未澄清，但无须为此在会上争得面红耳赤，而应通过撰文的方式作出进一步解释。一年后，宏文《再论“积淀说”与“突破说”》再度被《学术月刊》刊发，对之前存有争论的问题作了详细解答。此后又有《改造并完善“实践美学”》等文章陆续被《光明日报》等报刊发表，其影响已远远超出美学界，这对当时萎靡不振的美学研究来讲，无疑是一针有效的“强心剂”。

20 世纪 50 年代，美学界讨论的重大成果当属李泽厚提出的“积淀说”，而“突破说”的出现则是 20 世纪 80 年代美学界最引人注目的成就。李泽厚希望将人类主体自身能力的界限和范围置于社会实践的历史长河中加以考察，进而为人的先验能力找到经验的基础。高尔泰等人则认为以往的社会实践不仅以对象化的形式构成了外在的物质世界，并且以积淀的方式规范着内在的精神世界，甚至限制压抑着主体的创造力。[①] 陈先生认为，“积淀说”过多强调“从过去承继下来的条件”而忽视“人们自己创造自己的历史”，常常表现出一种“温和的保守主义倾向”；“突破说”过多强调“人们自己创造自己的历史”，甚至企图“随心所欲地创造”，往往又表现出一种“激进的虚无主义倾向”。[②] 职是之故，他既不愿捍卫实践美学，也不打算作超越或取消之尝试，而是希望改造并完善实践美学。他确信，“实践美学”以构建“实践本体论”为首要鹄的，而非拘囿于传统“自然”或“神学”的本体论，是国内迄今为止最有历史价值、最有发展前景的学说；此一本体论既不从经验现象出发，也不从主观幻想出发，旨在从实践入手找到人与自然、人与社会的平衡关系，最终将破碎的世界重新统一。[③]

实践本体论不是由感性个体随心所欲地创造而成，当然也不诉诸消极的文化宿命主义，是真正与“此在”相一致的文化发展论，但此种意义上的“实践本体论”尚未建立，还有很长的路要走。[④] 先生本人一直希望在这方面作出有益的尝试。2000 年，他本人主编的丛书《中国审美文化史》(四卷

① 参见陈炎：《试论“积淀说”与“突破说”》，《学术月刊》1993 年第 5 期。

② 陈炎：《试论“积淀说”与“突破说”》，《学术月刊》1993 年第 5 期。

③ 参见陈炎：《“实践美学”与“实践本体”》，《学术月刊》1997 年第 6 期。

④ 参见陈炎：《“实践美学”与“实践本体”》，《学术月刊》1997 年第 6 期。

本）正式出版，此一文化史选择兼跨审美活动的物质形态与审美经验的历史演变两个领域进行全方位阐述，既有别于以往形而上的“审美思想史”，也有别于形而下的“审美物态史”，从内容到形式皆呈现出前所未有之特点。首先，在研究对象上，“审美文化史”囊括了“审美思想史”和“审美物态史”的全部内容；其次，在逻辑上，“审美文化史”介于“审美思想史”和“审美物态史”之间；最后，在操作上，“审美文化史”综合并超越了“审美思想史”和“审美物态史”，既不满足于单纯的思辨推理，也不只作单一的实证分析，而是选择在“思辨”“实证”材料的基础上进行别具新意的“解释”与“描述”。[①] “解释”“描述”看似自由、随意，却同时要受到思辨演绎逻辑与实证经验归纳的双重限定，更需“解释者”具备不受专业限制的渊博学识。在陈先生看来，李泽厚的成名之作——《美的历程》并非真正意义上的“通史”，比如对于元代美学，只以“山水意境”一笔带过，而对戏曲艺术的美学成就则完全回避、置之不理，此一避重就轻、删繁就简之举措，实乃李著一大缺憾；再如，为彰显其“积淀说”理论，李著只是简单地将彩陶纹样或书法线条圣化为民族心灵符号，对其发展的多种可能，亦未有必要的“解释”。[②]

事实上，李泽厚在撰写《美的历程》结语时，业已认识到问题的复杂性，不但明确指出对艺术风格与美学流派的客观规律“不应作任何简单化的处理”，更主张要通过“层层曲折的渠道”进行“历史具体的细致研究”。[③] 然受现实条件所限，李氏很难以一己之力采取层层曲折之渠道对数千年的审美文化作逐一的剖析。先生以为，倘若不对“层层曲折的渠道”加以重视，便极易陷入“经济决定论”以及“庸俗社会学”的误区。[④] 他始终坚持“美学”＝“感性学”＋“情感学”之观点[⑤]，并指出“审美文化”作为一个民族情感方式的内容之一，必然受到与该民族情感方式相关的“生产方式”“生活方式”“信仰方式”“思维方式”等多重因素的影响。单从这一点来看，唯有澄清审美文化形成和发展的条件及背景，庶几才能清晰勾勒出中国审美文化的发

---

① 参见陈炎主编：《中国审美文化史》（先秦卷），上海：上海古籍出版社，2013 年，“绪论”第 2 页。

② 参见陈炎主编：《中国审美文化史》（先秦卷），“绪论”第 3 页；范景中：《贡布里希对黑格尔主义批判的意义》，《新美术》1987 年第 1 期。

③ 李泽厚：《美的历程》，北京：生活·读书·新知三联书店，2017 年，第 190 页。

④ 参见陈炎主编：《中国审美文化史》（先秦卷），“绪论”第 4 页。

⑤ 参见陈炎：《“美学”＝“感性学”＋“情感学”》，《美学》2010 年第 3 卷。

展脉络，进而言之，对于中国审美文化的历程，绝不能沉湎于历史表象的材料而无视其背后的规律性问题，也不能将这些所谓的规律等同于完美框架而阉割人类情感乃至历史的复杂进程。[①]

再者，就“美学”研究本身而言，同样需从实践以及人类自身的情感入手，遵循“实践美学”之观点。2013 年，先生主编的教材《美学》由高等教育出版社出版，安徽大学顾祖钊教授认为此书与其他“美学概论”相比，不但表现出新的特点、达到了新的高度，而且已登上新中国成立以来同类教材的“顶峰”。[②] 与同类教材相比，该书的最大特点在于不去采用传统感性学美学、判断力美学、艺术哲学美学的阐释模式，而独取“情感学”之路径，以情感为脉络，系统展开论述人与自然、人与社会及人类艺术中的情感问题。《美学》一书并不甘于只作知识的累层与介绍，而是旨在通过对审美的本质、审美的发生、审美与自然、审美与社会等问题的一一检视，来揭示人类情感的发生机制及呈现形式，以期起到开启情商、丰富情感的效用。20 世纪 90 年代，王朝闻主编的《美学概论》、蒋孔阳主编的《美学原理》是最为流行的两本美学教材，但两书皆以艺术美为依据，对自然美、社会美几无论述。2006 年，朱立元主编的教材《美学》同样因袭了艺术美学的阐释模式，对自然美、社会美均未详加探赜。[③] 陈师主编的《美学》以自然美、社会美、艺术美三部分展开，让自然、社会与艺术之美三分天下、鼎足而居。此一划分不仅跳出了旧有框架的限定，且别开生面、另辟境界，美学中诸多避而不谈、悬而未解的难题也因此疑窦冰释、真相大白。

以先生之见，当代美学研究有三大路径可走：第一条是生物学的路径，第二条是实践美学的路径，第三条是符号学的路径。此三条路径又分别针对自然、社会、艺术三个领域，旨在探寻自然美、社会美、艺术美之秘辛。在他看来，自然美通常呈现出多样性、有序性、合目的性三大特征。[④] 白香山有诗云：“白浪茫茫与海连，平沙浩浩四无边。暮去朝来淘不住，遂令东海

---

① 参见陈炎主编：《中国审美文化史》(先秦卷)，“绪论”第 10 页。

② 参见顾祖钊：《顶峰与断崖：当前中国美学研究的成就与局限——从陈炎版〈美学〉教材说起》，《江西社会科学》2017 年第 2 期。

③ 参见顾祖钊：《顶峰与断崖：当前中国美学研究的成就与局限——从陈炎版〈美学〉教材说起》，《江西社会科学》2017 年第 2 期。

④ 参见陈炎：《创新与跨越：美学研究的三种路径》，《中国社会科学》2016 年第 6 期。

变桑田。”[①]山川河流、生物物种总是随时间推移永无停歇地发生变化，无论是地质构造，还是物种类型，皆随地球亿万年的历史演变而变得更加多样、复杂，从外太空俯瞰地球不难发现，此一变化过程不仅是“越来越多样”的过程，亦是“越来越美”的过程。毋庸讳言，进化是导致自然走向多样化的根本原因，此外还会促使自然产生“从无序到有序”的变化。譬如，由大量分子按一定规律周期排列形成的晶体，常能呈现出十分规则的几何形状；而自然界中很多植物（如向日葵、车前草等）并非随意生长，实际暗藏着诸多鲜为人知的数学密码。除上述两特征外，自然进化还表现为“无目的的合目的性”，特别是人与自然的“异形同构”，极易促成万物的有序性与人的审美体验产生共鸣，从此意义上讲，最有组织性和秩序性的“人体”当为进化的“最高目的”，而“人体美”实为“自然美”之最高形态。[②]

在黑格尔的美学视域中，“美本身应该理解为理念”，而由人的心灵所产生的艺术则脱离于“物质”，更接近于理念。[③] 为此，他将自然美、社会美均排除于美学体系之外。不难想象，艺术与自然的相分离，必然致使艺术走向抽象、怪诞的一极，终究只能借助无根之木、无源之水的“古怪幻想”表达所谓的心智。人是自然的人，心智、心灵概莫能外，并不能脱离自然独立地存在，人唯有自观自身、反观外物才能获得审美愉悦。自然美虽是未经人类加工改造产生的美，具有客观性，但对其美的发现和体验却是人类心灵物化的过程，“自然物的美，不在于事物的自然属性，而在于事物所象征的道德意义。自然美的本质，在于作为审美客体的自然物象可以与人比德”[④]。所以，研究自然美归根结底是要解决人与对象世界的“情感”问题。而“社会美”同样表现为人的身心的美，是人类活动中人工创造的令人愉快的审美体验[⑤]，在陈先生看来，“社会美”仍是特定历史条件下形成的“情感判断形式”，应从“物象”“环境”“行为”“语言”四个方面讨论社会美的时代性、民族性和地域性等特征[⑥]。不容否认，“行为”“语言”与个体生命息息相

---

① 白居易：《浪淘沙》，丁如明、聂世美校点：《白居易全集》，上海：上海古籍出版社，1999 年，第 485 页。

② 参见陈炎：《创新与跨越：美学研究的三种路径》，《中国社会科学》2016 年第 6 期。

③ 参见［德］黑格尔：《美学》第 1 卷，朱光潜译，北京：商务印书馆，1979 年，第 135 页。

④ 汝信、曾繁仁主编：《中国美学年鉴》，郑州：河南人民出版社，2003 年，第 310 页。

⑤ 祁志祥：《中国现当代美学史》（下），北京：商务印书馆，2018 年，第 634 页。

⑥ 参见陈炎：《美学》，北京：高等教育出版社，2013 年，第 175 页。

关、难以割舍，这就需要研究者在关注生命个体的行为发展及实践方式的前提下，关注其精神自由、情感特征。由是观之，先生所提倡的社会美学绝非冰冷的科学，而是以情感为导向，充满温度的生命之学。

自然美、社会美、艺术美虽鼎足而立，却联系紧密、不可分割，自然进化的终点正是社会发展的起点，而社会实践的终点又恰恰是艺术创造的起点，三种不同形态的美学终得以形成一种薪火相传的承继关系。但这一切的一切又须以"情感"为导向：在自然美中，美的情感判断与自然的进化方向相一致；在社会美中，美的情感判断与社会进步的方向相吻合；在艺术美中，美的情感判断与人的心理层面的提升相呼应。[①]《礼记·乐记》有言："凡音者，生人心者也。情动于中，故形于声；声成文，谓之音。"情感是美学的基础与内核，"美学之父"鲍姆加登(Alexander Gottlieb Baumgarten)同样认为"美学的目的是感性知识的完善"，它的研究对象不能仅停留在物质的美，而是应与"理性认识的完善"相对的"凭感官认识到的完善"。[②]"明晰生动"是"完善"的最主要特征，人的情感越强烈，认识也就越明晰生动。此后康德在其《判断力批判》中不仅继承了鲍氏的将情感视为美学基础的观点，甚至指出审美趣味判断直接取决于情感。[③]

美学作为独立的精神价值体系，不是任何外在形式的附庸，而要以情感为导向，意在抵抗外界对生命个体的压抑。进入人工智能时代，社会正失去其双面性，逐渐成为一个只有肯定的单向度社会，故唯有通过弘扬感性与情感，才能减少技术对人的不断压抑与异化。日本美学家今道友信曾言："美学的将来问题之一，也可以说就是针对科学技术的划一化，阐明地域性的逻辑，表明人类的普遍性就在于理解并包容那种多样性。内在的丰富，仍然不在于机械化而是在于人性化。因为它是要归结于个人的。"[④]尤其是在哲学之本体论和宗教之形而上学分别面临学理和信仰危机这一时代背景下，给予异化的现实人生以情感之审美观照其实是21世纪的美学必须直面的问题。总之，美说到底是感性的解放、生命的超越，是一种终极

① 参见陈炎：《创新与跨越：美学研究的三种路径》，《中国社会科学》2016年第6期。

② [德]鲍姆加登：《美学》，北京大学哲学系教研室编：《西方美学家论美和美感》，北京：商务印书馆，1980年，第142页。

③ [英]安东尼·肯尼：《牛津西方哲学史》第3卷，王柯平译，长春：吉林出版集团有限责任公司，2016年，第115页。

④ [日]今道友信编：《美学的将来》，樊锦鑫等译，南宁：广西教育出版社，1997年，第271页。

关怀，尤其对于当代中国来讲，美不仅关乎个体生命与自然社会的和谐发展，生命宇宙和乐境界的达成，更关乎价值传统与未来文明的重建。

二、跳出儒家以反观儒学

20世纪90年代始，陈炎先生之研究渐由美学转向中国思想史，尤其对先秦诸子学用力最著。晚明思想家傅山曾言："子不如经之尊，习见之鄙可见。"[①]此一观点于当时并未引起世人重视，直至民国，章太炎、马一浮、熊十力倡言"经子一体"，诸子之学才渐由末流之学而登大雅之堂。改革开放以降，国学走向勃兴，儒家与诸子之争再度成为焦点，在陈先生看来，先秦诸子自成系统，此系统中任何一家皆不占据决定地位，他不仅赞成"经子一体"之论，甚至认为孔、孟、墨、庄、老、孙、韩、荀八家实已形成一"共时性系统"。[②]

先秦诸子形态不一、特点各异，儒家倾向于伦理哲学，道家倾向于自然哲学，法家倾向于法哲学，墨家倾向于宗教哲学，先生认为，先秦诸子不但"基本上满足了当时的人们所需要的一切意识形态"，更"以其相互补充的结构功能整合并塑造着中华民族的思维方式和行为方式"。[③]

与"原教旨儒家"不同，先生力斥"罢黜百家、独尊儒术"的学术态度，认为诸子百家与儒家共同创造了丰富多彩的中国文化，故不建议将儒学观念作形而上的本体化提升，而是主张尽早构建经与子间的平等互动关系，使思想文化回到百家争鸣的繁荣局面。[④]

先生并不想以儒家正统传人自居，只愿站在"当代人"的立场上，跳出儒家以反观儒学。[⑤] 他一直致力于探寻比"新儒学"更"新"的研究方法，希冀借助符号学、人类学、谱牒学、结构主义、历史唯物主义的方法，充分诠释

---

① 傅山:《霜红龛集》，太原:山西人民出版社，1985年，第1065页。

② 陈炎:《论儒、墨、道、法系统》，《哲学研究》1994年第10期。值得一提的是，我国著名科学家钱学森先生当年在《哲学研究》上读了陈炎先生《论儒、墨、道、法系统》一文后，对此文给予了很高的评价和赞许，并向陈炎先生专门致信以示鼓励。具体可见《钱学森书信补编》(4)，北京:国防工业出版社，2012年，第406～407页。

③ 参见陈炎:《论儒、墨、道、法系统》，《哲学研究》1994年第10期。

④ 参见杨天奇:《走出经学时代:陈炎先生儒学研究的"价值与方法"》，《当代儒学》2017年第2期。

⑤ 参见陈炎:《多维视野中的儒家文化》，济南:山东教育出版社，2006年，第191页。

儒家文化的基本精神与现代意义。历史证明，他的努力并没有白费，《多维视野中的儒家文化》一书于 1997 年问世后，佳评如潮，山东社会科学院儒学研究所曾举办主题为“儒学研究方法论问题”会议专门讨论此书，《东岳论丛》《孔子研究》等杂志也对其作了相关报道。有人谓此书是对西方学术方法的成功运用，从目的到手段，从内容到形式，从思维到表达，皆为儒学研究开辟出“未有之新境”①。

“儒道互补是两千年来中国思想的一条基本线索”②，儒道互补说历来倍受文人重视，却鲜有精论者。陈先生突破以往固有的研究范式，代之以多维并存的研究路径，从两性文化、符号学、比较文化的视野对儒道互补这一核心问题进行多方位的探讨，可谓另辟蹊径、独树一帜。

他曾以两性文化的角度解读最难解的《周易》，认为阳、阴两爻分别象征男女生殖器的观点最令人信服。③ 这是因为，相对以往的天地之说、九六数之说，男女生殖之说更接近古人发自具象的联想能力，也更符合古人先具体、后抽象的思维逻辑。先生认为，当古之贤者伏羲氏发现男女交媾以生育子孙的秘密后，便将这种知识扩而大之，不仅发现人与动物是雄雌交媾的产物，而且发现“整个宇宙万物都是由两种相反相成的原始生殖力量共同作用的结果”④。

另从社会学的角度分析——由八卦到六十四卦，由《归藏》“坤乾”到《周易》“乾坤”——卦序之变不仅折射出男女地位的变化，更反映出母系社会向父系社会的历史转变，不过在转变过程中，男女间并未形成一种一方相对于另一方的压倒性的独裁和垄断。⑤ 他确信《易经》是儒、道同出的哲学文本，从男女生殖文化引申出“阴阳”的世界观，构成二元同构理论。此理论的精神实质，即是一种朴素自觉的辩证法。伴随历史的不断演进，阳、阴二爻被儒、道两家拆解、划分，最终发展成两条泾渭分明的哲学路线，但因源于相同的方法论，儒、道两家又具备了互补的可能性。

---

① 孙希国：《陈炎〈多维视野中的儒家文化〉一书引起讨论》，《东岳论丛》1998 年第 2 期。

② 李泽厚：《美的历程》，北京：文物出版社，1981 年，第 49 页。

③ 参见陈炎：《〈易经〉作为儒、道美学思想萌芽的卜筮观念》，《复旦学报（社会科学版）》2004 年第 6 期。

④ 陈炎：《多维视野中的儒家文化》，第 56 页。

⑤ 参见陈炎：《多维视野中的儒家文化》，第 61 页。

在卡西尔眼中，人亦是一种符号的动物[①]，陈先生则认为，人不仅是符号的动物，更是文化的动物，而早期以“相礼”为业的“儒士”正是文化符号的掌管者。[②] 儒家操纵的礼乐文化实际上是一种符号系统，这套符号以诗、乐、舞的形式规范着人们的社会行为。儒者建构的礼乐符号始终受到“伦理符号”的先天制约，故在其发展过程中不可避免地走向“异化”。“异化”终究导致符号不断泛滥，“一套举世罕见的繁文缛节”也便由此诞生。至于道家，却以消除文饰、践踏礼乐、超越符号为职志，老子主张“绝学无忧”，又言“五色令人目盲，五音令人耳聋，五味令人口爽”，庄子的观点则更为激烈：“灭文章，散五采，胶离朱之目，而天下始人含其明矣。”[③]

对于儒道间存在的这一矛盾，先生独具卓识，他认为儒家始终在寻求建构逻辑化、符号化的美学世界，而道家则以解构此种审美天地为职志[④]，儒家极端性的“建构”与道家无节制的“解构”最终形成了一种相互批判、彼此消长的动力形态，这不仅使中国审美文化得以健康持续地发展下来，而且造就了中国文化独特的美学特征。[⑤] 如果说儒家代表男权文化，道家则代表女权文化；如果说儒家是礼乐符号的建构者，道家则是礼乐符号的解构者；如果说儒家的弱点在于缺少理性冲动，道家的弱点则在于缺少感性冲动。[⑥] 陈先生指出，多元的研究方法既可化解以往儒学研究中存在的“独断论”之弊，又能探明历史上模棱两可、悬而未决的难题。[⑦]

儒家文化的最大缺憾在于不善作抽象的形而上之玄思，习惯以“未知生，焉知死”(《论语·先进》)的态度对待日常生活世界以外的事物，实用与理性结合，无疑客观上限制了中国形上学及科学的发展。先生以为，古代中国人虽通过反复测算得出了圆周率 π 值的精确数据，却未能建立起欧几里德式的几何学体系；虽建造起宏伟精美的天坛祈年殿，却未能建构起牛顿式的力学体系……中国人丝毫不比他国人愚笨，然其思辨力与想象力一旦被拴上实用主义的铅砣，皆难高飞远举，这便是中国古代科学落后于世

① [德]恩斯特·卡西尔：《人论》，甘阳译，上海：上海译文出版社，1985 年，“序言”第 8 页。
② 参见陈炎：《多维视野中的儒家文化》，第 74 页。
③ 陈炎：《儒家的“建构”与道家的“解构”》，《传统文化与现代化》1997 年第 5 期。
④ 参见陈炎：《儒家的“建构”与道家的“解构”》，《传统文化与现代化》1997 年第 5 期。
⑤ 参见陈炎：《多维视野中的儒家文化》，第 81 页。
⑥ 参见陈炎：《再论中国的儒家、道家与西方的日神、酒神》，《求是学刊》1993 年第 5 期。
⑦ 参见陈炎：《陈炎学术文集》第一卷，北京：高等教育出版社，2016 年，“自序”第 7 页。

界的最主要原因。[①] 当然，儒家文化与生俱来的优势，其他文化亦无法替代，中国、日本、韩国、新加坡等国家经济取得的令人瞩目的成就，使人们不得不承认，以世俗伦理为核心的儒家文化并非一具不能与现代社会兼容的僵尸，而是潜藏着巨大活力。[②] 在他看来，儒学研究若要真正实现历史性的新突破，就必须舍弃"第三期儒学"强烈的续统意识及乾嘉汉学单一的治学路径，唯有如此，才能理性认识儒家文化的优势与不足，扬弃其不足，弘扬其活力，进而探寻出现代政治、经济、文化转型的有效途径。[③]

有鉴于此，先生晚年一心想解决儒学的形而上学问题，《形而上的诱惑与本体论的危机》《儒家文化的历史生成》《家族血缘关系在中国文化中的作用》等系列文章皆针对这一问题有序展开，此类论著旨在说明：要想解决儒学的形而上学问题，先须从儒家文化的生成历史入手；儒家文明的形成与发展有其深厚的历史积淀，绝非一时"神化"而成。[④] 华夏先民曾借助氏族的血缘关系发展生产、建立政权，迨至西周，周公充分吸取夏、商两代的理政经验，创立了以嫡长子继承制为核心的宗法制度，随着王室的血缘关系逐渐渗透到整个国家，从亲子血缘关系出发、讲求礼有别异的儒学也便由此诞生。[⑤]

先生曾多次强调，"谁若理解了中国的家族血缘关系，谁就掌握了打开中国文化之门的钥匙"[⑥]。家族血缘关系对中国文化的发展起到了三个方面的影响：第一，在政治制度上，"国"即为放大了的"家"，"君君臣臣"就是放大了的"父父子子"；第二，在行为准则上，"仁爱"代替了"博爱"，"礼教"代替了"法权"；第三，在信仰方式上，"宗法文化"代替了"宗教文化"。[⑦] "血缘"与"政治"为一体的政治制度虽利弊共存，却十分有利于"家""国"一体的政治稳定，"没有小家，就没有国家"也渐成为国人的共识。因此，古代中国人既不需要依靠形而上的宗教，也不需要借助形而下的法律，便能井然

---

① 参见陈炎：《儒家与道家对中国古代科学的制约》，《清华大学学报(哲学社会科学版)》2009年第1期。

② 参见陈炎：《问题与思路》，《光明日报》2015年4月14日。

③ 参见陈炎：《问题与思路》，《光明日报》2015年4月14日。

④ 参见陈炎、张艳华：《家族血缘关系在中国文化中的作用》，《思想战线》2004年第2期；陈炎：《儒家文化的历史生成》，《天津社会科学》2015年第4期。

⑤ 参见陈炎：《儒家文化的历史生成》，《天津社会科学》2015年第4期。

⑥ 陈炎：《多维视野中的儒家文化》，第35页。

⑦ 参见陈炎、张艳华：《家族血缘关系在中国文化中的作用》，《思想战线》2004年第3期。

有序地生活，这在西欧及中亚国家绝难轻易实现。

儒家重本抑末、重义轻利，但这并不意味着它对现代商品经济的发展毫无意义。先生曾提出一设问：将相同数额的资金投放到不同的文化环境中，产生的经济效益是否相等？事实上，不必经过复杂测算便可知晓结果：如将资金投到基督教文化圈，生产效率虽然高效，但劳资摩擦成本开销不菲；投入到佛教文化圈，劳资摩擦成本虽然低廉，但生产效率不容乐观；投入到儒家文化圈，生产效率高，劳资摩擦成本也低于世界水平，但唯一不足的是交易成本往往不可估量。因此，如何在保持高效生产与低度劳资摩擦成本的前提下，减少交易成本，是当代儒学乃至传统文化创造性转化发展的重要课题。若无视上述文化造成的差异，将西方企业制度生硬地搬到国内，非但无法避免“富士康员工跳楼”这类悲剧事件的频繁发生，还必然对经济的稳定增长造成负面影响。所以，如何厘清传统文化土壤与现代政治制度间的关系，如何绘制出一条适合本土国情的切实可行的改革路径，对当前积极稳妥地推行政治体制改革来讲，不可或缺，至关重要。[①]

历史是具体的、形而下的，可以有古代的、近代的、西方的、中国的历史，却不可能有古代的、近代的、西方的、中国的本体。本体存在只能是信仰的对象，却非认识的对象，因此人们无权利也无必要把信仰全部转换为知识。[②] 先生之深思，旨在告诫后世：在人类文明史上，以儒学为核心的中国传统文化是一种独特的非宗教的世俗伦理文化，在这一文化环境中，人们不再以任何超验的宇宙主宰作为肉体生命的精神寄托，这是儒学真正的“富矿”。[③] 当今世界，市场经济已将人伦情感转化为利益关系，无论是人工智能、资本市场还是民主政治等领域，都严重缺少社群意识与人文关怀。特别是在难民危机、种族矛盾、恐怖主义、宗教冲突等问题影响下，人与人之间的隔阂正在不断加深，更有不少民众纷纷加入邪教组织以寻求心灵安慰，文化安全日益受到威胁。儒家力倡仁爱、正义、社群，确能为人类处理复杂的国际问题、化解诸方矛盾提供诸多支持，然究竟如何借鉴、化用，亟待全球人文学者进一步深思之。

---

① 参见杨天奇：《走出经学时代：陈炎先生儒学研究的“价值与方法”》，《当代儒学》2017年第2期。

② 参见陈炎：《形而上的诱惑与本体论的危机》，《清华大学学报（哲学社会科学版）》2015年第5期。

③ 陈炎：《儒家文化的历史生成》，《天津社会科学》2015年第4期。

三、文明、文化与和谐世界之构建

20 世纪 80 年代后期，世界政治经济体系正经历前所未有之大变革，伴随着柏林墙的彻底倒塌及冷战的骤然落幕，一个崭新的时代随即开启。1992 年 10 月 24 日，时任联合国秘书长加利在联合国日正式向世人宣布："第一个真正的全球化时代已经到来。"①按照美国史学家伊曼纽尔·沃勒斯坦(Immanuel Wallerstein)的观点，全球化当始于 15 世纪末：世界帝国体系开始逐步走向瓦解，"现代世界体系"遂以形成。② 但历史表明，16 世纪初至 18 世纪末，民族国家在世界上仍发挥着主导作用，直至一战前夕，跨国贸易才进入相对自由的阶段。准确地说，沃勒斯坦所谓的"全球化"只是"初步的跨国化"，而 19 世纪由自由贸易引发的"全球化"最多不过为"局部的国际化"。有别于前两个阶段的"全球化"，发轫于 20 世纪末的全球化不只停留在资本、政治与文化层面的交往上，还表现为"风险全球化"。此外，国与国之间在思维方式、意识形态、宗教信仰、价值观念等方面也展开了日益频繁的对话与博弈，这当中有不少民族和国家认为自己的文化价值是迄今为止唯一正确的价值，并试图将这一价值强加给其他民族，而伊斯兰教、佛教、印度教及儒家文化的信仰者则始终坚守自己的价值理念，并竭力与之抗衡。

"强加"与"抗衡"最终导致文化及其他冲突不断出现，甚有愈演愈烈之势。震惊世界的"9·11"事件发生 50 多天后，联合国教科文组织第 31 届大会投票一致通过《文化多样性世界宣言》；四年后，教科文组织又通过一重要文件《保护和提升文化表达多样性公约》。尊重文化的多样性无疑是世界和平发展的重要保障，近年来，学界对"世界文化多样性"多有倡导，然其研究成果并不理想，有的只停留在理论分析而缺乏深入的历史探讨，有的

① 高德步：《中外经济简史》，北京：首都经济贸易大学出版社，2017 年，第 308 页。

② [美]伊曼纽尔·沃勒斯坦：《现代世界体系》第 1 卷，罗荣渠等译，北京：高等教育出版社，1998 年，第 12 页。

则仍未摆脱西方中心主义之影响而缺乏对东方文化的深刻理解。陈先生认为,从事文化研究须摒弃文化一元的霸权意识,当然,这并不意味着回到后现代相对主义的立场,而应在厘清“文明”与“文化”概念的基础上,以包容之精神,对“文化多样性与和谐世界之构建”这一课题进行一体化研究。①

在先生看来,文明和文化是两个既相联系又相区别的概念,不能将二者混为一谈。他于2002年在《学术月刊》发表《“文明”与“文化”》一文,明确写道:“文明是文化的内在价值,文化是文明的外在形式。”②人类文明的发展史本身即是不同文化系统相互影响、彼此渗透的过程,倘若只顾文明之一元性而罔顾文化之多元性,便很有可能陷入“西方中心主义”之偏见;倘若只言文化之多元性而不言文明的一元性,便很有可能陷入“文明相对主义”的泥沼③;文化既看不见也摸不着,但“文化作为一种非物质形态的社会存在,也是一种资源”④,这一资源取之不尽,用之不竭,却绝不能滥加开发,盲目利用,而应对其形态产生的根源及独特性作出历史性的考察。

其实,探寻人类早期文明的形成路径本身就是一件颇为不易的事,必须回溯到文明所能追溯的“极限”,但这一极限绝不是许烺光所谓的“家庭”,而是人类早期在精神上留下的一根尚未被剪断的原始脐带——“图腾崇拜”⑤。

在《古希腊、古中国、古印度:人类早期文明的三种路径》一文中,先生指出“图腾崇拜”是古希腊、古中国、古印度信奉的自然与血缘的神秘统一体。古典时代,海洋文明的缔造者希腊人,通过神化图腾崇拜中的自然因素,弱化其血缘因素,最终形成了西方式的超然文化;黄河文明的缔造者中国人恰与之相反,通过制度化其血缘因素,弱化其自然因素,最终形成了儒家式的道德伦理文化;在雅利安人入侵、文明变故的影响下,印度人一方面将其中的自然因素神圣化,另一方面又将其中的血缘因素制度化,最终形

① 参见杨天奇:《走出经学时代:陈炎先生儒学研究的“价值与方法”》,《当代儒学》2017年第2期。

② 陈炎:《“文明”与“文化”》,《学术月刊》2002年第2期。

③ 参见陈炎:《“文明”与“文化”》,《学术月刊》2002年第2期。

④ 陈炎:《文化资源论》,《天津社会科学》2006年第1期。

⑤ 陈炎:《古希腊、古中国、古印度:人类早期文明的三种路径》,《中国文化研究》2003年第4期。

成了别具一格的种姓文化。[1] 法律、伦理和宗教在古希腊、古中国、古印度都必不可少，但三者在不同地域的地位并不相等，概言之，西方人崇尚律法，中国人重视伦理，印度人则崇拜宗教。[2] 先生认为，做文化比较之研究，不能只停滞于表象，而应着眼于其早期的文明路径。有鉴于此，他曾试图将不同文化形态区分为若干代表性的信仰系统，如将中东—欧洲文化分为犹太教、基督教、伊斯兰教等价值系统，将南亚—印度文化分为婆罗门教、佛教、锡克教等价值系统，将东亚—中国文化分为儒家、道家、神道教等价值系统。此一划分，既有别于德国历史哲学家斯宾格勒"文化形态学"的八分法，也有别于汤因比"挑战—应战"理论影响下的二十六分法。在陈先生看来，探寻人类主要文化模式的形成及特性，必须舍弃以往"观相式"的直觉把握以及生物学式的类比，而应从文化人类学的角度入手进行客观分析。此外，就文化形态的区分而言，首先应找到人类在建立不同文化系统之前的普遍形态（如图腾崇拜），进而分析不同文化板块对普遍形态所包含的两大因素（"自然"与"血缘"）改造和升级的历史过程，最后才能利用汤因比有关"挑战与应战"的理论模式分析上述"逻辑的可能性"何以成为"历史的必然性"的内在原因，如此才能准确呈现不同价值体系和信仰派别间的区别与联系。[3]

先生期望后世研究者能同时超越"欧洲中心主义"和"华夏中心主义"的立场，将不同文化放在平等的地位上进行研究，以客观中立的态度对待全世界的各种文化形态。他认为，文化只有特色之别，并无优劣之分，只有多样基础上的共生共荣关系，因此既要防止走向保守主义或沙文主义之陷阱，又要防止仅从单一的民族文化出发讨论其利弊得失。[4] 他本人对此也作了诸多探索性的尝试，自 2008 年始撰写并发表了《宗教与科学》《儒家与道家对中国古

---

① 参见陈炎：《古希腊、古中国、古印度：人类早期文明的三种路径》，《中国文化研究》2003 年第4 期。

② 参见陈炎：《古希腊、古中国、古印度：人类早期文明的三种路径》，《中国文化研究》2003 年第4 期。

③ 上述论证主要为陈炎先生生病期间向笔者的口述，也是先生文化研究的重要设想，特此申明。

④ 参见杨天奇：《走出经学时代：陈炎先生儒学研究的"价值与方法"》，《当代儒学》2017 年第 2 期。

代科学的制约——兼答“李约瑟难题”》《文明的谱系》《衍圣公世袭制度、教皇选举制度、活佛转世制度的文化特征》等系列文章，旨在阐发他对人类文化演进趋向的认识和理解。先生确信，不同形态的文化，皆为世界文明作出过独特的历史贡献，尽管它们之间存在巨大的结构性差异，却往往能形成功能上的互补关系，是全球化时代人类共有的财富。[①]

2012 年，先生的第三本论文集《艺术与技术》问世，与前两部论文集《积淀与突破》《文明与文化》相比，《艺术与技术》选题范围更为广泛，内容也更为丰富。先生曾自嘲这些论文如“七宝楼台，炫人眼目，碎拆下来，不成片段”[②]，但熟读尼采的他定然深知，真正不朽的著作不在于外在的“形式”，而在于它是否深刻，是否来自“真理核心财富的深处”[③]。《艺术与技术》承袭了先生以往汪洋恣肆、超逸出尘、缜密自如的行文风格，但无论从其思想深度还是从其精神境界来看，莫不是最上乘的佳构，亦为他学术生涯的一座里程碑。

他一生乐愿为“兼有分析和反省能力”的读者写作，但与尼采不同的是，他既不愿宣称“超人”出世，更不愿宣讲未来世界，而是殷切期望不同文化在相互交往中能逐渐寻找出可以被异域文化所接受的“最大公约数”，进而向人类共有的“文明”准则上不断靠拢。以先生之见，当今世人不必急于建立一种所谓的“普世价值”，更要避免假借“文化”而挑起无谓的“冲突”与事端，他期待更多人文研究者能抛弃“一己之见”，将一切文化放回到其历史发展境遇中加以考察，最终澄清人类文明发展的多元走向和多种形态，因为这不仅利于增进各地之间的深入了解，更关乎“国际安全新秩序”与“和谐世界”之构建。

四、余　论

陈先生主张经世致用，从他的研究旨趣及著作篇名就可以看出，他并

---

① 参见陈炎:《文化资源论》,《天津社会科学》2006 年第 1 期。

② 陈炎:《艺术与技术》,北京:人民出版社,2012 年,“后记”。

③ [德]尼采:《权力意志:重估一切价值的尝试》,张念东、凌素心译,北京:商务印书馆,1991 年,“序言”第 6 页。

不甘愿做一名纯书斋式的学者。他中年虽积极致力于当代儒学学科之重建，但他所感兴趣的儒家，“不是经学意义上的儒家，而是文化意义上的儒家；不是书本上的儒家，而是生活中的儒家；不是永垂不朽的儒家，而是不断更新的儒家；不是闭关锁国的儒家，而是面向世界的儒家”[①]。他一度打算和自己的研究团队拍摄一部能与《大国崛起》相媲美的电视政论片《文化的兴衰》，并希望通过此纪录片向大众讲述不同文化产生、发展乃至冲突的过程，以展望人类文化相互交融、彼此促进的可能与未来；他曾亲自筹划并邀请法国诺贝尔文学奖获得者勒·克莱齐奥和中国诺贝尔文学奖获得者莫言展开以“文学与人生”为题的精彩对话，在这次历史性的公开对谈中，作为主持人的他提出了“寓言和魔幻放在一起会产生什么样的化学反应”这一深刻猜想；他曾在第22届世界历史科学大会上作了题为《一场空前的盛会正在向我们走来》的主旨演讲，祈尚学界能通过世界历史科学大会、尼山世界文明论坛等高端学术平台真正实现不同文化的多元对话。总之，他是一名放眼寰球、求真务实的学者。

先生以为，做学问就好比是下围棋，既可稳扎稳打，不断扩大自己的研究范围，也可东投一枚、西掷一子，在适当时将其连成一片以成燎原之势。两种方法虽皆能取胜，但先生更倾向于后者(尽管后者风险更大)。在他看来，近代由于专业分工的不断细化，原本浑然一体的“对象世界”被割裂，至于那些皓首穷一经的专家即便对人类文明作出了不可或缺的贡献，然就其个人而言，却是对异化人生的更深异化。[②] 职是之故，他宁肯成为“杂家”也不愿成为“专家”，更愿以一个杂家的身份探寻科学与宗教、艺术与哲学、政治与文化间原本存有的内在联系，继而将那些被人为肢解的“光谱”重新组成一条连续不断的七彩虹霓。

2016年12月，《陈炎学术文集》正式出版，该文集主要收录了先生平生发表的论文176篇，近两百万字，共计五卷，堪称皇皇巨著。2017年5月1日(先师仙逝一周年之际)，《陈炎学术文集》研讨会在山东大学文艺美学研究中心顺利召开，杜泽逊教授评价此书乃“集腋成裘”之作；曾繁仁先生则认为，此书中的不少成果不但享有很高的学术声誉，而且具有“突破性”的价值。[③]

先生于不惑之年，已在美学方面取得极高造诣，常能得到当世名家的

---

① 陈炎：《多维视野中的儒家文化》，第191页。

② 参见陈炎：《文明与文化》，济南：山东大学出版社，2006年，“后记”。

③ 参见郭玉越：《〈陈炎学术文集〉出版研讨会综述》，《文史哲》2017年第5期。

褒奖与嘉勉，今重读他的论著，其逻辑之缜密，文笔之畅达，远非后世所能及。吾等天生愚钝，于文章一道，尤愧规错矩，今钻仰吾师德业，弥高弥坚，方知登堂入室之难。《论语·为政》有“君子不器”之语，是谓君子不应囿于一技一艺，需博览古今，通才达识，然通才已日渐凋零，濒临绝迹，吾人今思之，唯叹惋哭哲，撰文以寄耳。

（原载《文史哲》2021年第3期，收入本书时有改动）